BUSINESS

DATABASE

MANAGEMENT

경영데이터베이스 관리론

| 이춘열 • 김인재 • 신길환 공저 |

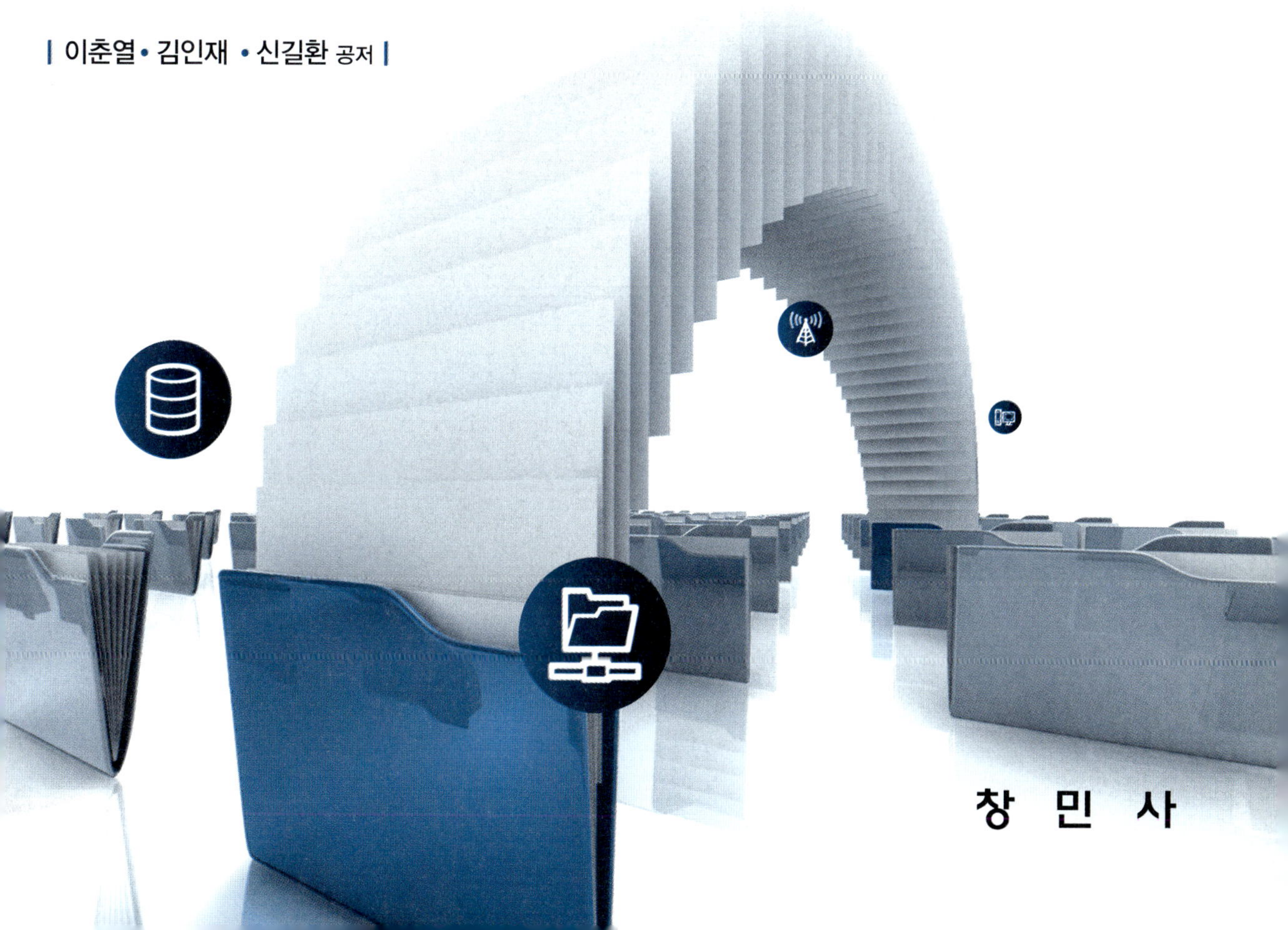

창 민 사

머리말

최근처럼 데이터관리가 일반 대중의 관심사로 대두한 적은 별로 없었다. 이전까지 데이터관리는 정보시스템 종사자들의 전문 분야로 인식되어 왔다. 그러나 고객 정보 유출이나 거래 내역 데이터 훼손들이 대중 매체를 통하여 연일 보도되면서 이제는 일반인들의 관심으로 등장하고 있다.

데이터베이스는 기업 활동의 중심이 되는 중추기관이라고 할 수 있다. 기업의 모든 거래활동들은 데이터베이스에 저장된다. 따라서 기업 운영에 필요한 데이터들을 파악하고 데이터베이스에 저장될 데이터들을 모델링하는 것은 성공을 위한 핵심 과제라고 할 수 있다. 바꾸어 말하면 데이터베이스를 설계한다는 것은 기업 활동을 위한 골격을 구성하는 것이라고 할 수 있다.

건물의 골격이 잘 설계되었을 때, 태풍이나 지진과 같은 급격한 환경의 위협에도 견디어낼 수 있으며 안전하고 사용하기 편리한 건물이 만들어질 수 있는 것처럼, 기업의 골격이 잘 설계되었을 때 기업 활동이 효과적으로 이루어질 수 있다. 이러한 기업 골격을 결정하는 주요 과업 중의 하나가 데이터베이스를 설계하고 구축하는 일이다. 즉 데이터베이스는 정보시스템의 한 구성 요소인 것만이 아니라 조직의 모든 데이터들이 지켜야 할 기준과 법칙을 결정하고 경영 활동의 골격을 결정하는 핵심 요소이다.

본 교재는 데이터베이스 설계 및 데이터 관리를 위하여, 구성원들이 알아야 할 기본적인 내용들을 사용자 중심으로 소개한다. 특히 데이터관리가 정착됨에 따라 데이터 자산이 조직의 주요 자원으로 인식되고 있다. 그리고 근자에는 정형화된 거래처리 데이터뿐만이 아니라 반 정형화된 형태를 띠는 빅 데이터 또한 데이터베이스 및 데이터관리의 주요 대상으로 등장하고 있다. 본 교재는 이러한 데이터관리 추세를 충분히 반영하였다.

- 제1부에서는 데이터관리를 정보시스템의 관점에서 살펴보고, 데이터베이스의 개발 절차를 총괄적으로 살펴본다.
- 제2부에서는 데이터베이스에 저장할 데이터들을 정의하는 과정을 살펴본다. 이를 데이터베이스의 개념설계라고 하는데, 이를 위한 주 도구인 개체관계모형을 소개하고 이를 사용하여 데이터베이스에 저장할 데이터들을 정의하는 과정을 소개한다.
- 제3부에서는 데이터들을 관계형 데이터베이스로 표현하는 과정을 살펴본다. 이를 데이터베이스의 설계라고 하는데, 이를 위하여 관계형 데이터 모형과 이의 특성을 이론적으로 학습한다. 그리고 데이터베이스의 논리설계, 물리설계와 이를 위한 기본 개념들을 살펴본다.
- 제4부에서는 데이터베이스의 운영과 활용에 대하여 살펴본다. 데이터베이스 관리 및 운영의 주요 고려 사항과 데이터 품질, 그리고 전사적으로 효과적 데이터관리를 위한 방안과 최근 그 중요성이 강조되고 있는 마스터데이터 등에 대하여 살펴본다.
- 제5부에서는 데이터베이스를 활용한 정보분석 활동인 비즈니스 인텔리전스와 전통적 데이터관리의 범주에 포함되지 않았던 빅 데이터에 대하여 살펴본다.

본 교재는 데이터베이스 관리시스템을 개발하거나 운영하는 엔지니어의 관점이 아니라 데이터베이스를 설계하고 운영하는 사용자의 관점에서 저술되었다. 따라서 컴퓨터시스템에 대한 전문 지식이 없는 독자들도 데이터관리와 데이터베이스 설계에 대하여 쉽게 학습할 수 있으리라 기대한다.

모든 배움에 있어서 안다는 것과 실행하는 것은 큰 차이를 가진다. 본 교재는 독자들이 데이터베이스 관리에 대한 이론적 지식을 학습함과 더불어 실습을 통하여 실제로 데이터베이스를 개발하는 과정을 느낄 수 있도록 하고자 노력하였다. 독자들이 이 책을 공부하고 난 뒤에는 힘든 프로젝트를 완성하고 난 뒤 느끼는 기쁨을 스스로 느낄 수 있기를 바란다.

2015. 8. 이춘열
김인재
신길환

차 례

|제 I 부| 개 요

제1장 정보시스템과 데이터관리

제2장 데이터베이스시스템 개발 절차

| 제Ⅱ부 | 개체관계모형과 개념설계

제3장 개체관계모형

제4장 개체관계모형의 설계

제5장 개체관계모델링의 일반적 오류

제 III 부 관계형 데이터 모형과 데이터베이스 설계

제 6 장 관계형 데이터 모형

제 7 장 함수종속성과 정규형

제8장 관계형 데이터베이스 논리설계

제9장 관계형 데이터베이스 물리설계

제 IV 부 데이터베이스 관리 및 활용

제 10 장 데이터베이스 운영과 보안

제 11 장 데이터 품질

제 12 장 전사적 정보자원관리와 데이터 표준화

| 제 V 부 | 데이터베이스 연관 분야

제 13 장 비즈니스 인텔리전스

제 14 장 빅 데이터

제I부

개 요

제1장
정보시스템과 데이터관리

우리는 일상생활에서 수많은 형태의 시스템과 접촉한다. 우주시스템의 일부인 태양계시스템, 그 중에서도 지구시스템이라는 자연계에서 숨 쉬며 생활하고 있다. 우리가 즐기는 강과 산은 지정학적 시스템의 일부이며, 질병을 퇴치하기 위하여 생물학적 시스템을 연구한다. 이렇듯 이 세상은 사람에 의해 만들어진 인공시스템과 자연적으로 존재하는 자연시스템으로 구성되어 있다.

데이터베이스를 포함하는 정보시스템 또한 인위적으로 만들어진 인공시스템의 하나이다. 본 장에서는 데이터베이스시스템을 공부하기 위한 시작 단계로서 일반적인 시스템에 대한 개념들을 살펴본다. 나아가 정보시스템의 구성요소로서 데이터베이스의 역할에 대하여 학습한다.

1.1 시스템, 기업시스템 및 정보시스템

광대한 우주시스템에서부터 미세한 세포시스템까지, 자연적인 환경시스템에서부터 인공적인 건축물시스템까지, 이 세상에는 서로 다른 수없이 많은 시스템이 존재한다. 이들 서로 다른 모든 시스템들을 공통의 시각으로 분석할 때 하나의 광의의 시스템으로 모형화할 수 있으며, 이것이 시스템의 기본 개념이다.

1.1.1 시스템의 기본 개념

시스템(system)이란 공동의 목표를 지향하는 서로 연관된 구성요소들의 유기적 집합체이다. 이 세상에는 다양한 형태의 시스템이 존재한다. 이런 다양한 형태의 시스템들은 서로 다른 형태로 표현된다. 예를 들면, 인간의 육체는 인체구성도로 표현되며 정부 구성은 행정기구표로, 자동차 구성은 자동차 설계도로 표현된다.

시스템별 특징을 나타내는 방법으로서 가장 일반적인 것은 시스템을 다음과 같이 여섯 가지 요소로서 정의하는 방법이다.

- **입력**(input): 시스템 활동을 위하여 모든 자원(resource)을 주변 환경으로부터 받아들이는 기능.
- **처리**(process): 입력된 자원을 가치 있는 산출물로 변환하는 활동.
- **출력**(output): 시스템의 처리 활동 결과인 산출물을 외부에 전달하는 기능.
- **피드백**(feedback): 시스템 활동에 대한 평가 결과를 시스템으로 재입력하는 기능(피드백에는 시스템 내부로부터의 피드백과 외부환경으로부터의 피드백이 있다).
- **환경**(environment): 시스템 활동에 영향을 미치는 시스템 외부의 모든 대상체들.
- **경계**(Boundary): 시스템과 외부환경을 분리하는 경계.

IPO 차트

시스템의 6가지 구성요소들 사이의 유기적 관계를 나타내는 가장 기본적인 도형이 IPO 차트(Input-Process-Output chart)이다. IPO 차트는 시스템의 구성요소 중 환경과 경계를 암묵적으로 존재하는 것으로 가정함으로서, 즉 입력

그림 1-1 IPO 차트

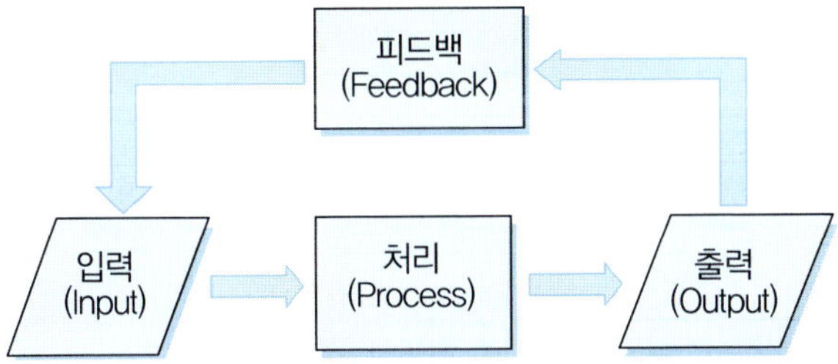

과 처리 사이에, 출력과 처리 사이에 시스템을 환경과 구분하는 경계가 존재하는 것으로 가정함으로서, 시스템을 입력, 처리, 출력 및 피드백의 4가지 구성요소로 표현한 것이다. IPO 차트는 [그림 1-1]과 같이 표현된다.

상위시스템과 하위시스템

시스템을 분해하면 이를 구성하는 또 다른 시스템들을 파악할 수 있는데 이들을 하위시스템이라고 한다. 하위시스템(sub system)이란 시스템 내의 시스템, 즉 시스템을 구성하는 또 다른 시스템으로 정의할 수 있다.

예를 들면, 자동차는 그 자체로 하나의 시스템이다. 그러나 이는 다시 엔진부, 본체부, 세시부 등의 하위시스템으로 구성된다. 엔진부는 다시 카뷰레터 시스템, 발전시스템, 연료시스템 등의 하위-하위시스템(sub-sub system)으로 구성되어진다. 이렇게 단계를 내려가면 최종적으로 더 나뉠 수 없는 단위부품 단계까지 분할할 수 있다.

복잡한 시스템을 이해하기 위한 가장 기본적인 방법론은, 하위시스템으로 분할될 수 있는 시스템의 특징을 이용하여, 대상시스템을 우리가 이해할 수 있는 하위시스템으로 분할하는 것이다. 우리가 관심을 가지는 시스템이 큰 시스템의 일부분이라면, 그 모(母)시스템을 상위시스템(super system)이라 한다.

예를 들면 공군은 시스템이며, 국군의 한 부분이다. 따라서 공군의 상위시스템은 국군이며, 국군의 하위시스템 중 하나가 공군인 것이다.

그림 1-2 시스템과 하위시스템

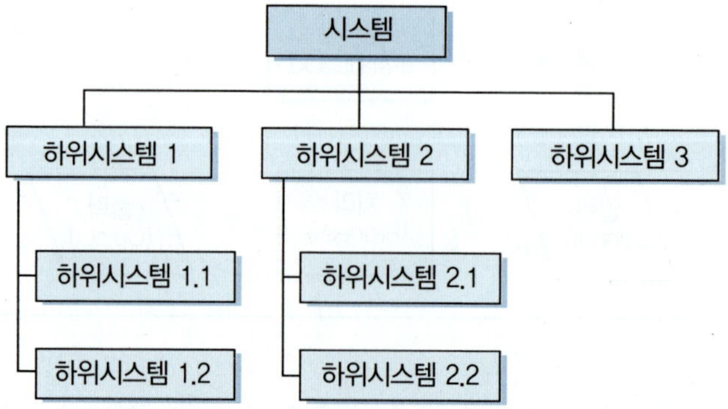

물리적 시스템과 논리적 시스템

물리적 시스템(physical system)이란 눈으로 확인할 수 있는 물리적 자원으로 구성되어진 시스템을 말한다. 이에 반하여 자료나 정보 또는 사상이나 경영철학 등의 논리적 자원을 사용하는 시스템을 논리적 시스템(conceptual system)이라 한다. 논리적 시스템은 물리적 시스템의 상태 등을 표현한다.

예를 들면, 강의실, 실험실, 연구실 등으로 구성된 대학캠퍼스는 물리적 시스템이다. 그러나 전공이나 학부, 대학은 논리적 시스템이다. 또한 컴퓨터의 하드웨어는 물리적 시스템이다. 그러나 그 컴퓨터를 실행하는 운영체제는 논리적 시스템이다.

다음은 미국의 크라이슬러(Chrysler) 자동차를 되살려낸 아이아코카 회장(Lee Iacocca)의 어록(語錄) 중에서 물리적 시스템과 논리적 시스템을 나타내는 일부를 발췌한 것이다. 이는 아이아코카 회장이 크라이슬러의 물리적 시스템의 상태에 대하여는 사전에 잘 알고 있었으나 논리적 시스템의 상태에 대하여는 대비하지 못하였음을 잘 나타내고 있다.

"내가 회장으로 취임한 몇 달 후, 나는 경악스러운 점을 발견하였다. 크라이슬러(Chrysler)는 자금이 바닥나고 있었다. 그러나 나는, 크라이슬러에는 자금통제기능이 전혀 없다는 것을 발견하였다. 자금계획과 프로젝트계획 등을 수립할 때면, 회사 내의 아무도 자금상황이 어떤지에 대한 전반적인 이해를 하고 있는 사람이 없었다. 나는 아무 것도 알아낼 수 없었으며 나의 경험 중에서 아마도 이 때가 최고로 혼돈스러운 경우였을 것이다. 나는 이미 크라이슬러의 경쟁력 없는 자동차에 대하여 알았으며, 퇴보되어 가고 있는 공장에 대해서도 파악하고 있었다. 그러나 회사의 기본적인 문제를 해결하기 위하여, 가장 기본적인 계수(計數)를 파악할 수 없었을 때는, 나는 어떻게 해볼 도리가 없었다."

시스템을 이해하기 위해서는 물리적 시스템과 논리적 시스템을 같이 이해하는 것이 중요하다. 예를 들면, 기업을 분석하기 위해서는 '어느 부서의, 어느 사람이, 어떤 서류를 취급하는가?' 등의 물리적 시스템을 이해해야 함과 동시에 그 회사에서 '어떤 기능이, 어떤 질차에 따라 무슨 데이터를 사용하여 처리되는가?' 등의 논리적 시스템도 이해해야 한다.

1.1.2 정보시스템과 데이터베이스

IPO 모형을 정보시스템에 적용하면, 정보시스템은 다음의 세 가지 구성요소로서 모형화된다([그림 1-3] 참조).

(1) **입력**(input): 정보시스템에 입력되는 자료 또는 신호(signal)를 이야기한다. 자료는 일반적으로 숫자를 포함한 문자, 이미지, 그래픽, 비디오, 동영상 등을 포함하며, 신호는 오감(伍感)에 의하여 인지되는 모든 것을 포함한다.

그림 1-3 정보시스템의 IPO 모형

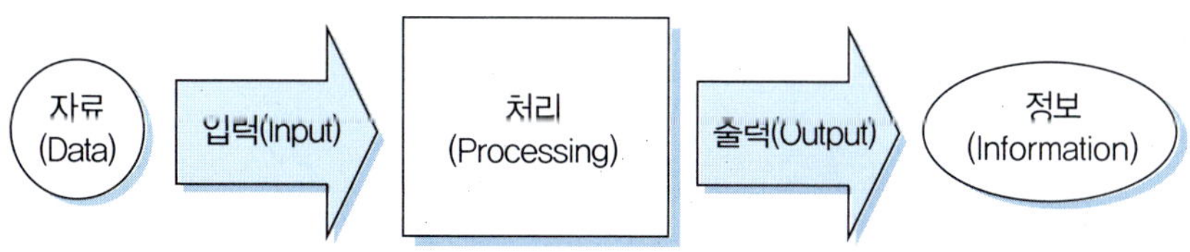

(2) **처리**(process): 입력된 자료를 처리 및 변환하여 정보를 만들어내는 과정을 나타낸다. 처리과정은 입력된 자료를 변환 또는 변형하여 정보를 창출한다.

(3) **출력**(output): 정보시스템의 처리결과를 칭한다. 처리결과는 일반적으로 문자나 숫자, 이미지, 그래픽, 소리, 행동(로봇의 경우 팔의 이동) 등의 다양한 형태를 지닌다.

예를 들면 급여시스템은 근무일수, 직급, 부양가족 등의 입력자료를 받아들여 이들을 급여계산 법칙에 부합되게 처리, 조작하여 총급여액, 공제내역, 지급액 등을 산출하는 시스템이다. 이때에 산출되는 정보는 창조된 것이 아니라 입력 자료를 연산 기준에 따라 처리하고 변형한 것이다. 또 다른 예를 들면 음료수 공장의 자동 품질 검사시스템은 내용물을 시각적으로 인식하고 만약 불순물이 포함되어 있을 경우 경보 신호를 발생한다.

IPO 모형과 데이터베이스

데이터베이스의 기능을 구체화하기 위하여 정보시스템에서 입력자료의 관리를 처리과정과 분리하여 살펴보자. [그림 1-3]의 IPO 모형에서 입력 기능을 재구성하면 [그림 1-4]와 같이 표현된다. [그림 1-4]에서 데이터관리는 원시자료를 획득하여, 데이터베이스에 저장하고 관리하며, 이를 처리과정(정보시스템

그림 1-4 데이터관리를 포함하는 정보시스템의 IPO 모형

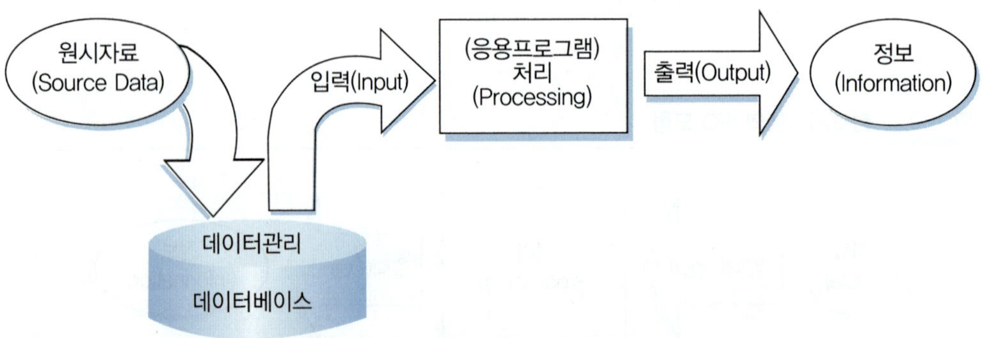

의 용어를 사용하면 응용프로그램)에 입력하는 기능을 수행한다.

응용프로그램은 데이터베이스로부터 자료를 입력받아 이를 변환, 처리하여 산출물을 생성한다. 따라서 응용프로그램은 데이터의 획득관리에 대한 일차적 책임이 면제되며, 이들 책임은 데이터관리의 기능으로 분리된다.

[그림 1-4]는 하나의 데이터베이스와 하나의 응용시스템을 가정하고 있다. 그러나 여러 응용프로그램이 존재할 경우 한 원시자료가 여러 응용시스템의 입력자료로 동시에 사용될 수 있으며, 응용프로그램의 산출물이 다른 응용프로그램의 입력자료로 사용될 수도 있다. 이러한 경우 [그림 1-4]는 [그림 1-5]와 같이 일반화된다. [그림 1-5]의 일반화된 IPO 모형은 다음과 같은 특성을 갖는다.

- 데이터를 사용하는 응용프로그램이나 사용자들이 하나 이상이다.
- 데이터관리는 원시자료뿐만이 아니라 응용프로그램의 산출물인 출력정보 또한 포함한다.

그림 1-5 일반화된 정보시스템의 IPO 모형

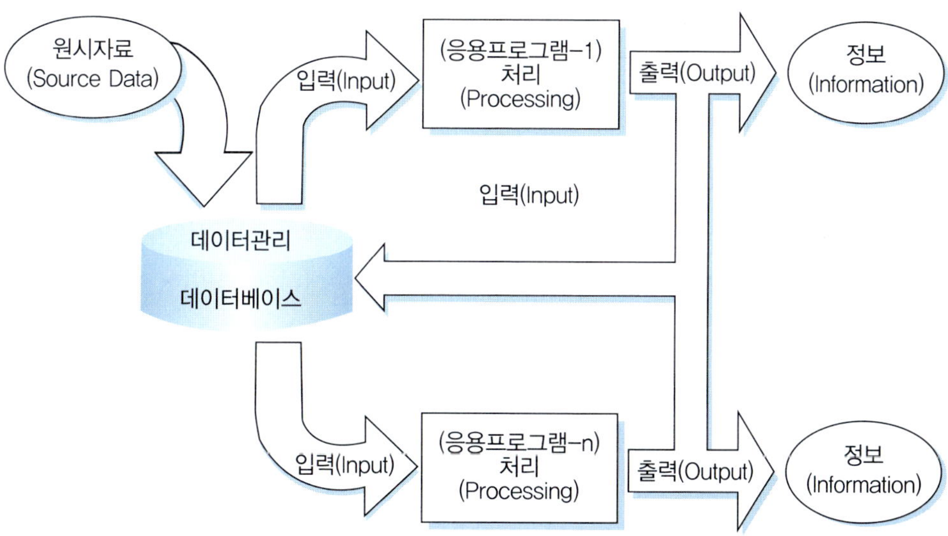

1.2 데이터관리의 중요성

인간은 모든 행동에서 판단 또는 의사결정을 수행하며, 이 의사결정에는 단순하든 복잡하든 여러 종류의 자료 또는 정보가 사용된다. 좋은 의사결정을 위해서는 자료의 질이 좋아야 하며, 이 자료로부터 정보를 가공해내는 시스템 또한 우수해야 한다. 모든 정보시스템들이 데이터를 관리하고 정보를 만들어 내지만 정보의 질은 천차만별이다. 그 결과 양질의 정보를 소유한 기업이나 조직은 그렇지 못한 기업이나 조직과 비교하여 경쟁우위를 손쉽게 선점할 수 있다.

예를 들면 우리의 생활수준이 낮았던 예전에는 기상정보에 큰 가치를 두지 않았었다. 비가 오면 할 일을 다음으로 미루면 되었고, 해야 할 일을 미루더라도 이로 인한 경제적 손실은 크지 않았었다. 그러나 경제 규모가 커지고 경제 활동이 복잡한 요즈음 기상정보의 가치는 우리의 상상을 초월하게 되었다. 우리는 종종 기상예측을 잘못하여 큰 손실을 본 기업 활동의 사례들을 접하기도 하며, 매일매일의 기상정보가 실생활에 미치는 영향을 개인적으로 몸소 체험하고 있다.

정보의 중요성 증대와 더불어 근자에 이르러 발생하고 있는 가장 큰 변화 중의 하나는 데이터관리의 중요성에 대한 인식이다. 개인 사용자들이 간단히 사용할 수 있는 개인용 컴퓨터와 데이터베이스 소프트웨어들이 보급됨에 따라 데이터에 대한 사용자들의 관심이 급격히 증대하게 되었다. 이 결과 데이터관리는 이제 몇몇 전문가나 정보시스템 개발자의 관심이 아니라 일반인을 포함한 모든 정보시스템의 사용자들의 관심으로 확산되었으며, 정보시스템의 필수 구성요소로 자리잡게 되었다.

1.2.1 데이터와 정보

우리는 조직 활동이나 일상생활을 통하여 지속적으로 사건이나 현상 또는 사물들을 관찰하며, 이들을 데이터로 기록하여 축적한다. 데이터(data)란 사물이나 사건에 대하여 수집한 사실(facts)을 기록한 것이며, 정보(information)란 데이터를 사용자에게 필요한 형태로 변형한, 즉 의미 있는 자료인 것이다. 그런데 여기서 데이터와 정보의 구분은 절대적이 아니다. 즉 특정인에게는 데이터인 것이 다른 사람에게는 정보일 수 있으며, 그 반대도 성립한다. 이러한 점에서 볼 때 정보가 '의미 있는 자료'라는 것은 절대적 가치가 아니라 사용자에 따라 다른 상대적인 가치이다.

예를 들면 어떤 고등학교에서 시험을 보았을 때 개별 학생은 본인의 점수와 석차 및 반 평균 등에 관심이 있을 것이다. 담당과목 선생님은 학생들의 개별 점수에 대해서는 관심이 없으나 반 평균과 표준편차 등에 관심이 있을 것이다. 이러한 점에서 볼 때 재학생들의 개별 점수는 해당 학생에게는 가치 있는 정보이나 담당과목 선생님에게는 데이터라고 할 수 있다. 또 다른 예로서 은행 창구직원은 개별 거래내역과 당일 거래 후의 잔액 총계에 관심이 있을 것이고, 지점장은 예금종류별 거래실적 요약 정보를 필요로 할 것이며, 은행장은 연간 수신액의 변동 추이를 원할 것이다. 이렇듯 데이터와 정보의 가치 기준은 주관적이며, 사용자의 필요에 따라 자세한 숫자의 나열, 표 또는 그래프 등의 형태로 표현된다.

1.2.2 데이터 계층

모든 시스템이 하위시스템들로 계층화되어 있듯이 데이터 또는 정보도 '필드(자료항목) → 레코드 → 파일 → 데이터베이스' 등으로 계층적으로 표현된다.

필드(자료항목)

특정 대상물의 개별적인 특성들을 기록한 것을 필드(field) 또는 자료항목(data element)이라고 한다. 예를 들면 사람의 성명, 나이, 생일, 키 등이 모두 자료항목이다. 이들 자료항목들은 특정 대상물의 특성을 나타내는 데 사용된다. 나이나 생일이나 키는 특정 개인을 설명하거나 나타내기 위하여 사용되는 항목들이다. 이와 같이 대상물을 관찰함에 있어 가장 기초가 되고, 관찰 대상물의 특성을 나타내는 개별 항목을 필드 또는 자료항목이라고 한다.

[그림 1-6]의 예에서와 같이 영업과장인 이동국 씨의 신상명세를 파악하기 위해서는 성명, 나이, 부서, 직위, 키, 체중 등의 특성을 기록한다고 하면, 이들 성명, 나이, 부서, 직위, 키, 체중 등의 항목을 필드 또는 자료항목이라 한다. 자료항목이란 자료의 가장 작은 단위로서 더 이상 세분화할 수 없는 것을 의미한다. 즉 필드는 더 이상 세분화하지 않는 데이터 기록의 최소단위이다. 위의 예에서 '키'가 183이라는 값은 '이동국' 씨의 키가 183cm라는 사실을 나타내는 의미 있는 자료이지만 이를 더 세분화한 '1', '8', '3'이라는 숫자들은 자료로서 아무런 가치가 없게 된다.

레코드

레코드(record)란 특정 대상물이나 사건에 대하여 연관된 자료항목들을 모아 놓은 것을 말한다. [그림 1-6]에서와 같이 영업과장인 '이동국' 씨의 신상에 대한 사항(즉 자료항목)을 모아 놓은 것을 이동국에 대한 '신상명세' 레코드라 한다.

파 일

파일(file)이란 동일한 형식의 레코드들을 모아 놓은 것이다. 즉 레코드들의 집합이 파일이다. [그림 1-6]에서와 같이 '이동국' 씨 뿐만 아니라 모든 사원들의 신상명세를 모아 놓은 것을 '신상명세 파일'이라고 한다. 이와 같이 파일이란 특정 주제와 관련된 모든 레코드들을 모아 놓은 것을 의미하며 학생들의 수강신청내역을 모아 놓으면 '수강신청서파일', 기업의 외상매출내역을 모

그림 1-6 데이터 계층

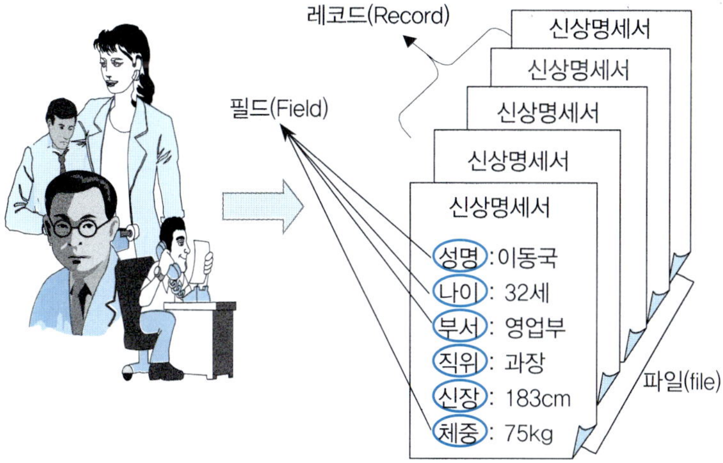

아 놓으면 '외상매출파일'이라 한다.

앞으로 공부하게 될 관계형 데이터베이스에서는 이러한 파일들을 테이블의 형태로 저장한다. 즉 관계형 데이터베이스의 테이블은 다양한 파일들 중의 한 형태이다. 이러한 점에서 테이블을 단순 파일(flat file)이라고 한다.

데이터베이스

데이터베이스(database)란 연관된 모든 파일들을 모아 놓은 것을 말한다. 대학교에서 학사관리를 위해서는 '수강신청서파일'만 필요한 것이 아니라 성적파일, 학적파일, 시간표파일 등이 필요한데, 이들을 모아 놓은 것을 학사관리 데이터베이스라고 한다. 관계형 데이터베이스에서는 파일들이 테이블 형태로 저장되기 때문에 테이블들을 모아놓은 것이 데이터베이스이다. 학사관리 데이터베이스로부터 우리는 학사업무와 관련된 모든 자료 및 정보를 얻을 수 있다.

또 다른 예로서 기업의 운영 상태를 파악하기 위해서는 '외상매출파일'뿐만 아니라 고객파일, 주문서파일, 재고파일, 판매파일 등에 포함된 모든 데이터들이 필요한데, 이들을 모두 모아 놓은 것을 기업의 기간업무 데이터베이스 또는 운영 데이터베이스(operational database)라고 한다.

1.3 데이터관리시스템

1.3.1 데이터처리시스템 유형

데이터들을 처리하고 관리하는 시스템을 데이터관리시스템이라고 한다. 데이터관리는 최초에는 컴퓨터의 도움 없이 손으로 이루어졌는데 이를 수작업데이터처리시스템이라고 한다. 그 이후 컴퓨터를 사용하는 파일시스템 그리고 데이터베이스시스템으로 발전하여 왔다.

수작업데이터처리시스템

컴퓨터가 존재하기 이전에도 정보처리시스템은 존재하였다. 다만 이때에는 주판이나 연필 등이 컴퓨터의 계산 역할을 담당하였으며, 저장장치는 문서함이 대신하였다. 이와 같이 컴퓨터를 사용하지 않는 데이터관리시스템이 수작업데이터처리시스템(manual data processing system)이다. 수작업데이터처리시스템에서는 거래가 발생할 때마다 내역을 장부에 기록하여 보관하였는데 이 장부가 파일이다. 그리고 파일을 구성하는 문서들이 레코드라고 할 수 있다. 데이터관리를 위하여 컴퓨터를 사용하게 됨에 따라 이들 수작업 파일들이 컴퓨터 파일로 변하게 되었다.

그림 1-7 수작업데이터처리시스템

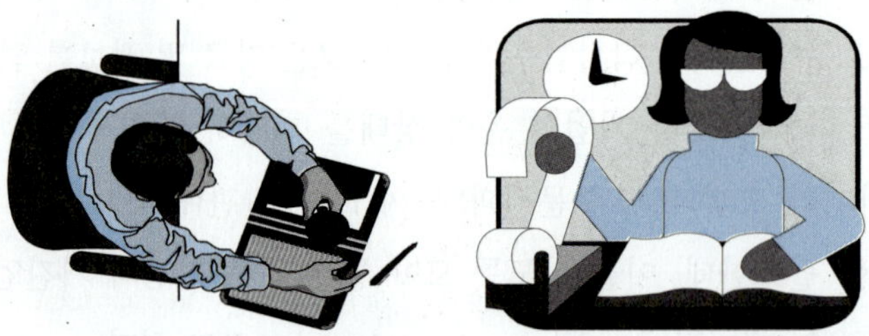

우리 모두가 알고 있는 것과 같이 수작업은 정확성이 떨어지며 신속하지도 못하다. 또한 자료당 처리비용이 많이 들기 때문에 컴퓨터와 더불어 파일시스템이 등장하게 되었다.

파일시스템

컴퓨터가 처음 사용된 정보화 초기에는 이의 활용 범위 또한 소규모였다. 즉, 정보시스템을 구성하는 각 구성요소들의 기술수준이 매우 초보적이었으며, 이의 적용 또한 광범위하고 통합적인 문제 해결보다는 단위 부서의 개별적인 자료처리 등이 대부분이었다. 이에 따라 정보부서는 급여관리, 인사관리, 재고관리, 구매관리 등의 단위 프로그램을 제작하여 개별적인 자료처리를 지원하였다. 이러한 응용프로그램들은 특정 부서의 요구사항만을 만족시키는 용도로 제작되었다. 따라서 데이터관리 또한 응용프로그램별로 이루어졌는데 이와 같이 단위 업무별로 응용프로그램별로 데이터관리를 수행하는 시스템을 파일시스템이라고 한다.

파일시스템(file system)은 단위업무별로 파일을 따로 구축하여 관리한다. 따라서 전사적(全社的)인 정보시스템 계획이나 모델이 존재할 수가 없다. 그리고 부서별로 관리하는 파일을 타부서에서는 공유할 수가 없으며, 부서마다 파일을 따로 만들었기 때문에 데이터 중복이 발생하게 된다. 데이터 중복은 곧 데이터 처리비용을 증가시키는 원인이 되며 정보의 품질을 떨어뜨리는 결과를 가져온다.

파일시스템에서는 단위업무별로 데이터를 관리하고 이를 이용하는 사용자들 또한 해당 부서의 근무자로 국한되는 것이 대부분이다. 그러나 중간 관리자급 이상의 사용자들에게는 여러 부서들의 정보를 통합적으로 사용해야 되는 경우들이 발생하게 된다. 그러나 파일시스템은 단위업무별로 데이터를 관리하기 때문에 이러한 통합적 요구에 부합할 수 없는 구조적 결함을 가지고 있다. 이에 따라 각 부서별로 구축하고 관리하던 파일시스템들을 통합적으로 사용하고 관리할 수 있는 방법이 요구되었다. 그리고 이 해결책으로 데이터베이스시스템이 등장하게 되었다.

그림 1-8 파일시스템

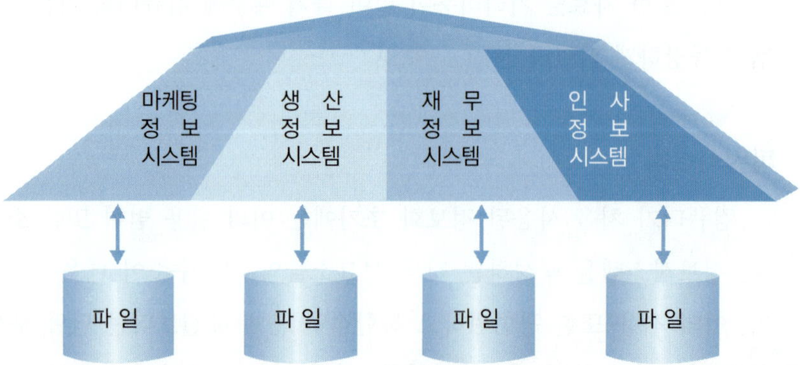

파일시스템은 전산 기술적으로는 데이터베이스관리시스템(DBMS: database management system)[1]을 사용하지 않는 컴퓨터 운영체제(OS: Operating System)에서 제공하는 파일시스템을 사용하는 데이터관리시스템이다. 그러나 개념적으로는 위에서 설명한 것처럼, 단위업무별 데이터관리시스템을 지칭한다. 따라서 데이터베이스관리시스템을 사용하여 데이터베이스를 구축하여 사용하는 경우에도, 만약 부서별로 단위업무별로 데이터 관리가 이루어진다면 개념적으로는 파일시스템 형태의 데이터 관리라고 할 수 있다.

데이터베이스시스템

데이터베이스(database)란 상호 관계가 있는 자료들을 논리적으로는 하나의 통합된 저장소에 저장한 것이다. 여기서 논리적이라는 것은, 데이터들이 물리적으로는 여러 개의 저장장치나 컴퓨터에 저장될 수 있으나, 이들을 1개의 데이터베이스라고 취급하여 관리하는 것을 의미한다. 데이터베이스는 파일시스템과는 달리 조직 전체의 정보 요구에 부응할 수 있도록 자료를 통합관리 한다. 따라서 여러 부서에서 따로 보관하던 여러 개의 파일들이 통합된 하

---

1) 데이터베이스관리시스템(DBMS: database management system)은 데이터 관리를 수행하는 소프트웨어이다. 대표적인 상용 DBMS로는 Oracle, IBM의 DB2, MS의 SQL Server 등이 있다. 그리고 공개 소프트웨어로는 MySQL, MariaDB 등이 있다.

그림 1-9 **데이터베이스시스템**

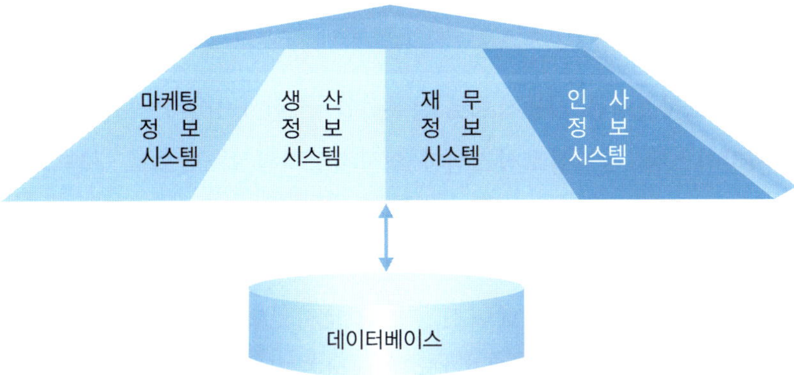

나의 데이터베이스에 저장되기 때문에 자료중복을 배제할 수 있으며, 한 곳에 집중화되어 있는 자료를 모든 부서의 사용자가 손쉽게 공유할 수 있다.

데이터베이스시스템(database system)이란 데이터베이스와 이를 관리하는 데이터베이스관리시스템(DBMS: database management system)을 포함한 총괄적인 시스템을 의미한다. 그러나 파일시스템이 단위업무별 데이터관리방법을 의미하는 것처럼, 데이터베이스시스템도 전사적 통합 데이터관리방법을 의미한다. 따라서 파일시스템이나 데이터베이스시스템은 문맥에 따라 전산시스템의 형태를 나타내기도 하며, 데이터관리방법을 의미하기도 한다.

최근에는 많은 기업들이 전사적인 통합 데이터관리를 구현하고 있으며, 가장 대표적인 형태가 전사적자원관리시스템(ERP: Enterprise Resource Planning)을 통한 통합데이터베이스 구축이라고 할 수 있다. ERP는 통합된 데이터베이스를 기반으로 자금, 회계, 구매, 생산, 판매 등 기업 활동에 필요한 응용 프로그램 모듈들을 포함한다.

데이터웨어하우스

데이터웨어하우스(data warehouse)는 데이터의 창고라는 단어가 의미하는 바와 같이 현재 데이터뿐만이 아니라 과거 데이터까지 포함하여 기업의 의사결정에 필요한 모든 데이터들을 저장하는 데이터 저장소이다. 이러한 정의 자체만으로 볼 때 데이터웨어하우스는 일견 데이터베이스와 유사하게 보인다. 그러나 데이터웨어하우스는 데이터베이스들과는 기본적으로 다른 기능을 수행한다.

정보시스템을 기능적으로 분류하면 [그림 1-10]에 제시된 바와 같이 거래처리시스템, 경영정보시스템과 의사결정지원시스템으로 구분할 수 있다. 이는 기업 활동을 계층에 따라 거래처리, 경영관리 및 전략적 의사결정으로 구분한 것으로부터 유래한다. 이러한 구분에 따라 데이터베이스 또한 거래처리시스템을 위한 데이터베이스, 경영정보시스템을 위한 데이터베이스, 전략적 의사결정지원시스템을 위한 데이터베이스로 구분할 수 있다.

거래처리시스템을 위한 데이터베이스란 기업의 가장 기본적인 활동인 거래(transaction)를 처리하기 위한 데이터와 거래 처리의 결과를 저장한 데이터베이스이다. 이를 보통 기간(基幹)업무 데이터베이스 또는 운영 데이터베이스(operational database)라고 한다. 이를 기간업무 데이터베이스라고 하는 것은 이들 데이터베이스가 작동하지 않으면 기업의 모든 활동이 정지되기 때문이다. 기간업무 데이터베이스의 중요성에 대한 실례로서 우리는 은행의 전산시스템이 정지하여 예금 인출이 수 시간 동안 정지되고 하였던 것을 생각할 수 있다.

그림 1-10 운영 데이터베이스와 데이터웨어하우스

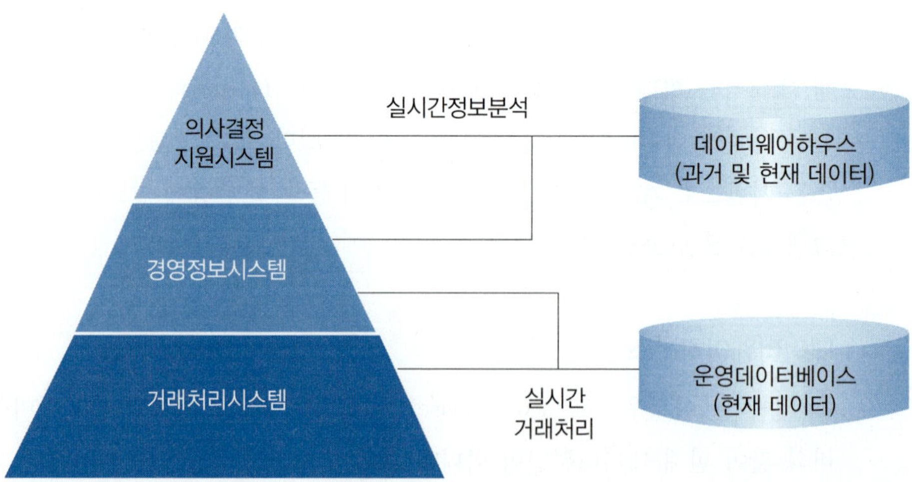

의사결정지원시스템을 위한 데이터베이스는 과거 및 현재의 기업 활동 전반에 걸친 자료를 저장한 데이터베이스이다. 따라서 이들은 과거의 거래 데이터에 추가하여 주간, 월간 또는 분기별 실적 등과 같은 요약 정보들을 추가로 포함하며 의사결정을 위한 정보의 검색과 조작이 용이하도록 설계되어 있다. 그리고 기업의 거래처리업무에는 직접 영향을 미치지 않는다. 따라서 이들을 운영 데이터베이스와 차별화하여, 과거 및 현재의 데이터들을 모두 저장한 것이라고 하여 데이터웨어하우스라고 부른다.

데이터웨어하우스는 과거의 역사자료를 포함한다. 그리고 과거와 현재의 데이터들을 비교하는 시간적 정보 분석을 필요로 하기 때문에 데이터의 발생 시점을 같이 저장한다. 또한 정보의 분석과 검색이 용이하도록 분석 기준을 여러 가지 차원으로 구분하며, 이들 차원별로 정보의 검색과 상세 분석(drill down), 통합(roll up) 등이 가능하도록 데이터베이스를 구성한다.

또한 데이터웨어하우스는 정보 분석을 주목적으로 한다는 점에서 일반적으로 현재 시점의 실시간 데이터가 반드시 필요한 것은 아니다. 즉 한 시간 전 또는 어제, 전주 또는 전월의 데이터를 가지고도 정보분석을 할 수 있다. 따라서 운영 데이터베이스의 지속적인 갱신과는 반대로 정기적으로 일괄하여 갱신하는 경우가 대부분이다. 이러한 데이터웨어하우스의 특징을 운영 데이터베이스와 대비하여 요약한 것이 〈표 1-1〉이다.

표 1-1 데이터웨어하우스의 특징

	운영 데이터베이스	데이터웨어하우스
용 도	거래처리 중심	분석 중심
데이터의 특성	현재 데이터 상세자료	과거 및 현재 시점별 데이터 요약, 처리 자료
데이터 관리	자료값 갱신	자료 검색(자료값이 갱신되지 않음)
사용자	실무자	관리자
업무처리 형태	반복 업무 개별 데이터를 처리 거래처리 성능이 주요	비 반복적인 분석 업무 여러 데이터를 동시에 처리 검색 분석 성능이 중요

1.3.2 파일시스템의 데이터 관리구조

응용프로그램(application program) 별로 데이터관리가 이루어지는 형태를 파일시스템이라고 하였다. 파일시스템에서는 파일을 응용시스템의 일부로, 즉 응용프로그램의 부산물로 취급한다. 따라서 조직 전체적으로 보면 각각의 파일들이 응용프로그램별로 필요한 데이터를 관리하기 때문에 전체적인 데이터들을 총괄적으로 파악하기가 쉽지 않다. 즉 데이터관리가 해당 응용프로그램의 관점에서 이루어진다. 이와 같이 데이터 관리가 응용프로그램별로 개별 파일을 대상으로 이루어지는 것이 파일시스템의 가장 큰 특징이라고 할 수 있다. 이러한 파일시스템의 특징은 응용프로그램별로 데이터베이스가 만들어진 경우에도 적용된다. 즉 응용 프로그램들이 공통의 데이터베이스를 사용하지 않는 경우에는, 비록 전산시스템적으로는 데이터들이 데이터베이스에 저장되어 있으나 이의 관리 형태는 파일시스템이라고 할 수 있다. 이러한 점에서 여기서 말하는 파일시스템의 데이터관리구조는 전산 시스템적으로 파일시스템이나 데이터베이스관리시스템을 사용하는가의 판단기준이라기보다는 데이터들이 응용프로그램별로 관리되는지 또는 전사적으로 공통 관리되는지를 나타내는 판단기준이라고 할 수 있다.

[그림 1-11]은 파일시스템의 데이터 관리구조를 개략화한 것이다. 그림에서 예시된 바와 같이 파일시스템에서는 데이터 파일들이 응용시스템(application system)의 일부로 포함된다. 그 결과 각각의 응용프로그램별로 파일들이 각각 만들어진다.

예를 들면 [그림 1-12]에 예시된 바와 같이 급여프로그램이 급여계산을 위하여 급여 테이블과 인사 마스터 파일을 사용하고, 프로젝트관리프로그램이 프로젝트관리를 위하여 프로젝트일정파일과 프로젝트참여종사자의 인사 마스터 파일을 사용할 경우, 급여계산을 위한 인사 마스터 파일은 급여 담당자가 관리하며, 프로젝트관리를 위한 인사 마스터 파일은 프로젝트관리 담당자가 관리한다.

그림 1-11 **파일시스템의 데이터관리 개념도**

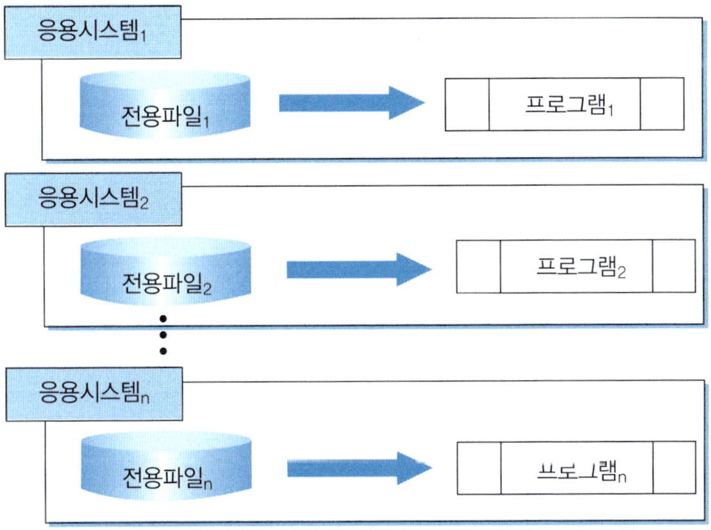

파일시스템의 가장 큰 문제점은 데이터 파일들이 응용프로그램의 일부로서 구축되고 관리된다는 점이다. 즉 데이터 관리의 범위가 응용프로그램으로 한정된다. 따라서 다른 시스템의 데이터들과 연계가 이루어지지 않으며, 이 결과 전사적으로 효율적인 데이터 관리가 이루어질 수 없다. 보다 구체적으로 파일시스템의 문제점들을 나열하면 다음과 같다.

데이터의 중복관리

파일시스템에서는 서로 유사하거나 또는 동일한 데이터들도 응용시스템별로 중복하여 저장되고 관리된다. 이 결과 동일한 데이터가 두 번 이상 기록되고 관리되는 일이 발생하게 된다.

앞에서 제시된 급여시스템과 프로젝트관리시스템을 보다 자세히 분석하여 보자. 급여 계산을 위하여 직급별 수당, 과세기준 등을 나타내는 급여 테이블과 각 사원의 근무 부서, 직급, 연봉 등을 포함하는 인사 마스터 파일을 활용하며, 프로젝트관리프로그램은 프로젝트 일정 데이터 파일과 프로젝트별 참여 사원의 근무 부서, 직급, 연봉 등을 포함하는 인사 마스터 파일을 활용한다

그림 1-12 **파일시스템에서 데이터 중복의 예**

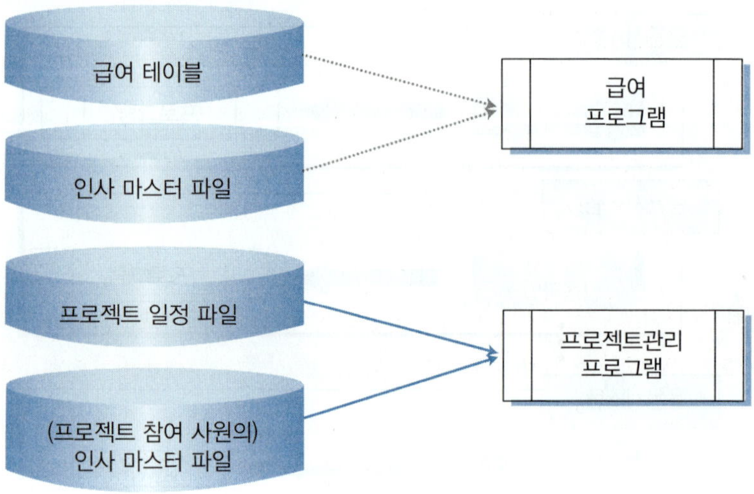

고 가정하자. 이 경우 인사 마스터 파일의 자료들은 [그림 1-12]에 예시된 바와 같이 급여시스템과 프로젝트관리시스템이 공통으로 사용한다. 그러나 파일시스템에서는 이들 데이터들이 각각 급여시스템과 프로젝트관리시스템의 일부로서 중복하여 저장된다.

데이터의 중복 저장은 저장 공간의 낭비를 초래하며, 저장 노력 또한 중복적으로 소요된다. 즉 동일 사원의 연봉이나 근무 부서의 변경이 급여시스템과 프로젝트관리시스템에서 두 번 갱신되어야 한다. 또한 이러한 과정에서 갱신이 일부만 이루어지고 일부는 갱신되지 않을 수도 있다. 이 결과 부정확한 자료들이 발생하게 되며, 데이터의 질이 떨어지게 된다.

데이터 저장형식 및 자료값 불일치

파일시스템에서는 데이터들이 시스템별로 저장되고 관리된다. 이 결과 동일한 자료가 중복하여 저장되며, 또한 서로 다른 형식으로 관리되는 경우가 발생한다.

가장 흔한 예로서는 데이터를 표현하기 위하여 서로 다른 코드를 부여하는 경우를 들 수 있다. 예를 들면, 사원의 성별을 특정 파일에서는 '1' 또는 '0'으로 표시하며, 다른 파일에서는 'M', 'F'로 표시할 수 있다. 더 나아가 특정 파일에서는 상품 분류를 국제표준상품분류코드(UNSPSC, United Nations Standard Products and Services Classification)로 표시하는 것에 반하여 다른 파일에서는 기업의 자체 분류코드를 사용할 수도 있다. 또한 특정 파일에서는 성적을 문자(A, B 등) 등급으로 표시하는 것에 반하여 다른 파일에서는 점수로(4.5, 4.0, 3.5 등) 표시할 수도 있다.

이와 같이 데이터들이 서로 다른 형식으로 저장될 경우 추후 이들 데이터들을 통합하거나 비교 분석하는 것이 불가능해 질 수 있다. 앞에서 제시된 예들 중에서 상품분류별로 매출액을 계산하여 증감률을 비교하고자 할 경우, 국제표준상품분류코드와 자체 분류코드가 서로 대응하지 않을 수 있으며, 이에 따라 다른 파일에 저장된 매출액을 비교하는 것이 불가능할 수 있다.

또한 데이터의 저장 형식이 동일한 경우에도 데이터의 중복 저장은 여러 가지 문제를 일으킬 수 있는데, 가장 대표적인 것이 자료값의 불일치이다. 특정 사원의 직급이나 연봉이 변경된 경우, 해당 사실이 급여시스템 담당자에게만 통보되고 프로젝트관리시스템의 담당자에게는 통보되지 않을 수 있다. 이러한 경우 급여시스템의 인사 마스터 파일의 자료들은 갱신되고 프로젝트관리시스템의 인사 마스터 파일은 갱신되지 않는 오류가 발생할 수 있다. 이와 같이 2개 또는 그 이상의 파일을 중복하여 유지하는 경우가 1개의 파일만을 유지하는 경우보다 자료값의 불일치(data inconsistency)가 발생할 확률이 훨씬 높다고 하겠다.

데이터관리의 종속성

파일시스템에서는 데이터관리가 독립적으로 수행되는 것이 아니라 응용시스템의 일부로서 응용프로그램과 같이 이루어진다. 그리고 시스템 관리자가 데이터 파일과 응용프로그램을 같이 관리한다.

이러한 형태는 데이터관리의 투명성을 저하시키며, 관리의 효율성을 저하시키게 된다. 즉 데이터들이 해당 응용프로그램에 한정하여 사용됨으로써 모든 데이터 관리기능이 해당 시스템을 위한 정보 산출로 국한되는 단점을 갖게 된다. 보다 구체적으로 나열하면 다음과 같은 문제들이 발생한다.

- 데이터 파일이 특정 목적만 충족시키는 형태로 구조화된다.
- 데이터 구조를 외부적으로 공개할 필요가 없으며, 이에 따라 자의적인 관리가 보편화될 수 있다.

예를 들면 급여시스템 인사 마스터 파일에서는 직급 분류를 급여계산만을 위한 분류로 설정할 수 있으며, 프로젝트관리시스템 인사 마스터 파일에서는 프로젝트 관리만을 위한 분류로 설정할 수 있다. 또한 이들 분류를 변경시킬 필요가 있는 경우, 이를 모든 사원 레코드에 적용하기보다는 그때의 편의에 따라 응용프로그램에서 자의적인 형태로 처리할 수도 있다. 예를 들면, 생산직의 직급 분류를 시간급 생산직과 연봉급 생산직으로 세분할 필요가 있을 경우 이를 인사 마스터 파일의 직급 분류에 반영하는 것이 아니라 응용프로그램에서 별도의 파일을 불러서 다시 세분하여 처리할 수 있다. 이렇게 처리할 경우 외부의 다른 응용프로그램의 개발자들은 생산직의 직급 분류가 바뀐 것을 전혀 알지 못할 수 있다.

데이터 공유 및 데이터관리 생산성 저하

파일시스템에서는 데이터 파일이 응용시스템의 일부로 취급된다. 따라서 별도의 시스템을 개발하고자 할 경우에는 유사한 업무 처리를 위해서도 해당되는 데이터들을 다시 수집하여 별도의 파일을 다시 만들어야 한다. 이러한 데이터관리 작업은 유사한 데이터들을 사용하는 시스템이 증가할수록 기하급수적으로 늘어나게 된다.

유사한 데이터들을 별도의 파일에 중복하여 관리하기 때문에 조직 전체적으로 볼 때 데이터 공유가 이루어지지 않는다. 그리고 데이터 수집이나 관리가 중복적으로 이루어지기 때문에 생산성이 낮아진다.

1.3.3 데이터베이스시스템의 데이터 관리구조

데이터베이스란 다수 사용자들이 공동으로 이용하기 위하여 데이터를 모아 놓은 것이라고 간략히 정의할 수 있다. 여기서 데이터란 기록된 사실을 말하며, 기록의 목적은 이후 여러 사용자들이 이를 이용하거나, 참조할 수 있도록 하는 것이다.

데이터베이스시스템은 파일시스템이 지니는 제반 문제점을 해결하기 위하여 제시된 대안이다. 파일시스템이 지니는 문제점들은 앞 절에서 구체적으로 소개되었는데 이들 문제들의 근원을 찾아보면 데이터 파일들이 응용시스템의 일부로서 관리된다는 점이다. 이 결과 공통된 자료들이 각각 독립적으로 응용시스템별로 관리되며, 그 결과 관리노력이 중복되고 동일한 자료들이 서로 다른 형태로 표현되거나 기록되게 된다. 이와 같은 문제점을 근본적으로 제거하기 위하여 데이터베이스시스템은 데이터들을 응용프로그램과 분리시켜 별도로 통합하여 관리함으로써 데이터들이 중복하여 관리되지 않도록 한다.

데이터베이스시스템에 근거한 정보시스템의 구조를 개략화하여 도시한 것이 [그림 1-13]이다. 그림에서 제시된 바와 같이 데이터베이스시스템에서 데이터들은 응용프로그램들로부터 분리되어 데이터베이스에 통합하여 저장되고 관리된다. 즉 데이터베이스는 모든 응용프로그램들을 위한 데이터들을 다 포함하며, 응용프로그램들은 데이터베이스에 저장된 데이터 중 필요 데이터들만을 선택하여 사용한다. 이와 같이 데이터들을 응용프로그램들로부터 독립시켜 별도로 저장하여 관리하는 것이 데이터베이스시스템의 가장 큰 특징이라 할 수 있다.

데이터들을 응용프로그램들로부터 독립시키는 가장 큰 이유는 데이터들이 중복하여 관리되는 것을 막기 위함이다. 즉 공통된 자료들이 존재하면 이들 자료들을 파일별로 중복하여 관리하는 것이 아니라 데이터베이스에 공통적으로 관리하고, 이들 데이터를 응용프로그램들이 같이 이용할 수 있도록 한다. 이 결과, 이상적으로 실제 현상에서 발생하는 하나의 사건이나 사물을 나타내

그림 1-13 데이터베이스시스템의 데이터 관리구조

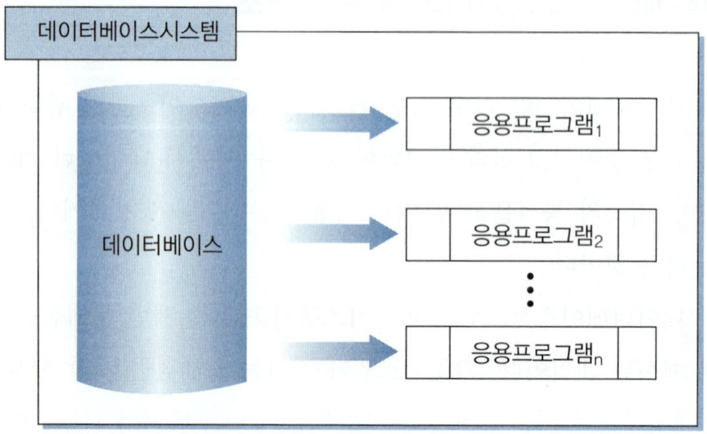

기 위하여 하나의 데이터만이 데이터베이스에 기록되고 관리된다. 여기서 이상적이라 함은 데이터베이스시스템이라 하여도 현실적으로 부분적으로는 데이터들을 중복하여 관리할 필요가 있음을 의미한다.

이러한 관점에서 볼 때 데이터베이스는 파일들이 모여서 구성되는 것이 아니라 파일을 구성하는 데이터들을 모아 재구성한 것이라 할 수 있다. 이를 예를 이용하여 보다 자세히 설명하면 다음과 같다.

급여계산프로그램과 프로젝트관리프로그램을 공통 지원하는 데이터베이스를 고려하여 보자. 이를 사원 데이터베이스라 하면, 사원 데이터베이스는 인사 마스터 파일과 급여 테이블, 프로젝트별 참여 사원의 인사 마스터 파일 및 프로젝트 일정 파일들로 구성되는 것이 아니라 이들 파일들에 포함된 데이터들로 구성된다. 보다 구체적으로 인사 마스터 파일은 사원의 근무 부서, 직급, 연봉을 포함하며, 급여 테이블은 직급별 수당과 과세기준들을, 프로젝트별 참여 사원의 인사 마스터 파일은 급여 계산을 위한 인사 마스터 파일의 내용에 추가하여 종업원별로 참여하는 프로젝트명과 참여율을 포함하며, 프로젝트 일정 파일은 프로젝트 일정을 포함한다고 가정하자. 그러면 사원 데이터베이스는 [그림 1-14]에 예시된 바와 같이 이들 데이터들을 모두 포함하도록

그림 1-14 데이터베이스와 데이터 통합관리의 예

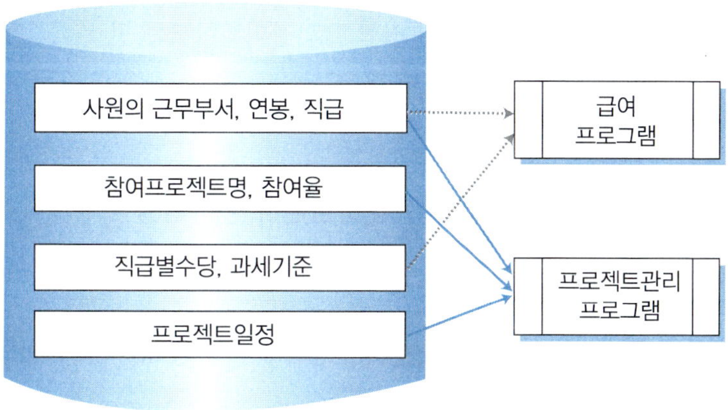

구성된다. 물론 이들 데이터들이 아무렇게나 널려 있는 것은 아니다. 데이터베이스에서 데이터들이 저장되는 구조를 표현하는 것을 데이터베이스 모형 또는 데이터베이스 스키마라고 하며, 이에 대한 상세한 내용은 이후 개체관계 모형과 관계형 데이터 모형에서 소개한다.

이상에서 제시된 데이터베이스의 개념을 수학적으로 표현하면 다음과 같다. 먼저 각 파일들을 데이터의 집합이라 하자. 그러면 데이터베이스는 파일들의 집합이 아니라 각 파일의 합집합이다. 예를 들면, 다음과 같이 정의된 3개의 파일이 존재한다고 가정하자.

파일_1 = {데이터_1, 데이터_2, 데이터_3, 데이터_4}
파일_2 = {데이터_1, 데이터_2, 데이터_5, 데이터_6}
파일_3 = {데이터_2, 데이터_6, 데이터_7}

이들 파일들에 대응하는 데이터베이스를 db_123이라 하자. 그러면 db_123은 이들 파일들을 구성하는 자료들의 집합으로 다음과 같이 정의된다.

db_123 = {데이터_1, 데이터_2, 데이터_3, 데이터_4, 데이터_5, 데이터_6, 데이터_7}

=파일_1 ∪ 파일_2 ∪ 파일_3

즉, 다음과 같이 파일들의 집합으로 정의되어서는 안 된다.

db_123 = {file_1, file_2, file_3}

이를 [그림 1-14]의 사원 데이터베이스를 예를 들어 설명하면 다음과 같다.

사원 데이터베이스={사원번호, 사원명, 근무 부서, 연봉, 직급,
참여 프로젝트명, 참여율, 직급별 수당, 프로젝트 일정,
과세기준}
≠{{사원번호, 사원명, 근무 부서, 연봉, 직급},
{직급별 수당, 과세기준},
{사원번호, 사원명, 근무 부서, 연봉, 직급,
참여 프로젝트명, 참여율},
{프로젝트명, 프로젝트 일정}}

이렇게 구성된 사원 데이터베이스의 내용 중에서 급여프로그램은 사원번호, 사원명, 근무 부서, 직급, 연봉, 직급별 수당, 과세기준만을 선택하여 사용하며, 프로젝트관리프로그램은 사원번호, 사원명, 근무 부서, 직급, 연봉, 소속된 프로젝트 명, 참여율, 프로젝트일정 데이터를 사용한다.

이상으로 설명한 바와 같이 데이터베이스시스템의 가장 큰 특징은 데이터들을 응용프로그램들로부터 독립하여 관리하는 것이다. 이러한 데이터의 독립관리가 성공적으로 이루어지기 위해서는 예상 가능한 모든 데이터들을 포함하도록 데이터들을 통합하고 조정해서 데이터베이스를 설계해야 한다.

파일시스템의 경우에는 시스템별로 응용프로그램이 개발될 때마다 사용하는 데이터 파일들을 따로 구축한다. 이렇게 새로이 만들어지는 파일들은 이전에 이미 만들어진 다른 파일들과는 독립적이다. 따라서 새로운 데이터

그림 1-15 데이터베이스시스템의 데이터 통합관리 예

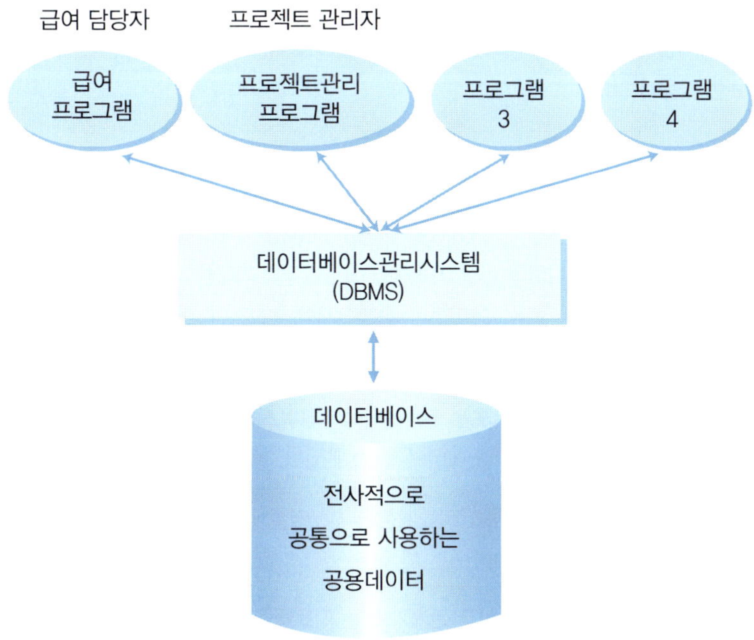

파일을 설계하고 개발할 때, 파일에 포함되는 데이터들을 통합하여 조정할 필요가 없다.[2)]

그러나 데이터베이스시스템은 [그림 1-15]에 제시된 바와 같이 여러 응용프로그램들이 데이터베이스를 공통으로 사용하기 때문에 응용프로그램들이 사용하는 데이터들을 모두 제공할 수 있도록 설계되어야 한다. 그리고 장차 개발될 응용프로그램들이 앞으로 사용할 데이터들도 잘 예측하여 이들도 모두 포함되도록 설계해야 한다.

2) 물론 이러한 주장은 가장 극단적인 경우를 나타내며, 많은 경우 파일들도 공통된 코드나 데이터 등을 사용하도록 조정한다.

요약

본 단원에서는 데이터베이스 구축 대상인 정보시스템을 이해하고 정보시스템에서의 데이터베이스 역할과 데이터 관리시스템에 대하여 학습하였다. 본 단원에서 습득한 주요 개념들을 요약하면 다음과 같다.

- **IPO 차트**: 시스템을 입력, 처리, 출력 및 피드백 등의 구성요소로 파악하여 도형으로 표현한 것.
- **거래처리시스템**: 기업의 가장 기초적인 활동인 업무거래를 지원하는 시스템으로써 업무거래의 결과로 발생되는 자료 또는 전표 등의 문서를 수집하여 계산하고 정리하는 등의 처리 과정을 거친 후 이를 데이터베이스에 집적하는 시스템.
- **기간업무 데이터베이스 또는 운영 데이터베이스**: 기업의 가장 기초적인 활동인 거래(transaction)를 처리하기 위한 데이터 및 거래 처리 결과를 저장한 데이터베이스.
- **논리적 시스템**: 자료나 정보 또는 사상이나 경영철학 등의 논리적 자원을 사용하는 시스템으로서 물리적 시스템의 상태 등을 표현함.
- **데이터베이스(database)**: 상호 관계가 있는 자료들을 논리적으로 하나의 통합된 저장소에 저장한 것.
- **데이터베이스시스템**: 상호 관계가 있는 자료들을 논리적으로는 하나의 통합된 저장소에 저장하여 조직 내의 다수의 사용자나 다수의 부서 또는 조직 전체의 정보 요구사항에 부응할 수 있는 데이터 공유와 통합관리를 목표로 하는 시스템.
- **데이터웨어하우스(datawarehouse)**: 전사적인 수준에서 기업의 의사결정에 필요한 모든 데이터들을 과거의 데이터까지 포함하여 축적한 대용량의 데이터베이스로 이들 데이터베이스들은 기업의 업무 거래에는 직접적인 영향을 미치지 않으며, 또한 주기적 요약 정보들을 포함함. 따라서 이들을 과거 및 현재의 요약정보들을 역사적으로 저장한 것이라고 하여 운영 데이터베이스와 차별화하여 데이터웨어하우스라고 칭함.
- **물리적 시스템**: 눈으로 확인할 수 있는 물리적 자원으로 구성되어진 시스템.
- **수작업데이터처리시스템**: 컴퓨터가 존재하기 이전에 사람이 손이나 주판 등을 활용하여 자료를 처리하던 시스템.
- **시스템**: 공동의 목표를 지향하는 서로 연관된 구성요소들의 유기적 집합체.
- **시스템의 구성요소**: 모든 시스템은 입력, 처리, 출력, 피드백, 환경, 경계의 여섯 가지 구성요소로서 이루어져 있음.

- **자료 값의 불일치**: 데이터들이 서로 다른 자료값을 나타내는 것.
- **정보시스템**: 의사결정자가 문제해결을 위한 최적의 의사결정을 할 수 있도록 관찰된 사실인 자료를 의사결정에 유용한 형태인 정보로 변형하여 제공하는 시스템.
- **파일시스템**: 정보화 초기 단계의 데이터관리시스템의 유형으로서 정보처리 하드웨어와 정보기술의 미발달로 기업 내의 전반적이고도 통합적인 데이터관리보다는 단위 업무별로 응용시스템별로 데이터관리를 수행하는 시스템.

제2장

데이터베이스시스템 개발 절차

건축물의 설계 및 시공과 관련된 학문을 건축공학이라 하며, 전기 시스템의 설계 및 설치와 관련된 학문을 전기공학이라고 한다. 여기서 공학(engineering)이란 잘 정의된 방법론과 제시된 개발 단계를 따르면 양질의 결과물을 산출할 수 있는 것을 말한다. 즉, 건축공학에서 규정된 법칙에 따라 설계하고, 부실 공사 없이 시공하면 그 구조물의 안전성은 보장된다.

정보시스템의 제작을 예전에는 공학적인 과정이기보다는 자의적인 과정으로 이해했었다. 즉 개발자의 창의적 노력의 결과물로 이해하였다. 그러나 최근에는 특히 정보공학의 대두로, 정보시스템의 제작을 공학적인 과정으로 이해한다. 즉 잘 정의된 방법론과 절차에 따라 시스템을 설계하고 개발하면 양질의 정보시스템을 제작할 수 있다.

좋은 데이터베이스를 구축하기 위해서는 잘 정의된 방법론 및 절차를 적용하는 것이 무엇보다도 중요하다. 좋은 방법론을 적용하는 것이 좋은 데이터베이스 시스템을 구축하기 위한 충분조건은 아니라 하더라도 필요조건임은 분명하다.

2.1 정보시스템의 구성요소

데이터베이스는 정보시스템을 구성하는 구성요소의 하나이다. 이러한 관점에서 데이터베이스시스템의 개발을 살펴보기 이전에 정보시스템의 개발을 데이터베이스를 중심으로 개략적으로 살펴본다.

2.1.1 정보시스템 개발 패러다임: 실제 현상 투사 패러다임

정보시스템은 실제 현상을 추상화한 가상적 현실을 나타낸다. 즉 정보시스템이 추구하는 바는 정보기술을 이용하여 궁극적으로 실제 현상과 가장 근접하는 가상적인 현실을 구현하는 것이다. 이와 같이 정보시스템을 실제 현상의 투영으로 보는 것을 실제 현상 투사 패러다임(real world mapping paradigm)이라고 한다.

실제 현상 투사 패러다임에 따라 정보시스템을 분석하기 위하여 먼저 이와 유사한 연극을 분석하여 보자. 연극 또한 정보시스템과 마찬가지로 가상적인 현실을 연극 무대 위에 구현하는 것을 목적으로 한다. 연극을 공연하기 위한 과정을 살펴보면 다음과 같다.

첫째로, 연극에 출연하는 배우, 장치, 소품들을 연극의 구성물들이라고 할 경우, 이들의 기능과 역할을 설정한 뒤, 구성물들을 모두 준비하여 배치한다.

둘째로, 배우들이 설정된 상황에 따라 시나리오에 명시된 대사 및 행동을 연기한다.

정보시스템도 연극과 같이 실제 현상을 가상적으로 나타내는데, 다만 이들을 연극무대가 아니라 정보시스템이라는 디지털 공간에 가상적으로 나타낸다. 정보시스템을 구축하기 위해서는 실제 현상을 나타내는 사람, 물건, 장비들을 가상적으로 설정하고, 이들 사이에 상황을 설계하고 사건이나 활동이 발생하도록 거래를 실행한다. 이때 실제 현상을 나타내는 사람, 물건, 장비들을 정보시스템에서는 실체라고 하고, 실체들 사이에서 발생하는 사건이나 활동

표 2-1 실제 현상 투사 패러다임

실제 현상	추상화	정보시스템
실 체	데이터	데이터베이스
실체들 사이에 발생하는 거래	프로세스	응용프로그램

을 거래라고 한다. 정보시스템에서 실체들을 추상화하여 표현한 것을 데이터라고 하며, 이들 데이터를 저장하고 관리하는 곳이 데이터베이스이다. 또한 거래의 처리과정을 추상화하여 표현한 것이 프로세스이며, 이를 구현한 것이 응용프로그램이다.

이러한 관점에서 볼 때, 데이터와 프로세스는 실제 현상의 다른 측면을 추상화한 것이다. 그리고 이들을 구현한 것이 데이터베이스와 응용프로그램이다. 그리고 정보시스템은 데이터베이스와 응용프로그램으로 구성된다.

실제 현상과 정보시스템과의 관계를 실제 현상 투사 패러다임에 따라 도시적으로 나타내면 〈표 2-1〉과 같다.

2.1.2 정보시스템 개발방법론

정보시스템의 개발방법론은 크게 응용프로그램을 중심으로 하는 프로세스 중심 개발방법론과 데이터베이스를 중심으로 하는 데이터 중심 개발방법론으로 구분된다. 이들 개발방법론 중에서 무엇을 선택할 것인가는 시스템의 성격에 의하여 결정된다.

프로세스 중심 정보시스템 개발방법론

자료의 처리 및 변환 알고리즘이 복잡한 정보시스템을 개발할 경우에는 응용프로그램의 개발에 비중을 두게 된다. 이러한 시스템을 프로세스 중심 정보시스템(process-intensive systems)이라 한다. 프로세스 중심의 정보시스템 개발방법론은 정보시스템 개발을 위한 전통적인 방법론으로서, 구조적 분석법 등

그림 2-1 프로세스 중심 정보시스템 모형

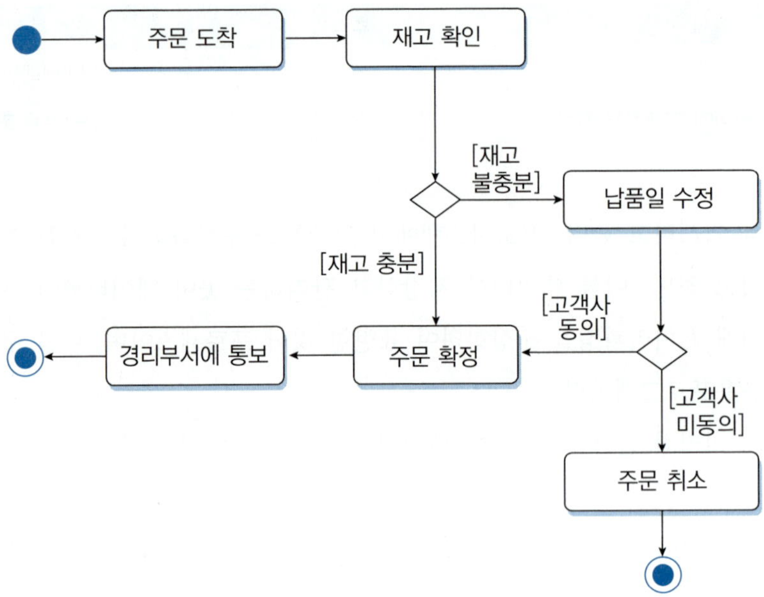

과 같은 대부분의 개발방법론들이 이에 포함된다.

프로세스 중심 정보시스템 개발방법론은 업무처리 과정을 순서에 따라 모델링하고 이를 근간으로 정보시스템을 개발한다. 프로세스 중심 정보시스템 개발을 위하여 가장 많이 사용되는 모형은 응용프로그램의 설계에 자주 사용되는 순서도(플로우차트(flow chart))이나.

[그림 2-1]은 주문 정보시스템을 개발할 때, 사내 담당직원이 고객 주문을 처리하는 과정을 순서도의 하나인 Activity Diagram을 이용하여 작성한 것이다.[1)] [그림 2-1]에서 둥근 사각형은 프로세스를 나타내며, 화살표는 처리 순서를 나타내고, 다이아몬드는 의사결정의 시점을 나타낸다. 그리고 검은 원은 시작을 나타내고 이중 원(검은 원을 포함하는 흰 원)은 끝을 나타낸다. 이를 통하여 개략적으로 알 수 있겠지만, 프로세스 중심 정보시스템 모형은 업무

1) Activity Diagram은, UML(Unified Modeling Language)의 9가지 모형도 중의 하나로서, 시스템의 동적인 흐름을 나타내는 모형도이다.

처리 프로세스들을 나열하고 이들 사이의 순서를 화살표로 표시하고, 반드시 시작과 끝을 표시한다. 따라서 이를 따라 읽어 가면 업무가 어떻게 처리되는가를 자연스럽게 알 수 있다. 이들 프로세스를 컴퓨터 언어로 구현한 것이 응용프로그램이며, 응용프로그램이 사용하는 데이터들을 저장한 곳이 데이터베이스이다.

데이터 중심 정보시스템 개발방법론

자료의 조작 및 변환 알고리즘이 비교적 간단하며 자료의 획득 및 관리가 중요한 시스템의 경우에는 응용프로그램보다는 데이터베이스의 개발에 비중을 더 많이 두게 된다. 이들 시스템을 데이터 중심 정보시스템(information-intensive systems)이라 하며, 학사관리시스템, 인사 관리시스템, 재고 관리시스템 등의 거의 대부분의 경영 관리시스템들이 이에 포함된다.

데이터 중심 정보시스템 개발방법론은 데이터들이 저장되는 장소인 데이터베이스에 무엇이 저장되며, 데이터의 갱신 및 이용과 연관된 제약조건 등을 모델링하는데, 정보공학적 개발방법론 등이 이에 포함된다.

예를 들면, [그림 2-2]는 주문처리를 위한 데이터들을 데이터 중심 정보시스템 모형의 하나인 개체관계모형으로 설계한 것이다.[2)] [그림 2-2]에서 사각형은 무슨 데이터들이 관리되어야 하는가를 나타내는 데이터 개체들이며, 실선은 이들 데이터 개체들 사이의 상호 연관성을 나타낸다. 그림을 통하여 개략적으로 알 수 있겠지만, 데이터 중심 정보시스템 모형은 무슨 데이터들이 관리되는가 만을 서술한다. 그리고 이들 데이터들이 어떻게 만들어지고 업무처리에 어떻게 이용되는가는 직접 표현하지 않는다. 이들 데이터 중심 정보시스템 모형을 구현한 것이 데이터베이스이며, 이들 데이터를 사용하여 거래를 처리하는 것이 응용프로그램이다.

---

2) 개체관계모형은 Chen이 제안한 이후 다양한 확장 모형들이 제시되었다. 이 결과 표현방법에 있어 조금씩 차이가 있다. 본 교재에서는 Chen이 제안한 개체관계모형과 Sybase사에서 공급하는 개체관계모델링 도구인 PowerDesigner의 표현 기법을 같이 사용한다. [그림 2-2]는 PowerDesigner를 이용하여 작성한 개체관계도이다.

그림 2-2 데이터 중심 정보시스템 모형

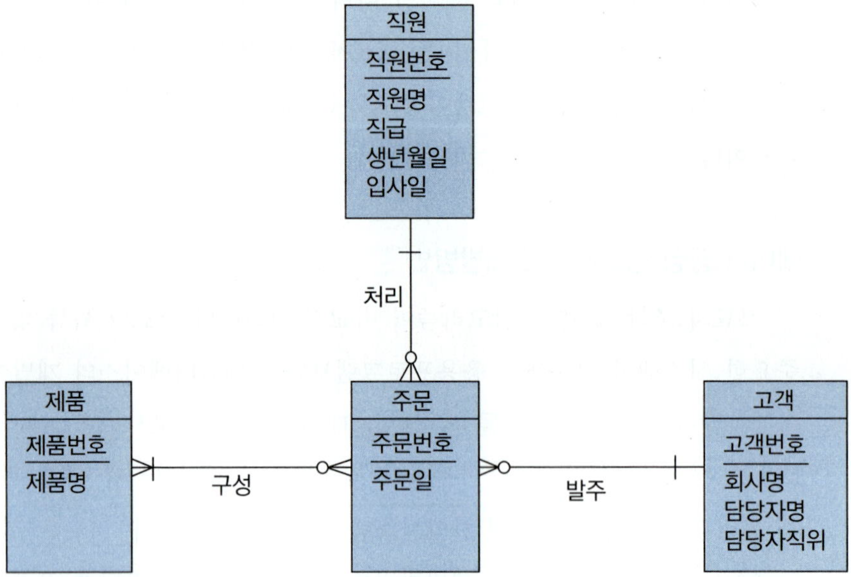

그림 2-3 정보공학적 관점에서 본 정보시스템의 구조

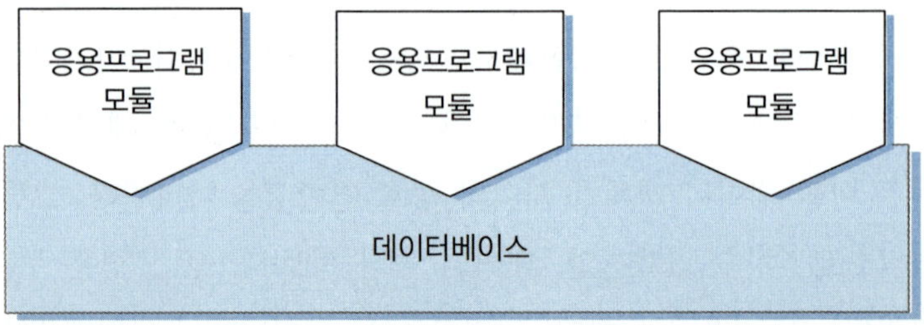

데이터 중심 정보시스템 개발방법론은 일반적으로 정보공학적 개발방법론으로 지칭된다. 이와 같이 정보공학적 방법론은 데이터베이스를 먼저 구현하고, 그 위에 응용프로그램들을 탑재하는 구조를 갖는다([그림 2-3] 참조).

2.1.3 정보시스템 프레임워크

정보시스템을 설계한 것을 정보시스템아키텍처(ISA: Information System Architecture)라고 하며, 이를 나타내는 틀을 정보시스템 프레임워크(ISF: Information System Framework)라고 한다. 정보시스템아키텍처는 개발하고자 하는 정보시스템의 구조를 나타내는 청사진 또는 설계도이다. John Zachman은 정보시스템의 구성요소로서 다음의 3가지를 제시하고 이에 근거한 프레임워크를 제시하였다.[3)]

- 무엇을(What) 저장하고 – 데이터(Data),
- 어떻게(How) 처리하고 – 처리(Process),
- 어디(where)와 연결하고 – 네트워크(Network)

정보시스템 프레임워크는 정보시스템을 구성하는 데이터, 프로세스 및 네트워크에 대하여 이들을 하향식으로 세분화함으로써 정보시스템의 아키텍처를 정의한다.

- 첫 번째 단계에서는 전체 기업을 하나의 대상체로 인식하여 정보시스템의 범위를 설정한다. 즉 기업을 구성하는 주요 데이터 엔티티들을 산출하고, 기업의 주요 기능을 목록화하고, 또한 기업의 주요 거점과 연결 대상 지점들을 선정한다.
- 두 번째 단계는 첫 번째 단계의 산출물을 세분화하여 구체적인 산출물들을 만들어내는데, 이를 비즈니스 모델이라고 한다. 비즈니스 모델은 기업의 중요 엔티티들로부터 비즈니스 엔티티들을 산출하는 데이터부분, 주요 기능을 세분화하여 기능 및 처리 분할도를 산출하는 프로세스 부분 및 각 거점 또는 지역간 연결도를 구성하는 네트워크에 대한 부분으로 구성된다.

---

3) 이후 Zachman은 이들 3가지 기본 구성요소들에 추가하여 '누가(Who) 처리하고', '언제(When) 처리되고' 및 '왜(Why) 처리하고'를 포함하는 확장 모델을 제시하였으나 본 교재에서는 기본 프레임워크만 살펴보기로 한다.

표 2-2 정보시스템 프레임워크

	데이터 (무엇을)	프로세스 (어떻게)	네트워크 (어디를)
1. 시스템 범위	기업에 중요한 엔티티 목록	기업이 수행하는 주요 기능 목록	기업이 운영되는 지역 목록
2. 비즈니스 모델	비즈니스 엔티티 관계도	기능과 처리에 대한 분할도	영업 거점간의 연결
3. 정보시스템 모델	데이터 모형	응용 프로세스간 연결 흐름도	분산 네트워크 구성도
4. 기술모델	데이터베이스 스키마	프로세스 사양	네트워크 디자인
5. 기술정의	데이터 정의	프로그램 코드	네트워크 형상 정의
6. 정보시스템	데이터베이스	응용프로그램	네트워크 형상

- 세 번째 단계는 비즈니스 모델을 보다 더 세분화하고 구체화 하는 단계로서 정보시스템 모델을 설계한다. 정보시스템 모델은 데이터 모형, 응용프로세스들 사이의 연결흐름도 및 분산네트워크 구성도를 주요 산출물로 포함한다.
- 네 번째 단계는 정보시스템 모델을 입력으로 하여 정보시스템의 기술모델을 산출한다. 데이터에 대하여는 데이터베이스 스키마를, 프로세스에 대하여는 프로세스 사양을, 또한 네트워크에 대하여는 네트워크 디자인을 개발한다.
- 다섯 번째 단계는 데이터를 정의하고 프로그램을 개발하고 네트워크 형상을 정의함으로서 정보시스템을 구현한다.
- 여섯 번째에서는 데이터와 정보, 응용프로그램 및 네트워크시스템으로 구성된 정보시스템이 작동하게 된다.

2.2 데이터베이스의 개발 단계별 모형

데이터베이스 개발은 데이터베이스의 설계도를 작성하고 이에 따라 데이터베이스를 생성하고 시험 · 운용하는 과정이라고 할 수 있다. 이러한 과정은 거의 모든 정보시스템 또는 공학적 제작 과정과 동일하다고 할 수 있다.

공학적 제작 과정에서 설계도는 여러 단계에 걸쳐 내용이 상세화되고 구체화된다. 즉 처음에는 개략적인 투시도를 작성하고, 이를 각 단면에 걸쳐 상세화한 후 제작 설계도를 작성하는 등의 과정을 거친다. 데이터베이스의 개발에 있어서도 이와 같이 여러 종류의 설계도가 필요하다.

여러 종류의 설계도를 필요로 하는 이유는 각 관점이나 나타내는 내용별로 다른 형태의 설계도를 사용하는 것이 편리하기 때문이다. 그리고 이렇게 다른 형태의 설계도를 유지함으로써 용도별로 적절한 설계도를 사용할 수 있으며, 또한 데이터베이스의 내용이 변경될 경우 해당 설계도만을 파악하여 변경부분을 쉽게 수정할 수 있다.

데이터베이스의 설계도를 데이터베이스 모형 또는 스키마라고 하는데 관계형 데이터베이스시스템은 3계층의 다른 설계도를 유지한다. 이하에서는 이들 3계층 스키마에 대하여 살펴본다. 그리고 이들 설계도를 작성하기 위한 개발 과정을 분석한다.

2.2.1 3계층 스키마

데이터베이스는 전사적으로 여러 사용자들의 요구사항을 수용하여 구축한 통합된 저장소이다. 이는 여러 명의 장님이 코끼리의 서로 다른 부분을 만지고 나서 각자의 경험에 의하여 코끼리의 생김새를 서술하면 데이터베이스 관리자가 이를 종합하여 원래의 코끼리 모양을 만들어 내는 것과도 같다고 할 수 있다. 장님들의 부분적인 경험으로부터 전체 코끼리의 형상을 설계하는 과

그림 2-4 3계층 모형의 예시

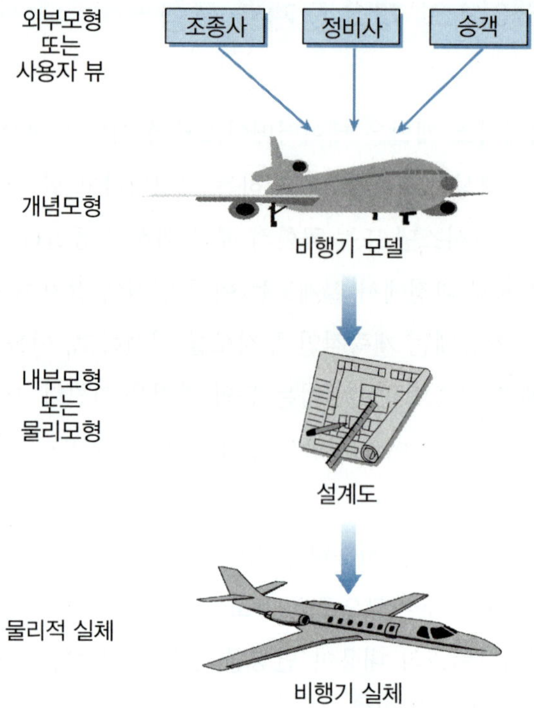

정을 단계별로 살펴보면 다음과 같다.

- 장님들이 각자 코끼리의 서로 다른 부분을 만지고 나서 각자의 경험에 의하여 코끼리의 생김새를 서술한 것을 외부모형 또는 사용자 뷰라고 한다.
- 외부모형을 통합하여 전체적인 코끼리의 형상을 그려낸 것을 개념적 통합모형이라고 한다.
- 돌이나 흙, 또는 쇠 등의 특정 소재를 사용하여 실제로 코끼리의 형상을 만들기 위한 모형을 내부모형 또는 물리모형이라고 한다.

이들 모형은 모두 코끼리라는 실체를 계층별로 서로 다른 시각에서 모형화한 것이다. 이와 마찬가지로 전체적인 형상을 모르는 데이터베이스에 대하여 개별적인 요구사항들을 모아서 전체적인 형상을 구성하고 이를 근거로 실제 데이터베이스를 구현하기 위한 모형을 계층별로 다른 시각에서 모델링한 것을 3계층 모형(3 level architecture) 또는 3계층 스키마라고 한다. 보다 구체적인 예로서 비행기에 대한 3계층 모형을 도식화하면 [그림 2-4]와 같다.

사용자 뷰 또는 외부모형

비행기에 대한 인식은 사용자가 어떤 그룹인가에 따라 서로 상이할 것이다. 조종사는 복잡한 계기판이 가득한 조종실로 인식할 것이며, 일반 승객은 좌석이 줄 맞추어 나열되어 있는 원통형의 큰 구조물로 이해할 것이며, 정비사는 수많은 전선과 기계들로 가득 찬 첨단 운송수단으로 인식할 것이다. 사용자에 따라 동일한 비행기에 대한 인식이 서로 다르듯 데이터에 대한 이해 또한 무서 보는 사용자에 따라 서로 다를 수 있다.

좋은 비행기란 조종사, 승객 및 정비사 등 모든 비행기 사용자의 요구를 모두 만족시킬 수 있는 비행기이듯이 좋은 데이터베이스도 모든 사용자 요구를 전부 다 수용할 수 있는 것이어야 한다. 이와 같이 개별 사용자의 관점을 모델링한 것을 외부모형(external model), 외부 스키마(external schema) 또는 사용자 뷰(user view)라고 한다.

개념모형

비행기를 디자인하려면 먼저 비행기의 전체적인 생김새를 결정하여야 할 것이다. 즉 크기는 얼마만큼 되어야 되고, 엔진 수는 몇 개여야 하며, 출입구는 몇 개가 적당한가 등의 스케치가 선행되어야 할 것이다. 이를 위해서는 조종사, 승객 및 정비사의 요구사항을 파악하고 각각의 시각을 통합화하여 비행기의 개념도를 완성한다.

데이터베이스 디자인에 있어서도 이와 같은 작업을 통하여 데이터베이스의 내용을 정의하는 과정이 필요하며, 이를 개념모형(conceptual model) 또는 개념 스키마(conceptual schema, conceptual view)라 한다. 따라서 개념모형은 외부모형에 포함된 자료들을 모두 포함하는 전체 집합의 개념이다. 역으로 외부모형은 개념모형의 일부 자료들로 구성되는 부분 집합의 개념이다.

내부모형 또는 물리모형

비행기 제작을 위한 실질적인 단계는 구체적인 설계도를 작성하는 일일 것이다. 동일한 개념모형에 기초하더라도 비행기의 제작 소재나 사용 환경 등이 달라지면, 비행기를 제작하기 위한 설계도 또한 달라져야 한다. 즉 알루미늄을 소재로 하는 비행기의 설계도와 나무를 소재로 한 비행기의 설계도가 같을 수 없으며, 프로펠러 비행기의 설계도와 제트 엔진 비행기의 설계도가 같을 수 없다.

데이터베이스의 경우에도 실제로 데이터들을 저장하기 위한 설계도를 작성해야 하는데 이를 데이터베이스의 내부모형(internal model)이라고 한다. 내부 모형은 흔히 물리모형(physical model) 또는 스키마(schema)[4)]라고 한다.

스키마의 작성방법은 데이터베이스관리시스템의 종류에 따라 상이하다. 즉 데이터베이스 스키마란 구체적으로 특정 데이터베이스관리시스템을 선택하여 데이터베이스를 구현하기 위한 설계도이다. 따라서 데이터베이스관리시스템의 종류와 형식에 따라 달라진다. 크게는 계층형 데이터베이스관리시스템의 스키마와 네트워크형 데이터베이스관리시스템의 스키마가 다르며, 이들과 관계형 데이터베이스관리시스템의 스키마가 판이하게 다르다. 또한 관계형 데이터베이스관리시스템들 가운데서도 Oracle의 스키마와 Sybase의 스키마가 다르며, DB2의 스키마와 Informix의 스키마가 다르다. 이와 같이 내부스키마 또는 내부모형은 데이터베이스를 특정 환경에서 구축하기 위한 설계도이며, 따라서 사용하는 데이터베이스관리시스템에 의존적이다.

비행기의 설계도대로 제작하면 실제 비행기가 만들어지듯이 데이터베이스도 스키마에서 설계한대로 구축하면 데이터베이스가 만들어 진다.

---

4) 데이터베이스 스키마는 물리 모형을 의미하기도 하며, 전반적인 데이터베이스 모형을 의미하기도 한다. 후자의 경우에는 외부모형, 개념모형을 외부 스키마 또는 개념 스키마 등으로 표현한다. 여기서는 데이터베이스 스키마가 물리 모형을 나타내는 것으로 사용한다.

2.2.2 데이터베이스시스템의 개발 단계

데이터베이스시스템 개발은 데이터베이스에 저장될 내용을 정의하는 데이터베이스 설계와 실제 데이터를 입력하는 데이터베이스 생성으로 대별된다. 데이터베이스 설계과정을 통하여 데이터베이스의 구조를 설계한 것을 데이터베이스 모형 또는 스키마라고 한다.

앞에서 소개된 3계층 스키마에서 설명한 바와 같이 데이터베이스 스키마는 포함 내용에 따라 외부모형, 개념모형 및 내부모형으로 구분된다. 이들 모형들을 참조로 하여 살펴보면, 데이터베이스의 개발 단계 또한 정보시스템 개발의 일반적 단계인 [요구정의 → 설계 → 구현]의 과정을 거친다.

- 사용자들의 외부모형으로부터 총괄적인 개념모형을 산출하는 단계가 요구정의 단계에 해당한다. 개념모형은 대부분의 경우 제3장에 소개되는 개체관계모형으로 표시된다. 따라서 데이터베이스시스템의 요구정의는 개체관계모형을 사용하여 개념모형을 설계하는 과정이라고 할 수 있다.
- 개념모형으로부터 물리모형을 설계하는 과정이 설계에 해당한다. 그런데 데이터베이스 설계는 특정 데이터베이스관리시스템을 가정하지 않고 일반적인 형태의 데이터베이스관리시스템(예를 들면 관계형 데이터베이스관리시스템)을 가정한 설계와 DB2, Oracle, MySQL 등의 특정 데이터베이스관리시스템을 가정한 설계로 다시 구분되는데 전자를 논리설계라고 하고 후자를 물리설계라고 한다. 그리고 논리설계의 산출물을 논리모형이라고 하고, 물리설계의 산출물을 물리모형이라고 한다. 그런데 최근 거의 모든 데이터베이스들은 관계형 데이터베이스관리시스템을 사용하여 만들어진다. 그리고 관계형 데이터베이스의 경우 물리모형의 전체적인 형태나 특성은 논리모형과 크게 다르지 않다. 다만 특정 데이터베이스관리시스템의 특성이나 고유한 명령어들을 포함한다. 따라서 논리설계는 일반적 형태의 관계형 데이터베이스를 설계하는

과정이며, 물리설계는 특정 관계형 데이터베이스관리시스템을 위한 데이터베이스를 설계하는 과정이라고 할 수 있다.

- 물리모형에 따라 데이터베이스를 생성하고 데이터를 입력하는 단계가 구현 단계에 해당한다.

이러한 흐름에서 볼 때 데이터베이스 시스템의 개발은 개략적으로 [그림 2-5]의 단계를 따른다.

그림 2-5 데이터베이스시스템의 개발 단계

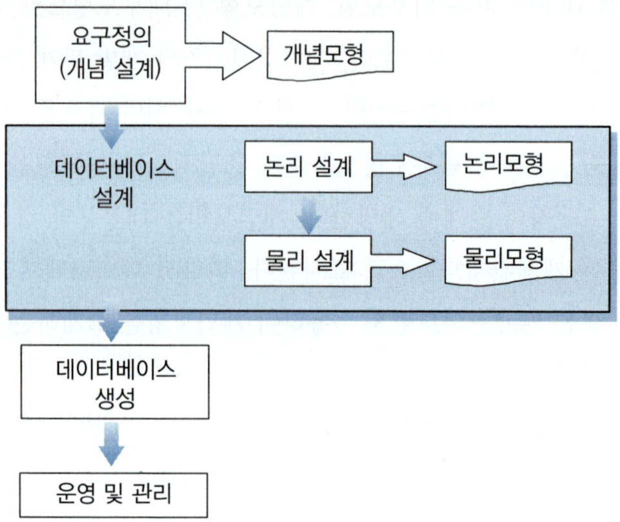

요약

본 단원에서는 데이터베이스시스템의 개발 절차 대하여 학습하였다. 본 단원에서 습득한 주요 개념들을 요약하면 다음과 같다.

- **개념모형**(conceptual model): 요구 사항의 정의 결과로서 데이터베이스에 무엇이 저장될 것인가를 나타내는 모형으로서, 사용자별 정보요구를 모두 통합한 전체 집합의 개념으로서 개념 스키마(conceptual schema)라고도 함.
- **내부모형**(internal model) **또는 물리모형**(physical model): 데이터베이스에 데이터들을 저장하기 위한 설계도로서 흔히 스키마(schema)라고 함. 논리모형과 구별하여 특정 데이터베이스관리시스템을 가정한 설계모형.
- **논리모형**(logical model): 특정 데이터베이스관리시스템을 가정하지 않고 설계된 관계형 데이터베이스 모형.
- **논리설계**: 논리모형을 설계하는 과정. 즉 특정 관계형 데이터베이스관리시스템을 가정하지 않고, 일반적 형태의 관계형 데이터베이스를 설계하는 과정임.
- **데이터 중심 정보시스템 개발방법론**: 자료의 조작 및 변환 알고리즘이 비교적 간단하며 자료의 획득 및 관리가 중요한 경우, 데이터베이스의 개발에 비중을 두는 정보시스템 개발방법론.
- **데이터베이스의 3계층 모형**: 데이터베이스에 대한 사양(specification)을 계층별로 다른 시각에서 모델링한 것으로 외부모형, 개념모형, 물리모형으로 구성됨.
- **물리모형**(physical model): 특정 관계형 데이터이스관리시스템을 가정하여 이를 위하여 설계된 관계형 데이터베이스 스키마로서 특정 데이터베이스관리시스템의 특성이나 고유한 명령어들을 포함.
- **물리설계**: 물리모형을 설계하는 과정. 즉 특정 관계형 데이터베이스관리시스템을 위한 데이터베이스를 설계하는 과정.
- **사용자 뷰**(user view) **또는 외부모형**(external model): 데이터베이스에 대한 개별 사용자의 관점을 모델링한 것.
- **실제 현상 투사 패러다임**(real world mapping paradigm): 정보시스템을 실제 현상의 투영(mapping)으로 보는 관점.
- **요구정의 또는 개념 설계**(conceptual modeling): 데이터베이스에 저장될 내용을 도출하는 활동으로서 사용자들의 외부모형을 취합하여 개념모형을 산출하는 과정.
- **정보시스템아키텍처**(ISA: Information System Architecture): 정보시스템을 설계한 것

- **정보시스템 프레임워크**(ISF: Information System Framework): 정보시스템 아키텍처를 나타내는 틀.
- **프로세스 중심 정보시스템 개발방법론**: 자료의 조작 및 변환 알고리즘이 복잡한 정보시스템을 개발할 경우와 같이 응용프로그램의 개발에 비중을 두는 정보시스템 개발방법론.

제 II 부

개체관계모형과 개념설계

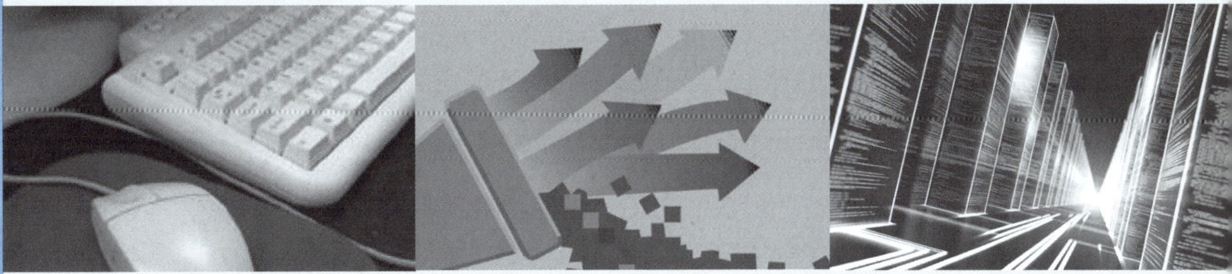

제3장

개체관계모형

개체관계모형은 데이터베이스 설계에서 개념모형 설계를 위하여 가장 많이 사용되는 모형이다. 여기서 개체관계모형으로 설계된 데이터베이스 스키마를 개념모형이라고 부르는 이유는 이를 직접 지원하는 데이터베이스관리시스템이 존재하지 않기 때문이다. 즉 개체관계모형을 사용하여 모델링한 스키마는 실제로 실행할 수 있는 데이터베이스 스키마가 아니다. 따라서 개체관계모형으로 설계된 스키마는 관계형 데이터베이스 스키마로 변환되어야 하며, 이렇게 만들어진 관계형 데이터베이스 스키마를 사용하여 데이터베이스를 생성한다.

개체관계모형이 데이터베이스의 개념 설계를 위하여 보편적으로 사용되는 이유는 관계형 데이터 모형보다 표현 능력이 우수하기 때문이다. 관계형 데이터베이스는 릴레이션(relation), 즉 테이블들의 집합이다. 따라서 관계형 데이터베이스를 설계하는 것은 테이블들을 설계하는 것이라고 할 수 있는데, 모든 테이블들이 단순 파일의 형태로 설계되기 때문에 이들 사이의 연관성을 가시적으로 나타내는 것이 쉽지 않다. 그러나 개체관계모형은 개체(entity)와 관계(relationship)라는 2가지 개념을 사용하기 때문에 개체들 사이의 연관성을 표현하기가 용이하다. 그리고 개체들을 상위 개체와 하위 개체로 세분화할 수 있다. 이러한 추가적인 표현 기능을 가지고 있기 때문에, 개체관계모형을 사용하여 개념모형을 설계하고, 이렇게 설계된 개념모형으로부터 관계형 데이터베이스의 논리모형과 물리모형을 만드는 것이 관계형 데이터베이스를 직접 설계하는 것보다 효과적이다.

3.1 개체관계모형의 모델링 시각

개체관계모형은 가장 대표적인 데이터 중심 모형이다. 따라서 개체관계모델링은 데이터 중심적인 관점에서 이루어져야 한다. 만약 프로세스 중심적인 관점에서 모델링이 이루어질 경우, 설계된 모형이 데이터베이스의 개념모형으로서는 부적합한 잘못 설계된 모형이 될 수 있다.

데이터 중심 모델링

데이터 중심 모델링이란 데이터를 중심으로 실제 현상을 추상화하는 방법이다. 즉, 비둘기 집과 같이 데이터들이 저장되는 장소를 지정하고, 여기에 저장될 데이터들이 어떻게 갱신되고 사용될 것인가 등에 대한 제약조건들을 정의함으로써 실제 현상을 추상화한다.

만약 고객수문 처리를 위한 데이터베이스를 모델링할 경우, 데이터 중심 모델링에서는 주문 또는 제품들에 대한 데이터들이 저장될 장소를 지정한다. 그리고 새로운 주문이 접수되거나 재고량 등이 변경될 경우, 이에 대한 제약조건들이 충족될 경우에만 데이터가 추가되거나 변경되도록 모형화한다.[1] 이와 같이 데이터 중심 모델링에서는 업무처리를 위한 과정은 포함되지 않는다. 예를 들면 주문을 수주할 때 할인율을 계산하는 것과 같은 처리과정은 포함하지 않는다.

데이터 중심 모델링을 위하여 가장 많이 사용되는 모형이 개체관계모형이

1) 예를 들면, 주문을 받기위해서는 먼저 해당 제품이 판매되는 제품으로 등록되어 있어야 하며, 주문량이 재고량보다 적거나 같아야 한다.

그림 3-1 데이터 중심 모형

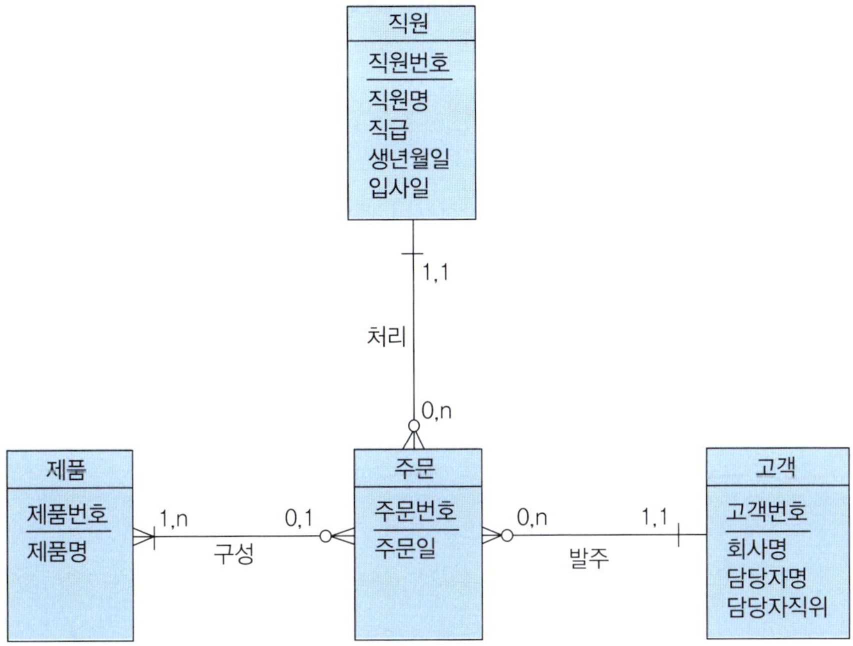

고 이를 그림으로 표현한 것이 개체관계도이다. [그림 3-1]은 방금 예시한 주문처리 데이터베이스의 개체관계도이다.[2)][그림 3-1]에서 사각형은 개체라고 하는데, 무슨 데이터들이 관리되어야 하는가를 나타내며, 실선은 관계라고 하는데, 개체들 사이의 상호 연관성을 나타낸다. 그림을 통하여 개략적으로 알 수 있겠지만, 데이터 중심 모델링은 무슨 데이터들이 관리되는가만을 서술한다. 그리고 이들 데이터들이 어떻게 만들어지고 어떻게 이용되는가는 직접 설계하지 않는다.

이후 개체관계모형의 소개에서 보다 자세히 살펴보겠지만, 개체관계모형에서는 데이터의 흐름이나 업무처리과정을 표시하는 개념이 존재하지 않는

---

2) 개체관계도는 Chen이 제안한 이후 다양한 확장 모형들이 제시되었다. 이 결과 표현방법에 있어 조금씩 차이가 있다. 본 교재에서는 Chen이 제안한 개체관계모형과 Sybase사에서 공급하는 개체관계모델링 도구인 PowerDesigner의 표현 기법을 같이 사용한다. [그림 3-1]은 PowerDesigner를 이용하여 작성한 개체관계도이다.

다. 따라서 흐름이나 절차, 과정들을 표시해서는 안 된다. 이러한 데이터 중심 모델링에 대한 올바른 이해는 개체관계모형을 제대로 사용하고 이해하기 위한 기본이라고 하겠다.

프로세스 중심 모델링

프로세스 중심 모델링이란 정보나 데이터의 처리과정, 즉 업무 프로세스 또는 절차를 중심으로 실제 현상을 추상화하는 방법이다. 절차에 기초한 모형들은 모두 입력물과 출력물이 있으며, 이들 사이에 프로세스가 정의된다. 그리고 한 프로세스의 출력물은 다른 프로세스의 입력물로 사용된다. 이와 같이 선행 프로세스의 출력물이 후행 프로세스의 입력물로 사용되기 때문에 선행 프로세스와 후행 프로세스들 사이에 선후관계가 구체적으로 정의된다.

절차적 시각을 모델링하기 위하여 가장 많이 사용되는 모형은 응용프로그램의 설계에 자주 사용되는 순서도(플로우차트)이다. [그림 3-2]는 고객 주문

그림 3-2 프로세스 중심 모형

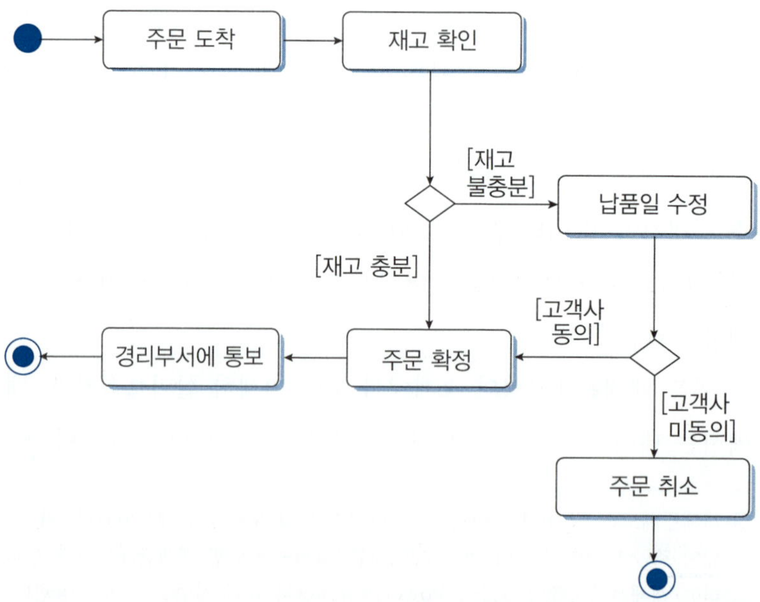

을 처리하는 과정을 순서도의 하나인 Activity Diagram을 사용하여 작성한 것이다.[3)]

[그림 3-2]에서 사각형은 프로세스를 나타내며, 화살표는 처리 순서를 나타내고, 다이아몬드는 의사결정을 나타낸다. 그림을 통하여 개략적으로 알 수 있겠지만, 프로세스 중심 모형은 프로세스들을 나열하고 이들 사이의 순서를 화살표로 표시하기 때문에 반드시 시작(검은 원)과 끝(검은 원을 포함하는 흰 원)이 있다. 따라서 시작부터 끝까지 화살표를 따라 읽어 가면 업무가 어떻게 처리되는가를 알 수 있다.

3.2 개체관계모형의 구성요소

명칭에서도 알 수 있는 바와 같이 개체관계모형은 기본적으로 개체(entity)와 관계(relationship)라는 2가지 개념을 사용하여 데이터베이스에 저장될 데이터들을 모델링한다. 개체관계모형은 실제 현상을 개체와 관계로 모델링한다. 그리고 이들 개체와 관계로부터 데이터베이스에 저장될 가치 있는 데이터들을 추출한다. 여기서 실제 현상을 개체들과 개체들 사이의 관계로 모델링한다는 것은 실제 현상을 제3자에게 설명할 때 다음과 같이 개체와 관계를 사용하여 설명하는 것을 의미한다.

- 실제 현상을 구성하는 구성물들이 무엇인가를 설명하는데 이를 개체라고 한다.
- 구성물들 사이에 어떠한 연관성이 존재하는가를 설명하는데 이를 관계라고 한다.

3) Activity Diagram은, UML(Unified Modeling Language)의 9가지 모형도 중의 하나로서, 시스템의 동적인 흐름을 나타내는 모형도이다.

3.3 개 체

개체관계모형은 기본적으로 개체와 관계라는 두 개념에 기초한다. 이들 중에서 순서를 따지자면 개체가 먼저이다. 관계는 개체들이 어떠한 연관성을 가지는가를 정의한 것이기 때문에 논리적으로 볼 때 개체가 먼저 존재해야만 관계를 나타낼 수 있다.

3.3.1 개체와 개체유형

개체(entity)란 실제 현상에 존재하는 것들을 지칭한다. 개체에 대한 이해를 돕기 위하여 연극을 공연한다고 가정하자. 연극을 공연하기 위해서는 먼저 연극에 출연하는 배우, 장치, 소품들과 같은 연극 무대에 등장하는 구성물들을 먼저 준비해야 한다. 이러한 구성물[4]들을 사용하여 무대가 꾸며지면, 배우들은 무대 위에서 연기를 한다. 이때 연극 무대를 구성하는 구성물들이 개체이다.

연극과 동일한 맥락에서 정보시스템 또한 실제 현상을 추상화하여 사용자들에게 전달하는 것이라고 볼 수 있다. 실제 현상을 추상화하여 정보시스템으로 나타내기 위해서는 실제현상을 정보시스템이라는 가상의 연극 무대에 표현해야 하는데, 이때 가상의 정보시스템이라는 무대에 등장하는 구성물들을 개체라고 한다.

국민주식회사에서 홍길동 등의 영업사원들이 북악상사, 성북통상 등의 고객사로부터 국민 100% 오렌지주스, 국민 체리 시럽 등의 제품에 대한 주문을 수주하여 처리한다고 하면, 이들 고객사와 제품들, 홍길동이라는 사원, 주문번호가 CO1049인 주문들이 모두 개체가 될 수 있다.

개체유형(entity class 또는 entity set)은 이러한 개체들을 동일한 유형별로 분류한 것이다. 앞의 예에서 개체유형들을 찾아보면 다음과 같다.

4) 여기서는 표현의 동질성을 위하여 사람도 물체라고 표현한다.

그림 3-3 개체와 개체유형

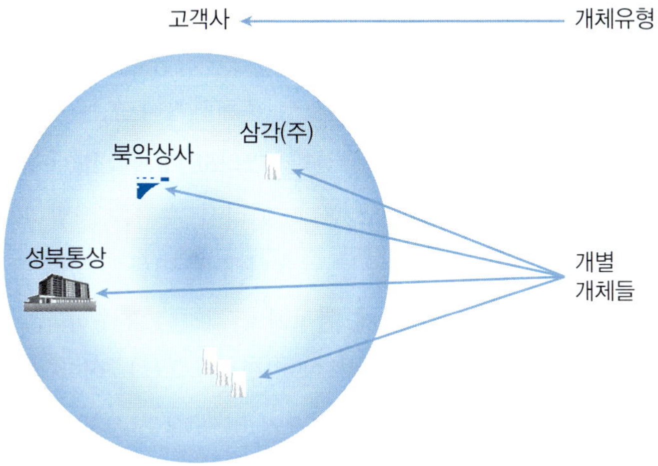

- 북악상사, 성북통상 등은 고객사이다.
- 홍길동은 사원이다.
- 국민 100% 오렌지주스, 국민 체리 시럽 등은 제품이다.
- CO1049는 주문이다.

개체유형과 개체는 수학적 표현을 빌리면 집합과 원소에 대응한다. 즉, 개체유형은 개체들을 모아 놓은 집합이며, 개체는 개체유형을 구성하는 원소들이다. [그림 3-3]과 같이 고객사라는 개체유형에 북악상사, 성북통상 등의 개체가 존재한다. 후자를 개체유형과 구분하여 개별개체라 부르기도 한다. 예제를 통하여 알 수 있듯이, 개체유형은 일반 명사들로 표시되며, 개별개체들은 고유 명사로 표시된다.

이와 같이 개체와 개체유형은 엄연히 구분된다. 그러나 실제로는 개체라는 동일 단어를 이용하여 개별개체를 지칭하기도 하며, 개체유형을 지칭하기도 한다. 따라서 개체라는 단어가 언제 개체유형을 뜻하며 언제 개별개체를 뜻하는가는 상황에 따라 적절히 판단해야 한다.

3.3.2 개체의 식별기준

개체는 실제 현상에서 물리적으로 존재하거나 또는 개념적으로 우리가 인지할 수 있는 것들을 모두 포함한다. 그리고 개체들을 유형별로 구분하여 모아 놓은 것을 개체유형이라고 한다. 따라서 개체를 식별하기 위해서는 먼저 실제 현상에 존재하는 것들을 모두 찾아내어, 이들을 동일 유형으로 분류해야 한다. 그러나 현실적으로 실제 현상에 존재하는 무수히 많은 것들을 모두 개체로 식별하는 것은 별로 효과적인 방법이 아니다. 이들 개체에 대한 데이터를 모두 데이터베이스에 저장할 필요가 없기 때문이다.

실제 현상에 존재하는 것들을 모두 찾아내서 이들 중에서 무엇을 개체로 식별하며, 무엇을 개체로 식별하지 않아야 하는가를 판단하는 것은 생각만큼 쉬운 일이 아니다.

예를 들면 국민주식회사와 연관하여 존재하는 것들을 살펴보면, 건물이 있으며, 북악상사, 성북통상 등과 같은 고객사들이 존재하며, 국민 100% 오렌지주스, 국민 체리 시럽과 같은 제품이 존재하며, 홍길동 등의 사원이 존재하며, 이들 사원들이 사용하는 자동차가 있으며, 사원들이 사용하는 전화기, 사무실, 책상 등 나열하기가 거의 불가능할 정도로 무수히 많은 것들이 존재한다. 국민주식회사가 입주해 있는 건물의 창문, 승강기, 건물 현관의 자판기 등 모든 것들이 실제 현상을 구성하는 구성물들이다. 이들 중에서 데이터베이스 개념 설계에 포함될 개체들을 선별하는 것은 생각보다 어려운 문제이다.

실제 현상에 존재하는 무수히 많은 구성물들 중에서 어느 것들을 개체로 인식하고, 어느 것들은 개체로 인식하지 않을 것인가의 판단 기준은 이들에 대한 정보가 저장할 가치가 있는가에 의하여 결정된다. 만약 국민주식회사에서 사원들이 사용하는 자동차에 대한 정보를 저장할 필요가 있으면, 자동차를 개체로 인식한다. 그러나 무슨 자동차가 있는지, 이것들이 누구의 소유이며, 누구에 의하여 사용되는지 등이 회사 경영과 무관한 정보라고 하면, 이들을 개체로 인식할 필요가 없다. 대부분의 경우 사원들이 소유하는 자동차에 대한 정보는 국민주식회사 경영을 위해 필요하지 않다. 이 경우 자동차는 개체로 분류하지 않는다. 그러나 만약 사원들의 자동차를 등록하여 주차장을 배정한다고 하면 사원들의 자동차도 개체로 인식되어야 한다. 이와 같이 무엇이 개체이며 개체가 아닌가 하는 것은 일률적으로 결정할 수 있는 것이 아니며, 구축하고자 하는 데이터베이스의 용도에 따라 판단해야 한다.

모든 개체가 제품이나 사원 등과 같이 실제로 볼 수 있거나 형상을 가지는 것은 아니다. 예를 들면 북악상사가 국민 100% 오렌지주스 100박스를 3월 1일 주문하였다는 주문번호가 CO1049인 주문은 우리가 눈으로 식별할 수 없다. 그러나 주문이라는 것이 존재한다고 가정하고, 이를 개체로 취급한다. 물론 주문서가 주문을 나타내는 물리적인 형상물이라고 할 수 있다. 그러나 주문서를 분실하여도 주문이라는 개체, 즉 북악상사가 국민 100% 오렌지주스 100박스를 3월 1일 주문하였다는 것은 존재한다. 즉 주문이라는 개체는 물리적인 형체에 의하여 식별되지 않는다. 이와 같이 물리적인 형체를 가지고 있든 가지고 있지 않든 상관없이 우리가 관리할 필요가 있는 것들은 개체라고 한다.

요약하면, 개체는 데이터를 저장할 가치가 있는 실제 현상을 구성하는 것들이다. 이들 개체는 형태에 따라 다음과 같이 구분된다.

- **물리적 개체**: 제품, 사원 등과 같이 물리적 형상을 가지고 있는 것들로서 눈으로 식별할 수 있는 것들
- **개념적 개체**: 주문, 대학의 전공 등과 같이 눈으로는 직접 볼 수 없지만 개념적으로 존재한다고 인식하는 것들

3.3.3 의존개체와 일반개체

개체는 이의 존재와 연관하여 의존개체(weak entity)와 일반개체(regular entity 또는 strong entity)로 구분한다.

의존개체

다른 개체가 먼저 존재해야만 자신이 존재할 수 있는 개체들을 의존개체라고 한다. 예를 들면 부양가족은 사원의 의존개체이다. 왜냐하면, 사원이 먼저 존재해야만 해당 사원의 부양가족이 존재할 수 있기 때문이다. 사원개체가 존재하지 않으면 부양가족이라는 개체 또한 존재할 수 없다. 이러한 관계를 존재 종속성(existence dependency)이라고 한다.

예를 들면, 홍길동의 부양가족인 홍아름이 존재하기 위해서는 홍길동이라는 사원이 먼저 존재해야 한다. 즉 홍아름은 홍길동의 부양가족으로서 존재한다. 물론 실제 현상에서는 홍길동이라는 사람도 존재하고 홍아름도 존재한다. 그러나 사원과 사원의 부양가족을 관리하는 국민주식회사의 입장에서는 홍길동이 사원이 아니면 홍아름 또한 관리할 필요가 없다. 만약 홍길동이 국민주식회사의 사원이 아닌데 홍아름이 국민주식회사 사원의 부양가족이라는 것은 부양가족의 원래 정의와 모순된다. 따라서 특정 개체가 부양가족이라는 개체가 되기 위해서는 관련된 사원이라는 개체가 먼저 존재해야 한다.

이와 같이, 다른 개체가 먼저 존재해야 존재할 수 있는 개체를 의존개체라고 한다.

일반개체

의존개체가 아닌 모든 개체들을 일반개체 또는 개체라고 한다. 개체들은 스스로 독자적으로 존재한다. 즉, 영업사원 홍길동은 국민 100% 오렌지주스와 같은 제품이나 성북통상 등과 같은 고객사의 존재와 상관없이 스스로 존재한다. 이러한 점에서 일반개체는 의존개체와 구별된다.

개체가 독자적으로 존재한다는 것은 다른 개체와 아무런 연관성이 없이 홀로 존재한다는 뜻은 아니다. 이후 관계의 설명에서 자세히 살펴보겠지만, 개체들은 서로 연관성을 가지며, 이러한 연관성은 관계로 표시된다. 다만, 개체가 독자적으로 존재한다는 것은 의존개체의 예제에서 살펴본 바와 같은 존재 종속성을 가지지 않는다는 것을 말한다. 즉, 홍길동이라는 사원이 존재하기 위하여 국민 100% 오렌지주스라는 제품이 먼저 존재해야 하는 것이 아니며,

성북통상이라는 고객사가 먼저 존재해야 하는 것도 아니다. 이와 같이 다른 개체에 종속되지 않는 개체들을 일반개체라고 한다.

3.4 개체의 표현

개체들은 실제 현상에서 물리적이거나 개념적인 형태를 갖는다. 이러한 개체들을 정보시스템에서 디지털화하여 표현하기 위해서는 개체에 대하여 알고 싶은 특성을 정형화하여 표현해야 한다. 이와 같이 개체의 특성을 표현한 것을 속성이라고 한다. 그리고 개체를 식별하기 위하여, 즉 다른 개체와 구분하기 위하여 사용하는 속성을 주키라고 한다.

3.4.1 속 성

각 개체는 속성(property or attributes)을 갖는다. 속성이란 개체를 설명하는 특성, 즉 개체에 대하여 우리가 알고자하는 정보들이다. 예를 들면, 고객사, 제품과 사원에 대하여 우리는 〈표 3-1〉에 열거된 정보들을 알기를 원한다고 하자. 이 경우 이들을 고객사, 제품, 사원들의 속성이라고 한다.

이들 속성에 대하여 각 개체들은 속성값을 갖는다. 예를 들면, 홍길동 사원은 생년월일이라는 속성에 대하여 1968-12-08이라는 값을 가진다. 사실 '홍길동'도 사원의 속성인 '이름'의 속성값이다.

식별자와 서술자

속성들은 개체의 특성을 나타내기 위하여 사용된다. 그러나 이들 속성들 중에서 특정 개체를 식별하기 위해서만 사용되는 속성들이 있다. 예를 들면, 사원번호는 사원을 식별하기 위해서만 사용되며, 해당 사원의 특성에 대하여 추가적인 정보는 제공하지 않는다. 이와 같은 속성을 식별자라고 한다. 그리

표 3-1 속성의 예

개체유형	고객사	제 품	사 원
속 성	고객번호 고객이름 담당자이름 담당자직위 주소 도시명 지역 우편번호 국가명 전화번호 팩스	제품번호 제품이름 공급업체 제품분류 포장단위 단가 재고량 발주량 재주문량 단품여부	사원번호 이름 직위 성별 배우자명 생년월일 입사일 주소 도시명 지역 우편번호 소속부서

고 식별자가 아닌 개체의 특성을 나타내는 것들을 서술자라고 한다. 이러한 점에서 속성은 다음과 같이 구분된다.

- **식별자**(identifier): 특정 개체를 타 개체들과 구분하기 위하여 사용됨.
- **서술자**(descriptor): 개체의 특성을 설명하기 위하여 사용됨.

이후 소개될 주키와 연관하여 설명하면 주키(primary key)는 식별자이며, 주키가 아닌 나머지 속성들은 서술자이다.

식별자와 서술자는 매우 다른 특성을 가지는데, 그 중의 하나가 값의 변화 가능성이다. 서술자들은 값이 수시로 변할 수 있다. 예를 들면 제품의 단가는 시간에 따라 인상될 수도 있고 인하될 수도 있다. 그리고 사원의 주소나 전화번호 또한 변한다. 그러나 식별자는 변해서는 안 된다. 예를 들면, 홍길동은 몸무게가 바뀌어도 홍길동이며, 주소가 바뀌어도 홍길동이다. 따라서 홍길동이라는 사람의 식별자는 바뀌어서는 안 된다. 이와 같이 식별자는 개체가 존재하는 동안 변경될 수 없다. 이러한 식별자와 서술자의 특성을 요약하면 〈표 3-2〉와 같다.

그러나 식별자가 서술자의 역할을 같이 수행하는 경우를 많이 볼 수 있다.

표 3-2 **식별자와 서술자의 특성**

식별자	값이 변경될 수 없음 (변경될 경우 이전 값이 삭제되고(즉 이전의 개체가 없어지고) 새로운 값이 만들어지는 것임(즉 새로운 개체가 만들어지는 것임))
서술자	값이 변경될 수 있음

예를 들면, 학생의 주키인 학번이 다음과 같이 10자리 문자로 구성되었다고 가정하자.

학번 = 2 0 1 3 (입학년도) 1 2 (학부/학과코드) 0 0 1 2 (일련번호)

이 경우 학번은 식별자인 동시에 소속 학부와 입학년도를 나타내는 서술자로서의 역할도 한다. 따라서 학생이 소속 학부를 바꾸면 학번도 바뀌게 된다. 예를 들면, 홍길동이라는 학생이 경영학부(학부 코드 12)에서 경영정보학부(학부 코드 35)로 전과(轉科)하게 되어 학번이 2013120012에서 2013350071로 변경되었다고 가정하자. 이 경우 학번이 2013350071인 학생은 2013120012인 학생과 전혀 다른 학생이다. 그 이유는 주키인 학번이 2013350071인 학생과 2013120012인 학생은 데이터베이스의 입장에서는 다른 학생으로 취급하기 때문이다. 그러나 실제로 홍길동이란 학생은 비록 소속은 바뀌었으나 동일한 학생이다. 따라서 학사관리를 위해서는 홍길동이 경영학부에서 수강한 과목들의 성적들은 전과한 후에도 계속 홍길동의 성적으로 관리되어야 한다. 바꾸어 말하면, 경영학부의 홍길동과 경영정보학부의 홍길동은 같은 개체이며, 다만 학부라는 속성이 변경된 것이다. 그러나 주어진 학번체계에서는 식별자(주키)인 학번이 바뀜으로서 학부를 바꾸기 이전의 홍길동과 이후의 홍길동은 서로 다른 학생으로 취급된다.

이와 같이 개체의 속성을 정의하는 과정에서 중요한 것은 가능하면 식별자와 서술자를 완전히 구분하여 설계하는 것이다. 즉, 식별자는 서술자적 성격을 가지는 값을 가능하면 포함하지 않도록 설계하는 것이 바람직하다. 위에서 예시된 학생의 주키인 학번의 경우, 학번은 의미 없는 일련번호로만 부여하고, 학부/학과코드와 입학년도는 학생의 속성으로 설계한다. 이렇게 함으로써 학생의 속성들이 바뀌어도 식별자는 바뀌는 일이 없게 된다.

기저 속성과 유추 속성

속성들은 해당 속성의 값이 다른 속성들의 값으로부터 유도될 수 있는가에 따라 기저 속성(basic facts)과 유추 속성(derived facts)으로 나누어진다. 유추 속성이란 해당 속성의 값이 다른 속성들의 값으로부터 유도될 수 있는 것이며, 기저 속성이란 그러한 유도가 불가능한 속성들이다.

예를 들면 개인의 출생년도를 알고 있으면 우리는 개인의 나이를 알 수 있다. 이때 나이와 같이 다른 속성의 값으로부터 계산될 수 있는 속성을 유추 속성이라고 한다. 그러나 출생년도는 다른 속성의 값으로부터 유도될 수 없다. 이러한 속성을 기저 속성이라고 한다.

또 다른 예로서 대학교에서 학생의 재학 기간 중 수강한 과목들의 성적평균은 개별 과목들의 성적으로부터 계산된다. 따라서 이는 유추 속성이다. 그러나 개별과목의 성적은 매학기 과목 수강 후 부여되며 이는 유추가 불가능한 기저 속성이다.

유추 속성의 값은 다른 속성들의 값으로부터 유도될 수 있기 때문에 반드시 저장할 필요는 없다. 즉 사용자들이 유추 속성의 값을 알고자 할 경우, 이를 계산하여(유추하여) 제공하면 된다. 이에 반하여, 기저 속성의 값은 다른 속성들로부터 유추할 수 없기 때문에 반드시 데이터베이스에 저장해야 한다.

단일값 속성과 복수값 속성

속성은 해당 개체별로 하나 또는 2개 이상의 값을 가지는데, 가질 수 있는 값의 개수(cardinality)에 따라 단일값 속성(single-valued facts)과 복수값 속성(multi-valued facts)으로 구분할 수 있다. 단일값 속성이란 주민등록번호와 같이 하나의 값만이 부여될 수 있는 속성이며, 복수값 속성이란 전화번호와 같이 하나 이상의 값이 부여될 수 있는 속성이다.

단일값 속성은 많아야 1개의 값을 가지며, 두 개 이상의 값을 가질 수 없다. 즉, 표 3-1에서 제품의 재고량은 현재의 재고 수량을 나타내기 때문에 1개의 값을 가지며, 가격 또한 1개의 값을 가진다. 그러나 만약 고객사에서 2명 이상의 직원이 국민주식회사와 거래를 담당한다면 담당자이름은 2개 이상의 값을 가지며, 따라서 복수값 속성으로 분류된다.

개체관계모형에서 복수값 속성은 속성의 이름 위에 *를 위 첨자로 추가하여 표시하거나(예: 담당자이름*) 또는 속성 뒤에 괄호를 사용하여 발생 빈도를 표시하기도 한다(예: 담당자이름(2-*)).

관계형 데이터 모형에서 보다 자세히 소개하겠지만 테이블은 복수값 속성을 나타낼 수 없다. 즉, 관계형 데이터베이스에서 테이블을 구성하는 레코드들은 각 속성들에 대하여 한 개의 값만을 가질 수 있다. 따라서 복수값 속성은 관계형 데이터베이스에서는 그대로 표현할 수 없다.[5)]

복수값 속성을 관계형 데이터베이스에서 속성으로 표현할 수 없기 때문에 가능하면 다음의 2가지 방법을 이용하여 개체관계모형의 모든 속성들을 단일값 속성으로 표현하는 것이 바람직하다.

- **복수값 중에서 대표되는 값 1개만을 표현하도록 변환**: 복수값 중에서 대표되는 값을 1개 선정하여 속성의 값으로 사용한다. 예를 들면 여러 개의 전화번호를 표시하는 대신에 1개의 대표전화번호만을 표시하도록 한다.
- **복수값 속성을 개체로 표현**: 복수값 중에서 대표되는 값 1개만을 표현하도록 변환하는 것이 불가능한 경우에는 복수값 속성을 별도의 개체로 표현함으로써 복수의 값을 표현할 수 있다. 즉, 앞의 예에서 고객사의 담당자가 여러 명일 경우, 담당자이름을 고객사의 속성으로 표현하는 대신에 개체를 만들어 고객사의 각 담당자들을 표현하면, 한 고객사에 대하여 여러 담당자를 나타낼 수 있다. 물론 이들이 특정 고객사의 담당자라는 사실은 고객사와 담당직원 사이의 관계로 표현된다.

---

5) 이후 3.9절에서 보다 자세히 살펴보게 되겠지만, 개체관계모형에서 설계한 개체는 관계형 데이터베이스에서는 테이블로 표현된다. 그리고 개별개체들은 테이블을 구성하는 레코드로 표현되며, 개체의 속성은 테이블의 속성으로 표시된다.

빈값(null)

개체들은 속성에 대하여 값을 갖는다. 그러나 경우에 따라서는 값이 없는 것으로 기록될 수도 있다. 예를 들면 특정 사원인 홍길동의 배우자명이 값이 없을 수 있다. 이와 같이 비어 있는 값을 빈값 또는 널값(null)이라고 한다. 개체의 속성값이 빈값이라는 것은 다음의 2가지 의미로 해석될 수 있다.

(1) 해당 속성의 값이 원래 존재하지 않는 것을 의미한다.

(2) 해당 속성의 값이 원래는 존재하나 그 값을 몰라서 기록하지 않은 것을 의미한다.

빈값이 이러한 2가지 의미로 해석될 수 있기 때문에 빈값으로 표시된 속성이 있을 경우 해당 개체의 속성값이 위의 2가지 경우 중에서 어디에 해당하는지를 구분할 수 없다. 따라서 개체의 속성을 정의할 때는 이들 2가지 경우가 같이 발생하지 않도록 하는 것이 좋다. 즉 2번째 경우만 발생하고 첫 번째 경우는 발생하지 않도록 개체와 속성들을 설계하는 것이 바람직하다.[6)]

3.4.2 속성치 영역 또는 도메인

각 개체들은 속성의 값으로 임의의 값을 함부로 가질 수 있는 것은 아니며, 한정된 값들 중에서 하나를 갖는다. 예를 들면, 시험 성적은 보통 0점부터 100점까지 자연수 또는 A+, A와 같은 문자 등급 중 하나의 값을 갖는다. 이와 같이 특정 속성이 가질 수 있는 모든 값을 모아놓은 것, 즉 모든 가능한 속성값들의 집합을 속성치 영역 또는 도메인(domain)이라고 한다.

만약 학교의 성적이 0점부터 100점까지 자연수로 표현되면, 성적의 속성치 영역은 다음과 같이 표시된다.

dom(성적) = {0, 1, 2, ... , 100}

---

6) 특정 개체에 대하여 원래 값이 존재하지 않는 속성이 포함되는 것을 방지하기 위한 방법은 이후 개체의 일반화/세분화 등에서 보다 자세히 설명한다.

그리고 만약 성적이 A+, A와 같은 문자 등급으로 표현된다면 성적의 속성치 영역은 다음과 같이 표시된다.

dom(성적) = {A+, A, B+, B, C+, C, D+, D, I, F}

예를 통하여 알 수 있는 바와 같이 속성치 영역은 일반적으로 이야기하는 데이터 유형보다 훨씬 제한적이다. 첫 번째 성적의 데이터 유형은 정수이다. 그러나 속성치 영역은 이보다 훨씬 제한적인 0부터 100까지의 정수이다. 그리고 두 번째 성적의 데이터 유형은 2자리 문자(CHAR(2))로 정의된다. 그러나 속성치 영역은 이보다 훨씬 제한적인 A+부터 F까지의 10개의 값들이다.

속성치 영역을 통하여 알 수 있는 바와 같이 첫 번째 성적과 두 번째 성적은 서로 다른 성적을 의미한다. 물론 이들 사이에 변환 공식이 존재할 수 있으나, 경우에 따라서는 서로 변환이 불가능한 경우도 발생한다. 따라서 우리가 속성을 정의한다는 것은 속성치 영역도 같이 정의하는 것을 의미한다.

이와 같이 속성치 영역은 속성을 정의하는 주요 요소이며, 속성치 영역을 어떻게 정의하는가에 따라 다른 의미를 갖게 된다. 속성의 이름이 같다고 해도 속성치 영역이 다르면 서로 다른 속성들이라고 할 수 있다. 따라서 속성치 영역이 정의되었을 때 비로소 속성에 대한 정의가 완료되었다고 할 수 있다.

3.4.3 주 키

개체들을 관리함에 있어 가장 기본적인 것은 여러 개체들 중에서 특정 개체를 식별하는 것이다. 예를 들면, 유통회사에서 제품들을 관리하기 위해서는 국민100%오렌지주스를 국민체리시럽과 구분해야 한다. 일상적으로 우리는 제품명과 같이 이름을 사용하여 개체들을 구분한다.

정보시스템에서도 개체들을 구분할 수 있는 방법이 필요하다. 그러나 보통 사용하는 이름을 사용할 경우에는 개별개체들을 식별하기가 쉽지 않은 경우들이 발생한다. 이름이 같으나 실제로는 서로 다른 개체들이 있을 수 있으며,

또한 같은 이름이라도 여러 가지 방법으로 불릴 수 있기 때문이다. 예를 들면, '국민 100% 오렌지 주스'를 그냥 '국민 오렌지 주스'라고 부를 수 있으며, '국민 100 오렌지'로 줄여서 부를 수도 있다. 그리고 '국민 100% 오렌지 주스'라고 부를 경우에도 '국민100%오렌지주스'로 붙여서 쓸 수도 있으며, '국민 100% 오렌지주스'로 쓸 수도 있다. 그러나 정보시스템에서는 이들을 모두 다른 것으로 인식하기 때문에 일상생활에서 사용하는 방법보다 엄격한 식별방법을 필요로 하는데 이를 키(key) 또는 주키(primary key)라고 한다.

주키의 용도는 개별개체들을 식별하는 것이다. 따라서 주키의 값을 알면 여러 개체들 중에서 특정 개체를 찾아낼 수 있다.

예를 들면, 제품의 주키는 제품번호이다. 즉, 제품번호를 알 경우 어느 제품을 칭하는지 식별할 수 있다. 그러나 제품의 가격은 주키가 될 수 없다. 왜냐하면 가격이 만원인 제품은 여러 개가 존재할 수 있기 때문이다.

이와 같이 모든 개체들은 서로 다른 주키값을 가져야 하는데, 이를 주키값의 유일성이라고 한다. 즉, 주키값이 같은 개체가 여러 개 존재해서는 안 된다. 물론 경우에 따라서는 만원짜리 제품이 꼭 하나만 존재할 수도 있다. 그러나 여기서 말하는 유일성은 예상 가능한 모든 제품들 중에서의 유일성을 말하므로, 무수히 많은 제품이 있을 수 있다고 가정할 경우 가격이 10,000원인 제품은 당연히 2개 이상 있을 수 있다고 예상할 수 있다.

만약 유일성을 충족시키는 속성이 존재하지 않을 경우에는 2개 이상의 속성을 결합하여 주키로 사용할 수 있다. 예를 들면 동명이인(同名異人)이 있을 수 있기 때문에 이름만으로는 사원을 유일하게 구별할 수 없다. 따라서 이름은 주키가 될 수 없다. 이와 같은 경우에는 사람을 구별하기 위하여 이름과 생년월일을 같이 사용할 수 있다. 즉, 만약 홍길동 사원이 2명이 있으면, 1968-12-8일생 홍길동, 1983-02-19일생 홍길동과 같은 방식으로 구분할 수 있다. 이 경우 이름과 생년월일을 결합한 것이 주키가 될 수 있다. 이와 같이 두 개 이상의 속성을 결합하여 구성한 주키를 복합키(composite key)라고 부른다.

또한 주키가 될 수 있는 속성이 2개 이상 있을 수도 있다. 예를 들면, 학생이라는 개체에 대하여 다음의 속성들을 안다고 가정하자.

학번, 이름, 주소, 주민등록번호, 학과, 입학년도, 졸업예정년도

이 경우 학번을 주키로 사용할 수도 있으며, 주민등록번호를 주키로 사용할 수도 있다. 또한 이름과 주소를 결합하여 주키로 사용할 수도 있다. 그러나 일반적으로 학교에서는 학번을 학생의 주키로 사용한다. 이와 같이 주키가 될 수 있는 것이 2개 이상 있을 경우에는 일반적으로 많이 사용되는 것을 주키로 지정한다. 이때 나머지 것들은 키 또는 대체키(candidate key 또는 alternate key)라고 한다. 예제에서 학번이 주키가 되면 주민등록번호는 대체키가 된다.

3.4.4 주키의 기준

개체관계모형에서 주키는 개체를 인식하는 기준이라는 점에서 매우 중요한 의미를 갖는다. 주키가 지정되고 이를 사용하여 개체들을 서로 구분할 수 있을 때 비로소 개체들이 올바르게 정의되었다고 할 수 있다.

주키가 되기 위해서는 다음과 같은 기본적인 조건을 충족시켜야 한다.

- **존재성**(existence): 모든 개체들에 대하여 주키값은 반드시 주어져야 한다. 즉 주키에 대해서는 빈값(null)이 발생해서는 안 된다. 주키값이 없다는 것은 해당 개체를 인식할 수 없다는 것이기 때문에 개체의 정의와 상충된다.
- **유일성**(uniqueness): 모든 개체들에 대하여 주키는 서로 다른 값을 가져야 한다. 즉 주키값이 같은 경우가 발생해서는 안 된다. 주키값이 같다는 것은 이들 개체들이 같다는 것이기 때문에 개체의 정의와 모순된다.

이러한 기본적인 기준에 추가하여 주키는 다음의 사항들을 고려하여 설정하는 것이 바람직하다.

- 개체의 인식 단위로서의 적절성
- 주키값의 변경 가능성
- 주키 구성의 단순성

개체의 인식 단위로서의 적절성

주키는 개별개체를 구별하고 인식하는 기준이다. 바꾸어서 말하면, 주키를 지정함으로써 개체를 구분하는 단위가 결정된다고 할 수 있다.

예를 들면 비디오 대여 가게에서 전화번호를 고객의 주키로 사용할 수 있으며, 주민등록번호 또는 가게에서 부여한 임의의 고객번호를 고객의 주키로 사용할 수도 있다. 그러나 이들은 다음과 같은 차이점을 갖는다.

- 만약 전화번호를 주키로 사용할 경우 동일한 전화를 공유하는 고객들은 모두 같은 고객으로 취급된다. 예를 들어 같은 전화번호를 사용하는 가족은 동일한 고객으로 취급된다. 따라서 가족들이 대여한 비디오는 본인이 대여한 것이 아니더라도 본인이 대여한 것과 같이 취급된다.
- 만약 주민등록번호를 주키로 사용할 경우에는 각 개인은 주민등록번호에 의하여 개별적으로 인식된다. 따라서 이 경우에는 같은 가족이라도 남편과 부인은 다른 고객으로 취급된다.

또한 개체의 인식단위로서 주키를 지정하는 과정에서 간과하기 쉬운 점의 하나는 빈값의 발생 가능성이다. 주키가 빈값을 가질 수 없다는 것은 누구나 알고 있다. 그러나 주키를 잘못 설정할 경우, 빈값이 발생할 수밖에 없으며, 이 경우 해당 개체들은 개체로 정의될 수 없는 상황이 발생할 수 있다.

예로서 고객의 주키를 주민등록번호로 지정할 경우 외국인은 고객이 될 수 없다. 그리고 이를 방지하기 위하여 주키를 주민번호 또는 (외국인의 경우) 여권번호로 지정할 경우, 밀입국자는 고객이 될 수 없다.

이상에서 예시한 바와 같이, 주키는 개체를 무슨 단위로 인식할 것이며 어디까지를 개체로 인식할 것인가 등을 고려해서 설정해야 한다.

주키값의 변경 가능성

주키의 목적은 개체들을 식별하는 것이다. 따라서 이들 개체들이 존재하는 동안 이들의 주키값은 바뀌지 않는 것이 바람직하다. 다르게 말하면, 주키값이 바뀌는 것은 이전 주키값을 갖는 개체는 소멸되었으며, 새로운 주키값을 갖는 개체가 생성되는 것을 의미한다. 따라서 주키값은 실제로 개체와 수명을 같이 하도록 설계되는 것이 바람직하다.

예로서 학생의 주키인 학번이 다음과 같이 구성되었다고 가정하자.

학번 =	2 0 1 3	1 2	0 0 1 2
	입학년도	학부/학과코드	일련번호

이 경우 학생이 소속학부 또는 학과를 바꾸게 되면 학생의 식별 단위인 주키도 바뀌게 된다. 그러나 실제 현상에서는 비록 소속 학부나 학과가 바뀌었어도 학생은 여전히 해당 학교에 재학하는 동일한 학생이다. 그리고 이전 학부나 학과에서 수강한 과목, 성적들은 전공을 바꾼 후에도 학사관리를 위하여 계속 필요하다. 그러나 예시된 학번 체계에서는 학부가 변경되면 학번이 바뀌게 된다. 이는 새로운 학번의 학생이 새루이 생성된 것을 의미한다. 따라서 실제 학생의 수명주기와 서로 일치하지 않으며, 이로 인하여 해당 학생의 학사관리에서 이전에 수강한 과목이나 성적들을 쉽게 찾을 수 없는 등의 여러 문제들이 발생할 수 있다.[7)]

주키 구성의 단순성

개체를 정의할 때 복합키는 가능한 사용하지 않는 것이 바람직하다. 예를 들면, 동명이인(同名異人)이 존재할 경우 이름만으로는 고객을 구별할 수 없다. 이러한 동명이인 고객들을 구분하기 위한 한 가지 방법은 출생지와 출생시각 등을 사용하는 것이다. 즉, 어디서 언제 태어난 누구라는 식으로 모든 고객을 구별할 수 있다. 그러나 이러한 복합키를 사용하여 고객을 식별하고 관리하는 것은 매우 번거로우며 효과적이지 못하다. 따라서 가능하면 단순 식별자를 사용하는 것이 바람직하며, 이러한 속성이 존재하지 않을 경우에는 고객번호와 같은 인위적인 식별자를 새로이 만들어서 사용하는 것이 바람직하다.

---

7) 기술적으로 이야기하면, 수강과목 테이블의 주키는 학생 테이블을 참조하는 학번과 과목 테이블을 참조하는 과목번호를 결합한 복합키이다. 따라서 새로운 학번을 사용하면 이전에 수강한 과목들을 검색하는 데에 많은 어려움이 발생한다.

3.5 관 계

개체관계모형에서 개체들을 연결하는 것이 관계(relationship)이며, 이러한 관계는 개체들 사이의 연관성을 나타낸다.

예를 들면, [그림 3-4]에서 표시된 바와 같이, 사원과 주문 사이에는 처리라는 관계가 존재한다. 즉, 홍길동 사원이 CO10270 주문과 CO10275 주문을 담당하여 처리하며, 김국민 사원은 CO10277 주문을 처리한다.

이와 같이 개체와 개체를 연결하는 것을 관계라고 하며, 관계들의 집합을 관계유형(relationship set)이라 한다.[8)]

관계의 수학적 정의

수학적으로 관계는 이를 구성하는 원소들의 순서쌍으로 표현된다. 예를 들

그림 3-4 관계와 관계유형

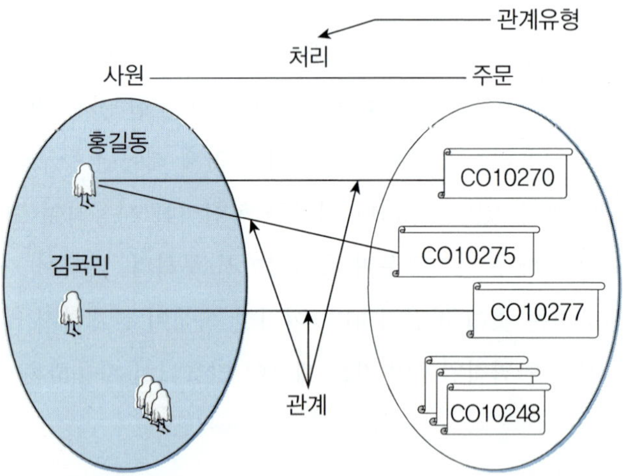

8) 개체의 경우와 마찬가지로 관계도 관계 유형과 혼용하여 사용된다. 따라서 관계라고 할 경우, 상황에 따라 개별 관계를 지칭하기도 하며, 관계 유형을 지칭하기도 한다.

면 사원을 나타내는 집합과 주문을 나타내는 집합이 존재한다고 가정할 경우, 이들 사이에 정의된 처리라는 관계는 사원과 주문을 원소로 갖는 순서쌍으로 표현된다.

사원 = {홍길동, 김국민}
주문 = {CO10248, CO10270, CO10275, CO10277}
처리 = {〈홍길동, CO10270〉, 〈홍길동, CO10275〉, 〈김국민, CO10277〉}

이때 관계는 반드시 해당 개체유형에 포함되어 있는 원소들로 구성되어야 한다. 바꾸어 말하면, 〈안정훈, CO10248〉은 처리 관계의 원소가 될 수 없다. 왜냐하면, 안정훈이 사원이 아니기 때문이다. 이와 같이 관계는 이미 존재하는 개체들을 대상으로 정의된다. 따라서 안정훈 사원이 CO10248 주문을 담당한다면, 먼저 사원개체의 집합에 안정훈이 포함되어야 한다. 그리고 난 다음에 이들 사이에 관계가 설정될 수 있다.[9]

관계를 일반화하여 정의하면, n개의 개체유형들에 대하여 n항의 관계를 정의할 수 있으며, 이는 다음과 같이 표현된다.

$$R = \{\langle e_1, e_2, \ldots, e_n \rangle \mid e_1 \in E_1, e_2 \in E_2, \ldots, e_n \in E_n\}$$

여기서, E_1, E_2, ..., E_n은 개체들의 집합인 개체유형을 나타내며, e_1, e_2, ..., e_n은 개별개체들을 나타낸다.

3.5.1 관계의 항수

관계를 구성하는 개체들의 수를 관계의 항수(order)라고 한다. 관계는 항수에 따라 1항 관계(unary relationship), 2항 관계(binary relationship), 3항 관계

9) 관계를 구성하는 원소는 반드시 해당 개체유형의 원소이어야 한다는 관계의 수학적 정의는 관계형 데이터모형에서 참조무결성 법칙으로 구현된다. 즉, 처리라는 관계가 사원과 주문을 참조하므로, 처리라는 관계에 포함된 사원과 주문은 먼저 사원 개체유형과 주문 개체유형에 원소로 포함되어 있어야 한다.

(ternary relationship) 및 n항 관계(n-ary relationship) 등으로 구분된다. [그림 3-4]는 2항 관계를 예시하고 있다.

1항 관계

1개의 개체유형을 대상으로 하여 정의된 관계를 1항 관계(unary relationship)라고 한다. 예를 들면, 국민주식회사에서 누가 누구의 지휘를 받는가를 나타내는 상하관계는 사원이라는 1개의 개체유형을 대상으로 하여 정의된 관계이며, 따라서 1항 관계이다.

국민주식회사의 사원인 홍길동, 김국민, 윤대현, 최소라, 안정훈, 김찬진, 오영수, 선하라, 유가을 중에서 윤대현, 최소라, 안정훈, 홍길동이 김국민 부사장의 지휘를 직접 받는다고 하자. 그리고 김찬진, 오영수, 선하라가 홍길동 과장의 지휘를 받으며, 유가을은 선하라의 지휘를 받는다고 하자. 그러면, 지휘관계는 다음과 같은 순서쌍의 집합으로 표시된다. 이러한 1항 관계를 그림으로 표시하면 [그림 3-5]와 같다.

사원 = { 홍길동, 김국민, 윤대현, 최소라, 안정훈, 김찬진, 오영수,
선하라, 유가을 }
상하 = { 〈김국민, 윤대현〉, 〈김국민, 최소라〉, 〈김국민, 안정훈〉,
〈김국민, 홍길동〉, 〈홍길동, 김찬진〉, 〈홍길동, 선하라〉,
〈홍길동, 오영수〉, 〈선하라, 유가을〉 }

1항 관계의 대표적인 예로서는, 위에서 소개된 상하관계, 조직도, 생산관리에서의 제품구성표(BOM: Bill Of Material), 족보 등이 있다. 이들은 모두 개체들 사이의 상하관계를 나타내는 것들이다. 여기서 1항 관계는 관계를 구성하는 개체가 하나라는 것은 아니다. 앞에서도 설명한 바와 같이 관계는 개체들 사이의 연관성을 나타내는 것이기 때문에 반드시 2개 이상의 개체에 대하여 만들어진다. 따라서 여기서 1항 관계라는 것은 이들 2개 이상의 개체가 속해 있는 개체유형(즉 개체들의 집합)이 1개라는 것이다.

그림 3-5 **1항 관계**

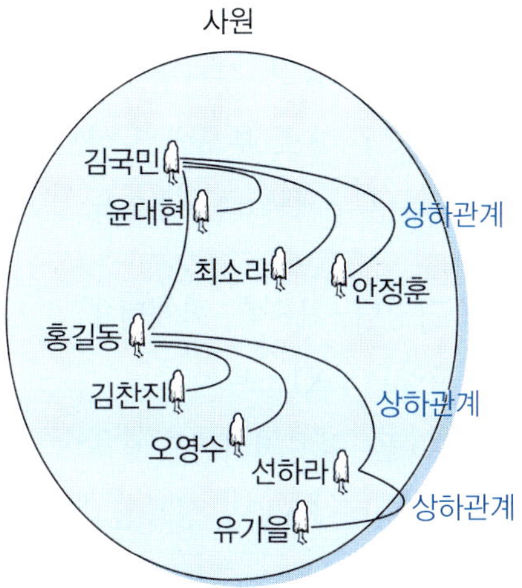

2항 관계

관계가 2개의 개체유형을 대상으로 하여 정의될 경우 이를 2항 관계(binary relationship)라 한다. 2항 관계는 가장 일반적인 관계이다. [그림 3-4]에서 소개되었던 처리 관계 또한 사원과 주문 사이에 정의된 2항 관계이다. 이를 다시 소개하면 [그림 3-6]과 같다.

그림 3-6 **2항 관계**

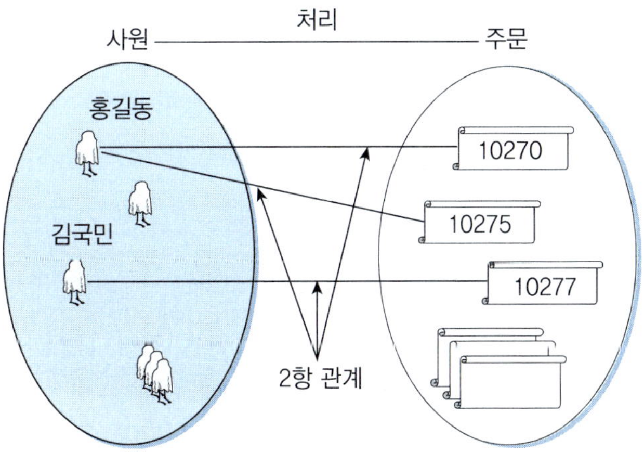

3항 관계

관계가 3개의 개체유형을 대상으로 정의될 경우 이를 3항 관계(ternary relationship)라고 한다. 예를 들면, 부서별로 특정 공급업체로부터 장비를 구입한다고 가정하자. 이 경우 어느 부서에서 어느 장비를 어느 공급업체로부터 구입하였는가를 나타내는 구매관계는 다음과 같이 3항 관계로 표시된다.

부서 ={ 경영팀, 기획팀, 회계팀 }
장비 ={ PS3PC, X1노트북 }
공급업체 ={ XY몰, 성북전자랜드 }
구입 ={ 〈경영팀, PS3PC, 성북전자랜드〉, 〈기획팀, PS3PC, XY몰〉, 〈회계팀, X1노트북, 성북전자랜드〉, 〈기획팀, X1노트북, XY몰〉 }

n항 관계

관계가 n개의 개체유형을 대상으로 정의될 경우 이를 n항 관계(n-ary relationship)라고 한다. 이론적으로는 n이 매우 큰 임의의 항수를 가지는 관계가 존재할 수 있다. 그러나 개체관계모델링에서는 4항 이상의 관계는 잘 나타나지 않는다. 즉, 관계가 4항 이상이 되면 너무 복잡해져서 우리 인간이 이해할 수 있는 범위를 넘어서게 된다. 따라서 만약 4항 이상의 관계가 발생할 경우에는 이를 3항 이하의 관계로, 보통 2항 관계로 바꾸어 단순화하여 설계하는 경우가 대부분이다.

3.5.2 관계의 식별기준

관계는 개체들 사이의 연관성을 표현한다. 그런데 개체들 사이에는 매우 다양한 관계가 존재한다. 예를 들면, 사원들 사이에는 상하관계, 인간적으로 좋아하는 관계, 같은 도시에 거주하는 관계 등과 같은 무수히 많은 관계가 있을 수 있다.

표 3-3 관계의 분류

	상태관계	활동관계	사건관계
관계의 성격	상태 또는 자격	활동	활동
동일한 관계의 발생 횟수	1회	반복	1회

무수히 많은 관계들 중에서 개체관계모형에 포함시킬 관계를 찾아내는 것이 관계의 식별기준이다. 관계의 식별기준은 데이터베이스에 저장할 가치가 있는 관계들만을 식별하여 개체관계모형에 포함시킨다. 이는 실제 현상에 존재하는 것들 중에서 저장할 가치가 있는 개체들만을 개체관계모형에 포함시킨다는 개체의 식별기준과 같다.

개체관계모형에서 관계를 성격에 따라 분류하면 다음과 같이 세 가지로 나눌 수 있다. 이들 유형별로 관계의 특성을 요약하여 정리하면 〈표 3-3〉과 같다.

- 상태관계
- 활동관계
- 사건관계

상태관계

상태관계란 개체와 개체 사이에 존재하는 정태적(情態的)인 상태를 나타낸다. 홍길동이 영업팀에 소속되는 관계나 홍길동과 김설악이 부부 관계라는 것 등이 이에 해당한다. 상태관계는 한번 맺어지면 특정 사건이나 활동에 상관없이 항상 존재하는 관계이다. 예를 들면 홍길동이 영업팀에 소속되는 관계는 홍길동 과장이 영업팀 사무실로 출근하는 것과 같은 특정 활동이 발생하지 않더라도 항상 유지된다. 이러한 관점에서 볼 때, 상태관계는 일종의 자격을 나타낸다고 할 수 있다.

활동관계

활동관계는 개체들 사이에 발생하는 활동을 나타내는 관계이다. 활동관계는 반복적으로 발생한다는 특징을 갖는다.

활동관계는 활동에 대한 기록, 즉 이력(履歷)을 포함한다. 예를 들면, 사원의 근태관리를 위하여 출근사항을 기록하거나, 대학교에서 학사관리를 위하여 학생들의 출석을 기록하여 관리하는 경우 등이 이에 해당한다. 따라서 활동관계는 많은 경우 시간을 포함한다.

활동관계 중의 하나인 출근을 다음과 같이 표현할 경우, 이는 홍길동 과장이 영업팀으로 2003년 1월에 출근하였다는 사실을 나타낸다.

출근={〈홍길동, 영업팀, 2003년1월〉, ... }

이 기간 중에서 총 며칠 출근하였으며, 며칠 결근하였으며, 휴가를 며칠 동안 사용하였는가 등은 홍길동 사원의 2003년 1월 영업팀으로의 출근관계인 〈홍길동, 영업팀, 2003년 1월〉의 속성으로 기록된다.[10] 물론 이러한 출근관계를 월별 관계가 아니라 매일의 관계로도 표현할 수 있다. 이 경우에는 〈홍길동, 영업팀, 2003년 1월 3일〉 등으로 표현된다.

이와 같이, 활동관계는 반복적인 사건을 기록하기 위하여 사용되며, 이러한 점에서 앞에서 제시된 (한번 관계가 설정됨으로써 관계가 지속되는) 상태관계와 구별된다.

사건관계

사건관계는 개별 사건을 기록한다. 즉, 국민주식회사의 고객사에서 제품을 주문할 경우, 이를 고객사와 제품 사이에 주문이라는 관계로 표현한다. 여기서 주의할 것은 이 관계가 고객사와 국민주식회사 사이의 관계가 아니라 고객사와 제품 사이의 관계라는 점이다.

제품 주문 또한 앞에서 설명한 출근과 같이 활동관계로 표현할 수 있다. 그러나 활동관계로 표현하면 특정 기간 동안 주문 횟수, 총 주문액 등과 같은 주문 이력은 표현할 수 있으나, 주문 건별로 무엇을 주문하였으며, 언제 주문

10) 관계의 속성은 이후 관계의 표현에서 보다 자세히 설명된다.

하였으며, 얼마만큼 주문하였는지 등은 표현할 수 없다. 이러한 정보를 기록하기 위해서는 고객사의 건별 주문을 개별로 기록해야 하는데 이를 사건관계라고 한다. 이러한 점에서 사건관계와 활동관계는 다음과 같이 구분된다.

- 사건관계: 각 개별 활동의 결과물을 기록한 것임.
- 활동관계: 특정 기간 동안의 활동을 총괄적으로 기록한 것임.

사건관계를 기록하기 위해서는 반복적 활동들을 개별 사건으로 구별할 수 있어야 한다. 즉, 해바라기 백화점에서 대관령 특제 버터를 2014년 7월 4일 주문한 것과 2014년 8월 6일 주문한 것을 구별해야 한다. 이와 같이 개별 거래를 기록하기 위해서는 거래에 참여한 개체들만으로는 개별 사건을 구분할 수 없다.

개별 사건을 구분하기 위한 방안의 하나는 사건관계를 구성하는 개체들에 시간이라는 개체를 추가로 포함시키는 방법이다. 예를 들면 고객사와 제품만으로는 2014년 7월 4일의 주문과 2014년 8월 6일의 주문을 구분할 수 없다. 따라서 이를 구분하기 위해서 시간을 나타내는 개체를 추가하여 다음과 같이 3항 관계로 표시한다.

주문 = { 〈해바라기 백화점, 대관령산 특제 버터, 2014-07-04〉,
〈해바라기 백화점, 대관령산 특제 버터, 2014-08-06〉 ... }

그러나 시간을 추가하여 개별 관계들을 구분할 경우, 만약 하루에 2개 이상의 주문을 할 경우에는 일반적으로 기억하기 힘든 분이나 초 단위까지 시간을 세분화하여 기록해야 하는 경우가 발생할 수 있다. 예를 들면, 해바라기 백화점에서 2014년 8월 6일 13시 25분에 주문한 대관령산 특제 버터와 2014년 8월 6일 17시 05분에 주문한 대관령산 특제 버터를 구분하기 위해서는 다음과 같이 시간을 세분화하여 표현해야 한다.

주문 = { 〈해바라기 백화점, 대관령산 특제 버터, 2014-07-04 17:00〉,
〈해바라기 백화점, 대관령산 특제 버터, 2014-08-06 13:25〉,
〈해바라기 백화점, 대관령산 특제 버터, 2014-08-06 17:05〉, ... }

이와 같이, 여러 사건들이 많이 발생해서 관계로 표현할 경우에는 이들 사건들을 구분하기가 쉽지 않을 경우에는 사건관계를 관계가 아니라 개체로 변환시켜 모델링할 수도 있다. 그리고 대부분의 경우, 이렇게 모델링한다. 예를 들면 위의 주문을 관계가 아니라 개체로 식별하고, 각각의 주문을 식별하기 위하여 주문번호라는 인위적인 식별 번호를 부여한다.

사건관계를 관계로 모델링할 것인지 또는 개체로 모델링할 것인지의 판단은 데이터베이스 설계자의 몫이다. 즉 해당 사건을 어떻게 관리하는 것이 바람직한가를 데이터베이스 설계자가 판단하여 결정해야 한다.

3.5.3 관계의 대응개체수

관계의 항수와 더불어 관계를 정의하는 가장 기본적인 요소는 대응개체수(cardinality)이다. 대응개체수는 관계를 구성하는 개체들이 상대방 개체에 몇 개씩 대응하는가를 나타내는 숫자이다. 설명의 편의를 위하여 개체유형 A와 B 사이에 정의된 2항 관계를 대상으로 설명할 경우, A와 B 사이의 관계는 A의 개체와 B의 개체들이 대응하는 형태에 따라 다음과 같이 3가지로 구분된다.

- 1-대-1 관계
- 1-대-다수 관계
- 다수-대-다수 관계

1-대-1 관계

1-대-1 관계란 A의 한 개체에 대하여 B의 한 개체만 관련되며 B의 한 개체에 대하여 A의 한 개체만이 대응하는 관계이다. 예를 들면, 일부일처 제도에서 동성애자 사이에서의 부부관계는 인정하지 않는다고 가정할 경우 남자와 여자 사이에는 1-대-1의 부부관계가 성립한다([그림 3-7]).

그림 3-7 **1-대-1 관계**

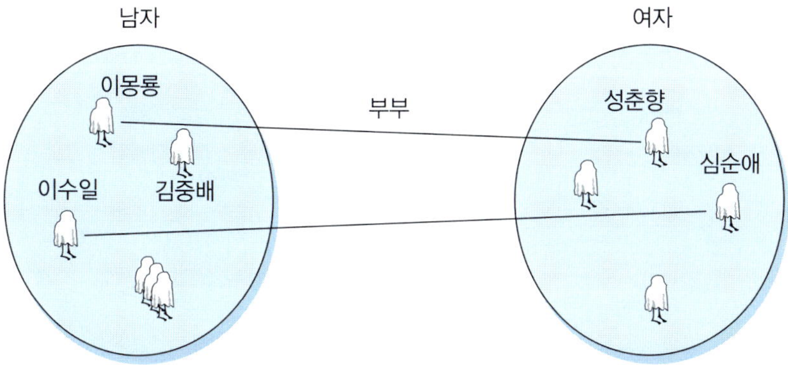

1-대-다수 관계

1-대-다수 관계는 A의 한 개체에 대하여 B의 여러 개체가 관련될 수 있으나 B의 한 개체에 대해서는 A의 한 개체만 대응하는 관계이다. 예를 들면, 주문 처리에서 한 사원은 여러 개의 주문을 담당하여 처리할 수 있으나 특정 주문을 처리하는 사원은 1명이어야 한다고 하면 처리는 사원과 주문 사이에 정의된 1-대-다수 관계이다([그림 3-8]).

그림 3-8 **1-대-다수 관계**

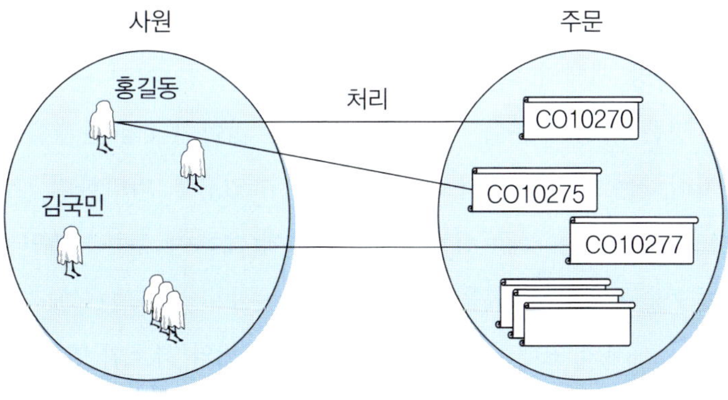

그림 3-9 다수-대-다수 관계

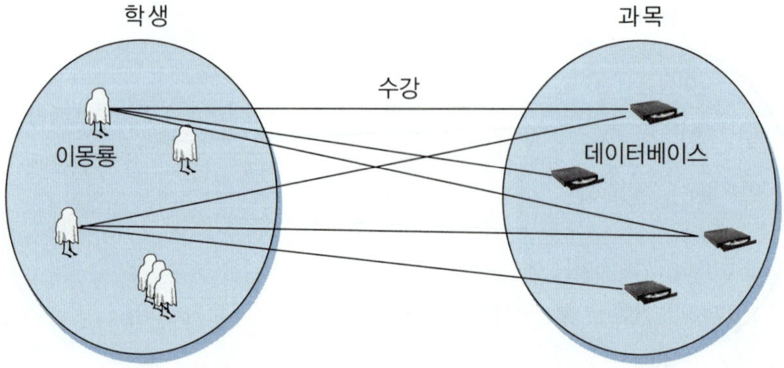

다수-대-다수 관계

다수-대-다수 관계는 A의 한 개체에 대하여 B의 여러 개체가 관련될 수 있으며, B의 한 개체에 대해서도 A의 여러 개체와 관련될 수 있는 관계를 나타낸다. 예를 들면, 한 학생은 여러 과목을 수강할 수 있으며, 한 과목을 수강하는 학생도 여러 명이다. 따라서 학생과 과목 사이에는 다수-대-다수의 관계가 성립한다([그림 3-9]).

강제적(필수) 관계

관계의 대응개체수에서 '1' 또는 '다수'는 한 개체에 대하여 관계를 맺을 수 있는 상대방 개체의 최대치를 나타낸다. 즉, 주문 처리 관계가 1-대-다수 관계라는 것은 특정 주문을 처리하는 사원은 많아야 1명 존재할 수 있으며, 사원이 처리하는 주문은 여러 개가 존재할 수 있음을 의미한다. 그리고 부부관계가 1-대-1이라는 것은 특정 남자(여자)에 대하여 부부관계인 여자(남자)는 많아야 1명 존재할 수 있음을 의미한다.

대응하는 개체의 최대치와 함께 대응하는 개체의 최소치 또한 중요한 의미를 갖는다. 예를 들면, 1-대-다수 관계인 주문 처리 관계에서 일반적으로 사원들이 처리하는 주문은 여러 개이나 특정 사원의 경우에는 처리하는 주문이

하나도 없을 수 있다. 이 경우 대응하는 개체의 최소치는 0이다. 그리고 만약 모든 주문에 대하여 이를 처리하는 사원들이 반드시 있다고 하면, 주문에 대응하는 사원의 최소치는 1이다.

관계의 대응개체수는 특정 개체에 대응하는 개체가 최소한 몇 개이어야 하는가는 나타내지 않는다. 그러나 대응하는 개체가 최소한 몇 개 이상이어야 한다는 점은 데이터 모델링에서 중요한 의미를 갖는다. 대응하는 개체의 최솟값에 따라 관계는 다음과 같이 구분된다.

- **강제적**(mandatory) **관계**: 강제적 관계란 대응하는 개체가 반드시 존재해야 하는 관계를 말한다. 즉 대응개체수의 최소치가 1인 관계를 나타낸다. 예를 들면, 주문에 대한 사원의 관계는 강제적이다. 즉, 모든 주문에 대하여 적어도 1명의 사원이 대응해야 한다. 따라서 주문에 대응하는 사원의 최소치는 1이다. 이와 같이 강제적 관계는 대응개체수의 최소치가 1임을 의미한다.
- **선택적**(optional) **관계**: 선택적 관계란 대응하는 개체가 존재하지 않을 수도 있는 관계를 말한다. 즉 대응개체수의 최소치가 0인 관계를 나타낸다. 1-대-1 관계인 부부관계에서 모든 여자들에 대하여 대응하는 남자, 즉 남편이 있는 것은 아니다. 따라서 부부관계에서 여자에 대응하는 남자의 최소치가 0이다. 이와 같이 선택적 관계는 대응개체수의 최소치가 0임을 의미한다.

강제적 관계를 개체관계모델링 도구인 PowerDesigner를 이용하여 표시하면, [그림 3-10]에 예시된 바와 같다. 관계에 대하여 mandatory 칸을 체크함으로써 강제적 관계를 표시할 수 있다. Mandatory 칸을 체크하면 대응개체수의 최소치가 1로 표시된다. 그리고 해당 관계에 대하여 mandatory 칸을 체크하지 않음으로써 선택적 관계를 표시할 수 있다. Mandatory 칸을 체크하지 않으면 대응개체수의 최소치가 0으로 표시된다.

그림 3-10 강제적 관계와 선택적 관계의 표시

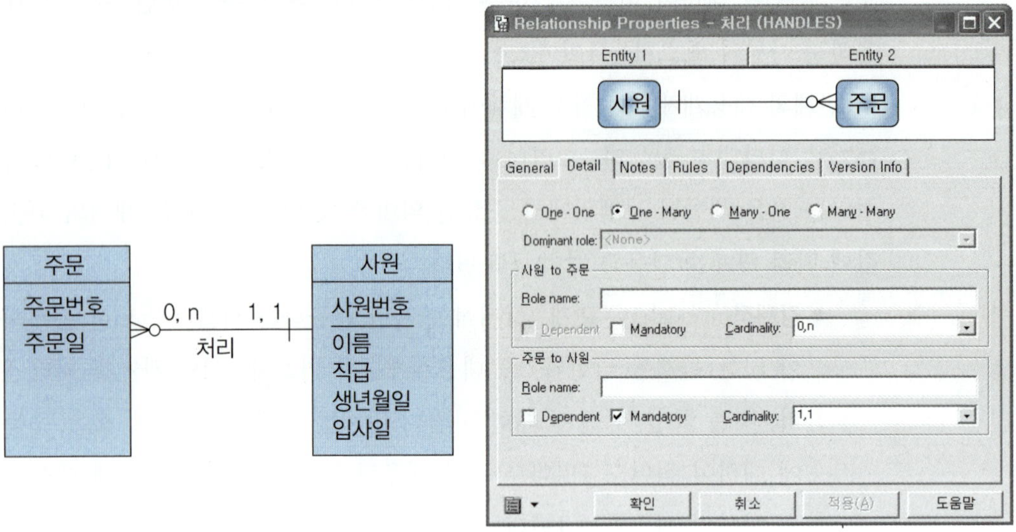

3.5.4 관계의 대응개체수와 시간적 영속성

관계의 정의에서 대응개체수는 특정 개체와 연결되는 상대 개체의 수를 나타낸다. 그런데 이때 상대 개체의 수는 보는 관점에 따라 다르게 모델링될 수 있다.

예를 들면, 일부일처제도 하에서 부부관계는 보통 1-대-1 관계로 표시된다. 그러나 이혼 및 재혼을 가정할 때 한 남자(또는 여자)는 현재의 부인(또는 남편)과 이혼하고 다른 여자(또는 남자)와 다시 결혼할 수 있다. 이 경우 부부라는 관계가 현재의 부부관계가 아니라 한 남자(또는 여자)가 일생동안 경험하는 부부관계를 나타낸다고 하면, 이는 다수-대-다수 관계이다. 그러면 부부관계를 1-대-1 관계로 표시하는 것이 옳은지 또는 다수-대-다수 관계로 표시하는 것이 옳은지에 대한 의문이 생길 수 있다.

대응개체수의 불확실성은 개체들 사이의 관계가 시간이 경과함에 따라 변하기 때문에 발생한다. 예를 들어 현 시점에서의 부부관계는 당연히 1-대-1

관계이다. 그러나 시간이 경과함에 따라 이혼, 재혼 등을 통하여 부부관계가 변하게 된다. 따라서 평생 동안의 누적 부부관계는 다수-대-다수가 된다. 이와 같이 관계의 대응개체수가 하나로 정해지지 않을 수 있다는 점에서 데이터베이스설계의 어려움이 있다고 할 수 있다.

요약하면 관계의 대응개체수는 주어진 시점의 현재 관계를 나타내는지 또는 이때까지 누적된 모든 관계를 나타내는지에 따라 다르게 표시된다. 이러한 차이는 시간이 경과함에 따라 관계가 변하기 때문이다. 따라서 올바른 대응개체수를 식별하기 위해서는 특정 관계가 이때까지 누적된 모든 관계를 나타내는지, 또는 현재 관계만을 나타내는지를 분석하고, 이에 맞도록 대응개체수를 정해야 한다.

3.6 관계의 표현

관계는 개체들 사이의 연관성을 나타내는 것이다. 이후 개체관계도에서 자세히 살펴보겠지만, 관계는 이를 구성하는 개체들을 연결하여 표현한다. 이러한 점에서 관계를 표현하는 데 있어 가장 중요한 요소는 다음의 3가지라고 할 수 있다.

(1) 관계를 구성하는 개체유형의 수 (관계의 항수)

(2) 관계의 대응개체수

(3) 관계의 속성

이들 중에서 관계의 항수와 대응개체수는 이미 관계의 정의에서 자세히 다루어졌기 때문에 본 절에서는 더 이상 언급하지 않는다. 본 절에서는 관계의 속성에 대하여 살펴본다.

3.6.1 속 성

개체뿐만이 아니라 관계도 속성을 가질 수 있다. 예를 들면 여러 사원들이 프로젝트에 참여한다고 가정하자. 이 경우 각 사원들의 참여율은 모두 다를 수 있다. 여기서 프로젝트 참여율은 사원의 속성도 아니며, 프로젝트의 속성도 아니다. 이는 사원과 프로젝트 사이에서 맺어진 참여라는 관계의 속성이다.

많은 경우, 개체관계모델링에서 관계의 속성을 정의하지 않는 경우들이 많다. 즉, 관계의 속성을 개체의 속성으로 정의하고 관계는 이들 개체들 사이의 연관성으로 정의하는 경우가 많다. 그러나 앞에서 예시된 참여 관계와 같이 관계를 설명하는 속성들이 있을 경우에는 이를 개체의 속성과 구분하여 관계의 속성으로 정의해야 한다.

3.6.2 주 키

관계는 주키를 가지지 않는다. 앞에서도 설명한 바와 같이 관계는 개체들 사이의 연관성을 표현한다. 따라서 관계는 개체들을 참조해서 식별된다.

앞의 [그림 3-11]에 예시된 참여 관계에서 개별 관계들은 사원 개체의 주키인 사원번호와 프로젝트 개체의 주키인 프로섹트 번호를 통하여 식별된다. 여기서 사원번호와 프로젝트 번호를 결합한 것을 참여 관계의 복합키라고 할 수도 있으나, 개체관계모형에서는 이를 관계의 주키로 취급하지 않는다. 그리

그림 3-11 관계의 표현

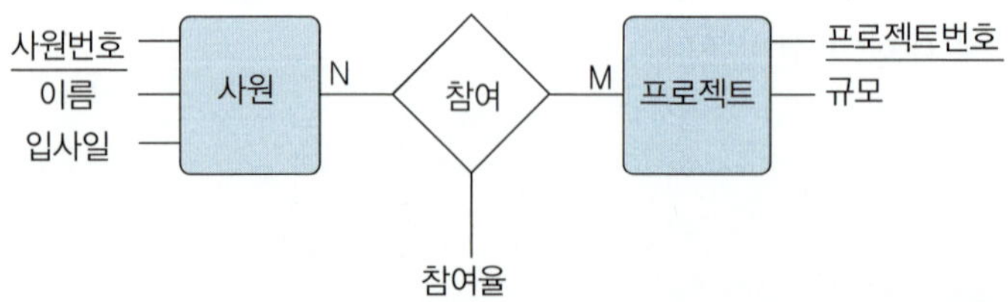

고 관계의 수학적 정의에서 살펴본 바와 같이, 관계는 자체적으로 주키를 가지지 않고 관계를 구성하는 개체들의 주키를 결합하여 식별하는 것으로 정의한다.

3.7 일반화/세분화 관계

관계 중에는 특수한 구조와 특성을 가지는 관계들이 존재하는데, 이들 중에서 가장 대표적인 것이 일반화/세분화(generalization-specialization) 관계이다. 일반화/세분화 관계란 특정 개체유형이 타 개체유형의 상세유형임을 나타내는 관계이며, 이를 보통 IS_A 관계라 지칭한다.

예를 들면, 학생은 사람을 세분화한 상세유형이다. 이 경우 학생을 사람의 세분화 유형(subclass, 또는 specialization)이라고 하며, 사람을 학생의 일반화 유형(superclass 또는 generalization)이라고 한다.

3.7.1 일반화/세분화의 표현

일반화/세분화 관계를 표현하는 방법은 여러 가지가 있으나 가장 일반적으로 사용되는 것은 부분집합 연산자(⊂)를 이용하여 [그림 3-12]와 같이 표시하는 것이다. 부분집합 연산자를 이용하는 이유는 세분화 개체의 집합은 일반화 개체 집합의 부분집합이기 때문이다.

[그림 3-12]는 다음의 일반화/세분화 관계를 나타낸다.

- 학생은 사람의 부분집합이며 (학생⊂사람),
- 학부학생은 학생의 부분집합이며 (학부학생⊂학생),
- 대학원학생은 학생의 부분집합임 (대학원학생⊂학생)

또한 일반화/세분화 관계를 보통 IS_A 관계라고 하여 다음과 같이 표현하기도 한다.

그림 3-12 일반화/세분화 관계

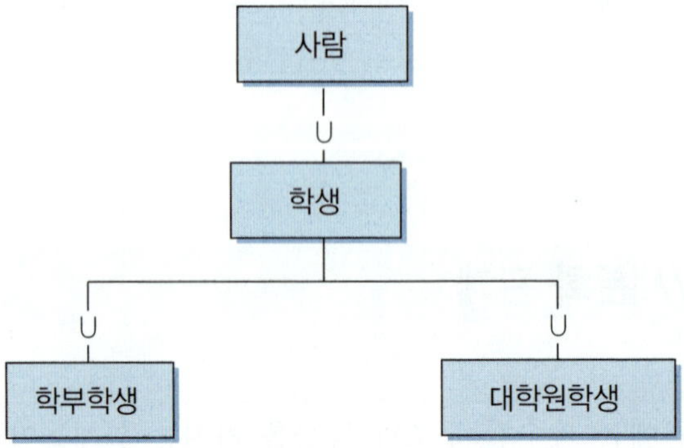

- 학생 IS_A 사람
- 학부학생 IS_A 학생
- 대학원학생 IS_A 학생

일반화/세분화 관계를 IS_A 관계라고 부르는 것은 개체 A가 개체 B의 상세유형이라는 것을 영어로 표현하면 'A is a B'로 표현되기 때문이다. 따라서 이러한 영어 표현에 따라 IS_A 관계라고 한다.

예시된 바와 같이 일반화/세분화 관계는 계층적으로 반복하여 정의될 수 있다. [그림 3-12]는 이러한 계층관계를 도형으로 표시한 것이다.

3.7.2 세분화의 목적

일반화/세분화 관계를 이용하여 개체들을 세분화하는 이유는 전체 개체가 어떻게 구분되는지를 시각적으로 잘 알 수 있기 때문이다. 그리고 모든 개체들이 공통으로 가지는 속성들과 개별 유형의 개체들만 가지는 속성들을 구분할 수 있으며, 특정 개체 유형에게는 해당되지 않는 속성들이 발생하는 것을 방지함으로써 보다 효과적인 데이터 모델링이 가능하다.

그림 3-13 속성의 상속

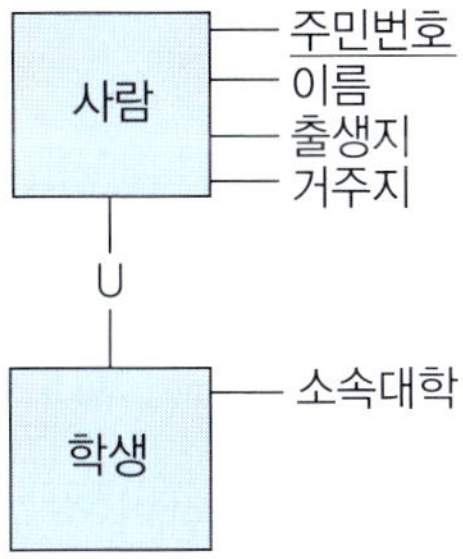

속성의 상속

일반화/세분화 관계가 데이터 모델링에서 중요하게 취급되는 이유는 속성의 상속(inheritance) 때문이라고 할 수 있다. 속성의 상속이란 세분화된 개체들이 일반화 개체의 모든 속성을 상속하여 포함하는 것을 말한다. 즉, 세분화 개체는 일반화 개체의 모든 속성을 포함하며, 이에 추가하여 자신에게만 고유한 속성을 추가로 가질 수 있다.

예를 들면, [그림 3-13]을 통하여 예시된 바와 같이, 사람들은 모두 주민번호, 이름, 출생지와 거주지를 가진다고 가정할 경우, 이의 세분화 개체인 학생도 자동적으로 주민번호, 이름, 출생지와 거주지라는 속성을 가진다. 그리고 학생은 이에 추가하여, 예를 들면 소속대학이라는 속성을 추가로 가질 수 있다.

이러한 속성의 상속이 중요한 이유는 일반화/세분화 관계를 통하여 개체들을 모델링함으로써, 모든 개체들에게 공통적으로 해당하는 속성들이 무엇이며, 세분화 개체들에게만 해당하는 속성이 무엇인가를 시각적으로 잘 알 수 있기 때문이다.

해당되지 않는 속성의 방지

개체관계모델링에서 개체들을 세분화하는 목적 중의 하나는 해당되지 않는 속성이 개체의 속성으로 포함되는 것을 방지하기 위함이다. 예를 들면 대학원생은 학부생과 달리 논문지도 교수를 선정해야 하며, 논문자격시험을 통과해야 한다고 가정하자. 이에 반하여 학부생은 학년별 관리가 필요하다고 가정하자. 그리고 대학원생은 학년별 관리가 의미가 없다고 가정한다. 이 경우 모든 학생을 하나의 개체로 표현할 경우, 지도 교수, 논문자격시험, 학년들은 모두 학생개체의 속성으로 표시된다. 그러나 학부생들은 지도 교수가 배정되지 않으며, 논문자격시험을 치를 필요도 없다. 따라서 모든 학부생들에 대하여 지도 교수와 논문자격시험은 항상 빈값(null)으로 표시된다.

개체의 속성에서 살펴 본바와 같이 빈값은 다음의 2가지 의미로 해석될 수 있다.

(1) 해당 속성의 값이 원래 존재하지 않는 것을 의미한다.

(2) 해당 속성의 값이 원래는 존재하나 그 값을 몰라서 기록되지 않은 것을 의미한다.

빈값이 이렇게 2가지 의미로 해석될 수 있기 때문에 빈값으로 표시된 속성이 있을 경우 해당 개체의 속성값이 위의 2가지 경우 중에서 어디에 해당하는지는 구분할 수 없다. 따라서 가능하면 이들 2가지 경우가 같이 발생하지 않도록 하는 것이 바람직하다. 데이터관리의 관점에서 볼 때, 2번째 경우에만 빈값으로 기록되어야 하며, 첫 번째 경우는 개체의 속성으로 포함되지 않도록 하는 것이 바람직하다.

또한, 개체들에 대하여 해당되지 않는 속성이 포함될 경우, 원래 값이 부여되지 말아야 하는 개체에 대하여서도 잘못하여 값을 부여하는 오류가 발생할 수 있다. 예를 들면, 학부생에게도 잘못하여 지도 교수를 배정할 수 있다. 이와 같은 오류는 자료의 무결성을 저해하는 요인들이다. 따라서 개체에 대하여 속성을 포함시킬 때에는, 항상 값이 주어질 수 있는 속성들만이 포함되도록 하는 것이 바람직하다. 이렇게 하면 현재 값을 몰라서 기록하지 않은 경우에만 빈값은 발생하며, 따라서 속성의 값이 비어 있는 경우에는 현재 값을 몰라서 기록하지 않은 경우로 해석할 수 있다.

해당되지 않는 속성이 발생하지 않도록 하기 위해서는 개체를 유형별로 세분화해야 한다. 즉, 학생을 [그림 3-14]에 도시된 바와 같이, 학부생과 대학원생으로 세분화하여 지도 교수, 논문자격시험을 나타내는 속성은 대학원생들

그림 3-14 **개체의 세분화 (해당되지 않는 속성의 방지)**

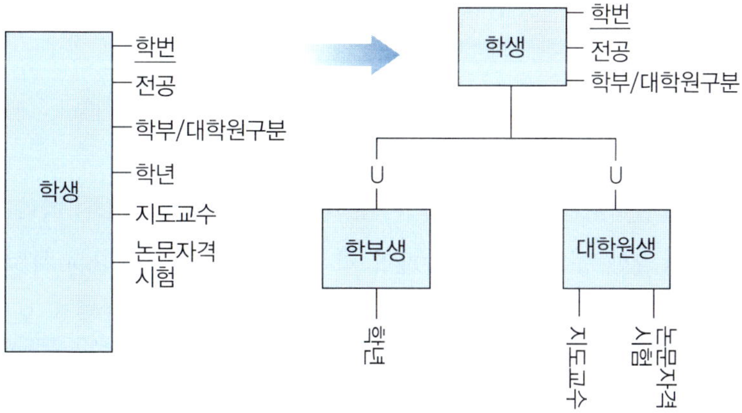

에게만 부여한다. 이렇게 함으로써 전체 학생에 공통적으로 적용되는 속성과 세분화된 개체들인 학부생이나 대학원생에게만 적용되는 속성을 구분할 수 있으며, 이 결과 학부생에게 지도 교수나 논문자격시험 등이 잘못 입력되는 오류를 원천적으로 방지할 수 있다.

3.7.3 세분화의 적용 기준

개체의 세분화는 반드시 필요한 경우에만 해야 한다. 실제 현상에서 개체들은 여러 가지로 세분화될 수 있다. 그렇다고 해서 이들 개체들을 모두 세분화하여 표현할 필요는 없다. 비록 세분화할 수 있는 개체들이라고 하여도 만약 개체관계모형에서 서로 다르게 표현할 필요가 없으면 세분화할 필요 또한 없다.

예를 들면, 비록 실제 현상에서는 학생들이 남학생과 여학생으로 구분되나, 이들에 대하여 서로 다른 종류의 속성들을 기록할 필요가 없는 경우에는, 이들을 세분화된 개체로 구분할 필요가 없다.

개체관계모델링에서 개체들을 세분화하는 것은 다음의 두 가지 경우로 한

정해야 한다.

(1) 속성의 차별화: 다른 속성을 가질 경우

(2) 관계의 차별화: 다른 유형의 개체와 관계를 가질 경우

속성의 차별화

개체관계모형에서 개체들의 특성은 속성으로 표현된다. 따라서 만약 개체들이 동일한 종류의 속성을 가질 경우, 해당 개체들은 같은 특성을 갖는다고 할 수 있다. 따라서 모델링의 관점에서 볼 때, 이들 개체들은 모두 동일한 개체유형에 포함된다고 볼 수 있다.

앞에서 제시한 예에서, 대학원생과 학부생 모두 학번과 전공만을 기록한다고 가정하자. 즉 대학원 학생들에 대하여 지도 교수나 논문자격시험 등의 세부 정보를 관리하지 않으며, 학부 학생에 대하여서도 학년을 관리하지 않는다고 가정하자. 이 경우, 모델링의 관점에서 볼 때 대학원생과 학부생은 차이가 없다. 따라서 이들은 모두 같은 개체유형에 속하며, 구분할 필요 또한 없다. 즉, 학부생이나 대학원생이나 상관없이 학생이라는 개체로 정의하는 것이 올바른 모델링 방법이다.

요약하면, 속성의 세분화가 불필요하면 개체의 세분화 또한 불필요하다.

관계의 차별화

개체관계모델링에서 개체들을 세분화하는 또 다른 기준은 이들이 다른 개체들과 관계를 가질 경우이다. 즉, 개체들이 동일한 속성들을 가지더라도 다른 개체들과 다른 형태의 관계를 가질 경우 이들 개체들은 세분화하는 것이 바람직하다.

예를 들면, 앞에서 예시한 학생 개체에서 학부생과 대학원생 모두 학번과 전공만을 기록한다고 가정하자. 이 경우, 속성을 기준으로 볼 때, 학생을 학부생과 대학원생으로 세분화할 필요가 없다. 그러나 이 경우에도 대학원생만이 교수와 지도 교수의 관계를 갖는다고 하면, 학생을 학부생과 대학원생으로 구분하는 것이 바람직하다.

그림 3-15 불필요한 개체의 세분화

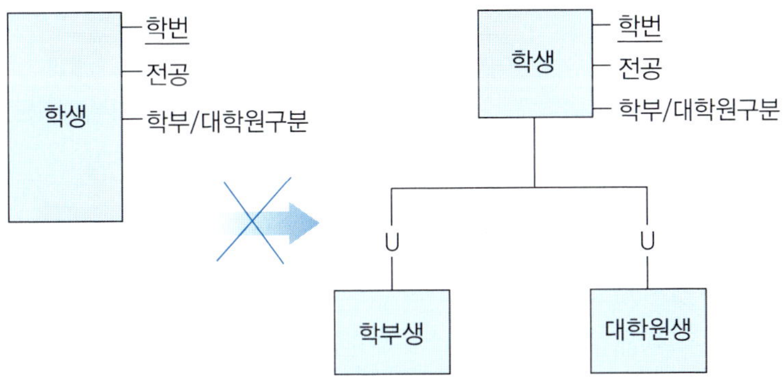

바꾸어 말하면, 개체관계모델링에서 관계들은 가능하면 강제적 관계로 표현하는 것이 바람직하다. 즉, 강제적 관계의 경우는 모든 개체들이 반드시 관계에 참여하기 때문에 관계에 참여하지 않는 개체가 발생할 경우에는 오류가 발생하였음을 쉽게 알 수 있다. 이에 반하여 선택적 관계의 경우에는 개체들이 다른 개체와 관계를 가질 수도 있고 안 가질 수도 있으므로 특정 개체가 관계를 가지지 않은 것이 잘못된 것인지 또는 정상적인 것인지를 판별하기가 쉽지 않다.

예를 들면, 대학원생은 모두 지도 교수를 배정 받아야 하므로, 만약 지도 교수를 배정받지 않은 학생이 있으면 이는 잘못된 것임을 알 수 있다. 그러나 학생을 전체적으로 생각할 때는 지도 교수가 배정될 수도 있으며, 안될 수도 있으므로, 실제로는 지도 교수를 배정해야 하나 아직 배정되지 않은 것인지 또는 지도 교수가 배정될 필요가 없어서 배정하지 않은 것인지를 알 수 없다. 따라서 학생이라는 개체가 학부생인지 대학원생인지에 따라 서로 다른 관계를 가질 경우에는 [그림 3-16]과 같이 다른 개체유형으로 세분화하여 표현하는 것이 바람직하다.

요약하면, 개체관계모델링에서 관계는 선택적 관계로 모델링하는 것보다는 개체유형들을 세분화하여 강제적 관계로 모델링하는 것이 바람직하다.

그림 3-16 관계에 의한 개체의 세분화

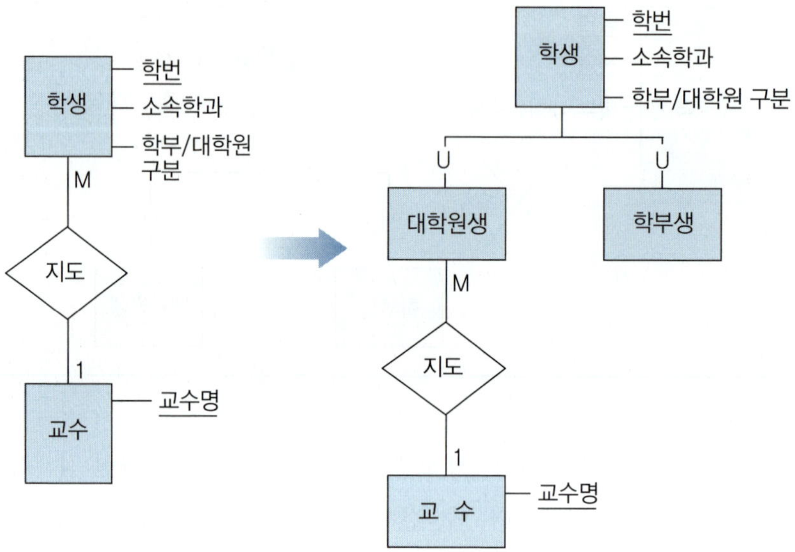

3.8 개체관계도

개체관계모형을 이용하여 설계한 개체들과 이들 사이의 관계를 도형으로 표시한 것이 개체관계도(Entity Relationship Diagram)이다. 개체관계도는 실제 현상을 구성하는 개체들과 이들 사이의 관계를 한눈에 잘 알아 볼 수 있도록 도형화한 것이다.

개체관계도의 작성방법은 판매되고 있는 모델링 도구들마다 조금씩 다르다. 여기서는 Peter Chen이 그의 논문에서 제시한 기본 도형을 근거로 하여 개체관계도를 소개한다.[11] 그리고 상용 도구인 PowerDesigner를 사용한 개체관계도의 작성 및 개체관계모델링 방법은 다음 장인 개체관계모형의 설계에서 보다 자세히 소개한다.

11) CHEN, Peter Pin-Shan, The Entity-Relationship Model-Toward a Unified View of Data, ACM Transactions on Database Systems, Vol. 1, No. 1. March 1976, Pages 9-36.

3.8.1 개체관계도의 기본 모형

개체관계도는 개체와 관계를 나타낸다. 예를 들어 학생들이 무슨 과목들을 수강하는가를 나타내는 개체관계모형을 그림으로 표현하면 [그림 3-17]과 같다. 이렇게 개체관계모형을 도형으로 표시한 것이 개체관계도이다. 개체관계도에서 사각형은 개체를 나타내며, 마름모는 관계를 나타낸다. 개체와 관계를 연결하는 선위에 표시된 문자는 관계의 대응개체수를 나타낸다.

개체관계도는 크게 다음의 세 종류의 정보를 나타낸다.

(1) 데이터베이스를 구성하는 개체, 보다 정확하게 표현하면 개체유형

(2) 개체들 사이의 관계, 보다 정확하게 표현하면 관계유형

(3) 관계의 대응개체수

개체관계도는 이상의 기본 도형에 추가하여 각 개체 및 관계에 대한 세부 정보들을 추가로 표현한다. 세부 정보로는 각 개체의 주키, 객체 및 관계의 속성들 및 속성의 도메인들을 포함한다. 개체의 속성들은 별도로 기록하거나 또는 개체관계도에 같이 표시된다.

개체관계도에서 사용되는 도형들을 보다 세분화하여 예시하면 [그림 3-18]과 같다.

그림 3-17 **개체관계도의 기본 모형 예시**

그림 3-18 **개체관계도의 도형**

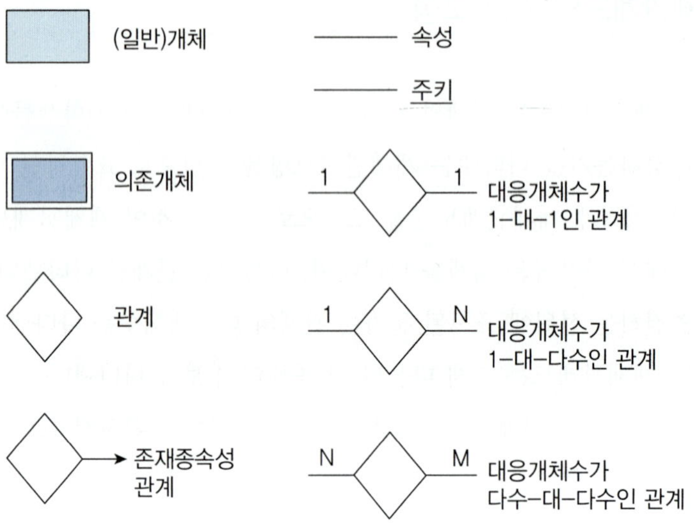

3.8.2 개체관계도의 예시

[그림 3-19]는 Chen이 논문에서 예시한 모형의 개체관계도이다. 예시된 모형에서 사원은 한 부서에 소속되며, 한 부서에는 여러 사원이 소속된다. 그리고 사원들은 1명 이상의 부양가족을 가질 수 있다. 이때 부양가족은 사원이 먼저 존재해야만 존재할 수 있는 의존개체이다. 사원은 여러 프로젝트에 참여할 수 있으며, 참여의 방법은 책임자와 팀원의 두 가지가 있을 수 있다. 프로젝트는 부품을 사용하며, 부품들은 다시 하위 부품들로 구성된다. 이때 부품의 구성은 1항 관계이다. 즉, 특정 부품은 자체로서 부품인 동시에 다른 하위 부품들로 구성되며, 또한 다른 상위 부품을 구성한다. 그리고 이들 부품은 특정 프로젝트에서 특정 공급자로부터 구매한 것이다. 여기서 특정 프로젝트가 사용하는 부품은 반드시 해당 프로젝트에서 구매한 것일 필요는 없다. 따라서 사용과 구매는 별도의 관계로 표시된다.

그림 3-19 **개체관계도의 예시**

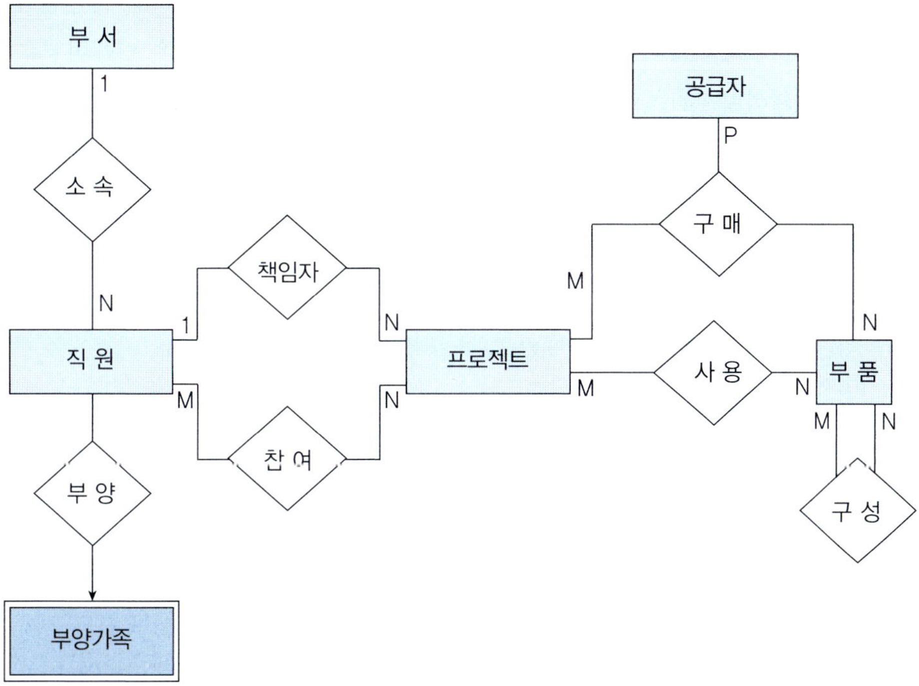

3.9 개체 릴레이션과 관계 릴레이션

개체관계모형에서 모든 내용은 개체와 관계로 표현된다. 개체관계모형에서 개체와 관계에 대하여 정의된 모든 정보들을 구체적으로 표현하는 것이 개체 릴레이션과 관계 릴레이션이다. 즉, 각각의 개체가 구체적으로 무슨 정보를 포함하는가를 표시한 것이 개체 릴레이션이고, 각각의 관계가 무슨 정보를 포함하는가를 표시한 것이 관계 릴레이션이다. 여기서 이들을 개체 릴레이션 또는 관계 릴레이션이라고 부르는 이유는 이들의 구조가 관계형 데이터베이스의 테이블[12]과 같기 때문이다.

12) 관계형 데이터모형에서는 우리가 일상적으로 부르는 테이블을 이론적으로 릴레이션이라고 부른다.

바꾸어 말하면, 개체관계모형에 따라 개체와 관계를 정의하고, 개체의 주키, 속성, 관계의 속성들을 명시하면, 이로부터 개체 릴레이션과 관계 릴레이션들이 자동으로 만들어진다. 이러한 개체 릴레이션과 관계 릴레이션은 관계형 데이터베이스의 릴레이션과 동일한 형태의 릴레이션들이다. 따라서 개체관계모형을 사용하면 이로부터 관계형 데이터베이스를 설계할 수 있다. 이러한 이유 때문에 데이터베이스의 개념 설계를 위하여 개체관계모형이 가장 보편적으로 많이 사용되고 있다.

3.9.1 개체 릴레이션

개체에 대한 세부 정보는 개체의 주키, 속성 및 속성치 영역(domain)으로 구성된다. 이들을 테이블 형식으로 나타낸 것이 개체 릴레이션[13]이다.

예를 들면 [그림 3-19]의 직원 개체는 〈표 3-4〉의 직원 릴레이션으로 표현된다.

주키, 속성 및 속성치 영역 등을 사용하여 개체를 표현할 경우 개체의 세부 정보는 관계형 데이터모형의 릴레이션(relation), 즉 테이블과 매우 유사한 형태를 띠게 된다. 이러한 뜻에서 〈표 3-4〉와 같이 표시된, 개체의 세부 정보를 나타내는 데이터구조를 개체 릴레이션(entity relation)이라고 한다.

표 3-4 개체 릴레이션 (예: 직원)

직원번호	이 름	· · ·	생년월일	입사일	← 속성
직원번호	이름	· · ·	날짜	날짜	← 도메인
1	홍길동	· · ·	1968-12-08	1992-05-01	
2	김국민	· · ·	1953-02-19	1992-08-14	
· · ·	· · ·	· · ·	· · ·		

13) 릴레이션은 관계형 데이터베이스의 테이블을 칭하는 이론적 명칭이다. 이는 관계형 데이터 모형에서 보다 자세히 설명된다.

각각의 개체유형들은 개체 릴레이션으로 표시되며, 개별개체들은 릴레이션을 구성하는 레코드로 표시된다.

개체 릴레이션의 주키

개체 릴레이션은 개체관계도에 표시된 모든 개체들에 대하여 정의된다. 이때 의존개체를 제외한 일반개체들의 경우, 개체의 주키는 릴레이션의 주키가 되며 개체의 속성들은 릴레이션의 속성이 된다. 이와 같이 개체 릴레이션은 개체의 속성들과 주키로부터 기계적으로 유도된다.

의존개체 릴레이션의 주키

의존개체(weak entity)의 경우 개체 릴레이션은 일반개체와는 다르게 정의된다. 개체의 유형을 설명하는 과정에서 의존개체는 다른 개체에 종속적이라고 하였다. 다른 개체에 대하여 종속적이라 하는 것은 해당 개체가 존재하지 않을 경우 의존개체 또한 존재해서는 안 됨을 의미한다.

예를 들면 [그림 3-19]의 개체관계도에서 부양가족은 이의 존재가 직원이라는 개체에 종속하는 의존개체이다. 부양가족이 직원에 의존하는 개체라는 것은 부양가족이 존재하기 위해서는 해당 직원이 먼저 존재하고, 직원의 피부양인으로서 부양가족이 존재함을 의미한다. 이와 같이 특정 개체의 존재가 다른 개체의 존재에 종속될 경우 이를 존재종속성이라고 한다. 따라서 가능하면, 이러한 존재종속성이 의존개체의 개체 릴레이션에 표현되도록 하는 것이 바람직하다.

부양가족의 존재종속성을 개체의 식별과 연관하여 설명하면, 부양가족을 식별하기 위해서는 먼저 직원을 식별하고, 이의 피 부양인으로서 부양가족을 식별한다. 이러한 부양기족의 식별과정을 주키로 표현하면, 의존개체인 부양가족의 주키를 주민등록번호라고 하고 속성으로서 이름, 나이를 기록한다고 가정할 경우, 부양가족 릴레이션이 주키는 직원을 식별하기 위한 직원번호를 포함하고, 부양가족을 식별하기 위한 주민등록번호를 포함한다(〈표 3-5〉의 부양가족 릴레이션 참조).

표 3-5 의존개체 릴레이션 (예: 부양가족)

주 키

직원번호	주민번호	이 름		나 이	← 속성
직원번호	문자	성명		년수	← 도메인
2	820105-1001010	김길동		15	
2	850316-1002345	김정일		12	
2	630425-2011811	박정숙		44	

외래키

부양가족 릴레이션의 주키는 직원번호와 주민등록번호를 결합한 복합키인데, 직원번호는 직원 릴레이션의 주키로서 부양가족 릴레이션에 포함되었다. 이와 같이 특정 릴레이션의 주키가 다른 릴레이션에 포함될 경우 이를 외래키(foreign key) 또는 외부키라고 한다.

요약하면 의존개체의 개체 릴레이션은 의존개체의 주키와 일반개체의 주키를 같이 포함하도록 설계하는 것이 바람직하다. 이렇게 할 경우 의존개체가 일반개체에 의존한다는 것이 주키를 통하여 자연스럽게 표현될 수 있다.

3.9.2 관계 릴레이션

관계는 개체들 사이의 연관성을 나타낸다. 따라서 관계에 대한 세부 정보는 관계를 구성하는 개체들 및 관계의 속성들을 포함한다. 이를 관계 릴레이션(relationship relation)이라 한다.

관계는 이를 구성하는 개체들에 의하여 식별되므로, 관계 릴레이션의 주키는 관계를 구성하는 개체 릴레이션들의 주키를 결합한 것이다. 예를 들면 직원이 프로젝트에 참여하는 관계에서 참여 릴레이션의 주키는 직원의 주키인 직원번호와 프로젝트의 주키인 프로젝트 번호를 결합한 것이다. 따라서 관계 릴레이션의 주키는 항상 관계를 구성하는 개체 릴레이션들의 주키를 결합한

표 3-6 관계 릴레이션 (다수-대-다수 관계일 경우)

주 키

	직원	프로젝트	
개체 →	직원	프로젝트	
속성 →	직원번호	프로젝트 번호	참여율
도메인 →	직원번호	프로젝트 번호	백분율
	1	건물_A	100
	2	건물_B	75
	2	건물_A	25
	↑ 외래키	↑ 외래키	

복합키로 구성된다.

이와 같이 다수-대-다수 관계일 경우의 관계 릴레이션은 별도의 관계 릴레이션으로 표시된다. 그러나 1-대-다수일 경우이나 1-대-1일 경우의 관계 릴레이션들은 이후 관계형 데이터베이스 논리설계에서 논의되는 것처럼 개체 릴레이션들과 결합되어 표시되며, 따라서 별도의 관계 릴레이션으로 표시되지 않는다(8.3 개체관계 모형을 이용한 설계방법 참조).

3.9.3 일반화/세분화 관계 릴레이션의 표현

일반화/세분화 관계에 의하여 표현된 개체들과 관계는 앞에서 소개된 개체 릴레이션 및 관계 릴레이션들과는 다른 형식으로 표시된다.

먼저 일반화 개체는 일반개체와 동일한 형태로 표현된다. 그러나 세분화 개체 릴레이션은 일반화 개체의 속성을 상속하여 만들어진다. 이때 일반화/세분화 관계를 나타내는 관계 릴레이션은 별도로 만들어지지 않는다. 즉 세분화 개체의 개체 릴레이션이 일반화/세분화 관계에 대한 정보를 같이 표현한다.

예를 들면 [그림 3-20]에 제시된 일반화/세분화 예제에서 학생 개체는 학

그림 3-20 개체의 세분화

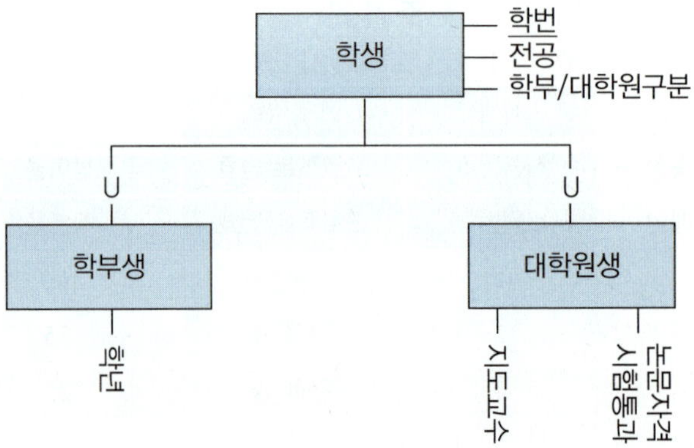

생 릴레이션으로 표시되며, 학부생 개체는 학부생 릴레이션으로, 대학원생 개체는 대학원생 릴레이션으로 표시된다. 그리고 이들 사이의 일반화/세분화 관계는 별도의 릴레이션으로 표시되지 않는다.

〈표 3-7〉에서 제시된 바와 같이 학생 릴레이션은 앞에서 설명된 일반개체의 개체 릴레이션과 같은 형식으로 만들어진다. 그러나 세분화 개체의 개체 릴레이션들은 〈표 3-8〉에서 보는 바와 같이 일반화 개체인 학생의 주키인 학번을 상속한다. 그리고 속성들도 상속하는데, 이들을 세분화 개체 릴레이션에 같이 포함하기도 하고, 포함하지 않기도 한다. 만약에 같이 포함하면, 학부생에 대한 정보를 찾고자 할 경우에는 학부생 릴레이션만 참조하면 된다. 그러

표 3-7 일반화 개체 릴레이션 (예: 학생)

주 키 ↓

학번	전공	학부/대학원구분	← 속성
학번	전공	학부대학원구분	← 도메인
9801231	경영학	학부	
0015243	정보관리학	학부	
0311235	컴퓨터공학	대학원	

표 3-8 세분화 개체 릴레이션

주 키 ↓

(예: 학부생)

학번	전공	학년	← 속성
학번	전공	학년	← 도메인
9801231	경영학	3	
0015243	정보관리학	4	

(예: 대학원생)

학번	전공	지도교수	논문자격시험	← 속성
학번	전공	지도교수	통과 여부	← 도메인
0311235	컴퓨터공학	김교수님	통과	

나 같이 포함되지 않았으면, 학부생에 대한 정보를 찾기 위해서는 학부생 릴레이션과 학생 릴레이션을 같이 찾아야 한다.

3.9.4 개체관계모델링과 관계형 데이터베이스 개념설계

이상에서 살펴본 바와 같이 개체관계모형이 나타내는 정보는 개체 릴레이션과 관계 릴레이션들로 표현된다. 이러한 점에서 개체관계도와 개체 릴레이션 및 관계 릴레이션들은 해당 데이터베이스의 개념모형이라 할 수 있다. 개체관계모형에 의하여 표현된 개념모형으로부터 자동으로 개체 릴레이션과 관계 릴레이션들을 생성할 수 있는데, 이 과정이 [그림 3-21]에 표시된 관계형 데이터베이스의 논리설계 과정이다. 즉 개체관계모형은 논리설계 과정을 통하여 관계형 데이터베이스 스키마로 변환된다.

그림 3-21 **데이터베이스 개발 단계**

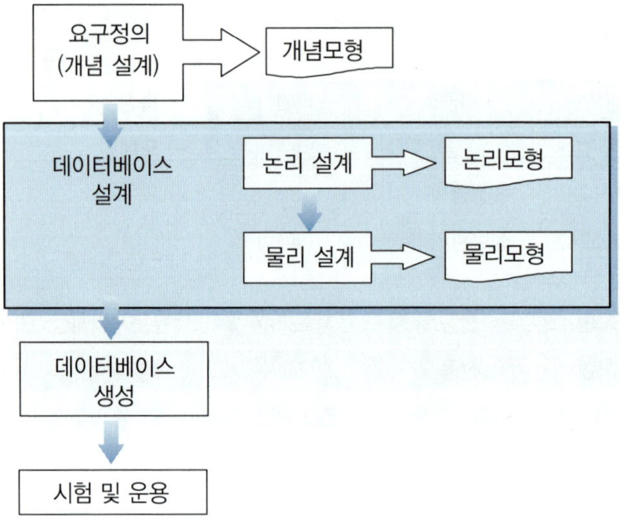

요약

본 단원에서는 개체관계모형에 대하여 학습하였다. 본 단원에서 습득한 주요 개념들을 요약하면 다음과 같다.

- **일반개체(regular entity 또는 strong entity)**: 개체들 중에서 의존개체가 아닌 것을 일반개체라고 함.
- **1-대-1 관계**: A의 한 개체에 대하여 B의 한 개체만 관련되며 B의 한 개체에 대하여 A의 한 개체만 대응하는 관계.
- **1-대-다수 관계**: A의 한 개체에 대하여 B의 여러 개체가 관련될 수 있으나 B의 한 개체에 대해서는 A의 한 개체만 대응하는 관계.
- **1항 관계(unary relationship)**: 관계를 구성하는 개체들이 1개의 개체유형에 속하는 관계.
- **2항 관계(binary relationship)**: 관계를 구성하는 개체유형이 2개인 관계.
- **3항 관계(ternary relationship)**: 관계를 구성하는 개체유형이 3개인 관계.
- **n항 관계(n-ary relationship)**: 관계를 구성하는 개체유형이 n개인 관계.
- **강제적 관계**: A의 모든 개체에 대하여 대응하는 B의 개체가 반드시 존재할 경우, A에 대한 B의 관계는 강제적임.
- **개체(entity)**: 실제 현상에 존재하거나 또는 개념적으로 존재하는 것으로 가정하는 것들을 지칭.
- **개체관계도(Entity Relationship Diagram)**: 실제 현상을 구성하는 개체들과 이들 사이의 관계를 도형으로 표시한 것.
- **개체유형**: 개체들을 동일한 유형별로 분류한 것.
- **관계(relationship)**: 개체관계모형에서 개체들 사이의 연관성을 표현하는 개념
- **관계의 항수(order)**: 관계를 구성하는 개체들을 관계의 참여개체라고 하며 참여개체의 수를 관계의 항수(order)라 함.
- **기저 속성(basic facts)**: 해당 속성의 값이 다른 속성들의 값으로부터 유도될 수 없는 속성.
- **다수-대-다수 관계**: A의 한 개체와 B의 여러 개체와 관련될 수 있으며, B의 한 개체도 A의 여러 개체와 관련될 수 있는 관계.
- **단일값 속성(single valued facts)**: 하나의 값(즉, 도메인의 단일 원소)만을 속성치로 가지는 속성.
- **대응개체수(cardinality)**: 관계를 구성하는 대응개체의 수.

- **복수값 속성**(multi-valued facts): 하나 이상의 값(즉, 도메인의 여러 원소들)을 속성치로 가지는 속성.
- **복합키**(composite key): 두 개 이상의 속성을 결합하여 구성한 키.
- **서술자**(descriptor): 개체의 특성을 설명하는 속성.
- **선택적 관계**: A의 모든 개체에 대하여 대응하는 B의 개체가 반드시 존하지 않을 수 있는 경우, A에 대한 B의 관계는 선택적임.
- **속성**: 개체에 대한 정보.
- **속성의 상속**: 세분화 개체들이 일반화 개체의 모든 속성을 당연히 포함하는 것을 의미함.
- **식별자**(identifier): 특정 개체를 타 개체들과 구분하는 속성.
- **외래키**(foreign key) **또는 외부키**: 특정 릴레이션의 주키가 다른 릴레이션에 포함되는 경우, 포함되는 릴레이션에서는 이를 외래키라고 함.
- **유추 속성**(derived facts): 기저 속성의 값으로부터 유도될 수 있는 속성.
- **의존개체**(weak entity): 타 개체가 먼저 존재해야만 자신이 존재할 수 있는 개체.
- **일반화/세분화 관계**: 특정 개체유형이 타 개체의 상세유형일 경우를 나타내는 관계이며, 보통 IS_A 관계라고 부름.
- **속성치 영역 또는 도메인**(domain): 속성에 대하여 부여될 수 있는 모든 값, 즉 속성치의 집합.
- **절차적 시각**: 정보나 데이터의 처리과정. 즉, 절차를 중심으로 실제 현상을 추상화하는 방법.
- **주키**(key): 릴레이션의 레코드를 식별하거나, 개체유형에서 개별개체들을 식별하기 위하여 사용되는 속성 또는 속성들.

제4장

개체관계모형의 설계

개체관계모델링을 통하여 좋은 데이터베이스를 설계하기 위해서는 모형을 잘 이해하고 이의 적용 기준을 잘 습득해야 한다. 이를 위하여 본 장에서는 개체관계모형의 기본 개념들을 실제 데이터베이스 설계에 어떻게 적용할 것인가를 살펴본다.

앞 장에서 살펴본 바와 같이 개체관계모형은 이론적으로 매우 단순한 모형이다. 그러나 실질적인 모델링은 많은 논리적 사고를 요구한다. 역설적으로 그 이유는 개체관계모형이 너무 단순하기 때문이다. 모형이 단순하기 때문에, 이를 실제로 적용할 때 설계자의 논리적 판단에 의존하는 경우들이 자주 발생한다.

예를 들면, 조리법이 매우 상세하고, 투입재료가 많은 요리는 일견 매우 어려운 것으로 생각될 수 있다. 그러나 명확히 제시된 구체적인 조리법을 따를 경우 비교적 쉽게 맛있는 요리를 만들 수 있다. 이에 반하여 된장국과 같이 투입 재료가 간단하며 조리법도 비교적 단순한 요리가 맛을 내는 것이 오히려 더욱 어려운 경우가 많다. 그 이유는 재료가 간단하고 조리법 또한 단순하기 때문에 맛있는 국을 끓이는 것이 많은 경우 요리사의 개인적인 판단과 경험에 의존하기 때문이다.

이와 같이 훌륭한 개체관계모형을 설계하는 것은 개체와 관계라는 상대적으로 단순한 개념을 적용하여 실제 현상을 추상화하는 매우 창조적이고 공학적이며, 많은 경험을 필요로 하는 작업이다.

4.1 요구정의: 시나리오의 작성

개체관계모형은 개체와 관계로 구성된다. 따라서 개체관계모델링은 개체와 관계를 추출하는 과정이라고 할 수 있다. 개체관계모델링을 위해서는 먼저 실제 현상(real world)이 어떻게 구성되어 있는가를 가능하면 상세히 서술해야 한다. 실제 현상에 대한 서술이 중요한 이유는 데이터베이스가 실제 현상을 투사하여 기록한 것이기 때문이다. 이와 같이 데이터베이스 설계는 실제 현상에 대한 이해로부터 시작한다.

정보시스템이 실제 현상을 추상화한 것이라는 관점을 실제 현상 투사 패러다임이라고 하였다. 이하에서는 실제 현상 투사 패러다임을 개체관계모델링과 연관하여 살펴본다.

4.1.1 시나리오와 실제 현상 투사 패러다임

데이터베이스를 포함하여 모든 정보시스템들이 궁극적으로 추구하는 바는 정보기술을 이용하여 실제 현상과 가장 근접하는 가상적인 현실을 구현하는 것이다. 이와 같이 정보시스템을 실제 현상의 가상적 구현으로 보는 시각을 실제 현상 투사 패러다임(real world mapping paradigm)이라고 한다.

실제 현상 투사 패러다임을 이와 동일한 패러다임에 기초하는 연극을 통하여 살펴보면 다음과 같다. 연극의 목적 또한 실제 현상을 이와 가장 근접하는 가상적인 연극 무대 위에서 구현하는 것이다. 연극은 배우, 장치, 소품 등과 같은 연극의 구성물들을 모두 준비하여 무대에 배치하고 공연하게 된다. 이러한 연극에서 공연을 위한 구성물들이 무엇이며, 어떤 상황에서 무슨 연기를 해야 하는가를 서술한 것이 시나리오다. 이러한 점에서 연극은 시나리오로부터 시작한다고 할 수 있다.

연극과 마찬가지로 데이터베이스 개발에서도 먼저 개발하고자 하는 시스템에 대한 시나리오를 작성해야 한다. 시나리오는 실제 현상을 구성하는 구성물들이 무엇이며, 이들 사이에 무슨 거래나 사건이 어떠한 순서로 어떻게 발생하는가를 서술한 것이다.

4.1.2 시나리오의 예제

본 장에서는 마이크로소프트사의 Access DBMS의 예제 데이터베이스인 노스윈드(Northwind) 데이터베이스를 실습 예제로 사용한다. 이 예제 데이터베이스의 시나리오를 작성해 본 것이 〈표 4-1〉이다.

표 4-1 노스윈드회사의 시나리오

노스윈드 식품회사는 공급회사들로부터 제품을 공급받아 이를 다시 소매회사들에 판매하는 일종의 도매회사이다. 이 회사는 현재 800여종의 식품을 취급하고 있는데, 이들 식품들을 음료, 조미료, 과자류, 유제품, 곡류, 육류, 가공식품 및 해산물의 8개의 제품군으로 분류하여 관리하고 있다. 각 제품군별로 일반적인 설명에 추가하여 그림 이미지를 관리한다. 노스윈드사는 각 제품별로 제품명, 포장단위, 현재고량, 발주수량(즉, 발주하였으나 아직 입고되지 않은 수량), 재주문량, 단종 여부 등을 기록하여 관리한다. 그리고 이들 제품들을 공급업체들로부터 구입하는데, 단일 제품은 한 공급업체로부터 구입한다. 즉, '국민100%오렌지주스'는 서울무역(주)으로부터 구입하며, '국민100%레몬주스'는 국민식품(주)으로부터 구입한다. 물론 국민식품(주)은 '국민100%레몬주스' 이외에도 '국민체리시럽'을 공급한다. 이와 같이 공급사들은 여러 종류의 제품을 공급한다.

이들 각 공급사들로부터 효율적인 제품 구매를 위하여, 구매담당자는 각 공급사의 주소, 우편번호, 전화번호, 팩스, 홈페이지, URL 등과 같은 회사에 대한 일반적인 정보뿐만이 아니라 담당자가 누구이며 직위가 무엇인가를 기록하여 관리한다. 다만, 해당 공급사에서는 1명의 담당자가 노스윈드와의 모든 거래를 담당한다.

노스윈드사의 고객들은 소매회사들이다. 이들 고객사들이 노스윈드사에 제품 구매를 주문하면, 각 주문별로 1명의 영업사원이 할당되어 전담하여 처리한다. 고객사들은 한 주문에서 여러 제품들을 구매하며, 주문한 제품들을 언제까지(납기일), 어디에 있는 누구에게 납품할(주문한 고객사와 제품을 수령하는 수취인이 다를 수가 있음) 것을 요청한다. 그러면, 담당 영업사원은 재고를 확인하여 납품 가능 여부를 고객사에 알

표 4-1 (계속)

려준다. 만약 재고가 불충분할 경우나 이전에 수주한 주문이 많아서 고객이 요청한 날짜에 납품이 불가능한 경우에는 수정된 납품 가능일을 고객사에 알려주고, 고객이 동의할 경우 수정된 납품일로 주문을 수주한다. 수주한 주문은 경리부서로 통보한다. 영업사원들은 고객사에 대한 정보를 기록하여 공동으로 관리한다. 고객사에 대하여 영업사원들은 회사의 주소, 우편번호, 전화번호, 팩스 등과 같은 회사에 대한 일반적인 정보뿐만이 아니라 노스윈드사와의 거래 담당자와 담당자의 직위들을 기록하여 관리한다. 고객사들에 있어서도 1명의 담당자가 노스윈드사와의 모든 거래를 담당한다. 여기서, 노스윈드사는 공급사와 고객사의 주소를 국가명, 지역(자체적으로 구분한 지역으로 경기도, 충청남도, 충청북도 등으로 분류된다), 도시, 상세주소, 우편번호로 구분하여 관리한다. 수주한 주문들에 대하여 영업사원들은 무슨 제품들이 몇 개 주문되었으며(주문량), 언제 주문하였으며(주문일), 주문한 제품들을 언제까지(납기일), 어디에 있는 누구에게 납품해야 하며(수취인), 실제로 언제(선적일) 어느 선적회사에 의하여 선적되었는지 등을 관리한다. 그리고 경리부서는 이들 각 주문의 주문 수량과 단위당 가격(판매가격으로 제품별 구매가격과 다를 수 있음), 할인율, 운임 등을 기록하여 관리한다. 그리고 선적회사별로 연락전화번호와 같은 일반적인 정보를 관리한다. 내부적으로 노스윈드사의 인사팀은 사원들의 사원이름(국문이름 및 영문이름), 직위, 성별, 생년월일, 입사일, 주소, 국적, 자택전화번호, 사내전화번호, 사진, 신상명세 등을 관리하고 있다.

4.2 개체, 관계 및 속성의 식별

개체를 식별하는 것은 개체관계모델링에서 가장 먼저 수행되는 가장 기본이 되는 작업이다. 그 이유는 개체들을 식별한 후에야 비로소 관계를 정의할 수 있기 때문이다. 본 절에서는 시나리오로부터 개체들을 찾아내고, 이들 사이의 관계를 정의하며, 속성을 부여하는 기준들을 제시한다.

시나리오로부터 개체를 추출한다는 것은 시나리오를 해석하여 실제 현상을 구성하는 구성물들을 파악하는 것이다. 시나리오에서 모든 구성물들은 문법적으로 명사로 표현된다. 즉 개체가 될 수 있는 것은 명사로 표현될 수 있는 것들이다. 따라서 시나리오에서 개체들을 찾아내기 위해서는 시나리오에 포함된 모든 명사들을 분석해야 한다.

요약하면 시나리오에서 개체를 추출하기 위한 가장 일차적인 작업은 시나리오에 포함되어 있는 명사들을 모두 찾아내는 것이다. 그러나 이들 명사들이 모두 개체가 되는 것은 아니다. 개체뿐만이 아니라 관계 및 속성들도 명사로 표현된다. 따라서 시나리오에서 추출된 명사들은 개체들뿐만이 아니라 관계가 될 수도 있으며 속성에 해당할 수도 있다. 그리고 개별개체나 속성값일 수도 있다. 이러한 점에서 볼 때, 개체관계모델링을 위해서는 시나리오로부터 추출한 명사들에 대한 분석과 분류가 이루어져야 한다.

시나리오로부터 명사의 추출

〈표 4-1〉의 노스윈드 시나리오로부터 명사들을 모두 추출하여 가나다순으로 정렬하면 다음과 같다.

가격, 가공식품, 거래, 거래 담당자, 경기도, 경리부서, 고객, 고객사, 곡류, 공급, 공급사, 공급업체, 과자류, 관리, 구매가격, 구입, 구매, 구매담당자, 국가명, 국민식품(주), 국민100%레몬주스, 국민100%오렌지주스, 국민체리시럽, 국적, 그림 이미지, 기록,

날짜, 납기일, 납품, 납품일, 납품가능일, 노스윈드사, 노스윈드식품회사,

담당자, 담당자직위, 단종 여부, 도시, 동의,

레몬 주스,

발주, 발주수량, 분류,

사내 전화번호, 사원, 사원이름 (국문이름 및 영문이름), 사진, 상세주소, 생년월일, 서울무역(주), 선적, 선적일, 선적회사, 설명, 성별, 수량, 수령, 수정, 수주, 수취인, 식품, (식품)공급회사, (식품)도매회사, (식품)소매회사, (식품)판매회사, 신상명세,

연락전화번호, 영업사원, 요청한 날짜, 우편번호, 운임, 유제품, 육류, 음료, 인사팀, 입고, 입사일,

자택전화번호, 재고, 재주문량, 전담, 전화번호, 정보, 제품, 제품군, 제품명, 종류, 조미료, 주문, 주문량, 주문 수량, 주문일, 주소, 지역,

처리, 충청남도, 충청북도, 취급,

판매, 판매가격, 팩스, 포장단위,

할당, 할인율, 해산물, 현재고량, 홈페이지 URL, 회사

명사의 분류

시나리오로부터 추출된 명사는 개체 또는 관계가 될 수 있다. 그리고 이들 개체나 관계의 속성이 될 수도 있다. 그러나 시나리오에는 이들 외에도 개별 개체나 속성값을 나타내는 명사들도 포함되어 있다. 따라서 시나리오로부터 추출된 명사는 다음과 같이 4가지로 분류된다.

(1) 개체

(2) 관계

(3) 속성

(4) 개별개체 또는 속성값

해당 명사가 무엇으로 분류될 것인가는 다음 절 이후에 설명되는 개체의 정의, 속성의 정의 및 관계의 정의 등에서 보다 자세히 소개된다. 명사의 분류 기준을 개략적으로 간략히 소개하면 다음과 같다.

- 특정 대상에 대하여 여러 가지 특성을 알아야 할 경우에는 이를 개체로 분류한다. 예를 들면 공급사에 대하여 공급사의 이름, 대표 전화번호, 담당자 이름 등을 알아야 할 경우에는 공급사를 개체로 정의한다.
- 특정 대상에 대하여 하나의 특성만을 알아야 한 경우에는 이를 다른 개체의 속성으로 분류한다. 예를 들면 공급사의 전화번호만을 알 필요가 있을 경우에는 이를 다른 개체의 속성, 예를 들면 제품 개체의 속성으로 포함시킨다.
- 관계는 개체와 개체들 사이의 연관성을 표현한다.
- 개체관계모형은 개체와 이들 사이의 관계를 표시한 것이다. 따라서 개별개체들은 개체관계모델링의 대상이 아니며, 따라서 모형에 포함되지 않는다.
- 속성값들 또한 개체관계모델링의 대상이 아니다. 따라서 모형에 포함되지 않는다.

추출된 명사들을 이상에서 언급된 기준에 따라 개체, 속성, 관계 및 개별개체 또는 속성값으로 분류한 것이 〈표 4-2〉이다. 〈표 4-2〉는 추출된 명사들에 대하여 분류될 수 있는 모든 가능성을 다 표시한 것이다. 따라서 개체나 관계 또는 속성으로 동시에 분류된 경우들도 발생한다. 속성으로 분류된 경우에는 해당 개체의 이름을, 관계일 경우에는 이를 구성하는 개체들의 이름을 명시하였다.

표 4-2 시나리오에 포함된 명사 및 동사성 명사의 분류

명사/동사성 명사	개체	관계	속성	개별개체 또는 속성값	비 고
가격			V		제품의 속성
가공식품				V	제품군의 속성인 제품종류의 값
거래		V			공급사와 노스윈드 (공급과 동일 관계)
거래 담당자			V		공급사의 속성
경기도				V	지역의 속성값
경리부서	V			V	
고객	V				(고객사와 동일개체)
고객사	V				
곡류				V	제품군의 속성인 제품종류의 값
공급		V			공급사와 제품과의 관계
공급사	V				(공급업체와 동일개체)
공급업체	V				
과자류				V	제품군의 속성인 제품종류의 값
관리		V			(재고관리)사원과 제품과의 관계
구매가격			V		제품의 속성
구입		V			공급사와 제품, 구매담당자와의 관계
구매		V			고객사와 제품과의 관계
구매담당자	V				
국가명			V		주소의 세부 속성
국민식품(주)				V	공급사의 개별개체
국민100% 레몬주스				V	제품의 개별개체

표 4-2 (계속)

명사/동사성 명사	개체	관계	속성	개별개체 또는 속성값	비 고
국민100% 오렌지주스				V	제품의 개별개체
국민체리시럽				V	제품의 개별개체
국적			V		사원의 속성
그림 이미지			V		제품군의 속성
기록		V			(재고관리)사원과 제품과의 관계
날짜			V		(납기일 등과 같은 속성을 통칭)
납기일			V		주문의 속성
납품		V			제품과 고객사 (또는 주문)
납품일			V		주문의 속성
노스윈드사				V	
노스윈드 식품회사				V	(노스윈드사와 동일개체)
담당자	V		V		고객사/공급사의 속성
담당자 직위			V		고객사/공급사 또는 담당자의 속성
단종 여부			V		제품의 속성
도시			V		주소의 세부 속성
동의		V	V		고객사와 주문과의 관계, 주문의 속성
레몬 주스				V	제품의 개별개체
발주		V			공급사와 제품과의 관계 (공급의 대응개념)
발주수량			V		발주의 속성
분류		V			제품과 제품군과의 관계
사내 전화번호			V		사원의 속성
사원	V				
사원이름(영문)			V		사원의 속성
사원이름(국문)			V		사원의 속성
사진			V		사원의 속성
상세주소			V		사원의 속성
생년월일			V		사원의 속성
서울무역(주)				V	공급사 중의 하나 (개별개체)
선적		V			선적회사와 주문과의 관계

표 4-2 (계속)

명사/동사성 명사	개체	관계	속성	개별개체 또는 속성값	비 고
선적일			V		선적의 속성
선적회사	V				
설명			V		제품군의 속성
성별			V		사원의 속성
수량			V		발주 수량과 동일한 속성
수령		V			수취인과 주문과의 관계
수정		V			담당 영업사원과 주문과의 관계
수주		V			담당 영업사원과 주문과의 관계
수취인	V		V		주문의 속성
식품	V				제품과 동일개체
식품공급회사	V				(공급사와 동일개체)
식품도매회사	V				노스윈드사가 소속된 개체 유형
식품소매회사	V				(고객사와 동일개체)
식품판매회사	V				(식품도매회사와 동일개체)
신상명세			V		사원의 여러 속성들을 총칭
연락전화번호			V		선적회사의 속성
영업사원	V				사원의 세분화 개체
요청한 날짜			V		주문의 속성
우편번호			V		주소의 세부속성
운임			V		선적의 속성
유제품				V	제품군의 속성인 제품종류의 값
육류				V	제품군의 속성인 제품종류의 값
음료				V	제품군의 속성인 제품종류의 값
인사팀				V	노스윈드 조직 중 특정 팀의 이름
입고		V			공급사와 제품과의 관계
입사일			V		사원의 속성
자택전화번호			V		사원의 속성
재고			V		(현재고량과 동의어)
재주문량			V		제품의 속성
전담		V			영업사원과 주문과의 관계

표 4-2 (계속)

명사/동사성 명사	개체	관계	속성	개별개체 또는 속성값	비 고
전화번호			V		공급사/고객사의 속성
정보			V		(개체들의 속성에 대한 통칭)
제품	V				
제품군	V				
제품명			V		제품의 속성
종류			V		제품군의 속성
조미료				V	제품군의 속성인 제품종류의 값
주문		V			고객사와 제품과의 관계
주문량			V		주문의 속성
주문 수량			V		(주문량과 동의어)
주문일			V		주문의 속성
주소			V		공급사/고객사의 속성
지역			V		주소의 세부 속성
처리		V			영업사원과 주문과의 관계
충청남도				V	지역의 속성값
충청북도				V	지역의 속성값
취급		V			노스윈드사와 제품과의 관계
판매		V			노스윈드사와 제품과의 관계
판매가격			V		주문의 속성
팩스			V		고객사/공급사의 속성
포장단위			V		제품의 속성
할당		V			영업사원과 주문과의 관계
할인율			V		주문의 속성
해산물				V	제품군의 속성인 제품종류의 값
현재고량			V		제품의 속성
홈페이지URL			V		공급사의 속성
회사	V				

4.3 개체의 정의

개체관계모형에서 개체는 관계와 달리 개별적으로 생성하여 정의할 수 있다. 물론 의존개체의 경우는 홀로 생성될 수 없으므로, 이들이 의존하는 일반개체가 이미 만들어져 있는 경우에 한하여 생성할 수 있다.

개체를 생성하기 위해서는 개체에 이름을 부여하고, 속성을 부여하며, 주키를 지정하는 과정을 따른다. 개체관계모델링은 제3장에 소개된 표현방법을 사용하여 수작업으로 수행할 수 있다. 이 경우 보통 개체는 사각형으로 표시하고 관계는 다이아몬드로 표시한다. 그러나 자동화 도구를 사용하지 않고 수작업으로 모형을 작성을 할 경우에는 모델링에서 발생할 수 있는 오류들을 찾아내고 수정하는 것이 모두 설계자의 몫이다.

자동화된 도구[1)]를 사용할 경우에는 모형 작성 과정에서 발생할 수 있는 오류들을 자동적으로 확인해 주기 때문에 오류를 쉽게 파악할 수 있으며, 오류발생을 줄일 수 있다. 따라서 가능하면 자동화된 도구를 사용하여 개체관계모델링을 수행하는 것이 바람직하다.

요약하면, 자동화된 모델링 도구를 사용하는 장점은 다음과 같다.

- 개체관계모형을 작성하는 과정에서 발생하는 오류를 자동으로 식별하여 오류 발생을 원천적으로 방지한다.
- 개체관계모형으로부터 개체 릴레이션들과 관계 릴레이션들, 즉 관계형 데이터베이스 스키마가 자동으로 만들어진다. 따라서 개체와 관계들로부터 관계형 데이터베이스 릴레이션(테이블)들을 수작업으로 다시 생성할 필요가 없다.
- 자동화 도구들을 이용한 모델링을 통하여 개체관계모형에 대한 이해를 높일 수 있다.

---

1) 가장 대표적인 개체관계모델링 도구로는 파워디자이너(PowerDesigner)가 있으며, 해당 사이트에서 15일 테스트 버전을 다운로드 받을 수 있다.
(http://www.sap.com/pc/tech/database/software/model-driven-architecture/index.html)

4.3.1 개체의 생성 및 이름 부여

파워디자이너를 이용하여 개체관계모델링을 수행할 경우, 개체의 생성은 다음의 절차를 따른다.

(1) 파워디자이너의 개체관계모델링 도구인 DataArchitect를 실행한다.

(2) CDM(Conceptual Data Model)[2)] 작성을 실행한다.

(3) 도구상자(Palette)에서 개체를 선택하여 모델링 화면으로 이동하여 클릭하면, 빈 개체가 만들어진다.

(4) 해당 개체를 열면 개체 정의 화면이 나타난다. 이를 이용하여 개체의 이름을 부여하고, 속성을 추가하고, 주키를 설정하는 등의 개체 생성 과정을 실행한다.

[그림 4-1]에서 표시된 바와 같이 개체를 생성하기 위해서는 먼저 빈 개체를 생성해야 한다. 빈 개체는 파워디자이너의 도구 상자에서 개체를 선택하여 모델링 화면으로 이동하여 클릭하면 만들어진다. 이렇게 빈 개체를 만들고 난 뒤에는 이에 대한 이름을 부여한다. 이를 위해서는, 만들어진 개체를 두 번 클릭하면 개체 정의 화면이 나타난다. 개체 정의 화면에서 [그림 4-1]과 같이 개체의 이름을 부여하면 비로소 새로운 개체가 만들어진다.

[그림 4-1]에서 Name은 화면에 나타나는 이름이고 Code는 자동화 도구에서 시스템 내부적으로 사용되는 이름이다. 여기서 시스템 내부적으로 사용되는 이름이란 파워디자이너가 내부적으로 사용하는 이름이다. 따라서 파워디자이너로부터 만들어지는 모든 산출물은 Code에 입력된 이름으로 표시된다. 예를 들면, 파워디자이너의 물리데이터모형에서 릴레이션들의 이름은 모두

2) 파워디자이너에서는 개체관계모형을 CDM, 즉 개념 데이터 모형(Conceptual Data Model)이라고 부른다. 그리고 관계형 데이터베이스 스키마를 논리 데이터 모형(LDM: Logical Data Model), 특정 DBMS를 선택하여 생성한 관계형 데이터베이스 스키마를 물리 데이터 모형(PDM: Physical Data Model)이라고 부른다. 이러한 호칭은 데이터베이스 개발 단계에서 소개한 개념모형, 논리모형, 물리모형을 따른 것이다.

그림 4-1 **파워디자이너를 이용한 개체의 생성 및 이름 부여**

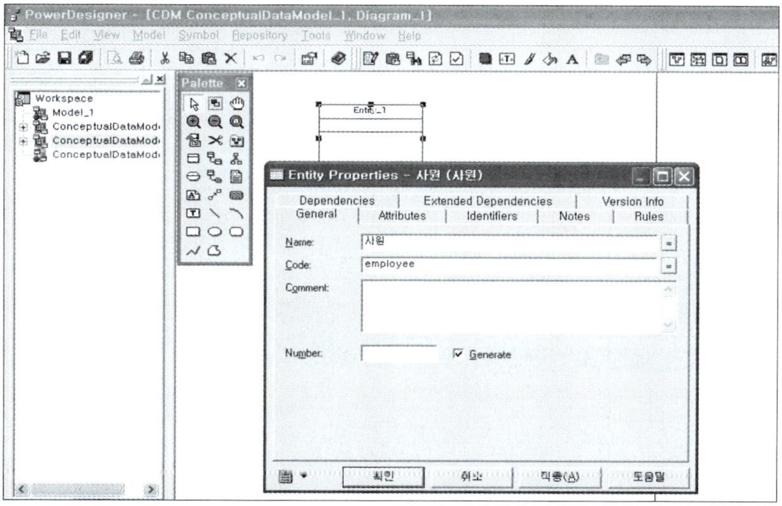

Code로 표시된다. 이러한 Name/Code의 의미는 개체뿐만이 아니라 관계, 속성에 대해서도 동일하게 적용된다.

4.3.2 속성의 정의

개체를 생성하고 이름을 부여한 다음에는 해당 개체에 대하여 기록할 가치가 있는 특성들을 개체의 속성으로 정의한다. 속성은 개체의 특성들을 총칭하는 말이다. 예를 들면, 고객사라는 개체에 대하여 회사명이나 전화번호, 주소들을 관리할 필요가 있다고 파악되었으면, 이들 정보들을 고객사의 속성으로 정의한다.

속성명과 데이터 타입의 정의

[그림 4-2]에 예시된 바와 같이 속성들을 정의하기 위해서는 개체 정의 화면에서 해당 속성들(Attributes)의 이름을 입력하고 데이터 유형(type)을 지정하여 준다. 데이터 유형은 이와 같이 직접 정의할 수도 있으며, 다음에 설명되

그림 4-2 파워디자이너를 이용한 속성의 정의

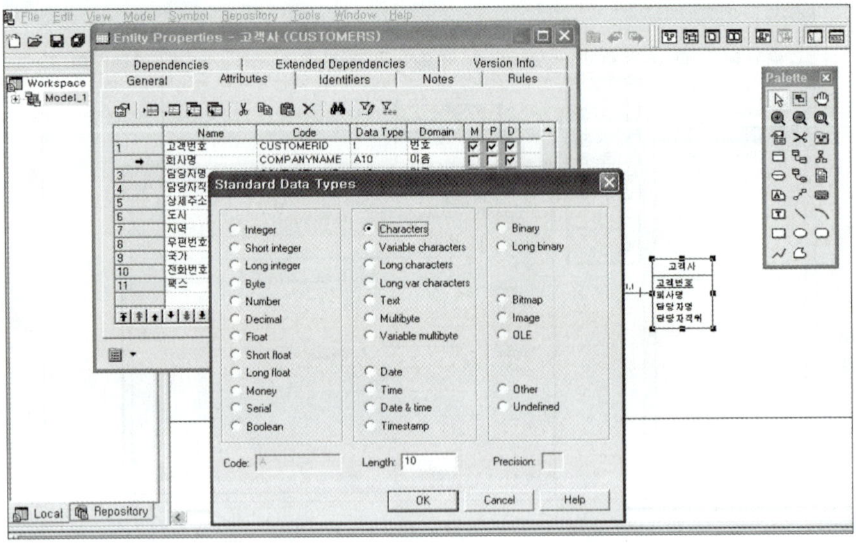

는 도메인을 이용하여 정의할 수도 있다.

예를 들면 전화번호라는 속성이 가질 수 있는 값들을 전화번호라는 도메인으로 정의한다. 그리고 고객사 전화번호의 도메인을 전화번호로 지정한다. 이 경우에는 고객사의 팩스번호도 이미 정의한 전화번호라는 도메인을 그대로 사용하면 된다. 그리고 공급사라는 개체에도 전화번호라는 속성이 있을 경우에는 이미 정의하여 둔 전화번호 도메인을 그대로 사용하면 된다. 즉, 속성별로 데이터 유형을 따로 정의하는 것이 아니라 먼저 도메인을 만들고 여러 속성들이 동일한 도메인을 공동으로 같이 사용한다.

속성과 도메인의 관계를 그림으로 표시하면 [그림 4-3]과 같다. 도메인을 사용할 경우, 속성들의 데이터 유형이 서로 일치하며, 따라서 표준화를 향상시킬 수 있다는 장점을 갖는다. 이에 대한 설명은 이후 도메인의 정의에서 보다 자세히 소개한다.

그림 4-3 **도메인과 데이터타입**

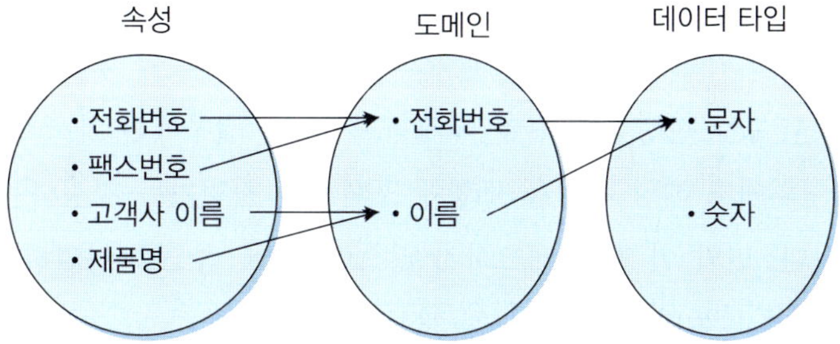

주키 및 필수 속성의 정의

개체의 정의에서 가장 중요하다고 할 수 있는 것이 주키를 정하는 것이다. 어떠한 속성을 주키로 지정해야 하는가는 개체관계모형에서 설명하였다. 여기서는 주키를 지정하는 방법에 대하여 설명한다.

파워디자이너에서 주키는 [그림 4-4]에 제시된 바와 같이 해당 속성이 주키(P: Primary key)임을 선택하여 주면 된다. 이와 같이 주키로 지정하면 해당 속성이 반드시 값을 가져야 하는 필수속성임을, 즉 빈값(Null)이 입력되어서는

그림 4-4 **파워디자이너를 이용한 주키의 정의**

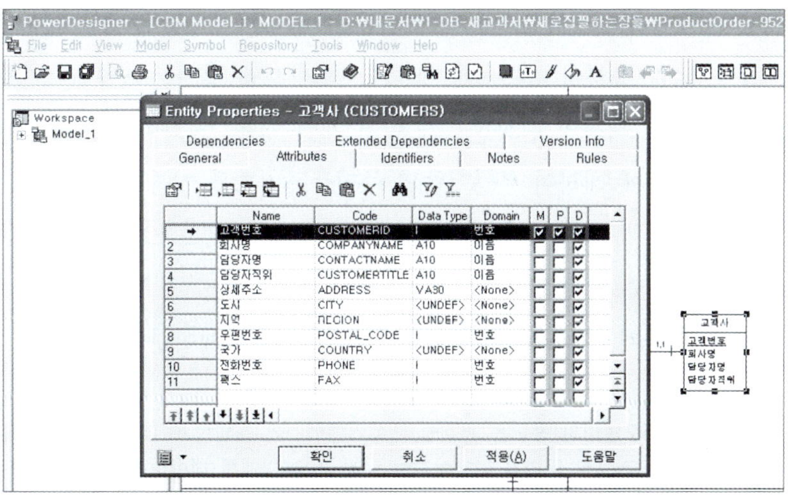

안 된다는 것을 나타내는 칸(M: Mandatory)이 자동적으로 체크된다. 그 이유는 주키는 반드시 값이 입력되어야 하기 때문이다.

주키가 아닌 속성들에 대해서도 해당 속성이 필수 속성이어야 할 경우에는 필수 속성을 지정하는 칸을 체크하고, 아닌 경우에는 체크하지 않고 남겨둔다. 이외에도 해당 속성을 모형에 포함시킬 것인가를 지정하는 칸(D: Display)이 있다. 만약 이 칸을 체크하지 않으면, 비록 속성을 정의하였으나 모형에는 포함되지 않는다. 이는 가능한 모든 속성을 정의한 뒤, 이들 중에서 일부만을 실제로 모형에 포함시킬 경우 유용하게 사용된다.

[그림 4-4]에서 고객사는 〈표 4-7〉에 포함되지 않은 회사명과 고객번호를 포함한다. 회사명은 회사의 이름으로서 너무 자명하기 때문에 시나리오에는 포함되지 않았으나 속성으로 추가하였다. 그리고 고객번호는 고객사의 주키로서 인위적인 번호들이다. 이와 같이 주키를 정의하는 과정에서는 시나리오에 포함되어 있지 않았던 인위적인 번호들을 새로 만들어 사용하는 경우들이 많은데, 인위적인 식별번호는 주키의 설정에서 논의하였던 인식단위의 적절성, 주키값의 변경가능성, 주키의 단순성 등을 고려하여 꼭 필요한 경우에만 한정하여 사용하는 것이 바람직하다.

복수값 속성의 표현

제3장 개체관계모형에서 소개한 바와 같이, 속성 중에는 1개의 값을 가지는 단일값 속성이 있는 반면에 여러 개의 값을 가지는 복수값 속성도 있다. 예를 들면 고객사의 전화번호가 여러 개일 경우, 전화번호는 복수값을 가진다. 또한 사원에 대하여 부양가족의 주민등록번호를 기록할 필요가 있다고 할 경우, 1명의 사원은 여러 명의 가족을 부양할 수 있으므로 부양가족의 주민등록번호는 여러 개의 값을 가질 수 있다.

개체관계모형에서 개체의 속성들은 개체 릴레이션의 속성으로 변환된다.[3)]

---

3) 개체관계모델링의 용도는 관계형 데이터베이스의 개념설계이다. 따라서 개체관계모형으로부터 궁극적으로 우리가 도출하고자 하는 것은 관계형 데이터베이스를 구성하는 릴레이션, 즉 테이블들이다.

그리고 관계형 데이터베이스에서 모든 속성들은 단일값만을 가질 수 있다. 부연하면, 여러 개의 값을 가지는 속성은 관계형 데이터베이스에서는 속성으로 표현될 수 없다. 따라서 개체관계모델링에서도 모든 속성들은 단일값을 갖도록 정의하는 것이 바람직하다. 만약에 복수값을 가지는 속성이 있을 경우에는 다음의 2가지 방법을 이용하여 단일값을 갖는 속성으로 변환한다.

(1) 대표되는 1개의 값만을 표현

만약 고객사의 전화번호가 여러 개일 경우, 대표 전화번호 1개만을 입력하도록 한다. 즉 복수값들 중에서 1개를 선택하여 단일값으로 표현한다. 이렇게 함으로써 복수값이 단일값으로 표현된다.

(2) 개체로 표현

여러 개의 값을 가지는 속성은 속성이 아니라 개체로 변환하여 표현하는 것이 바람직하다. 부양가족의 주민번호와 같은 경우, 여러 부양가족의 주민등록번호를 1명의 대표 부양가족의 주민등록번호로 표현할 수 없다. 따라서 이러한 경우에는 부양가족 주민등록번호를 사원의 속성으로 표현하지 않고 부양가족이라는 또 다른 개체의 속성으로 표현한다. 즉, 부양가족이라는 개체를 만들어 각 부양가족들을 표현하면, 부양가족의 주민등록번호는 단일값으로 표현된다. 물론 새로이 만들어지는 부양가족이라는 개체가 특정 사원의 부양가족이라는 사실은 관계에 의하여 표현된다. 그리고 부양가족은 사원에 의존하는 의존개체로 정의된다.

의존개체

[그림 4-5]는 사원의 부양가족 주민등록번호를 나타내기 위하여 부양가족을 사원의 의존개체로 지정하는 것을 나타낸다.

파워디자이너에서 의존개체인 부양가족은 일반개체와 동일하게 정의된다. 다만 관계를 정의할 때 부양가족이 사원에 의존적이라는 것을 나타내는 칸(Dependent)을 체크한다. 개체관계모형에서 설명한 바와 같이 의존개체로 정

그림 4-5 **파워디자이너를 이용한 의존개체의 정의**

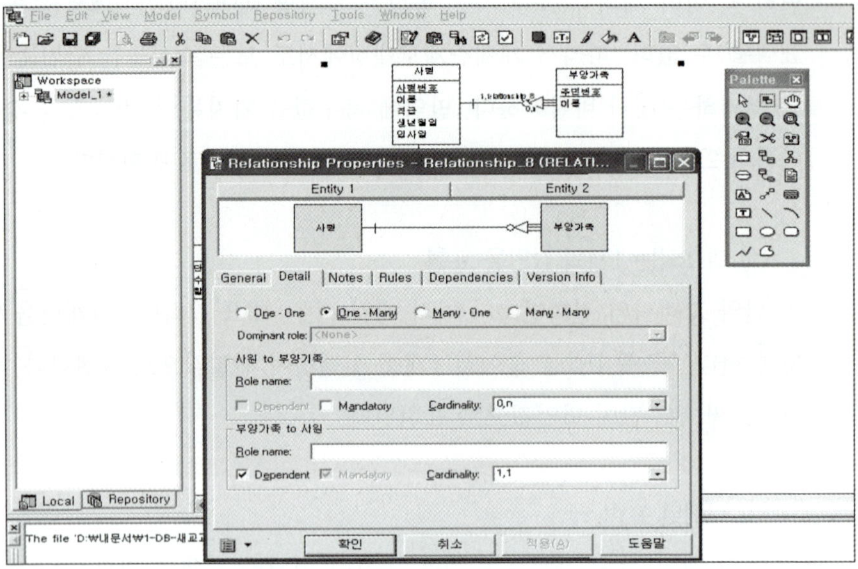

그림 4-6 **의존개체 릴레이션의 주키**

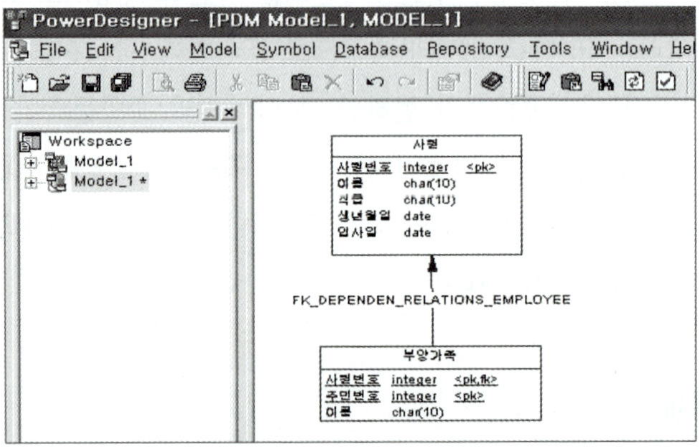

의하면 부양가족 릴레이션의 주키는 일반개체인 사원의 주키를 외래키로 포함하며, 따라서 복합키로 구성된다. [그림 4-6]은 [그림 4-5]의 사원과 부양가족을 포함하는 개체관계도로부터 관계형 데이터베이스 스키마를 생성한 것이다. [그림 4-6]에서 보는 바와 같이 부양가족 릴레이션의 주키는 부양가족 개체의 주키인 주민등록번호에 사원 개체의 주키인 사원번호를 결합한 복합키로 구성된다. 여기서 사원번호는 사원 릴레이션의 주키이며 부양가족 릴레이션에서는 외래키이다.

도메인의 정의

제3장 개체관계모형에서 설명한 바와 같이, 각 속성들에 대해서는 이들이 가질 수 있는 모든 값들을 나타내는 속성치 영역 또는 도메인(domain)이 존재한다. 따라서 속성을 정의할 경우에는 속성치 영역을 같이 정의하는 것이 바람직하다.

그러나 많은 경우 도메인을 정의하지 않고, 앞에서 예시한 [그림 4-2]와 같이, 속성의 데이터 유형을 직접 지정하는 경우가 대부분이다. 특히 관계형 데이터베이스는 도메인을 정의하는 방법이 아직 제공되지 않고 있다. 따라서 관계형 데이터베이스 설계에서는 속성들의 데이터 유형을 직접 지정한다. 이와 같이 실제 업무에서는 속성치 영역이 사용되는 경우가 아직은 많지 않으나, 데이터관리의 차원에서 이에 대한 중요성이 점차 증가하고 있으므로 가능하면 도메인을 지정하고 이를 이용하여 속성을 정의하는 것이 바람직하다.

파워디자이너에서 도메인을 정의하기 위해서는 다음의 과정을 따른다.

- 파워디자이너의 메뉴에서 Model을 선택한다.
- Model 메뉴에서 Domains... 를 선택한다.
- [그림 4-7]에 예시된 바와 같이, 도메인 목록(List of Domains)에서 새로운 도메인 이름을 부여하고 이에 해당하는 데이터 유형을 정의한다.
- 도메인이 만들어지면 개체의 속성정의 화면에서 도메인을 선택하여 속성의 데이터 유형을 지정한다. 즉 [그림 4-8]에 제시된 바와 같이 데이터 유형을 지정하는 대신에 이미 만들어진 도메인을 선택한다.

그림 4-7 파워디자이너를 이용한 도메인의 정의

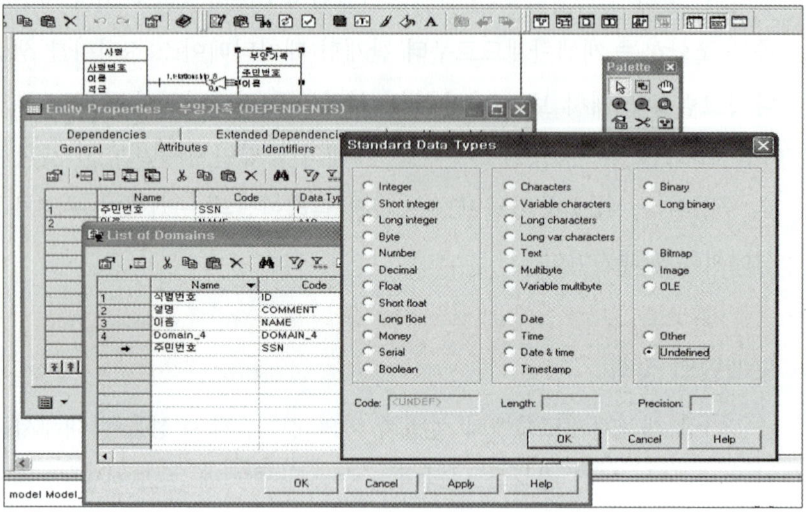

그림 4-8 도메인을 사용한 속성의 데이터 유형 정의

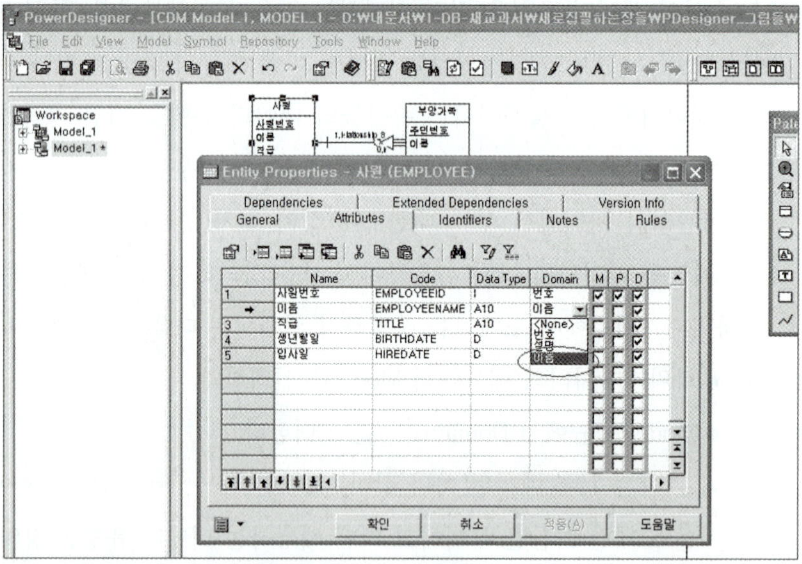

[그림 4-7]에서 예시된 파워디자이너의 도메인은 개체관계모형에서 소개한 도메인보다 기능이 극히 제한적이다. 이론적으로 도메인은 해당 속성이 가질 수 있는 값들만을 제한적으로 정의한 것이다. 따라서 주민등록번호일 경우, 단지 13자리 문자가 아니라, 0부터 9까지의 숫자로 구성된 13자리 문자이며, 또한 대한민국의 주민등록번호 부여방법에 의하여 만들어진 적법한 번호들만으로 구성된다. 그러나 [그림 4-7]에 예시된 도메인의 정의화면은 이러한 한정된 도메인을 정의하기에는 불충분하다.

이와 같이 현재의 데이터베이스관리시스템이나 모델링 도구들은 완전한 도메인 정의 기능을 제공하지 못하고 있다. 그러나 비록 제한된 기능이라고 하여도 도메인을 정의하고 여러 속성들이 이를 공동으로 사용하게 하는 것은 데이터관리의 관점에서 매우 바람직한 습관이므로 이를 적극적으로 활용하는 것이 좋다.

4.4 관계의 정의

개체관계모형에서 관계는 개체와 개체를 연결하여 표현한다. 따라서 관계는 이를 구성하는 개체들이 먼저 생성되어 있는 경우에 한하여 만들어질 수 있다. 관계의 생성은 이를 구성하는 개체들을 선택하고, 대응개체수를 지정하며, 속성을 부여하는 과정으로 이루어진다.

본 절에서는 파워디자이너를 사용하여 관계를 표현하는 방법을 살펴본다.

4.4.1 관계의 생성 및 이름 부여

개체관계모델링에서 관계를 생성하기 위해서는 먼저 해당 개체들이 만들어져 있는가를 확인해야 한다. 만약 이들이 모두 만들어져 있으면, 이들 사이에 관계를 생성하고 이름을 부여하면 된다. 개체들이 만들어져 있지 않은 경우에는 해당 개체들을 먼저 만든 후 관계를 생성한다.

파워디자이너를 이용하여 관계를 정의하는 방법은 다음과 같이 관계의 항수에 따라 다르게 이루어진다. 이들 중에서 2항 관계가 가장 일반적인 형태이므로 먼저 2항 관계를 설명하고, 이후 1항 관계와 3항 관계를 생성하는 방법을 소개한다.

2항 관계의 생성

개체관계모델링에서 가장 일반적인 형태는 2항 관계이다. 그리고 가장 쉽게 정의할 수 있는 것 또한 2항 관계이다. 2항 관계는 다음의 절차에 따라 생성된다.

- 도구 상자에서 관계를 나타내는 선을 선택한다. 그리고 이것을 모델링 화면으로 이동하여 개체를 선택하고, 이를 다시 다른 개체까지 끌고 가서 클릭하면 만들어진다. 이와 같이, 대부분의 자동화 도구에서 관계는 단순한 선으로 표시된다.
- 이렇게 만들어진 관계에 대하여 이름을 부여하고 대응개체수를 지정하여 준다. 대응개체수는 일-대-일, 일-대-다수, 다수-대-다수 중에서 선택한다. 그리고 해당 관계에서 상대방 개체가 반드시 존재해야 하는가를 나타내기 위하여 해당 관계가 강제적인지 또는 선택적인지를 지정한다.

예를 들면, 사원과 주문 사이에 처리라는 관계를 생성하기 위해서는 [그림 4-9]와 같이, 사원과 주문을 연결하는 관계를 생성하고, 대응개체수를 One-Many로 선택한다. 그리고 모든 주문에 대하여 이를 처리하는 사원이 있어야 하므로, 즉 주문에 대한 사원의 관계는 강제적이므로 "주문 to 사원"을 강제적(mandatory)으로 지정한다. 주문 to 사원의 관계가 강제적이라는 것은 주문에 대하여 반드시 이를 처리하는 사원이 존재해야 함을 의미한다. 따라서 사원의 최소 대응개체수가 1로 지정된다.

사원의 경우에는 이들이 처리하는 주문이 하나도 없을 수 있으므로, 즉 사원에 대한 주문의 관계가 강제적이 아니므로 "사원 to 주문"을 강제적

그림 4-9 **파워디자이너를 이용한 2항 관계의 생성**

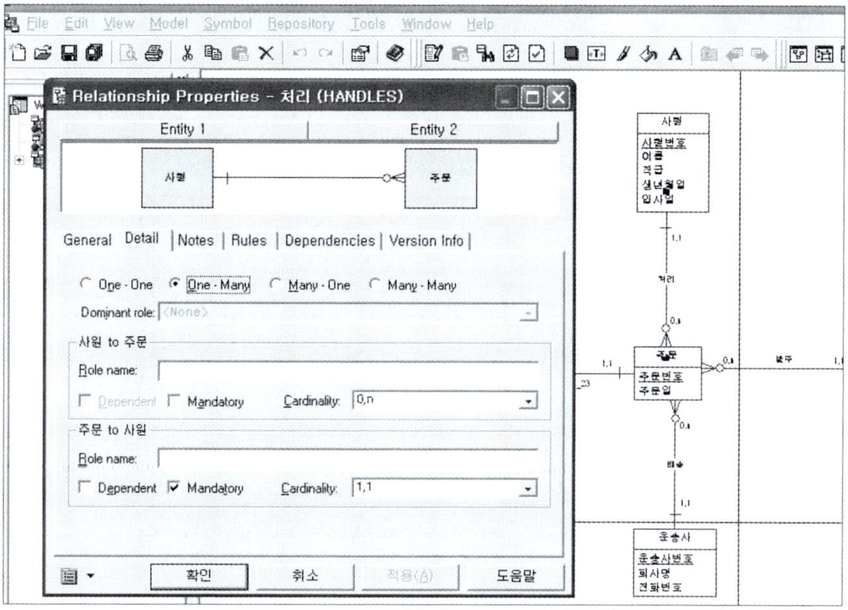

(mandatory)으로 지정하지 않는다. 강제적이 아니면, 즉 선택적이면 최소 대응 개체수가 0으로 지정되는 것을 볼 수 있다.

1항 관계의 생성

1항 관계는 1개의 개체유형을 대상으로 관계를 정의하는 경우이다. 즉, 2항 관계에서 대상 개체의 유형이 같은 경우이다. 따라서 1항 관계의 생성도 2항 관계와 거의 비슷하다. 다만 개체유형이 하나이므로 관계를 연결하는 방법이 2항 관계와 조금 다르다.

파워디자이너에서 1개의 개체유형을 연결하기 위해서는 다음의 과정을 따른다.

- 도구 상자에서 관계를 선택하여 모델링 화면으로 이동하여 개체를 선택한다.
- 이를 개체 밖의 비어있는 화면으로 끌고 가서 클릭한다.

그림 4-10 파워디자이너를 이용한 1항 관계의 생성

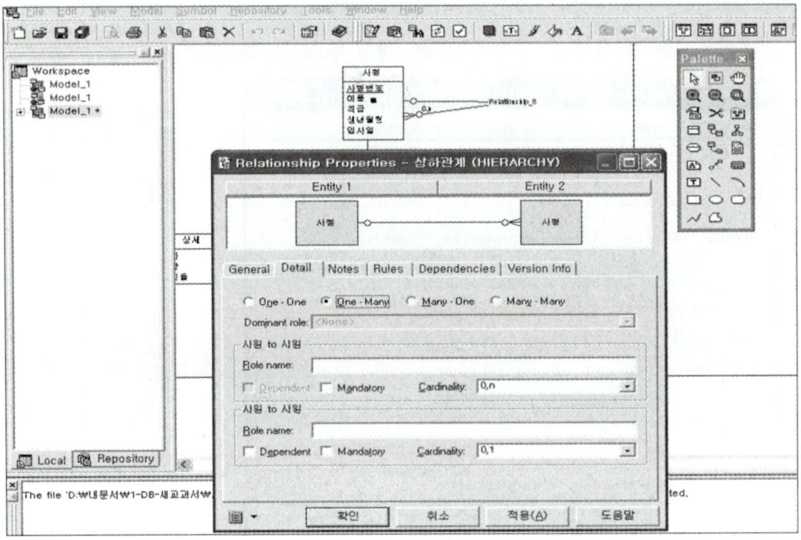

● 다시 원래의 개체까지 끌고 가서 클릭하면 1항 관계가 만들어진다.

예를 들면, 사원들 사이에서 누가 누구의 지휘를 받는가를 나타내는 상하 관계를 나타내기 위해서는 [그림 4-10]과 같이 사원과 사원을 연결하는 1항 관계를 생성하고, 이들의 대응개체수를 One-Many로 지정한다. 대응개체수의 정의와 선택적/강제적 관계의 설정 등은 2항 관계와 동일하다.

3항 이상 관계의 생성

3항 이상의 관계는 3개 이상의 개체유형들을 대상으로 정의된 관계이다. 그러나 4항 이상의 관계는 잘 나타나지도 않거니와 이의 생성방법이 3항 관계와 동일하므로, 여기서는 3항 관계에 대하여 설명한다.

3항 관계를 나타내기 위해서는 3개의 개체유형을 연결하는 관계를 설정해야 한다. 그러나 파워디자이너와 같이 관계를 선으로 나타내는 경우, 3개의 개체를 연결하는 선을 나타낼 수 있는 방법이 없다. 따라서 3항 관계를 나타내기 위해서는 이들을 2항 관계로 바꾸어 표현해야 한다. 3항 관계를 2항 관계로 표현한다는 것은 원래 3항 관계가 가지는 특성은 그대로 유지하면서 다만 표현만을 2항 관계로 나타낼 수 있도록 조작하는 것을 말한다.

3항 관계를 2항 관계로 표현하기 위해서는 다음의 과정을 따른다.

- 3항 관계를 개체로 바꾼다.
- 새로운 개체와 기존 개체들과의 사이에 2항 관계들을 설정한다.

여기서 새로이 만들어지는 개체는 원래 관계인 것을 개체로 표현한 것이라고 하여 관계형 개체라고 한다.

관계형 개체

관계형 개체는 원래는 관계로 모델링해야 한다. 그러나 파워디자이너와 같은 자동화 도구를 사용하여 모델링을 하기 위하여 어쩔 수 없이 개체의 표현형식을 빌려 개체로 모델링한 것이다. 따라서 관계형 개체는 다음과 같이 관계의 특성을 그대로 갖는다.

- 주키를 가지지 않음: 관계형 개체는 성격상 관계이기 때문에 주키를 정의해서는 안 된다.
- 의존개체임: 관계형 개체는 원래 관계를 구성하였던 개체들에 의존한다. 이는 개체가 존재하지 않으면 관계가 정의될 수 없는 것과 마찬가지로 관계형 개체도 해당 개체들이 존재하지 않으면 정의될 수 없기 때문이다.

이와 같이 관계형 개체를 정의하고 나면, 원래의 3항 관계는 새로이 만들어진 관계형 개체와 일반 개체들 사이에서 2항 관계로 표현된다.

예를 들면, 공급사로부터의 제품 구입을 특정 사원이 처리한다고 가정하자. 그러면 구입은 [그림 4-11]과 같이 3항 관계로 모델링 된다. 이를 관계형 개체로 표현하면 [그림 4-12]와 같다. [그림 4-12]의 구입 개체와 [그림 4-11]의 구입 관계는 본질적으로는 차이가 없다. 다만 표현이 다를 뿐이다. 즉, 제품, 공급사, 사원이 존재하지 않으면 구입이라는 관계가 존재할 수 없는 것처럼, 제품, 공급사, 사원이 존재하지 않으면 구입이라는 개체 또한 존재할 수 없다. 그래서 구입개체는 이들 개체에 의존하는 의존개체로 표현된다. 이렇게

그림 4-11 3항 관계

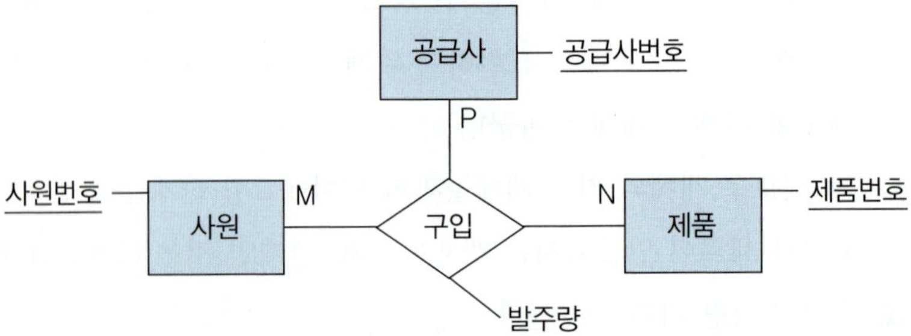

그림 4-12 관계형 개체를 이용한 3항 관계의 표현방법

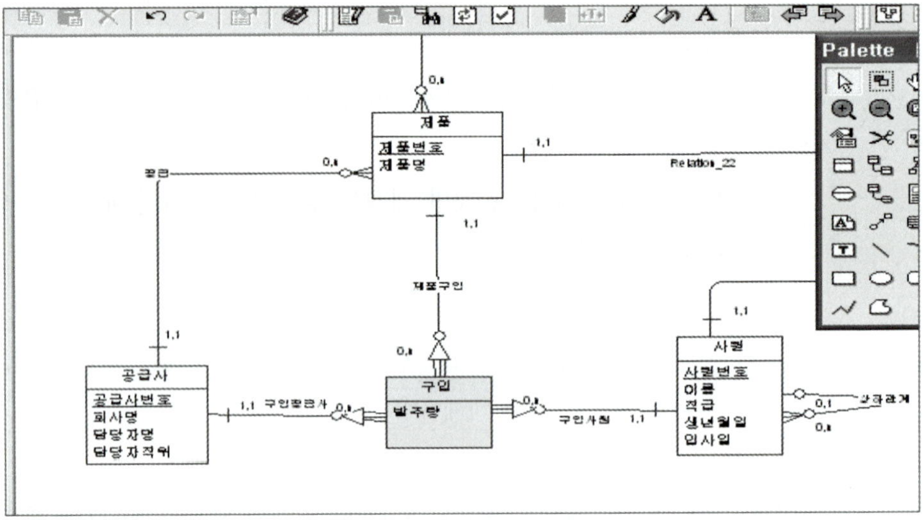

관계형 개체를 이용함으로써 원래의 3항 관계는 3개의 2항 관계로 분해된다. 그리고 대응개체수 또한 원래의 다수-대-다수-대-다수의 관계에서 3개의 1-대-다수 관계로 분해된다. 이와 같이 3항 관계를 2항 관계로 분해하기 위해서는 반드시 관계형 개체를 이용해야 한다.

4.4.2 속성의 정의

관계의 속성을 나타내는 방법은 해당 관계의 대응개체수에 따라 다르다. 이하에서는 대응개체수에 따라 관계의 속성을 표현하는 방법을 살펴본다.

일-대-다수 또는 일-대-일 관계의 속성 정의

관계의 대응개체수가 일-대-일 또는 일-대-다수일 경우에는 해당 속성을 개체의 속성으로 표시할 수 있다. 따라서 이들을 관계의 속성으로 표현하지 않아도 된다. 일-대-일 또는 일-대-다수 관계의 속성이 개체의 속성으로 표현될 수 있는 이유를 살펴보면 다음과 같다.

일-대-다수 관계의 경우, 다수쪽의 1개의 개체에 대해서는 1쪽의 개체 1개가 대응한다. 따라서 다수쪽의 개체에 대해서는 1개의 관계만 연결된다. 이와 같이 개체와 관계가 1:1로 대응하기 때문에 관계의 속성은 다수쪽 개체의 속성도 될 수 있다. 그러나 1쪽의 개체에 대해서는 여러 개의 관계가 연결된다. 따라서 관계의 속성을 개체의 속성으로 나타낼 수 없다. 예를 들면, 한 사원이 여러 주문들을 처리하고 한 주문을 처리하는 사원은 한 명인 1-대-다수의 처리 관계에서 관계의 속성으로 주문처리율을 기록한다고 하자. 그러면 이 속성은 다수쪽 개체인 주문의 속성으로 표현해도 된다. 즉 주문의 속성으로 주문처리율을 기록해도 특정 주문을 처리한 특정 사원의 주문처리율이 어느 정도인지를 알 수 있다.

예를 들면 [그림 4-13]의 처리 관계에서 홍길동이 CO10270 주문을 처리하는 것을 ①번 처리라고 하고 CO10275 주문을 처리하는 것을 ②번 처리라고 하면, ①번 처리의 주문처리율이 90%라는 것은 ①번 처리의 속성으로 표현해도 되며, CO10270 주문의 속성으로 표현해도 된다. 왜냐하면 CO10270 주문과 연결된 처리는 ①번 처리 하나뿐이기 때문이다. 그러나 홍길동의 주문처리율로는 표현할 수 없다. 그 이유는 홍길동과 연결된 처리는 ①번 처리와 ②번 처리 2개이기 때문에 어느 처리의 주문처리율인지 알 수 없다.

그림 4-13 일-대-다수 관계의 속성 표현

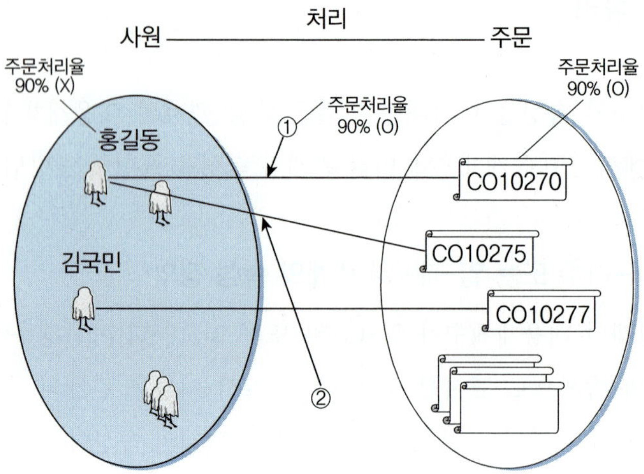

일-대-일 경우에는 어느 쪽의 개체를 선택하여도 개별개체에 1개의 관계만 연결된다. 따라서 어느 개체나 선택하여 해당 개체의 속성으로 표현하면 된다. 예를 들면, 남자와 여자 사이에 정의된 1-대-1 관계인 현재의 부부 관계에서 관계의 속성인 결혼기념일은 남자의 속성으로 표현해도 되고, 여자의 속성으로 표현해도 된다. 즉 남자의 속성으로 결혼기념일을 기록해도 해당 남자가 현재 부부 관계인 여자와 결혼한 결혼기념일을 알 수 있으며, 여자의 속성으로 결혼기념일을 기록해도 해당 여자가 현재 부부 관계인 남자와 결혼한 결혼기념일을 알 수 있다.

이와 같이 일-대-일 또는 일-대-다수 관계의 경우에는 관계의 속성을 개체의 속성으로 표현할 수 있기 때문에 현실적으로 속성을 표현하기가 상대적으로 쉬운 개체를 선택하여 관계의 속성을 개체의 속성으로 표현하고, 관계는 속성을 가지지 않는 것으로 표현한다.

다수-대-다수 관계의 속성 정의

관계의 대응개체수가 다수-대-다수일 경우에는, 관계의 속성을 개체의 속성으로 표현할 수 있는 방법이 없다. 따라서 관계의 속성으로 직접 표현해야 한다. 그러나 앞에서 살펴본 바와 같이 파워디자이너와 같은 자동화 도구를 사용하여 관계를 모델링할 경우에는 관계가 선으로 표시되고, 선에 대해서는 속성을 정의할 수 없다. 따라서 관계의 속성을 표현하기 위해서는 관계를 개체의 형식을 빌려서 표현해야 한다. 이렇게 개체의 형식을 빌려서 표현된 관계를 관계형 개체라고 함을 앞에서 살펴보았다.

관계형 개체가 만들어지면 개체의 속성으로 관계의 속성을 표현한다. 이와 같이 다수-대-다수 관계의 속성은 관계형 개체의 속성으로 표시한다.

예를 들면, 여러 명의 사원이 여러 개의 주문을 같이 처리한다고 가정하자. 그리고 각 사원의 책임정도를 참여율이라는 속성으로 나타낸다고 가정하자. 그러면 사원과 주문 사이의 처리 관계는 다수-대-다수 관계로 표시된다. 그리고 처리 관계는 참여율이라는 속성을 갖는다. 이러한 다수-대-다수의 속성을 표시하기 위해서는 [그림 4-14]와 같이 사원과 주문 사이에 처리라는 관계형 개체를 생성하고, 처리의 속성으로서 참여율을 정의한다.

그림 4-14 파워디자이너를 이용한 다수-대-다수 관계를 관계형 개체로 표현

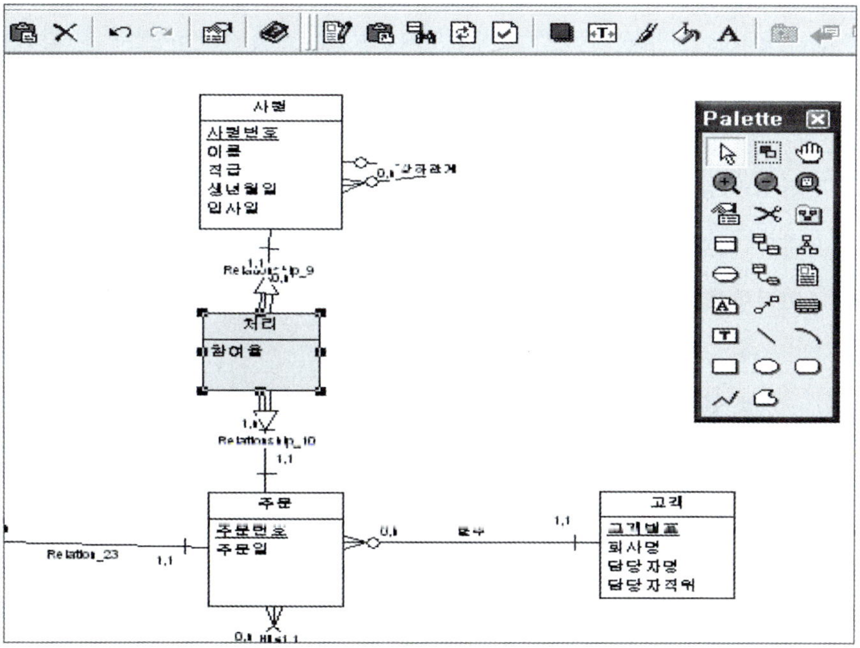

4.5 관계의 개체화

3항 관계의 표현, 관계에 대한 속성의 정의 등에서 살펴보았듯이 많은 경우 관계를 개체로 표현해야 하는 경우들이 발생한다. 이와 같이 관계로 표현할 수 있는 것은 개체로도 표현할 수 있으므로, 원래 관계로 식별된 것을 개체로 수정하는 경우들이 자주 발생한다. 이를 관계의 개체화라고 하는데, 관계의 개체화는 다음의 두 가지 방법에 의하여 이루어진다.

(1) 독자적인 주키를 갖는 일반개체로 표현하는 방법

(2) 주키를 가지지 않는 관계형 개체로 표현하는 방법

일반개체로 표현

관계의 정의에서 살펴본 바와 같이 관계는 이를 구성하는 개체들에 의하여 식별된다. 예를 들어서, 앞에서 제시하였던 [그림 4-11]에서 구입 관계는 구입되는 제품과 제품의 공급사 및 담당 사원에 의하여 식별된다. 즉, 구입은 이를 구성하는 개체들의 주키인 제품번호, 공급사번호 및 사원번호를 결합하여 구별한다.

그러나 이와 같이 개체의 주키들을 결합하여 관계를 식별하는 것이 복잡하고 번거로울 경우가 많다. 그리고 업무적으로 개체들과 연관하여 관계를 식별하는 것보다는 관계 자체를 독립적으로 식별하는 것이 편리한 경우가 있다. 이러한 경우에는 관계를 다음과 같이 개체로 표현하는 것이 편리하다.

- 관계를 개체로 인식한다.
- 인위적인 식별번호를 개체의 주키로 부여한다.

[그림 4-11]의 구입 관계를 개체로 모델링하기 위해서는 [그림 4-15]와 같이, 구입 관계를 개체로 바꾸고 새로이 만들어진 구입 개체의 주키로 구매번호를 부여한다. 그리고 새로운 개체와 기존 개체들과의 사이에 2항 관계들을 설정한다. 이 경우 새로이 만들어지는 구입 개체는 다른 개체에 의존하지 않

그림 4-15 **구입을 개체로 인식한 표현방법**

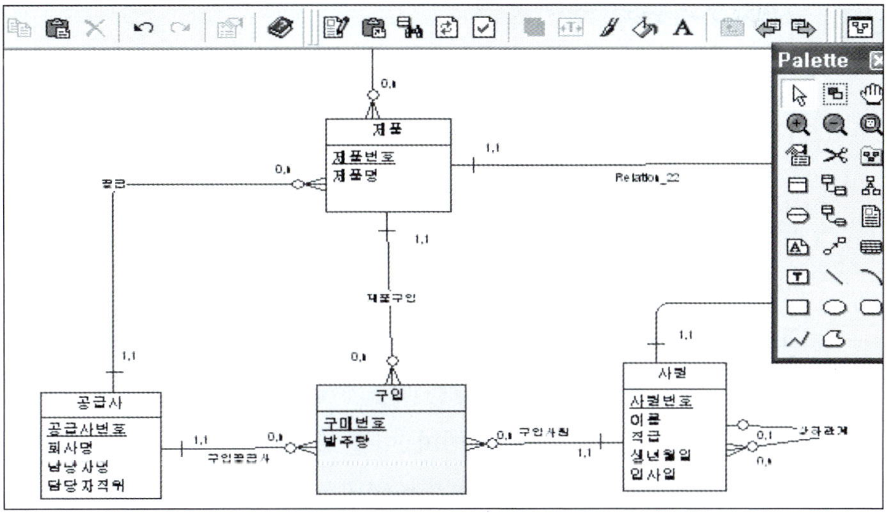

는 일반개체이다.

관계형 개체로 표현

개체관계모델링을 위한 자동화 도구들은 2항 관계만을 지원하거나 관계에 대해서는 속성을 부여하지 못하는 경우들이 대부분이다. 따라서 3항 이상의 관계를 나타내기 위해서나 관계의 속성을 나타내기 위해서는 관계를 개체로 표현해야 한다. 이는 원래 관계가 가지는 특성은 그대로 유지하면서 다만 개체의 형식을 빌리는 것이며, 이를 관계형 개체라고 한다.

관계형 개체는 당연히 의존개체로 설정되어야 한다. 그리고 관계형 개체는 독자적인 식별자를 갖지 않는다. 따라서 앞에서 소개되었던 [그림 4-12]의 구입 개체와 [그림 4-11]의 구입 관계는 본질적으로는 서로 차이가 없다. 다만 표현이 서로 다를 뿐이다. 즉, 제품이나 공급사, 사원 등이 존재하지 않으면 구입이라는 관계가 존재할 수 없는 것처럼 구입이라는 관계형 개체 또한 존재할 수 없다. 이렇게 관계형 개체를 사용하여 관계를 표현함으로써, 관계에 대하여서도 속성을 부여할 수 있으며, 3항 이상의 관계도 표현할 수 있다.

4.6 대응개체수의 표현방법

개체관계모형에서 관계를 정의하는 요소들 중에서 가장 중요한 것이 이를 구성하는 개체들과 이들 사이의 대응개체수이다. 대응개체수는 지금까지 설명한 것과 같이 특정 개체에 대응하는 상대 개체의 수를 나타낸다. 예를 들면, 사람이 도시에 거주하는 관계에서 사람과 도시와의 대응개체수는 다수-대-1로 표시된다. 한 도시에 여러 명의 사람이 거주할 수 있으며, 한 사람은 한 도시에만 거주하기 때문이다. 이와 같은 대응개체수의 표현 방법은 개체를 중심으로 상대 개체의 수를 표현하는 것이며, 이를 개체중심 표현방법이라고 한다.

그러나 우리가 알고 있는 이러한 방법 이외에도 다른 방법으로 대응개체수를 표시하는 방법이 있는데 이를 관계중심 표현방법이라고 한다. 따라서 대응개체수의 표현방법은 다음과 같이 2가지가 있다.

- 개체중심 표현방법
- 관계중심 표현방법

4.6.1 개체중심 표현방법

개체중심 표현방법이란 관계의 대응개체수를 개체를 중심으로 대응하는 상대방 개체의 수를 표현하는 방법이다. 즉, A, B 개체 사이에 관계가 정의되어 있을 경우 관계를 매개로 하여 A 개체 하나에 대하여 대응하는 B 개체의 수가 몇 개이며, B 개체 하나에 대하여 대응하는 A 개체의 수가 몇 개인가를 명시하는 방안이다.

예를 들어 사람과 도시사이의 거주 관계를 표현한다고 하자. 이 경우 하나의 도시에는 여러 사람이 거주하며, 경우에 따라서는 한 명도 거주하지 않을 수 있다. 이에 반하여 사람은 반드시 하나의 도시에만 거주해야 한다. 이를 개체관계도에 표시하기 위해서는 위의 숫자를 개체와 관계를 연결하는 선에 추가하여 기록하면 된다.

개체관계모델링에서 대응개체수의 표현은 대부분 이러한 개체중심 표현방법을 따른다. 따라서 파워디자이너와 같은 자동화도구들도 앞에서 예시하였던 바와 같이 개체중심 표현방법을 따르고 있다. 즉, [그림 4-16]을 파워디자이너를 이용하여 모델링하는 화면을 소개하면, [그림 4-17]에서 보는 바와 같이 먼저 관계의 유형을 One-One, One-Many, Many-One, Many-Many 중에서 One-Many를 선택한다. 그러면 이는 특정 개체에 대응할 수 있는 상대방 개체의 최대치가 된다. 그리고 관계의 성격이 강제적인가 선택적인가를 지정하면 이는 특정 개체에 대응하는 상대방 개체의 최소치가 된다.

그림 4-16 대응개체수의 개체중심 표현방법

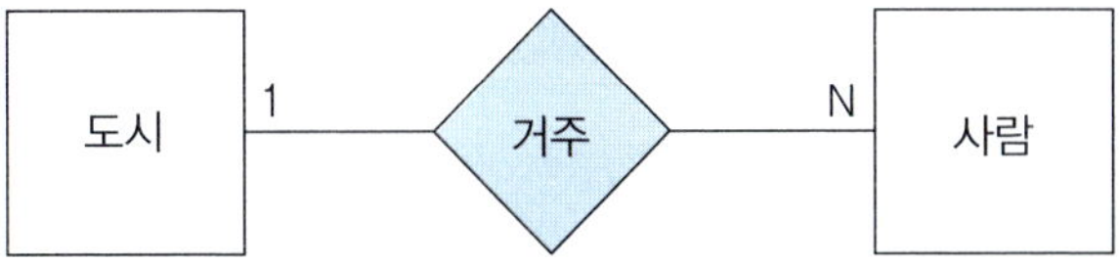

그림 4-17 파워디자이너를 이용한 대응개체수의 개체중심 표현방법

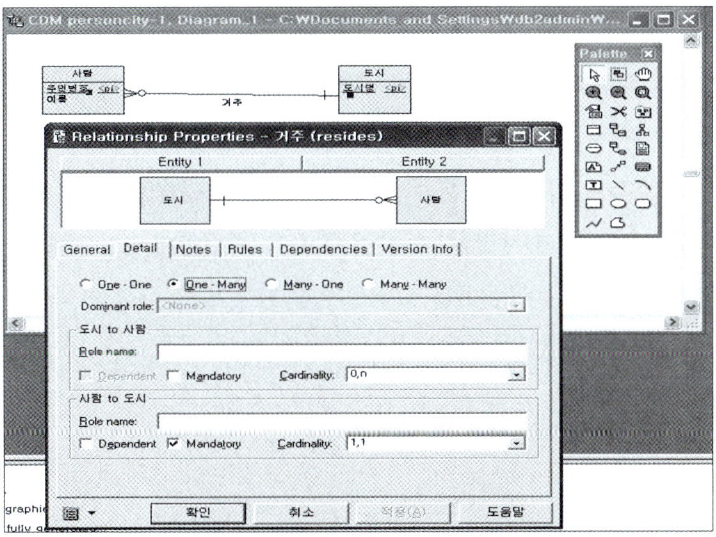

이와 같이 개체중심으로 대응개체수를 표현함으로써 특정 개체에 대응하는 상대방 개체가 단수인지 복수인지를 지정할 수 있으며, 강제적인지 선택지인지를 지정할 수 있다. 이 결과 상대방 개체를 지정하는 유형은 다음과 같이 4가지로 구분된다.

(1) **선택적 복수**: 여러 개의 개체가 관계를 통하여 1개의 상대방 개체에 대응한다. 그러나 경우에 따라서는 하나도 대응하지 않을 수 있다.
(2) **강제적 복수**: 여러 개의 개체가 관계를 통하여 1개의 상대방 개체에 대응한다. 그리고 모든 경우 적어도 하나는 대응한다.
(3) **선택적 단수**: 단일의 개체가 관계를 통하여 1개의 상대방 개체에 대응한다. 그러나 경우에 따라서는 하나도 대응하지 않을 수 있다.
(4) **강제적 단수**: 반드시 하나만의 개체가 관계를 통하여 1개의 상대방 개체에 대응한다.

4.6.2 관계중심 표현방법

관계중심 표현방법은 관계를 구성하는 원소들을 중심으로 관계의 대응개체수를 표현하는 방법이다. 즉, 개체 A와 B 사이에 관계 R이 존재할 경우, R은 A와 B를 구성하는 개체들의 쌍으로 표시된다.[4)] 이와 같이 개체들의 순서쌍으로 표현된 관계에서 해당 개체가 몇 번이나 순서쌍에 포함되는가를 계산하여 관계의 대응개체수를 표현한다.

예를 들면 사람과 도시 사이의 거주 관계에서 a1, a2, a3 사람이 c1 도시에 거주하며, a4, a5 사람이 c2 도시에 각각 거주하며, c3 도시에는 아무도 거주하지 않는다고 하자. 이들 5명의 사람과 3 도시 사이의 거주 관계는 다음과 같은 순서쌍의 집합으로 표시된다.

거주 = {(a1, c1), (a2, c1), (a3, c1), (a4, c2), (a5, c2)}

---

4) 이에 대한 수학적 정의는 제3장 개체관계모형에서 이미 설명하였다.

그림 4-18 대응개체수의 관계중심 표현방법

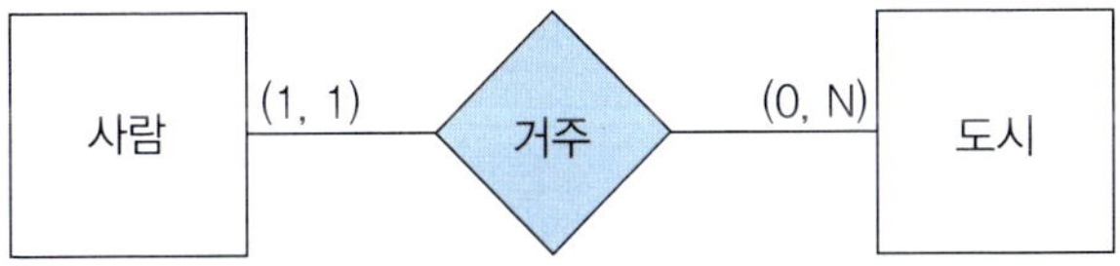

예시된 관계에서 각 개체가 관계에 포함되는 빈도를 측정하면, a1, a2, a3, a4, a5의 사람들은 반드시 1번 포함되며, c1 도시는 3번 포함되며, c2 도시는 2번, 그리고 c3 도시는 1번도 포함되지 않는다. 이와 같이 개체들이 해당하는 관계에 포함되는 빈도를 중심으로 하여 사람과 도시의 대응관계를 표현하면 [그림 4-18]과 같다. 즉 (1, 1)은 사람이 거주라는 관계에 반드시 1번만 포함되는 것을 나타낸다. 즉 최소치가 1이며, 최대치도 1임을 나타낸다. 그리고 (0, N)는 도시가 거주라는 관계에 여러 번 포함될 수 있는 동시에 1번도 포함되지 않을 수도 있음을 나타낸다. 즉 최소치는 0이며 최대치는 다수(N)임을 나타낸다.

제시된 개체관계도를 통하여 알 수 있듯이 관계중심 표현방법에서 대응개체수를 나타내는 숫자는 앞에서 제시된 개체중심 표현방법과 정반대이다. 즉,

- [그림 4-18]에서는 도시쪽이 (0, N)이나 [그림 4-16]에서는 사람쪽이 N이다.
- [그림 4-18]에서는 사람쪽이 (1, 1)이나 [그림 4-16]에서는 도시쪽이 1이다.

개체관계모델링 도구들에서 대응개체수의 표현은 대부분 개체중심 표현방법을 따른다고 하였다. 그러나 관계중심 표현방법을 제공하는 도구들도 존재하는데 파워디자이너의 association이 이것이다. Association을 사용하여 관계를 표현하는 과정은 다음과 같다.

- 도구상자(Palette)에서 association을 선택한 후, 모델링 화면으로 이동하여 클릭하면 빈 association이 만들어진다.
- 개체와 association을 연결한다.

그림 4-19 파워디자이너에서 관계중심 대응개체수 표현을 위한 association의 생성

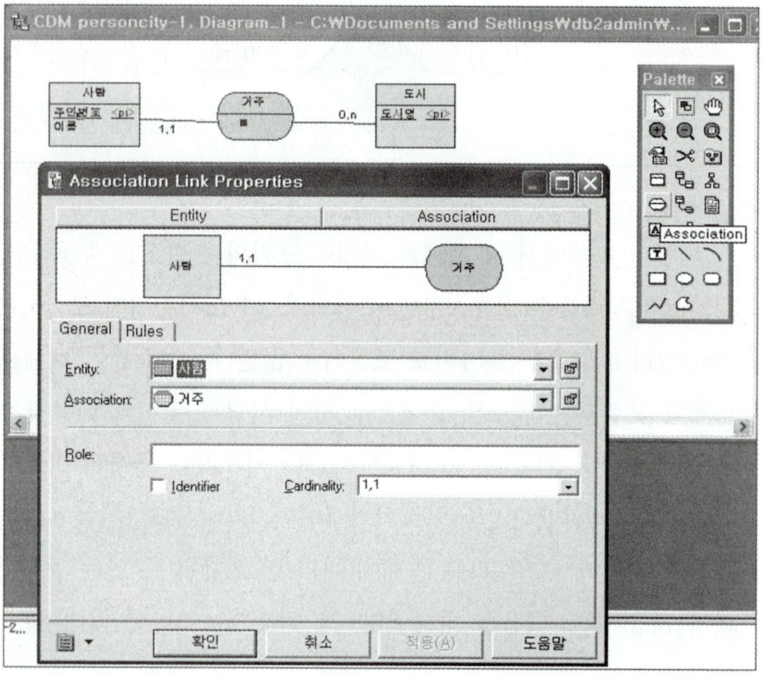

그림 4-20 파워디자이너에서 association을 이용한 모델링과 관계형 데이터베이스 스키마의 생성

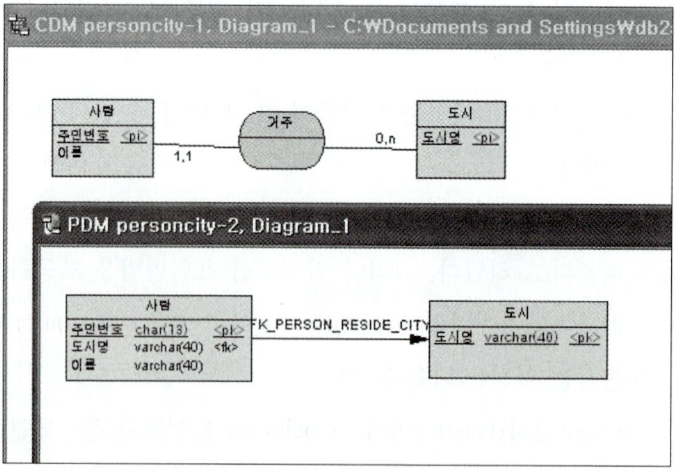

- 개체가 association에 참여하는 수, 즉 관계중심의 대응개체수(Cardinality)를 지정한다.

이렇게 정의된 관계중심 표현방법은 개체중심 표현방법과 내용적으로는 같은 정보를 표현한다. 즉 동일한 관계형 데이터베이스 스키마(즉 개체릴레이션과 관계 릴레이션들)를 생성하는 것을 [그림 4-20]을 통하여 알 수 있다.

4.7 개체 릴레이션과 관계 릴레이션의 생성

개체관계모델링의 개체와 관계에 대한 세부정보는 개체 릴레이션과 관계 릴레이션으로 표현된다고 하였다. 즉 이들 릴레이션들이 관계형 데이터베이스의 논리모형을 구성한다. 이와 같이 개체관계모형에 의하여 표현된 개념모형으로부터 자동으로 개체 릴레이션과 관계 릴레이션들을 생성할 수 있는데, 이 과정이 관계형 데이터베이스의 논리설계 과정이며 이렇게 만들어진 것이 관계형 데이터베이스의 논리 스키마이다.

대부분의 자동화된 개체관계모델링 도구들은 논리 스키마를 자동으로 생성하는 기능을 가지고 있다. 파워디자이너도 논리모형 생성 메뉴를 통하여 [그림 4-21]의 개념모형으로부터 [그림 4-22]와 같은 논리 스키마와 [그림 4-23]과 같은 물리 스키마를 산출한다.

파워디자이너에서 논리모형과 물리모형의 생성방법은 다음과 같다.

- 파워디자이너의 메뉴에서 Tools 메뉴를 선택한다.
- Tools 메뉴에서 Generate Logical Data Model.. 또는 Generate Physical Data Model..을 선택한다.
- 필요한 옵션을 선택하고 모형의 이름을 부여한다.

이들 과정을 통하여 알 수 있는 바와 같이 개체관계모형의 개체와 관계는 다음과 같이 관계형 데이터베이스의 테이블로 변환된다.

- 개체와 관계형 개체를 나타내는 개체 릴레이션들은 별도의 테이블로

그림 4-21 개념모형(예시)

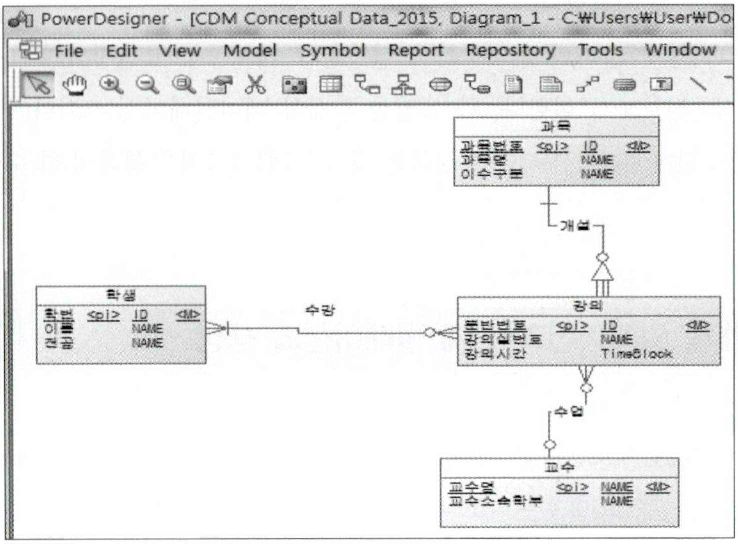

그림 4-22 논리모형(예시)

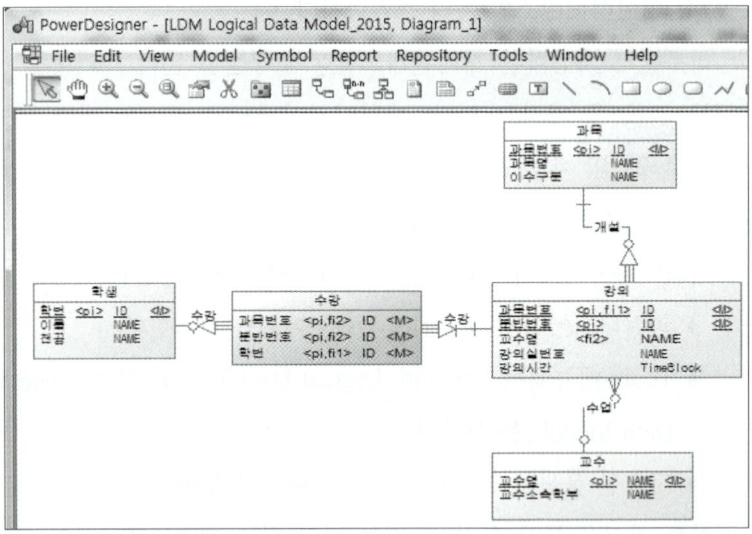

그림 4-23 물리모형(예시)

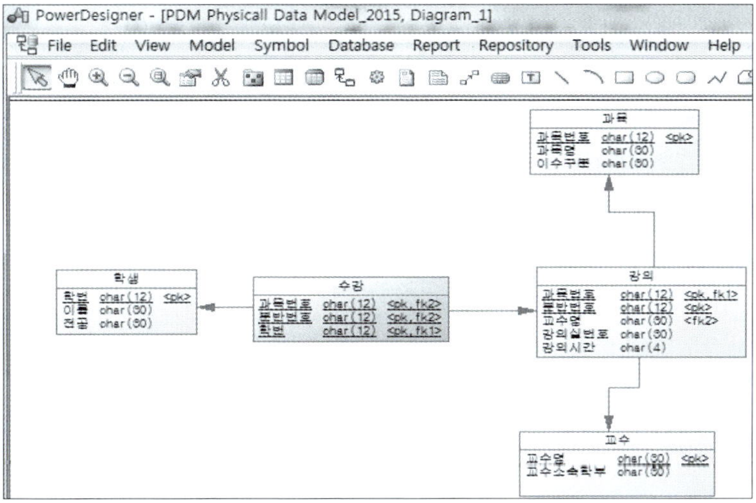

표현된다.

- 다수-대-다수 관계를 나타내는 관계 릴레이션들은 별도의 테이블로 표현된다.
- 1-대-다수 관계를 나타내는 관계 릴레이션은 다수쪽 개체 릴레이션과 합쳐져서 1개의 테이블로 표시된다.

이들 중에서 1-대-1 및 1-대-다수 관계 릴레이션이 개체 릴레이션과 합쳐지는 이유는 앞에서 소개한 1-대-1 또는 1-대-다수 관계의 속성 표현 방법에서 관계의 속성들을 개체의 속성으로 표현할 수 있는 근거와 같다. 이에 대한 내용은 관계형 데이터베이스 논리설계에서 보다 자세히 설명된다(8.3 개체관계모형을 이용한 설계방법 참조).

요약

본 단원에서는 개체관계모형의 설계에 대하여 학습하였다. 본 단원에서 습득한 주요 개념들을 요약하면 다음과 같다.

- **관계의 개체화**: 원래 관계로 식별한 것을 개체로 모델링하는 방법
- **관계형 개체**: 관계를 파워디자이너와 같은 자동화 도구를 사용하여 모델링을 하기 위하여 어쩔 수 없이 개체의 표현형식을 빌려 모델링 한 것.
- **대응개체수의 개체중심 표현 방법**: 관계의 대응개체수를 개체를 중심으로 대응하는 상대방 개체의 수를 표현하는 방법.
- **대응개체수의 관계중심 표현 방법**: 개체들의 순서쌍으로 표현된 관계에서 해당 개체가 몇 번이나 순서쌍에 포함되는가를 계산하여 관계의 대응개체수를 표현하는 방법.
- **도메인(Domain)**: 특정 속성이 가질 수 있는 모든 값을 모아 놓은 집합.
- **복수값 속성의 표현**: 속성이 복수값을 가질 경우, 이를 개체관계모델링서 표현하는 방법.
- **시나리오**: 실제 현상을 구성하는 구성물들이 무엇이며, 이들 사이에 무슨 거래나 사건이 어떠한 순서로 어떻게 발생하는 가를 서술한 것.
- **의존개체**: 다른 개체가 먼저 만들어져 있어야만 생성될 수 있는 개체
- **실제현상 투사 패러다임**: 정보시스템을 실제현상의 가상적 구현으로 보는 시각.
- **파워디자이너(PowerDesigner)**: SAP사에서 공급하는 자동화된 개체관계모델링 도구.
- **필수속성**: 빈값이 입력되어서는 안 되는 속성.

제5장

개체관계모델링의 일반적 오류

제3장과 4장에서 소개한 바와 같이 개체관계모형은 개체와 관계라는 2가지 개념만을 사용하는 단순한 모형이다. 그리고 본 교재를 포함하여 대부분의 교재에서 소개되는 예제들 또한 비교적 단순한 것들이 대부분이다. 그러나 이를 실제 모델링에 적용할 경우, 개체를 식별하고, 관계를 설정하며, 속성을 부여하는 과정에서 이들 기준들을 정확하게 적용하는 것이 쉬운 일이 아니라는 것을 깨닫게 된다.

개체관계모델링과 같은 개념 설계는 데이터베이스에 저장될 것이 무엇인가를 정의하는(WHAT을 정의하는) 과정이다. 그러나 데이터베이스에 무엇을 저장할 것인가를 설정하는 것은 관점에 따라 다를 수 있다. 따라서 개념 설계에서는 설계된 결과물을 정량적으로 평가하기가 쉽지 않다.

이에 반하여 관계형 데이터베이스의 논리 설계나 물리 설계는 주어진 목표를 달성하기 위한 방법을 모색하는(HOW를 도출하는) 과정이다. 따라서 이후 관계형 데이터베이스 설계에서 살펴보겠지만 정규형 등과 같은 척도를 사용하여 설계된 결과물을 정량적으로 평가하기가 비교적 쉽다.

요약하면 개체관계모델링은 모델링 기준들을 기계적으로 도출하기가 쉽지 않다. 따라서 설계 능력을 향상시키기 위해서는 여러 가지 모델링 사례들을 살펴보고, 일반적인 오류의 원인들을 여러 각도에서 분석하는 것이 무엇보다도 필요하다고 하겠다.

이를 위하여 본 장에서는 개체관계모델링에서 발생하는 일반적인 오류들을 식별하고, 이의 원인을 분석함으로써, 개체관계모델링을 위한 기준들을 제시한다.

5.1 개체관계모형의 분석 기준

개체관계모델링을 평가하는 기준은 산출된 개체관계도가 모형의 특성에 맞게 잘 설계되었으며, 그렇게 설계된 모형이 사용자들이 원하는 데이터 항목들로 구성되어 있느냐는 것이다. 그런데 개체관계모델링과 같은 개념설계의 최종 목표는 관계형 데이터베이스를 개발하는 것이다. 따라서 설계된 모형이 사용자들이 원하는 데이터 항목들로 구성되어 있느냐의 판단은 모형으로부터 산출되는 개체 릴레이션과 관계 릴레이션들이 사용자들이 원하는 데이터 항목들로 구성되어 있느냐에 의하여 판단된다. 이와 같이 개체관계모델링은 자체를 분석하는 것과 더불어 이로부터 산출되는 개체 릴레이션과 관계 릴레이션들을 함께 분석해야 한다. 이러한 점에서 볼 때 개체관계모형의 평가는 다음의 두 가지 관점에서 병행적으로 이루어져야 한다.

첫째는 문법적 적합성의 평가이다. 이는 개체관계모형이 문법적 법칙에 맞게 올바르게 작성되었는가를 평가한다. 문법적 법칙에 적합하게 설계된 모형은 설계자가 의도한 내용들을 명료하게 표현한다. 따라서 설계된 내용을 쉽게 분석할 수 있으며, 내용적 오류를 쉽게 식별하고 수정할 수 있다. 문법적으로 잘못 설계된 모형은, 내용적으로 무엇을 나타내는 모형인지 파악하기가 쉽지 않다. 이는 마치 문법적으로 잘못 서술된 문장의 내용을 파악하기가 쉽지 않은 것과 같다.

둘째는 내용적 적합성의 평가이다. 문법적으로 잘 설계된 모형이라고 하여도 필요한 개체나 관계를 포함하지 않았거나 불필요한 것들을 포함할 수 있다. 이러한 현상은 모형에 포함될 내용을 올바르게 선정하지 못하였기 때문이다. 따라서 설계된 모형이 문법적으로 정확하다고 가정할 때, 모형의 품질은 내용에 의하여 결정된다고 할 수 있다.

5.1.1 오류의 종류

모든 모형은 문법적 오류와 내용적 오류를 포함할 수 있다. 일반적으로 내용적 오류를 판단하기 위해서는 문법적 오류가 없어야 한다. 바꾸어 말하면, 문법적 오류가 많은 문장은 무슨 내용을 나타내는지 알 수 없으며 따라서 내용의 평가 또한 불가능하다.

문법적 오류는 개체관계모형에서 개체와 관계를 모형의 법칙과 틀리게 표현한 오류들이다. 그리고 내용적 오류는 원인에 따라 다음과 같이 2가지로 나누어진다.

(1) 첫째는 내용을 잘못 정의하여 발생하는 오류이다. 마치 영문번역에서 원문인 한국어 문장을 잘못 이해하였거나 일부를 포함하지 않고 누락함으로써 발생하는 오류이다. 정보시스템 모델링에서는 이를 요구정의 오류라고 한다.

(2) 둘째는 비록 내용은 잘 이해하였으나 이에 적합한 표현방법을 사용하지 않아 발생하는 오류이다. 정보시스템의 모델링에서는 이를 모형화 오류 또는 표현 오류라고 한다.

결국 개체관계모델링에는 [그림 5-1]에 표현된 바와 같이 세 가지 유형의 오류가 발생할 수 있다.

문법적 오류

개체관계모델링에서 문법적 오류는 모형의 구성요소인 개체나 관계 등을 잘못 사용하는 경우이다. 예를 들면 관계와 개체 사이에 또 다른 관계를 정의하거나, 관계와 개체 사이에 대응개체수를 정의하는 것 등이다.

그림 5-1 **오류의 종류**

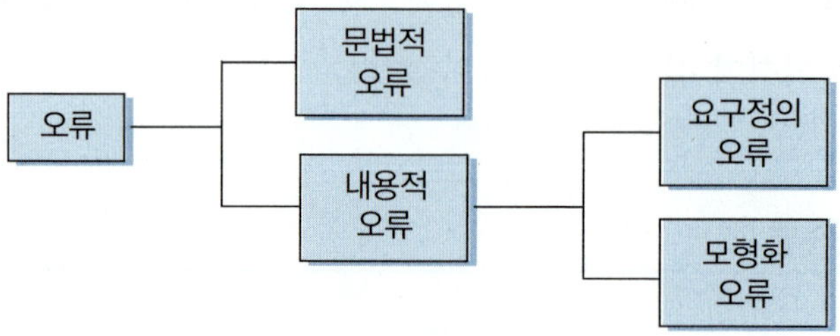

강의와 관련된 시나리오가 다음과 같이 정의되었다고 가정하자.

> 교수는 1개 이상의 과목을 강의하며, 동일 과목에 대하여 한 교수님 또는 여러 교수님이 여러 반을 강의할 수 있다. 학생들은 이들 강의를 수강하여 학점을 이수한다.

강의 시나리오를 기초로 하여 개체관계도를 [그림 5-2]와 같이 설계하였다고 가정하자. 이 경우 [그림 5-2]의 개체관계도는 다음의 문법적 오류들을 포함한다.

- 수강이라는 관계가 강의라는 관계와 직접 연결되어 있다. 관계는 개체와 개체 사이에 정의해야지 관계와 개체 사이에 정의해서는 안 된다.

그림 5-2 **문법적 오류(예)**

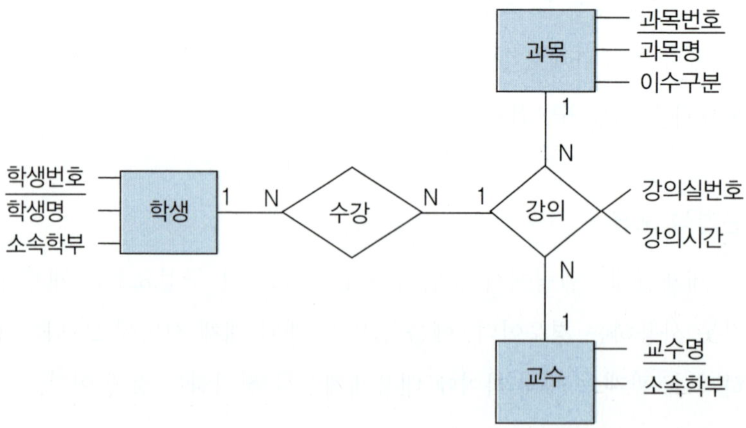

그림 5-3 문법적 오류의 수정(예)

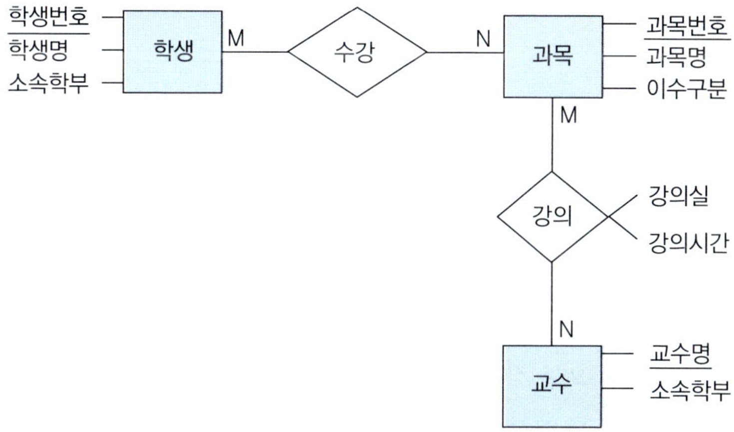

- 과목과 강의, 학생과 수강, 수강과 강의, 강의와 교수 사이에 대응개체수를 표시하였다. 대응개체수는 개체와 개체 사이에 설정해야 하며, 개체와 관계 또는 관계와 관계 사이에는 설정할 수 없다.

이와 같은 문법적인 오류가 있는 상태에서는 개체관계도가 표현하는 내용을 올바르게 알 수 없으며, 따라서 분석이나 평가 또한 불가능하다. 이들 문법적 오류를 제거하기 위한 방안의 하나로서 수강이라는 관계를 개체와 개체 사이에 정의하며, 대응개체수도 개체와 개체 사이에 설정한다. 이렇게 수정한 개체관계모형이 [그림 5-3]이다.

[그림 5-2]의 개체관계도를 [그림 5-3]과 같이 수정할 경우, [그림 5-3]은 문법적 오류를 포함하지 않는다.

요구정의 오류

요구정의 오류는 사용자들이 요구하는 내용을 잘못 정의함으로써 발생하는 오류이다. 예를 들면, 앞에서 제시된 〈강의 시나리오〉에서 과목별로 사용하는 교재에 대한 내용이 잘못하여 시나리오에서 누락되었다고 가정하자. 교재에 관한 정보를 포함하지 않았기 때문에 [그림 5-3]의 개체관계도는 비록 문법적인 오류는 없으나 요구정의 오류를 포함한다.

요구정의 오류를 수정하기 위해서는 잘못된 요구정의를 바르게 수정해야 한다. 즉, 앞에서 제시되었던 〈강의 시나리오〉를 교재에 대한 내용을 포함하도록 정정하고, 이에 기초하여 모델링을 새로 해야 한다. 새로운 개체관계도는 교재에 대한 개체를 비롯하여 이와 과목과의 관계를 포함해야 한다. 이렇게 설계된 개체관계도는 [그림 5-3]의 개체관계도와는 다른 새로운 데이터베이스를 위한 새로운 모형이다.

요구정의 오류를 방지하기 위해서는 모델링하고자 하는 내용을 올바르게 정의해야 하는데, 이를 "Doing the right thing"이라 한다. 이와 같이 요구정의 오류는 시나리오를 작성하는 과정에서 발생한다. 따라서 이를 수정하는 방법 또한 시나리오를 다시 작성하는 것이다.

모형화 오류

모형화 오류는 시나리오에 포함된 내용을 개체관계모형으로 모델링하는 과정에서 발생하는 오류이다. 예를 들면, [그림 5-3]의 개체관계도는 앞에서 언급한 〈강의 시나리오〉에 기초하여 모델링한 것이다. 시나리오를 근거로 '학생', '교수'와 '과목' 개체를 정의하였으며, 학생과 과목 사이에는 '수강'이라는 다수-대-다수 관계를 설정하였으며, '교수'와 '과목' 사이에는 '강의'라는 관계를 설정하였다. '강의' 관계를 다수-대-다수로 정의함으로써, 한 교수가 여러 과목들을 강의할 수 있는 것으로 설계하였으며, 한 과목에 대하여 여러 교수가 강의를 할 수 있는 것으로 설계하였다. 따라서 시나리오에 서술된 요구사항들을 잘 나타내는 것으로 보인다. 그러나 보다 자세히 살펴보면, [그림 5-3]의 개체관계도는 다음의 오류들을 포함한다.

- 한 교수가 한 과목에 대하여 여러 반을 강의할 수 없다. 그 이유는 강의를 '교수'와 '과목' 사이의 관계로 설계하였기 때문이다. 즉, 한 개의 과목과 한 명의 교수 사이에는 1개의 관계만이 존재할 수 있으며, 따라서 특정 교수가 특정 과목을 강의하는 사실만을 알 수 있다. 시나리오는 한 과목에 대하여 한 교수가 여러 개의 강의를 담당하는 상황을 가정하고 있다. 예를 들면, 경영 데이터베이스 관리론 과목이 3개로 분반되어

있어, 이 교수님이 첫째와 둘째 반을 담당하고 김 교수님이 셋째 반을 담당할 수 있다. 그러나 [그림 5-3]의 개체관계도는 이러한 상황을 표현할 수 없으며, 특정 교수가 특정 과목에 대하여 강의하는 사실만을 나타낸다. 따라서 [그림 5-3]의 개체관계도는 시나리오의 요구정의와 다르게 모델링되었다고 할 수 있다.

- 특정 과목에 대하여 어느 학생이 어느 교수님의 강의를 수강하는지를 알 수 없다. 시나리오에는 학생이 강의를 수강하는 것으로 되어 있다. 만약 이를 특정 교수님 또는 교수님들이 공동으로 진행하는 강의로 해석하면 어느 학생이 어느 교수님의 강의를 수강하는지 알 수 있어야 한다. 그러나 [그림 5-3]의 개체관계모형은 단지 특정 과목을 수강하는 학생들만을 나타낸다. 그리고 그 과목을 강의하는 교수님들만을 나타내며, 어느 학생이 어느 교수님의 강의를 수강하는지는 알 수 없었다.

이러한 모형화 오류를 수정하기 위해서는 [그림 5-4]는 강의를 개체로 표현한다. 보통 이를 강좌 또는 분반이라고 한다. 이렇게 강의를 강좌 또는 분반이라는 의존개체로 표현함으로써 위에서 열거된 내용들을 다음과 같이 표현할 수 있다. 강좌를 과목의 의존개체로 모델링하는 이유는 과목이 개설되지 않으면 강좌(분반)를 개설할 수 없기 때문이다.

- 강좌와 교수 사이에 다수-대-다수 관계를 설정할 수 있다. 이렇게 함으로써, 1명의 교수가 동일 과목에 대하여 여러 강좌를 담당할 수 있으며, 여러 명의 교수가 공동으로 1개의 강좌를 담당하여 공동 강의를 할 수 있다.
- 학생이 어느 강좌를 수강하였는지 알 수 있으며, 특정 강좌를 담당하는 교수님을 알고 있음으로써, 학생이 어느 교수님의 강의를 수강하였는지 알 수 있다.

모형화 오류를 방지하기 위해서는 모형의 특성이나 표현방법을 잘 이해하여 의미적으로 최적의 표현방법으로 모델링해야 하는데, 이를 "Doing the thing right"이라고 한다.

그림 5-4 모형화 오류의 수정(예)

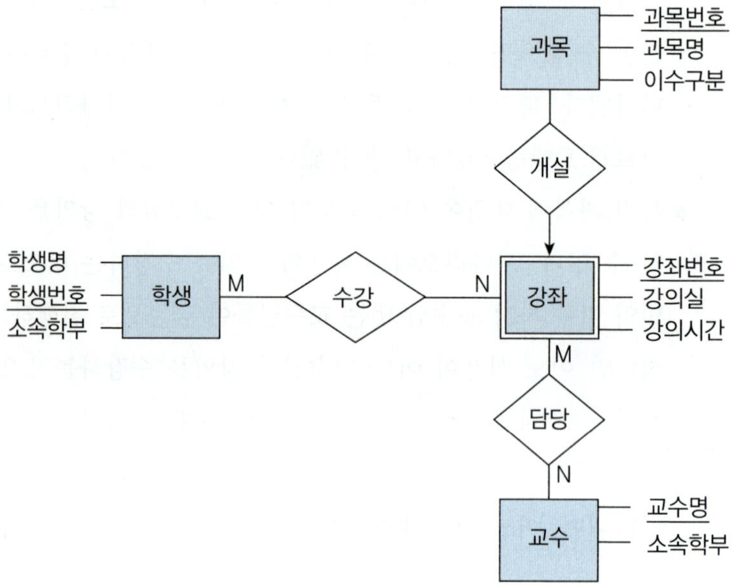

5.1.2 분석절차

개체관계모형은 [그림 5-1] 오류의 종류에서 열거한 바와 같이 여러 종류의 오류들을 포함한다. 개체관계모형의 분석 또한 이들 오류를 고려하여 순서적으로 이루어져야 하는데 오류의 분석 단계를 예시하면 [그림 5-5]와 같다.

- 첫 번째 단계에서는 문법적 오류를 식별한다. 즉, 문법적 오류를 식별하여 제거한다.
- 두 번째 단계에서는 문법적 오류가 제거된 모형에서 개체 릴레이션과 관계 릴레이션들에 포함된 내용이 시나리오에 서술된 내용들과 일치하는가를 평가한다. 만약 일치하면, 시나리오에 정의된 요구사항들이 잘 모델링되었다고 할 수 있다. 그렇지 않다면 내용적 오류가 존재한다고 할 수 있다. 내용적 오류는 발생 원인에 따라 요구정의 오류와 모형화 오류로 나누어진다.

그림 5-5 **오류의 분석 절차**

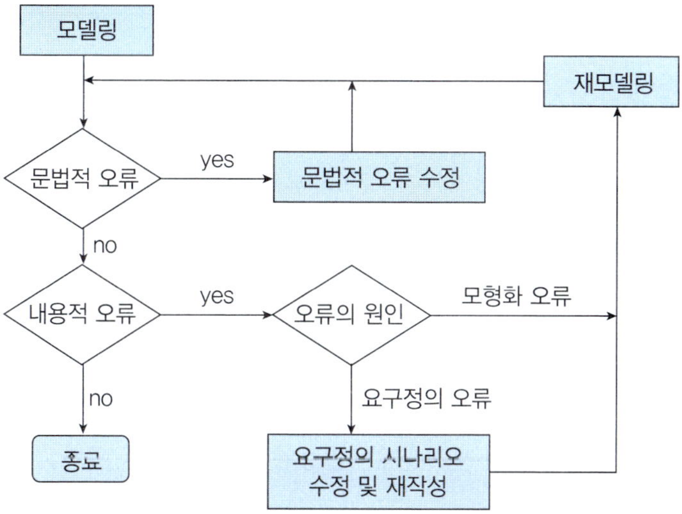

- 요구정의 오류일 경우에는 잘못된 요구정의 시나리오를 재작성한 후 다시 모델링한다.
- 모형화 오류일 경우에는 시나리오에 포함된 내용을 가장 잘 나타내는 표현방법을 선택하여 다시 모델링한다.

오류 분석은 설계된 개체관계도가 오류를 포함하지 않을 때까지 반복적으로 수행한다.

이상의 분석 절차에서 살펴본 바와 같이 문법적 오류는 이의 식별이나 수정이 비교적 간단하고 기계적이다. 본 장에서는 4장과 5장에서 부분적으로 소개된 문법적 오류들을 유형별로 종합하여 제시한다. 그리고 요구정의 오류는 모델링에 기인하기보다는 요구정의에 기인하는 오류이다. 따라서 비록 실제 모델링에서는 매우 중요한 오류이나, 이를 교재에서 다루기는 쉽지 않다. 즉, 교재에서 다루어지는 모형들은 제대로 정의된 시나리오에 근거한다고 가정한다. 따라서 본 교재 또한 요구정의 오류보다는 모형화 오류를 중심으로 오류의 식별과 수정 방법을 제시한다.

5.2 일반적 오류 유형

대표적인 개체관계모델링의 오류들에 대해서는 3장 개체관계모형과 4장 개체관계모형의 설계에서 개략적으로 살펴보았다. 본 절에서는 이러한 오류들을 유형별로 종합하여 제시한다.

5.2.1 문법적 오류

문법적 오류들은 개체관계모델링의 표현 법칙을 위반하는 것들로서 대표적인 것들은 다음과 같다.

- 관계와 개체 사이에 관계를 정의함
- 개체와 관계 사이에 대응개체수를 설정함
- 개체의 주키를 설정하지 않음
- 관계의 주키를 설정함

이러한 문법적 오류는 파워디자이너[1]와 같은 자동화 도구를 사용하면 원천적으로 방지할 수 있다. 즉, 자동화 도구에서는 관계와 개체 사이에 또 다시 관계를 정의할 수 없으며, 개체와 관계 사이에는 대응개체수를 정의할 수 없다.

파워디자이너에서 관계는 선으로 표시된다. 따라서 관계와 관계 사이에 또 다시 관계를 설정할 수 없다. 이는 선으로 표시된 관계에 또 다시 선을 연결할 수가 없기 때문이다. 그리고 대응개체수는 선에 대하여 정의되기 때문에 당연히 선(즉 관계)에 의하여 연결되는 개체와 개체 사이에 정의된다. 따라서 개체와 관계 사이에 정의할 수 없다. 이와 같이 자동화 도구를 사용할 경우에는 이러한 문법적 오류들이 발생할 가능성이 원천적으로 봉쇄되는 장점이 있다.

그러나 관계를 관계형 개체로 표현할 경우에는 이러한 오류들이 여전히 발

1) 파워디자이너 (PowerDesigner)는 SAP사에서 제공하는 개체관계모델링 도구이다. (http://www.sap.com/pc/tech/database/software/model-driven-architecture/index.html)

생할 수 있다. 그 이유는 관계가 개체의 형식을 빌려서 표현되기 때문에 관계에 대하여 주키를 설정하는 등의 오류가 발생할 수 있다. 특히 관계형 개체를 이용할 경우에는 관계가 개체의 형식으로 표현됨으로써 이들 오류들이 [그림 5-2]와 달리 눈에 띄지 않고 숨겨진다는 점에서 더욱 큰 문제라고 할 수 있다.

(1) 관계와 개체 사이에 관계 정의

[그림 5-2]의 개체관계도를 파워디자이너와 같은 자동화 도구를 사용하여 표현할 경우 [그림 5-6]과 같이 나타낼 수 있다. [그림 5-6]에서는 수강과 강의가 개체의 형식을 빌려서 관계형 개체로 표현된다. 그러나 이들은 원래 관계이므로 자체적으로는 주키를 갖지 않는 의존개체로 표시된다.

[그림 5-6]으로부터 알 수 있는 바와 같이, 강의라는 관계형 개체와 학생이라는 개체 사이에 또 다시 수강이라는 관계형 개체를 설정하였으며, 따라서 이는 개체관계모형에서 이야기하는 관계의 정의에 어긋난다. 그러나 어쨌든 이들이 개체의 형식을 빌려서 표현되었으므로 문법적으로는 아무런 문제가 없

그림 5-6 PowerDesigner에서 관계와 개체 사이에 관계 정의

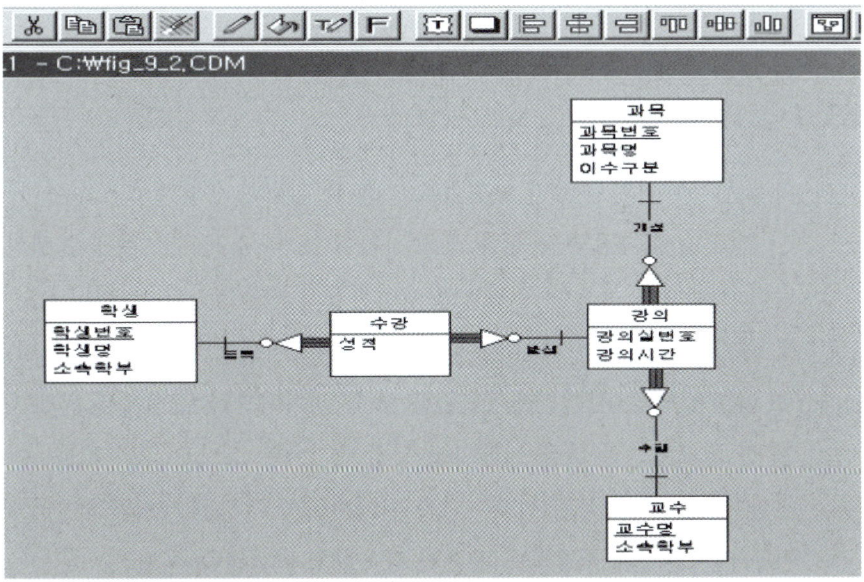

그림 5-7 의존개체들로부터 관계형 데이터베이스 스키마 도출

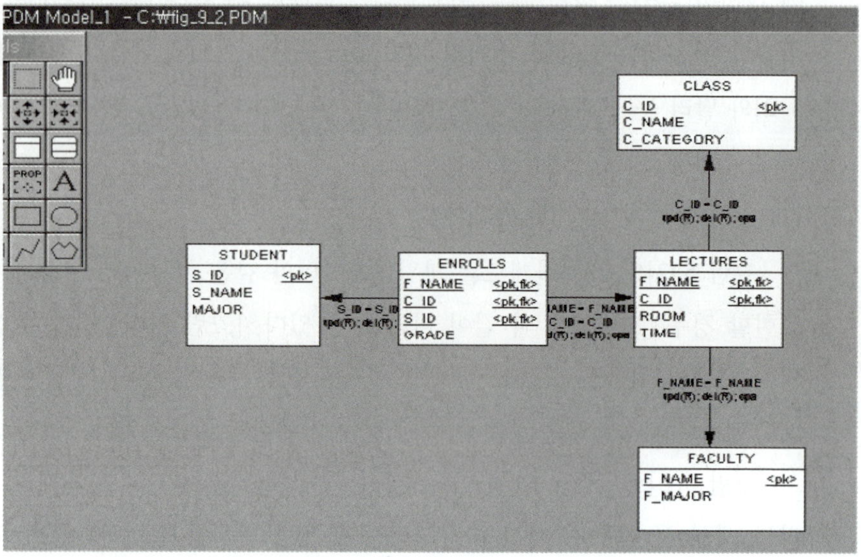

다. 다만, [그림 5-7]에 제시된 바와 같이, 이러한 개체관계모형으로부터 관계형 데이터베이스 스키마를 도출하면 강의 릴레이션과 수강 릴레이션의 주키는 이들이 의존하는 개체 릴레이션들의 주키들을 포함하도록 정의된다. 즉, 강의 릴레이션의 주키는 과목 릴레이션의 주키인 과목번호(C_ID)와 교수 릴레이션의 주키인 교수명(F_NAME)을 결합한 복합키로 구성된다. 그리고 수강 릴레이션의 주키는 강의 릴레이션의 주키인 과목번호(C_ID)와 교수명(F_NAME)에 학생 릴레이션의 주키인 학생번호(S_ID)를 결합한 복합키로 구성된다.

이와 같이 개체와 관계형 개체 사이에 또 다시 관계형 개체를 생성하면 의미적으로 매우 복잡한 구조의 릴레이션들이 만들어진다. 그러나 이는 문법적 오류는 아니며 다만 데이터관리의 관점에서 바람직하지 않다는 것이다. 그리고 이렇게 만들어진 릴레이션들은 이후 데이터관리 과정에서 원래 나타내고자 한 릴레이션과 다른 릴레이션이 될 수 있다. 그리고 많은 경우, 이렇게 복잡한 복합키로 구성된 릴레이션은 릴레이션에 저장된 데이터들이 구체적으로 어떤 의미인가를 구별하기 곤란한 경우들도 발생한다.

예를 들면 [그림 5-6]과 [5-7]의 예에서 수강 릴레이션(ENROLLS)의 주키가 과목번호(C_ID), 교수명(F_NAME), 학생번호(S_ID)를 결합한 복합키로 구성되기 때문에 일견 어느 학생(학생번호(S_ID))이 어느 교수님(교수명(F_NAME))의 과목(과목번호(C_ID))을 수강하는 것을 나타낼 수 있는 것처럼 보인다. 그러나 특정 학생(학생번호(S_ID))이 같은 과목(과목번호(C_ID))의 서로 다른 교수님(교수명(F_NAME))의 다른 강의를 수강한 것인지 또는 같은 과목을 여러 교수님들이 공동으로 강의한 것을 수강한 것인지를 구분할 수 없다.

이러한 오류는 개념모형이나 이로부터 만들어지는 개체 릴레이션이나 관계 릴레이션에서 쉽게 인식되지 않을 수 있기 때문에 가능하면 처음부터 이러한 오류를 피하는 방향으로 모델링하는 것이 바람직하다.

(2) 개체와 관계 사이에 대응개체수를 설정함

[그림 5-2]의 개체관계도를 통하여 알 수 있는 바와 같이, 개체관계모델링에 익숙하지 않은 설계자들은 개체와 관계 사이에 대응개체수를 정의하는 오류를 저지른다. 그러나 앞에서 설명한 바와 같이 자동화 도구를 사용하는 경우에는 이러한 오류의 발생을 원천적으로 봉쇄할 수 있다. 즉, 대응개체수는 선으로 표현되는 관계에 대하여 정의되기 때문에 당연히 선에 의하여 연결되는 개체와 개체 사이에 정의된다.

그리고 관계를 관계형 개체로 표현할 경우에는, [그림 5-6]으로부터 알 수 있는 바와 같이, 대응개체수가 개체와 관계형 개체 사이에 정의된다. 따라서 원래 개체와 관계 사이에 잘못 정의된 대응개체수가 개체와 관계형 개체 사이에 정의되기 때문에 문법적으로 아무런 문제가 없게 된다.

(3) 개체의 주키를 설정하지 않음

주키는 개별개체들을 인식하는 기준이다. 따라서 주키를 정의하지 않은 것은 개체를 어떻게 인식할 것인가를 정의하지 않은 것이며, 따라서 개체가 무엇인지 명확하게 정의하지 않은 것과 동일하다. 요약하면 개체에 대해서는 반드시 주키를 정의해야 한다. 만약 주키를 정의하는데 애로가 발생하면 해당 개체들이 잘못 정의된 것이라고 할 수 있으므로 이를 다시 정의하도록 노력해야 한다.

경우에 따라서는 실수로 주키를 지정하지 않는 경우들이 발생한다. [그림 5-3]을 파워디자이너로 표현한 [그림 5-8]에서 학생 개체의 주키를 지정하지 않았다고 가정하자. 그러면 [그림 5-9]에 예시된 바와 같이, 학생 릴레이션도 주키가 없게 된다. 그리고 관계형 개체인 수강에 대응하는 수강 릴레이션의 주키가 과목번호(C_ID)만으로 정의되는 오류가 발생한다. 이러한 오류가 발생하는 이유는 다음과 같다.

관계 릴레이션의 주키는 관계를 구성하는 개체들의 주키를 결합한 복합키로 구성된다. 그러나 본 예제에서는 수강 관계를 구성하는 개체 중의 하나인 학생이 주키가 없기 때문에 나머지 개체인 과목의 주키만을 외래키로 포함한다. 이 결과 수강(ENROLLS) 릴레이션의 주키는 과목번호(C_ID)가 된다. 그런데 이렇게 될 경우 수강 릴레이션에는 해당 과목번호(C_ID)에 대하여 한 개의 값만이 등록될 수 있다. 따라서 그 과목을 수강한 여러 학생들의 레코드 중에서 한 개 레코드만 입력된다. 나머지 레코드들은 이미 주키인 과목번호(C_ID)가 같은 레코드가 입력되어 있기 때문에 추가로 입력되지 못하는 큰 문제가

그림 5-8 개체의 주키를 지정하지 않은 예제

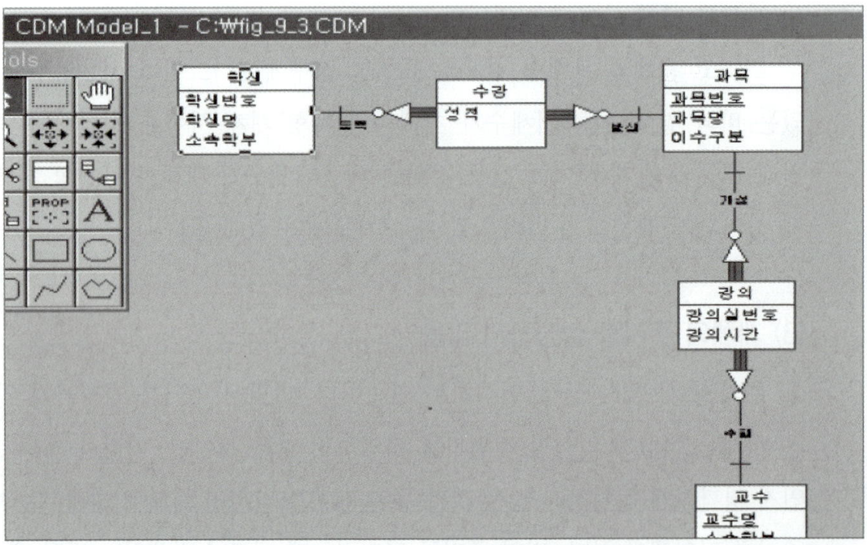

그림 5-9 개체의 주키를 지정하지 않은 경우 데이터베이스 스키마의 오류

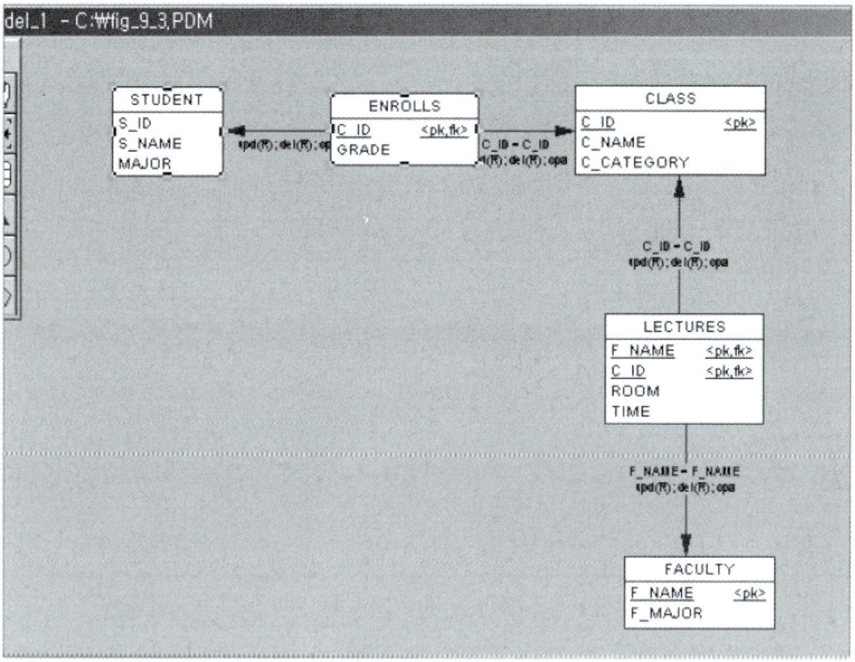

발생하게 된다.

이와 같이, 비록 개체관계모델링 도구들에서는 개체에 대하여 주키를 정의하지 않아도 문법적 오류는 아니나, 이로부터 여러 가지 심각한 오류들이 파생될 수 있으므로 반드시 주키를 설정하는 습관을 기르는 것이 바람직하다.

(4) 관계의 주키를 설정함

관계는 이를 구성하는 개체들에 의하여 식별된다. 따라서 이를 식별하기 위하여 별도의 주키를 따로 정의할 필요가 없다. 만약 관계에 대하여 별도의 주키를 정의하면 관계 릴레이션에 중복된 주키들이 동시에 존재하는 문제가 발생한다.

파워디자이너와 같은 자동화 도구를 사용할 경우, 관계는 개체와 개체를 연결하는 선으로 정의되며, 이러한 관계에 대해서는 주키는 물론 속성 또한

그림 5-10 관계의 주키를 지정한 예제

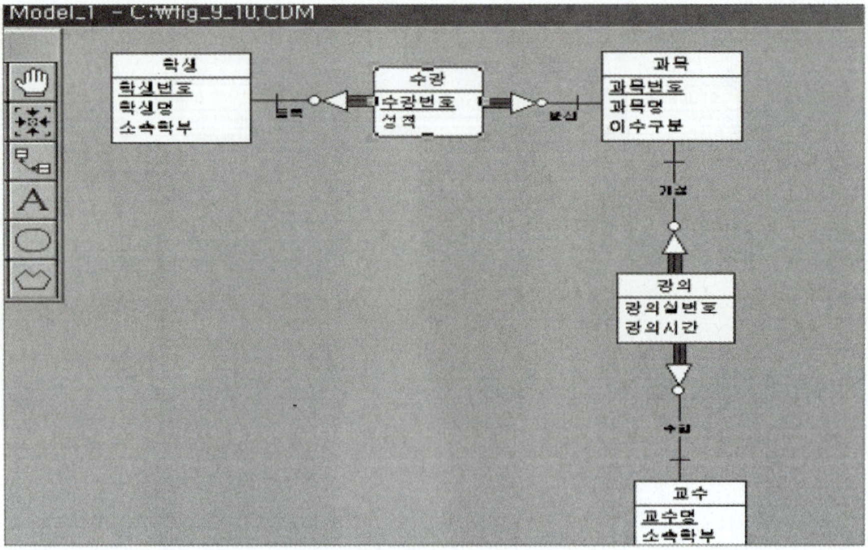

정의할 수 없다. 따라서 관계에 대하여 주키를 정의하는 오류가 원천적으로 발생할 수 없다.

그러나 관계를 관계형 개체로 표현할 경우에는 관계형 개체에 대하여 주키를 정의할 수 있다. 예를 들면, [그림 5-10]에 표시된 바와 같이, 관계형 개체에 대하여 수강번호라는 주키를 정의하였다고 가정하자(앞에서 예시된 [그림 5-3]에서 수강은 학생과 과목 사이의 다수-대-다수 관계이며, 이를 관계형 개체로 표현한 것이 [그림 5-10]의 수강이다). 그러면 수강 릴레이션은, [그림 5-11]에 예시되는 바와 같이, 수강번호(E_ID)와 더불어 학생번호(S_ID)와 과목번호(C_ID) 또한 주키로 포함한다. 이 경우 개별 수강을 식별하기 위해서는 수강번호(E_ID), 학생번호(S_ID), 과목번호(C_ID)를 모두 알아야 한다. 현실적으로 이 번호들을 모두 사용하여 수강을 식별하는 것은 매우 번거로운 일이다. 만약 학생번호와 과목번호를 결합하여 주키로 사용할 경우에는 별도로 수강번호를 주키로 추가할 필요가 없다. 그리고 수강번호(E_ID)를 사용할 경우에는 수강번호만으로 개별 수강을 식별할 수 있기 때문에 학생번호(S_ID)나 과목번호(C_

그림 5-11 **관계의 주키를 지정할 경우 데이터베이스 스키마의 오류**

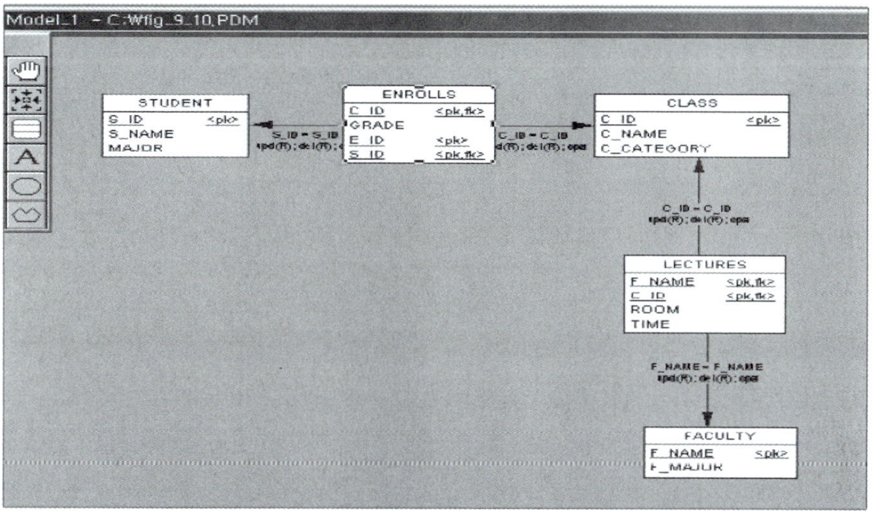

ID)는 주키에 포함할 필요가 없다.[2]

물론 관계형 개체가 추가적인 주키를 포함해서는 절대 안 되는 것은 아니다. 경우에 따라서는 관계형 개체에 대하여 추가적인 주키를 정의해야 하는 경우들이 발생한다. 예를 들면, 학생들이 동일 과목을 재수강할 수 있으며, 이들 각각의 수강에 대하여 성적을 각각 기록해야 한다고 가정하자. 그러면 수강이라는 관계는 학생번호와 과목번호만으로 식별될 수 없다. 이에 추가하여 첫 번째 수강인지 또는 두 번째 수강인지 등을 나타내는 수강 일련번호를 추가하거나 또는 해당 과목을 수강한 연도와 학기를 추가해서 구별할 필요가 있다. 이러한 경우, [그림 5-12]와 같이 관계형 개체에 대하여 추가적인 주키를 지정해야 하며, 이로부터 도출되는 관계 릴레이션은, [그림 5-13]에 표시된 바와 같이, 관계를 구성하는 개체들의 주키에 추가하여 관계의 주키를 같이 포함하는 복합키로 정의된다(여기서는 수강년도와 학기를 추가하였다). 이 경우 수

2) 각 학생들이 자신이 수강하는 과목들에 대하여 수강번호를 기억한다는 것은 현실적으로는 말이 안 된다. 그러나 데이터베이스시스템에서는 내부적으로 수강번호를 주키로 사용할 수도 있다.

그림 5-12 **관계에 대하여 추가적인 주키를 지정한 예제**

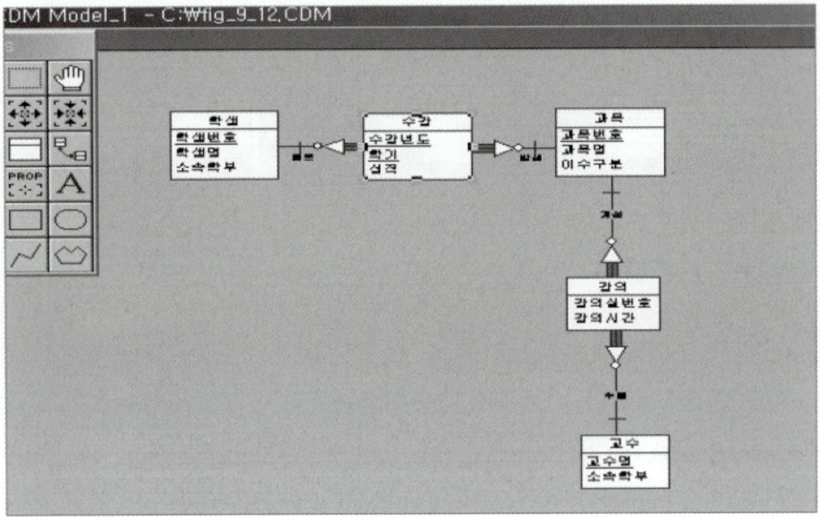

그림 5-13 **관계에 대하여 추가적인 주키를 지정한 경우의 관계 릴레이션의 예제**

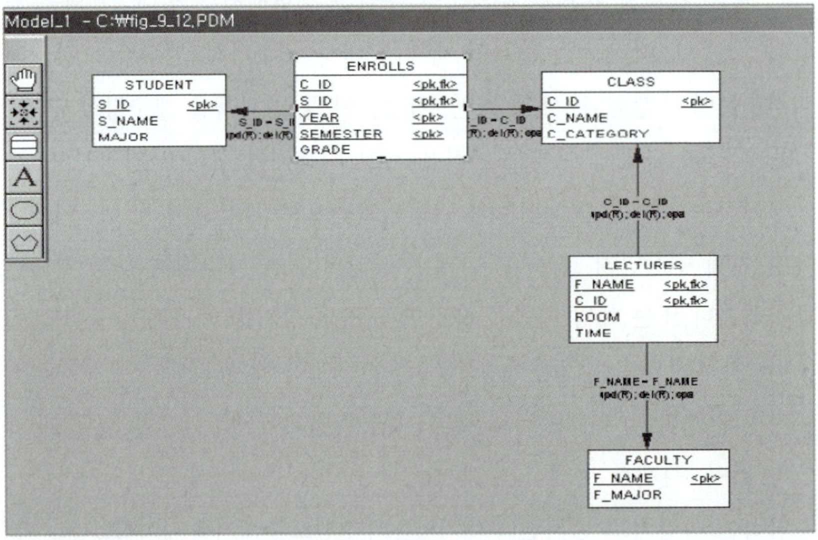

강 릴레이션의 주키는 학생번호, 과목번호, 수강년도 및 학기이며, 이들은 중복된 주키가 아니다. 즉, 수강 릴레이션에서 단일 레코드를 식별하기 위해서는 학생번호와 과목번호에 추가하여 수강년도와 학기도 추가로 알아야 하며, 따라서 주키 또한 학생번호와 과목번호에 추가하여 수강년도와 학기를 추가로 포함해야 한다.

5.2.2 요구정의 오류

요구정의 오류는 사용자의 요구사항을 잘못 정의한 경우를 말한다. 이러한 요구정의 오류는 시스템의 범위를 잘못 정의하였거나 실제 현상을 잘못 파악한 경우에 발생한다.

요구정의 오류가 발생하였을 경우, 설계자는 시나리오를 재작성한 후, 새로운 시나리오를 바탕으로 모델링을 다시 해야 하며, 요구정의 변경이 발생하였음을 기록하여 관리해야 한다.

(1) 시스템 범위를 잘못 정의

정보시스템 설계에서 가장 중요한 과제들 중의 하나가 시스템의 범위를 설정하는 것이다. 예를 들면 노스윈드 예제 데이터베이스에서 경리부서가 고객사로부터 주문 대금을 수납하고 이를 회계 처리하는 것은 시스템의 범위에 포함되지 않았다. 그러나 만약 노스윈드사의 가장 큰 관심이 고객사에 제품을 판매한 대금을 수금하는 것이라고 한다면, 앞 장에서 소개되었던 시나리오는 시스템 범위를 잘못 정의한 것이라고 할 수 있다. 만약 시스템 범위가 수정되면, 데이터베이스 설계자는 이에 맞게 시나리오를 수정해야 한다.

(2) 실제 현상을 잘못 파악

예제 데이터베이스의 시나리오에서 공급사들은 여러 종류의 제품을 노스윈드사에 공급하나 1명의 담당자가 노스윈드사와의 모든 거래를 담당한다고 하였다. 그러나 만약 제품별로 담당자가 서로 다를 수 있다고 한다면, 〈표 4-1〉의 요구정의는 실제 현상을 잘못 서술한 것이다.

실제 현상을 잘못 파악함으로써 발생하는 오류는 데이터베이스 설계과정에서 항상 발생할 수 있는 가장 흔한 오류들 중의 하나이다. 그리고 이러한 요구정의 오류를 방지할 수 있는 방법은 실제 업무를 올바로 파악하는 방법뿐이다.

경우에 따라서는 업무처리절차나 방법들을 개선하여 현재와는 다르게 정의할 수도 있다. 이와 같이, 데이터베이스(보다 광의로 이야기하면 정보시스템)의 요구사항을 현재 현상과 다르게 정의하고, 이에 따라 데이터베이스(또는 정보시스템)가 구축되면 새로운 절차에 따라 업무가 처리되도록 함으로써 정보화와 더불어 업무의 처리과정을 개선하는 것을 BPR(Business Process Reengineering)이라고 한다. 따라서 요구정의 시나리오를 현재와 꼭 같이 정의하는 것이 항상 바람직한 것은 아니다. 이보다는 정보화를 통하여 효율적이고 효과적인 업무처리가 이루어질 수 있도록 하는 것이 보다 바람직하다.

5.2.3 모형화 오류

모형화 오류는 개체관계모형을 잘못 모델링함으로서 발생하는 오류이다. 이러한 모델링 오류는 크게 2가지로 나누어지는데, 하나는 포함시키지 않아야 하는 개체나 관계를 포함시키는 것이고, 또 다른 하나는 개체나 관계를 잘못된 방법으로 표현하는 것이다.

포함시키지 않아야 하는 개체나 관계를 포함시킨 경우들을 개략적으로 구분하면 다음과 같다.

- 일상적인 활동을 개체나 관계로 정의
- 출력물이나 보고서 등을 개체로 정의
- 저장할 가치가 없는 구성물들을 개체로 정의
- 업무처리과정을 관계로 정의

오류의 종류에서 잠깐 소개한 바와 같이 개체나 관계를 잘못된 방법으로 표현한 경우로는 다수-대-다수 관계를 1-대-다수 관계로 표시하는 것이라든지, 개체로 표현하는 것이 더 나은 것을 관계로 표현하는 것과 같은 경우들이다. 이러한 표현 오류는 매우 다양할 수 있으나 대표적인 것들만을 예시하면 다음과 같다.

- 대응개체수를 잘못 설정하는 경우
- 관계의 항수를 잘못 표현하는 경우
- 관계를 중복하여 표현하는 경우
- 개체나 관계의 속성을 다른 개체나 다른 관계의 속성으로 할당한 경우
- 개체로 표현해야 할 것을 관계로 표시한 경우
- 관계로 표현해야 할 것을 개체로 표시한 경우

(1) 일상적인 업무처리과정을 개체나 관계로 식별

개체관계모형을 소개하는 과정에서 설명한 바와 같이, 개체관계모형은 데이터 중심 모형이다. 따라서 개체관계모델링을 위해서는 분석의 관점 또한 데이터가 중심이 되어야 한다.

그러나 실제 현상을 분석할 때 우리가 가장 이해하기 쉬운 방법은 데이터나 정보가 처리되는 과정을 모델링하는 방법이다. 이 결과 개체관계모델링에서도 프로세스 중심 모델링 방법을 사용함으로써 데이터의 처리과정을 개체나 관계로 모델링하는 오류들이 자주 발생하곤 한다.

예를 들면, 이후 사례분석에서 소개될 예비군관리 데이터베이스의 시나리오에 포함된 '통보', '신고', '작성' 등은 모두 일상적인 데이터의 처리 활동들이다. 따라서 이들에 대한 정보를 특별히 기록하여 관리할 필요가 없으며, 이들을 개체나 관계로 모델링할 필요 또한 없다.

다시 말하면 개체관계모델링에서는 존재를 중심으로 실제 현상을 구성하는 구성물들을 분석해야 하며, 이들 사이의 업무처리과정은 이차적인 사항이라고 할 수 있다. 따라서 업무처리과정은 특별히 기록하여 관리할 필요가 있는 것만(예를 들면 주문, 배송 등) 개체나 관계로 식별하며, 일상적인 업무처리과정(예를 들면 재고량 확인, 통보, 열람 등)은 개체나 관계로 모델링할 필요가 없다.

(2) 출력물이나 입력물을 개체로 식별

데이터베이스에 저장되는 데이터들은 사용자들이 필요로 하는 데이터나 정보 또는 보고서들을 산출하기 위하여 기초가 되는 데이터들이다.

예를 들면, 이후 사례분석에서 소개될 예비군관리 데이터베이스에서 예비군 대원 편성카드는 예비군 부대의 편제(즉, 상급 부대와 하급 부대의 구성 관계)와 누가 무슨 부대에 소속되어 있는가를 취합하여 개인별로 작성한 것이다. 따라서 이는 개체가 아니라 데이터베이스에 저장된 정보들을 추출하여 생성한 출력물이다.

이러한 출력물들은 관계형 데이터베이스의 소개와 관계형 데이터모형에서 설명하겠지만, 가상 테이블인 뷰(view)로 정의되거나 보고서 출력 프로그램의 산출물이다. 따라서 데이터베이스에 직접 저장되어야 하는 개체로 정의할 필요는 없다.

유사한 예로서 학사관리 데이터베이스의 성적표를 생각할 수 있다. 성적표는 각 학생들이 수강한 결과를 출력한 것이다. 따라서 개체관계모델링에서는 학생과 과목 및 이들 사이의 수강 관계를 정의하면 되며, 성적표를 별도의 개체나 관계로 모델링할 필요가 없다.

(3) 저장할 가치가 없는 구성물들을 개체로 정의

개체관계모델링에서 개체로 포함되는 것은 이에 대한 정보를 저장하여 관리할 가치가 있는 것들이다. 따라서 비록 실제 현상에는 존재하더라도 관리할 필요가 없는 것들은 개체로 정의하지 않아야 한다.

학사관리를 예로 들어 보면 강의실에는 책상과 강의 장비들이 설치되어 있다. 이들을 개체로 포함시킬 것인가의 판단은 순전히 이들에 대한 정보를 관리할 필요가 있는가에 따라 결정된다. 학사관리에서 강의실에 비치된 책상들은 개체로 모델링할 필요가 없을 것이다. 그러나 만약 강의실을 배정하는 과정에서 강의 장비들에 대한 정보가 필요하다고 하면 강의 장비들은 개체로 식별하여 모형에 포함시켜야 한다.

(4) 업무처리과정을 관계로 정의

개체관계모델링에서 여러 번 설명한 바와 같이 관계는 개체들 사이의 연관성을 나타낸다. 즉, 개체와 개체 사이에 무슨 관계가 존재하거나 하였다는 것을 기록할 필요가 있을 경우 이를 관계로 표현한다. 그리고 앞에서도 언급된 바와 같이, 일과성의 처리과정, 즉 발생한 후 기록할 필요 없이 소멸하는 활동들은 관계로 모델링할 필요가 없다. 그러나 많은 경우 이러한 처리과정들을 개체관계모델링에서 관계로 표현하는 오류를 발견할 수 있다.

대표적인 예로서는 이후 사례분석에서 소개될 예비군관리 데이터베이스의 시나리오에 포함된 '통보', '신고', '작성' 등을 생각할 수 있다. 물론 이들 활동들은 개체들 사이의 관계이다. 따라서 누구에게 무엇을 통보하였으며, 누가 무엇을 신고하였으며 등을 기록할 필요가 있는 경우에는 이들을 개체들 사이의 관계로 모델링해야 한다. 그러나 대부분의 경우 이러한 일과성의 처리과정들은 데이터베이스에 기록할 필요가 없다. 따라서 이들 활동들은 관계로 모델링할 필요가 없는 경우가 대부분이다.

(5) 대응개체수를 잘못 정의

대응개체수는 관계를 구성하는 개체들의 수를 나타낸다. 따라서 관계를 정의하는 과정에서 반드시 정의해야 하는 중요한 개념이다. 그리고 제4장 개체관계모형의 설계에서 소개한 바와 같이 시간적 연속성에 따라 대응개체수가 다르게 정의된다. 따라서 시스템의 기능과 목적에 따라 부합하는 대응개체수를 설정해야 한다.

(6) 관계의 항수를 잘못 설정

개체관계모형의 설계에서 소개한 바와 같이 항수(order)가 다른 관계는 서로 다른 관계이다. 즉, 3항 관계는 2항 관계와 다른 관계이다. 따라서 3항 관계로 모델링되어야 하는 것은 3항 관계로 모델링되어야 하며, 2개의 2항 관계로 분리해서는 안 된다. 3항 관계를 2항 관계들로 분리하기 위해서는 관계의 개체화에서 살펴본 바와 같이 관계를 개체로 전환하여 표현하는 것이 바람직하다.

(7) 관계의 중복 표현

개체관계모델링에서 관계는 개체들 사이에 설정된다. 따라서 여러 개체들 사이에 정의된 관계는 항상 추이성(transitivity)을 갖는다. 즉, 두 개체 사이의 관계를 직접 설정할 수도 있지만 다른 개체를 매개로 하여 추이적으로 설정할 수도 있다.

예를 들면, [그림 5-14]에서 강의장소 관계는 어느 교수님이 어느 강의실에서 강의를 하는지를 나타낸다. 그러나 어느 교수님이 어느 강좌를 강의하며(강의 관계에 의하여 표현), 어느 강좌가 어느 강의실에서 강의되는지(장소 관계에 의하여 표현)를 알면, 이로부터 어느 교수님이 어느 강의실에서 강의하는가를 유추할 수 있다. 이와 같이 강의장소 관계는 다른 관계들로부터 추이적으로 유도될 수 있으며, 따라서 이를 추가로 나타낼 필요가 없다. 만약 [그림 5-14]와 같이 중복으로 모델링할 경우, 개체관계모형으로부터 산출되는 릴레이션들을 분석해 보면 강의장소 릴레이션은 강의 릴레이션, 장소 릴레이션과 중복된 데이터를 포함하는 것을 알 수 있다.[3]

그림 5-14 중복 관계의 예시

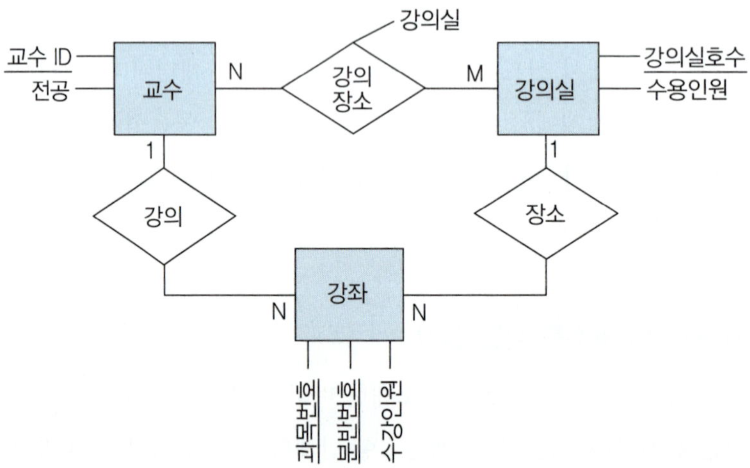

3) 실제로 개체 릴레이션과 관계 릴레이션들을 생성하면 강의 릴레이션과 장소 릴레이션은 별도로 만들어지지 않고 강좌 릴레이션에 포함된다. 따라서 강의장소 릴레이션은 강좌 릴레이션에 포함된 데이터들을 중복으로 포함한다.

추이적 관계가 존재할 경우에는 기본적인 관계들만을 설정하고, 이로부터 추이적으로 유도될 수 있는 관계들은 별도로 나타낼 필요가 없다.

(8) 개체나 관계의 속성을 다른 개체나 관계의 속성으로 할당한 경우

속성은 가장 연관성이 높은 개체나 관계에 할당해야 한다. 여기서 가장 연관성이 높다는 것은 해당 속성이 가장 직접적으로 나타내는 개체나 관계를 의미한다.

예를 들면, 어느 교수님이 무슨 과목을 강의하는가를 나타내는 [그림 5-15]의 개체관계도에서 교수님의 연구실번호는 강의의 속성으로 할당될 수 있다. 그러나 연구실번호는 강의보다는 교수님과 더욱 연관성이 높으며, 따라서 교수의 속성으로 정의하는 것이 바람직하다.

이와 같이 개체나 관계의 속성은 가장 연관성이 높은 개체나 관계에 할당하는 것이 바람직하다. 물론 간접적으로 연관되는 개체나 관계에 할당한다고 하여 반드시 안 되는 것은 아니다. 그러나 이렇게 할 경우 개체나 관계로부터 도출되는 릴레이션들이, 이후 관계형 데이터베이스의 설계에서 설명하겠지

그림 5-15 속성의 할당

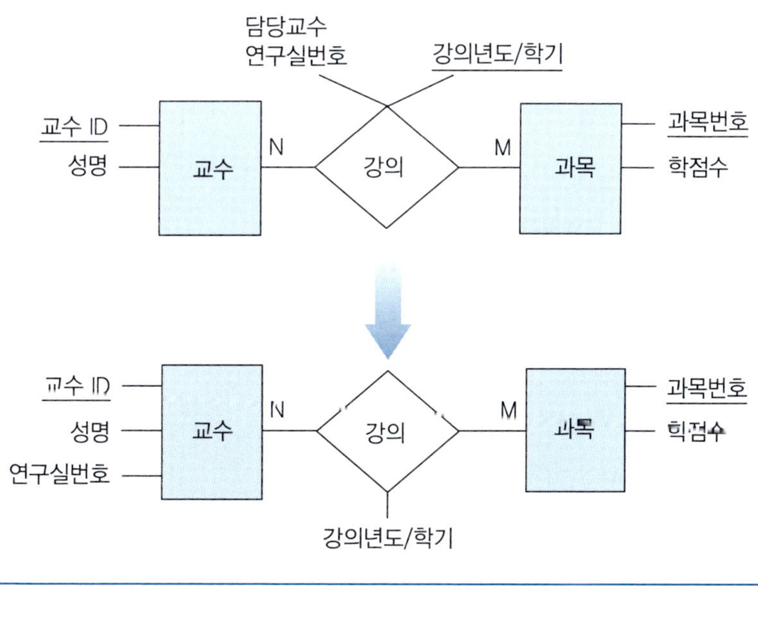

만, 완전 함수종속성이 아닌 추이적 함수종속성이나 부분 함수종속성을 가지게 된다. 이 결과 이들 릴레이션을 이용하여 데이터를 관리할 경우 여러 가지 형태의 바람직하지 않은 현상들이 발생하며, 따라서 속성은 가장 연관성이 높은 개체나 관계에 할당하여 이들 속성들이 릴레이션의 주키에 대하여 완전함수 종속성을 갖도록 하는 것이 바람직하다.

(9) 개체로 표현할 것을 관계로 표현한 경우

개체관계모델링에서 개체와 관계를 구분하는 기준은 해당 구성물을 독자적으로 식별할 필요가 있는가 하는 점이다. 만약 해당 구성물이 독자적으로 식별되어야 하면, 이들은 개체로 모델링되어야 한다. 그리고 독자적으로 식별할 필요가 없으면 관계로 모델링하는 것이 바람직하다.

예를 들면, 고객이 무슨 제품을 주문하였는가를 나타내기 위해서는 보통 주문번호라는 인위적인 식별자를 사용하여 개체로 모델링한다. 그렇지 않고, [그림 5-16]과 같이, 이를 고객과 제품 사이의 관계로 모델링하면 실제 업무처리과정에서 다음과 같은 문제점들이 발생한다.

- 특정 고객은 특정 제품을 평생 1번만 구매할 수 있다. 주문이라는 관계로부터 도출되는 주문 릴레이션의 주키는 고객과 제품의 주키인 고객번호와 제품번호를 결합한 복합키이다. 이 결과 고객번호와 제품번호가 모두 같은 레코드는 1개만 존재할 수 있으며, 따라서 동일고객은 동일제품을 1번만 구매할 수 있다. 동일고객이 동일제품을 2번 이상 구매

그림 5-16 **개체를 관계로 모델링한 예제**

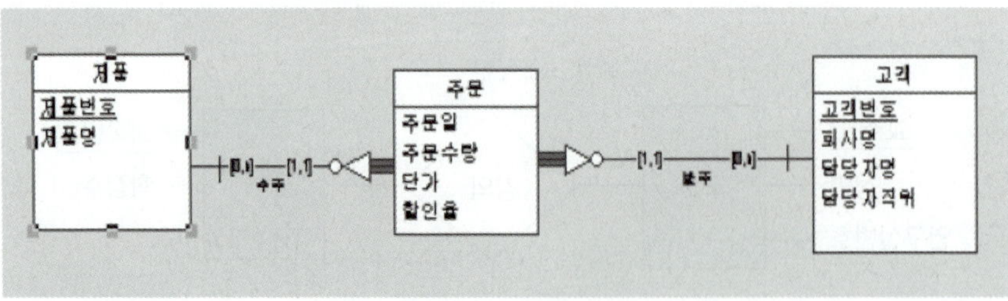

할 수 있기 위해서는 주문 관계의 주키에 주문일시 등을 추가해야 하는데, 이렇게 할 경우 주문 릴레이션의 주키가 고객번호, 제품번호 및 주문일시를 결합한 복합키로 복잡하게 구성된다.

- 고객이 한 번 주문에 2개 이상의 제품을 구매할 경우, 총구매금액들을 파악하기가 쉽지 않다. 왜냐하면 주문 릴레이션의 주키는 고객번호, 제품번호 및 주문일시를 결합한 복합키인데, 동일주문에서 구매한 제품들을 파악하기 위해서는 고객번호가 같은 주문들 중에서 주문일시가 같은 것들만을 찾아야 하는 등의 번거로운 과정이 필요하다.

(10) 관계로 표현할 것을 개체로 표현한 경우

개체관계모델링에서 실제 현상에서 독자적으로 식별할 필요가 없는 것은 관계로 모델링해야 한다. 만약 이를 개체로 모델링하면, 개체에 대하여 주키를 부여하고 관리해야 하는 번거로움이 발생한다.

예를 들면, 학생이 과목을 수강하는 것을 수강이라는 개체로 모델링하고 수강번호라는 독자적인 주키를 부여하여 [그림 5-17]과 같이 보넬링하였다고

그림 5-17 관계를 개체로 모델링한 예제

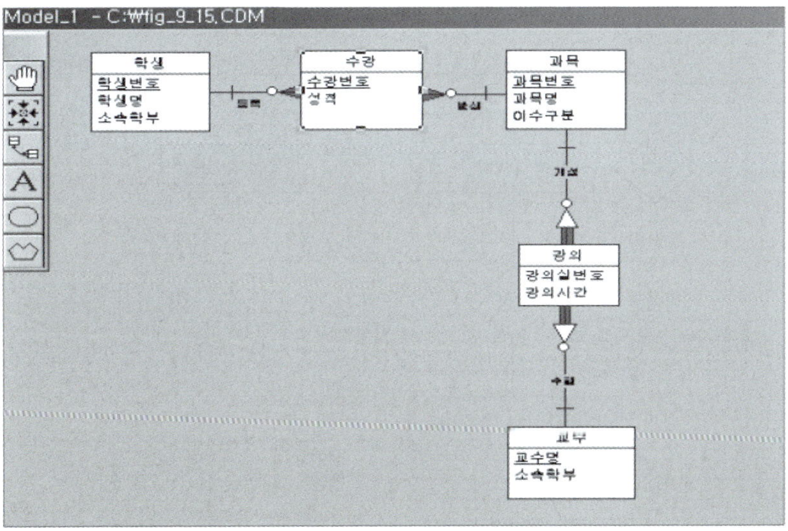

하면, 이후 데이터를 입력하는 과정에서 실제로는 있지도 않은 수강번호를 인위적으로 부여해야 하는 번거로움이 발생한다.

5.3 사례분석

본 절에서는 앞에서 소개되었던 개체관계모델링의 오류들과 이들이 실제로 왜 발생하는 가를 사례를 통하여 총괄적으로 살펴본다. [그림 5-18]의 개체관계도는 대학교에서 학생예비군관리를 위한 개체관계모형이다. 예비군관리의 시나리오는 다음과 같다.

그림 5-18 사례1_예비군 편성의 개체관계도 (수정 전)

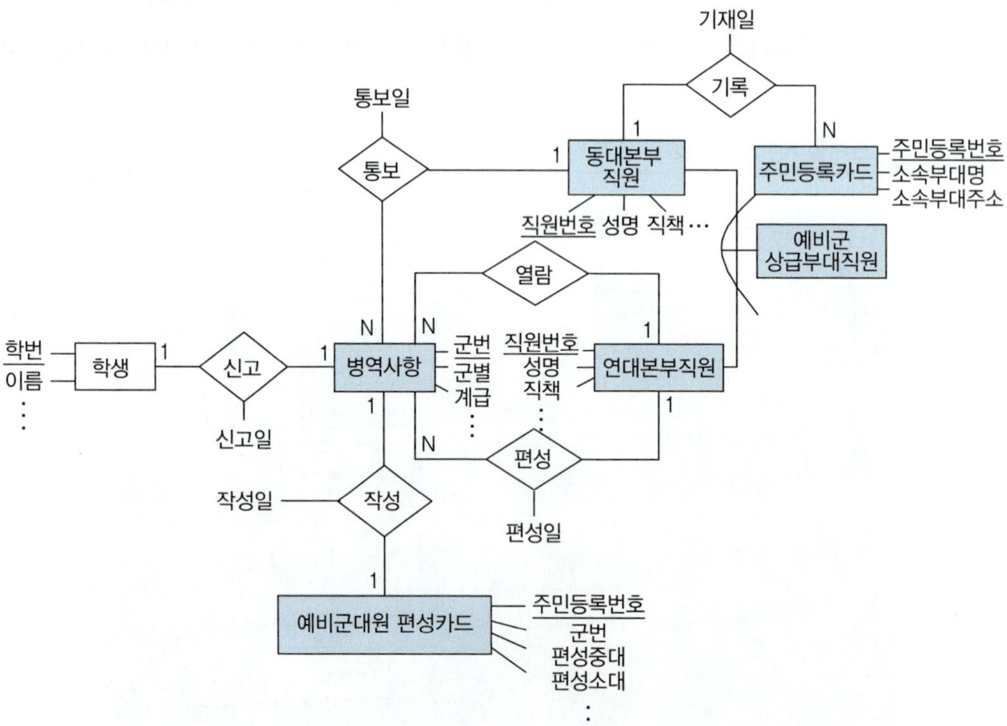

A는 복학으로 인해 예비군 병역사항을 신고하려고 한다. 대학교 예비군 연대본부로 가서 자신의 병역사항을 신고하면 대학교의 연대본부 직원은 신고된 병역사항을 열람한 후 이전 소속 동대본부로 통보한다. 통보받은 이전 소속 동대본부는 해당 학생의 신고된 병역사항을 주민등록카드에 기록하고, 관련 기록을 대학교의 연대본부 직원에게 통보한다. 연대본부 직원은 동대본부 직원으로부터 통보받은 병역사항을 학생의 학과를 기준으로 예비군을 편성하여 예비군 대원편성카드에 병역사항을 기록한다.

[그림 5-18]의 개체와 관계로부터 추출된 개체 릴레이션과 관계 릴레이션은 〈표 5-1〉, 〈표 5-2〉와 같이 정리된다. 개체관계모형의 이론적 소개에서 살펴본 바와 같이 모든 개체들은 개체 릴레이션으로 변환되며, 모든 관계들은 관계 릴레이션들로 변환된다. 〈표 5-1〉과 〈표 5-2〉에 열거된 릴레이션들을 살펴보면 다음과 같은 오류들을 발견할 수 있다.

표 5-1 [그림 5-18]의 개체 릴레이션들

개체명	속 성	
학생	주 키	학번
	속 성	이름, 나이, 소속학과, 입학년도, 주민등록번호, ...
병역사항	주 키	군번
	속 성	군별, 계급, 역종, 병과, 주특기, 입영일, 전역일, 전역부대명, ...
동대본부 직원	주 키	직원번호
	속 성	성명, 직책, 소속부대명, 동대장성명, 동대본부주소
연대본부 직원	주 키	직원번호
	속 성	성명, 직책, 소속부대명, 연대장성명, 연대본부주소
예비군상급 부대 직원	주 키	직원번호
	속 성	성명, 직책, 주민등록번호, 입사일, 소속부대명,
주민등록카드	주 키	주민등록번호
	속 성	소속부대명, 소속부대주소
예비군대원 편성카드	주 키	주민등록번호
	속 성	군번, 편성연대, 편성대대, 편성중대, 편성소대, 편성분대, 예비군직책, 동원지정부대, 동원보직

표 5-2 [그림 5-18]의 관계 릴레이션들

관계명	속 성	
신 고	주 키	학번, 군번
	속 성	신고일
통 보	주 키	직원번호, 군번
	속 성	통보일
열 람	주 키	직원번호, 군번
	속 성	열람시각
편 성	주 키	직원번호, 군번
	속 성	편성일
기 록	주 키	직원번호, 주민등록번호
	속 성	기재일
작 성	주 키	주민등록번호, 군번
	속 성	작성일

(1) 부적절한 관계의 설정

예시된 개체관계모형의 가장 근본적인 문제점은 개체들 사이에 설정된 관계들이 부적절하다는 점이다. 예를 들면, 국민대 연대본부 직원과 병역사항과의 사이에는 '열람'과 '편성'이라는 두 종류의 관계가 정의되어 있다. 이들 관계는 모두 연대본부 직원의 주키인 직원번호와 병역사항의 주키인 군번으로 식별되며, 추가적인 속성으로는 편성일 또는 열람시각 등을 포함한다. 그러나 어느 연대본부 직원이 어느 학생의 병역사항을 편성하였으며, 열람하였는가를 기록하는 이들 관계를 데이터베이스에 기록할 필요성이 있는가에 대한 의문을 제기하지 않을 수 없다. 물론, 실제 현상에서는 연대본부 직원과 병역사항에는 '편성'과 '열람'의 관계가 존재한다. 그러나 예비군 데이터베이스의 설계에서 이들 관계를 데이터베이스에 기록하여 관리할 필요가 있는가는 이들 관계가 존재한다는 것과는 별개이다. 관계를 정의하기 위해서는 먼저 데이터베이스에 이들 관계에 대한 정보를 기록하여 관리할 필요가 있다는 타당성이 먼저 입증되어야 한다. 만약에 예비군 편성과 관련된 사고를 방지하고 책임

행정을 실천하기 위하여 예비군 편성의 실명제를 실천하여 누가 부대 편성을 담당하였는가를 기록 관리한다고 하면, '편성'이라는 관계를 모델링에 포함시킬 필요가 있다. 그러나 그렇지 않은 대부분의 경우에는 연대본부 직원과 병역사항 사이의 '편성' 관계는 개체관계모형에 포함시킬 필요가 없다.

'열람' 관계에 대해서도 동일한 기준이 적용된다. 만약 병역사항이 매우 중요한 비밀정보여서 누가 누구의 병역사항을 열람하였는가를 기록할 필요가 있으면, '열람' 관계를 개체관계모델링에 포함시켜야 한다. 그러나 그렇지 않은 경우에는 열람 사항을 기록할 필요가 없다. '신고', '통보', '기록', '작성' 등의 관계들도 유사한 문제점들을 갖는다.

(2) 필요한 개체의 누락

예비군 관리의 중심을 이루는 것은 어느 예비군이 어느 부대에 소속되며, 이들 부대들이 어떻게 구성되는가를 나타내는 예비군 부대의 편성이라고 할 수 있다. 그러나 [그림 5-18]의 개체관계도에서 편성은 예비군대원의 병역사항 편성을 나타낸다. 그리고 정말 필요한 예비군 부대라는 개체는 없다. 만약 예비군대원 편성카드가 예비군 부대의 편성을 나타낸다면, '예비군대원편성카드'라는 물리적인 명칭보다는 '예비군 부대'라는 개념적인 명칭을 사용하는 것이 보다 바람직하다.

(3) 필요한 관계의 누락

[그림 5-18]의 개체관계도에서 예비군의 편성은 '예비군대원편성카드'에 기록되는 것으로 되어 있다. 여기서 '예비군대원편성카드'가 편성 부대를 나타낸다고 가정할 때(사실 〈표 5-1〉에서 보는 바와 같이 편성카드의 속성들은 편성 부대에 관한 정보를 나타내는 것들이다), 부대에 대한 정보는 '예비군대원편성카드'를 통하여 표현되었다고 볼 수 있다. 그러나 부대들 사이의 관계, 즉 어느 부대가 어느 부대에 소속되며, 이들이 어떠한 상위 부대를 구성하는가 등의 정보가 직접 표현되어 있지 않다. 즉, [그림 5-18]에서 각 부대들은 각기 독립적인 개체들이다. 따라서 부대 편제를 나타내기 위해서는 부대들 사이에 편성

을 나타내는 1-대-다수의 1항 관계를 설정해 주어야 한다.

(4) 불필요한 개체의 설정

[그림 5-18]의 개체관계도에서 학생의 병역사항 및 인적사항들은 '주민등록카드', '예비군 편성카드' 및 '병역사항' 개체들에 기록된다. 이들 중 입영일, 전역일, 병과 등과 같은 병역에 대한 기초 정보는 '병역사항' 개체에 포함되며, 편성 부대명, 조직 등은 '예비군대원 편성카드'에 기록된다. 그리고 주민등록카드는 예비군대원 편성카드에 기록된 부대명을 다시 기록한 것이다. 그리고 '주민등록카드'는 병역사항이나 예비군대원편성카드에 기재된 사항에 추가하여 주민관리를 위한 별도의 자료를 더 포함하는 개체라고 할 수 있다.

이러한 점에서 볼 때 '예비군대원편성카드'는 출력표라고 할 수 있다. 따라서 이는 개체로 모델링하는 것보다는 '예비군 부대'라는 개체와 이의 편성 또는 소속을 나타내는 관계들로부터 출력되는 산출물로 모델링하는 것이 보다 낫다. 그리고 주민등록표도 학생의 인적정보를 기록한 산출물이다. 이와 같은 산출물들을 개체로 표현할 경우, 유사한 개체들이 모형에 중복하여 포함되는 현상이 발생한다. 또한 이들 개체들의 속성들을 서로 비교함으로써 알 수 있는 바와 같이 동일한 속성들이 여러 개체에 중복적으로 나타난다. 이러한 중복된 데이터들을 제거하기 위해서는 근원적으로 불필요한 개체들을 제거해야 하며, 이를 통하여 상호 중복되지 않는 개체들만을 포함해야 한다.

앞에서 열거된 오류들을 수정하면, [그림 5-18]은 [그림 5-19]와 같이 수정된다.

그림 5-19 사례_1 예비군 편성의 개체관계도 (수정 후)

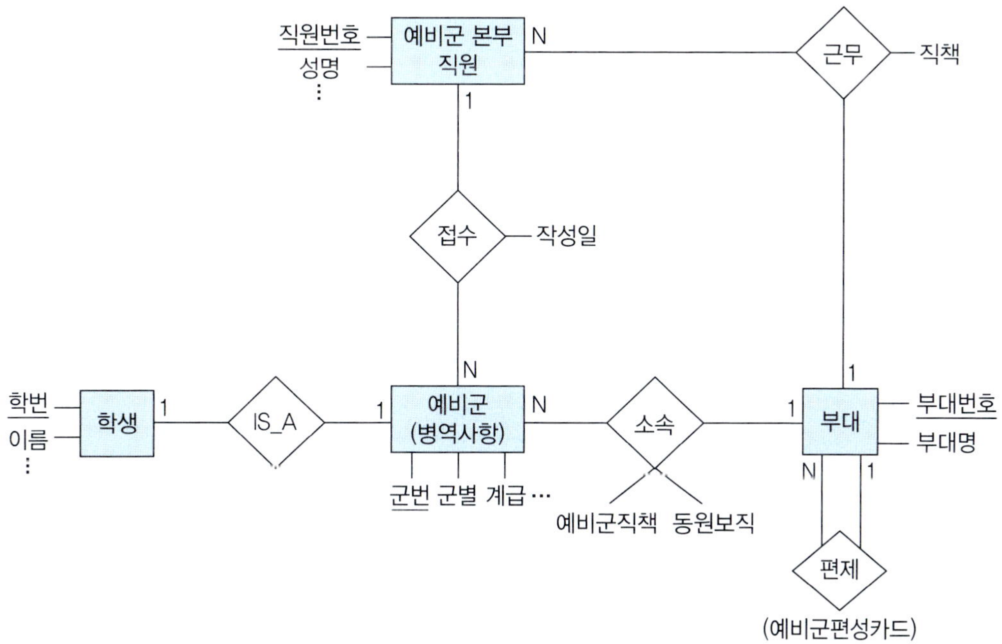

요약

본 단원에서는 개체관계모델링의 일반적 오류에 대하여 학습하였다. 본 단원에서 습득한 주요 개념들을 요약하면 다음과 같다.

- **모형화 오류:** 요구정의된 내용을 잘못 모델링함으로써 발생하는 오류.
- **문법적 오류:** 개체관계모델링에서 모형의 구성요소인 개체나 관계 등을 잘못 사용하여 발생하는 오류.
- **요구정의 오류:** 사용자가 요구하는 대상 시스템에 포함될 내용을 잘못 정의함으로써 발생하는 오류.

제 III 부

관계형 데이터 모형과 데이터베이스 설계

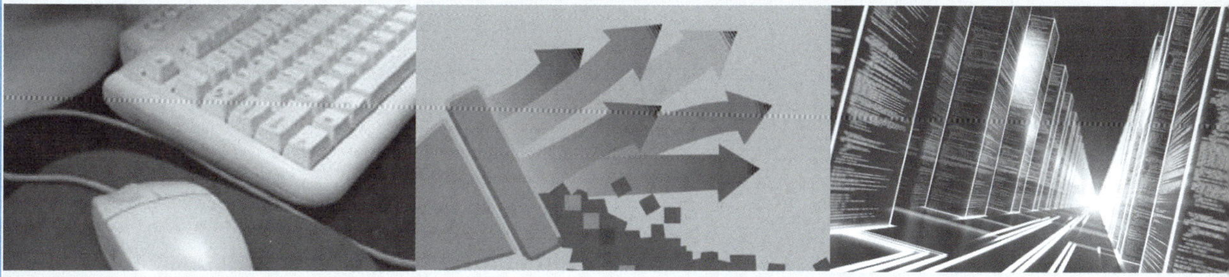

제6장

관계형 데이터 모형

관계형 데이터 모형(Relational Data Model)은 릴레이션(Relation), 즉 테이블(Table)을 기본단위로 하는 데이터관리 모형이다. 데이터 모형은 데이터베이스를 구성하는 데이터의 관리단위를 정의하고, 이들 사이에 이루어질 수 있는 활동을 지정하며, 이들 사이에 지켜져야 할 법칙을 포함한다. 여기서 데이터 모형은 데이터베이스관리시스템을 구현하기 위한 이론 모형이다.[1)]

데이터 모형을 이해하기 위해서는 데이터관리의 단위, 즉 데이터 구조와 이들을 조작하기 위한 연산자 및 이들이 만족시켜야 하는 법칙들에 대한 올바른 지식이 필요하다. 이에 따라, 본 장에서는 먼저 관계형 데이터 모형의 데이터 구조, 즉 관계형 데이터 구조를 살펴보고, 관계형 데이터 모형의 법칙들을 공부한 후, 데이터 조작을 위한 관계형 연산자들을 소개한다. 마지막으로 관계형 데이터 모형이 실제 현상의 데이터를 나타냄에 있어 지니는 한계점들을 제시한다.

---

1) 관계형 데이터 모형을 기반으로 하여 우리가 알고 있는 Oracle, DB2, SQL Server, mySQL, Marina DB, Altibase 등의 다양한 관계형 데이터베이스관리시스템들이 만들어져서 사용되고 있다.

6.1 관계형 데이터 구조

관계형 데이터베이스의 근간을 이루는 가장 기본적인 데이터관리의 단위는 테이블, 즉 릴레이션이다. 릴레이션을 표시하면 [그림 6-1]과 같다. 예시된 바와 같이 릴레이션은 속성, 튜플, 속성치 영역, 주키 등으로 표시되며, 이들 릴레이션들이 서로 모여 있는 것이 데이터베이스이다.

관계형 데이터베이스에서 데이터들이 어떠한 구조로 어떻게 저장되는가를 나타낸 것을 관계형 데이터 구조라고 한다. 따라서 관계형 데이터베이스를 이해하고 관계형 데이터베이스관리시스템을 효과적으로 활용하기 위해서는 관계형 데이터 구조를 이해하는 것에서부터 시작해야 한다.

관계형 데이터 구조를 구성하는 이들 개념들에 대한 자세한 설명에 앞서

그림 6-1 릴레이션의 구성

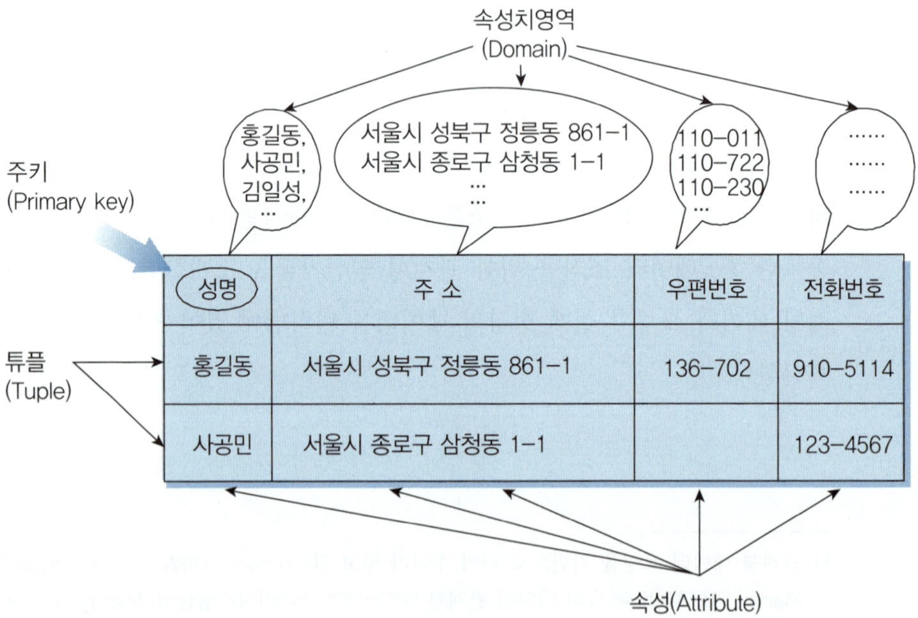

일상적으로 우리가 사용하여 왔던 용어들과 대비하여 이들을 간략히 설명하면 다음과 같다.

- 릴레이션은 테이블이다.
- 테이블의 열 또는 필드를 속성이라고 한다.
- 테이블의 행 또는 레코드들을 튜플이라고 한다.
- 레코드들을 유일하게 구별하는 식별자를 주키라고 한다.
- 속성들이 취할 수 있는 값들의 집합을 속성치 영역이라고 한다.

6.1.1 속성과 속성치 영역

관계형 데이터 모형에서 데이터의 최소 단위는 속성이다. 여기서 속성(attribute)이란 일반적으로 이야기하는 필드(field) 또는 데이터 항목(data item)을 말한다.

개체관계모형에서 우리는 개체의 특성을 속성으로 정의하였다. 그러나 관계형 데이터 모형에서는 테이블이 기본 단위이기 때문에 테이블을 구성하는 열을 속성이라고 한다. 실질적으로 볼 때 개체관계모형의 개체들은 개체 릴레이션으로 표시되며, 이것이 관계형 데이터모형에서는 릴레이션, 즉 테이블로 표시되기 때문에 개체의 속성은 릴레이션의 속성으로 표시된다. 이러한 점에서 개체관계모형의 속성과 관계형 데이터 모형의 속성은 실질적으로 같은 것이라고 할 수 있다.

그러나 이론적으로는 관계형 데이터 모형의 릴레이션과 개체관계모형의 개체와는 아무런 연관성이 없다. 따라서 릴레이션의 속성은 단지 릴레이션을 구성하는 열이다.

속성치 영역 또는 도메인(domain)

속성의 값을 속성치 또는 속성값이라고 한다. 예를 들어 '신장'이라는 속성은 170cm, 180cm 등의 속성값을 갖는다. 따라서 속성을 지칭함에 있어, '신장'과 같이 속성의 이름을 지칭할 때는 속성명(attribute name)이라고 하며, '170cm'와 같이 특정 값을 지칭할 때는 속성값이라고 한다. 그러나 본 교재에서는 속성과 속성값, 속성명을 모두 속성이라는 용어로 문맥에 따라 혼용하여 사용한다.

임의의 속성에 대하여 가능한 모든 속성값의 집합을 속성치 영역 또는 도메인(domain)이라 하며, dom(속성명)이라 표현한다. 대학교에서 과목 성적이 A+, A 등의 문자로 표시된다고 가정할 경우, 과목 성적의 도메인은 다음과 같이 정의된다.

dom(과목 성적) = {A+, A, B+, B, C+, C, D+, D, F}

예시된 바와 같이 속성치 영역은 일반적으로 이야기하는, 데이터 유형보다 제한적이다. 과목 성적의 데이터 유형은 2자리 문자, 즉 CHAR(2)로 정의할 수 있다. 이에 비하여 과목 성적의 도메인은 위에서 예시된 것과 같이 특정 등급들만을 포함한다. 따라서 J, K+, Q 등은 과목 성적의 값이 될 수 없으며, 도메인에 포함되지 않는다.

기저 속성과 유추 속성

개체관계모형에서 설명한 바와 같이 속성은 다른 속성들의 값으로부터 유도될 수 있는지의 여부에 따라 기저 속성과 유추 속성으로 구분된다. 예를 들면, 생년월일과 나이가 같이 저장될 경우, 나이는 생년월일로부터 계산될 수 있다. 이와 같이 다른 속성들로부터 유도될 수 있는 것을 유추 속성(derived attributes)이라고 하며, 유도될 수 없는 것들을 기저 속성(basic attributes)이라고 한다.

속성이 기저 속성인지 유추 속성인지의 구분은 관계형 데이터 모형의 관심이 아니다. 유추 속성이라 하여도 데이터베이스에 저장하기로 결정하였으면, 기저 속성과 같이 동일한 속성으로 취급한다.

단일값 속성과 복수값 속성

속성은 취할 수 있는 값의 수에 따라 단일값 속성과 복수값 속성으로 구분된다. 여기서 단일값 속성(single-valued attributes)은 사원의 출생일 같이 하나의 값만을 가지는 속성이다. 이에 반하여 복수값 속성(multi-valued attributes)은 전화번호와 같이 여러 개의 값을 가질 수 있는 속성이다. 관계형 데이터 모형은 복수값 속성을 나타낼 수 없다. 따라서 모든 속성은 단일값 속성임을 가정한다. 만약 복수값 속성이 발생할 경우에는 이를 단일값 속성으로 변환하여 표시해야 한다.

6.1.2 릴레이션과 릴레이션 구조

관계형 데이터 모형에서 데이터관리의 최소 단위는 릴레이션이다. 수학적으로 릴레이션(relation)이란 임의의 2개 이상의 집합으로부터 추출된(이때 집합은 서로 동일할 수 있음) 원소들로 구성된 순서쌍의 집합이다. 예를 들어 이름을 나타내는 속성치 영역과 나이를 나타내는 속성치 영역이 다음과 같이 정의되었다고 가정하자.

dom(이름) = {이수일, 갑돌이, 이몽룡, 권중래, 변학도}
dom(나이) = {18, 19, ..., 63, 64, 65}

이들 집합의 원소들을 추출하여 다음과 같이 순서쌍들을 구성하였다고 가정하자. {〈갑돌이, 19〉, 〈이몽룡, 25〉, 〈이수일, 28〉, 〈권중래, 47〉, 〈변학도, 49〉} 이는 이름과 나이로 구성된 릴레이션으로서, 사람들의 나이를 나타낸다. 릴레이션을 〈표 6-1〉과 같이 정렬하면 단순 테이블의 형태로 표시된다.

릴레이션에서 열은 속성(예: 나이)을 나타내며, 행은 레코드(예: 〈이몽룡, 25〉)를 나타낸다. 관계형 데이터 모형에서는 레코드를 튜플(tuple)이라고 한다. 릴레이션이 단순 테이블이라는 것은 중요한 의미를 갖는다. 단순 테이블

표 6-1 릴레이션의 예 (사원)

이 름	나 이
이몽룡	25
이수일	28
갑돌이	19
권중래	47
변학도	49

에서는 각 셀(cell)이 하나의 값만을 나타낼 수 있다. 〈표 6-1〉은 모든 셀이 하나의 값만을 표시하므로 릴레이션이다.

만약 부양가족이라는 속성이 여러 부양가족의 이름을 〈표 6-2〉와 같이 표시한다고 가정하면 〈표 6-2〉는 릴레이션이 아니다. 그 이유는 홍길동 레코드의 부양가족을 나타내는 셀은 3명의 이름을 나타내기 때문이다.

〈표 6-2〉를 릴레이션 형태로 변환하기 위해서는 부양가족 속성이 단일값을 표시하도록 변경해야 한다. 이를 위한 방안은 다음과 같이 2가지가 있을 수 있다.

- 첫째는 〈표 6-3〉과 같이 각각의 튜플들이 각각의 부양가족을 나타내도록 변환하는 방법이다.
- 둘째는 〈표 6-4〉와 같이 각각의 속성들이 각각의 부양가족을 나타내도록 변환하는 방법이다.

표 6-2 릴레이션이 아닌 예

이 름	근무연수	부서명	부양가족
홍길동	1	설계팀	홍아내, 홍큰딸, 홍아들
최청년	4	회계팀	김아내
이몽룡	3	회계팀	성춘향
이수일	2	인사팀	최아버지

표 6-3 릴레이션에서 복수값 속성의 개별 표현 (사원2)

이 름	근무연수	부서명	부양가족
홍길동	1	설계팀	홍아내
홍길동	1	설계팀	홍큰딸
홍길동	1	설계팀	홍아들
최청년	4	회계팀	김아내
이몽룡	3	회계팀	성춘향
이수일	2	인사팀	최아버지

표 6-4 릴레이션에서 복수값 속성의 단일값 속성화 (사원3)

이 름	근무연수	부 서	부양가족_1	부양가족_2	부양가족_3
홍길동	1	설계팀	홍아내	홍큰딸	홍아들
최청년	4	회계팀	김아내		
이몽룡	3	회계팀	성춘향		
이수일	2	인사팀	최아버지		

이들 방법은 각각 장단점이 있다. 그러나 릴레이션의 확장성이라는 점에서, 즉 앞으로 부양가족이 4명이나 5명인 레코드들이 추가될 수 있다는 점에서 첫번째 방법이 보다 바람직한 것으로 추천된다.

릴레이션 구조

릴레이션에서 각 열은 속성값들을 나타낸다. 〈표 6-1〉의 사원 릴레이션에서 첫번째 열은 이름이라는 속성의 값을 나타내며, 두번째 열은 나이라는 속성의 값을 나타낸다. 이와 같이 릴레이션의 각 열을 정의한 것을 릴레이션 구조(relation scheme)라 한다.

예를 들면 〈표 6-1〉에서 사원이라는 릴레이션의 구조는 {이름, 나이}로 구성된다. 보다 구체적으로 릴레이션 구조는 다음과 같이 정의된다.

릴레이션 구조는 속성, 엄밀히 이야기하여 속성명의 집합이다. 즉, 릴레이션 구조 R은 다음과 같이 정의된다.

$R = \{A_1, A_2, \ldots, A_n\}$[2)] + 키(keys)

여기서 주목해야 할 점은 키가 릴레이션 구조에 포함된다는 점이다. 즉 주키를 정하지 않은 릴레이션은 릴레이션이 아니라는 것이다. 따라서 릴레이션을 생성할 때는 반드시 주키를 정해주어야 한다.

릴레이션을 구성하는 속성의 수를 항수(degree)라고 한다. 릴레이션은 항수에 따라 2항 릴레이션, 3항 릴레이션, ..., n항 릴레이션 등으로 불린다. 〈표 6-1〉은 2항 릴레이션이며, 〈표 6-3〉은 4항 릴레이션이며, 〈표 6-4〉는 6항 릴레이션이다.

릴레이션

릴레이션 구조 R에 대응하는 릴레이션 r은 릴레이션 구조를 따르는 튜플들의 집합이다. 릴레이션을 튜플 t의 집합 이라고 할 때, 임의의 튜플 t_j의 i번째 데이터는 릴레이션 구조의 i번째 속성인 A_i의 속성치 영역인 $dom(A_i)$의 원소이다. 즉,

$r = \{t_1, t_2, \ldots, t_p\}$이며,

$t_j(A_i) \in dom(A_i)$

바꾸어 말하면, 튜플을 구성하는 데이터들은 속성치 영역의 원소들 중에서 하나를 값으로 갖는다. 따라서 모든 속성값은 단일값이다.

이상에서 살펴본 바와 같이 릴레이션은 실제의 값이 저장된 것이며, 릴레이션 구조는 무슨 데이터가 저장될 것인가를 정의한 것이다. 그러나 보통 릴

2) 릴레이션은 수학적 정의에서 각 순서쌍의 집합으로 정의되기 때문에, 릴레이션은 순서가 중요하다. 그러나 관계형 데이터 모형에서는 릴레이션 구조를 속성들의 집합으로 정의한다. 즉, 열의 순서는 중요하지 않다. 이와 같이, 일견 상호 모순된 것처럼 보이는 것은 관계형 데이터 모형에서 릴레이션을 구성하는 속성들은 이름을 가지기 때문이다. 따라서 릴레이션을 구성하는 속성의 위치가 바뀌더라도 속성 이름을 통하여 위치를 파악할 수 있다.

레이션이라 하면 릴레이션 구조와 릴레이션을 같이 포함하는 것을 의미한다. 즉 릴레이션 구조에 따라 만들어진 릴레이션을 의미한다.

릴레이션의 주키

릴레이션은 튜플(레코드)들로 구성된다. 여기서 릴레이션은 튜플들의 집합이기 때문에 같은 릴레이션에 같은 튜플이 2개 이상 있을 수 없다. 따라서 릴레이션을 구성하는 튜플들은 모두 서로 다르며, 따라서 서로 구별된다. 예를 들면 〈표 6-1〉 사원 릴레이션에 〈이몽룡, 25〉가 추가될 수 없다. 왜냐하면 〈이몽룡, 25〉가 이미 있기 때문이다. 릴레이션은 튜플들의 집합이기 때문에, 같은 집합에 같은 원소들이 2번 이상 포함될 수 없다. 따라서 〈이몽룡, 25〉는 〈이수일, 28〉 및 〈갑돌이, 19〉 등과 같이 릴레이션을 구성하는 튜플들과 서로 다르며, 서로 구별된다. 이러한 점에서 릴레이션은 우리가 일상적으로 이야기하는, 같은 레코드가 중복하여 나타날 수 있는 테이블과는 다르다.

그러나 〈표 6-3〉이나 〈표 6-4〉와 같이 항수가 많은 릴레이션의 경우, 튜플들이 길기 때문에 튜플들을 비교하여 서로 구별하는 것은 매우 번거로울 수 있다. 이러한 복잡함을 피할 수 있는 방법으로, 튜플의 일부만을 사용하여 튜플을 구별할 수 있는 방법을 생각할 수 있다.

예를 들면 〈표 6-1〉의 사원 릴레이션에서 이름만 사용하여 다른 튜플들과 구별할 수 있다면 이름과 나이를 모두 사용하는 것보다 편리할 수 있다.

이와 같이 튜플을 식별할 수 있는 속성(또는 속성의 집합)을 키라고 한다. 키 중에서 우리가 튜플을 식별하기 위하여 사용하기로 결정한 것을 주키(primary key)라고 한다. 그리고 주키로 선정되지 않은 것을 대체키(alternate key)라고 한다.

키가 될 수 있는 속성들 중에서 무엇을 주키로 사용할 것인가는 일상 업무에서 어떠한 속성을 주로 식별자로 사용하느냐에 의하여 결정된다. 예를 들면 사원 릴레이션이 다음의 〈표 6-5〉에 제시된 바와 같이 사번과 주민등록번호를 동시에 포함한다고 가정하자. 이 경우 사번과 주민등록번호 모두 주키가 될 수 있다. 그리고 사원 릴레이션에서는 일반적으로 사번을 주키(primary key)로

표 6-5 릴레이션의 예 (사원4)

사 번	주민등록번호	이 름	근무연수	부서명
E1	P1	홍길동	1	설계팀
E2	P2	최청년	4	회계팀
E3	P3	이몽룡	3	회계팀
E5	P4	이수일	2	인사팀

사용한다. 그러나 회사가 아니라 일반 시민을 관리하는 주민 릴레이션에서는 주민등록번호를 주키로 선정하는 것이 타당할 것이다.

하나의 속성만으로 튜플을 식별할 수 없는 경우에는 두 개 이상의 속성을 결합하여 사용할 수 있는데 이를 복합키(composite key)라고 한다. 예를 들면 〈표 6-3〉의 사원2 릴레이션에서 이름만으로는 튜플을 식별할 수 없다. 즉, 첫 번째와 두 번째, 세 번째 튜플은 서로 이름이 같다. 따라서 이름과 부양가족을 같이 알아야 튜플을 식별할 수 있다. 이 경우 사원2 릴레이션의 주키는 이름과 부양가족이다. 이와 같이 2개 이상의 속성을 결합하여 구성한 주키를 복합키라고 한다.

특정 속성이 주키가 될 수 있는가의 여부는 해당 속성이 동일한 값을 가지는가에 의하여 결정된다. 예를 들면, 사원4 릴레이션에서 이름은 주키가 될 수 있었다. 그러나 만약 사원5 릴레이션에서와 같이 최청년이라는 같은 이름을 가지는 다른 사원이 설계팀에 입사하였다고 가정하면 이름은 주키가 될 수 없다.

표 6-6 릴레이션의 예 (사원5)

이 름	근무연수	부서명
홍길동	1	설계팀
최청년	4	회계팀
이몽룡	3	회계팀
이수일	2	인사팀
최청년	1	설계팀

이와 같이 현재는 이름이 같은 사원이 없더라도 만약 동명이인이 사원으로 입사할 가능성이 있는 경우, 이름은 주키로 사용되어서는 안 된다. 만약 이름이 주키로 사용되면, 이후에 입사하는 이름이 같은 신규 사원의 데이터를 데이터베이스에 입력할 수 없는 문제가 발생하게 된다. 왜냐하면 릴레이션은 튜플들의 집합이고, 관계형 데이터베이스는 튜플의 주키값이 같으면 같은 튜플로 취급하기 때문이다. 따라서 주키값이 같은 튜플들이 같은 릴레이션에 같이 존재해서는 안 된다.

이와 같이 주키가 될 수 있는가의 판단은 현재 특정 속성 또는 2개 이상의 속성들의 값이 같은 튜플들이 있는가에 한정해서 결정해서는 안 되며, 데이터베이스가 운용되는 전체 기간 동안 동일한 값을 가지는 튜플이 발생할 수 있는가를 고려하여 판단해야 한다. 즉 주키는 현재의 시점이 아니라 데이터베이스가 운용되는 전 기간을 고려하여 선정해야 한다.

외래키

릴레이션의 속성이 다른 릴레이션의 주키일 경우, 이를 외래키(foreign key) 또는 외부키라고 한다. 예를 들면 고객계정 릴레이션과 고객 릴레이션이 다음의 속성들을 갖는다고 가정하자.

고객계정 {계정번호, 잔고, 신용한도, 고객주민등록번호 }
고객 {주민등록번호, 성명, 주소, 직업}

고객계정 릴레이션의 속성인 고객주민등록번호는 고객 릴레이션에서 주키로 사용된다. 이와 같이 특정 릴레이션의 속성이 다른 릴레이션의 주키로 사용될 경우 이를 외래키라고 한다.[3)]

외래키는 두 개 이상의 릴레이션을 연결하는 경로이다. 이후 보다 자세히 언급되겠지만, 여러 릴레이션에 분산된 데이터들은 외래키를 통하여 서로 참

---

3) 제시된 예의 '고객주민등록번호'와 '주민등록번호'와 같이, 외래키는 주키로 사용되는 테이블에서의 이름과 다른 이름으로 사용될 수 있다.

조된다. 예를 들면, 계정별로 고객의 주소와 직업 등을 검색하고자 한다고 가정하자. 이를 위해서는 계정번호별로 고객주민등록번호를 추출하고, 주민등록번호를 이용하여 고객의 주소와 직업을 찾아 검색한다. 이때 만약 외래키인 고객주민등록번호가 없으면 고객계정 튜플에서 고객 튜플을 찾아갈 수 있는 방법이 없다. 이와 같이 외래키는 특정 릴레이션에 있는 튜플로부터 다른 릴레이션에 있는 튜플을 참조하는 경로이다.

릴레이션의 특성

관계형 데이터 모형에서 릴레이션(즉 테이블)은 데이터베이스를 구성하는 기본 단위로서 중요한 의미를 갖는다. 이후 보다 자세히 설명되겠지만, 데이터베이스는 릴레이션들이 모여있는 것이며, 데이터를 조작하는 기본 단위 또한 릴레이션이다. 이러한 릴레이션의 특성들을 정리하면 다음과 같다.

- 동일한 튜플이 중복하여 존재하지 않는다.
- 튜플들은 순서를 갖지 않는다.
- 릴레이션의 각 열은 순서가 없으며 속성명에 대응한다.
- 모든 속성들은 단순 자료값을 갖는다.

(1) 동일한 튜플이 중복하여 존재하지 않는다.

릴레이션은 수학적으로 볼 때 튜플들의 집합이다. 여기서 집합이라는 말은 중요한 의미를 갖는다. 수학적으로 집합은 동일한 원소를 중복하여 포함하지 않는다. 따라서 릴레이션 또한 튜플들을 중복하여 포함할 수 없다. 만약 중복된 튜플이 존재하면, 이는 릴레이션이 아니다.

관계형 데이터 모형에서 튜플들이 서로 다르다는 것은 중요한 의미를 갖는다.

- 첫째, 모든 릴레이션은 적어도 1개의 키를 갖는다. 튜플들이 서로 같을 수 없기 때문에 릴레이션을 구성하는 모든 속성들을 결합하면 그 값은 서로 다르다. 왜냐하면 모든 속성을 결합한 것이 바로 튜플이기 때문이다. 따라서 릴레이션을 구성하는 모든 속성들을 결합한 것은 자연적으로 해당 릴레이션의 주키가 될 수 있다. 따라서 어느 릴레이션이라도

적어도 1개의 주키는 항상 존재한다.

- 둘째, 관계형 데이터 모형에서 튜플의 동일성은 주키값의 동일성으로 판단된다. 즉 주키값이 같은 튜플들은 다른 속성값이 다르더라도 같은 튜플로 간주한다. 그리고 릴레이션은 동일한 튜플을 포함할 수 없다. 따라서 릴레이션은 주키값이 같은 튜플들을 포함할 수 없다.

그러나 상용 데이터베이스관리시스템에서는 SQL을 사용하여 가상 테이블을 생성하면 동일한 레코드들이 같이 포함될 수 있다. 그리고 동일한 레코드들을 제거하기 위해서는 UNIQUE라는 명령어를 SQL문장에 포함한다. 이와 같이, 우리가 서로 같은 것으로 혼용하여 사용하는 SQL의 테이블과 관계형 데이터 모형의 릴레이션은 엄격히 말하면 같은 개념이 아니다. 그러나 현실적으로는 혼용하여 사용한다. 다만, 상용 데이터베이스관리시스템에서는 테이블을 생성할 때, 주키를 지정하지 않아도 되며, 동일한 레코드들이 테이블에 같이 포함될 수도 있다.

(2) 튜플들은 순서를 갖지 않는다.

릴레이션이 튜플들의 집합이라는 것은 튜플들이 릴레이션 안에서 순서를 가지지 않는다는 것을 의미한다. 따라서 파일시스템에서 데이터를 조작할 때 자주 사용하는 첫번째 레코드, 다음 레코드, 마지막 레코드 등과 같이 첫 번째 튜플, 두번째 튜플, 그 다음 튜플, 이전 튜플, 마지막 튜플 등을 릴레이션에서는 찾을 수 없다. 이는 릴레이션이 튜플들의 집합이며, 튜플은 릴레이션의 원소이기 때문이다. 집합에서는 첫 번째 원소, 두 번째 원소, 세 번째 원소 등이 없다. 다만 특정 집합의 원소인지 또는 아닌지 만을 판단할 수 있다.

이후 관계형 연산자에서 보다 자세히 언급되겠지만, 관계형 데이터 모형에서 조작의 대상이 릴레이션이라는 것은 튜플의 순서가 의미가 없음을 간접적으로 나타낸다. 즉, 관계형 데이터 모형에서 모든 데이터 조작의 기본 단위는 릴레이션이며, 릴레이션은 레코드들을 순서대로 처리하는 것이 아니라 동시에 모두 처리하는 개념이다. 즉, 릴레이션의 원소인 튜플들이 동시에 같이 처리된다.

(3) 릴레이션의 각 열은 순서가 없으며 속성명에 대응한다.

릴레이션 구조를 설명하는 과정에서 릴레이션 구조 R이 속성들의 집합이라고 정의하였다. 따라서 첫번째 속성, 두번째 속성, 다음 속성들과 같이 순서에 의하여 속성을 지칭할 수 없다. 릴레이션에서 속성을 지칭하는 유일한 방법은 이름, 즉 속성명을 사용하는 것이다. 따라서 SQL 명령문에서 속성들은 모두 이름으로 언급된다.

(4) 모든 속성들은 단순 자료값을 갖는다.

관계형 데이터 모형을 특징짓는 가장 중요한 특성은 모든 데이터, 즉 속성값들이 단순 자료값으로 표시된다는 점이다. 이 조건이 만족되지 않을 경우, 데이터들은 관계형 데이터베이스로 표현될 수 없다.

모든 속성들이 단순 자료값으로 표현된다는 것은 릴레이션이 단순 테이블로 표시되는 것을 의미한다. 즉, 속성값은 도메인을 구성하는 원소들 중의 하

표 6-7 릴레이션이 아닌 예 (복합 데이터)

공급자번호	공 급	
	제품번호	공급량
S1	P1	300
	P2	400
	제품번호	공급량
S2	P2	500
	P3	900
	제품번호	공급량
S3	P1	100
	P2	200
	P3	400
	P4	100

공급자번호	제품번호	공급량
S1	P1	300
S1	P2	400
S2	P2	500
S2	P3	900
S3	P1	100
S3	P2	200
S3	P3	400
S3	P4	100

나로 표시된다. 두 개 이상의 원소를 값으로 가질 수 없다. 그리고 두 개 이상의 속성들의 값을 어떠한 구조로 결합할 수도 없다.

예를 들면 〈표 6-7〉의 왼편의 표는 릴레이션이 아니다. 왜냐하면 왼편의 표에서 공급을 나타내는 값은 그 자체가 '제품번호'와 '공급량'을 결합한 또 다른 테이블이기 때문이다. 따라서 이를 릴레이션으로 표현하기 위해서는 오른편과 같이 공급자번호, 제품번호 및 공급량을 각각 속성들로 표현하고, 이들의 값을 모두 단순 자료값으로 표현해야 한다.

6.1.3 데이터베이스와 데이터베이스 구조

관계형 데이터 모형에서 데이터베이스는 릴레이션(즉 테이블)들의 집합이다. 릴레이션들의 집합을 데이터베이스라 하며, 데이터베이스가 어떤 릴레이션들로 구성되는가를 정의한 것을 데이터베이스 구조라고 한다. 보다 구체적으로, 데이터베이스 구조와 데이터베이스는 다음과 같이 정의된다.

데이터베이스 구조

데이터베이스 구조(database scheme)는 릴레이션 구조들의 집합으로 정의된다. 즉, 릴레이션 구조 R_1, R_2, ..., R_p를 포함하는 데이터베이스 구조 R은 다음과 같이 표현된다.

$$R = \{R_1,\ R_2,\ \ldots,\ R_p\} + \text{무결성법칙(integrity rules)}$$

여기서 무결성법칙은 관계형 데이터베이스를 구성하는 릴레이션들이 지켜야 할 법칙으로서 다음 절에 상세히 소개된다.

데이터베이스

데이터베이스(database)구조 R에 대응하는 데이터베이스 d는 릴레이션$\{r_1, r_2, \ldots, r_p\}$의 집합으로 정의된다. 이때 릴레이션 r_i는 릴레이션 구조 R_i에 의하여 정의된다.

이상의 관계형 데이터베이스에서 주시해야 할 점은 데이터베이스가 릴레이션들의 집합이라는 사실이다. 다시 말하면 데이터베이스를 구성하는 릴레이션들 사이에 아무런 물리적 연결이나 복합적인 구조가 존재하지 않는다. 이와 같이 릴레이션들 사이에 아무런 물리적 연결이 존재하지 않는 상태에서 데이터베이스 구조를 결정하는 매개체는 릴레이션을 구성하는 속성들이다. 즉 릴레이션들은 의미적으로 상호 비교 가능한 속성[4)]들을 매개로 연결된다.

예를 들어 사원 데이터베이스가 〈표 6-8〉과 같이 정의되었다고 가정하자. 이 경우 부서 릴레이션과 사원 릴레이션은 공통된 속성인 부서 릴레이션의 부서명과 사원 릴레이션의 부서명를 매개로 하여 연결된다. 이로부터 홍길동 사원의 근무위치가 A103임을 알 수 있다. 이와 같이 데이터베이스를 구성하는 릴레이션들은 일정한 법칙에 따라 서로 연결되는데, 이들을 무결성법칙(integrity rules)이라고 한다. 무결성법칙은 데이터베이스 구조의 일부로서 데이터베이스를 정의할 때 반드시 포함시켜야 한다.

표 6-8 릴레이션들 사이의 연관관계의 표현

부서

부서명	위 치
설계팀	A103
인사팀	B201
회계팀	B111
관리팀	C302

사원

사원번호	이 름	근무연수	직 급	부 서 명
E1	홍길동	1	과장	설계팀
E2	최청년	4	부장	회계팀
E3	이몽룡	3	사원	회계팀
E5	이수일	2	부장	인사팀

4) 의미적으로 비교 가능하다는 말은 속성의 도메인, 즉 속성치 영역이 서로 같음을 의미한다. 따라서 이들 도메인을 매개로 하여 다른 테이블에 있는 속성들의 값을 서로 비교할 수 있다.

6.2 무결성법칙

관계형 데이터베이스는 릴레이션의 집합이며, 릴레이션은 튜플들로 구성된다. 그리고 이들 튜플들은 의미상으로 실제 현상의 사실들을 나타낸다. 따라서 관계형 데이터베이스의 튜플들은 실제 현상에서 발생 가능한 상호 모순이 되지 않는 사실들을 나타내야 한다.

예를 들면, 앞에서 예시된 〈표 6-8〉의 사원 테이블에서 〈E1, 홍길동, 1, 과장, 설계팀〉은 홍길동 사원의 사원번호가 E1이며, 근무연수가 1년이며, 직급이 과장이며, 근무부서가 설계팀임을 나타내는 튜플이다. 따라서 해당 회사에는 실제로 설계팀이라는 부서가 존재해야 하며, 또한 사번이 E1인 사원이 존재해야 한다. 이와 같이 관계형 데이터베이스의 튜플들은 일정한 제약조건을 만족시켜야 하는데, 이들 제약조건이 만족되지 않을 경우 데이터베이스는 실제 현상에서는 발생할 수 없는, 즉 논리적으로 모순이 되는 데이터들을 포함하게 된다.

데이터베이스가 논리적으로 모순되지 않은 데이터들만을 포함하도록 제한하는 법칙을 무결성법칙(integrity rules)이라고 한다. 관계형 데이터 모형의 무결성법칙들은 다음과 같이 구분된다.

- 속성치 제약조건(domain constraints)
- 개체 무결성법칙(entity integrity rule)
- 참조 무결성법칙(referential integrity rules)
- 업무 제약조건(business constraints)

6.2.1 속성치 제약조건

릴레이션의 정의에서도 언급한 바와 같이 튜플(레코드)들의 속성값이 될 수 있는 것은 해당 속성치 영역에서 정의된 원소들 중의 하나이다. 예를 들면,

근무부서의 속성치 영역인 dom(근무부서)가 {설계팀, 회계팀, 인사팀, 관리팀}으로 정의되었다고 하면, 사원 릴레이션에서 근무부서의 속성값은 설계팀, 회계팀, 인사팀, 관리팀 중의 하나로 기록되어야 한다.

이러한 속성치 제약조건을 보다 구체적으로 서술하면 다음과 같다.

- 첫째, 속성치 영역에 포함되지 않은 값을 속성의 값으로 가질 수 없다. 이러한 값을 가지는 것은 현실적으로 있을 수 없기 때문이다. 예를 들면 근무부서의 도메인이 {설계팀, 회계팀, 인사팀, 관리팀}인데 E5 사원의 부서가 감리팀이라면, 이는 현실적으로 있을 수 없다.
- 둘째, 속성값은 특수 경우로서 빈값(null)을 가질 수 있다. 바꾸어 이야기하면, 모든 속성치 영역은 빈값을 원소로 포함한다. 빈값은 여러 가지 의미가 있으나, 가장 대표적인 것으로서 "현재 알 수 없음"을 의미한다. 예를 들면, '이아이' 가 새로이 입사하여 데이터베이스 담당자가 '이아이' 사원의 근무부서를 알지 못한다고 할 경우, 먼저 사원번호, 이름, 근무연수와 직급만을 등록하고 근무부서는 나중에 등록할 수 있다. 이 경우 '이아이' 사원의 근무부서는 빈값으로 기록된다.

6.2.2 개체 무결성법칙

릴레이션에서 주키는 반드시 서로 다른 값을 가져야 한다. 주키는 릴레이션의 튜플들을 유일하게 식별하는 기능을 수행한다. 이를 위하여 주키는 같은 값을 가질 수 없다. 이를 주키값의 유일성 조건(uniqueness constraints)이라 한다.

더불어, 주키 또는 주키를 구성하는 속성들은 빈값(null)을 가져서도 안 된다. 그 이유는 각 튜플을 식별하는 기준이 주키값이기 때문이다. 만약 주키가 빈값이거나, 주키를 구성하는 속성이 빈값이라는 것은 무엇인지 모르는 식별할 수 없는 튜플(레코드)이 존재한다는 것을 의미한다. 이는 논리적으로 모순이다. 따라서 관계형 데이터베이스에서는 주키값이 서로 같거나 빈값인 튜플들은 입력되어서는 안 되는데 이를 개체 무결성법칙(entity integrity rule 또는 key constraints)이라 한다.

- 개체 무결성법칙(entity integrity rule): 주키값은 반드시 고유하여야 하며, 빈값을 가질 수 없다.

주키값이 빈값(null)을 가진다는 것은 주키값이 아직 부여되지 않았다는 것이며, 이는 데이터관리의 관점에서 해당 개체가 아직 탄생하지 않은 것을 의미한다. 예를 들면, 대한민국 국민을 식별하는 주키로서 주민등록번호를 사용할 경우, 신생아의 주민등록번호가 아직 부여되지 않은 것은, 비록 그 아이가 육체적으로는 탄생하였더라도 데이터관리의 관점에서는(즉, 법적으로는) 아직 태어나지 않은 상태라고 말할 수 있다.

6.2.3 참조 무결성법칙

개체 무결성법칙은 개별 튜플들에 대한 제약조건이다. 이에 반하여 참조 무결성법칙(referential integrity rule 또는 referential constraints)은 튜플들 사이의 연관관계에 대한 제약조건이다.

앞에서 제시된 사원 테이블과 부서 테이블에서, 부서 테이블은 사원들이 근무하는 부서를 표시한다. 이 경우, E5 사원의 부서명이 감리팀으로 기록되어 있으나 부서 테이블에는 감리팀이 존재하지 않는다면 이는 논리적으로 모순이다. 즉, E5 사원은 회사에 존재하지 않는 유령 부서인 감리팀에서 근무하는 것이며, 이는 부서 릴레이션이 사원들이 근무하는 부서를 나타낸다는 것과 모순이다. 이와 같이 둘 이상의 릴레이션들 사이에 존재하는 제약조건을 참조 제약조건(referential constraints)이라 하며, 릴레이션의 튜플들이 이를 만족시킬 경우 참조 무결성법칙(referential integrity rules)을 충족시킨다고 한다.

참조 무결성법칙은 다른 릴레이션의 주키가 해당 릴레이션의 속성으로 포함될 경우에 발생한다. 이와 같이 특정 릴레이션의 속성이 다른 릴레이션에서는 주키일 경우, 이를 외래키라고 한다. 따라서 참조 무결성법칙은 외래키와 주키 사이에 정의되는 무결성법칙이다. 참조 무결성법칙을 보다 구체적으로 정의하면 다음과 같다.

- **참조 무결성법칙**: 릴레이션 R_1의 속성 A의 속성치 영역을 D라고 하자. 그리고 D를 주키의 속성치 영역으로 하는 릴레이션을 R_2라 할 경우, 릴레이션 R_1의 임의의 튜플에 대하여 속성 A의 값은 다음의 제약조건을 만족시켜야 한다. 이때 릴레이션 R_1의 속성 A를 외래키라고 한다.
  (1) 빈값을 가지거나, 또는
  (2) R_2에 존재하는 임의의 튜플의 주키값과 같아야 한다.

참조 무결성법칙이 지켜지지 않는다는 것은 존재하지 않는 값을 다른 테이블에서 참조하는 것을 의미한다. 예를 들면, 사원 테이블에는 감리팀에 근무하는 E5 사원이 존재하나 부서 테이블에는 감리팀이 존재하지 않는다는 것은 회사에 있지도 않는 유령 부서를 사원 테이블에서 참조하는 것을 의미하며, 이는 논리적으로 모순된 사실을 나타낸다.

물론, 실제 업무처리에서는 상황에 따라 참조의 순서가 반대로 될 수도 있다. 예를 들면, 새로운 팀이 만들어질 경우, 사원 테이블에 사원들의 근무부서로 새로운 팀을 먼저 입력하고, 그 다음에 부서 테이블에 새로운 팀을 등록할 수도 있다. 그러나 관계형 데이터 모형에서는 이의 순서가 반드시 다음과 같아야 한다.

- 기준이 되는 부서 테이블에 새로 만들어지는 팀을 먼저 등록한다.
- 사원 테이블에서 사원들의 부서명으로 등록된 팀 이름을 입력한다.

6.2.4 업무 제약조건

속성치 제약조건, 개체 무결성법칙과 참조 무결성법칙 이외에도, 데이터베이스에 저장되는 속성값들은 해당 속성의 성격에 따라 여러 형태의 제약조건들을 충족시켜야 하는 경우들이 있다.

예를 들면 특정 회사는 2년 이상의 근무연수를 가져야만 설계팀에 근무할 수 있다는 회사 규정이 있을 수 있다. 이 경우 설계팀 직원의 근무연수는 모두 2보다 같거나 커야 한다. 또한 특정 상품이 1,000개 단위로 판매될 경우 모든 주문량은 1,000의 배수이어야 한다. 앞에서 소개된 개체 무결성법칙이나 참조 무결성법칙이 아닌 이런 조건들을 업무제약조건(business constraints)이라 한다.

업무제약조건들 중에서 간단한 것들은 속성치 영역(도메인)을 정의하는 과정에서 속성들이 취할 수 있는 값을 통하여 반영될 수 있다. 그러나 이보다 복잡한 제약조건들을 나타내기 위해서는 데이터의 입력이나 갱신, 삭제시 제약조건을 충족시키는 데이터들만이 저장되도록 제한하는 응용프로그램을 개발하여 적용해야 한다.

6.3 관계형 연산자

관계형 데이터베이스에서 데이터들을 조작하기 위한 연산자를 관계형 연산자(relational operator)라고 한다. 관계형 연산자의 가장 큰 특징은 릴레이션을 조작의 단위로 하며, 조직의 결과 또한 릴레이션이라는 점이다. 바꾸어 이야기하면 조작의 대상, 즉 피연산자가 개별 레코드가 아니라 이들의 집합인 릴레이션이다. 따라서 개별 레코드를 대상으로 하는 경우와 비교하여 표현이 명료하며 조작이 간단하다.

관계형 연산자들은 관계형 데이터베이스에서 원하는 작업을 수행하기 위한 단위 연산자들이다. 따라서 모든 릴레이션의 조작은 이들 연산자들을 이용하여 표현할 수 있다. 이와 같이 관계형 연산자를 이용하여 표현된 식을 관계형 대수식(relational algebra)이라고 한다. 그러나 상용화된 관계형 데이터베이스관리시스템은 본 절에서 제시되는 관계형 연산자들을 직접 제공하기보다는 이들 기능을 수행할 수 있는, 사용자가 사용하기에 더욱 편리한 데이터베이스 언어를 통하여 연산 기능을 제공하고 있는데, SQL(Structured Query Language)이 가장 대표적인 데이터베이스 언어이다.

특정 데이터베이스관리시스템이 관계형 연산자들의 기능을 모두 다 제공할 경우 해당 시스템을 관계형 데이터 모형의 관점에서 완전(relationally complete)하다고 한다. 현재 상용화된 관계형 데이터베이스관리시스템들은 모두 관계형 데이터 모형의 관점에서 완전한 시스템들이다.

6.3.1 선택연산자

선택(select 또는 restrict)은 특정 조건을 만족시키는 튜플들만을 추출하는 연산자이다. 선택연산은 선택조건을 만족시키는 행들만을 추출하여 이들만을 포함하는 새로운 릴레이션을 만드는 연산자이다. 이렇게 하여 만들어진 릴레이션의 부분 집합이다. 즉 원래 릴레이션을 구성하는 행들 중에서 일부 행들만을 포함한다. 따라서 원래 릴레이션과 구조는 동일하다.

선택연산은 선택의 조건에 따라 다음과 같이 구분할 수 있다.

(1) 단순 선택(simple selection)

(2) 비교 선택(θ(theta) selection)

단순 선택

단순 선택은 특정 속성의 값을 만족시키는 튜플들만을 선택하는 연산이며, 다음과 같이 정의된다.

$\sigma_{[A=a]}(r) = \{t \in r \mid t(A) = a$. 즉, 릴레이션 r의 튜플들 중에서 속성 A의 값이 a인 튜플들$\}$

여기서 σ는 선택연산자이며, [A=a]는 속성 A의 값이 a인 튜플들만을 선택하라는 조건식이며, r은 피연산자 즉 릴레이션을 나타낸다.

예를 들면, 〈표 6-8〉의 사원 테이블에서, 근무부서가 설계부인 사원들의 레코드만을 선택하는 연산식은 선택연산자를 사용하여 다음과 같이 작성된다.

$\sigma_{[\text{부서명}=\text{'설계팀'}]}(\text{사원})$

이를 실행하는 SQL문은 다음과 같다. SQL문은 SELECT절과 FROM절

표 6-9 $\sigma_{[부서명 = '설계팀']}$(사원)

사원번호	이 름	근무연수	직 급	부 서 명
E1	홍길동	1	과장	설계팀

WHERE절로 구성되는데, SELECT절에는 선택하고자 하는 속성들을 명시하며, FROM절에는 테이블 이름을, WHERE절에는 선택의 조건을 명시한다.

선택연산자는 조건을 충족시키는 레코드를 선택하기 때문에 SELECT 다음에는 모든 속성들을 전부 선택하라는 표시인 *를 표시한다.

```
SELECT     *
FROM       사원
WHERE      부서명 = '설계팀';
```

위의 선택연산의 결과는 〈표 6-9〉와 같다. 〈표 6-9〉는 선택연산의 결과로 만들어진 릴레이션(테이블)이며, 이 릴레이션은 E_1 레코드 하나를 포함한다.

비교 선택

선택연산에서 선택조건은 반드시 동일 조건으로 국한될 필요는 없으며, 다음과 같이 임의의 선택조건을 포함할 수 있다.

$\sigma_{[A\ \theta a]}(r) = \{t \in r \mid t(A)\theta a$. 즉, 릴레이션 r의 튜플들 중에서 속성 A의 값이 $[t(A)\theta a]$의 조건을 만족시키는 튜플들$\}$

여기서 θ(theta)는 >, >=, <, <=, =, ≠ 등의 비교 연산자들이다. 예를 들면 근무연수가 2년보다 많은 사원을 선택하는 연산식은 다음과 같이 표현된다.

$\sigma_{[(근무연수>2)]}$(사원)

이를 실행하는 SQL문은 다음과 같다.

표 6-10 $\sigma_{[근무연수>2]}$(사원)

사원번호	이 름	근무연수	직 급	부서명
E2	최청년	4	부장	회계팀
E3	이몽룡	3	사원	회계팀

```
SELECT    *
FROM      사원
WHERE     근무연수 > 2;
```

위의 선택연산의 결과는 〈표 6-10〉과 같다.

또한 하나 이상의 검색조건을 결합할 수도 있다. 다음에 예시되는 바와 같이, 논리적 결합자인 ∧(AND), ∨(OR), ¬(NOT)과 괄호( )를 포함할 수 있다. 예를 들면, 근무부서가 설계팀이면서 근무연수가 2년보다 많은 사원을 선택하는 연산식은 다음과 같이 표현된다.

$$\sigma_{[(근무부서='설계부')\wedge(근무연수>2)]}(사원)$$

이를 실행하는 SQL문은 다음과 같다.

```
SELECT    *
FROM      사원
WHERE     부서명 = '설계팀'
   AND    근무연수 > 2;
```

위의 선택연산의 결과는 〈표 6-11〉과 같다. 이 경우 해당 튜플이 하나도 없으며 따라서 빈 릴레이션이 제시된다.

표 6-11 $\sigma_{[(부서명='설계팀')\wedge(근무연수>2)]}$(사원)

사원번호	이 름	근무연수	직 급	부서명

6.3.2 투사연산자

투사(project)는 해당 릴레이션의 일부 속성들만을 추출하여 새로운 릴레이션을 만드는 연산자이다. 투사연산은 행의 선택조건은 없다. 따라서 모든 레코드들을 선택한 후, 이들 레코드의 속성들 중에서 일부만을 추출하여 새로운 릴레이션을 만드는 연산자이다. 이렇게 하여 만들어진 릴레이션은 원래 릴레이션의 열의 부분 집합이다. 즉 원래 릴레이션을 구성하는 열들 중에서 일부 열들만을 포함한다. 따라서 레코드 수는 원래 릴레이션과 동일하다.

투사에 의하여 생성되는 릴레이션은 다음과 같이 정의된다.

$\pi_{[X]}(r) = \{t(X) \mid t \in r$. 즉, 릴레이션 r의 모든 튜플들에 대하여 속성들 X의 값만 선택하여 구성된 튜플들$\}$

여기서 π는 투사연산자이며, [X]는 릴레이션 구조 R의 부분 집합인 X에 대하여 모든 튜플들의 값을 투사하라는 조건을 나타내며, r은 피연산자 즉 릴레이션을 나타낸다.

예를 들면, 앞에서 제시된 사원 테이블에서, 사원별로 이름과 부서명만을 투사하는 연산식은 다음과 같다.

$\pi_{[\text{이름, 부서명}]}(\text{사원})$

이를 실행하는 SQL문은 다음과 같다.

```
SELECT     이름, 부서명
FROM       사원;
```

위의 선택연산의 결과는 〈표 6-12〉와 같다.

표 6-12 $\pi_{[이름, 부서명]}$(사원)

이름	부서명
홍길동	설계팀
최청년	회계팀
이몽룡	회계팀
이수일	인사팀

6.3.3 집합연산자

관계형 연산자는 릴레이션을 조작 대상으로 하며, 릴레이션은 튜플들의 집합이다. 이러한 점에서, 관계형 연산자는 당연히 집합연산자들을 포함한다. 동일한 구조를 갖는 두 릴레이션이 존재한다고 가정하자. 이 경우, 이들 릴레이션들은 튜플들의 집합이다. 따라서 이들 릴레이션들의 합집합, 교집합 및 차집합은 집합의 합집합, 교집합 및 차집합과 동일하게 정의될 수 있는데, 이들 기능을 수행하는 연산자들을 집합연산자(boolean operators)라고 한다.

릴레이션의 합집합

릴레이션들의 합집합을 계산하기 위해서는 릴레이션들의 구조가 서로 같아야 한다. 이를 합집합 호환성(Union Compatibility)이라고 한다. 2개의 릴레이션이 합집합 호환성을 가지기 위해서는 릴레이션의 항수(degree)가 같고, 릴레이션의 속성들이 일치해야 하며, 해당 속성들의 속성치 영역 또한 서로 같아야 한다.

릴레이션 r과 s의 구조가 서로 같을 경우, 두 릴레이션의 합(union)은 다음과 같이 정의된다.

$r \cup s = \{t \mid t \in r$ or $t \in s$. 즉, t는 릴레이션 r의 튜플이거나 또는 릴레이션 s의 튜플$\}$

표 6-13 **컴퓨터개론수강학생**

학 번	성 명
2010101	최청년
2007001	이여자
2003001	홍총각

표 6-14 **데이터베이스수강학생**

학 번	성 명
2003001	홍총각
2003002	이남자
2010101	최청년

예를 들면, 데이터베이스를 수강하는 학생들의 릴레이션과 컴퓨터개론을 수강하는 학생들의 릴레이션이 각각 〈표 6-13〉과 〈표 6-14〉와 같다고 가정하자. 그러면 데이터베이스 또는 컴퓨터개론 2과목 중에서 적어도 한 과목을 수강하는 학생들의 명단은 다음과 같이 유도할 수 있다.

데이터베이스 또는 컴퓨터개론을 수강하는 학생
= 데이터베이스수강학생 ∪ 컴퓨터개론수강학생

그리고 이 합집합을 실행하는 SQL문은 다음과 같다.

```
SELECT    *  FROM   데이터베이스수강학생
UNION
SELECT    *  FROM   컴퓨터개론수강학생;
```

위의 합집합 연산의 결과는 〈표 6-15〉와 같다.

표 6-15 **데이터베이스수강학생 ∪ 컴퓨터개론수강학생**

학 번	성 명
2003001	홍총각
2003002	이남자
2010101	최청년
2007001	이여자

릴레이션의 교집합

릴레이션들의 교집합을 계산하기 위해서는 릴레이션들의 구조가 서로 같아야 한다. 즉, r과 s의 릴레이션 구조가 서로 같을 경우, 두 릴레이션의 교합(intersection)은 다음과 같이 정의된다.

> r ∩ s = {t | t ∈ r and t ∈ s. 즉 t는 릴레이션 r의 튜플인 동시에 릴레이션 s의 튜플}

앞의 예에서, 데이터베이스와 컴퓨터개론 두 과목을 동시에 수강하는 학생들의 명단은 다음과 같이 유도할 수 있다.

> 데이터베이스와 컴퓨터개론을 모두 수강하는 학생
> = 데이터베이스수강학생 ∩ 컴퓨터개론수강학생

그리고 이 교집합을 실행하는 SQL문은 다음과 같다.

```
SELECT    *  FROM   데이터베이스수강학생
INTERSECT
SELECT    *  FROM   컴퓨터개론수강학생;
```

만약 교집합을 나타내는 연산자가 직접 지원되지 않으면, 집합의 원소를 나타내는 연산자인 'IN'을 사용하여 다음과 같이 교집합을 산출할 수 있다.

```
SELECT    *
FROM      데이터베이스수강학생
WHERE     학번    IN     (SELECT   학번
                          FROM     컴퓨터개론수강학생);
```

즉, 컴퓨터개론수강학생의 학번만을 선택한 집합에 학번이 포함되는 데이터베이스수강학생을 검색하면, 컴퓨터개론수강학생과 데이터베이스수강학생의 교집합을 산출할 수 있다. 위의 교집합 연산의 결과는 〈표 6-16〉과 같다.

표 6-16 데이터베이스수강학생 ∩ 컴퓨터개론수강학생

학 번	성 명
2003001	홍총각
2010101	최청년

릴레이션의 차집합

릴레이션의 차집합을 계산하기 위해서는 릴레이션들의 구조가 서로 같아야 한다. 즉, r과 s의 릴레이션 구조가 서로 같을 경우, 두 릴레이션의 차집합(difference)은 다음과 같이 정의된다.

> $r - s = \{t \mid t \in r$ and $t \notin s$. 즉, t는 릴레이션 r의 튜플이나 릴레이션 s의 튜플이 아님$\}$

앞에서 제시된 예에서, 데이터베이스만을 수강하는 학생들의 명단은 다음과 같이 유도할 수 있다.

> 데이터베이스만을 모두 수강하는 학생
> = 데이터베이스수강학생 − 컴퓨터개론수강학생

그리고 이 차집합을 실행하는 SQL문은 다음과 같다.

```
SELECT   *  FROM   데이터베이스수강학생
MINUS
SELECT   *  FROM   컴퓨터개론수강학생;
```

만약 차집합을 나타내는 연산자가 직접 지원되지 않으면, 집합의 원소를 나타내는 연산자인 'IN'을 이용하여 차집합을 계산할 수 있다.

```
SELECT   *
FROM     데이터베이스수강학생
```

```
WHERE   학번   NOT IN  (SELECT   학번
                        FROM     컴퓨터개론수강학생);
```

즉, 컴퓨터개론수강학생의 학번들만을 모아놓은 집합에 학번이 포함되지 않는 데이터베이스수강학생을 검색하면, 두 테이블의 차집합이 산출된다. 위의 차집합 연산의 결과는 〈표 6-17〉과 같다.

표 6-17 데이터베이스수강학생 – 컴퓨터개론수강학생

학 번	성 명
2003002	이남자

6.3.4 조인연산자

선택연산자와 투사연산자는 단일 릴레이션에 대한 연산자들이다. 이에 반하여 조인(join)과 집합 연산자들은 두 개 이상의 릴레이션들을 결합하여 새로운 릴레이션을 생성하는 2항 연산자이다.

앞에서 우리는 2항 연산자로서 집합연산자들을 살펴보았다. 집합연산자는 서로 동일한 구조를 갖는 릴레이션들을 대상으로 하기 때문에 만들어지는 릴레이션의 구조도 원래 릴레이션과 같다. 이에 반하여, 조인연산자는 서로 다른 구조의 릴레이션들을 결합한다. 즉, 조인은 동일한 속성을 매개로 하여 두 개의 릴레이션을 결합하여 새로운 릴레이션을 구성한다.

조인연산자는 릴레이션을 결합하는 기준에 따라 다음과 같이 구분된다.

(1) 순수 조인(natural-join)

(2) 비교 조인(theta-join)

(3) 외부 조인(outer-join)

순수 조인

조인의 가장 단순한 형태는 동일한 속성을 매개로 하여 해당 속성의 값이

같은 튜플들을 결합하는 것이다. 이를 순수 조인(natural-join)이라고 하며, 다음과 같이 표시한다.

r ⋈ s = {t(RS) | 조인된 릴레이션의 튜플 t를 R에 대하여 투사한 튜플과 같은 튜플이 r에 있으며, t를 S에 대하여 투사한 튜플과 같은 튜플이 s에 있음}

예를 들면, 〈표 6-8〉의 사원 릴레이션과 부서 릴레이션을 공통된 속성인 부서명을 매개로 하여 조인하는 연산식은 다음과 같다.

사원 ⋈ 부서

이를 실행하는 SQL문은 다음과 같다.

```
SELECT    사원.*, 부서.*
FROM      사원, 부서
WHERE     사원.부서명 = 부서.부서명;
```

또는

```
SELECT    사원.*, 부서.*
FROM      사원   JOIN   부서
ON        (사원.부서명 = 부서.부서명);
```

위의 조인 연산의 결과는 〈표 6-18〉과 같다.

표 6-18 부서 ⋈ 사원

사원. 사원번호	사원. 이름	사원. 근무연수	사원. 직급	사원. 부서명	부서. 부서명	부서. 위치
E1	홍길동	1	과장	설계팀	설계팀	A103
E2	최청년	4	부장	회계팀	회계팀	B111
E3	이몽룡	3	사원	회계팀	회계팀	B111
E5	이수일	2	부장	인사팀	인사팀	B201

예시된 릴레이션을 통하여 알 수 있는 바와 같이 조인의 결과는 두 릴레이션의 모든 속성들로 구성되며, 대응하는 튜플이 존재하는 튜플들로만 구성된다. 즉, 부서 릴레이션의 관리팀은 사원 릴레이션에 부서가 관리팀인 사원이 존재하지 않기 때문에 조인된 릴레이션에 포함되지 않는다. 그리고 조인은 튜플들이 각각 1-대-1로 결합되는 경우도 있으나, 동일 속성값을 매개로 하여 1개 이상의 튜플들과 결합되는 경우도 있다. 〈표 6-8〉에서 부서 릴레이션의 회계팀 레코드는 2개의 사원 레코드와 결합되었다.

비교 조인

순수 조인은 동일한 속성을 매개로 하여 해당 속성값이 같은 튜플들을 결합하는 연산자이다. 이들 조인을 임의의 속성과 임의의 비교연산자에 대하여 적용될 수 있도록 확대한 것을 비교 조인(theta-join)이라 한다. 즉, 비교 조인은 상호 비교 가능한 속성들을 비교하여, 비교 기준을 만족시키는 모든 튜플들을 결합하는 연산자로서 다음과 같이 정의된다.

$r \bowtie_{[A\theta B]} s$ = {t(RS) | 조인된 릴레이션의 튜플 t를 R에 대하여 투사한 튜플과 같은 튜플이 r에 있으며, t를 S에 대하여 투사한 튜플이 s에 있음. 그리고 t는 R의 속성 A와 S의 속성 B에 대하여 [$t(A)\theta t(B)$]의 조건을 만족시킴}

예를 들면, 남자 릴레이션과 여자 릴레이션이 다음과 같이 저장되어 있다고 가정하자.

표 6-19 남자

이 름	나이	키	몸무게	거주지
홍총각	20	175	63	전주
이남자	35	165	55	대전
박미남	28	172	60	서울

표 6-20 여자

이 름	나이	키	몸무게	거주지
홍처녀	25	175	63	서울
이여자	39	155	45	전주
박미녀	29	159	52	대구

이들 릴레이션을 이용하여 남자와 여자들을 결합하고자 한다고 가정하자. 먼저 남자의 나이가 여자보다 많은 남녀를 결합하기 위한 조인연산식은 다음과 같이 표시된다.

$$남자 \bowtie_{[남자.나이 > 여자.나이]} 여자$$

이를 실행하는 SQL문은 다음과 같다.

```
SELECT      남자.*, 여자.*
FROM        남자, 여자
WHERE       남자.나이 > 여자.나이;
```

또는

```
SELECT      남자.*, 여자.*
FROM        남자    JOIN    여자
ON          (남자.나이 > 여자.나이);
```

위의 조인연산의 결과는 다음 〈6-21〉과 같다.

표 6-21 $남자 \bowtie_{[남자.나이 > 여자.나이]} 여자$

남자.이름	남자.나이	남자.키	남자.몸무게	남자.거주지	여자.이름	여자.나이	여자.키	여자.몸무게	여자.거주지
이남자	35	165	55	대전	홍처녀	25	175	63	서울
이남자	35	165	55	대전	박미녀	29	159	52	대구
박미남	28	172	60	서울	홍처녀	25	175	63	서울

보다 정교한 결합기준으로서, 거주지가 동일하면서 남자의 나이가 여자보다 많은 결합을 조인연산식으로 나타내면 다음과 같다.

$$남자 \bowtie_{[남자.거주지 = 여자.거주지 \text{ AND } 남자.나이 > 여자.나이]} 여자$$

이를 실행하는 SQL문은 다음과 같다.

```
SELECT      남자.*, 여자.*
FROM        남자, 여자
WHERE       남자.나이 > 여자.나이
  AND       남자.거주지 = 여자.거주지;
```

위의 조인연산의 결과는 다음과 같다.

표 6-22 남자 ⋈[남자.거주지 = 여자.거주지 AND 남자.나이 > 여자.나이] 여자

남자.이름	남자.나이	남자.키	남자.몸무게	남자.거주지	여자.이름	여자.나이	여자.키	여자.몸무게	여자.거주지
박미남	28	172	60	서울	홍처녀	25	175	63	서울

외부 조인

순수 조인이나 비교 조인을 통하여 알 수 있는 바와 같이, 조인연산에서 조인조건을 만족시키지 않는 튜플들은 조인된 결과 릴레이션에 포함되지 않는다. 그러나 경우에 따라서는 조인에서 제외된 튜플들을 알고 싶은 경우들이 있으며, 이들을 같이 나타내는 조인연산이 외부 조인(outer-join)이다.

예를 들면, 프로젝트 릴레이션과 사원 릴레이션이 〈표 6-23〉, 〈표 6-24〉와 같이 구성되어 있다고 가정하자. 이들 두 릴레이션을 프로젝트명을 매개로 하여 조인할 경우, 〈표 6-25〉와 같이 조인 결과는 프로젝트에 참여하는 사원들만 포함한다. 즉, 이수일은 포함되지 않는다.

```
SELECT      사원.*, 프로젝트.*
FROM        사원    JOIN    프로젝트
ON          (사원.프로젝트명 = 프로젝트.프로젝트명);
```

그러나 사원들이 참여하는 프로젝트들이 무엇임과 동시에, 프로젝트에 참

표 6-23 **프로젝트**

프로젝트명	위 치	규 모	기간	시작일
건물_A	부천시	50억	2년	1996-04-01
건물_B	서울시	100억	3년	1996-03-15
건물_C	부천시	150억	2년	1996-05-05

표 6-24 **사원**

이 름	근무연수	부서명	프로젝트명
홍길동	1	설계팀	건물_A
홍길동	1	설계팀	건물_B
최청년	4	회계팀	건물_A
이몽룡	3	회계팀	건물_B
이수일	2	인사팀	

표 6-25 **사원 ⋈ 프로젝트**

사 원. 이 름	사 원. 근무연수	사 원. 부서명	사 원. 프로젝트명	프로젝트. 프로젝트명	프로젝트. 위 치	프로젝트. 규 모	프로젝트. 기 간	프로젝트. 시작일
홍길동	1	설계팀	건물_A	건물_A	부천시	50억	2년	1996-04-01
홍길동	1	설계팀	건물_B	건물_B	서울시	100억	3년	1996-03-15
최청년	4	회계팀	건물_A	건물_A	부천시	50억	2년	1996-04-01
이몽룡	3	회계팀	건물_B	건물_B	서울시	100억	3년	1996-03-15

여하지 않는 사원들이 누구이며, 아직 사원들이 할당되지 않은 프로젝트는 또한 무엇인가를 〈표 6-26〉과 같이 표시하고자 할 때, 이를 위한 연산자가 외부조인연산자이다.

프로젝트 릴레이션과 사원 릴레이션에서 프로젝트명을 매개로 하는 외부조인은 다음과 같이 표시된다.

프로젝트 $\bowtie_{outer}$ 사원

이를 실행하는 SQL문은 다음과 같다.

```
SELECT      사원.*, 프로젝트.*
FROM        프로젝트    OUTER    JOIN    사원
 ON         (사원.프로젝트명 = 프로젝트.프로젝트명);
```

표 6-26 사원⟗$_{outer}$ 프로젝트

사원.이름	사원.근무연수	사원.부서명	사원.프로젝트명	프로젝트.프로젝트명	프로젝트.위치	프로젝트.규모	프로젝트.기간	프로젝트.시작일
홍길동	1	설계팀	건물_A	건물_A	부천시	50억	2년	1996-04-01
홍길동	1	설계팀	건물_B	건물_B	서울시	100억	3년	1996-03-15
최청년	4	회계팀	건물_A	건물_A	부천시	50억	2년	1996-04-01
이몽룡	3	회계팀	건물_B	건물_B	서울시	100억	3년	1996-03-15
이수일	2	인사팀						
				건물_C	부천시	150억	2년	1997-05-05

외부 조인의 결과로부터 어떤 사원들이 있으며, 이들 중 누가 무슨 프로젝트에 참여하며, 누가 참여하지 않는지를 알 수 있다. 〈표 6-26〉과 같이 대응하는 튜플이 없는 튜플들도 모두 포함하는 외부 조인을 전체외부조인(full outer join)이라고 한다. 이에 반하여, 왼쪽에 표시된 릴레이션들만을 포함하는 외부 조인을 왼쪽외부조인(left outer join)이라고 하며, 오른쪽에 표시된 릴레이션들만을 포함한 외부 조인을 오른쪽외부조인(right outer join)이라고 한다. 보통 외부 조인이라고 하면 전체외부조인을 의미한다.

열거된 사원 테이블과 프로젝트 테이블에서, 사원⟗$_{left\ outer}$ 프로젝트는 참여하는 프로젝트가 없는 사원 레코드들을 조인 결과에 포함한다. 그러나 참여 사원이 없는 프로젝트는 조인 결과에 포함하지 않는다. 이를 실행하는 SQL문은 다음과 같다.

```
SELECT    사원.*, 프로젝트.*
FROM      프로젝트   LEFT   OUTER   JOIN   사원
 ON       (사원.프로젝트명 = 프로젝트.프로젝트명 );
```

그리고 사원⟗$_{right\ outer}$ 프로젝트는 참여 사원이 없는 프로젝트들을 조인 결과에 포함한다. 그러나 참여 프로젝트가 없는 사원은 조인 결과에 포함하지 않는다. 이를 실행하는 SQL문은 다음과 같다.

표 6-27 사원⟕$_{left\ outer}$ 프로젝트

사원.이름	사원.근무연수	사원.부서명	사원.프로젝트명	프로젝트.프로젝트명	프로젝트.위치	프로젝트.규모	프로젝트.기간	프로젝트.시작일
홍길동	1	설계팀	건물_A	건물_A	부천시	50억	2년	1996-04-01
홍길동	1	설계팀	건물_B	건물_B	서울시	100억	3년	1996-03-15
최청년	4	회계팀	건물_A	건물_A	부천시	50억	2년	1996-04-01
이몽룡	3	회계팀	건물_B	건물_B	서울시	100억	3년	1996-03-15
이수일	2	인사팀						

표 6-28 사원⟖$_{right\ outer}$ 프로젝트

사원.이름	사원.근무연수	사원.부서명	사원.프로젝트명	프로젝트.프로젝트명	프로젝트.위치	프로젝트.규모	프로젝트.기간	프로젝트.시작일
홍길동	1	설계팀	건물_A	건물_A	부천시	50억	2년	1996-04-01
홍길동	1	설계팀	건물_B	건물_B	서울시	100억	3년	1996-03-15
최청년	4	회계팀	건물_A	건물_A	부천시	50억	2년	1996-04-01
이몽룡	3	회계팀	건물_B	건물_B	서울시	100억	3년	1996-03-15
				건물_C	부천시	150억	2년	1997-05-05

```
SELECT    사원.*, 프로젝트.*
FROM      프로젝트  RIGHT  OUTER  JOIN  사원
ON        (사원.프로젝트명 = 프로젝트.프로젝트명 );
```

조인과 외래키

이상에서 살펴본 바와 같이 릴레이션들을 결합하는 가장 중요한 공통 속성은 외래키이다. 관계형 데이터 모형의 구조에서 살펴본 바와 같이 외래키는 릴레이션들을 연결하는 경로이다. 앞에서 예시된 사원 릴레이션과 프로젝트 릴레이션도 외래키인 프로젝트명을 매개로 하여 결합되었다.

모든 릴레이션의 조인이 외래키로 한정되는 것은 아니다. 비교 조인에서

살펴본 바와 같이 임의의 속성을 매개로 하여 릴레이션들을 결합할 수 있다. 그러나 조인과 연관하여 가장 중요한 역할을 하는 것은 외래키이다.

관계형 데이터베이스의 설계에서 보다 자세히 설명되겠지만, 관계형 데이터베이스는 데이터 중복을 방지하기 위하여 가능하면 작은 릴레이션들로 분해해서 저장한다. 예를 들면 앞에서 제시된 사원⋈프로젝트 릴레이션을 하나의 릴레이션으로 저장하기보다는 사원 릴레이션과 프로젝트 릴레이션으로 분해하여 저장한다. 그러나 사용자들이 사용하기에는 사원⋈프로젝트 릴레이션과 같이 결합된 릴레이션이 편하고 이해하기 쉬울 수 있다. 이와 같이 분해된 릴레이션들로부터 원래의 릴레이션을 복원할 수 있도록 하는 연산자가 조인이며, 이를 위한 매개 속성이 외래키이다.

6.3.5 카테시안 곱

집합에서 카테시안 곱(cartesian product)이란 두 집합의 원소들을 결합한 모든 순서쌍의 집합이다. 예를 들면 A={1, 2, 3, ...}, B={1, 2, 3, ...}일 경우 A와 B의 카테시안 곱인 A×B 는 {(1,1), (1, 2), ..., (2,1), (2,2), ...}이다. 만약 자연수를 나타내는 두 집합 A와 B가 있을 때 이들의 카테시안 곱은 모든 자연수를 좌표로 하는 2차원 평면의 점들이다.

카테시안 곱을 관계형 데이터베이스에 적용하면, 릴레이션은 튜플의 집합으로서, 이들 사이의 카테시안 곱은 개별 릴레이션의 튜플들 사이에 존재하는 모든 가능한 결합이 된다. 즉, 두 릴레이션의 튜플들로부터 만들어 질 수 있는 가능한 튜플들을 모두 포함하는 릴레이션을 만드는 연산자가 카테시안 곱이다.

> r×s={t(RS) | 조인된 릴레이션의 튜플 t를 R에 대하여 투사한 튜플이 r에 있으며, t를 S에 대하여 투사한 튜플이 s에 있음. 그리고 R과 S는 공통된 속성을 가지지 않음(R∩S=ϕ).}

카테시안 곱은 결합 조건이 명시되지 않은 조인연산과 같다. 예를 들면, 앞의 〈표 6-19〉와 〈표 6-20〉에 예시된 남자와 여자 릴레이션의 카테시안 곱은 모든 남자 릴레이션의 튜플과 여자 릴레이션의 튜플을 결합한 릴레이션이다.

이를 실행하는 SQL은 다음과 같이 조건 없이 두 릴레이션을 조인하는 것으로 표시된다.

```
SELECT      남자.*, 여자.*
FROM        남자, 여자;
```

카테시안 곱은 두 릴레이션 사이의 모든 가능한 결합이며, 이는 두 릴레이션 사이의 모든 가능한 조인의 상위 집합(super set)이다. 즉 모든 가능한 조인은 카테시안 곱의 부분 집합이다.

카테시안 곱을 이용하면 조인된 릴레이션의 여집합(餘集合)을 쉽게 찾을 수 있다. 예를 들면 서로 소개받은 남자와 여자가 〈표 6-30〉과 같이 기록되어 있다고 가정하자. 이때 아직 소개받지 않은 쌍을 찾고자 한다고 가정하면, 즉 남자와 여자들에게 누구를 더 소개시킬 수 있는지를 모두 찾고자 한다고 가정하면, 이들은 다음과 같이 카테시안 곱과 차집합을 사용하여 쉽게 찾을 수 있다.

표 6-29 남자 × 여자

남자.이름	남자.나이	남자.키	남자.몸무게	남자.거주지	여자.이름	여자.나이	여자.키	여자.몸무게	여자.거주지
홍총각	20	175	63	전주	홍처녀	25	175	63	전주
홍총각	20	175	63	전주	이여자	39	155	45	전주
홍총각	20	175	63	전주	박미녀	29	159	52	대구
이남자	35	165	55	대전	홍처녀	25	175	63	전주
이남자	35	165	55	대전	이여자	39	155	45	전주
이남자	35	165	55	대전	박미녀	29	159	52	대구
박미남	28	172	60	서울	홍처녀	25	175	63	전주
박미남	28	172	60	서울	이여자	39	155	45	전주
박미남	28	172	60	서울	박미녀	29	159	52	대구

표 6-30 서로 소개받은 쌍

남자.이름	남자.나이	남자.키	남자.몸무게	남자.거주지	여자.이름	여자.나이	여자.키	여자.몸무게	여자.거주지
홍총각	20	175	63	전주	홍처녀	25	175	63	전주
이남자	35	165	55	대전	홍처녀	25	175	63	전주
이남자	35	165	55	대전	이여자	39	155	45	전주
이남자	35	165	55	대전	박미녀	29	159	52	대구
박미남	28	172	60	서울	홍처녀	25	175	63	전주
박미남	28	172	60	서울	박미녀	29	159	52	대구

표 6-31 아직 소개받지 않은 쌍

남자.이름	남자.나이	남자.키	남자.몸무게	남자.거주지	여자.이름	여자.나이	여자.키	여자.몸무게	여자.거주지
홍총각	20	175	63	전주	이여자	39	155	45	전주
홍총각	20	175	63	전주	박미녀	29	159	52	대구
박미남	28	172	60	서울	이여자	39	155	45	전주

(1) 먼저 남자 릴레이션과 여자 릴레이션의 카테시안 곱을 구한다.

(2) 카테시안 곱에서 이미 서로 소개받은 쌍을 나타내는 릴레이션을 뺀 차집합을 구한다. 그러면 아직 소개받지 않은 쌍을 나타내는 릴레이션이 남는다.

6.3.6 나눗셈(Division)

나눗셈 연산자는 큰 릴레이션으로부터 작은 릴레이션을 나누어 몫을 나타내는 릴레이션을 생성하는 연산자이다. 여기서 나누는 릴레이션(제수 릴레이션)의 모든 튜플을 포함하는 튜플들이 나누어지는 릴레이션(피제수 릴레이션)에 존재할 경우 피제수 릴레이션은 제수 릴레이션으로 나누어진다고 말한다.

<정 오 표>

270쪽 <표 7-7> 관리직원 열의 값이 잘못 기록되어 있음.

고객관리2

고객명	관리직원	시작일
최고객	**성북**	2013-01-01
최고객	**강남**	2014-05-12
박여사	**성북**	2013-01-01
박여사	**강남**	2009-10-22

주키: {고객명, 관리직원}

→

고객관리2

고객명	관리직원	시작일
최고객	**이대리**	2013-01-01
최고객	**김차장**	2014-05-12
박여사	**이대리**	2013-01-01
박여사	**홍과장**	2009-10-22

주키: {고객명, 관리직원}

쪽	위 치	정(正)
223	1줄 <표 6-29>	<표 6-32>
253	[그림 7-1] **나이**	**주소**
267	10줄 **고객지도**	**고객관리**
288	<표 8-4> 우측 상단 1998. 4. 5.	1999. 4. 5.
289	<표 8-6> 2번째 01 소계 10000	100000
289	<표 8-6> 4번째 02 합계 630000	460000
293	<표 8-10> 교수 테이블	**(이교수 국C303) 삭제**
307	6줄 **[그림 8-13]**	**[그림 8-11]**
307	10줄 **[그림 8-13]**	**[그림 8-11]**
307	13줄 **[그림 8-14]**	**[그림 8-12]**
325	[그림 9-8] E10 PARK 1 사원	E10 PARK 0 사원
325	[그림 9-9] E10 PARK 1 사원	E10 PARK 0 사원
329	위에서 6째줄 **<표 9-10>**	**<표 9-8>**
331	위에서 8째줄 390과	890과
342	데이터코드화 6줄 **<표 9-15>**	**<표 9-14>**
346	위에서 5줄 **[그림 9-17]**	**[그림 9-16]**
369	<표 10-1> 변경 전 수술일정 **환자명 홍길동**	 **김북악**

경영데이터베이스관리론, 창민사, 2015. 8.

표 6-32 수강 ÷ 과목

수강

학 번	과목번호
S1	C1
S1	C2
S1	C3
S2	C1
S2	C2
S3	C2

과목

과목번호
C1
C2
C3

수강 ÷ 과목

학 번
S1

예를 들어, 〈표 6-29〉에 예시된 바와 같이, 학번과 과목번호를 속성으로 갖는 수강이라는 릴레이션이 있고, 과목번호만을 속성으로 갖는 과목이라는 릴레이션이 있다고 가정하자. 이들 두 릴레이션에서 수강 릴레이션을 과목 릴레이션으로 나눈다고 하자. 이때 나누어진 몫을 나타내는 릴레이션은 학번만을 속성으로 포함한다. 왜냐 하면 {학번, 과목번호}를 {과목번호}로 나누었기 때문에 {학번}만이 남는다. 그리고 나누어진 몫을 나타내는 릴레이션에 포함된 튜플은 S1이다. 왜냐하면 수강 릴레이션에서, C1, C2, C3를 과목번호 속성의 값으로 모두 갖고 있는 학번값 S1뿐이기 때문이다. S2와 S3는 C1, C2, C3의 과목번호를 모두 가지지 않기 때문에 나누어진 릴레이션에 포함되지 않는다.

SQL은 나눗셈을 나타내는 연산자를 직접 지원하지 않는다. 그러나 카테시안 곱과 차집합 연산자를 사용하여 단계적으로 나눗셈을 계산할 수 있다. 나눗셈의 연산과정을 수강÷과목 예제를 사용하여 설명하면 다음과 같다.

(1) 과목을 수강하는 모든 학생들의 학번을 추출한다(〈표 6-33〉 모든학생 참조).

(2) 모든학생 릴레이션과 과목 릴레이션의 카테시안 곱을 계산하여 발생 가능한 모든 수강 가능성을 나타내는 릴레이션을 생성한다(〈표 6-33〉 수강가능 참조).

(3) 〈표 6-32〉의 수강 릴레이션에 포함되지 않은 튜플들을 수강가능 릴레이션과 수강 릴레이션의 차집합을 계산하여 찾아낸다. 이는 학생들의 미수강 과목을 나타낸다(〈표 6-34〉 미수강과목 참조).

(4) 투사 연산을 사용하여 미수강과목 릴레이션으로부터 미수강학생을 찾아낸다(〈표 6-34〉 미수강학생 참조).

(5) 모든학생 릴레이션과 미수강학생 릴레이션의 차집합을 계산하여 모든 과목을 수강한 학생, 즉 수강÷과목의 몫을 나타내는 릴레이션을 찾아낸다.

표 6-33 수강 가능한 모든 결합 추출

모든학생

학 번
S1
S2
S3

과목

과목번호
C1
C2
C3

수강가능

학번	과목번호
S1	C1
S1	C2
S1	C3
S2	C1
S2	C2
S2	C3
S3	C1
S3	C2
S3	C3

표 6-34 미수강과목으로부터 미수강학생과 모두 수강한 학생 추출

미수강과목

학 번	과목번호
S2	C3
S3	C1
S3	C3

미수강학생

학 번
S2
S3

수강÷과목

학 번
S1

6.4 SQL

데이터베이스관리시스템을 접하면서 가장 먼저 접하게 되는 것이 SQL이다. SQL은 관계형 데이터베이스를 생성하고 조작하기 위한 데이터베이스언어이다.

SQL은 관계형 데이터베이스언어로서 데이터 정의, 데이터 조작 및 데이터베이스 권한 관리기능을 수행하는 3종류의 명령문으로 구성되어 있다.[5] 본 장에서는 SQL의 명령어들을 이들 기능에 따라 나누어서 개략적으로 소개한다. SQL의 문법적 구조는 DBMS별로 조금씩은 다를 수 있으나 본 교재에서는 SQL2 표준안을 기준으로 설명한다.

6.4.1 데이터 정의어

데이터 정의어(DDL: Data Definition Language)는 데이터베이스 안에 무슨 데이터가 저장될 것인가를 정의하는 언어이다. 즉 데이터 정의어는 데이터베이스 스키마를 설계하기 위하여 테이블의 구조를 설계하거나 변경하며, 데이터베이스를 설계하는 언어이다. 따라서 데이터베이스 정의어라고 하는 것이 보다 부합된 명칭이라 할 수 있다.

테이블의 생성

SQL을 사용하여 테이블을 생성하는 예를 살펴보면 〈표 6-35〉와 같다. 예시된 바와 같이 테이블 생성은 릴레이션 구조를 정의하는 과정이다. 부연하면 〈표 6-35〉에 열거한 SQL을 실행하면 비어있는 테이블이 만들어진다.

---

5) SQL은 이름을 보면 검색 기능만을 수행하는 언어처럼 보이나 데이터베이스 정의, 데이터의 입력, 갱신 및 검색, 데이터베이스 권한 관리기능을 수행하는 데이터베이스관리시스템에서 사용하는 언어이다.

표 6-35 테이블의 생성

```
CREATE TABLE 공급사
(공급업체번호    NUMBER(4)  PRIMARY  KEY,
 회사이름        CHAR(20)  NOT  NULL,
 도시명          VARCHAR(10),
 담당자이름      CHAR(4))
```

공급업체 번 호	회사 이름	도시명	담당자 이름

이렇게 만들어진 빈 테이블에, 이하에서 설명하는 데이터 조작어를 사용하여 데이터를 입력하면, 데이터가 저장된 릴레이션이 만들어진다.

테이블의 삭제

생성된 테이블을 삭제하기 위해서는 CREATE에 대응하는 명령어인 DROP을 사용한다. 테이블을 삭제하기 위해서는 테이블 이름만 지정하면 된다. 그러면 저장된 데이터들과 함께 테이블이 삭제된다.

```
DROP TABLE  공급사;
```

테이블의 변경

테이블을 변경시키기 위해서는 ALTER 명령어를 사용한다. 테이블 변경은 새로운 속성을 추가하거나 삭제하는 경우, 또는 기존 속성을 변경하는 경우들을 포함한다. 기존 속성을 변경할 경우에는 MODIFY 명령어를 사용한다.

```
ALTER TABLE         공급사
        MODIFY      (담당자이름   CHAR(6));
```

속성의 변경은 새로운 데이터 형이 기존 데이터 형보다 확대된 경우에 한하여 가능하다. 바꾸어 이야기하면 담당자이름의 데이터 형을 CHAR(4)에서 CHAR(6)로 변경시키는 것은 가능하나 CHAR(6)에서 CHAR(4)로 변경하는 것은 불가능하다. 또한 문자를 숫자로 변경시키는 것 등도 불가능하다.

새로운 속성의 추가는 해당 속성명(또는 필드명)과 속성의 데이터 형을 추가로 정의하여 기 정의된 테이블에 추가함으로써 이루어진다.

```
ALTER TABLE 공급사
    ADD (전화번호   CHAR(15));
```

릴레이션 구조는 가능한 변경하지 않는 것이 좋다. 그리고 필요한 경우에는 현재 저장되어 있는 데이터들을 모두 복제한 후 테이블을 삭제하고, 다시 새로운 테이블을 생성한 뒤, 복제된 데이터들을 재입력하는 것이 올바른 절차이다.

속성의 변경이나 추가에 반하여 속성의 삭제는 직접 지원되지 않는다. 속성을 삭제하기 보다는 테이블 중 해당 속성을 제외한 나머지 속성들로 구성된 뷰를 정의하는 것이 보다 편리한 방법이다.

뷰(view)의 생성[6)]

관계형 데이터베이스시스템에서 뷰는 가상 테이블(virtual table)을 말한다. 가상 테이블이란 데이터베이스에 실제로 존재하지는 않는 테이블로서 다만 외부적으로 존재하는 것처럼 보이는 테이블이다.

관계형 데이터베이스 설계나 관리에서 뷰는 매우 중요한데, 뷰를 사용함으로서 다음과 같은 상호 모순적인 데이터관리의 목표를 동시에 충족시킬 수 있다.

- 여러 사용자들이 각자 원하는 정보 요구를 충족시킬 수 있기 위해서는, 각자가 원하는 데이터들만을 포함하는 테이블들이 제공될 수 있어야 한다.
- 데이터베이스에 저장된 데이터를 공유하기 위해서는 데이터 중복은 가능한 범위 안에서 억제되어야 한다. 즉 데이터는 공통으로 한 번만 저장하고, 이 데이터를 모든 사용자들이 공동으로 사용하는 것이 바람직하다.

---

6) 뷰는 데이터 조작어를 이용하여 기저 테이블(base table)로부터 생성하는 것으로 정의된다. 이러한 뷰의 정의는, 이해를 위하여, 순서상 데이터 조작어 이후에 다시 공부하는 것이 바람직하다.

이들 서로 상충되는 목표를 실현할 수 있는 기능이 뷰이다. 구체적으로 살펴보면 모든 사용자들을 충족시킬 수 있는 데이터들을 공통으로 저장한 뒤,[7] 가상 테이블로서 뷰를 정의하여 각 사용자들에게는 뷰만을 제시하는 방안이다. 이와 같이 뷰는 여러 사용자들이 데이터베이스를 공유하기 위하여 반드시 필요한 기능이다.

예를 들면 인사팀에서는 근무연수가 3년 이상인 경력 사원들의 신상 자료를 별도로 관리하기를 원한다고 가정하자. 이 경우 근무연수3년이상사원 테이블은 〈표 6-8〉의 사원 테이블로부터 다음과 같이 정의된다.

```
CREATE VIEW 근무연수3년이상사원 (사원번호, 이름, 직급, 부서명) AS
        SELECT    사원번호, 이름, 직급, 부서명
        FROM      사원
        WHERE     근무연수 >= 3;
```

이 결과 〈표 6-8〉의 사원 테이블로부터 다음과 같은 근무연수3년이상사원이라는 가상의 테이블이 존재하는 것처럼 형성된다.

이상에서 우리는 하나의 테이블로부터 뷰를 만드는 과정을 살펴보았다. 그러나 뷰는 반드시 하나의 테이블로부터 만들어질 필요는 없으며, 여러 테이블이나 또 다른 뷰로부터 만들어질 수 있다. 즉 다음의 데이터 조작어에서 예시될 임의의 데이터 검색방법을 이용하여 뷰를 생성할 수 있다.

뷰의 삭제

뷰가 만들어진 후, 사용자들은 뷰에 대해서는 기저 테이블과 동일한 명령어를 수행할 수 있다. 생성된 뷰의 삭제는 테이블의 경우와 같이 CREATE VIEW에 대응하는 명령어인 DROP VIEW를 이용하여 다음과 같이 수행된다.

```
DROP VIEW 근무연수3년이상사원;
```

7) 저장된 테이블을, 뷰와 구분하기 위하여 테이블 또는 기저 테이블(base table)이라고 한다.

표 6-36 근무연수3년이상사원 뷰

사원번호	이 름	직급	부서명
E2	최청년	부장	회계팀
E3	이몽룡	사원	회계팀

6.4.2 데이터 조작어

데이터 조작어(DML: Data Manipulation Language)는 데이터베이스에 실제로 데이터를 입력하거나 갱신하며, 입력된 데이터를 검색하여 추출하기 위해 사용하는 명령어들이다. 데이터 조작어는 다음의 조작기능들을 수행한다.

(1) **입력기능**: 데이터베이스에 새로운 데이터를 추가하는 기능

(2) **변경기능**: 데이터베이스에 저장된 데이터를 변경하는 기능

(3) **삭제기능**: 데이터베이스에 저장된 데이터를 삭제하는 기능

(4) **검색기능**: 데이터베이스에 저장된 데이터를 검색하여 추출하는 기능

데이터 조작언어는 사용 유형에 따라 대화형 질의어(interactive query language)[8]와 내장형 데이터 조작언어(embedded data sublanguage)로 구분된다. 대화형 질의어란 사용자가 응용프로그램을 통하지 않고 직접 데이터베이스시스템에 접근하여 데이터베이스 내 데이터를 조작하기 위하여 사용하는 언어이다.

관계형 연산자들을 설명하는 과정에서 소개한 SQL은 모두 대화형 SQL이다. 대화형 SQL에 반하여 내장형 SQL은 응용프로그램에서 데이터베이스를 조작할 때 사용하는 언어로서 응용프로그램의 일부로 포함된다.

파일시스템에서는 파일을 정의하고, 이들 파일에 데이터를 저장하고, 검색

---

8) 일반적으로 사용자들이 직접 데이터를 조작하여 검색하기 위한 언어를 질의어라고 하며, SQL 또한 단어적 의미상으로 질의어(query language)에 포함된다. 그러나 앞에서도 언급한 바와 같이, SQL은 질의 기능만을 수행하는 것이 아니라 데이터 조작기능도 수행한다. 또한 추가하여, 데이터의 정의 및 데이터베이스의 관리 기능까지 수행하는 범용 데이터베이스언어이다.

하는 명령문을 프로그램의 일부로 포함된다. 이에 반하여 데이터베이스시스템에서는 해당 데이터들이 저장된 테이블을 프로그램이 아닌 데이터베이스관리시스템이 관리한다. 응용프로그램이 데이터베이스를 사용하기 위해서는 내장형 SQL 명령어들을 사용한다.

예를 들면 다음 프로그램은 emp 테이블의 속성들인 empno, name, age, position을 응용프로그램의 변수들인 ieno, iname, iage, iposition에 읽어들여서 처리하는 내장형 SQL 문장이다.

```
Declare
    iage      :   SMALLINT;
    ieno      :   SMALLINT;
    iname     :   CHAR(10);
    iposition :   CHAR(2);
Begin
    ieno := 9643;
    SELECT  emp.name, emp.age, emp.position
            INTO :iname,:iage,:iposition
    FROM    emp
    WHERE   empno = :ieno;
      ⋮
End
```

데이터 입력

관계형 데이터베이스에서 데이터들은 레코드 단위로 입력된다. 사원 테이블에 '김국민'이라는 새로운 사원를 추가한다고 할 경우 테이블명을 명시하고 테이블을 구성하는 각 필드에 대하여 데이터를 입력하면 된다. 이때 입력되지 않은 속성은 빈값(null)으로 저장된다.

```
INSERT INTO 사원(empno, name, position)
VALUES ('E7', '김국민', '사원');
```

데이터 검색

데이터 검색은 데이터베이스에 저장된 데이터들 중 특정 조건을 만족시키는 것들만을 추출하는 기능으로서 단순 질의와 복합 질의로 구분된다. 단순 질의는 하나의 테이블로부터 데이터를 검색하는 활동이며, 가장 간단한 데이터 검색 활동이다. 예를 들면, 〈표 6-8〉 사원 테이블에서 설계부에 근무하는 사원들의 이름과 직급을 검색하는 것 등이 대표적인 단순 질의인데, 다음과 같이 표현된다.

```
SELECT    사원.이름, 사원.직급
FROM      사원
WHERE     부서 = '설계부';
```

단순 질의는 예제를 통하여 알 수 있는 바와 같이 다음과 같이 구성된다.

SELECT절: 무슨 필드들을 추출할 것인가를 나타냄.
FROM절: 무슨 테이블로부터 데이터를 추출할 것인가를 나타냄.
WHERE절: 테이블을 구성하는 레코드들 중 어떤 레코드들을 추출할 것인가를 나타냄.

하나의 테이블로부터 데이터를 검색하는 단순 질의와 달리, 두 개 이상의 테이블들로부터의 데이터를 검색하는 질의를 복합 질의라고 한다. 예를 들면 〈표 6-23〉의 프로젝트 테이블과 〈표 6-24〉의 사원 테이블로부터 부천시에서 건설 중인 프로젝트에 참여하는 사원의 이름을 알고 싶다고 가정하자. 이 경우 필요한 데이터는 프로젝트 테이블이나 사원 테이블 하나로부터는 추출할 수 없으며, 이들 테이블에 저장된 데이터들을 같이 검색해야 한다. 이와 같이 복합 질의는 2개 이상의 테이블을 결합하여 수행되며, 이 때문에 복합 질의를 보통 조인(join)이라고 부른다.

복합 질의의 구조는 단순 질의와 동일하나 FROM절에 2개 이상의 테이블명을 표시한다. 또한 WHERE절에는 검색 조건(예에서 프로젝트.위치='부천시') 뿐만이 아니라 테이블들을 결합하는 조인 조건(예에서 프로젝트.프로젝트명=사원.프로젝트명)이 같이 명시되어야 한다.

```
SELECT    사원.이름
FROM      프로젝트, 사원
WHERE     프로젝트.프로젝트명 = 사원.프로젝트명
AND       프로젝트.위치 = '부천시';
```

이와 같이 복합 질의에서 조인 조건을 검색 조건과 같이 WHERE절에 같이 포함시킬 경우 이들을 서로 구별하는 것이 쉽지 않다. 따라서 조인 조건과 검색 조건을 분리하는 것이 필요하며, 이를 위한 별도의 명령어가 JOIN이다. JOIN 명령어에서 조인 조건은 JOIN … ON절에 표시되며, 검색 조건은 WHERE절에 표시된다.

```
SELECT    사원.이름
FROM      프로젝트   JOIN   사원
ON        (프로젝트.프로젝트명 = 사원.프로젝트명)
WHERE     프로젝트.위치 = '부천시';
```

데이터 갱신

관계형 데이터베이스에서 데이터 갱신은, 먼저 갱신될 레코드들을 검색하고, 다음에 검색된 레코드들의 필드값을 갱신하는 2단계 작업으로 수행된다. 간단한 사례를 예시하면, 〈표 6-23〉에서 건물_A 프로젝트의 규모를 10% 상향 조정하고자 한다고 가정하자. 이를 위한 SQL문은 다음과 같다.

```
UPDATE    프로젝트
SET       규모 = 규모 * 1.1
```

```
WHERE        프로젝트명 = '건물_A';
```

예제를 통하여 알 수 있는 바와 같이 데이터 갱신은 다음과 같이 구성된다.

UPDATE절: 대상 테이블을 지정함.
SET절: 무슨 필드의 값을 어떻게 변경시키는 가를 지정함.
WHERE절: 무슨 레코드들을 갱신할 것인가를 나타내는 갱신 조건을 지정함.

데이터 삭제

데이터의 삭제도 데이터의 갱신과 마찬가지로 먼저 삭제될 레코드들을 검색하고, 다음에 검색된 레코드들을 삭제하는 2단계 작업으로 수행된다. 그러나 삭제의 경우에는 갱신과 달리 삭제 명령문만을 나타내면 되므로 구조가 간단하다.

간단한 사례를 예시하면, 〈표 6-8〉에서 이몽룡 사원이 퇴사하여 관련된 데이터들을 삭제하고자 한다고 가정하자. 이를 위한 SQL문은 다음과 같다.

```
DELETE       FROM   사원
WHERE        이름 = '이몽룡';
```

예제를 통하여 알 수 있는 바와 같이 데이터의 삭제는 다음과 같이 구성된다.

DELETE절: 삭제 명령문임을 나타냄.
FROM절: 대상 테이블을 지정함.
WHERE절: 무슨 레코드들을 삭제할 것인가를 나타내는 삭제 조건을 지정함.

6.4.3 데이터베이스 권한 관리어

효과적인 데이터관리를 위하여 데이터베이스 관리자(DBA: Database Administrator)는 누가 어떤 데이터를 어떻게 사용할 수 있는가를 규정해야 한다. 사용자나 프로그램은 특정 데이터들을 추가, 삭제, 변경 또는 검색할 수 있는 권한을 갖거나 전체 데이터베이스를 재구성할 수 있는 권한을 가질 수 있다.

외견상으로는 데이터베이스에 대한 접근제어는 운영체제에 대한 접근제어와 유사하다. 다만 데이터베이스의 접근제어는 운영체제와 비교하여 관리 대상이 더 많고 더 복잡하다. 데이터베이스인 경우 수십, 수백 개의 테이블 각각에 수십, 수백개의 필드가 있을 수 있으며 이는 처리 효율에 직접적인 영향을 미친다.

권한의 종류

테이블에 대한 권한은 데이터 정의어와 데이터 조작어에서 언급한 다음의 작업들에 대한 권한을 포함한다.

SELECT, INSERT, DELETE, UPDATE, DROP, ALTER, INDEX

관계형 데이터베이스관리시스템은 권한 부여 명령어인 GRANT와 권한 취소 명령어인 REVOKE를 이용해 권한을 허용하거나 취소할 수 있다.

권한의 부여와 취소

데이터베이스 관리자(DBA: Database Administrator)는 다른 사용자에게 특정 테이블에 대한 데이터 정의 또는 데이터 조작 권한을 부여할 수 있다. 또한 언제든지 허용한 권한을 취소할 수 있다. 권한을 부여하는 명령어가 GRANT이며, 권한을 취소하는 명령어가 REVOKE이다. GRANT와 REVOKE 명령문의 예를 살펴보면 다음과 같다.

```
GRANT      SELECT, UPDATE   ON   사원
TO         이몽룡, 박사용;

REVOKE     UPDATE   ON   제품
FROM       박사용;
```

권한의 재부여

권한을 부여받은 사용자가 다른 사용자에게 다시 권한을 부여할 수 있는 것을 권한의 재부여라고 한다. 이를 위한 명령문이 WITH GRANT OPTION이다.

```
GRANT   SELECT   ON   사원
TO   이몽룡   WITH   GRANT   OPTION;
```

재부여 권한을 부여받은 '이몽룡'은 사원 테이블에 대한 SELECT 권한을 다시 '김국민'에게 부여할 수 있다.

```
GRANT   SELECT   ON   사원
TO   김국민;
```

6.4.4 비절차형 언어로서의 SQL과 질의 최적화

SQL은 비절차형 언어(nonprocedural language)이다. 즉 SQL로 작성된 검색 질의는 데이터의 조작 순서를 명시하지 않으며 단지 검색 조건만을 명시한다. 이렇게 작성된 SQL의 실행 순서는 관계형 데이터베이스관리시스템이 결정한다.

예를 들면 앞에서 예시한 부천시 프로젝트에 참여하고 있는 사원의 이름을 검색하기 위한 질의를 고려하여 보자. 이를 위한 질의는 사원 테이블과 프로젝트 테이블을 결합하기 위한 조인조건(프로젝트.프로젝트명 = 사원.프로젝

트명)과 부천시 프로젝트를 찾기 위한 검색조건(프로젝트.위치 = '부천시')을 같이 포함한다.

```
SELECT      사원.이름
FROM        프로젝트    JOIN    사원
ON          (프로젝트.프로젝트명 = 사원.프로젝트명)
WHERE       프로젝트.위치 = '부천시';
```

예시된 SQL의 실행방법을 살펴보면 크게 다음의 두 가지를 생각할 수 있다.

- 첫 번째 실행방법: 사원 테이블과 프로젝트 테이블을 조인한 후, 조인된 테이블에서 프로젝트의 위치가 부천시인 레코드만을 검색하고, 이로부터 참여하고 있는 사원의 이름을 도출하는 방법.
- 두 번째 실행방법: 프로젝트 테이블에서 위치가 부천시인 레코드만을 검색하고, 이렇게 검색된 테이블과 사원 테이블을 조인한 후, 조인된 테이블에서 사원이름을 도출하는 방법.

위에서 소개한 질의 실행방법을 그림으로 예시하면 각각 다음과 같다.

(1) 첫 번째 실행방법

프로젝트명	위 치	규 모	기간	시작일
건물_A	부천시	50억	2년	1996-04-01
건물_B	서울시	100억	3년	1996-03-15
건물_C	부천시	150억	2년	1996-05-05

이 름	근무연수	부서명	프로젝트명
홍길동	1	설계팀	건물_A
홍길동	1	설계팀	건물_B
최청년	4	회계팀	건물_A
이몽룡	3	회계팀	건물_B
이수일	2	인사팀	

사 원. 이 름	사 원. 근무연수	사 원. 부서명	사 원. 프로젝트명	프로젝트. 위 치	프로젝트. 규 모	프로젝트. 기 간	프로젝트. 시작일
홍길동	1	설계팀	건물_A	부천시	50억	2년	1996-04-01
홍길동	1	설계팀	건물_B	서울시	100억	3년	1996-03-15
최청년	4	회계팀	건물_A	부천시	50억	2년	1996-04-01
이몽룡	3	회계팀	건물_B	서울시	100억	3년	1996-03-15

사 원. 이 름	사 원. 근무연수	사 원. 부서명	사 원. 프로젝트명	프로젝트. 위 치	프로젝트. 규 모	프로젝트. 기 간	프로젝트. 시작일
홍길동	1	설계팀	건물_A	부천시	50억	2년	1996-04-01
최청년	4	회계팀	건물_A	부천시	50억	2년	1996-04-01

사 원. 이 름
홍길동
최청년

(2) 두번째 실행방법

프로젝트명	위 치	규 모	기간	시작일
건물_A	부천시	50억	2년	1996-04-01
건물_B	서울시	100억	3년	1996-03-15
건물_C	부천시	150억	2년	1996-05-05

↓

프로젝트명	위 치	규 모	기간	시작일
건물_A	부천시	50억	2년	1996-04-01
건물_C	부천시	150억	2년	1996-05-05

이 름	근무연수	부서명	프로젝트명
홍길동	1	설계팀	건물_A
홍길동	1	설계팀	건물_B
최청년	4	회계팀	건물_A
이몽룡	3	회계팀	건물_B
이수일	2	인사팀	

↓

사 원. 이 름	사 원. 근무연수	사 원. 부서명	사 원. 프로젝트명	프로젝트. 위 치	프로젝트. 규 모	프로젝트. 기 간	프로젝트. 시작일
홍길동	1	설계팀	건물_A	부천시	50억	2년	1996-04-01
최청년	4	회계팀	건물_A	부천시	50억	2년	1996-04-01

↓

사 원. 이 름
홍길동
최청년

이들 두 가지 방법 중 어느 것이 보다 효과적인 것인지는 상황에 따라 다르다. 따라서 데이터베이스관리시스템이 각 테이블에 대한 통계치를 사용하여 가장 최적의 방법을 예측하여 결정한다. 이와 같이 SQL 질의의 실행 순서는 SQL을 프로그래밍하는 시점에서는 알 수 없으며, 데이터베이스관리시스템이 스스로 결정하는데, 이와 같이 데이터베이스관리시스템이 SQL의 실행 절차를 결정하는 것을 질의 최적화라고 한다.

6.5 관계형 데이터 모형의 제약

관계형 데이터 모형은 현재까지 제시된 데이터 모형들 중에서 가장 효과적인 데이터 모형으로 평가되고 있다. 그러나 다른 한편으로, 단순 테이블 구조로 인하여 여러 가지 제약을 갖는다. 이러한 관계형 데이터 모형의 제약을 나열하면 다음과 같다.

- 집합 등과 같은 비 단순 데이터들을 표현하기가 곤란함.
- 조직표, 구성표 등과 같은 계층적 정보를 조작하기가 쉽지 않음.
- 속성명과 같은 테이블의 구조를 데이터와 같이 검색할 수 없음.

6.5.1 비 단순 데이터의 표현

관계형 데이터 모형에서 데이터관리의 기본 단위는 릴레이션이다. 그리고 릴레이션에서 모든 데이터들은 단순 자료값으로 표시된다. 이 결과 테이블의 모든 필드들은 한 개의 값만을 가질 수 있다. 그러나 실제 현상에는 릴레이션 형태로 표현하기 곤란한 여러 형태의 데이터들이 존재한다. 이들 중에서 대표적인 것들을 나열하면 다음과 같다.

- 집합
- 복합 데이터

집 합

일상적으로 속성들이 여러 개의 값을 가질 경우들이 발생한다. 예를 들면, 특정 도서의 저자가 단독 저자일 수도 있으며, 공동 저자일 수도 있다. 공동 저자와 같이 속성이 여러 개의 값을 가질 경우, 가장 자연스러운 방안은 〈표 6-37(a)〉와 같이 이들을 집합으로 표현하는 것이다. 만약 릴레이션이 〈표 6-37(a)〉와 같은 구조를 가질 수 있을 경우, 저자들은 속성의 값으로 쉽게 표

표 6-37 집합의 표현

(a)

도서명	저 자
책_1	저자_1
책_2	저자_2, 저자_3
책_3	저자_1, 저자_2, 저자_3

(b)

도서명	저 자
책_1	저자_1
책_2	저자_2
책_2	저자_3
책_3	저자_1
책_3	저자_2
책_3	저자_3

시될 수 있다. 그러나 관계형 데이터 모형은 이들을 나타낼 수 없으며, 따라서 〈표 6-37(b)〉와 같이, 각 저자들을 개별적으로 나타내어야 한다.

만약 〈표 6-37(a)〉와 같이 저자들이 표현되어 있으면, 저자_2와 저자_3 두 사람만이 공동 저술한 도서를 쉽게 검색할 수 있다. 그러나 〈표 6-34(b)〉에서는 저자들을 추출하는 과정이 그렇게 쉽지 않다. 만약 단순히 저자 필드의 값들만을 검색하면, 이들이 단독 저자인지, 공동 저자인지 또는 추가로 공동 저자가 더 있는지 등을 알 수 없다. 즉, 〈표 6-37(b)〉에서는 저자를 각각 별도의 레코드를 취급하기 때문에 저자_2와 저자_3 두 사람만이 공동 저술한 도서를 찾기 위해서는 먼저 저자_2가 저술한 도서와 저자_3이 저술한 도서들을 검색하고, 이들을 공동 저자로 결합하는 별도의 응용프로그램을 실행해야 한다. 이러한 어려움이 발생하는 이유는 의미적으로는 집합으로 표현해야 하는 공동 저자들을 개별 저자의 차원에서 표현하기 때문이다.

복합 데이터

집합보다 일반적인 데이터 형태는 속성들이 복합 데이터 구조를 가지는 경우이다. 예를 들면, 3차원 물체를 저장한다고 하자. 이 경우, 3차원 형상은 이를 구성하는 여러 하위 형상들로 구성된다. 그러나 이들을 관계형 데이터 모형으로 표현할 경우에는 각각의 형상을 각각의 테이블로 구성해야 한다. 그리고 이들 형상들 사이의 관계 또한 테이블로 표시되어야 한다. 이와 같이 복합 데이터들을 표현하기 위해서는 수십, 수백 개의 테이블을 포함할 수 있다.

설계 사무소에서 건축물의 도형들을 데이터베이스에 저장할 경우, 실제 저장되는 건축물의 수는 그렇게 많지 않다. 그러나 하나의 건축물을 표현하기 위하여 사용되는 테이블의 수는 수백 개를 쉽게 넘을 수 있다. 이와 같이 복합 데이터들을 표현하기 위해서는 테이블의 수가 매우 많게 된다. 그리고 상대적으로 각 테이블당 저장되는 튜플의 수는 많지 않다. 따라서 단순 테이블 구조를 이용하여 많은 양의 데이터들을 저장하는 것을 목적으로 하는 관계형 데이터 모형과는 부합되지 않으며, 비효과적이라고 할 수 있다.

6.5.2 계층적 정보의 검색

관계형 데이터 모형의 가장 큰 장점은 릴레이션들 사이에 명시적인 탐색 경로가 존재하지 않는다는 것이다. 따라서 임의의 속성을 매개로 하여 릴레이션들을 결합할 수 있다. 그러나 이러한 장점은 동시에 단점으로 작용할 수 있다. 특히, 다 계층일 경우, 이들을 차례로 탐색하기 위한 기능이 취약하다.

예를 들면, 상위부품을 구성하는 하위부품들을 나타내는 제품구성표(BOM: Bill Of Material)가 〈표 6-38〉과 같이 릴레이션으로 표시되었다고 가정하자.

여기서 P1 부품을 구성하는 하위부품들을 모두 나열하기 위해서는 제품구성표의 튜플들을 차례로 탐색하여 P1의 하위부품이 P11, P12이며, P11의 하위부품이 P21, P22이며, P22의 하위부품이 P31이며, P12의 하위부품이 P23이고, P23의 하위부품이 P32임을 도출해야 한다. 그러나 관계형 데이터 모형에서는 이들 튜플들을 연결하는 포인터가 존재하지 않기 때문에 튜플로부터 튜플로의 탐색이 불가능하다.[9]

9) 릴레이션이 아니라 트리(tree)와 같은 데이터 구조를 이용하면, 이들 부품들 사이의 상하 관계를 트리를 이용하여 쉽게 표현하고, 탐색할 수 있다.

표 6-38 제품구성표

상위부품번호	하위부품번호
P1	P11
P1	P12
P11	P21
P11	P22
P22	P31
P12	P23
P23	P32

표 6-39 제품구성표⟗$_{\text{left outer}}$ 제품구성표

상위부품번호	하위부품번호	차하위부품번호
P1	P11	P21
P1	P11	P22
P1	P12	P23
P11	P21	
P11	P22	P31
P22	P31	
P12	P23	P32
P23	P32	

관계형 데이터 모형에서 튜플들을 탐색하기 위해서는 조인연산자를 이용하여 연관된 튜플들을 결합해야 한다. P1 부품의 차하위부품번호를 탐색하기 위해서는 외부 조인을 사용하여 제품구성표 릴레이션을 서로 조인하면 된다.

조인된 테이블을 제품구성표와 다시 조인하면, 〈표 6-40〉과 같이 차차하위부품번호까지를 알 수 있는 릴레이션이 만들어진다.

외부 조인연산자를 이용하여 튜플들 사이의 계층 관계를 탐색하기 위해서는 필요한 계층까지 반복적으로 외부 조인을 반복적으로 실행해야 한다.

최근에는 관계형 데이터베이스 언어인 SQL에서 이러한 불편함을 해결하

표 6-40 (제품구성표⟕$_{left\ outer}$ 제품구성표)⟕$_{left\ outer}$ 제품구성표

상위부품번호	하위부품번호	차하위부품번호	차차하위부품번호
P1	P11	P21	
P1	P11	P22	P31
P1	P12	P23	P32
P11	P21		
P11	P22	P31	
P22	P31		
P12	P23	P32	
P23	P32		

기 위한 명령어들이 제시되고 있으며, 이것이 다음에 예시되는 'CONNECT BY' 명령어이다.

```
SELECT          상위부품번호, 하위부품번호
FROM            제품구성표
CONNECT BY      PRIOR 하위부품번호 = 상위부품번호
START WITH      하위부품번호 = 'P1';
```

위의 SQL은 'P1' 부품번호로부터 시작하여 이것을 상위부품번호로 하는 하위부품번호들을 도출하고, 다시 도출된 하위부품번호를 상위부품번호로 가지는 레코드들을 반복적으로 찾아간다.

6.5.3 속성명의 검색

관계형 데이터 모형에서 속성의 값과 속성명은 같이 처리할 수 없다. 예를 들면, 과목의 성적을 나타내기 위하여 1차시험, 2차시험 및 3차시험을 치른다고 가정하자. 이들 성적이 각 학생별로 다음과 같이 저장되어 있다고 가정하자.

이와 같은 테이블에서 '1차시험 성적이 75점 이상인 학생의 이름'과 같이

표 6-41 시험성적

학생이름	1차시험	2차시험	3차시험
홍길동	80	60	90
김북악	40	70	70
이성북	70	60	60

속성값이 특정 조건을 만족시키는 튜플들은 쉽게 찾아낼 수 있다. 그러나 역으로 '최고 점수가 75점 이상인 시험은 무슨 시험들인가'와 같이 특정 조건을 만족시키는 속성명(즉, 칼럼)은 검색하기는 쉽지 않다.

요약

본 단원에서는 관계형 데이터 모형에 대하여 학습하였다. 본 단원에서 습득한 주요 개념들을 요약하면 다음과 같다.

- **개체 무결성법칙(entity integrity rule)**: 주키값은 같은 값이 존재해서는 안 되며, 빈값(null) 을 가져서는 안 된다는 법칙.
- **관계형 연산자**: 관계형 데이터베이스에서 릴레이션들을 조작하기 위한 연산자이며, 릴레이션을 조작의 단위로 하며, 조작의 결과 또한 릴레이션임. 관계형 연산자로는 선택, 투사, 조인, 합집합, 교집합, 차집합, 카테시안 곱, 나눗셈이 있음.
- **기저 속성**: 속성의 값이 다른 속성들로부터 유도될 수 없는 속성.
- **복수값 속성**: 여러 개의 값을 가질 수 있는 속성.
- **단일값 속성**: 하나의 값만을 가지는 속성.
- **데이터베이스 구조**: 데이터베이스를 구성하는 릴레이션들과 데이터들이 지켜야 할 법칙들을 정의한 것.
- **데이터베이스**: 릴레이션들의 집합.
- **릴레이션 구조(relation scheme)**: 릴레이션을 구성하는 속성과 이들이 무엇을 나타내는가를 정의한 것.
- **릴레이션(relation)**: 임의의 2개 이상의 값들로 구성된 순서쌍의 집합. 릴레이션은 테이블의 각 셀(cell)이 단일 자료값만을 가질 수 있는 단순 테이블의 형태를 지님.
- **무결성법칙(integrity rules)**: 데이터베이스가 논리적으로 의미 있는 데이터들만을 포함하기 위한 법칙들이며, 개체 무결성법칙과 참조 무결성법칙을 포함함.
- **복합키**: 하나의 속성만으로 튜플을 식별할 수 없는 경우, 두 개 이상의 속성을 결합하여 만든 주키.
- **선택(select 또는 restrict)**: 특정 조건을 만족시키는 튜플들만을 추출하여 새로운 릴레이션을 구성하는 연산자.
- **속성**: 일반적으로 이야기하는 데이터 항목(data item). 관계형 데이터 모형에서 릴레이션의 열.
- **속성값**: 속성의 값.
- **속성치 영역 또는 도메인(domain)**: 임의의 속성에 대하여 가능한 모든 속성값의 집합.

- **순수조인**(natural-join): 동일한 속성을 매개로 하여 해당 속성의 값이 같은 튜플들을 결합하는 연산자.
- **외래키 또는 외부키**(foreign key): 특정 릴레이션의 속성이 다른 릴레이션의 주키인 속성.
- **외부 조인**(outer join): 조인 조건을 만족시키지 않는 튜플들도 조인된 릴레이션에 포함하는 조인연산자.
- **유추 속성**: 속성의 값이 다른 속성들로부터 유도될 수 있는 속성.
- **조인**(join): 두 개의 릴레이션을 결합하여 새로운 릴레이션을 생성하는 연산자.
- **주키**: 키 중에서 튜플을 식별하기 위하여 사용하기로 결정한 것.
- **참조 무결성법칙**(referential integrity rules): 외래키를 통하여 참조하는 값은 해당 테이블에 반드시 존재하여야 한다는 법칙.
- **카테시안 곱**(cartesian product): 두 릴레이션 사이에 존재할 수 있는 모든 가능한 결합을 나열하는 연산자.
- **키**: 릴레이션을 구성하는 개별 튜플들을 식별할 수 있는 속성 또는 속성의 집합.
- **투사**(project): 해당 릴레이션의 일부 속성만을 추출하여 새로운 릴레이션을 생성하는 연산자.
- **튜플**(tuple): 릴레이션의 행, 즉 릴레이션을 구성하는 레코드.
- **항수**(degree): 릴레이션을 구성하는 속성의 수.

제7장

함수종속성과 정규형

관계형 데이터베이스는 릴레이션(단순 테이블)의 집합이다. 따라서 관계형 데이터베이스 설계는 다름 아닌 릴레이션들을 설계하는 과정이다. 그리고 이러한 관계형 데이터베이스 설계에서 좋은 릴레이션들을 설계하기 위해서는 먼저 어떤 릴레이션들이 잘 설계된 것인가를 평가하는 기준이 있어야 한다.

관계형 데이터베이스에서 릴레이션들을 평가하는 등급이 정규형이다. 즉 정규형이 높은 릴레이션은 잘 설계된 것이며, 낮은 릴레이션은 잘못 설계된 것이라고 할 수 있다. 이와 같이 정규형은 릴레이션을 평가하는 척도이다. 그리고 정규형을 판단하기 위하여 사용하는 기준이 함수종속성이다. 즉, 릴레이션을 구성하는 속성들 사이의 함수종속성을 검토함으로서 릴레이션의 정규형을 결정한다. 이러한 점에서 볼 때, 관계형 데이터베이스를 설계함에 있어 가장 기본이 되는 개념이 정규형과 함수종속성이며, 본 장에서는 이들 함수종속성과 정규형을 살펴본다.

7.1 관계형 데이터베이스에서 발생하는 데이터관리의 문제점

관계형 데이터베이스는 매우 효과적인 데이터관리도구이다. 그러나 아무리 효과적인 도구라고 하여도 올바르게 사용되지 않으면 여러 가지 문제들이 발생하게 된다. 관계형 데이터베이스에서 발생할 수 있는 문제들을 요약하면 크게 다음과 같이 나누어 볼 수 있다.

- 데이터의 중복 관리
- 데이터관리의 모순

7.1.1 데이터의 중복 관리

관계형 데이터베이스에서 발생할 수 있는 문제점을 분석하기 위하여 부품 공급에 대한 데이터들이 〈표 7-1〉과 같이 저장되어 있다고 가정하자.

〈표 7-1〉의 공급 테이블에서 가장 눈에 띄는 문제점은 공급자의 주소 중에서 S1의 주소가 서울이며, S2의 주소가 부산이라는 사실이 여러 레코드에 중복되어 여러 번 기록되어 있다는 것이다. 이러한 데이터의 중복은 다음과 같은 문제들을 발생시킨다.

표 7-1 공급 릴레이션의 예

공급자 번호	주소	부품 번호	공급량
S1	서울	P1	300
S1	서울	P2	200
S1	서울	P3	400
S2	부산	P1	300
S2	부산	P2	400
S3	광주	P2	200

첫째, 레코드들 사이에서 데이터의 불일치를 초래할 가능성이 있음.

둘째, 중복 데이터를 관리하기 위한 노력이 증가함.

셋째, 저장 공간의 낭비를 초래함.

즉, 만약 S1의 주소가 서울에서 수원으로 변경될 경우, 〈표 7-1〉과 같이 S1의 주소가 여러 레코드(튜플)에 중복하여 기록되어 있는 경우에는 이들 레코드들을 모두 갱신해야 한다. 이를 S1의 주소를 나타내는 튜플이 하나만 있을 경우와 비교해 보면 훨씬 노력이 많이 든다. 또한, 만약 이들 튜플들 중 일부만 갱신되고 나머지 튜플들에 대해서는 갱신이 이루어지지 않을 경우, 레코드별로 공급자의 주소가 달라지는 데이터의 불일치가 발생할 수 있다. 또한 데이터들을 중복 저장함에 따라 더 많은 공간이 사용되며, 따라서 저장 공간의 낭비를 초래한다.

7.1.2 데이터관리의 모순

데이터 중복과 더불어, 〈표 7-1〉의 테이블은 데이터의 입력, 삭제 및 갱신 시 의도하지 않은 문제들이 발생할 수 있는데 이를 데이터관리의 모순이라고 한다. 데이터관리 모순을 유형별로 정리하면 다음과 같다.

입력 모순

입력 모순(insertion anomaly)이란 실제 현상에는 있는 사실을 데이터베이스에는 입력할 수 없는 상황을 말한다.

예를 들면, 주소가 대전이고 공급자번호가 S4인 현재는 부품을 공급하지 않는 잠재 공급자가 있다고 가정하자. 이 경우, S4에 대한 정보를 〈표 7-1〉의 공급 릴레이션에 입력하고자 할 경우 S4는 실제로 부품을 공급한 실적이 없기 때문에 부품번호값이 빈값(null)이 된다. 그러나 관계형 데이터베이스에서는 개체 무결성법칙에 의하여 주키값이 빈값인 튜플은 있을 수 없다. 그런데 〈표 7-1〉 공급 릴레이션의 주키가 {공급자번호, 부품번호}이기 때문에, 〈S4,

대전, null, null〉 레코드를 입력할 경우, 주키를 구성하는 부품번호의 값이 빈값이 되며, 개체 무결성법칙을 위반하게 된다. 이에 따라 공급자번호가 S4이고 부품번호가 빈값인 레코드는 〈표 7-1〉 공급 테이블에 입력될 수 없다.

이와 같이 입력하려고 하는 데이터를 입력할 수 없는 현상을 입력 모순이라고 한다.

삭제 모순

삭제 모순(deletion anomaly)이란 원래 삭제하려고 하지도 않은 데이터가 삭제되는 현상을 말한다.

예를 들면, 만약 S3라는 공급자로부터 부품 P2를 공급받기로 한 것이 변경되어 공급받지 않기로 바뀌었다고 가정하자. 그래서 〈표 7-1〉의 공급 테이블에서 〈S3, 광주, P2, 200〉을 삭제하였다고 하자. 이 경우 데이터베이스에서 삭제된 내용은, S3가 P2를 200개 공급하였다는 사실뿐만이 아니라 S3라는 공급자가 존재하며, 주소가 광주라는 사실까지 같이 삭제된다.

이와 같이 원래 삭제하려고 한 것과 더불어 삭제하려고 하지 않은 데이터도 같이 삭제되는 것을 삭제 모순이라 한다.

갱신 모순

갱신 모순(update anomaly)이란 실제 현상에서 데이터가 갱신되는 것과 다르게 데이터베이스에서 데이터가 갱신되는 현상을 말한다.

예를 들면, S1의 주소가 서울에서 수원으로 변경되었다고 가정하자. 이 경우, 실제 현상에서는 단 하나의 사실이 변경된 것이다. 그러나 데이터베이스에서는 3 레코드의 데이터가 변경되어야 한다. 이와 같이 데이터베이스에서의 데이터 갱신 횟수가 실제 사실의 발생 횟수와 일치하지 않는 모순을 초래하게 되는데 이를 갱신 모순이라 한다. 갱신 모순은 데이터의 중복관리에 기인한다.

7.1.3 잘 설계된 릴레이션

잘 설계된 릴레이션(well-structured relation)이란 데이터관리 모순이 발생하지 않는 릴레이션들이다. 바꾸어 말하면, 앞에서 소개한 데이터관리 모순들은 릴레이션이 잘못 설계되었기 때문에 발생한다. 따라서 릴레이션들이 잘 설계되면 이들 모순들은 발생하지 않는다.

예를 들면, 앞 절에서 소개된 데이터관리 모순들은 〈표 7-1〉의 공급 테이블이 잘못 설계되었기 때문이다. 만약 〈표 7-1〉의 릴레이션을 〈표 7-2〉와 같이 공급자 릴레이션과 공급 릴레이션으로 분할하면 이들 모순들은 발생하지 않는다.

요약하면 관계형 데이터베이스 설계에서 가장 중요한 과제는 데이터 관리 모순이 발생하지 않는 릴레이션들을 설계하는 것이며 이렇게 설계된 릴레이션을 잘 설계된 릴레이션이라고 한다.

표 7-2 공급자 릴레이션과 공급 릴레이션의 분리

공급

공급자 번호	부품 번호	공급량
S1	P1	300
S1	P2	200
S1	P3	400
S2	P1	300
S2	P2	400
S3	P2	200

공급자

공급자 번호	주소
S1	서울
S2	부산
S3	광주

7.2 함수종속성

관계형 데이터베이스에서 발생하는 데이터관리 모순들은 릴레이션들이 잘못 설계되었기 때문이다. 예를 들면 〈표 7-1〉에서 발생하는 데이터관리 모순들은 공급자번호, 주소, 부품번호, 공급량이 하나의 릴레이션에 같이 포함되지 않아야 되는데, 잘못하여 같이 포함되었기 때문이다.

데이터관리 모순을 방지하기 위해서는 속성들 사이의 관계를 정형화하여 표현함으로써 적절한 속성들만이 같은 릴레이션에 포함되도록 해야 한다. 이를 위하여 제시된 개념이 함수종속성(functional dependency)이다.

7.2.1 정 의

〈표 7-2〉의 공급자 릴레이션에서 공급자번호가 정해지면 그 공급자의 주소가 하나로 정해진다. 그리고 공급 릴레이션에서는 공급자번호와 부품번호를 알면 해당 공급의 공급량을 알 수 있다. 이와 같이 어떠한 속성의 값이 정해지면 다른 속성의 값도 하나로 정해질 경우, 후자는 전자에 대하여 함수적으로 종속된다고 한다. 이를 수학적으로 표현하면 다음과 같다.

> 임의의 릴레이션 R에서 속성(또는 속성들의 집합) X의 속성치에 대하여 속성 Y의 속성치가 정확하게 하나만 대응할 경우, 속성 Y는 속성(또는 속성들의 집합) X에 함수적으로 종속된다고 하며 다음과 같이 표기한다.
>
> $$X \rightarrow Y$$

〈표 7-2〉의 공급자번호와 주소 사이의 대응관계를 그림으로 나타내면 [그림 7-1]에 예시된 것처럼, 공급자번호별로 주소가 하나만 대응하는 것으로 표시할 수 있으며, 이 경우 주소는 공급자번호에 함수적으로 종속된다고 한다.

그림 7-1 함수종속성

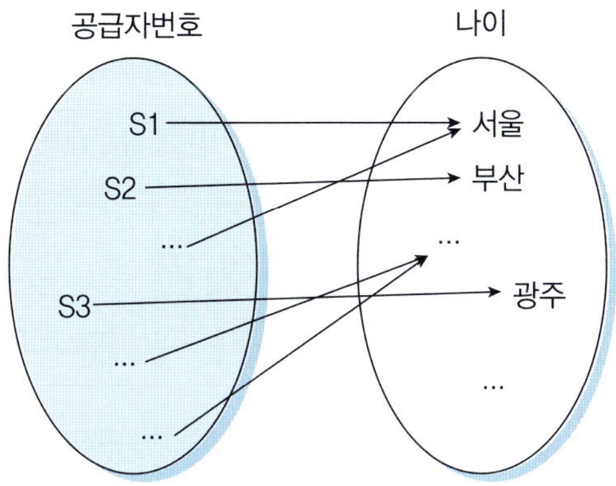

이와 같이 함수종속성은 속성값들 사이의 대응 관계를 나타내는 개념이다. 여기서 주소가 공급자번호에 함수적으로 종속된다는 것은 공급자번호의 값 1개에 대하여 주소의 값이 1개로 정해진다는 것을 나타내는 개념이다. 그리고 이들 속성값들 사이의 계산식이나 함수식을 나타내는 것이 아니다. 주소가 공급자번호에 함수적으로 종속된다고 하여도, 공급자번호로부터 주소를 계산해 낼 수 있는 방법은 세상 어디에도 존재하지 않는다.

7.2.2 함수종속성의 법칙

함수종속성은 속성치들 사이의 대응 관계를 나타내는 개념이다. 따라서 만약 주소가 공급자번호에 대하여 함수적으로 종속되면, 이는 당연히 공급자번호와 공급자명에 대해서도 함수적으로 종속된다. 왜냐 하면, 공급자번호의 값이 1개로 정해지면 주소가 1개로 정해지는데, 공급자번호뿐만이 아니라 공급자명까지 정해질 경우 더욱 당연히 주소가 1개로 정해진다. 이러한 법칙을 함수종속성 법칙이라고 한다.

함수종속성 법칙들을 정리하면 다음과 같다. 이들 중에서 합과 분해는 표현 형태를 바꾼 것이며, 준 추이성은 추이성의 확장이다. 따라서 본 교재에서는 이들 법칙들 중에서 환원과 확장, 추이성에 대해서만 자세히 설명한다.

1. 합: 만약 X → Z이고 X → Y이면, X → ZY이다.
2. 분해: 만약 X → YZ이면, X → Y이고 X → Z이다.
3. 환원: 만약 Y가 X의 부분 집합이면 X → Y이다.
4. 확장: 만약 Z가 W의 부분 집합이고 X → Y이면, XW → YZ이다.
5. 추이성: 만약 X → Y이고 Y → Z이면, X → Z이다.
6. 준 추이성: 만약 X → Y이고 YZ → W이면 XZ → W이다.

환원법칙

모든 속성들은 자신에 대하여 함수적으로 종속되는데, 이를 환원법칙이라고 한다. 예를 들면, 나이의 값이 1개로 정하여지면 당연히 나이의 값이 1개로 정해진다. 이를 확대하면, 모든 속성은 이를 포함하는 다른 속성들에 대하여 함수적으로 종속된다. 즉, 모든 속성은 자신에 대하여 함수적으로 종속되며, 자신과 더불어 다른 속성을 추가로 포함하는 속성들에게는 더욱 당연히 함수적으로 종속된다. 예를 들면, [그림 7-2]에 표시된 것처럼 이름과 나이의 값이 1개로 정해지면, 나이는 당연히 1개로 정하여진다.

그림 7-2 함수종속성의 환원법칙

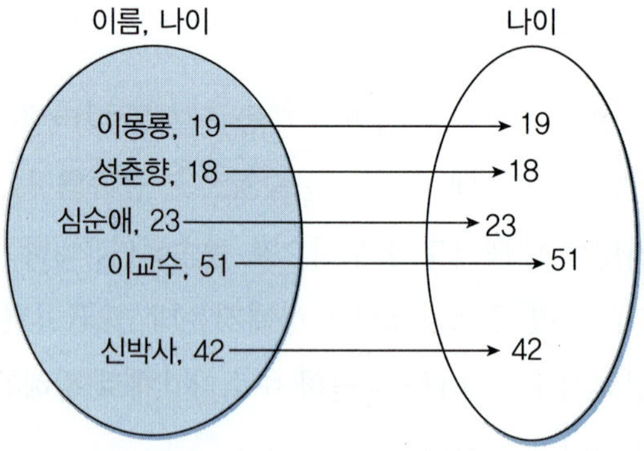

확장법칙

함수종속성에 다른 속성들을 추가하여도 함수종속성이 성립하는 데에는 아무런 영향을 미치지 않는다.

예를 들면, 동명이인은 없으며, 이름의 값이 하나 정해지면, 나이의 값이 하나 정해진다고 하자. 이러할 경우, 이름과 주소의 값이 하나 정해지면, 당연히 나이와 주소의 값도 하나 정해진다. 즉, 나이는 이름이 정해지면 값이 하나로 정해지고, 주소는 주소가 정해지면 당연히 정해지기 때문이다([그림 7-3] 참조). 즉, 확장법칙은 주어진 함수종속성에 환원법칙을 결합한 것이라고 할 수 있다. 따라서 이를 더욱 확장할 경우, 이름의 값이 하나로 정해지면, 나이의 값이 하나로 정해진다고 할 경우, 이름, 주소, 우편번호의 값이 정해지면, 나이와 주소의 값이 정해진다. 왜냐하면 이름의 값이 하나로 정해지면 나이의 값이 하나로 정해지고, 환원법칙에 의하여 주소는 주소와 우편번호에 대하여 함수적으로 종속되기 때문에, 이름과 주소, 우편번호가 하나로 정해지면 나이와 주소가 하나로 정해진다.

그림 7-3 **함수종속성의 확장법칙**

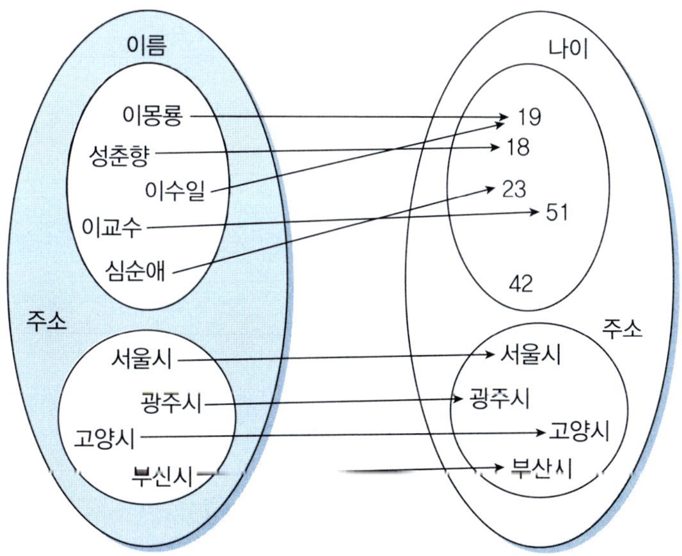

추이성법칙

함수종속성은 추이적으로 서로 연결되는데 이를 추이성 법칙이라 한다. 예를 들면, 주소가 공급자번호에 함수적으로 종속되고, 국가명이 주소에 함수적으로 종속되면, 국가명은 공급자번호에도 함수적으로 종속된다. 즉, [그림 7-4]에 열거된 것과 같이, 제일 왼쪽 집합인 공급자번호의 값이 1개로 정해지면, 가운데 집합인 주소의 값이 1개로 정해진다. 그리고 주소가 1개로 정해지면, 제일 오른쪽 집합인 국가명 또한 1개로 정해진다. 따라서 중간 집합인 주소를 제거하고 화살표들을 연결하면, 공급자번호가 1개로 정해지면 국가명이 1개로 정해진다.

그림 7-4 함수종속성의 추이성법칙

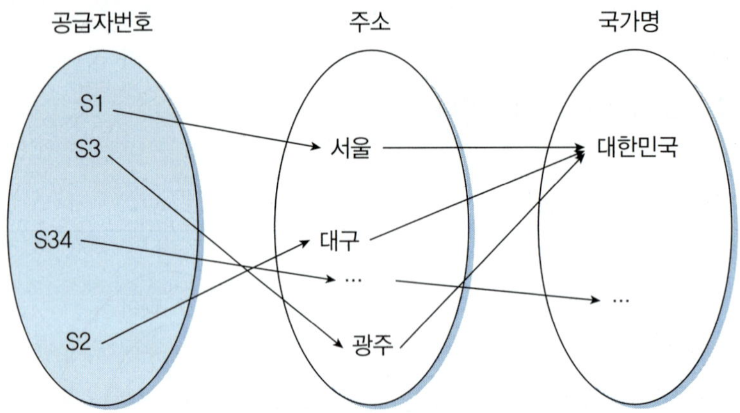

7.2.3 함수종속성의 유형

함수종속성은 형태에 따라 다음과 같이 나누어진다.

함수적 동등

두 속성(또는 속성들의 집합)이 서로 함수적으로 종속될 경우 이들은 함수적으로 동등하다고 한다. 즉 속성 X가 속성 Y에 함수적으로 종속되며, 속성 Y 또한 속성 X에 함수적으로 종속될 경우, 속성 X와 속성 Y는 함수적으로 동등하다고 하며 X ↔ Y로 표시한다.

예를 들면 학번, 이름, 주민등록번호들에서 학번은 주민등록번호에 함수적으로 종속된다. 그리고 주민등록번호 또한 학번에 함수적으로 종속된다. 이 경우 주민등록번호와 학번은 함수적으로 동등하다고 한다.

주민등록번호 → 학번
학번 → 주민등록번호

전체 함수종속성(Full Functional Dependency)

특정 속성을 함수적으로 결정하는 속성들은 여러 개가 있을 수 있다. 예를 들면, 〈표 7-1〉에서 주소는 공급자번호에 함수적으로 종속된다. 그리고 공급자번호와 부품번호, 공급자번호와 공급량에도 함수적으로 종속된다.

공급자번호 → 주소
{공급자번호, 부품번호} → 주소
{공급자번호, 공급량} → 주소

이러한 여러 함수종속성들 중에서 주소를 함수적으로 결정하는 최소한의 속성만을 포함하는 함수종속성은 [공급자번호 → 주소]인데, 이를 전체 함수종속성이라고 한다. 즉, 함수종속성 X → Y에서 Y의 속성치를 유일하게 결정하기 위한 최소한의 속성들만을 X가 포함할 경우, Y는 X에 대하여 전체 함수적으로 종속된다고 하며 이를 전체 함수종속성이라 한다.

> 임의의 릴레이션 R에서 속성 또는 속성들의 집합 X에 대하여 Y가 함수적으로 종속되나, X의 부분 집합(proper subset)에 대해서는 함수적으로 종속하지 않을 경우, Y는 X에 대하여 전체 함수종속성을 갖는다고 한다. 그리고 이의 역도 성립한다.

부분 함수종속성(Partial Functional Dependency)

> 함수종속성 X → Y에서 만약 Y가 X의 부분 집합(proper subset)에 대해서도 함수적으로 종속할 경우, Y는 X에 대하여 부분 함수적으로 종속된다고 한다.

위에서 예시된 주소에 대한 함수종속성들 중에서 다음의 것들은 부분 함수종속성이다.

{공급자번호, 부품번호} → 주소
{공급자번호, 공급량} → 주소

그 이유는 주소가 {공급자번호, 부품번호}, {공급자번호, 공급량}의 부분 집합인 {공급자번호}에 함수적으로 종속되기 때문이다.

추이적 함수종속성(Transitive Functional Dependency)

함수종속성은 두 속성 또는 속성들의 집합 X와 Y 사이의 관계를 나타낸다. 그리고 추이성(transtivity) 법칙에 의하여 서로 연결된다. 이때 추이성으로 연결되는 속성들 사이의 함수종속성을 추이적 함수종속성이라고 하며, 다음과 같이 정의된다.

> 임의의 릴레이션 R에서 속성 또는 속성들의 집합 Y가 A에 함수적으로 종속되며, 속성 또는 속성들의 집합 A가 X에 함수적으로 종속될 경우, Y는 A를 매개로 하여 X에 함수적으로 종속되며, X → Y를 추이적 함수종속성이라 한다. 즉, X → A이고 A → Y이며, X → Y일 때 X → Y를 추이적 함수종속성이라 한다. 이때 X는 A에 함수적으로 종속되지 않아야 한다.

예를 들면, {과목번호, 교수, 연구실}의 속성들에서 다음의 함수종속성들이 성립할 경우 연구실은 과목번호에 추이적으로 종속된다.

과목번호 → 교수,   교수 → 연구실,

과목번호 → 연구실,　교수 ↛ 과목번호

추이적 함수종속성의 정의에서 X는 A에 함수적으로 종속되지 않아야 한다는 것은 중요한 의미를 갖는다. 만약 X가 A에 함수적으로 종속되면, A가 X에 함수적으로 종속되기 때문에 A와 X는 함수적으로 동등하다고 할 수 있다. 이 경우 Y는 A를 매개로 하여 X에 함수적으로 종속되는 것이 아니라 Y는 A와 X에 모두 함수적으로 종속된다.

7.2.4 릴레이션의 주키와 함수종속성

릴레이션에서 튜플들을 식별하는데 사용되는 속성 또는 속성들을 주키라고 하였다. 이러한 주키의 특성으로부터 우리는 다음과 같은 함수종속성을 정의할 수 있다.

주키 → 릴레이션의 속성들

위의 관계가 성립하는 이유는 다음과 같다. 릴레이션의 주키값이 정해지면 해당 주키값을 갖는 튜플(레코드)은 하나만 정해진다. 그리고 이렇게 정해진 튜플에서 모든 속성들의 값은 하나로 정해진다. 왜냐하면 릴레이션에서 모든 속성들은 단일값으로 표시되기 때문이다. 따라서 주키값이 1개 정해지면 모든 속성들의 값은 1개로 정해진다. 즉 릴레이션을 구성하는 모든 속성들은 주키에 대하여 함수적으로 종속된다.

예시를 위하여 〈표 7-1〉의 공급 릴레이션을 다시 분석해 보면, 〈표 7-1〉에서 주키는 {공급자번호, 부품번호}이다. 즉, 공급자번호가 'S1'으로 정해지고, 부품번호가 'P1'으로 정해지면 튜플 〈S1, 서울, P1, 300〉이 선택된다. 이렇게 선택된 튜플에서 주소는 '서울', 공급량은 '300'이라는 1개의 값을 갖는다. 따라서 주소와 공급량은 릴레이션의 주키인 {공급자번호, 부품번호}에 대하여 함수적으로 종속된다.

공급자번호, 부품번호 → 주소 : 〈표 7-1〉의 공급 릴레이션이
공급자번호, 부품번호 → 공급량 나타내는 함수종속성

이상의 관계는 속성들 사이의 함수종속성과 릴레이션 구조와의 동질성(equivalence)을 검증할 수 있는 주요한 기준을 제공한다.

실제 현상에서 공급자번호, 주소, 부품번호, 공급량 사이의 함수종속성을 정의하면 다음과 같다.

공급자번호 → 주소 : 속성들 사이의 실제
공급자번호, 부품번호 → 공급량 함수종속성

그 이유는 공급자번호가 1개로 정해지면 그 공급자의 주소가 1개로 정해지며, 공급자번호와 부품번호가 정해지면, 그 공급자가 그 부품에 대하여 공급하는 공급량이 1개로 정해지기 때문이다.

이들 함수종속성들을 비교해 보면 릴레이션이 나타내는 함수종속성이 실제 속성들 사이의 함수종속성들과 일치하지 않는다는 것을 알 수 있다. 바꾸어 말하면, 〈표 7-1〉의 공급 릴레이션은 실제 현상을 제대로 나타내는 릴레이션이라고 할 수 없다.

요약하면 데이터베이스가 실제 현상을 제대로 모델링한 것인가는 데이터베이스를 구성하는 릴레이션들이 나타내는 함수종속성과 속성들 사이의 실제 함수종속성을 비교함으로써 판단할 수 있다. 만약 이들이 서로 일치하면, 릴레이션들이 실제 현상을 제대로 모델링한 것이라고 할 수 있다. 그리고 일치하지 않으면, 릴레이션들이 잘못 설계되었다고 할 수 있다. 〈표 7-1〉의 공급 릴레이션은 잘못 설계된 릴레이션이며, 이 결과 앞에서 분석된 바와 같은 데이터관리 모순들이 발생하는 것을 알 수 있다.

릴레이션이 나타내는 함수종속성이 속성들 사이의 실제 함수종속성과 같으면 우리는 이를 잘 설계된 릴레이션이라고 한다. 만약 〈표 7-1〉의 공급 릴레이션이 〈표 7-2〉와 같이 바뀌어 설계되면, 〈표 7-2〉에서 공급 릴레이션의 주키는 {공급자번호, 부품번호}이고 공급자 릴레이션의 주키는 {공급자번호}

이다. 따라서 릴레이션이 나타내는 함수종속성은 다음과 같다.

공급자번호, 부품번호 → 공급량 : 〈표 7-2〉의 공급 릴레이션과 공급자
공급자번호 → 주소 릴레이션이 나타내는 함수종속성

이들 함수종속성은 속성들 사이의 실제 함수종속성과 일치한다. 따라서 〈표 7-2〉의 릴레이션들은 잘 설계된 릴레이션들이라 할 수 있다.

우리는 관계형 데이터베이스에서 릴레이션들을 임의로 설계할 경우 여러 가지 데이터관리 모순이 발생할 수 있음을 살펴보았다. 그리고 이러한 모순의 발생 원인은 릴레이션이 나타내는 함수종속성들과 속성들 사이의 실제 함수종속성들이 일치하지 않기 때문이다. 만약 이들이 서로 일치하면 데이터관리 모순은 발생하지 않는다.

7.3 정규형

본 절에서는 릴레이션이 잘 설계된 정도를 평가하는 기준으로서 정규형(normal forms)을 공부한다. 정규형은 데이터관리의 관점에서 릴레이션을 평가하는 척도이다. 따라서 정규형이 올라갈수록 더 잘 설계된 릴레이션이라고 할 수 있으며, 데이터관리 모순이 발생할 가능성이 적다고 할 수 있다. 이를 함수종속성과 연관하여 설명하면, 정규형이 올라갈수록 릴레이션이 나타내는 함수종속성이 속성들 사이의 실제 함수종속성과 일치(一致)하는 정도가 높다고 할 수 있다.

7.3.1 제1정규형 릴레이션

제1정규형(1NF: First Normal Form) 릴레이션은 관계형 데이터베이스에서 테이블을 생성하기 위한 최소의 기준이다. 부연하면, 제1정규형이 아닌 릴레

표 7-3 제1정규형 릴레이션

사원1

이 름	근무연수	부서명	프로젝트명
홍길동	1	설계팀	건물A, 건물B
최청년	4	회계팀	건물A
이수일	2	인사팀	건물C

사원2

이 름	근무연수	부서명	프로젝트명
홍길동	1	설계팀	건물A
홍길동	1	설계팀	건물B
최청년	4	회계팀	건물A
이수일	2	인사팀	건물C

주키: {이름, 프로젝트명}

이션들은 관계형 데이터베이스에 저장될 수 없다.

> 릴레이션을 구성하는 모든 속성들이 단일 자료값을 가질 경우 이를 제1정규형 릴레이션, 또는 간단히 제1정규형이라 한다.

〈표 7-3〉에서 사원1은 비정규형 릴레이션이다. 그 이유는 이름이 홍길동인 튜플에서 프로젝트명의 값이 단일값이 아니라 '건물A'와 '건물B'를 합한 복수값이기 때문이다. 해당 릴레이션을 사원2와 같이 모든 튜플의 속성들이 단일값을 갖도록 변환한 것이 제1정규형 릴레이션이다.

물론 사원1 릴레이션을 그대로 만들어도 테이블이 만들어진다. 그러나 이 경우에는 '건물A, 건물B'라는 데이터가 '건물A'와 '건물B'의 서로 다른 2 프로젝트를 나타내는 것이 아니라 '건물A, 건물B'라는 1개의 프로젝트를 나타낸다. 그런데 '건물A, 건물B'라는 프로젝트는 없으므로 원래 입력하고자 한 데이터로 구성된 릴레이션이라고 할 수 없다.

7.3.2 제2정규형 릴레이션

제1정규형 릴레이션은 사원2에서 예시된 바와 같이 중복된 데이터들을 포함한다. 예를 들면 사원2에서는 이름이 홍길동인 사원의 부서명이 설계팀이라는 것이 2번 표시되고 있다. 이와 같은 데이터 중복이 발생하지 않기 위해서는 제1정규형 릴레이션들이 전체 함수종속성이라는 추가적인 제약조건을 만족시켜야 하는데, 이를 제2정규형(2NF: Second Normal form) 릴레이션이라고 한다.

> 제1정규형이면서 모든 속성들이 릴레이션의 주키에 대하여 전체 함수적으로 종속될 경우 이를 제2정규형 릴레이션이라고 한다.

제2정규형 릴레이션에서는 릴레이션의 주키와 속성들 사이에 부분 함수종속성이 존재하지 않는다. 따라서 제1정규형을 제2정규형으로 변환시키기 위해서는 부분 함수종속성을 제거함으로서 모든 속성들이 릴레이션 주키에 대하여 전체 함수적으로 종속되도록 변환시켜야 한다.

〈표 7-3〉의 사원2 릴레이션에서 근무연수와 부서명은 이름에 대해서도 함수적으로 종속된다. 즉, 릴레이션의 주키인 {이름, 프로젝트명}에 대해서는 부분 함수종속성을 갖는다. 따라서 사원2는 제1정규형 릴레이션이나 제2정규형 릴레이션은 아니다.

이에 반하여 〈표 7-4〉의 사원3에서는 모든 속성들이 릴레이션의 주키인 이름에 함수적으로 종속된다. 그리고 참여프로젝트는 속성들이 모두 주키인 릴레이션이다. 따라서 사원3과 참여프로젝트는 적어도 제2정규형 릴레이션이라고 할 수 있다.

표 7-4 제2정규형 릴레이션

사원3

이 름	근무연수	부서명
홍길동	1	설계팀
최청년	4	회계팀
이수일	2	인사팀

주키: 이름

참여프로젝트

이 름	프로젝트명
홍길동	건물A
홍길동	건물B
최청년	건물A
이수일	건물C

주키: {이름, 프로젝트명}

부분 함수종속성과 데이터 중복

제1정규형 릴레이션에서 데이터관리 모순이 발생하는 이유는 부분 함수종속성이 존재하기 때문이다. 즉 속성 Y가 주키의 일부인 속성 X에 대하여 함수적으로 종속된다. 여기서 속성 또는 속성들의 집합 X는 주키가 아니라 주키의 일부이기 때문에 릴레이션에서 같은 것이 여러번 발생한다. 예를 들면 사원2에서 주키는 {이름, 프로젝트}이기 때문에 '홍길동'이라는 이름은 같은 값이 여러번 나타난다. 따라서 이름에 함수적으로 종속되는 근무연수와 부서명도 같은 값인 '1'과 '설계팀'이 여러번 나타난다.

릴레이션에서 부분 함수종속성을 제거하기 위해서는 먼저 중복 데이터들을 식별한 후, 이들을 별도의 릴레이션으로 분리해야 한다. 예를 들면 사원2 릴레이션에서 데이터 중복을 제거하기 위해서는 릴레이션의 주키에 대하여 부분 함수종속성을 갖는 속성들인 {이름, 근무연수, 부서명}을 찾아서 사원3에 예시된 바와 같이 별도의 릴레이션으로 분리한다. 이렇게 하면, 사원4에 예시된 바와 같이 이름과 프로젝트명이라는 속성들만이 남게 되며, 이들 사이에는 부분 함수종속성이 존재하지 않는다.

7.3.3 제3정규형 릴레이션

제2정규형은 부분 함수종속성을 식별하여 제거한 것이다. 그러나 부분 함수종속성을 제거함으로써 모든 바람직하지 않은 함수종속성이 제거된 것은 아니다. 즉, 〈표 7-5〉에 예시된 강의1 릴레이션에서 이 교수님의 연구실이 1326이라는 것이 중복적으로 나타난다. 그러나 강의1 릴레이션에서 모든 속성들은 주키에 대하여 전체 함수적으로 종속되며, 따라서 제2정규형이다.

이와 같이, 제2정규형 릴레이션에서도 데이터 중복이 발생함을 알 수 있다. 이러한 데이터 중복이 발생하지 않도록 하기 위해서는, 제2정규형 릴레이션들이 비추이적 함수종속성이라는 추가적인 제약조건을 만족해야 하는데, 이를 제3정규형(3NF: Third Normal Form) 릴레이션이라고 한다.

> 제2정규형 릴레이션들 중에서 추이적 함수종속성이 완전히 제거된 릴레이션을 제3정규형 릴레이션이라고 한다. 따라서 추이적 함수종속성이 존재하면 해당 릴레이션은 제3정규형이 아니다.

제2정규형을 제3정규형으로 변환시키기 위해서는 추이적 함수종속성을 제거하여 모든 속성들이 릴레이션 주키에 직접 종속되도록 변환시켜야 한다. 〈표 7-5〉의 강의1 릴레이션에서 연구실은 과목번호에 함수적으로 종속된다. 그러나 동시에 연구실은 담당교수에도 함수적으로 종속된다. 그리고 담당교수는 과목번호에 함수적으로 종속된다. 즉 과목번호와 연구실 사이에는 추이적 함수종속성이 존재한다. 따라서 강의1은 제3정규형 릴레이션이 아니다.

추이적 함수종속성을 제거하기 위해서는 먼저 중복 데이터들을 식별하고, 이의 발생 원인이라고 할 수 있는 추이적 관계를 가지는 함수종속성을 찾아서 제거해야 한다. 바꾸어 말하면 이들 추이적 함수종속성을 구성하는 속성들을 별도의 릴레이션으로 분리한다. 강의1 릴레이션에서는 과목번호와 연구실 사이의 함수종속성이 추이적 함수종속성이다. 이러한 추이적 함수종속성이 발생하는 이유는 연구실이 담당교수에 함수적으로 종속되기 때문이다. 따라서 담당교수와 연구실을 분리하여 별도의 릴레이션을 만든다. 이렇게 하면 {과목

표 7-5 제3정규형 릴레이션

강의1

과목번호	과목명	담당교수	연구실
IS450	DB관리론	이교수님	1326
IS350	MIS	이교수님	1326
AT123	재무회계	김교수님	1223

주키: 과목번호

강의2

과목번호	과목명	담당교수
IS450	DB관리론	이교수님
IS350	MIS	이교수님
AT123	재무회계	김교수님

주키: 과목번호

교수

교수	연구실
이교수님	1326
김교수님	1223

주키: 교수

번호, 과목명, 담당교수}만 남게 되는데, 이것이 강의2 릴레이션이다. 강의2 릴레이션은 더 이상 추이적 함수종속성을 포함하지 않으며, 따라서 제3정규형이다.

추이적 함수종속성과 데이터 중복

제2정규형 릴레이션에서 데이터 중복이 발생하는 이유는 해당 속성이 릴레이션의 주키에 대하여 직접 종속되지 않으며, 다른 속성을 매개로 하여 추이적으로 종속되기 때문이다. 따라서 매개 속성의 값이 중복적으로 발생하면 해당 속성의 값도 중복적으로 발생한다. 〈표 7-5〉의 강의1 릴레이션에서 연구실은 담당교수를 매개로 하여 주키인 과목번호와 추이적 함수종속성을 갖는다. 즉 연구실은 담당교수에 함수적으로 종속된다. 여기서 담당교수는 릴레이션의 주키가 아니다. 따라서 담당교수에는 같은 값이 여러번 나타날 수 있다. 따라서 연구실에도 같은 값이 여러번 기록될 수 있다.

7.3.4 보이스-코드 정규형 릴레이션

정규화의 일차적 목표는 제3정규형 릴레이션들을 구성하는 것이다. 바꾸어 말하면, 제3정규형 릴레이션을 도출하는 과정에서 부분 함수종속성과 추이적 함수종속성을 제거함으로써 데이터의 중복이나 데이터관리의 모순들은 대부분 제거된다. 그러나 제3정규형 릴레이션에도 여전히 데이터 중복 및 이로 인한 데이터관리 모순들이 존재한다.

제3정규형 릴레이션에도 데이터 중복이 발생하는 이유들 중의 하나는 릴레이션을 구성하는 속성들이 주키가 아닌 속성에 함수적으로 종속되기 때문이다. 따라서 제3정규형 릴레이션에서 데이터 중복이 발생하지 않기 위해서는 모든 속성들이 릴레이션의 주키에 대해서만 전체 함수적으로 종속되어야 하는데 이러한 제약조건을 만족시키는 릴레이션을 보이스-코드 정규형(BCNF: Boyce-Codd Normal Form) 릴레이션이라고 한다.

제3정규형에서 데이터관리 모순의 발생 원인

{고객명, 지점, 관리직원, 시작일}의 속성들로 구성된 고객관리 릴레이션이 있다고 가정하자. 여기서 관리직원은 한 지점에 근무하며, 여러 고객들을 관리한다. 그리고 고객들은 여러 지점에 계좌를 가지고 있어서 각 지점에서 고객으로 관리를 받을 수 있는데, 한 지점에서는 1명의 관리직원으로부터 관리를 받는다. 여기서 시작일은 해당 고객이 해당 관리직원으로부터 관리를 받기 시작한 날짜를 나타낸다. 이 경우 고객관리 릴레이션은 〈표 7-6〉과 같이 예시된다.

고객관리 릴레이션의 주키는 {고객명, 관리직원} 또는 {고객명, 지점}이 될 수 있는데, {고객명, 지점}를 주키로 사용한다고 하자. 이 경우 고객지도 릴레이션은 제3정규형이다. 즉, 주키가 아닌 속성인 관리직원와 시작일은 릴레이션의 주키에 대하여 전체 함수적이고 비추이적으로 종속된다. 따라서 고객관리 릴레이션은 제3정규형이다. 그러나 고객관리 릴레이션을 자세히 분석해보면 관리직원이 근무하는 지점이 중복하여 표현되고 있음을 알 수 있다. 즉 이대리가 성북지점에 근무한다는 것이 중복하여 표시되어 있다. 그리고 만약 김특채가 강남지점에 새로 발령받아 아직 고객을 관리하지 않는다고 하면, 김특채에 대한 데이터를 입력할 수 없다. 즉 데이터의 입력 모순이 발생한다. 그 이유는 〈null, '강남', '김특채', null〉에서 주키를 구성하는 고객의 속성값이 null이기 때문이다. 그리고 박여사가 거래 금융기관을 바꾸어 박여사에 대한 레코드들을 삭제하면, 홍과장이 강남지점에 근무한다는 사실도 같이 없어지

표 7-6 데이터의 중복을 포함하는 제3정규형 릴레이션

고객관리

고객명	지점	관리직원	시작일
최고객	성북	이대리	2013-01-01
최고객	강남	김차장	2014-05-12
박여사	성북	이대리	2013-01-01
박여사	강남	홍과장	2009-10-15

키: {고객명, 관리직원} 또는 {고객명, 지점}

는 삭제 모순이 발생한다.

제3정규형인 고객관리 릴레이션에서 이상에서 언급한 데이터관리 모순이 발생하는 것은 릴레이션의 키가 2개 이상 존재한다는 사실과 연관된다. 고객관리 릴레이션에서 데이터 중복은 관리직원의 지점에서 발생하고 있다. 이의 발생 원인을 살펴보면 지점이 관리직원에 대하여 함수적으로 종속되기 때문이다. 즉 관리직원의 이름이 정해지면 그 직원이 근무하는 지점도 1개가 정해진다. 그런데 관리직원은 릴레이션의 주키가 아니기 때문에 관리직원의 값이 같은 튜플들이 여러 개 나타날 수 있으며, 이들 튜플에서 지점도 같은 값을 가지게 된다. 따라서 관리직원의 지점 데이터가 중복하여 표현된다.

관리직원 → 지점

그런데 제3정규형 릴레이션을 유도하는 과정에서 특정 속성이 릴레이션의 주키에 대하여 전체 함수적으로 종속하지 않는 부분 함수종속성과 추이적 함수종속성들은 모두 제거되었다. 그렇다면 제3정규형인 고객관리 릴레이션에서 아직도 릴레이션의 주키에 대하여 전체 함수적으로 종속되지 않는 함수종속성들이 존재한다는 것은 논리적으로 모순이다. 이러한 모순이 발생하는 이유는 제3정규형을 유도하는 과정에서 이루어진 함수종속성들의 분석이 릴레이션의 주키가 아닌 속성들에 대하여 이루어졌기 때문이다. 따라서 주키를 구성하는 속성들에 대한 함수종속성은 분석하지 않았다. 바꾸어 말하면 주키를 구성하는 속성들에 대해서는 부분 함수종속성과 추이적 함수종속성을 분석하지 않았다. 따라서 주키를 구성하는 속성이 릴레이션의 다른 속성에 대하여 함수적으로 종속되면, 이들은 제거되지 않았으며, 이 결과 제3정규형에서도 데이터 중복이나 데이터관리 모순이 발생하게 된다.

위에서 제시된 함수종속성인 [관리직원 → 지점]은 고객관리 릴레이션의 주키인 {고객명, 지점}을 구성하는 속성인 지점이 주키가 아닌 관리직원에 대하여 함수적으로 종속되는 현상을 나타낸다. 따라서 이러한 함수종속성은 제2정규형과 제3정규형을 유도하는 과정에서 부분 함수종속성과 추이적 함수종속성을 제거할 때 분석하지 않았다.

릴레이션의 주키를 구성하는 속성들과 다른 속성들과의 함수종속성을 제거하기 위해서는 이전에 제시된 정규화 기준과는 다른 형태의 기준이 필요하며, 이를 위한 개념이 결정자이다.

결정자(Determinant)

전체 함수종속성의 화살표 왼쪽에 위치하는 속성 또는 속성들의 집합을 결정자라고 한다. 즉, Y가 X에 대하여 전체 함수적으로 종속될 경우, X는 결정자이다.

> 결정자를 기준으로 하여 모든 결정자들이 주키가 될 수 있도록 릴레이션을 설계할 경우 해당 릴레이션들을 보이스-코드 정규형이라고 한다.

보이스-코드 정규형은 제2정규형 또는 제3정규형에 추가적인 제약조건을 적용한 연속된 개념이 아니다. 부연하면, 보이스-코드 정규형이 되기 위해서는 제2정규형이나 제3정규형이 되기 위한 조건이 반드시 충족될 필요는 없다. 그러나 결과적으로 모든 보이스-코드 정규형은 제3정규형임이 증명되었으며, 따라서 보이스-코드 정규형은 제3정규형보다 엄격한 기준을 충족시키는 릴레이션이라 할 수 있다.

그림 7-5 정규형들 사이의 연관도

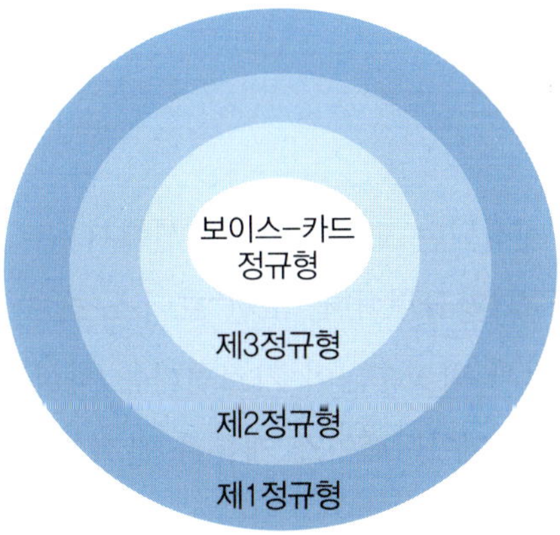

표 7-7 보이스-코드 정규형 릴레이션

고객관리2

고객	관리직원	시작일
최고객	성북	2013-01-01
최고객	강남	2014-05-12
박여사	성북	2013-01-01
박여사	강남	2009-10-15

주키: {고객, 관리직원}

관리직원

지점	관리직원
성북	이대리
강남	김차장
강남	홍과장

주키: 관리직원

보이스-코드 정규형의 기준에 따라 〈표 7-6〉의 고객관리 릴레이션을 분석하면, 관리직원는 결정자이나 이를 주키로 하는 릴레이션이 존재하지 않는다. 따라서 고객관리 릴레이션은 보이스-코드 정규형이 아니다. 이러한 고객관리 릴레이션을 〈표 7-7〉에 제시된 바와 같이 고객관리2 릴레이션과 관리직원 릴레이션으로 분해하여 구성할 경우, 각각은 모두 보이스-코드 정규형 릴레이션들이다.

예시를 통하여 알 수 있는 바와 같이 보이스-코드 정규형을 설계하기 위해서는 모든 속성들 사이의 전체 함수종속성들을 추출한다. 바꾸어 말하면 부분 함수종속성이나 추이적 함수종속성들을 모두 제거한다. 그리고 전체 함수종속성들로부터 결정자들을 찾아낸 후, 이들을 주키로 하는 릴레이션을 구성하면 된다.

7.3.5 제4정규형 릴레이션

〈표 7-8〉에 제시되는 교과목 릴레이션에서 주키는 {과목, 교수, 교재}이다. 그리고 당연히 제3정규형이며, 또한 보이스-코드 정규형이다. 그러나 DB 관리론을 이교수님과 박교수님이 가르친다는 사실이 중복적으로 기록되며, 이들 과목의 교재가 데이터베이스 개론과 관계형 DB 설계라는 것 또한 중복적으로 기록되고 있다.

보이스-코드 정규형인 릴레이션에서 데이터의 중복이 발생한다는 것은 이전까지 적용한 함수종속성이나 결정자로는 설명할 수 없는 데이터 중복 요인이 존재함을 의미한다. 따라서 교과목 릴레이션에서 데이터 중복을 제거하기 위해서는 함수종속성과 결정자와는 다른 개념을 필요로 하는데 이것이 다중종속성(multi-valued dependency)이다.

> 속성 또는 속성들의 집합 A의 각 값에 대하여 속성 B의 값들이 여러 개 존재할 경우, B는 A에 대하여 다중적으로 종속된다고 하며, 다음과 같이 표시한다.
> $A \twoheadrightarrow B$

함수종속성은 다중종속성의 특수한 경우라고 할 수 있다. 즉, 다중종속성에서 B속성의 값이 하나 존재하는 것이 함수종속성이다. 따라서 모든 함수종속성은 다중종속성이다. 예를 들면, 과목별로 교재가 1권만 사용될 경우, 교재는 과목에 함수적으로 종속된다. 그러나 여러 권 사용될 경우에는 다중적으로 종속된다.

제4정규형(4NF: Fourth Normal Form)은 속성들 사이에 다중종속성이 발생할 경우, 데이터 중복이 발생하지 않도록 릴레이션을 구성하는 방안을 제시한다.

> 속성 A에 다중적으로 종속되는 속성 B가 릴레이션 R에 존재할 경우, 릴레이션 R이 B와 A에 대하여 함수적으로 종속되는 속성들만을 포함할 경우 이를 제4정규형 릴레이션이라 한다.

〈표 7-8〉의 교과목 릴레이션에서 교수는 과목에 다중 종속된다. 따라서 과목과 교수에 대하여 함수적으로 종속되지 않는 교재가 같은 릴레이션에 포함될 경우, 교재는 과목을 담당하는 교수님들의 수만큼 중복되게 된다. 예를 들면, 〈표 7-8〉에서 데이터베이스 개론의 교재가 2권이므로, 담당교수가 이교수님과 박교수님이라는 사실이 2번씩 반복된다. 그리고 데이터베이스 개론을 담당하는 교수님이 두 분이므로, 교재가 데이터베이스 개론과 관계형 DB 설계라는 사실이 2번씩 반복된다. 따라서 다중종속성이 존재할 경우에는 다른 속성들을 포함하지 않도록 〈표 7-9〉와 같이 릴레이션을 구성해야 한다.

표 7-8 데이터의 중복을 포함하는 보이스-코드 정규형

교과목

과 목	교 수	교 재
DB 관리론	이교수	데이터베이스 개론
DB 관리론	이교수	관계형 DB 설계
DB 관리론	박교수	데이터베이스 개론
DB 관리론	박교수	관계형 DB 설계
컴퓨터 개론	김교수	컴퓨터 개론
컴퓨터 개론	최교수	컴퓨터 개론

주키: {과목, 교수, 교재}

표 7-9 제4정규형 릴레이션

과목교재

과 목	교 재	사용비율
DB 관리론	데이터베이스 개론	0.6
DB 관리론	관계형 DB 설계	0.4
컴퓨터 개론	컴퓨터 개론	1.0

주키: {과목, 교재}

과목교수

과 목	교 수
DB 관리론	이교수
DB 관리론	박교수
컴퓨터 개론	김교수
컴퓨터 개론	최교수

주키: {과목, 교수}

〈표 7-9〉에서 과목교수 릴레이션은 과목과 이에 다중적으로 종속되는 교수를 포함한다. 여기서 주키는 {과목, 교수}의 복합키이다. 그리고 과목교재 릴레이션은 과목과 이에 다중적으로 종속되는 교재를 주키로 한다. 이 과목교재 릴레이션에 교재의 사용비율을 나타내는 필드가 추가되어도 데이터 중복은 발생하지 않는다. 그 이유는 사용비율이 과목과 교재에 함수적으로 종속되는 속성이기 때문이다. 〈표 7-9〉의 릴레이션들은 모두 다중 종속되는 속성들과 이들에 대하여 전체 함수적으로 종속되는 속성만을 포함하며, 따라서 데이터 중복이 발생하지 않는다.

7.3.6 추가적인 정규형

제1, 제2, 제3 정규형과 보이스-코드 정규형 및 제4정규형에 추가하여 제5 정규형 등이 존재한다. 그러나 본 교재에서는 제4정규형까지만 소개하고, 추가적인 정규형은 보다 전문적인 이론서를 참조하도록 한다.

7.4 정규형과 관계형 데이터베이스 구조 분석

앞 절에서 우리는 정규형에 대하여 살펴보았다. 정규형은 관계형 데이터베이스의 구조를 분석하고 평가하기 위한 가장 기본적인 개념이다. 따라서 올바른 관계형 데이터베이스 개발을 위해서는 설계된 릴레이션들을 분석하여 이의 정규형을 파악하고 평가할 수 있어야 한다.

정규형을 소개하는 과정에서 설명하였지만, 정규형은 릴레이션의 평가 등급으로서 데이터관리 모순의 발생 원인들을 분석하여 등급을 부여한 것이다. 관계형 데이터베이스에서 릴레이션의 평가는 다음의 과정을 따른다.

- 릴레이션 구조를 파악하고 주키를 식별함.
- 발생 가능한 데이터관리의 모순들을 식별함.
- 이들 모순들이 발생하는 원인들을 이론적으로 나열.
- 이들 원인들을 이론적으로 제거.

이들 과정을 되풀이하여 릴레이션의 구조를 향상시키는 과정이 다음 장에서 소개하는 관계형 데이터베이스의 논리설계이다.

(1) 릴레이션 구조의 파악

관계형 데이터베이스에서 릴레이션 구조를 파악하기 위해서는 먼저 릴레이션의 주키를 식별해야 한다. 만약에 릴레이션의 키를 파악할 수 없으면, 이후 이들 릴레이션에 대한 어떠한 분석도 할 수 없다. 따라서 릴레이션의 구조를 분석하고 정규형을 식별하기 위해서는 반드시 해당 릴레이션의 키를 식별해야 한다.

릴레이션의 키를 파악하기 위해서는 먼저 무슨 속성들이 튜플을 유일하게 식별할 수 있는가를 분석한다. 예를 들면, 〈표 7-1〉에 예시된 릴레이션의 키를 파악하고자 한다고 가정하자. 이를 위하여 먼저 각 개별 속성들이 키가 될 수 있는가를 파악한다. 〈표 7-1〉에서 공급자번호나 주소, 부품번호, 공급량들은 개별적으로는 튜플을 식별할 수 없다. 왜냐 하면, 이들 속성들에 대해서는 같은 값을 갖는 튜플들이 2개 이상 존재한다. 즉 개별 속성들은 주키가 될 수 없다. 따라서 복합키를 찾아야 한다. 여기서 주소와 부품번호에 대해서는 같은 값을 가지는 튜플들이 존재하지 않는다. 따라서 키가 될 수 있다. 그러나 S2 공급자가 '서울'로 주소를 이동할 수 있으며, 이 경우에는 같은 값을 갖는 튜플들이 존재할 수 있다. 따라서 발생 가능한 모든 속성값들을 고려해 볼 때, {주소, 부품번호}는 릴레이션의 키가 될 수 없다. 〈표 7-1〉의 공급 릴레이션에서 키가 될 수 있는 것은 {공급자번호, 부품번호}이다.

(2) 발생 가능한 데이터관리의 모순 식별

관계형 데이터베이스에서 발생 가능한 데이터관리 모순은 데이터의 입력, 갱신 및 삭제 모순들이다. 〈표 7-1〉의 공급 릴레이션에서 발생하는 데이터관리 모순은 이미 앞에서 자세히 분석하였다. 이와 같이 릴레이션에서 발생할 수 있는 데이터관리의 모순들을 경우별로 식별한다.

(3) 데이터관리 모순의 발생 원인 도출

관계형 데이터베이스에서 데이터관리 모순은 릴레이션 구조가 실제 현상과 일치하지 않기 때문이다. 그리고 이러한 일치성 여부를 파악하는 기준이 함수종속성과 다중종속성이다. 즉, 관계형 데이터베이스에서 데이터관리 모순이 발생할 경우, 이의 원인은 함수종속성과 다중종속성을 이용하여 설명된다. 따라서 릴레이션의 구조를 평가하고 정규형을 부여하기 위해서는 이들 데이터관리 모순의 발생 원인들을 함수종속성과 다중종속성의 개념을 사용하여 설명할 수 있어야 한다.

예를 들면, 〈표 7-1〉에 예시된 공급 릴레이션에서 데이터관리의 모순들이 발생하는 원인은 주소가 릴레이션의 주키인 {공급자번호, 부품번호}에 부분 함수적으로 종속되기 때문이다.

(4) 데이터관리 모순의 발생 원인 제거

관계형 데이터베이스에서 데이터관리 모순을 제거하기 위해서는 이의 원인들을 제거해야 한다. 그리고 이들 원인들은 함수종속성과 다중종속성으로 설명된다. 따라서 데이터관리 모순이 발생하지 않도록 하기 위해서는 원인이 되는 함수종속성과 다중중속성이 발생하지 않도록 제거하면 된다.

예를 들면, 〈표 7-1〉의 공급 릴레이션에서 데이터관리의 모순들은 주소가 릴레이션의 주키인 {공급자번호, 부품번호}에 부분 함수적으로 종속되기 때문이다. 따라서 이들 부분 함수종속성이 발생하지 않도록 릴레이션을 변경해야 하는데, 이를 위한 방안이 부분 함수종속성을 구성하는 속성들인 공급자번호와 주소를 분리하여 별도의 릴레이션을 구성하는 것이다. 이렇게 새로이 구성된 〈표 7-2〉에 예시된 2개의 릴레이션들에는 부분 함수종속성이 더 이상 존재하지 않으며, 따라서 데이터관리의 모순들이 발생하지 않는다.

요약

본 단원에서는 관계형 데이터 모형의 기본 개념인 함수종속성과 정규형에 대하여 학습하였다. 본 단원에서 습득한 주요 개념들을 요약하면 다음과 같다.

- **갱신 모순**(update anomaly): 데이터베이스에서 데이터가 갱신되는 현상이 실제 사실의 발생 횟수와 일치하지 않는 모순.
- **결정자**(determinant): 전체 함수종속성의 화살표 왼쪽에 위치하는 속성(또는 속성들의 집합).
- **다중종속성**(multi-valued dependency): 하나의 속성값에 대하여 정확하게 정의된 여러 개의 속성값이 대응하는 관계.
- **보이스-코드 정규형**(BCNF): 결정자들이 주키가 될 수 있도록 설계된 릴레이션.
- **부분 함수종속성**(Partial Functional Dependency): 함수종속성 X → Y에서 Y가 X의 부분 집합에 대해서도 함수적으로 종속하는 형태의 함수종속성.
- **삭제 모순**(deletion anomaly): 실제 현상에서 데이터가 삭제되는 것과 다르게 데이터베이스에서 데이터가 삭제되는 현상.
- **전체 함수종속성**(Full Functional Dependency): 함수종속성 X → Y에서 Y가 X의 부분 집합에 대해서는 함수적으로 종속하지 않는 형태의 함수종속성.
- **입력 모순**(insertion anomaly): 실제 현상에서 새로운 사실이 발생하는 것과 다르게 데이터베이스에서 데이터가 입력되는 현상.
- **정규형**(normal forms): 릴레이션이 올바르게 설계된 정도를 나타내는 기준으로서, 제1정규형, 제2정규형, 제3정규형, 보이스-코드 정규형 및 제4정규형 등이 있음.
- **제1정규형 릴레이션**(1NF): 릴레이션을 구성하는 모든 속성들이 단일 자료값을 가지는 릴레이션.
- **제2정규형 릴레이션**(2NF): 제1정규형이면서 주키와 속성들 사이에 부분 함수종속성이 존재하지 않는 릴레이션.
- **제3정규형 릴레이션**(3NF): 제2정규형 중 추이적 함수종속성을 제거한 릴레이션.
- **제4정규형**(4NF): 다중종속성을 갖는 속성들과 이들 모두에 함수적으로 종속되는 속성들만으로 구성된 릴레이션.
- **추이적 함수종속성**(Transitive Functional Dependency): 임의의 속성(또는 속성들의 집합)이 다른 속성을 매개로 하여 또 다른 속성(또는 속성들의 집합)에 함수적으로 종속되는 형태의 함수종속성.
- **함수적 동등**: 두 속성(또는 속성들의 집합)이 서로 함수적으로 종속되는 경우.
- **함수종속성**(Functional Dependency): 특정 속성의 속성치에 대하여 다른 속성의 속성치가 정확하게 하나만 대응하는 관계.

제8장

관계형 데이터베이스 논리설계

데이터베이스 설계는 개념설계, 논리설계 및 물리설계로 구분된다. 이들 중 개념설계는 데이터베이스에 저장될 내용들을 설정하는 단계로서 개체관계 모형에서 소개하였다.

건축물을 예를 들면, 개념설계는 외양이나 건물을 구성하는 공간의 크기, 용도 등을 스케치하는 단계이다. 이에 반하여 논리설계나 물리설계는 철골구조물과 같은 건축방법을 결정한 후, 이에 부합하는 구조를 설계하는 과정이다. 따라서 해당 구조물의 역학적 특성들을 고려하여 설계해야 한다.

관계형 데이터베이스 설계는 관계형 데이터 모형을 가정하여, 관계형 데이터베이스에 부합하여 데이터베이스 구조를 설계하는 과정이다. 이들 중 표준적인 관계형 데이터 모형을 가정하여 설계하는 과정이 논리설계이며, 특정 관계형 DBMS나 컴퓨터시스템 등의 구현 환경을 가정하여 설계하는 과정이 물리설계이다.

본 장에서는 관계형 데이터베이스의 논리설계에 대하여 살펴본다.

8.1 관계형 데이터베이스의 설계 목표와 설계방법론

데이터베이스 설계의 목적은 당연히 좋은 데이터베이스 스키마를 설계하는 것이다. 따라서 데이터베이스를 설계하기 위해서는 먼저 어떤 데이터베이스 스키마가 좋은 데이터베이스 스키마인가에 대한 기준이 먼저 만들어져야 한다.

8.1.1 데이터베이스 스키마의 평가 척도

데이터베이스 스키마는 상황이나 목적에 따라 평가 기준이 조금씩 다를 수 있다. 그러나 이것은 평가 척도 자체가 변하는 것이 아니라 상황에 따라 적용하는 척도들의 중요성이 달라지기 때문이라고 할 수 있다. 즉, 특정 상황에서는 정규성이 보다 더 중요할 수 있으며, 다른 상황에서는 효율성이 더 중요할 수 있다.

일반적으로 이야기하는 데이터베이스 스키마의 평가 척도들을 나열하면 다음과 같다.

- 완전성(completeness)
- 정규성(correctness, normality)
- 최소성(minimality)
- 표현성(expressiveness, understandability)
- 확장성(expandability)

(1) 완전성(completeness)

데이터베이스 스키마는 실제 현상을 추상화한 데이터 모형이다. 즉, 실제 현상에 존재하는 데이터들과 이들 사이의 관계들을 표현한 것이며, 이러한 점에서 데이터베이스 스키마는 저장할 가치가 있는 데이터들을 모두 포함해야 한다.

예를 들면, 공급 데이터베이스가 제7장의 〈표 7-2〉와 같이 설계되었다고 하자. 그런데 만약 공급자의 신용등급에 대한 정보가 필요하다고 하면, 제시된 데이터베이스는 완전성이 결여된 데이터베이스 스키마라고 할 수 있다.

(2) 정규성(correctness, normality)

관계형 데이터 모형의 관점에서 모든 릴레이션들은 데이터관리 모순이 발생하지 않도록 설계되어야 한다. 즉, 데이터 중복이 가능한 범위 내에서 모두 제거되어야 하며, 데이터관리의 모순이 발생하지 않도록 구성되어야 하는데 이를 데이터베이스 스키마의 정규성이라고 한다. 이러한 정규성을 측정하는 기준이 정규형이다.

예를 들면, 공급 데이터베이스가 제7장의 〈표 7-1〉과 같이 설계되었다고 하자. 그러면, 7장에서 살펴본 바와 같이 데이터관리의 모순들이 발생한다. 따라서 〈표 7-1〉의 스키마는 정규성이 높은 스키마라고 할 수 없다.

(3) 최소성(minimality)

데이터베이스는 데이터의 입력, 갱신 및 검색이 가능한 범위 내에서 단순하고 빨리 수행될 수 있도록 설계되어야 한다. 이를 위한 척도의 하나가 릴레이션의 수이다. 동일한 데이터를 나타내면서 릴레이션의 수가 적은 스키마는 릴레이션의 수가 많은 스키마보다 좋은데 이를 최소성 또는 효율성이라고 한다. 즉 릴레이션의 수가 적을수록 효율적으로 데이터를 관리할 수 있다.

예를 들면, 〈표 8-1〉에 예시된 바와 같이 사원 릴레이션을 사원1과 사원2의 2개의 릴레이션으로 나누었다고 가정하자. 이러할 경우 사원 릴레이션을 사용하여 사원 데이터들을 입력하고, 갱신, 삭제 및 검색하는 것이 사원1과 사원2의 2개의 릴레이션을 사용하는 것보다 효율적임을 쉽게 알 수 있다. 후자의 경우는 모든 데이터를 입력하기 위해서는 2개의 릴레이션을 각각 처리해야 하며, 검색할 경우에도 이들 릴레이션들을 조인해야 한다. 이에 반하여 전자는 하나의 릴레이션을 이용하여 데이터의 입력이나 삭제, 갱신, 검색을

표 8-1 릴레이션의 수와 데이터관리의 효율성

사원

이 름	근무연수	부서명
홍길동	1	설계팀
최청년	4	회계팀
이수일	2	인사팀

주키: 이름

사원1

이 름	근무연수
홍길동	1
최청년	4
이수일	2

주키: 이름

사원2

이 름	부서명
홍길동	설계팀
최청년	회계팀
이수일	인사팀

주키: 이름

처리할 수 있다. 이와 같이 가능하면 릴레이션의 갯수를 최소화하는 것이 데이터관리에 효율적이다.

(4) 표현성(expressiveness, understandability)

데이터베이스 스키마는 가능한 실제 현상과 개념적으로 일치해야 한다. 즉, 릴레이션의 구조와 데이터들을 쉽게 이해할 수 있어야 하는데 이를 데이터베이스 스키마의 표현성 또는 이해용이성이라고 한다.

(5) 확장성(expandability)

데이터베이스 스키마는 확장 및 변경이 쉬워야 한다. 즉 새로운 속성이나 릴레이션들을 추가하기가 쉬워야 하며, 데이터베이스의 적용 범위 또한 쉽게 확장할 수 있어야 한다. 예를 들면, 현재는 본사의 사원들에 대한 데이터들만을 관리하던 것을 전 부서의 사원들로 확장 하고자 할 경우 이를 쉽게 실현할 수 있어야 한다. 또한 사원들에 대하여 부양가족과 같은 데이터들을 추가하고자 할 경우 이 또한 쉽게 구현할 수 있어야 한다.

8.1.2 완전 데이터베이스 스키마

데이터베이스 스키마의 평가 기준들 중에서 현실적으로 평가가 용이하면서 중요한 기준들을 만족시키는 바람직한 형태의 스키마를 완전 데이터베이스 스키마(complete database scheme)라고 한다. 완전 데이터베이스 스키마의 조건을 구체적으로 나열하면 다음과 같다.

(1) 릴레이션들이 나타내는 함수종속성들과 실제 현상에서 속성들 사이의 함수종속성들이 서로 동일하다.

(2) 모든 릴레이션들이 적어도 제3정규형 릴레이션들이다.

(3) 첫째와 둘째 조건을 만족시키면서 이보다 적은 수의 릴레이션들로 구성된 데이터베이스는 존재하지 않는다.

즉, 완전 데이터베이스 스키마는 적어도 제3정규형 릴레이션들로 구성된, 완전성과 최소성을 충족시키는 데이터베이스 스키마이다.

8.1.3 관계형 데이터베이스 논리설계방법론

관계형 데이터베이스 설계의 구체적 목표를 완전 데이터베이스 스키마로 정의할 때, 둘째와 셋째 조건은 매우 객관적인 요건을 기술한다고 볼 수 있다. 그러나 첫째 조건, 즉 완전성은 우리가 어떠한 관점에서 실제 현상을 정의하느냐에 따라 달라질 수 있다.

실제 현상을 추상화하는 방법은 서술적 방법과 규범적 방법으로 구분할 수 있다.

- 서술적 방법은 현재 사용하는 데이터들을 기초로 실제 현상을 모델링하는 방법이다. 즉, 현재 사용하는 보고서나 파일들로부터 제3정규형 릴레이션들을 도출한다. 이러한 설계방법을 분할에 의한 정규화(normalization through decomposition)라고 한다.
- 규범적 방법은 데이터베이스가 포함해야 하는 이상적인 데이터들의 집합으로 실제 현상을 모델링하는 방법이다. 이들 이상적인 데이터들을 체계적으로 추출하고 정의하기 위하여 많이 사용되는 모형이 개체관계모형이며, 이를 사용하여 데이터베이스 스키마를 설계하는 방법을 개체관계모형을 이용한 설계방법이라고 한다.

데이터베이스 설계방법은 사용되는 데이터 모형의 종류에 따라서도 구분할 수 있다. 그 중 하나는 관계형 데이터 모형에 기초하여 직접 관계형 데이터베이스 스키마를 설계하는 방법이다. 예를 들면 데이터 항목들 사이의 함수종속성을 모두 나열하고, 이들을 논리적으로 조작하여 정규화된 릴레이션들을 도출하는 방법인데 이를 통합 알고리즘의 적용방법이라고 한다. 또 다른 방법은 개체관계모형을 사용하여 개념모형을 정의하고 이로부터 관계형 데이터베이스 스키마를 설계하는 방법인데, 개체관계모형을 이용한 설계방법이 이에 해당한다.

이상에서 제시된 실제 현상의 추상화 방법과 데이터 모형에 따른 설계방법을 종합하면, 관계형 데이터베이스의 논리설계방법은 크게 다음의 세 가지로 구분된다.

(1) 분할에 의한 정규화 방법

(2) 개체관계모형을 이용한 설계방법

(3) 통합 알고리즘의 적용방법

첫째와 셋째는 관계형 데이터 모형에 기초한 방법이며, 둘째는 개체관계모형에 기초한 방법이다. 또한 첫째는 서술적 방법이며, 둘째와 셋째는 규범적 방법이라고 볼 수 있다.

8.2 분할에 의한 정규화

데이터베이스 설계에서 가장 손쉬운 방법은 분할에 의한 정규화 방법이다. 이 방법은 현재 사용하고 있는 데이터베이스 스키마나, 문서 또는 양식들을 수집한 후, 이들로부터 제3정규형 릴레이션들을 도출한다. 따라서 서술적 방법으로서의 특징을 가지며, 관계형 데이터 모형에 기초한다.

분할에 의한 정규화에서 데이터베이스 설계 과정을 살펴보면 다음과 같다.

1단계: 데이터베이스 스키마나 문서 또는 양식들을 수집한다.

2단계: 데이터베이스 스키마나 문서 또는 양식들을 제1정규형 릴레이션으로 전환한다.

3단계: 2단계에서 만들어진 각 릴레이션들을 R이라고 할 때, R이 제3정규형이면 분할을 종료한다. 만약 R이 제3정규형이 아니면 제거하고자 하는 부분 함수종속성이나 추이적 함수종속성을 1개 선택한다.

4단계: 선택된 부분 함수종속성이나 추이적 함수종속성을 제거하기 위하여 릴레이션 R을 2개의 릴레이션 R1과 R2로 정보의 손실 없이 분할한다.

5단계: 만약 분할된 R1과 R2가 적어도 제3정규형이면 해당 릴레이션의 분할을 종료한다. 그렇지 않은 경우에는 해당 릴레이션을 대상으로 3단계와 4단계의 작업을 반복한다.

이상에서 설명한 바와 같이 분할에 의한 정규화는 릴레이션을 분할함으로써 제3정규형이 될 때까지 릴레이션의 정규형을 향상시키는 방법이다. 즉, 릴레이션들에서 데이터들이 중복하여 저장되어 데이터관리 모순이 발생할 경우, 이를 분할하여 데이터의 중복 원인을 제거하는데, 릴레이션의 분할은 릴레이션들이 제3정규형이 될 때까지 반복된다.

8.2.1 분할의 기준과 무손실 분할

분할에 의한 정규화에서 릴레이션들은 분할된 릴레이션들로부터 원래의 릴레이션이 다시 복원될 수 있도록 분할해야 한다. 즉, 릴레이션 R을 R1과 R2로 분할할 경우, 이들 릴레이션들을 결합하여 원래의 릴레이션 R을 다시 생성할 수 있어야 한다. 이와 같이 분할된 릴레이션들로부터 원래의 릴레이션을 재구성할 수 있을 경우, 정보 손실(information loss)이 발생하지 않는다고 하며, 그렇지 않을 경우, 정보 손실이 발생한다고 한다.

무손실 분할(lossless decomposition)

릴레이션 R을 R1과 R2로 분할한다고 가정하자. 이들 릴레이션 R1과 R2를 조인하여 원래의 릴레이션 R을 재구성할 수 있을 경우, 이를 무손실 분할이라고 한다. 즉, 릴레이션 R1과 R2가 다음의 조건을 만족할 경우, 이는 무손실 분할이다.

$$\pi_{[R1]}(R) \bowtie \pi_{[R2]}(R) = R$$

예를 들면, 〈표 8-2〉의 지역별 전화번호 릴레이션을 전화번호를 매개로 하여 가입자 릴레이션과 전화번호 릴레이션으로 분할한다고 가정하자. 이 경우 분할된 릴레이션들을 조인할 경우, 원래의 릴레이션이 만들어진다. 따라서 〈표 8-2〉의 분할은 무손실 분할이다.

그러나 〈표 8-2〉의 지역별 전화번호 릴레이션을 성명을 매개로 하여 〈표 8-3〉과 같이 주소 릴레이션과 전화번호 릴레이션으로 분할하면, 분할된 두 릴레이션을 조인하여도 원래의 릴레이션을 복원할 수 없다. 즉 〈표 8-3〉에 예시된 바와 같이, 분할한 릴레이션들을 다시 조인하면, 원래의 릴레이션에는 없는

표 8-2 무손실 분할의 예

지역별 전화번호

성 명	전화번호	도 시	요금제
홍길동	t1	c1	34000
홍길동	t2	c2	10000
김북악	t3	c1	68000

주키 = 전화번호

가입자

성 명	전화번호
홍길동	t1
홍길동	t2
김북악	t3

전화번호

전화번호	도 시	요금제
t1	c1	34000
t2	c2	10000
t3	c1	68000

추가적인 튜플들을 포함한다. 이를 집합의 포함관계로 표시하면 다음과 같다.

$$지역별전화번호 \subset \pi_{[성명,\ 도시]}(지역별전화번호) \bowtie \pi_{[성명,\ 전화번호,\ 통화수]}(지역별전화번호)$$

여기서 조인된 릴레이션이 원래 없었던 튜플들을 포함한다는 것은 원래 릴레이션에 있었던 튜플들에 대한 정보가 손실되었음을 의미한다. 이와 같이 분할된 릴레이션들을 다시 조인하여도 원래의 릴레이션을 복원할 수 없을 경우, 손실 분할이라고 한다. 〈표 8-3〉의 주소 릴레이션과 전화번호 릴레이션은 지역별 전화번호 릴레이션의 손실 분할이다.

이상에서 살펴본 바와 같이 릴레이션은 어떻게 분할되는가에 따라 정보 손실이 발생하기도 하고 발생하지 않기도 한다. 따라서 릴레이션을 분할할 때에는 정보 손실이 발생하지 않도록 해야 하는데, 이를 위한 방안이 무손실 분할 법칙이다.

표 8-3 손실 분할의 예

주소

성 명	도 시
홍길동	c1
홍길동	c2
김북악	c1

전화번호

성 명	전화번호	요금제
홍길동	t1	34000
홍길동	t2	10000
김북악	t3	68000

주소 $\bowtie$ 전화번호

성 명	전화번호	도 시	요금제
홍길동	t1	c1	34000
홍길동	t1	c2	34000
홍길동	t2	c1	10000
홍길동	t2	c2	10000
김북악	t3	c1	68000

무손실 분할 법칙 1

릴레이션 R(XYZ)에서 $X \rightarrow Y$ 또는 $X \rightarrow Z$이며, X, Y, Z는 임의의 속성 또는 속성들일 경우, 함수종속성의 결정자인 X를 매개로 한 분할은 무손실 분할이다. 즉,

$$R[XYZ] = R[XY] \bowtie R[XZ]$$

무손실 분할 법칙 2

릴레이션 R(XYZ)에서 $X \twoheadrightarrow Y$이며, X, Y, Z는 임의의 속성 또는 속성들일 경우, 다중종속성의 왼쪽 속성인 X를 매개로 한 분할은 무손실 분할이다. 즉,

$$R[XYZ] = R[XY] \bowtie R[XZ]$$

무손실 분할의 법칙들에서 살펴본 바와 같이, 함수종속성이나 다중종속성을 기준으로 한 분할은 무손실 분할이다. 따라서 정규형에서 살펴보았던 부분 함수종속성이나 추이적 함수종속성 또는 다중종속성을 기준으로 한 분할은 모두 무손실 분할이다.

8.2.2 분할의 절차

분할에 의한 정규화는 무손실 분할을 통하여 데이터 중복을 제거하는 방법이다. 즉, 부분 함수종속성, 추이적 함수종속성 및 다중 함수종속성들을 제거함으로써 데이터 중복과 데이터관리 모순이 발생하지 않는 릴레이션들을 도출하는 과정이다.

[그림 8-1]에 예시된 바와 같이 분할에 의한 정규화는 데이터의 중복 저장이나 데이터관리 모순이 발생하지 않을 때까지 반복된다. 따라서 분할에 의한 정규화는 데이터관리 모순을 제거하는 과정이지 릴레이션의 정규형을 제1정규형으로부터 제2정규형, 제2정규형으로부터 제3정규형으로 순차적으로 정규형을 향상시키는 과정이 아니다.

그림 8-1 **분할에 의한 정규화 절차**

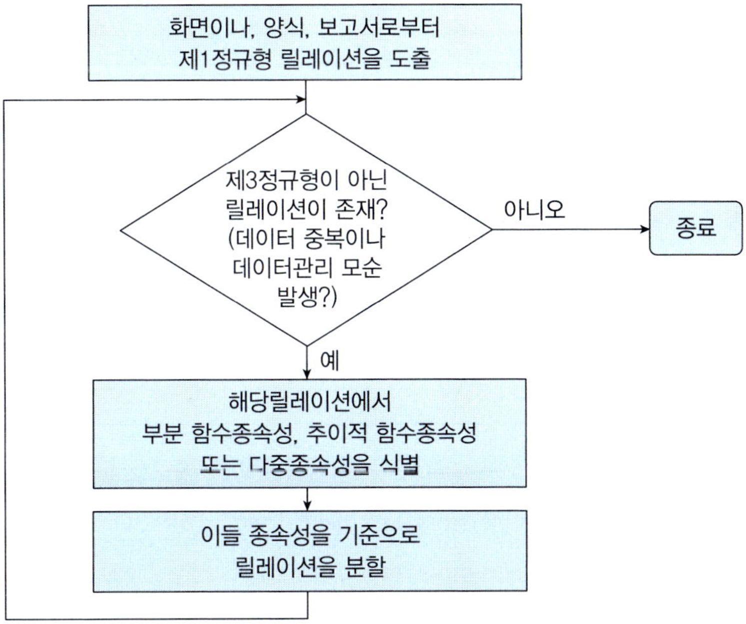

예를 들면, 제1정규형 릴레이션을 2개의 릴레이션으로 분할할 경우, 분할된 릴레이션들은 해당 데이터 중복이 제거된 릴레이션들이다. 따라서 이들은 제3정규형이거나 제4정규형 릴레이션이 될 수도 있으며, 계속 제1정규형 릴레이션으로 남아 있을 수도 있다.

분할에 의한 정규화의 예제로서, 〈표 8-4〉의 물품판매대장으로부터 정규화된 릴레이션들을 설계한다고 가정하자. 먼저 〈표 8-4〉를 〈표 8-5〉와 같이 제1정규형 릴레이션으로 변환한다.

〈표 8-5〉의 릴레이션은 데이터들을 중복하여 포함한다. 이들 중복 저장된 데이터들 중의 하나가 고객의 주소와 전화번호이다. 이와 같이 주소와 전화번호가 중복하여 저장되는 이유는 이들이 릴레이션의 주키인 주문번호와 상품명에 대하여 고객명을 매개로 추이적으로 종속되기 때문이다. 즉, 다음과 같은 추이적 함수종속성이 성립한다.

표 8-4 물품판매대장

날짜: 1998. 4. 5.

<table>
<tr><th>주문번호</th><th>고객명</th><th>주 소</th><th>전화번호</th><th>상품명</th><th>구매가</th><th>판매가</th><th>수 량</th><th>소 계</th><th>합 계</th><th>지 불</th></tr>
<tr><td rowspan="2">O1</td><td rowspan="2">홍길동</td><td rowspan="2">성북구</td><td rowspan="2">910-1114</td><td>갑라면</td><td>300</td><td>350</td><td>100</td><td>35000</td><td rowspan="2">135000</td><td rowspan="2">현금</td></tr>
<tr><td>A과자</td><td>400</td><td>500</td><td>200</td><td>10000</td></tr>
<tr><td rowspan="2">O2</td><td rowspan="2">김북악</td><td rowspan="2">일산</td><td rowspan="2">(031)
916-0114</td><td>갑라면</td><td>300</td><td>330</td><td>1000</td><td>330000</td><td rowspan="2">460000</td><td rowspan="2">카드</td></tr>
<tr><td>C설탕</td><td>12000</td><td>13000</td><td>10</td><td>130000</td></tr>
<tr><td>O3</td><td>홍길동</td><td>성북구</td><td>910-1114</td><td>배추</td><td>800</td><td>900</td><td>100</td><td>90000</td><td>90000</td><td>외상</td></tr>
</table>

표 8-5 물품판매대장 릴레이션

날 짜	주문번호	고객명	주 소	전화번호	상품명	구매가	판매가	수 량	소 계	합 계	지불
1999.4.5.	O1	홍길동	성북구	(02)910-1114	갑라면	300	350	100	35000	135000	현금
1999.4.5.	O1	홍길동	성북구	(02)910-1114	A과자	400	500	200	10000	135000	현금
1999.4.5.	O2	김북악	일산	(031)916-0114	갑라면	300	330	1000	330000	460000	카드
1999.4.5.	O2	김북악	일산	(031)916-0114	C설탕	12000	13000	10	130000	460000	카드
1999.4.5.	O3	홍길동	성북구	(02)910-1114	배추	800	900	100	90000	90000	외상

주키: {주문번호, 상품명}

주문번호, 상품명 → 고객명
고객명 → 주소, 전화번호

이들 함수종속성을 사용해서 결정자인 고객명을 매개로 하여 〈표 8-5〉의 물품판매대장 릴레이션을 분할하면, 〈표 8-6〉의 고객 릴레이션과 물품판매 릴레이션이 만들어진다. 이들 중에서 고객 릴레이션은 제3정규형 릴레이션이다. 즉, 고객 릴레이션은 데이터 중복을 포함하지 않으며, 따라서 더 이상 분할할 필요가 없다. 그러나 물품판매 릴레이션은 아직도 데이터 중복을 포함한다.

물품판매 릴레이션에서 중복 관리되는 데이터들 중의 하나가 고객명, 날짜, 합계와 지불인데, 그 이유는 이들이 릴레이션의 주키인 주문번호와 상품명에 대하여 부분 함수적으로 종속되기 때문이다. 즉, 다음의 함수종속성이

표 8-6 물품판매대장 릴레이션의 분할

물품판매

날 짜	주문번호	고객명	상품명	구매가	판매가	수 량	소 계	합 계	지불
1999.4.5.	O1	홍길동	갑라면	300	350	100	35000	135000	현금
1999.4.5.	O1	홍길동	A과자	400	500	200	10000	135000	현금
1999.4.5.	O2	김북악	갑라면	300	330	1000	330000	460000	카드
1999.4.5.	O2	김북악	C설탕	12000	13000	10	130000	630000	카드
1999.4.5.	O3	홍길동	배추	800	900	100	90000	90000	외상

주키: {주문번호, 상품명}

고객

고객명	주 소	전화번호
홍길동	성북구	(02)910-1114
김북악	일산	(031)916-0114

주키: 고객명

존재한다.

주문번호 → 고객명, 날짜, 합계, 지불

이 함수종속성을 사용하여 결정자인 주문번호를 매개로 물품판매 릴레이션을 분할하면, 〈표 8-7〉의 상세주문 릴레이션과 주문 릴레이션으로 분할된다.

〈표 8-7〉에서 주문 릴레이션은 제3정규형이다. 즉, 주문 릴레이션은 데이터 중복을 포함하지 않으며, 따라서 더 이상 분할할 필요가 없다. 그러나 상세주문 릴레이션은 아직도 구매가를 중복 저장하는데, 이는 구매가가 릴레이션의 주키인 주문번호와 상품명에 부분적으로 종속되기 때문이다. 즉, 다음의 함수종속성이 존재한다.

상품명 → 구매가

이 함수종속성을 사용하여 상품명을 매개로 상세주문 릴레이션을 분할하

표 8-7 물품판매 릴레이션의 분할

상세주문

주문번호	상품명	구매가	판매가	수 량	소 계
O1	갑라면	300	350	100	35000
O1	A과자	400	500	200	10000
O2	갑라면	300	330	1000	330000
O2	C설탕	12000	13000	10	130000
O3	배추	800	900	100	90000

주키 = {주문번호, 상품명}

주문

주문번호	고객명	합 계	지 불	날 짜
O1	홍길동	135000	현금	1999.4.5.
O2	김북악	630000	카드	1999.4.5.
O3	홍길동	90000	외상	1999.4.5.

주키 = {주문번호}

면, 〈표 8-8〉의 상세물품주문 릴레이션과 상품 릴레이션이 만들어진다. 이들 릴레이션은 둘 다 제3정규형 릴레이션이며, 데이터 중복을 포함하지 않는다. 따라서 더 이상 분할할 필요가 없다.

이상에서 소개된 분할에 의한 정규형 과정을 그림으로 표시하면 [그림 8-2]와 같다. 이들 과정에서 알 수 있는 바와 같이 릴레이션은 항상 2개로 분할되며, 분할의 기준은 함수종속성이다. 다중종속성도 기준이 될 수 있으나, 본 사례에서는 발생하지 않았다. 그리고 분할된 릴레이션들은 분할 이전의 릴레이션과 같은 단계의 정규형이거나 또는 높은 단계의 정규형이다.

표 8-8 상세주문 릴레이션의 분할

상세물품주문

주문번호	상품명	판매가	수 량	소 계
O1	갑라면	350	100	35000
O1	A과자	500	200	10000
O2	갑라면	330	1000	330000
O2	C설탕	13000	10	130000
O3	배추	900	100	90000

주키 = 주문번호 + 상품명

상품

상품명	구매가
갑라면	300
A과자	400
C설탕	12000
배추	800

주키 = 상품명

그림 8-2 물품판매대장 릴레이션의 분할에 의한 정규화 과정

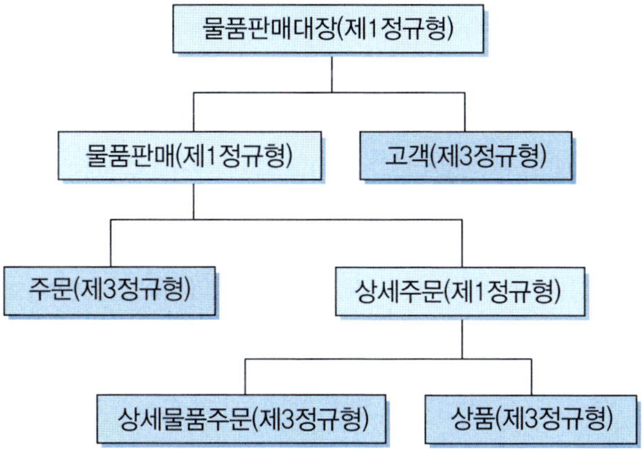

8.3 개체관계모형을 이용한 설계방법

관계형 데이터베이스 설계를 위하여 가장 많이 사용되는 방법은 개체관계모형을 사용하여 개념설계를 하고, 이로부터 관계형 데이터베이스 스키마를 유도하는 방법이다. 개체관계모형을 이용한 관계형 데이터베이스의 설계 과정을 보다 구체적으로 살펴보면 다음과 같다.

1단계: 개체관계모델링을 한다.
2단계: 개체관계모형으로부터 개체 릴레이션과 관계 릴레이션들을 추출한다.
3단계: 개체 릴레이션들과 관계 릴레이션들이 모두 적어도 제3정규형이 되도록 정규화한다.
4단계: 릴레이션의 수를 최소화한다.

1단계와 2단계는 개념설계 단계로서 본 교재의 제II부에서 설명하였다. 따라서 여기서는 개체 릴레이션과 관계 릴레이션으로부터 완전 데이터베이스 스키마를 도출하는 3단계와 4단계에 대하여 설명한다.

8.3.1 정규화

개체관계모형으로부터 추출된 개체 릴레이션과 관계 릴레이션들은, 모델링이 올바르게 수행되었다는 가정하에서, 적어도 제3정규형 릴레이션들로 구성된다. 따라서 대부분의 경우 정규화가 필요 없다.

그러나 경우에 따라서는, 모델링의 편의나 또는 오류에 의하여, 복수값을 갖는 속성을 포함할 수도 있으며, 여러 개체를 1개의 개체로 표현하기도 한다. 이런 경우에는 정규화가 필요한데, 대표적으로 정규화가 필요한 경우들을 열거하면 다음과 같다.

- 복수값 속성
- 추이적 함수종속성

(1) 복수값 속성

개체관계모형에서 복수값 속성을 모델링하기 위한 방법은 제4장 개체관계 모형의 설계에서 자세히 설명하였다. 그러나 만약 복수값을 갖는 속성이 아직도 개체관계모형에 포함되어 있을 경우에는 제4장에서 소개된 방법을 사용하여 모든 속성들이 단일값으로 표현되도록 변환한다.

(2) 추이적 함수종속성

과목 개체에 대한 속성들이 [그림 8-3]과 같이 정의되었을 경우, 과목에 대한 개체 릴레이션은 〈표 8-9〉와 같이 표시되는데, 담당교수의 연구실 번호들이 중복됨을 알 수 있다. 이와 같이 연구실 번호가 중복되는 이유는 연구실 번호가 릴레이션의 주키인 과목번호에 대하여 담당교수명을 매개로 추이적으로 종속되기 때문이다. 따라서 데이터 중복을 제거하기 위해서는 과목 릴레이션을 〈표 8-10〉과 같이 과목2 릴레이션과 교수 릴레이션으로 분할해야 한다.

〈표 8-9〉의 과목 릴레이션에서 데이터 중복이 발생하는 이유는 개체관계 모델링이 잘못되었기 때문이다. 즉 [그림 8-4]와 같이 모델링해야 하는 것을

그림 8-3 **함수종속성을 포함하는 개체**

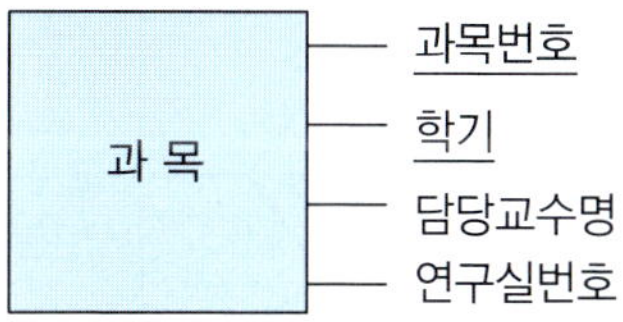

표 8-9 **추이적 함수종속성을 포함하는 개체 릴레이션**

과목

과목번호	학 기	담당교수명	연구실번호
0331	1998.1	이교수	국C303
0331	1997.1	이교수	국C303
0132	1998.2	김교수	국C317

주키: {과목번호, 학기}

표 8-10 **정규화된 릴레이션 (추이적 함수종속성 제거 후)**

과목2

과목번호	학 기	담당교수명
0331	1998.1	이교수
0331	1997.1	이교수
0132	1998.2	김교수

주키: {과목번호, 학기}

교수

교수명	연구실번호
이교수	국C303
이교수	국C303
김교수	국C317

주키: 교수명

모델링의 편의 또는 오류에 의하여 [그림 8-3]과 같이 잘못 모델링했기 때문이라고 할 수 있다. 따라서 [그림 8-3]의 개체관계모형을 추이적 함수종속성이 발생하지 않도록 [그림 8-4]와 같이 재 모델링하면, 〈표 8-10〉과 같이 데이터 중복이 발생하지 않는 제3정규형 릴레이션들이 만들어진다. [그림 8-4]에는 2개의 개체가 있고 1개의 관계가 있는데 만들어진 개체 릴레이션과 관계 릴레이션이 모두 3개가 아니고 2개뿐인 이유는 1-대-다수 관계를 나타내는 관계 릴레이션을 다수쪽 개체 릴레이션으로 합친 것으로 이에 대해서는 릴레

그림 8-4 **과목 개체의 재 모델링**

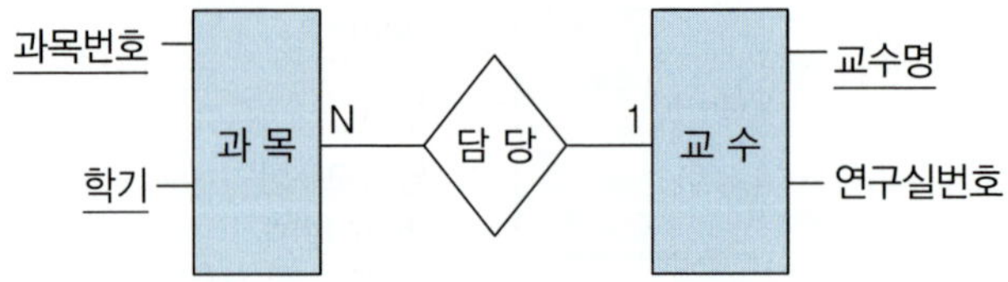

이션 수의 최소화에서 자세히 설명한다.

이상에서 살펴본 바와 같이, 개체 릴레이션이나 관계 릴레이션의 정규화는 제4장에서 소개한 개체관계모형의 설계 기준들이 적용되지 않음으로써 발생한다고 할 수 있다. 따라서 이들 설계 기준을 재검토하고 다시 설계함으로써 데이터관리의 모순이 발생하지 않는 관계형 데이터베이스를 설계할 수 있다.

8.3.2 릴레이션 수의 최소화

개체관계모형에서 정의된 모든 개체 릴레이션과 관계 릴레이션들은 각각이 관계형 데이터베이스의 릴레이션들이다. 그러나 이들을 모두 별도의 릴레이션으로 생성할 필요는 없다. 물론 이들을 모두 관계형 데이터베이스의 릴레이션으로 설계하여도 크게 틀린 것은 아니다. 그러나 앞에서 설명된 데이터베이스의 설계 목적인 최소성에 비추어볼 때 가능하면 최소한의 개수의 릴레이션들이 만들어지도록 설계하는 것이 바람직하다.

구체적으로 개체관계모형의 개체와 관계들이 관계형 데이터베이스의 릴레이션으로 어떻게 설계되는가를 관계의 유형별로 살펴보면 다음과 같다.

- 다수-대-다수 관계
- 1-대-다수 관계
- 1-대-1 관계
- 일항 관계의 다수-대-다수 관계
- 일항 관계의 1-대-다수 관계

(1) 다수–대–다수 관계

다수-대-다수 관계를 구성하는 두 개체와 이들 사이의 관계는 3개의 릴레이션으로 표현된다. 즉, 각 개체들은 개체 릴레이션들로 표현되며, 관계는 관계 릴레이션으로 표현됨으로써 도합 3개의 릴레이션이 만들어진다.

예를 들면, 사원들이 참여하는 프로젝트에 대한 개체관계모델링이 [그림 8-5]와 같이 되었을 경우, 이들로부터 3개의 릴레이션이 만들어지는데, 사원 릴레이션의 주키는 사원 개체의 주키인 사원번호이며, 프로젝트 릴레이션의 주키는 프로젝트 개체의 주키인 프로젝트명이다. 그리고 참여 관계를 나타내는 릴레이션의 주키는 사원 릴레이션의 주키인 사원번호와 프로젝트 릴레이션의 주키인 프로젝트명을 결합한 복합키이다.

[그림 8-5]에 제시된 릴레이션들은 모두 적어도 제3정규형이며, 데이터 중복이나 데이터관리 모순을 포함하지 않는다. 그리고 이들 중에서 참여 릴레이션을 사원 릴레이션이나 프로젝트 릴레이션과 결합하여 릴레이션의 수를 2개로 줄일 경우, 결합된 릴레이션은 제3정규형보다 낮은 형태의 정규형을 갖게

그림 8-5 다수–대–다수 관계의 릴레이션 설계

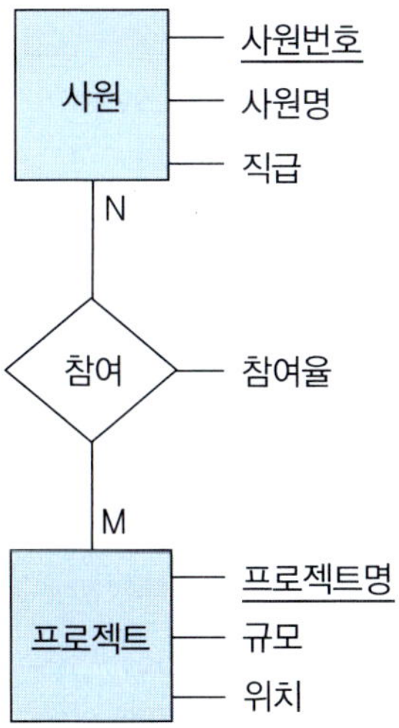

사원번호	사원명	직급
E1	홍길동	과장
E2	최청년	부장
E5	이수일	부장

프로젝트명	사원번호	참여율
건물_A	홍길동	60%
건물_B	홍길동	40%
건물_A	최청년	100%

프로젝트명	사원명	직급
건물_A	부천시	50억
건물_B	서울시	100억
건물_C	부천시	150억

된다. 바꾸어 말하면 데이터관리 모순이 발생하지 않고 릴레이션의 수를 줄일 수 있는 방법은 없다. 따라서 [그림 8-5]의 릴레이션들은 완전 데이터베이스 스키마이다.

(2) 1-대-다수 관계

1-대-다수 관계를 구성하는 개체들과 이들 사이의 관계들 또한 3개의 릴레이션으로 표현된다. 그러나 이들 모두가 관계형 데이터베이스에서 별도의 릴레이션으로 설계될 필요는 없다.

예를 들어서 한 명의 판매사원이 여러 주문을 담당하며, 각 주문은 이를 담당하는 1명의 판매사원이 담당할 경우를 생각해 보자. 그러면 주문과 판매사원을 포함하는 개체관계도는 [그림 8-6]과 같이 표시된다. 그리고 이로부터 2개의 개체 릴레이션과 1개의 관계 릴레이션이 만들어진다.

[그림 8-6]의 개체 릴레이션들과 관계 릴레이션의 주키를 분석해보면 주문 릴레이션의 주키는 주문번호이며, 판매사원 릴레이션의 주키는 사원명이다. 그리고 담당 릴레이션의 주키는 주문번호와 사원명을 결합한 복합키이다. 그

그림 8-6 1-대-다수 관계의 릴레이션 설계 (최적화 전)

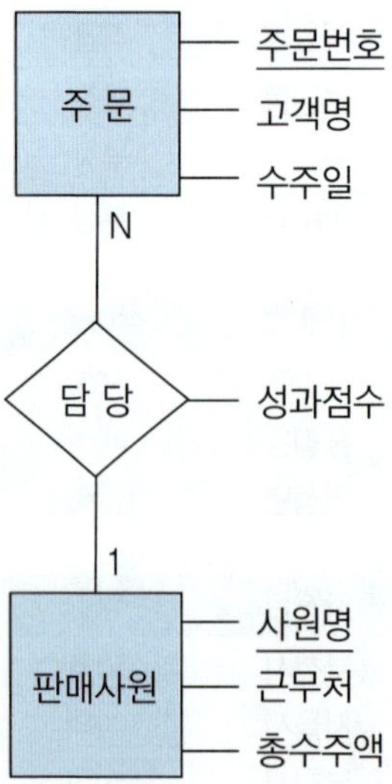

<u>주문번호</u>	고객명	수주일
E1	홍길동	1999/1/6
E2	최청년	1999/4/2
E5	이수일	1999/4/5

<u>주문번호</u>	사원명	성과점수
O1	최동국	10
O2	박국민	15
O3	최동국	10

<u>사원명</u>	근무처	총수주액
최동국	부천시	5000만원
김북악	서울시	1000만원
박국민	부천시	1500만원

그림 8-7 1-대-다수 관계의 릴레이션 설계

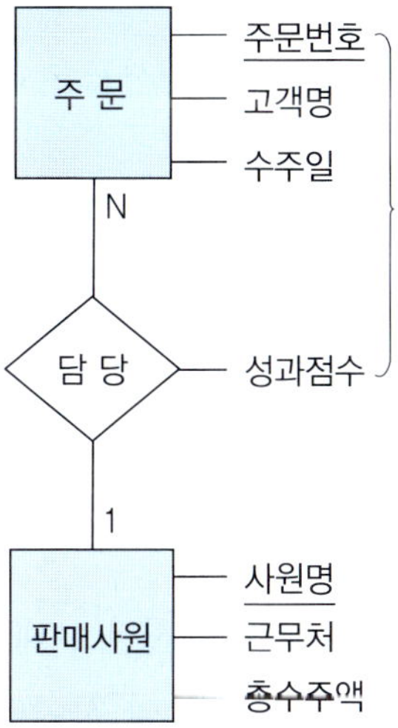

주문번호	고객명	수주일	사원명	성과점수
O1	홍길동	1999/1/6	최동국	10
O2	최청년	1999/4/2	박국민	15
O3	이수일	1999/4/5	최동국	10

사원명	근무처	총수주액
최동국	부천시	5000만원
김북악	서울시	1000만원
박국민	부천시	1500만원

러나 담당 릴레이션의 주키를 보다 자세히 살펴보면 주문번호와 사원명을 둘 다 알 필요 없이 주문번호만 알아도 튜플을 식별할 수 있음을 알 수 있다. 그 이유는 판매사원과 주문 사이의 관계가 1-대-다수이기 때문이다. 즉, 주문이 하나 결정되면 이를 담당하는 판매사원이 1명으로 정해진다.[1)] 즉 주문번호가 1개로 정해지면 사원명이 1개로 정해지기 때문에 담당 릴레이션의 튜플들을 식별하기 위하여 주문번호와 사원명을 둘 다 알 필요가 없이 주문번호만 알아도 충분하다. 이 결과 담당 릴레이션의 주키는 {주문번호, 사원명}의 복합키에서 {주문번호}의 단순키로 환원되며, 담당 릴레이션의 주키와 주문 릴레이션의 주키가 같게 된다.

관계형 데이터베이스 설계에서 주키가 같은 릴레이션들은 서로 결합하여 하나의 릴레이션으로 표현하는 것이 보다 바람직하다. 그 이유는 릴레이션의 주키가 서로 같기 때문에 이들 릴레이션들을 합해도 정규형이 낮아지지 않기 때문이다. 그러나 릴레이션의 수는 2개에서 1개로 감소하기 때문에 최소성의

1) 사원명과 주문번호 사이에는 다음의 함수종속성이 존재한다.
주문번호 → 사원명

관점에서 [그림 8-6]의 릴레이션들은 [그림 8-7]과 같이 합치는 것이 보다 바람직하다.

요약하면, 1-대-다수 관계일 경우, 이에 대응하는 릴레이션들은 다음과 같이 2개의 릴레이션으로 구성하는 것이 보다 효율적이다.

- 1-대-다수 관계에서 1쪽의 개체는 독립된 릴레이션으로 표현한다.
- 1-대-다수 관계에서 다수쪽의 개체와 관계는 합쳐서 1개의 릴레이션으로 표현한다.

(3) 1-대-1 관계

1-대-1 관계가 나타내는 정보의 표현 방법은 앞에서 제시된 1-대-다수 관계의 표현 방법과 유사하다. 개체관계모형에서 개체들과 이들 사이의 관계는 3개의 릴레이션으로 표현된다. 그러나 이들 모두를 관계형 데이터베이스에서 별도의 릴레이션으로 설계할 필요는 없다.

예를 들면 부서와 계정이 존재한다고 가정하자. 모든 부서는 하나의 운용비 계정을 가지며, 특정 운영비 계정을 사용하는 부서는 1개로 지정된다고 하자. 그러면 이들 개체와 관계에 대응하는 릴레이션들은 [그림 8-8]과 같이 표현된다. 그러나 이들 릴레이션들을 자세히 살펴보면, 부서번호를 주키로 하는 부서 릴레이션, 계정번호를 주키로 하는 계정 릴레이션, 이들 둘을 복합키로 갖는 보유 릴레이션들이 모두 함수적으로 동등한 주키를 갖는 것을 알 수 있다. 바꾸어 말하면 부서번호와 계정번호 사이에는 다음과 같은 함수종속성이 존재하며, 함수종속성의 측면에서 이들 두 속성은 서로 동등하다.

부서번호 → 계정번호
계정번호 → 부서번호

따라서 부서 릴레이션과 계정 릴레이션 및 보유 릴레이션을 하나의 릴레이션으로 통합하여도 정규형이 낮아지지 않는다. 따라서 릴레이션 수의 최소화라는 측면에서 3개의 릴레이션보다는 〈표 8-11〉에 제시된 바와 같이 하나의 릴레이션으로 통합하는 것이 바람직하다. 통합된 릴레이션은 부서 관련 데이

그림 8-8 1-대-1 관계의 릴레이션 설계 (최적화 전)

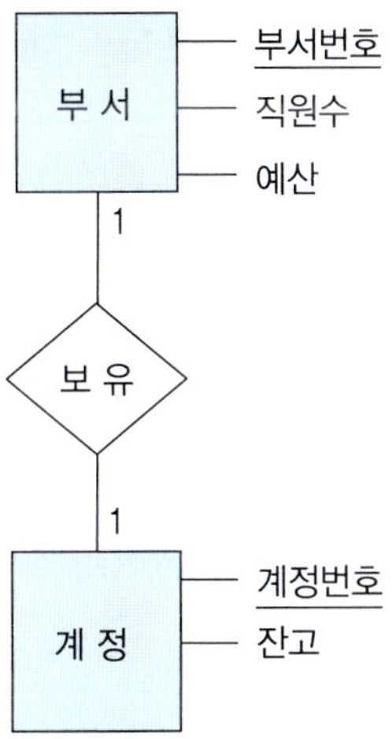

부서번호	직원수	예산
D1	23	10,000,000
D2	12	20,000,000

부서번호	계정번호
D1	A1
D3	A2

계정번호	잔고
A1	13,000,000
A2	2,575,200

표 8-11 1-대-1 관계의 릴레이션 설계

부서번호	직원수	예 산	계정번호	잔 고
D1	23	10,000,000	A1	1,300,000
D2	12	20,000,000	A2	2,575,200

주키: 부서번호

터와 계정 관련 데이터를 모두 포함한다.

그러나 개체들과 이들 사이의 관계에 대한 데이터를 모두 통합하여 하나의 릴레이션에 포함시키면 이 릴레이션이 부서에 대한 데이터를 나타내는 것인지 또는 계정에 대한 데이터를 나타내는 것인지 불확실할 수 있다. 표현성이라는 관점에서 바람직하지 않다. 따라서 이들을 하나로 결합하는 것보다는 〈표 8-12〉에 세시된 바와 같이 부서 릴레이션과 계정 릴레이션으로 분리하여 2개의 릴레이션으로 설계하는 것이 보다 더 바람직할 수도 있다. 여기서 부서 릴레이션이 계정번호를 외래키로 포함할 것인지 또는 계정 릴레이션이 부서번호를 외래키로 포함할 것인지는 두 방법 모두 무방하다. 여기서는 부서가 계

표 8-12 **1-대-1 관계의 릴레이션 설계 (릴레이션 분리)**

부서번호	직원수	예 산	계정번호
D1	23	10,000,000	A1
D2	12	20,000,000	A2

주키: 부서번호

계정번호	잔 고
A1	1,300,000
A2	2,575,200

주키: 계정번호

정보다 중심이 되는 개체라고 해석하였으며, 따라서 부서 릴레이션이 계정번호를 외래키로 포함하도록 설계하였다.

(4) 1항 관계: 다수-대-다수 관계

1항 관계, 즉 단일 개체유형을 대상으로 하는 관계는 2항 관계와 유사하다. 다만 관계를 구성하는 개체유형이 서로 같다는 것이 다르다.

1항 관계가 다수-대-다수 관계일 경우, 2항 관계의 경우와 마찬가지로, 관계는 개체와 독립적으로 표현된다. 즉, 개체는 1개의 릴레이션으로 표현되며, 관계는 별도의 관계 릴레이션으로 표현됨으로써 2개의 릴레이션이 설계된다.

예를 들면, 부품의 구성을 나타내는 부품구성표를 모델링한다고 가정하자. 부품구성표는 [그림 8-9]와 같이 모델링된다. 즉, 부품 개체는 부품 자체에 대한 정보를 나타내며, BOM(Bill Of Material) 관계는 부품들 사이의 구성 관계를 나타낸다. 부품구성표에서 상위 부품은 여러 개의 하위부품들로 구성되며, 하위부품들은 여러 개의 상위부품에 사용된다. 따라서 부품들은 부품들과 대응개체수가 다수-대-다수인 1항 관계를 형성한다.

[그림 8-9]의 개체관계모형으로부터 개체 릴레이션과 관계 릴레이션들을 추출하면 부품 개체에 대한 릴레이션과 BOM 관계에 대한 릴레이션이 만들어진다. 이들 릴레이션의 주키를 살펴보면 부품 릴레이션의 주키는 부품 개체의 주키인 부품번호이고, BOM 릴레이션의 주키는 관계를 구성하는 개체들의 주키인 부품번호들을 결합한 복합키이다. 즉 상위부품번호와 하위부품번호를 결합한 복합키를 갖는다. 이들 각각의 릴레이션들은 모두 제3정규형이며 이들을 결합하면 제3정규형보다 낮은 정규형이 된다. 바꾸어 말하면 [그림 8-9]

그림 8-9 **다수-대-다수 일항 관계의 릴레이션 설계**

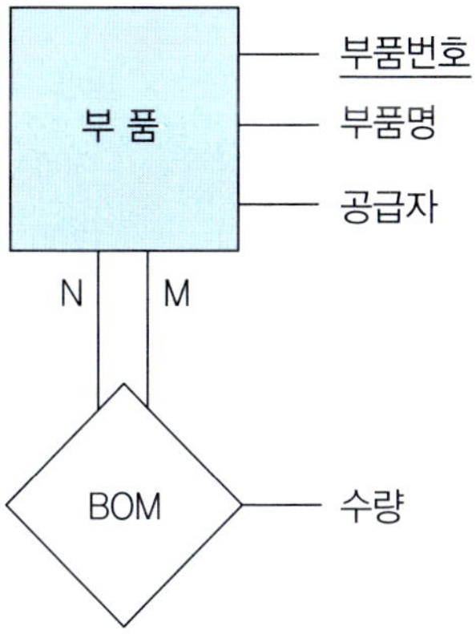

부품

부품번호	부품명	공급자
P1	전동키트	서울공급자
P2	볼터	갑수입업자
P3	모터	서울공급자
P4	강판	포항철강

BOM

부품번호	하위부품번호	수량
P1	P2	3
P1	P3	1
P1	P4	1
P3	P4	2

의 릴레이션들은 완전 데이터베이스 스키마이다.

(5) 1항 관계: 1-대-다수 관계

1항 관계에서 가장 자주 발생하는 형태는 개체들 사이의 대응개체수가 1-대-다수인 관계이다. 예를 들면, 군대의 편성이나 회사의 조직표 등은 모두 1-대-다수 관계인 계층 구조를 갖는다. 즉, 상위 개체는 여러 개의 하위 개체를 가지며, 하위 개체는 1개의 상위 개체에만 소속된다.

1-대-다수의 1항 관계에서 개체는 개체 릴레이션으로 표시된다. 그러나 다수-대-다수 관계와 달리, 1-대-다수 관계에서는 관계를 나타내는 정보 또한 개체를 나타내는 릴레이션에 포함된다. 이와 같이 관계를 나타내는 정보를 개체와 같이 표현하는 것이 가능한 이유는 하위 개체에 대하여 상위 개체가 1개만 대응하기 때문이다.

예를 들면, 상위 부대와 하위 부대 사이에 1-대-다수의 관계가 존재하는 군대 편성을 [그림 8-10]과 같이 모델링 하였다고 가정하자. 그러면 단위부대

그림 8-10 1-대-다수 일항 관계의 릴레이션 설계 (최적화 전)

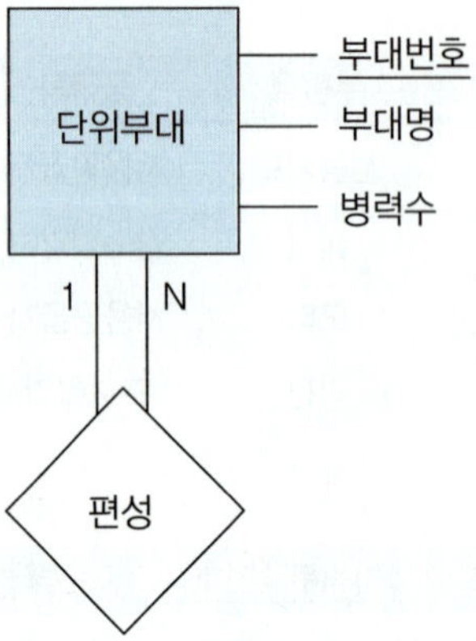

단위부대

<u>부대번호</u>	부대명	병력수
01	보병여단	300
02	기갑연대	1200
03	정찰소대	400
04	보병연대	1300

편성

<u>상위 부대번호</u>	<u>부대번호</u>
01	02
01	04
04	03

를 나타내는 개체 릴레이션의 주키는 부대번호이며, 편성을 나타내는 관계 릴레이션의 주키는 상위부대와 하위부대의 부대번호들을 결합한 복합키이다. 그러나 편성 릴레이션을 자세히 살펴보면, 이 또한 부대번호가 주키임을 알 수 있다.

편성 릴레이션의 주키가 부대번호인 이유는 상위 부대번호가 부대번호에 함수적으로 종속되기 때문이다. 즉, 상위 부대번호와 부대번호 사이에는 1-대-다수의 대응관계가 존재하며, 따라서 상위 부대번호에 대해서는 여러 개의 하위 부대번호들이 대응하나, 부대번호에 대하여는 한 개의 상위 부대번호만이 대응한다. 바꾸어 말하면, 부대번호가 1개로 정해지면 이에 대응하는 상위 부대번호 또한 1개로 정해진다. 즉 상위 부대번호는 부대번호에 함수적으로 종속된다.

부대번호 → 상위 부대번호

이 결과 이들 두 릴레이션들은 〈표 8-13〉과 같이 1개의 릴레이션으로 합칠 수 있다. 결합된 릴레이션은 [그림 8-10]의 단위부대 릴레이션과 편성 릴레이

표 8-13 **1-대-다수 일항 관계의 릴레이션 설계 (최적화 후)**

부대번호	부대명	병력수	상위 부대번호
O1	보병여단	300	
O2	기갑연대	1200	O1
O3	정찰소대	400	O4
O4	보병연대	1300	O1

주키: 부대번호

션이 포함하는 것과 동일한 정보를 포함하며 정규형 또한 동일하다. 따라서 릴레이션 수의 최소화라는 측면에서 2개의 릴레이션보다는 하나의 릴레이션으로 설계하는 것이 바람직하다.

8.4 통합 알고리즘

통합 알고리즘은 데이터베이스에 저장되는 속성들 사이의 모든 함수종속성을 사용하여 직접 정규화된 릴레이션들을 설계하는 방법이다. 즉, 속성들 사이의 함수종속성을 모두 나열하고, 이들을 조작, 처리하여 결정자를 도출하고, 이를 주키로 하는 릴레이션을 설계하는 방법이다. 따라서 통합 알고리즘을 사용하여 설계된 릴레이션들은 모두 보이스-코드 정규형이며 따라서 적어도 제3정규형이다.

8.4.1 절 차

통합 알고리즘을 이용한 데이터베이스의 설계 과정은 다음과 같다.

1단계: 모든 속성들을 나열하고, 이들 사이의 함수종속성들을 모두 나열한다. 이들 함수종속성들의 집합을 S라고 한다.

2단계: 집합 S에서 추이적 함수종속성이나 부분 함수종속성과 같은 중복된 함수종속성들을 제거함으로써 최소한의 전체 함수종속성들만을 도출한다. 이들을 최소 함수종속성 집합이라고 한다.[2)]

3단계: 최소 함수종속성 집합으로부터 보이스-코드 정규형 릴레이션들을 설계한다. 정규화된 릴레이션의 설계 법칙은 다음과 같다.

(3-1) 최소 함수종속성 집합으로부터 함수종속성의 관점에서 서로 동등한 속성들을 도출하여 서로 동등한 속성으로 변환한다.

(3-2) 최소 함수종속성 집합으로부터 결정자를 도출하고, 모든 함수종속성들을 결정자가 서로 같은 함수종속성들로 분류한다.

(3-3) 결정자를 주키로 하는 릴레이션을 설계한다. 그리고 이들 결정자에 전체 함수적으로 종속되는 속성들을 릴레이션의 속성으로 포함시킨다.

요약하면, 통합 알고리즘은 모든 함수종속성들로부터 중복된 함수종속성들을 제거하여 전체 함수종속성들만 남도록 한 후, 결정자를 도출하여 보이스-코드 정규형 릴레이션들을 설계하는 알고리즘이다.

함수종속성들의 집합에서 중복된 함수종속성들을 제거하기 위해서는 다음에 소개되는 추론 법칙들을 사용하여 추이적 함수종속성이나 부분 함수종속성들을 제거해야 한다. 그러나 함수종속성들을 추론 법칙들을 사용하여 분석하는 것은 알고리즘적으로는 효과적이나 시각적으로는 판단하기는 쉽지 않다. 따라서 통합 알고리즘을 수작업으로 적용할 경우에는 함수종속성 다이어그램을 사용한다.

통합 알고리즘의 실행 절차를 함수종속성 다이어그램을 사용하여 설명하면 다음과 같다.

첫째, 속성들 사이의 모든 함수종속성들을 다이어그램으로 표시한다. 이를 함수종속성 다이어그램이라고 한다.

---

2) 이는 함수종속성 집합 S의 minimal cover이다.

둘째, 함수종속성 다이어그램에서 특정 속성이나 속성들로 들어오는 중복된 화살표를 찾아내서 이들 중에서 중복된 것들을 제거한다.

셋째, 화살표의 왼쪽에 있는 결정자들을 추출한다.

넷째, 결정자를 주키로 하는 릴레이션을 설계한다. 그리고 이들 결정자에 전체 함수적으로 종속되는 속성들을 릴레이션의 속성으로 포함시킨다.

추론법칙

통합 알고리즘의 핵심은 중복된 함수종속성을 제거하여 전체 함수종속성만을 도출하는 과정이라 할 수 있다. 여기서 중복된 알고리즘을 제거하기 위한 추론법칙은 다음과 같다.

1. 합: 만약 X → Z이고 X → Y이면, X → ZY
2. 분해: 만약 X → YZ이면, X → Y이고 X → Z
3. 환원: 만약 Y가 X의 부분 집합이면 X → Y
4. 확장: 만약 Z가 W의 부분 집합이고 X → Y이면, XW → YZ
5. 추이성: 만약 X → Y이고 Y → Z이면, X → Z
6. 준 추이성: 만약 X → Y이고 YZ → W이면 XZ → W

이들 추론법칙들 중에서, 합과 분해는 두 개의 함수종속성을 하나로 표현하거나 하나의 함수종속성을 두 개로 표현하는 표현 방법만을 바꾼 것이며, 환원은 자명한 함수종속성을 나타낸다. 따라서 중복된 함수종속성을 제거하는 세부 기준은 4번 이후의 추론법칙들이라고 할 수 있다.

확장은 부분 함수종속성을 제거하는 추론법칙이며, 추이성은 추이적 함수종속성을 제거하는 추론법칙이다. 준 추이성 또한 추이적 함수종속성을 제거하는 법칙이다. 따라서 추론법칙을 이용한 중복된 함수종속성의 제거 과정이란 다름 아닌 부분 함수종속성과 추이적 함수종속성들을 제거하는 과정이라고 할 수 있다.

8.4.2 사 례

분할에 의한 정규화에서 예시한 물품판매대장을 통합 알고리즘을 이용하여 설계하고자 한다고 가정하자.

(1) 속성들을 추출하고, 이들 사이에 존재하는 모든 함수종속성들을 열거한다.

주문번호 → 고객명	주문번호, 상품명 → 구매가
주문번호 → 주소	주문번호, 상품명 → 판매가
주문번호 → 날짜	주문번호, 상품명 → 수량
주문번호 → 합계	주문번호, 상품명 → 소계
주문번호 → 지불	상품명 → 구매가
고객명 → 주소	주문번호, 고객명 → 날짜
고객명 → 전화번호	주문번호, 고객명 → 합계

(2) [그림 8-11]과 같이 함수종속성 다이어그램을 작성한다.

(3) 부분 함수종속성과 추이적 함수종속성을 제거함으로써 최소 함수종

그림 8-11 물품판매대장의 함수종속성 다이어그램

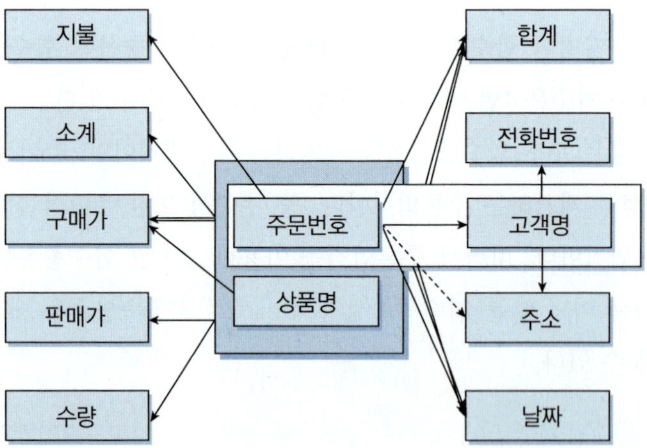

그림 8-12 **물품판매대장의 최소 함수종속성 다이어그램**

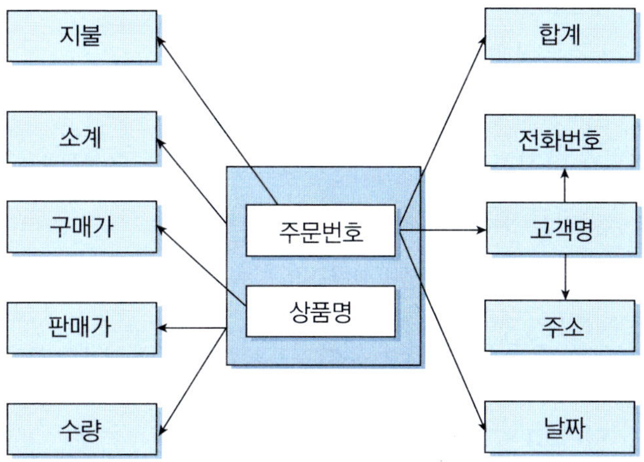

속성 집합을 도출한다. 최소 함수종속성 집합의 도출 과정은 다음의 단계를 따른다.

- 먼저 동일 속성을 함수적으로 결정하는 속성들이 2개 이상 존재하는 경우를 식별한다. 그리고 이들 사이의 포함관계를 분석한다. 만약 포함관계가 성립할 경우에는 확장의 추론법칙을 적용하여, 중복되는 함수종속성을 제거한다. 이는 [그림 8-13]에서 이중선으로 표시된 것을 나타내며, 부분 함수종속성을 제거하는 과정이다.
- 동일 속성을 함수적으로 결정하는 속성 또는 속성들의 집합이 2개 이상 존재하며 이들이 함수종속성으로 연결될 경우, 추이성의 추론법칙을 적용하여 중복되는 함수종속성을 제거한다. [그림 8-13]에서 가는 점선으로 표시된 것이며, 이는 추이적 함수종속성을 제거하는 과정이다.

(4) [그림 8-14]와 같이 중복된 함수종속성들을 모두 제거한 완전 함수종속성들만을 포함하는 최소 함수종속성 다이어그램을 작성한다. 그리고 이로부터 결정자들을 도출한다. [그림 8-14]로부터 다음과 같이 4 종류의 결정자가 도출된다.

- 주문번호
- 상품명
- 주문번호, 상품명
- 고객명

(5) 각 결정자에 전체 함수적으로 종속하는 속성들을 결합하여 결정자를 주키로 하는 릴레이션을 구성한다.

- R1(주문번호, 지불, 합계, 고객명, 날짜)
- R2(상품명, 구매가)
- R3(주문번호, 상품명, 소계, 판매가, 수량)
- R4(고객명, 전화번호, 주소)

8.4.3 통합 알고리즘의 단점

통합 알고리즘은 이론적으로 정교하며, 속성들 사이의 함수종속성이 입력될 경우, 이로부터 정규화된 데이터베이스 스키마를 자동적으로 도출할 수 있다는 장점을 갖는다. 그러나 다음과 같은 단점 때문에 실무적으로는 거의 사용되지 않는다.

- 대규모 시스템의 경우 속성의 수와 이들 사이에 정의되는 함수종속성의 수가 기하급수적으로 증가하게 된다. 따라서 모든 함수종속성들을 찾아내는 것이 현실적으로 거의 불가능하다.
- 데이터베이스의 설계의 최초 단계에서 개별 속성들을 식별하는 것이 쉽지 않다. 일반적으로 데이터베이스 설계자나 분석가들은 속성보다 상위의 보다 큰 대상을 식별하고 이들을 기준으로 속성들을 추출하는 과정을 따른다. 이들 상위의 대상이 개체들이다.

요약

본 단원에서는 관계형 데이터베이스의 설계 방법들에 대하여 학습하였다. 본 단원에서 습득한 주요 개념들을 요약하면 다음과 같다.

- **1-대-1 관계 릴레이션의 설계**: 1-대-1 관계를 나타내는 릴레이션은 주가 되는 개체와 결합하여 1개의 릴레이션으로 설계됨.
- **1-대-다수 관계 릴레이션의 설계**: 1-대-다수 관계를 나타내는 릴레이션은 다수쪽 개체와 결합하여 1개의 릴레이션으로 설계됨.
- **다수-대-다수 관계 릴레이션의 설계**: 다수-대-다수 관계는 별도의 릴레이션으로 설계됨.
- **데이터베이스 스키마의 완전성**: 데이터베이스 스키마가 실제 현상에 존재하는 데이터들과 이들 사이의 관계들을 모두 포함하는가를 평가하는 척도.
- **데이터베이스 스키마의 정규성**: 데이터베이스 스키마에서 데이터 중복이 모두 제거되었으며, 데이터관리 모순이 발생하지 않도록 설계되었는가를 평가하는 척도.
- **데이터베이스 스키마의 최소성**: 데이터베이스가 가능한 가장 적은 수의 릴레이션으로 구성되었는지를 평가하는 척도.
- **데이터베이스 스키마의 표현성**: 데이터베이스 내용의 이해용이성을 평가하는 척도.
- **데이터베이스 스키마의 확장성**: 데이터베이스 스키마의 확장 및 변경 용이성을 평가하는 척도.
- **무손실 분할**: 분할된 릴레이션을 조인하여 원래의 릴레이션을 재구성할 수 있는 분할 방법.
- **무손실 분할법칙**: 전체 함수종속성의 왼쪽 속성인 결정자와 다중종속성의 왼쪽 속성을 매개로 릴레이션을 분할하면 정보의 손실이 발생하지 않음.
- **분할에 의한 정규화**: 현재의 데이터베이스 스키마, 문서 또는 양식 등을 분할하여 완전 데이터베이스 스키마를 도출하는 설계 방법.
- **손실 분할**: 분할된 릴레이션을 조인하여 원래의 릴레이션을 재구성할 수 없는 분할 방법.
- **완전 데이터베이스 스키마**: 제3정규형 릴레이션들로 구성된 완전성과 최소성을 충족시키는 데이터베이스 스키마.
- **최소 함수종속성 집합**: 함수종속성들의 집합에서 중복된 함수종속성들을 제거하여 구성한 최소한의 전체 함수종속성들로 구성된 집합.
- **통합 알고리즘**: 데이터베이스에 저장되는 모든 속성들 사이의 함수종속성을 모두 나열하고, 이들을 조작, 처리하여 결정자를 도출하여 보이스-코드 정규형 릴레이션들을 설계하는 방법.

제9장

관계형 데이터베이스 물리설계

데이터베이스의 물리설계는 데이터베이스의 구현 환경, 즉 특정 데이터베이스관리시스템과 컴퓨터시스템을 대상으로 하여 실제 데이터베이스의 저장구조를 설계하는 과정이다. 이러한 점에서 물리설계는 데이터베이스 설계의 마지막 단계이다.

데이터베이스의 물리설계는 논리설계의 결과물인 관계형 데이터베이스의 논리 스키마를 기초로 하며, 데이터베이스의 크기, 사용 양태, 구현 환경 및 대상 데이터베이스관리시스템의 기능, 성능 요구사항 등을 고려하여 이루어진다. 본 장은 데이터베이스 물리설계를 위한 기본 개념들로서 트랜잭션, 데이터베이스의 저장구조와 인덱스 등을 살펴본 후, 뷰와 데이터베이스의 물리설계 기준에 대해서 설명한다.

9.1 트랜잭션

데이터베이스 설계에서 물리모형이 논리모형과 다르게 되는 이유는 동일한 데이터들도 실제로는 다른 형태로 저장할 수 있기 때문이다. 즉, 고객에 대한 데이터들을 한 개의 고객 릴레이션에 저장할 수 있으나, 이를 보안적인 필요성에 따라 고객신상 데이터를 저장하는 릴레이션과 고객 재무정보 데이터를 저장하는 릴레이션으로 나누어 저장할 수도 있다. 논리설계에서는 함수종속성과 같은 데이터들 자체의 연관성만을 고려하여 데이터베이스를 설계하였다. 그러나 물리설계에서는 이들 데이터들이 어떻게 활용될 것인가를 고려하여 설계한다.

데이터베이스에서 데이터 활용을 분석하는 단위는 트랜잭션이다. 따라서 데이터베이스의 물리 스키마를 설계하기 위해서는 무슨 트랜잭션들이 어떻게 발생하는가를 분석함으로서 데이터의 활용현황을 파악하고 이에 부합한 설계가 이루어지도록 한다.

9.1.1 트랜잭션의 정의

실제 환경에서 업무처리의 기본 단위를 트랜잭션이라고 한다. 예를 들면, 금융거래에서 계좌이체와 같은 것이 하나의 트랜잭션이다. [그림 9-1]에 예시된 바와 같이, 계좌이체는 출금계좌인 A계좌로부터의 출금과 입금계좌인 B계좌로의 입금이 함께 이루어진다. 그러나 이것은 출금과 입금이라는 2개의 트랜잭션이 아니라 계좌이체라는 1개의 트랜잭션이다. 출금만 이루어지고 입금이 이루어지지 않거나 출금이 거부된 상태에서 입금만 이루어지거나 하는 계좌이체는 있을 수 없다. 따라서 입금과 출금은 계좌이체이라는 관점에서 이를 구성하는 세부 작업단위이며, 계좌이체는 이들이 같이 이루어지는 하나의 트랜잭션이다.

이와 같이 트랜잭션은 연속된 일련의 기능을 수행하는 논리적인 작업단위(logical unit of work)이다. 즉, 트랜잭션은 하나의 단위로 실행되며, 이를 분해하여 일부만을 수행해서는 안 된다. 따라서 트랜잭션은 입력, 갱신, 삭제, 읽기와 같은 데이터 조작의 단위가 아니라 이들로 구성되는 업무처리의 단위이다.

그림 9-1 **트랜잭션의 예 (계좌이체)**

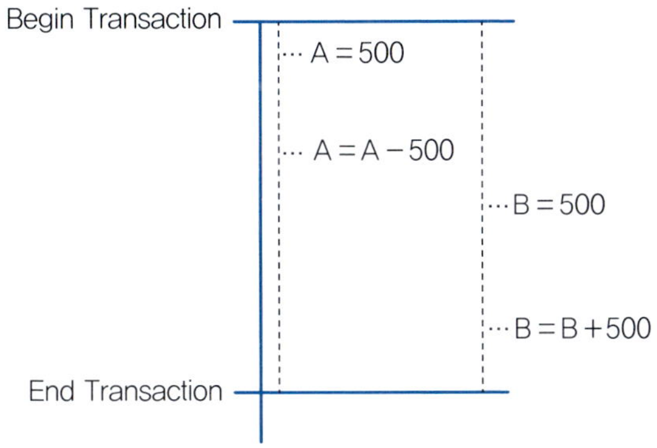

9.1.2 트랜잭션의 분석

트랜잭션은 업무처리의 기본 단위이다. 따라서 트랜잭션의 설계는 데이터베이스의 설계에 포함되기보다는 응용프로그램, 즉 애플리케이션의 설계에 포함된다고 볼 수도 있다. 그러나 앞에서 언급한 바와 같이 데이터베이스에서 데이터 입력이나 갱신, 삭제들은 모두 트랜잭션 단위로 이루어진다. 따라서 데이터베이스 설계를 위해서는 트랜잭션에 대한 분석이 먼저 이루어져야 한다.

데이터베이스 설계에서 트랜잭션 분석은 무슨 트랜잭션(What)을 왜(Why) 수행하는가를 중심으로 이루어진다. 그러나 어떻게(How) 수행되는가는 분석하지 않는다. 이러한 점에서 트랜잭션의 분석은 응용프로그램의 분석 및 설계와는 구별된다.

트랜잭션의 분석 과정을 개략적으로 살펴보면 다음과 같이 3단계로 구분할 수 있다.

- 트랜잭션의 식별
- 트랜잭션 뷰의 정의
- 트랜잭션 처리과정의 정의

트랜잭션의 식별

트랜잭션은 업무를 기능적으로 분해하여 하향식으로 도출한다. 예를 들면 주문관리 프로세스를 분해하면, [그림 9-2]에 제시된 바와 같이, 주문의 수주, 취소 및 수정으로 나눌 수 있다. 여기서 주문수주, 취소, 수정들을 각각 트랜잭션이라고 한다. 그리고 주문관리는 트랜잭션들로 구성되는 프로세스이다.

주문수주, 취소, 수정들을 트랜잭션이라고 하고, 주문관리를 트랜잭션들로 구성된 프로세스라고 하는 이유는, 트랜잭션은 다음의 조건을 충족시켜야 하기 때문이다.

- 트랜잭션은 이의 일부만 실행될 수 없다.
- 트랜잭션은 예측 가능한 결과를 산출해야 한다.
- 트랜잭션은 시작과 종료의 기준이 명확해야 한다.
- 트랜잭션은 데이터베이스를 이전 상태에서 다른 상태로 변환시킨다.

이상의 기준에서 살펴볼 때, 주문수주는 트랜잭션이며, 주문관리는 트랜잭션이 될 수 없다. 그 이유는 주문관리는 주문수정이나 취소, 수정별로 개별적으로 실행되며, 주문관리 자체가 무슨 결과를 산출할 것인지를 예측할 수 없기 때문이다. 그러나 주문수주는 수주된 주문을 데이터베이스에 입력한다는 예측 가능한 결과를 산출하며, 시작이나 종료의 기준이 명확하다.

그림 9-2 프로세스와 트랜잭션 (예)

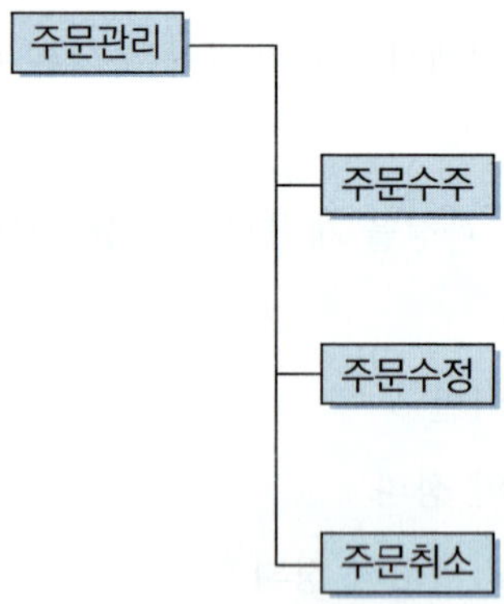

데이터베이스의 관점에서 볼 때, 주문 분석과 같은 분석 활동은 트랜잭션이 될 수 없다. 왜냐하면 분석 활동은 상황에 따라 사용하는 데이터들이 상이하며, 분석의 내용 또한 항상 가변적이기 때문이다. 그리고 분석은 매번 다른 유형의 정보들을 산출한다. 그러나 고객별 신용등급 분석 등과 같이 정형화되고, 이미 설계되어 있는 분석 활동들은 트랜잭션의 요건을 충족시킨다. 이와 같이 트랜잭션은 기본적으로 시작과 종료가 명확하며, 처리되는 내용을 구체적으로 나열할 수 있는 업무 단위이다.

트랜잭션 뷰의 정의

트랜잭션 뷰란 트랜잭션을 처리하기 위하여 사용되는 데이터들을 트랜잭션별로 정의한 것이다. 트랜잭션 뷰를 정의하는 과정을 살펴보면 다음과 같다.

- 트랜잭션 처리를 위하여 필요한 데이터들을 열거한다.
- 이들 데이터를 포함하는 테이블들을 논리모형에서 추출한다.
- 테이블들 사이의 참조 무결성법칙과 외래키 등을 열거한다.

이러한 과정을 통해서 각 트랜잭션별로 뷰를 정의할 수 있다. 예를 들면, 주문수주 뷰는 [그림 9-3]과 같이 구성된다.

그림 9-3 트랜잭션 뷰

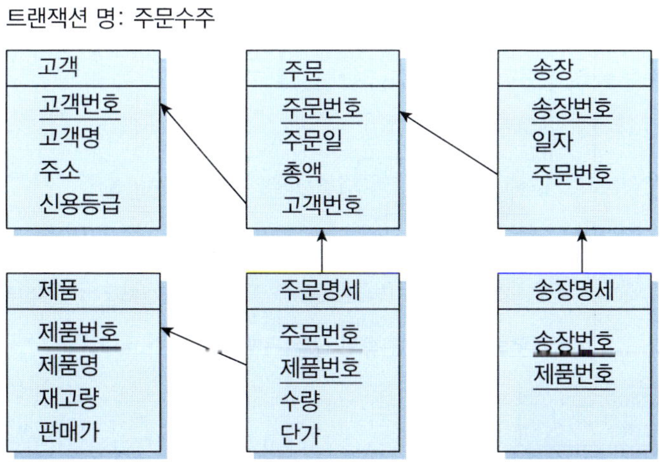

트랜잭션 분석도 (transaction action diagram, logical access map)

트랜잭션 분석도는 각각의 트랜잭션들이 데이터베이스를 어떻게, 어떤 순서로, 어떤 빈도로 사용하는가를 분석하는 도형이다. 트랜잭션 분석도는 데이터의 처리 단계만을 나타내며, 처리 알고리즘은 포함하지 않는다. 이러한 점에서 트랜잭션 분석은 응용프로그램 분석과 구별된다.

구체적인 예시를 위하여 주문수주 트랜잭션을 분석하여 보자. 구체적으로 주문수주 트랜잭션은 다음의 작업들로 구성된다고 가정하자.

(1) 고객 확인 및 신용도 검색

(2) 주문 레코드 작성

그림 9-4 트랜잭션 분석도

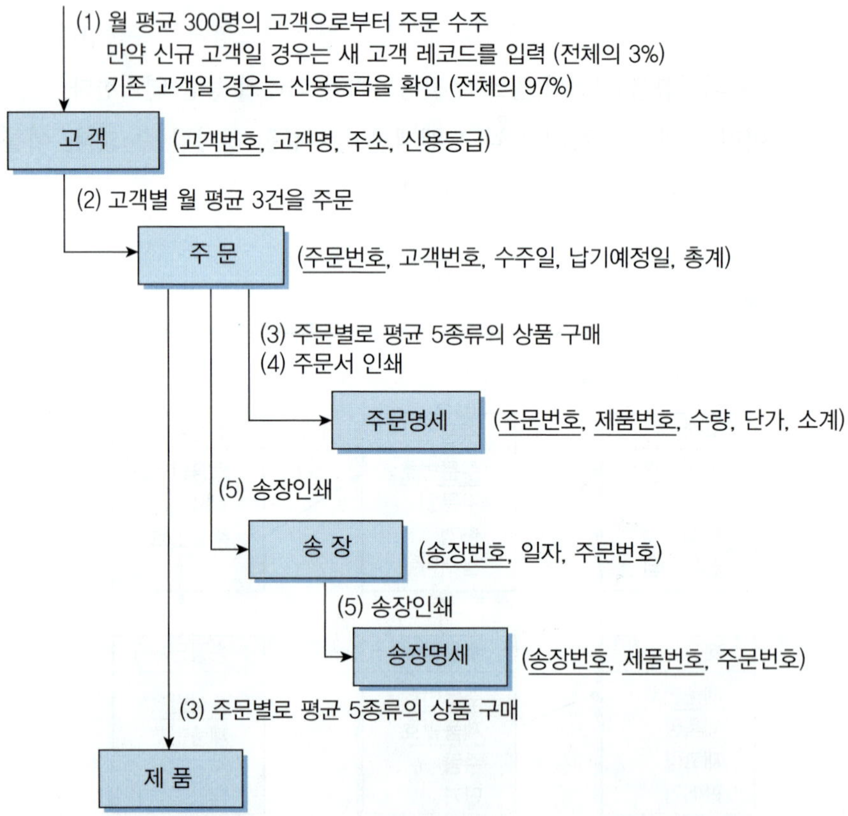

표 9-1 트랜잭션 분석표

일련 번호	작업명	이용 형태	사용 테이블	평균 이용 횟수	
				트랜잭션당	월
1	고객확인 및 신용도 검색	읽기	고객	0.97	291
		쓰기	고객	0.03	9
2	주문 레코드 작성	쓰기	주문	1	900
3	상품 재고 확인	읽기	제품	5	4500
4	주문서 인쇄	쓰기	주문명세	5	4500
5	송장 인쇄	쓰기	송장	1	900
		쓰기	송장명세	5	4500

(3) 상품 재고 확인

(4) 주문서 인쇄

(5) 송장 인쇄

주문추가 트랜잭션의 분석도를 작성하면 [그림 9-4]와 같다. 제시된 트랜잭션 분석도는 데이터베이스의 이용 빈도와 이용 유형을 포함한다. 이들 분석도를 통하여 트랜잭션이 사용하는 테이블과 이용횟수, 형태들을 식별할 수 있다. 분석 결과는 〈표 9-1〉과 같이 트랜잭션 분석표로 요약된다.

트랜잭션 분석은 데이터베이스 설계와 응용프로그램 설계를 모두 포함하는 복합적인 분석과정이라고 할 수 있다. 정보시스템의 구성 요소인 데이터베이스와 응용프로그램은 트랜잭션을 매개로 하여 상호 연결된다. 보다 상세히 설명하면 각 트랜잭션별로 뷰를 분석함으로써 트랜잭션에서 사용하는 데이터들이 데이터베이스로부터 추출될 수 있는지를 검정한다.

9.1.3 데이터베이스 활용도 (usage map)

데이터베이스 활용도는 각 트랜잭션별로 분석된 트랜잭션 분석표를 결합하여 데이터베이스 전체에 대한 활용 통계를 집계한 표이다. 예를 들면 주문

표 9-2 트랜잭션 분석표 (주문수정)

번호	작업명	이용 형태	사용 테이블	평균 이용 횟수	
				트랜잭션당	월
1	고객확인	읽기	고객	1	150
2	주문 레코드 정정	쓰기	주문	1	150
3	상품 재고 확인	읽기	제품	2	300
4	주문서 재인쇄	쓰기	주문명세	2	300
5	송장 재인쇄	쓰기	송장	1	150
		쓰기	송장명세	2	300

데이터베이스에서 주문수주 트랜잭션의 분석표는 〈표 9-1〉과 같이 예시되었다. 동일한 방법으로 주문수정과 주문취소에 대한 분석표가 각각 〈표 9-2〉와 〈표 9-3〉과 같이 정리된다고 가정하자.

이 경우, 만약 주문 데이터베이스를 사용하는 트랜잭션이 주문수주, 주문수정 및 주문취소의 3개뿐이라고 한다면, 이들로부터 데이터베이스 활용도는 [그림 9-5]와 같이 계산된다.

표 9-3 트랜잭션 분석표 (주문취소)

번호	작업명	이용 형태	사용 테이블	평균 이용 횟수	
				트랜잭션당	월
1	고객확인	읽기	고객	1	30
2	주문 레코드 삭제	쓰기	주문	1	30
4	주문서 삭제	쓰기	주문명세	5	150
5	송장 삭제	쓰기	송장	1	30
		쓰기	송장명세	5	150

그림 9-5 **데이터베이스 활용도**

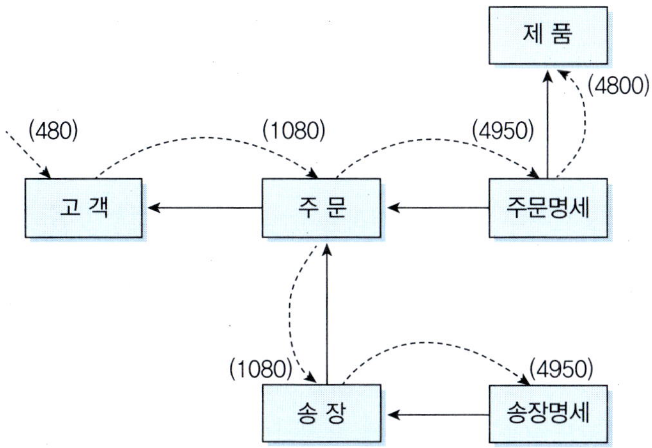

9.2 데이터베이스의 저장 구조와 인덱스

관계형 데이터베이스는 테이블들의 집합이다. 그리고 테이블들은 레코드들의 집합이다. 이들 레코드들은 테이블 단위로 하드디스크와 같은 매체에 저장된다. 이때 레코드들을 연결하는 물리적 구조는 없으며, 다만 검색의 편의를 위하여 인덱스를 설정할 수 있다. 요약하면 관계형 데이터베이스는 테이블 단위로 설정된 인덱스를 제외한 어떠한 저장 구조도 가지지 않는다.

본 절에서는 이러한 관계형 데이터베이스의 저장 구조와 이를 효과적으로 관리하기 위한 인덱싱 방법들에 대하여 살펴본다.

9.2.1 데이터베이스의 저장 구조

관계형 데이터베이스에서 레코드들은 단순 파일(flat file) 형태로 저장된다. 이렇게 저장된 레코드들을 효과적으로 관리하는 모듈을 저장관리시스템이라고 한다. 본 절에서는 저장관리시스템의 기능을 예시하고, 테이블들이 저장매체에 기록되는 구조를 개략적으로 소개한다.

데이터 저장관리시스템

데이터 저장관리시스템은 SQL을 실제로 수행하는 데이터베이스관리시스템의 구성요소이다. 보다 구체적으로 살펴보면, [그림 9-6]에 예시된 바와 같이, 저장관리시스템은 데이터베이스 명령문들을 운영체제(operation system)가 해석할 수 있는 명령문으로 번역한다. 그리고 운영체제의 파일시스템 또는 디스크 관리자에게 이의 실행을 요청한다. 저장관리시스템이 데이터베이스에 저장된 레코드들을 운영체제에 요청하며, 운영체제는 요청된 데이터들을 하드디스크나 광디스크와 같은 저장매체로부터 읽어 들여 데이터베이스관리시스템에 전달한다. 그리고 반대로 갱신될 데이터를 운영체제에게 전달하여 데이터베이스 갱신을 요청한다.

이상에서 설명된 데이터의 조작 과정에서, 디스크에서의 데이터의 입출력

그림 9-6 데이터베이스의 물리적 저장관리체제

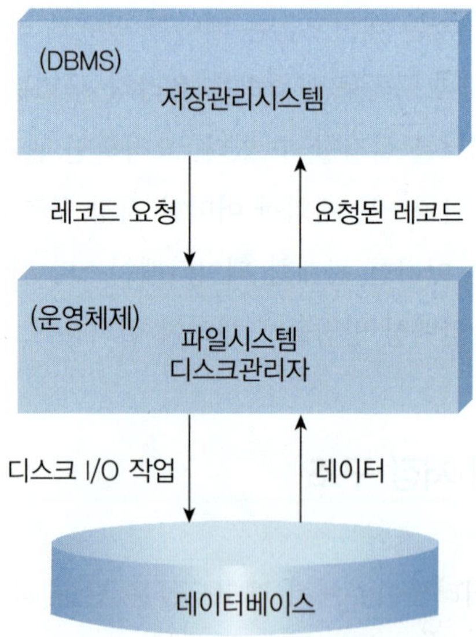

작업은 주기억장치에서의 레코드 처리속도와 비교하여 상대적으로 매우 느리다. 따라서 저장관리시스템의 가장 큰 관심은 디스크의 입력 및 출력 횟수를 가능한 최소화함으로써 데이터베이스의 처리 시간을 향상시키는 것이라고 할 수 있다.[1)]

저장 테이블의 구조

기본적으로 데이터베이스를 구성하는 레코드들은 저장매체의 특정 페이지에 물리적으로 기록된다. 여기서 페이지(page)는 디스크 관리를 위한 단위이다.[2)] 즉, 디스크에 저장되는 데이터는 레코드 단위로 입 · 출력되는 것이 아니라 페이지 단위로 입 · 출력된다.

비교적 간단한, 길이가 짧은 레코드들은 여러 개의 레코드들이 한 페이지에 저장되며, 길이가 긴 레코드들인 경우에는 한 레코드가 두 개 이상의 페이지에 걸쳐 저장될 수도 있다.

저장매체에 레코드가 저장된 위치를 나타낸 것을 레코드 주소(address) 또는 레코드 번호(RID, Record Number)라고 한다. 실제적으로 레코드 주소는 하드디스크의 실린더번호, 트랙번호, 페이지번호, 해당 페이지 내에서의 해당 레코드의 시작 위치 등으로 구성된다. 그러나 여기서는 이의 구체적인 구성 형태는 고려하지 않고 다만 레코드 번호로서 저장위치를 알 수 있다고 가정한다. 레코드 번호는 외부적으로 알 수 있는 번호가 아니라 내부적으로 레코드의 저장위치를 가리키는 포인터이다. 따라서 이하에서는 레코드 번호를 특별히 부여하지 않고 포인터 표시(↑)를 사용하여 나타낸다.

예를 들면, 사원 테이블이 〈표 9-4〉에 예시된 바와 같다고 가정하자. 그러면 이들 각 사원 레코드들은 〈표 9-5〉와 같이 레코드 번호가 나타내는 위치에 저장된다.

〈표 9-5〉의 사원 레코드들이 주키값인 사원번호 순서대로 저장되어 있다

---

1) 최근에 제시되고 있는 주기억장치 데이터베이스(main memory database)는 데이터를 보조기억장치가 아닌 주기억장치(main memory)에 저장한다.

2) 본 장에서는 하드디스크를 대상으로 설명한다.

표 9-4 사원 테이블

사원번호	이 름	근무연수	직 급
E10	PARK	0	사원
E5	LEE	2	부장
E26	KIM	1	사원
E3	LEE	3	사원
E2	CHOI	4	부장
E1	HONG	1	과장

표 9-5 사원 테이블 (레코드 번호 포함)

레코드 번호 (저장위치)	사원번호	이 름	근무연수	직 급
↑E10	E10	PARK	0	사원
↑E5	E5	LEE	2	부장
↑E26	E26	KIM	1	사원
↑E3	E3	LEE	3	사원
↑E2	E2	CHOI	4	부장
↑E1	E1	HONG	1	과장

고 가정할 경우, 사원 테이블은 하드디스크에 사원번호 순서로 저장된다. 만약 하나의 페이지에 2개의 레코드가 저장될 수 있다고 하면 6개의 레코드로 구성된 사원 테이블은 3개의 페이지에 연속하여 저장된다. 이들 페이지의 페이지번호를 P1, P2, P3이라고 할 경우, 사원 테이블은 [그림 9-7]과 같이 저장된다. 테이블을 저장매체에 저장할 때는 저장하는 순서를 정해주어야 하는데, 가장 일반적으로 사용하는 것이 주키값의 순서대로 저장하는 것이다. 이를 주키 클러스터링(clustering)이라고 한다.

페이지들은 각각 다음 페이지를 나타내는 포인터를 가지고 있기 때문에 사원 테이블이 저장된 페이지들을 연속적으로 찾아서 읽을 수 있다. 첫번째 페

그림 9-7 사원 테이블의 저장 구조 (주키 클러스터링)

P1			↑P2	P2			↑P3	P3			●
E1	HONG	1	과장	E3	LEE	3	사원	E10	PARK	0	사원
E2	CHOI	4	부장	E5	LEE	2	부장	E26	KIM	1	사원

이지인 P1은 다음 페이지인 P2를 가리키는 포인터 ↑P2를 가지며, P2는 다음 페이지인 P3를 가리키는 포인터 ↑P3를 가진다. 그리고 마지막 페이지인 P3는 다음 페이지가 없으므로 다음 페이지를 가리키는 포인터를 갖지 않는다(●로 표시).

클러스터링 (clustering)

저상매체에 레코드들을 배치하는 방법을 클러스터링이라고 한다. 데이터베이스의 저장 방법을 결정하는 가장 중요한 기준은 저장된 데이터를 읽거나 쓰기 위한 입·출력 작업의 수와 이들 작업에 소요되는 시간을 최소화하는 것이다. 데이터의 입·출력 작업은 주기억장치에서의 데이터 조작이나 연산보다 훨씬 많은 시간이 소요된다. 따라서 효율적인 데이터베이스 저장 관리를 위해서는 입·출력 횟수와 단위 작업당 수행 시간을 가능한 최소화하는 것이 바람직하다.

하드디스크에서 데이터를 입력 또는 출력하는 데 소요되는 시간은 레코드의 저장위치를 찾는 탐색시간(seek time)과 실제로 데이터를 읽거나 쓰기에 소요되는 시간으로 구성된다. 따라서 총소요시간을 최소화하기 위해서는 자주 사용되는 레코드 또는 파일들을 탐색시간이 많이 걸리지 않도록 같은 페이지 또는 인접한 페이지에 위치시키는 것이 좋다. 이와 같이 동시에 사용되는 데이터들이 서로 인접하여 위치하도록 하는 것이 데이터의 클러스터링이다. 예를 들어 설명하면 다음과 같다.

사례 1: [그림 9-7]에서 레코드 ↑E1과 ↑E2가 동시에 자주 사용된다고 하자. 이 경우 이들은 같은 페이지(페이지 P1)에 기록되어 있으므로 한 번의 디스크 읽기로서 이들 두 레코드를 한 번에 읽어 들일 수 있다. 즉, 처음에 ↑E1을 읽어 들일 때 운영체제의 디스크 관리자는 ↑E1과 ↑E2를 같이 읽어 들인다. 이 결과 그 다음에 ↑E2를 읽어 들일 때는 또다시 P1 페이지를 읽어 들일 필요 없이 ↑E1을 읽을 때 읽어둔 ↑E2를 사용하면 된다. (페이지를 읽을 때 이미 읽어온 레코드들은 버퍼에 저장된다.) 따라서 추가적인 디스크 입 · 출력이 필요하지 않다. 그러나 만약 ↑E1과 ↑E2가 다른 페이지에 기록되어 있을 경우에는 두 번의 디스크 읽기가 별도로 수행되어야 한다.

사례 2: [그림 9-7]에서 레코드 ↑E5와 ↑E10이 동시에 자주 사용된다고 하자. 이 경우 이들은 같은 페이지에 있지 않으므로 두 번의 디스크 읽기가 수행되어야 한다. 그러나 이들이 만약 서로 인접하여 저장되어 있을 경우에는 디스크 읽기를 위한 탐색시간을 줄일 수 있다. 즉, 처음에 ↑E5가 포함된 페이지 P2를 읽어 들일 때 디스크의 헤드는 P2 페이지를 찾아서 해당 위치에 머무르게 된다. 그 다음에 ↑E10이 포함된 P3을 읽을 경우에는 바로 근처에 있는 P3으로 이동함으로써 탐색시간을 줄일 수 있다.

[그림 9-7]에서 예시된 바와 같이, 가장 일반적인 클러스터링 방법은 주키값의 순서대로 인접시키는 방법인데 이를 주키 클러스터링이라고 한다. 주키 클러스터링을 가장 많이 사용하는 이유는 관계형 데이터베이스에서는 주키값 순서대로 데이터를 읽는 경우가 가장 많이 발생하기 때문이다.

그러나 경우에 따라서는 다른 속성을 기준으로 클러스터링할 수 있다. 예를 들어 직급을 기준으로 한 클러스터링 방법을 설명하면 다음과 같다.

사례 (직급에 따른 클러스터링): 만약에 직급별 사원 데이터의 활용이 많다면, 사원 레코드들은 직급별로 클러스터링하는 것이 나을 수 있다. 즉, 부장이나 과장, 사원 레코드들이 서로 같은 페이지에 인접하여 위치하도록 클러스터링한다. 이러한 클러스터링 방법을 그림으로 나타내면 [그림 9-8]과 같다.

그림 9-8 데이터베이스의 저장 구조 (직급에 따른 클러스터링)

P1			↑P2
E5	LEE	2	부장
E2	CHOI	4	부장

P2			↑P3
E1	HONG	1	과장

P3			●
E3	LEE	3	사원
E10	PARK	1	사원
E26	KIM	1	사원

그림 9-9 데이터베이스의 저장 구조 (파일간 클러스터링)

P1			↑P2
E1	HONG	1	과장
E2	CHOI	4	부장
E3	LEE	3	사원
E5	LEE	2	부장

P2			↑P3
E10	PARK	1	사원
E26	KIM	27	사원
S1	child		E1
S2	spouse		E1

P3		●
S3	spouse	E2
S4	child	E2
S5	spouse	E5

이상에서 설명한 직급에 따른 클러스터링 또는 주키 클러스터링과 같이 단일 테이블의 레코드 배치 방법을 결정하는 클러스터링 방법이며, 이들을 파일 내 클러스터링(intra-file clustering)이라고 한다. 파일 내 클러스터링과는 달리 상호 연관된 테이블들을 서로 인접하도록 배치시키는 것을 파일간 클러스터링(inter-file clustering)이라고 한다. 파일간 클러스터링 방법을 예를 들어 설명하면 다음과 같다.

> **사례 (파일간 클러스터링)**: 만약에 사원별로 부양가족을 참조하는 작업이 매우 많다고 가정하자. 이 경우에는 [그림 9-10]과 같이 사원 파일 다음에 바로 인접하여 부양가족 파일을 위치시키는 것이 효과적이다.

9.2.2 인덱스와 데이터 검색

데이터베이스의 저장 구조에서 살펴본 바와 같이, 레코드들은 순서에 따라 배치되는데, 이를 클러스터링이라고 한다고 하였다. 이렇게 저장된 레코드들을 바로 읽어 들이기 위해서는 해당 레코드가 저장된 위치, 즉 레코드 번호를 알아야 한다.

예를 들어, [그림 9-7]과 같이 저장된 데이터베이스에서 사원번호가 E10인 레코드를 읽어 들이기 위해서는 이 레코드가 저장된 위치, 즉 레코드 번호 ↑E10을 알아야 저장관리시스템이 이 레코드를 바로 읽어 들일 수 있다. 레코드의 저장위치를 모르면, 해당 레코드를 직접 찾아가는 것이 불가능하다. 이러한 경우에는 사원 테이블의 시작위치를 찾아서 사원번호가 E10인 레코드를 찾을 때까지 테이블에 포함된 모든 레코드들을 순차적으로 읽어 들여야 한다. 따라서 많은 노력과 시간이 소요된다.

이와 같이 데이터베이스에서 특정 레코드들을 쉽게 찾기 위하여 각 레코드들의 저장위치를 목록화하여 놓은 것을 인덱스(index)라고 한다. 즉, 인덱스는 특정 속성에 대하여 자료값별로 해당 레코드의 위치를 쉽게 알 수 있도록 기록한 것이다. 예를 들면, 직급별로 사원 테이블을 인덱싱하면 〈표 9-6〉과 같이 표시된다.

인덱스는 데이터베이스의 조작 과정에서 먼저 읽어 들여 주기억장치에 저장된다. 따라서 인덱스를 읽어 들이고 레코드들의 저장위치를 찾는데 있어 추가적인 디스크 입 · 출력은 발생하지 않는다.

표 9-6 직급 인덱스

데이터 필드	주소 필드
과장	↑E1
부장	↑E5, ↑E2
사원	↑E3, ↑E10, ↑E26

인덱스는 테이블을 구성하는 모든 속성에 대하여 설정될 수 있다. 먼저 레코드들을 저장장치에 순서에 따라 배치하면, 저장위치를 나타내는 클러스터 인덱스(cluster index)가 만들어진다. 그리고 주키를 지정하면 주키에 대해서도 인덱스가 만들어지는데 이를 주키 인덱스(primary index)라고 한다. 대부분의 경우, 레코드들은 주키 순서대로 저장되는데, 이 경우 주키 인덱스가 클러스터 인덱스가 된다. 주키가 아닌 속성들에 대해서도 인덱스를 만들 수 있는데 이를 분류키 인덱스 또는 2차 인덱스(secondary index)라고 한다.

주키 인덱스 (primary index)

주키값별로 레코드의 저장위치를 나타내는 인덱스를 주키 인덱스라고 한다. 관계형 데이터베이스에서 모든 주키에 대해서는 자동으로 주키 인덱스가 만들어진다. 왜냐 하면 주키는 데이터베이스 작업에서 기준이 되기 때문이다. 예를 들면 레코드를 추가할 경우에도 새로운 레코드의 주키값이 이미 존재하는가를 먼저 확인해야 한다. 그리고 테이블을 조인할 경우에도 조인 기준으로 가장 많이 사용되는 속성이 주키이다. 이와 같이 관계형 데이터베이스에서 많은 작업들이 주키를 매개로 하여 이루어지기 때문에 주키 인덱스는 릴레이션을 생성할 때 자동으로 만들어진다. 만약 주키 인덱스가 만들어져 있지 않으면, 주키값을 검색하기 위해서는 테이블을 구성하는 모든 레코드들을 다 검색해서 비교해야 하는데 이는 지극히 비현실적인 방법이다.

〈표 9-7〉은 주키 인덱스의 데이터 필드와 주소 필드를 나타낸다. 주키 인덱스에서 데이터 필드는 주키값을 나타내기 때문에 같은 값이 나타나지 않는다. 주소 필드는 각 레코드 주소를 나타낸다. [그림 9-1]과 같이 주키 클러스터링에 의하여 주키값의 순서대로 레코드들이 저장되어 있다고 가정할 경우 각 레코드들은 주키값의 순서대로 페이지에 기록된다. 따라서 주키 인덱스에는 모든 레코드에 대해서 주소를 모두 기록할 필요가 없으며, 페이지별로 첫 번째 레코드의 주소만을 기록하면 된다. 이런 특성 때문에 주키 인덱스를 논덴스 인덱스(non-dense index)라고 한다.

표 9-7 사원 테이블의 주키 인덱스

데이터 필드	주소 필드
E1	↑E1
E2	
E3	↑E3
E5	
E10	↑E10
E26	

2차 인덱스 (secondary index) 또는 분류키 인덱스

주키에 의하여 인덱싱된 테이블에서 주키가 아닌 속성을 사용해서 데이터들을 검색하고자 할 경우에는 만들어져 있는 주키 인덱스를 이용할 수 없다. 바꾸어 말하면, 주키 인덱스는 주키값을 기준으로 레코드 주소를 나타내기 때문에 주키값을 사용하는 검색에는 이용될 수 있으나, 다른 속성값을 기준으로 하는 검색에는 전혀 활용될 수 없다. 예를 들면, 사원의 이름이나 근무연수를 사용하여 레코드를 찾아야 할 경우에는 주키 인덱스를 이용하지 못하고 저장된 레코드들을 하나씩 순차적으로 검색해야 한다.

주키가 아닌 속성을 사용해서 레코드들이 저장된 주소를 바로 검색하기 위해서는 해당 속성별로 인덱스를 추가로 만들어야 하는데 이를 2차 인덱스 또는 분류키 인덱스라고 한다.

〈표 9-6〉에서 이미 예시하였던 바와 같이, 직급이라는 속성을 사용해서 특정 직급에 속하는 레코드들을 바로 검색하기 위해서는 직급에 대하여 인덱스를 만든다. 직급 인덱스에는 해당 직급에 속하는 레코드 번호들이 인덱스 테이블의 주소 필드에 기록된다. 주키가 아닌 속성들은 같은 값을 가지는 레코드들이 여러 개 있을 수 있다. 따라서 2차 인덱스에서는, 〈표 9-6〉에 예시된 바와 같이, 여러 레코드들의 레코드 번호가 인덱스 테이블의 주소 필드에 나타난다.

표 9-8 직급/나이 복합 인덱스

데이터 필드	주소 필드
과장/1	↑E1
부장/2	↑E5
부장/4	↑E2
사원/0	↑E10
사원/1	↑E26
사원/3	↑E3

2차 인덱스는 반드시 단일 속성별로 설정할 필요가 없다. 즉, 두 개 이상의 복합 속성에 대해서도 인덱스를 만들 수 있다. 이와 같이 복합 인덱스를 설정할 경우에는 인덱싱의 순서를 결정하여 순서별로 인덱싱한다. 따라서 이는 개별 속성의 인덱스로도 활용될 수 있다.

예를 들면, 직급과 근무연수에 대하여 복합 인덱스를 만들 경우, 직급에 대해서 우선적으로 인덱스를 만든다고 하면 인덱스 테이블은 〈표 9-10〉과 같이 표시된다. 〈표 9-10〉의 복합 인덱스는 직급에 대하여 우선 정렬되어 있으므로 직급 인덱스로도 이용될 수 있다.

9.2.3 이진 검색과 B+ 트리

인덱스는 속성값별로 해당 레코드의 위치를 쉽게 알 수 있도록 기록한 것이다. 즉 특정 속성에 대하여 속성값에 대응하는 레코드의 저장위치를 인덱스 테이블의 주소 필드에 관리하고, 인덱스 테이블을 검색해서 특정 속성값을 갖는 레코드들의 주소를 찾고, 찾은 레코드 주소를 사용해서 저장장치에 기록된 레코드들을 찾아간다. 특히 인덱스 테이블에는 속성값들이 순서대로 정렬되어 있기 때문에 이를 활용할 경우, 특정 속성값의 레코드 위치를 찾기 위하여 인덱스 테이블을 순차적으로 읽지 않고 보다 효과적으로 검색할 수 있다. 예를 들면, 주키 인덱스는 주키값의 순서대로 인덱스 레코드들이 정렬되어 있으며, 직급 인덱스는 직급의 가나다 순으로 인덱스 레코드들이 정렬되어 있다.

정렬되어 있는 데이터를 검색하는 방법으로서 가장 많이 사용되는 것이 이진 검색이다. 이진 검색을 사용할 경우, 모든 데이터들을 순차적으로 비교하지 않고도 해당 데이터를 찾을 수 있다. 따라서 관계형 데이터베이스에서는 레코드들이 주키 클러스터링 등에 의하여 순서대로 정열되어 있기 때문에, 이진 검색을 활용할 수 있는 데이터 구조를 사용할 경우에는 주키값을 순차적으로 비교하지 않고도 찾고자 하는 주키값의 레코드 위치를 쉽게 찾을 수 있다.

본 절에서는 정렬되어 있는 데이터의 검색방법으로서 이진 검색을 소개하고, 이를 활용한 테이블의 저장 구조로서 B+ 트리를 소개한다.

이진 검색

인덱스를 사용해서 레코드들을 검색하기 위해서는 먼저 인덱스 테이블에서 레코드 주소를 검색한다. 인덱스 테이블은 1번의 디스크 입·출력으로 주기억장치에 읽어 들일 수 있다. 따라서 특정 레코드를 검색하기 위해서는, 인덱스 테이블을 읽어 들이는 것과 인덱스 테이블에서 검색된 레코드 번호를 이용하여 해당 레코드를 읽어 들이는 것, 이렇게 2번의 디스크 입·출력이 이루어진다.

주키 인덱스를 사용해서 특정 주키값을 가지는 레코드를 검색하는 과정을 살펴보면 다음과 같다. 예를 들면 사원 테이블은 주키인 사원번호 순서대로 인덱싱되어 정렬되어 있다. 주키 인덱스 테이블에서 특정 사원번호의 주소를 찾기 위해서는 먼저 찾고자 하는 사원번호와 인덱스 테이블의 사원번호들을 비교해야 한다.

정열된 값을 비교하는 방법 중 가장 많이 사용되는 방법이 이진 검색이다. 이진 검색은 정렬된 값의 중간값을 먼저 비교해서, 찾고자 하는 값이 중간값의 오른쪽에 위치하는지 또는 왼쪽에 위치하는지를 판단하여 찾고자 하는 값이 포함된 영역을 반으로 줄여 가는 방법이다.

예를 들면, 100부터 915까지의 17개의 사원번호가 [그림 9-10]과 같이 정렬되어 있다고 가정하자. 여기서 사원번호가 245인 사원의 인덱스 레코드를

그림 9-10 이진 검색

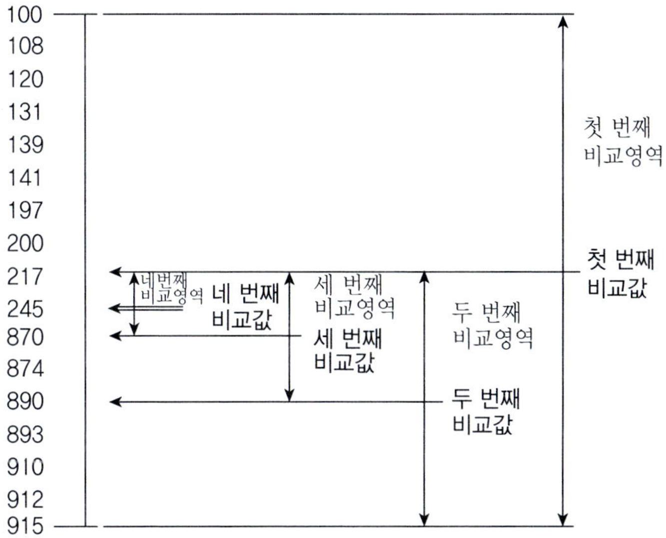

찾는다고 하자. 그러면 다음과 같이 전체 사원번호들을 1/2로 나누어가면서 비교해서 최종적으로 1개의 레코드를 찾는다.

(1) 제일 처음에는 이들 사원번호들 중 가장 중간에 위치하는, 즉 8번째 값인 217과 찾고자 하는 값 245를 비교한다. 비교의 결과, 245가 217보다 크므로 찾고자 하는 사원번호는 217보다 큰 영역에 포함됨을 알 수 있다.

(2) 2번째는 217보다 큰 영역에서 가장 중간에 위치하는, 즉 5번째 값인 390과 비교한다. 비교의 결과, 245가 890보다 작으므로 찾고자 하는 사원번호는 890보다 작은 영역에 포함됨을 알 수 있다.

(3) 3번째는 217보다 크고 890보다 작은 영역에서 가장 중간에 위치하는, 즉 3번째 값인 870과 비교한다. 비교의 결과, 245가 870보다 작으므로, 찾고자 하는 사원번호는 870보다 작은 영역에 포함됨을 알 수 있다.

(4) 4번째는 217보다 크고 870보다 작은 영역에서 비교되지 않은 값은

245 하나만이 존재한다. 따라서 찾고자 하는 사원번호를 발견한 것이다. 만약 이들 값이 같지 않으면 찾고자 하는 사원번호가 존재하는 않는 경우이다.

이상에서 예시된 바와 같이 이진 검색을 이용할 경우, 17개의 값을 비교하는데 최악의 경우에도 4번만에 원하는 값을 찾아낼 수 있다. 즉, 최악의 경우에도, 순차 검색의 경우와 같이 17번을 비교하는 것이 아니라 4번만 비교하면 된다. 그 이유는 순차 검색의 경우는 한번 비교로 한 개의 값이 비교대상에서 제외되나 이진 검색의 경우에는 전체의 반이 제외되기 때문이다.

이와 같이 이진 검색은 한번 검색으로 비교 대상 영역에 있는 값들 중 1/2이 제거됨으로써 전체 검색 횟수를 획기적으로 줄일 수 있다. 이를 일반식으로 표현하면, 전체 N개의 값이 있을 경우, 이로부터 해당 값을 찾기 위한 비교횟수를 K라고 하면 다음의 관계가 성립한다.

$$N \times \left(\frac{1}{2}\right)^K \le 1$$
$$K \ge \log_2(N)$$

요약하면, 이진 검색에서 비교횟수는 다음과 같다.

- 최상의 경우에는 1번의 비교로 찾고자 하는 값을 찾을 수 있다. 이는 찾고자 하는 값이 제일 처음에 발견되는 경우이다.
- 최악의 경우에도 $\log_2(N)$번의 비교로 찾고자 하는 값을 검색할 수 있다. 이는 찾고자 하는 값이 없거나, 제일 나중에 발견되는 경우이다.

이진 검색 데이터 구조: B+ 트리

인덱스 테이블을 효율적으로 검색할 수 있기 위해서는 이진 검색과 같은 효율적인 검색 기법을 쉽게 적용할 수 있도록 인덱스 테이블을 저장할 필요가 있다. 이를 위해서 관계형 데이터베이스는 B+ 트리, B 트리, 해쉬 테이블 등의 데이터 구조를 이용하는데 이중에서도 B+ 트리를 가장 보편적으로 이용한다. 이들 데이터 구조에 대한 상세 내용은 데이터 구조에 대한 전문 서적을 참조하는 것으로 하고, 여기서는 B+ 트리를 이용한 인덱스 구조를 개략적으로 설명한다.

B+ 트리는 기본적으로 3개 이상의 자식 노드를 가지는 트리 구조이다. 예를 들면, 사원 테이블의 주키 인덱스는 B+ 트리에 의하여 [그림 9-11]과 같이 저장된다. B+ 트리에서 중간 노드들은 해당 레코드들을 찾기 위한 다음 단계의 노드들을 가리키며, 최하위 노드는 해당 레코드들이 저장된 주소를 가리킨다.

예를 들면, 사원번호가 E1인 레코드를 찾기 위해서는 먼저 최상위 노드를 방문한다. 찾고자 하는 값인 E1이 최상위 노드에 저장된 값인 E5보다 작기 때문에 제일 왼편 포인터를 따라 다음 노드를 방문하게 된다. 다음 노드에서도 찾고자 하는 값인 E1이 있다. 이 노드가 가르키는 포인트가 사원번호가 E1인 레코드의 주소이다. 즉 사원번호가 E1인 레코드의 주소를 찾은 것이다. 포인터(주소)를 따라가면 E1 레코드를 만나게 된다. 이를 통하여 알 수 있는 바와 같이, 최상위 노드로부터 단말 노드까지 검색 경로를 따라가면 자동적으로 이진 검색이 실행된다.[3] [그림 9-11]에서 제일 아래 계층은 저장매체에 저장된 레코드들을 나타내며, 2번째 계층 이상의 노드들은 인덱스 테이블에 저장되어 있는 데이터 필드와 주소 필드를 나타낸다.[4]

이상에서 살펴본 B+ 트리의 특징을 살펴보면 다음과 같다. [그림 9-11]은 m이 3인 B+ 트리이다.

- 최하위 노드를 제외한 모든 노드는 m개부터 2m-1개까지의 자식 노드를 가진다.
- 최하위 자식 노드(단말 노드 또는 leaf)로부터 최상위 노드(root)까지의 경로의 길이는 모두 일정하다.

---

3) 이진 검색이 실행되기 위해서는 자식 노드가 2개로 한정되는 이진 트리 형태로 인덱스 테이블이 구성되어야 한다. 그러나 B+ 트리에서는 자식 노드의 수가 3개 이상이기 때문에 정확히 이진 검색이 실현되는 것은 아니다. 이와 같이 자식 노드의 수를 많이 하는 것은, 레코드가 매우 많은 큰 테이블들의 경우에도 레코드를 검색하는 데 필요한 비교횟수를 줄이기 위해서다.

4) 보다 정확히 이야기하면 2번째 계층이 인덱스 테이블의 데이터 필드와 주소 필드를 나타내며, 그 위의 계층은 2진 검색을 하는 과정을 나타내는 자료구조이다.

그림 9-11 B+ 트리 구조

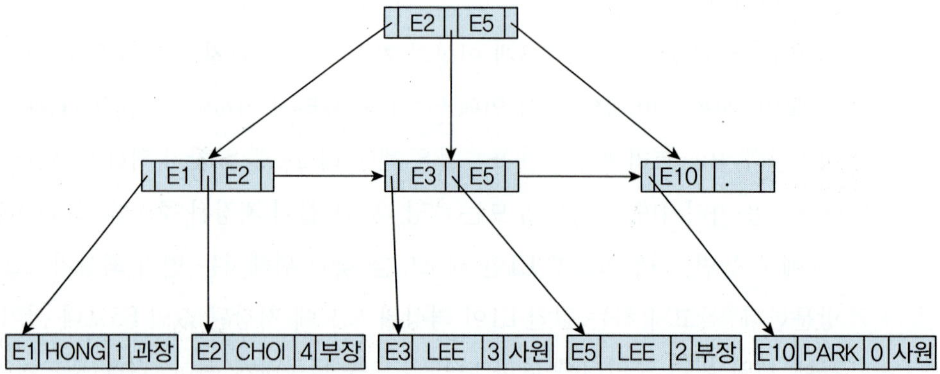

- 만약 자식 노드의 수가 m보다 작아지면(즉 m-1개가 되면), 주변의 노드로부터 자식 노드를 빌려오며, 만약 빌려올 자식 노드가 없으면(즉 주변의 부모 노드도 m개의 자식 노드만을 가지고 있으면) 두 노드를 합하여 하나의 노드를 만든다(이 경우 2m-1개의 자식 노드를 가지게 된다).
- 자식 노드가 2m개와 같아질 경우에는 부모 노드를 분할하여 노드를 2개로 만들고, 각각의 부모 노드에 m개의 자식 노드를 할당한다.

인덱스의 단점

인덱스의 주목적은 레코드의 저장위치를 효율적으로 검색하는 것이라고 하였다. 그러나 인덱스를 설정하게 되면 이에 상응하는 추가적인 비용을 지불해야 한다. 이것은 다름 아닌 인덱스 테이블의 갱신이다.

인덱스가 설정되지 않은 경우에는 데이터 레코드만을 추가하거나 갱신, 삭제하면 된다. 그러나 인덱스가 설정된 경우에는 인덱스 테이블도 같이 수정해야 한다. 예를 들면, 〈표 9-4〉의 사원 테이블에서 사원번호 E3 사원이 사원에서 과장으로 승진하였다고 가정하자. 이 경우 데이터 테이블에서는 〈표 9-9〉와 같이 E1 사원의 직급을 사원에서 과장으로 변경시키면 된다. 그러나 직급에 대하여 인덱스가 설정되어 있을 경우에는 직급 인덱스 테이블도 같이 바꾸

표 9-9 사원 테이블(예시)

사원번호	이 름	근무연수	직 급
E10	PARK	0	사원
E5	LEE	2	부장
E26	KIM	1	사원
E3	LEE	3	과장
E2	CHOI	4	부장
E1	HONG	1	과장

표 9-10 직급 인덱스

데이터 필드	주소 필드
과장	↑E1, ↑E3
부장	↑E2, ↑E5
사원	↑E10, ↑E26

어 주어야 한다. 즉 〈표 9-10〉과 같이 과장과 사원 인덱스 레코드의 주소 필드의 값을 변경시켜야 한다.

인덱스의 설정 기준

인덱스는 데이터의 검색 속도를 향상시키는 장점과 더불어 데이터의 갱신 속도를 지연시키는 단점을 갖는다. 따라서 검색의 효율성과 갱신의 비효율성을 고려하여 전자의 장점이 후자의 단점보다 클 경우에 적용해야 한다.[5]

인덱스의 설정 대상 속성들을 정리하면 다음과 같다.

- **주키**: 관계형 데이터베이스에서 데이터관리의 기준은 주키이다. 바꾸어 말하면, 주키를 이용한 데이터 검색, 테이블의 결합 등이 빈번하다. 그리고 주키는 개체무결성법칙에 의하여 서로 같은 값을 가질 수 없기 때문에 새로운 레코드가 추가되는 경우 항상 기존 레코드의 주키값들과 비교해야 한다. 이러한 이유로 주키 인덱스는 항상 설정하는 것이 바람직하다. 이에 따라 주키에 대해서는 자동적으로 인덱스가 만들어진다.
- **외래키**: 관계형 데이터베이스관리시스템에서 테이블의 조인 기준으로 가장 많이 사용되는 것은 외래키이다. 외래키를 사용하여 조인이 이루어질 경우 이를 기준으로 레코드들을 읽어 들여 처리하므로 외래키에

5) 여기서 데이터 갱신은 레코드의 입력, 갱신, 삭제를 모두 포함한다.

대하여 인덱스를 설정하는 것이 효율적이다. 이에 따라 외래키에 대해서도 자동적으로 인덱스가 만들어진다.

- **분류키**: 분류키 또는 보조키는 일반적으로 자료의 분류를 위하여 이용되는 속성들이다. 대표적인 예로서는 사원의 직급, 거주 도시 등이 이에 해당한다. 따라서 검색의 편의를 위해서 이들 분류키에 대해서 2차 인덱스를 만들어 사용하는 것이 효과적이다. 그러나 분류 기준이 될 수 있다고 해서 모두 인덱스를 만들어서는 안 된다. 2차 인덱스는 앞에서 살펴본 바와 같이 인덱스로 인한 효과가 이로 인한 비용보다 높은 경우에 설정한다.
- **정렬키**: 정렬키는 레코드들을 정렬하기 위하여 사용되는 속성들이다. 대표적인 예로서는 우편번호 등이 있다. 이들 속성들은 보고서의 작성이나 출력작업을 위하여 사용된다. 이들 정렬키에 대해서도 2차 인덱스를 만드는 것이 효과적이다.

9.3 뷰의 설계

데이터베이스시스템은 여러 사용자들이 데이터를 공유한다. 이 과정에서 개별 사용자들은 데이터베이스의 일부 자료만을 사용한다. 이들 데이터베이스의 사용자, 즉 개인사용자나 응용프로그램들이 사용하는 데이터들을 정의한 것이 뷰(view)이다. 뷰는 데이터베이스에 포함된 데이터들을 사용하기 편리하도록 구성한 가상 테이블(virtual table)이다. 이러한 뷰와 대비하여, 직접 데이터를 입력하여 구성한 테이블을 기저 테이블(base table)이라고 한다.

데이터베이스의 개념 설계에서 우리는 각 사용자 또는 분야별로 외부 스키마를 정의한 뒤 이들을 개념 스키마로 통합하는 과정을 설명하였다. 물리설계에서는 역으로 데이터베이스 스키마로부터 뷰를 생성한다. 이를 통하여 사용자별로 원하는 형식과 구조에 맞는 테이블 형태로 데이터들이 제공된다.

9.3.1 뷰의 기능

뷰의 대표적인 기능 등을 열거하면 다음과 같다.

- 복잡한 데이터 구조의 단순화
- 다양한 관점에 의한 데이터의 제시
- 데이터의 보안

복잡한 데이터베이스 구조의 단순화

관계형 데이터베이스는 데이터관리 모순을 방지하기 위해서 정규화된 테이블들로 구성된다. 따라서 사용자들이 원하는 데이터들은 여러 테이블에 흩어져 있는 경우가 대부분이다. 이렇게 흩어져 있는 데이터들을 사용하기 위해서는 이들 정규화된 테이블들을 조인해서 사용해야 하는데, 일반사용자들이 데이터베이스 스키마를 이해해서 적합한 테이블들을 찾아서 조인하는 것은 쉬운 일이 아니다. 이러한 경우, 테이블들을 미리 조인하여 뷰로 만들어둠으로써 사용자들은 마치 뷰가 데이터베이스에 저장된 것처럼 쉽게 사용할 수 있다.

예를 들면, 제품 유통 관리를 위하여 제품별로 제품군 테이블을 참조한다고 가정하자. 이 경우 유통담당자가 이들 두 테이블을 항상 조인하는 것은 번거로운 일이다.

〈표 9-11〉에 예시된 바와 같이, 이들 두 테이블을 조인해서 유통담당자의 사용자 뷰를 미리 만들어둠으로써 이들 데이터들이 마치 하나의 테이블에 저장된 것처럼 나타낼 수 있다. 이렇게 만들어진 뷰를 사용함으로써 유통담당자는 저장된 테이블의 복잡한 구조를 알 필요 없이 본인이 원하는 데이터를 쉽게 찾아 볼 수 있다.

표 9-11 뷰를 이용한 복잡한 데이터베이스 구조의 단순화

유통담당자의 뷰

제품분류	제품이름	제품번호	공급업체	분류번호	그림
음료	오렌지주스	1	서울무역	1	비트맵 이미지
음료	레몬 주스	2	태양식품	1	비트맵 이미지
조미료	체리시럽	3	태양식품	2	비트맵 이미지

제품 테이블

제품분류	제품번호	제품이름	공급업체
음료	1	오렌지주스	서울무역
음료	2	레몬 주스	태양식품
조미료	3	체리 시럽	태양식품

제품군 테이블

제품분류	분류번호	그림
음료	1	비트맵 이미지
조미료	2	비트맵 이미지
과자류	3	비트맵 이미지
유제품	4	비트맵 이미지

다양한 관점에 의한 데이터의 제시

데이터베이스 사용자들은 서로 다른 관점에서 데이터들이 다른 형식으로 제시되기를 바랄 수 있다. 사용자들마다 사용하는 데이터들이 다르며, 이를 사용하는 관점도 다르다. 그러나 데이터베이스는 통합된 데이터들을 하나의 형식으로 저장해야 한다. 이러한 저장내용과 외부 표현과의 불일치를 해결하기 위해서는, 비록 데이터들이 데이터베이스에 통합된 구조와 형식으로 저장되어 있다고 하여도, 사용자들에게는 서로 다른 구조와 형식으로 제공될 수 있어야 한다. 여기서 후자의 기능을 수행하는 것이 뷰인데, 뷰를 이용하여 가상의 테이블을 만듦으로서 다른 사용자들에게 서로 다른 데이터 이름 및 형식으로 데이터들을 제시할 수 있다. 이렇게 함으로써 다양한 사용자의 요구를 충족시키면서 정보 공유도 실현하는 상호 상충적인 목표를 동시에 달성할 수 있게 된다.

예를 들면, 데이터베이스에 직원 데이터와 주문 데이터가 저장되어 있다고 가정하자. 직원관리담당자는 직원번호 순서대로 직원별 주문실적 자료들을

표 9-12 뷰를 이용한 다양한 관점에 의한 데이터의 제시

직원관리담당자의 뷰

직원번호	직원이름	직 위	지 역	고 객	납기일
1	김소미	영업사원	경인	신세계통상	2006-08-14
1	김소미	영업사원	경인	이화무역	2006-08-29
2	김덕훈	부사장	경인	베네디스유통	2006-08-22
2	김덕훈	부사장	경인	개성트레이딩	2006-9-15
2	김덕훈	부사장	경인	신세계통상	2008-04-20

신세계통상의 뷰

주문번호	납기일	선적구분	직원이름	지역
10258	2006-08-14	대륙통운	김소미	경인
10968	2008-04-20	국제특송	김덕훈	경인

직원 테이블

직원번호	직원이름	직위	지역
1	김소미	영업사원	경인
2	김덕훈	부사장	경인

주문 테이블

직원이름	고 객	주문번호	납기일	선적구분
김소미	신세계통상	10258	2006-08-14	대륙통운
김소미	이화 무역	10270	2006-08-29	대륙통운
김덕훈	베네디스유통	10265	2006-08-22	대륙통운
김덕훈	개성트레이딩	10307	2006-09-15	한일특급
김덕훈	신세계통상	10968	2008-04-20	국제특송

확인할 수 있기를 원할 수 있다. 이에 반하여 고객들은 주문별로 주문담당직원들을 확인할 수 있기를 원할 수 있다. 이 경우 〈표 9-12〉에 예시된 바와 같이 뷰를 만들어 사용함으로서 동일한 직원 데이터와 주문 데이터로부터 서로 다른 사용자들에게 다른 형식의 자료를 제공할 수 있다.

데이터의 보안

뷰를 이용하여 데이터에 대한 접근을 제한할 수 있다. 예를 들면 직원 테이블에 포함된 데이터들 중에서 개인의 프라이버시나 인사 기밀에 해당하는 정보를 일반인이 볼 수 없도록 제한할 수 있으며, 또는 볼 수 있는 레코드의 수를 제한할 수 있다. 즉, 외부인들은 해당 조직에 근무하는 직원의 일반 자료들만을 열람할 수 있으며, 인사담당자들은 모든 자료를, 본인은 본인 자료만을 열람할 수 있도록 설계할 수 있다. 이를 위하여 각각의 뷰를 설계하고, 사용자별로 해당 뷰의 사용 권한을 부여함으로써 권한이 부여된 이외의 자료는 사용할 수 없도록 제한함으로써 데이터 보안을 강화할 수 있다. 〈표 9-13〉은 각각 다른 관점에서의 뷰를 나타낸다.

표 9-13 뷰를 이용한 데이터의 보안

외부 사용자의 뷰

이 름	직 위
김소미	영업 사원
김덕훈	부사장
윤대현	영업 사원
최소라	영업 사원
안정훈	영업 과장
김찬진	영업 사원

인사담당자의 뷰

직원번호	이 름	직 위	생년월일	입사일
1	김소미	영업사원	1968-12-08	1992-05-01
2	김덕훈	부사장	1953-02-19	1992-08-14
3	윤대현	영업사원	1963-08-30	1992-04-01
4	최소라	영업사원	1969-09-19	1993-05-03
5	안정훈	영업과장	1955-03-04	1993-9-17
6	김찬진	영업사원	1963-06-02	1993-9-17

직원번호 3의 뷰

직원번호	이 름	직 위
3	윤대현	영업사원

직원 테이블

직원번호	이 름	직 위	생년월일	입사일
1	김소미	영업사원	1968-12-08	1992-05-01
2	김덕훈	부사장	1953-02-19	1992-08-14
3	윤대현	영업사원	1963-08-30	1992-04-01
4	최소라	영업사원	1969-09-19	1993-05-03
5	안정훈	영업과장	1955-03-04	1993-9-17
6	김찬진	영업사원	1963-06-02	1993-9-17

9.3.2 뷰의 활용과 데이터의 저장 형식

사용자들이 외부적으로 인지하는 모든 데이터들이 모두 데이터베이스에 저장되어 있는 것은 아니다. 앞에서 소개된 뷰들은 내용적으로 데이터베이스에 저장된 데이터들을 다른 형식이나 구조로 변환하여 보여주는 것이다. 따라서 이들 뷰를 다른 테이블들과 같이 직접 저장할 필요는 없다.

또 다른 예로서 뷰에 포함된 합계와 같은 데이터들은 테이블에 직접 저장하지 않고 사용자들에게 보여줄 때 처리하여 제시할 수도 있다. 그리고 데이터들을 코드화하여 저장한 후, 외부적으로는 변환하여 제시할 수도 있다. 이와 같이 데이터베이스는 뷰를 이용함으로써, 저장형식과 사용자에게 제시되는 형식을 분리할 수 있으며, 이를 통하여 데이터 관리 효율을 향상시킬 수 있다.

유추 데이터의 간접 구현

유추 데이터(derived data)들은 기저 테이블에 물리적으로 저장하지 않고 뷰를 사용하여 마치 저장되어 있는 것처럼 보여줄 수 있다. 이렇게 데이터베이스에 저장되어 있지 않은 데이터를 저장된 것처럼 보여주는 것을 간접 구현이라고 한다. 예를 들면, 학생의 성적표에서 평점은 직접 그 값을 데이터베이스에 저장하여 사용할 수 있으나, 저장하지 않고 사용자들이 이를 요구할 때마다 과목별 학점 수와 성적으로부터 계산하여 제공할 수도 있다. 전자를 직접 구현이라고 하고, 후자를 간접 구현이라고 한다.

유추 데이터의 간접 구현방법은 데이터의 논리적 독립성을 향상시킨다. 새로운 사용자의 정보 요구가 발생하였다고 가정하자. 이 경우 만약 새로이 요구된 데이터가 이미 저장되어 있는 데이터로부터 유추될 수 있을 경우, 스키마의 변경이 없이 뷰만을 변경시킴으로써 새로운 정보 요구를 충족시킬 수 있다.

예를 들면 선적회사(shipvia)별로 지불할 총운임(sum(freight))을 원할 경우,

다음과 같이 뷰를 사용하여 선적회사별 총운임을 파악할 수 있다.

```
CREATE VIEW shipvia_freight AS
SELECT shipvia, sum(freight)
FROM orders
GROUP BY shipvia;
```

즉, 저장된 주문(orders)별 선적회사 운임(freight)으로부터 선적회사별 모든 운임을 계산하여 제공하는 뷰를 생성함으로써 마치 선적회사별 총운임을 나타내는 데이터가 데이터베이스에 저장된 것처럼 보여줄 수 있다.

데이터의 코드화

데이터값을 코드화하여 저장하고 사용자들에게는 코드가 아니라 일반적으로 사용하는 값으로 보여줄 수 있다. 예를 들면, 운송업체를 대륙통운, 한일특급, 국제특송의 문자열로 저장하는 것보다는 이를 코드화하여 1, 2, 3으로 저장하는 것이 보다 효율적이고 편리하다. 그리고 사용자들에게 보여줄 때는 뷰를 사용해서 해당 코드에 대응하는 문자열로 표시된 업체명을 보여준다. 즉 〈표 9-15〉에 예시된 바와 같이 실제로는 선적회사 테이블과 주문 테이블로 2개의 테이블로 나누어 저장하고, 사용자에게 보여줄 때는 이들을 조인한 1개의 뷰를 만들어서 마치 1개의 테이블로 저장된 것처럼 나타낼 수 있다.

데이터관리의 측면에서 코드화는 다음과 같은 장점을 갖는다.

- **데이터 저장공간의 절약**: 선적회사 명칭과 같이 긴 문자열을 저장하는 것보다는 숫자를 저장하는 것이 데이터의 저장공간을 절약할 수 있다.
- **데이터 입력오류의 방지**: 명칭과 같은 자연어는 이를 직접 입력할 경우 입력오류가 발생하기 쉽다. 그러나 코드를 사용할 경우 해당 코드를 입력함으로써 오류를 줄일 수 있다. 그리고 대부분의 경우 입력 화면에서 이들 코드를 대화적으로 선택할 수 있다.
- **데이터 명칭 변화에 대한 유연한 대응**: 선적회사 명칭 등은 시간이 흐름

표 9-14 데이터의 코드화

주문관리담당자의 입력뷰

주문번호	고객	선적일	선적구분	운임
10248	해바라기	2006-06-16	국제특송	₩32,000
10249	산타페	2006-06-10	대륙통운	₩12,000
10250	YH무역	2006-06-12	한일특급	₩66,000

선적회사 테이블

운송업체 번호	회사 이름	전화 번호
1	대륙통운	(02)552-9831
2	한일특급	(02)355-3199
3	국제특송	(02)755-9931

주문 테이블

주문 번호	고객	선적일	선적 구분	운임
10248	헤바리기	2006 06 16	3	₩32,000
10249	산타페	2006-06-10	1	₩12,000
10250	YH무역	2006-06-12	2	₩66,000

에 따라 변경되기 쉽다. 이러한 경우, 자연어로 저장하였을 경우에는 모든 명칭을 전부 갱신해야 한다. 그러나 코드로 저장할 경우에는 코드는 그대로 두고 코드 테이블에서 회사이름만 변경하면 된다.

9.4 데이터베이스 물리설계의 기준

데이터의 물리설계는 앞에서 언급된 데이터베이스의 저장 구조를 참조로 하여 가장 효율적인 데이터베이스를 구축하고자 하는 설계활동이다. 물리설계에서 가장 논란이 되는 것이 논리설계에서 제시된 릴레이션의 반정규화, 인덱스의 설정 등이라고 할 수 있다. 그런데 인덱스는 이미 자세히 설명하였으므로, 여기서는 반정규화를 중심으로 물리설계기준을 제시한다.

9.4.1 반정규화 (de normalization)

반정규화는 정규화된 릴레이션들의 정규형을 낮추는 작업이다. 즉 관계형 데이터베이스에서 자주 사용되는 필드를 복제하여 2개 이상의 테이블에 중복 저장함으로써 데이터 중복이 발생하도록 하는 작업이다. 정규화에서 살펴본 바와 같이 데이터를 중복 저장할 경우 해당 테이블은 제3정규형이 아닌 제1정규형이나 제2정규형의 형태를 갖게 된다. 이와 같이 정규형을 감소시키는 것을 반정규화라고 하는데, 반정규화가 필요한 이유는 데이터를 중복해서 저장함으로써 조인 횟수를 줄일 수 있으며, 데이터 검색 속도를 향상시킬 수 있기 때문이다.

이러한 반정규화를 유형에 따라 구분하면 다음과 같이 나눌 수 있다.

- 중복 필드의 추가
- 중복 관계의 설정

중복 필드의 추가

반정규화의 가장 일반적인 형태는 같은 필드를 2개 이상의 테이블에 중복하여 저장하는 것이다. 예를 들면, 제품 데이터들을 사용하는 과정에서 항상 제품의 공급업체에 대한 자료들을 참조한다고 가정하자. 정규화된 데이터베이스에서 공급업체에 대한 자료들은 공급자 테이블에 저장되며, 제품 테이블은 공급업체이름만을 외래키로 포함한다. 따라서 제품의 공급업체 자료를 열람하기 위해서는 제품 테이블과 공급자 테이블을 매번 조인해야 한다. 이러한 번거로움을 해소하고 보다 효율적인 데이터 검색을 위해서는 〈표 9-15〉에 예시된 것처럼 공급자에 대한 내용을 제품 테이블에 중복해서 저장할 수 있다. 이 경우 제품 테이블은 추이적 함수종속성을 가지게 되며 제2정규형의 형태를 띄게 된다.

중복 필드를 추가로 저장하는 것은 비록 검색의 효율은 향상시킬 수 있으나 매우 조심하여 사용해야 한다. 즉, 데이터베이스의 갱신과 관련하여 여러

표 9-15 중복 필드의 추가에 의한 반정규화

(a) 정규화 릴레이션

공급업체 번호	회사이름	담당자 이름	담당자 직위
1	태양식품(주)	박찬식	판매 1과장
2	신한식품(주)	김문식	수주 3과장

제품번호	제품이름	공급업체	단가
1	태양 오렌지주스	서울무역(주)	₩80,000
2	태양 레몬주스	태양식품(주)	₩19,000
3	태양 체리시럽	태양식품(주)	₩10,000
4	신한 복숭아시럽	신한식품(주)	₩22,000
5	신한 파인 애플시럽	신한식품(주)	₩21,000

(b) 반정규화 릴레이션

공급업체 번호	회사이름	담당자 이름	담당자 직위
1	태양식품(주)	박찬식	판매 1과장
2	신한식품(주)	김문식	수주 3과장

제품 번호	제품이름	공급업체	담당자 이름	담당자 직위	단가
1	태양 오렌지주스	서울무역(주)			₩80,000
2	태양 레몬주스	태양식품(주)	박찬식	판매 1과장	₩19,000
3	태양 체리시럽	태양식품(주)	박찬식	판매 1과장	₩10,000
4	신한 복숭아시럽	신한식품(주)	김문식	수주 3과장	₩22,000
5	신한 파인 애플시럽	신한식품(주)	김문식	수주 3과장	₩21,000

바람직하지 않은 현상들이 발생할 수 있다. 예를 들면, 공급업체의 담당자가 변경되면, 해당 업체가 공급하는 모든 제품 레코드의 담당자를 변경시켜 주어야 한다. 만약 그렇지 않으면 담당자 이름이 다르게 기록되는 등의 문제가 발생할 수 있다. 이와 같이 데이터 중복을 허용할 경우에는 이에 따른 데이터관

리의 문제가 발생하지 않도록 데이터 정합성(무결성)을 유지하기 위한 추가적인 장치가 마련되어야 한다.

중복 관계의 설정

관계형 데이터베이스에서 테이블들은 외래키를 통하여 복잡한 연관관계를 형성한다. 예를 들면, [그림 9-17]에 예시된 바와 같이, 고객 주문에 대한 정보와 주문담당직원에 대한 정보, 부서에 대한 정보가 각각 주문 테이블, 직원 테이블, 부서 테이블에 저장되어 있다고 가정하자. 여기서 주문 테이블은 직원이름을 통해서 담당지역을 참조한다. 이러한 경우, 주문별 직원의 담당지역를 참조하기 위해서는 주문 테이블과 직원 테이블을 조인한 뒤, 다시 부서 테이블을 조인해야 한다. 이와 같이 테이블들 사이의 관계가 연계되어 설정된 경우에는 조인의 횟수가 증가하게 되며, 따라서 데이터 검색을 위한 시간이나 시스템 부하 또한 증가하게 된다.

표 9-16 중복 관계의 추가에 의한 반정규화

(a) 정규화 릴레이션

주문번호	고객	직원이름	납기일
10248	해바라기	안정훈	2006-08-01
10249	산타페	김찬진	2006-08-16

직원이름	직위	부서
최소라	사원	영업1부
안정훈	과장	영업1부
김찬진	사원	영업2부
오영수	사원	영업1부

부서	담당지역
영업1부	수도권
영업2부	충청권
영업3부	호남권
영업4부	경상권

(b) 반정규화 릴레이션

주문번호	고객	직원이름	부서	납기일
10248	해바라기	안정훈	영업1부	2006-08-01
10249	산타페	김찬진	영업2부	2006-08-16

직원이름	직위	부서
최소라	사원	영업1부
안정훈	과장	영업1부
김찬진	사원	영업2부
오영수	사원	영업1부

부서	담당지역
영업1부	수도권
영업2부	충청권
영업3부	호남권
영업4부	경상권

과도한 조인 횟수를 경감시키기 위해서는 자주 사용되는 테이블들을 직접 연결하는 속성을 저장함으로써 이들 테이블들이 바로 조인될 수 있도록 한다. 즉, 주문 테이블에 부서를 추가로 저장하면, 직원 테이블을 참조하지 않고서도 부서 테이블을 참조하여 주문담당부서의 담당지역을 알 수 있다. 중복 관계의 설정도 중복 필드의 추가와 마찬가지로 중복을 허용하는 것이다. 따라서 데이터의 정규성(무결성)을 유지할 수 있도록 추가적인 장치가 마련되어야 하며, 꼭 필요한 경우에만 조심스럽게 적용해야 한다.

9.4.2 집계 테이블 또는 유추 데이터

유추 데이터(derived data)는 다른 데이터들로부터 계산되거나 유도될 수 있는 데이터를 말한다. 이를 별도의 테이블로 저장할 경우 집계 테이블이라고 하며, 기존 테이블에 저장할 경우를 유추 데이터라고 한다.

집계 테이블

온라인으로 합계, 총거래건수 등의 집계성 정보를 조회하는 경우에는 대량의 레코드를 조회해야 한다. 이 결과 시스템에 과도한 부하를 추가하게 되며, 이는 곧 트랜잭션의 처리에 영향을 미친다. 따라서 이와 같이 집계성 정보에 대한 조회가 많은 경우에는 조회값을 미리 계산하여 별도의 테이블로 만들어 두는 것이 효율적이다.

예를 들면, 은행의 지점별 총수신현황에 대한 조회 요구가 자주 발생한다면, 조회 요청이 발생할 때마다 모든 수신 금액을 더하는 것보다는 미리 지점별 수신 금액을 계산하여 저장해 두는 것이 보다 효과적일 수 있다. 그러나 이와 같이 수신 금액을 미리 계산하기 위해서는 거래가 발생할 때마다 수신 금액을 갱신해야 하는 반대급부가 발생하므로, 이를 잘 고려하여 결정해야 한다.

집계 테이블은 거래처리의 부하 증가와 집계 정보 조회의 효율성을 같이 고려하여 다음과 같은 경우에 추가하는 것이 좋다. 만약 이와 같은 경우가 아닌 경우에는 집계 테이블을 별도로 만드는 것보다는 조회 요청시에 해당 레코드들을 읽어 처리하는 것이 더 효과적이다.

- 집계 데이터에 대한 조회 빈도가 높은 경우
- 조회가 정형화되어 있는 경우
- 데이터를 여러 부문에서 이용하는 경우
- 집계 정보를 추출하기 위하여 노력이 많이 드는 경우

최근에는 집계 테이블과 같이 정보 분석에 필요한 데이터들을 전문으로 저장하는 데이터베이스인 데이터웨어하우스(Data Warehouse)를 별도로 구축하여 정보 분석과 비즈니스 인텔리전스에 활용한다. 집계 테이블, 더 나아가서 데이터웨어하우스를 생성하는 방법에는 온라인, 일괄처리, 지연처리의 세 가지 방법이 있다.

(1) 온라인

온라인(on-line)은 원시 데이터가 처리될 때, 즉 거래가 발생할 때, 집계 데이터를 같이 생성하는 방법으로서 현 시점의 정확한 정보를 제공해야 하는 경우에 적합하다. 그러나 거래처리 시간이 더 걸린다는 단점이 있다.

(2) 일괄처리

일괄처리(batch)는 주기적으로 원시 데이터들을 처리하여 집계 데이터를 생성하는 방법으로서 거래처리에 발생하는 부하가 문제가 되거나 실시간으로 정확한 집계 정보를 제공하지 않아도 되는 경우에 사용한다.

(3) 지연처리

지연처리(deferred)는 온라인과 일괄처리의 중간 형태로서 원시 거래가 처리되고 난 후 일정한 시차를 두고 집계 데이터를 생성하는 방법이다. 지연처리는 거래처리에 부담을 주지 않으면서 집계 데이터를 처리할 수 있는 장점이 있다.

유추 데이터

유추 데이터(derived facts)는 기저 데이터(basic fact)로부터 계산될 수 있는 데이터들이다. 따라서 유추 데이터들은 원칙적으로는 데이터베이스에 저장할 필요가 없다. 그러나 이들을 계산하기 위해서 여러 테이블을 조인하거나 여러 레코드들을 복잡하게 처리해야 하는 경우에는, 이들 유추 데이터들을 미리 계산하여 저장하는 것이 효율적일 수도 있다.

유추 데이터의 저장 여부는 데이터 사용 형태를 기준으로 데이터관리의 효율성 제고라는 관점에서 결정되어야 한다. 예를 들면, 누적구매액을 구매 내역과 중복하여 저장할 경우, 구매 데이터들이 갱신됨과 동시에 누적구매액 또한 갱신해야 한다. 따라서 데이터의 입력이나 갱신이 이루어질 경우 유추 데이터들을 갱신하기 위한 노력이 추가로 이루어져야 한다. 이에 반하여 저장되지 않을 경우에는 검색시에 매번 누적구매액을 계산해야 한다. 따라서 데이터 검색시 많은 양의 계산 작업을 수행해야 한다. 이와 같이 유추 데이터의 저장 방법은 데이터의 사용형태를 기준으로, 신속한 검색을 필요로 하는 경우에는 중복하여 저장하는 방법을, 데이터의 입력과 갱신 노력을 최소화하기 위해서는 저장하지 않는 방법을 선택하는 것이 바람직하다.

9.4.3 테이블의 분할

레코드의 길이가 매우 길거나 레코드의 수가 지나치게 많은 테이블은 디스크 입 · 출력 시 많은 부하를 발생시키며, 따라서 데이터관리 효율을 떨어뜨린다. 이들 유형 중에서 가장 대표적인 것이 품목 테이블들이다. 품목 테이블은 보통 수십 개, 많은 경우 수백 개의 필드를 포함한다. 그리고 품목 테이블들은 보통 수십만 건의 레코드들을 포함한다. 이와 같이 거대한 테이블을 하나로 관리하는 것보다는 분할하여 관리하는 것이 바람직하다.

테이블의 분할에는 수평 분할과 수직 분할 방법이 있다. 예를 들면, 품목 테이블을 품목의 사양과 관련된 품목기준정보 테이블, 재고관리 또는 구매와 관련된 품목재고 테이블, 가격과 관련된 품목가격 테이블로 수직적으로 분할하여 관리할 수 있다.

또는 국내 판매품목 테이블, 아시아 지역 판매품목 테이블, 미주 지역 판매품목 테이블 등으로 수평적으로 분할하여 관리할 수도 있다.

9.4.4 코드 테이블의 통합

관계형 데이터베이스는 많은 코드 테이블들을 포함한다. 코드 테이블들은 데이터의 코드화에서도 언급한 바와 같이 필드값을 정확하게 표현하며, 저장공간의 낭비를 줄일 수 있다는 점에서 매우 효과적인 데이터의 저장방법이다. 그러나 이들 코드 테이블들을 각각 별도로 관리할 경우 다음과 같은 단점들이 발생할 수 있다.

- 테이블의 수가 증가하게 된다.
- 레코드의 추가나 조회시 여러 코드 테이블들을 조회해야 한다.
- 코드 테이블을 유지 관리하기 위한 프로그램들을 각각 유지해야 한다.

이들 코드 테이블을 하나로 통합하여 관리하게 되면 다음과 같이 효율성을 제고할 수 있다.

- 각 테이블을 관리해야 하는 번거로움을 줄일 수 있다.
- 코드가 주기억장치에 상주하게 될 가능성이 높으므로 코드의 조회시간이 단축된다.
- 코드 테이블을 유지 관리하기 위해서 하나의 프로그램만 유지하면 된다.

그러나 통합된 코드 테이블에는 여러 종류의 코드들이 복합적으로 저장된다. 따라서 통합 코드 테이블들은 데이터 테이블과 외래키에 의하여 직접 연결되지 않는다.

요약

본 단원에서는 데이터베이스의 물리설계방법에 대하여 학습하였다. 본 단원에서 습득한 주요 개념들을 요약하면 다음과 같다.

- **2차 인덱스**: 주키가 아닌 속성들에 대하여 설정된 인덱스.
- **B+ 트리**: 3개 이상의 자식 노드를 가지는 트리 구조로서 관계형 데이터베이스에서 인덱스를 저장하기 위한 보편적으로 사용되는 데이터 구조임.
- **간접 저장**: 유추 데이터(derived facts)들을 물리적으로 저장하지 않고 사용자들이 이를 요구할 경우마다 계산하여 제공하는 방법.
- **논덴스 인덱스**: 주키 인덱스나 클러스터링 인덱스의 경우처럼 페이지 단위로 처음 레코드의 주소만을 저장하는 인덱스.
- **데이터 저장관리시스템**: SQL 명령문을 실제로 수행하는 데이터베이스관리시스템의 구성요소.
- **데이터베이스 활용도**: 트랜잭션별로 분석된 트랜잭션 분석표를 결합한 데이터베이스 전체에 대한 활용 통계를 표시하는 분석도.
- **레코드 번호**: 저장매체(예: 하드디스크)에 레코드가 저장된 위치를 가르키는 번호.
- **반정규화**: 관계형 데이터베이스에서 자주 사용되는 필드를 복제하여 2개 이상의 테이블에 중복 저장함으로써 제3정규형이 아닌 제1정규형이나 제2정규형 릴레이션들로 데이터베이스를 구현하는 방법.
- **뷰**: 데이터베이스에 포함된 데이터들을 사용하기 편리하도록 구성한 가상 테이블(virtual table)
- **이진 검색**: 정렬된 값의 중간값을 먼저 비교해서, 찾고자 하는 값이 중간값의 오른쪽에 위치하는지 또는 왼쪽에 위치하는지를 판단하여 찾고자 하는 값이 포함된 영역을 반으로 줄여 가는 검색방법.
- **인덱스**: 데이터베이스에서 특정 레코드 또는 레코드들을 쉽게 찾아내기 위하여 각 레코드들의 저장위치를 목록화하여 만들어 놓은 것.
- **주키 인덱스**: 주키값별로 레코드의 저장 주소를 포함하는 인덱스.
- **집계 테이블**: 다른 데이터들로부터 계산되거나 유도될 수 있는 데이터들을 별도로 저장한 테이블.
- **클러스터링**: 데이터베이스 레코드들을 저장매체에 배치하는 방법으로 주로 주키값을 기준으로 하여 배치함.

- **트랜잭션 분석도**: 트랜잭션들이 무슨 테이블들을 어떻게, 어떤 순서로 어느 빈도로 사용하는가를 서술하는 도형.
- **트랜잭션 뷰**: 트랜잭션들이 사용하는 데이터들을 나타내는 뷰.
- **트랜잭션**: 연속된 일련의 기능을 수행하는 논리적인 작업의 단위(logical unit of work).
- **파일간 클러스터링(inter-file clustering)**: 상호 연관된 테이블들을 서로 인접하도록 배치시키는 방법.
- **파일 내 클러스터링(intra-file clustering)**: 단일 테이블의 레코드들을 배치하는 방법.

제 IV 부

데이터베이스 관리 및 활용

제10장
데이터베이스 운영과 보안

데이터베이스는 하나의 살아있는 생명체라고 할 수 있다. 본 교재의 대부분을 차지한 데이터베이스의 설계는 이러한 생명체의 사양을 만드는 작업이다. 그리고 데이터베이스의 운용과 보안은 사양에 맞도록 데이터베이스를 양성하는 것이라고 할 수 있다.

모든 생명체들은 최적의 환경에서 성장하는 것이 바람직하며, 이러한 조건이 유지될 수 있도록 지속적으로 관리해 주어야 한다. 이러한 노력이 부족할 경우, 제대로 성장하지 못하고 소멸되거나, 원래의 사양과는 다른 형태로 성장하게 된다. 데이터베이스 또한 생명적 유기체라는 점에서 설계에서 가정한 조건들이 충족되도록 관리해 주어야 한다. 데이터베이스 관리자는 데이터베이스 설계 사양이 지속적으로 충족되는가를 추적하고 관리해야 한다. 사실 좋은 데이터베이스를 구축하기 위해서는 데이터베이스 설계와 더불어 이를 운영하고 유지하는 노력이 같이 이루어져야 한다.

10.1 데이터베이스의 무결성

데이터베이스는 실제 현상을 추상화하여 기록한 것이다. 따라서 데이터베이스에 기록된 자료들은 항상 실제 현상에서 발생 가능한, 즉 논리적으로 모순되지 않은 상태를 유지해야 한다. 데이터베이스가 상호 모순되지 않은 데이터들만을 포함하도록 강제하는 법칙들이 개체무결성법칙이나 참조무결성법칙과 같은 제약조건들이다. 이들 법칙이 충족되지 않을 경우, 데이터들은 상호 모순된 자료들을 포함할 수 있으며, 따라서 실제 현상을 잘못 나타내게 된다.

데이터베이스가 실제 현상을 제대로 나타내기 위해서는 무결성법칙들이 항상 충족되어야 함과 더불어 트랜잭션들 또한 논리적으로 모순되는 내용을 포함하지 않아야 한다. 만약 데이터베이스가 모순된 값에 의하여 갱신될 경우, 갱신된 데이터베이스는 당연히 모순된 데이터를 포함하게 된다.

10.1.1 트랜잭션의 무결성

데이터베이스의 물리설계에서 언급한 바와 같이, 트랜잭션은 데이터 처리의 기본 단위이다. 즉 데이터베이스는 트랜잭션에 의하여 갱신된다. 이러한 점에서 트랜잭션은 데이터베이스의 무결성을 판단하는 기본 요소라고 할 수 있다.

데이터베이스의 갱신

연속적으로 갱신 유지되는 데이터베이스는 각각의 시점에서 실제 현상을 나타낸다. 그리고 이들 데이터베이스를 변경시키는 것이 트랜잭션들이다.

예를 들면, 현재의 데이터베이스에 계정_1, 계정_2, 계정_3의 잔고가 1000만원, 2000만원, 1000만원이며, 현금보유액이 1억원이라고 하자. 이러한 데이터베이스는 특정 시점에서의 현재 상태를 나타낸다. 이러한 상태에서 특정 고객이 계정_1의 통장에서 500만원을 인출하게 되면, 계정_1의 잔고는 500만원이 되며, 현금보유액도 9500만원으로 바뀌게 된다. 이렇게 변경된 데이터베이스는 또 다른 시점에서의 데이터베이스 상태를 나타낸다. 따라서 데이터베이스의 갱신이란 다름 아닌 데이터베이스의 상태가 변경되는 과정이라고 할 수 있다. 이와 같이 데이터베이스를 현재의 상태에서 다른 상태로 변경시키는 것이 트랜잭션이다.

[그림 10-1]의 예에서 계정_1에서 500만을 현금으로 인출하는 트랜잭션은 상태_A의 데이터베이스를 상태_B로 이동시킨다. 따라서 만약 상태_A가 실제 현상에서 발생 가능한 상태, 즉 무결성이 충족된 상태라고 하고, 계정_1의 현금인출 트랜잭션 또한 발생 가능한 트랜잭션이라고 하면, 변경된 상태_B 또한 실제 현상에서 발생 가능한 상태이다.

이와 같이 현재의 상태가 무결성이 충족되는 상태라고 할 때, 갱신시키는 내용 또한 논리적으로 모순되지 않으면, 변경된 새로운 데이터베이스 또한 무결성이 충족된다고 논리적으로 단언할 수 있다. 바꾸어 말하면, 만약 현재의 상태가 무결성이 충족된 상태라고 가정 할 경우, 변경된 데이터베이스가 무결성을 충족시키기 위해서는 트랜잭션들의 무결성이 충족되어야 한다.

그림 10-1 **데이터베이스의 상태**

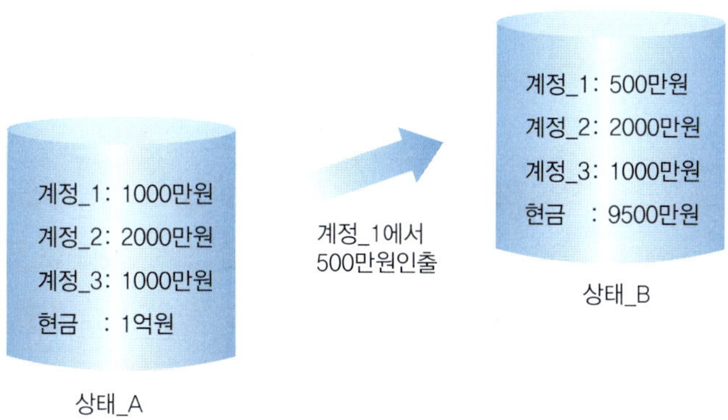

완료와 복귀

트랜잭션은 무결성을 유지하면서 데이터베이스를 변경시키는 작업단위이다. 그러나 경우에 따라서는, 시스템에서 트랜잭션의 일부만이 실행되는 상황이 발생할 수 있다.

예를 들면, [그림 10-2]에서 계정_1의 잔고가 500만원으로 갱신된 후 현금이 인출되기 직전인 시점 X에서 외부 요인에 의해서 현금인출기의 작동이 정지되었다고 가정하자. 이렇게 될 경우, 상태_A의 데이터베이스는 상태_X로 바뀌게 된다. 그러나 상태_X는 발생할 수 없는, 즉 논리적으로 모순된 상태이다. 왜냐하면 금융거래에서 계정_1의 잔고가 줄면 해당하는 액수만큼 나머지 계정들의 잔고나 현금보유액이 바뀌어야 한다. 그러나 상태_X는 계정_1의 잔고만 감소한 상태이다. 바꾸어 말하면, 상태_X는 절대로 발생해서는 안 되는 상태이다.

상태_X와 같은 데이터베이스가 발생하지 않기 위해서는, 비록 시스템은 시점 X에서 종료되었어도 데이터베이스는 상태_X에서 종료되지 않도록 해

그림 10-2 데이터베이스의 갱신 (모순)

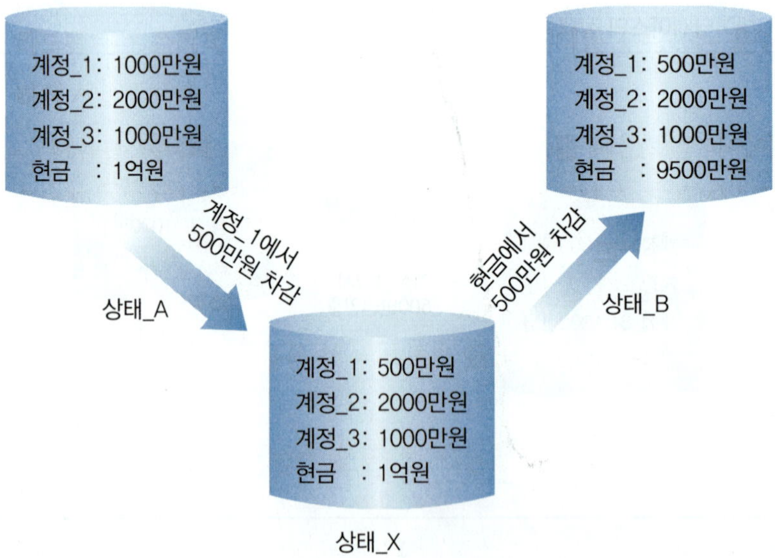

그림 10-3 트랜잭션의 실행 단계도

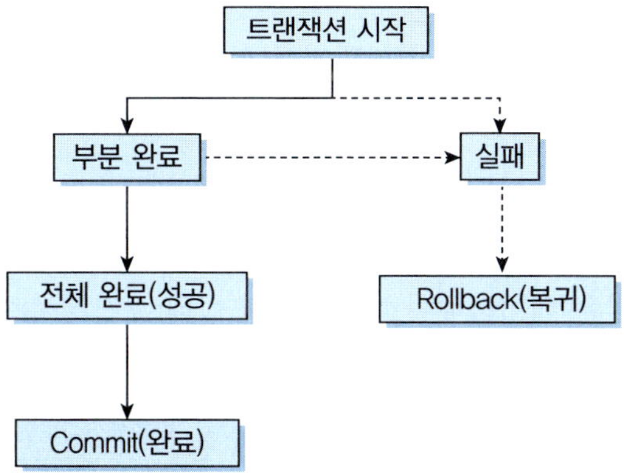

야 한다. 이와 같이 데이터베이스가 상태_X로 변경되지 않도록 하기 위해서는 트랜잭션이 성공적으로 완료되어 데이터베이스가 상태_B에 다다르지 못한 경우에는, 데이터베이스를 상태_A로 복귀시켜야 한다. 즉, 부분적으로 처리된 작업을 모두 포기하고 데이터베이스를 이전 상태로 복귀시키는 것이 대안이다.

요약하면 데이터베이스는 트랜잭션이 전체적으로 완료된 시점에서 갱신되도록 해야 하며, 만일 그러지 못할 경우에는 부분적으로 처리된 작업을 모두 포기하고 데이터베이스를 이전 상태로 복귀시켜야 한다. [그림 10-3]에 표시된 바와 같이 전자를 트랜잭션의 완료(commit)라고 하고, 후자를 트랜잭션의 복귀(rollback)라고 한다. [그림 10-3]에서 보는 바와 같이 일부분만 수행된 트랜잭션은 데이터베이스의 관점에서 볼 때는 아무런 의미가 없으며, 완전히 실패한 트랜잭션과 동일하게 취급된다. 그리고 데이터베이스는 이전 상태로 복귀된다.

트랜잭션의 특성

데이터베이스의 갱신과 연관하여 트랜잭션은 여러 가지 중요한 특징을 갖는다. 이들 특징들을 해당하는 영어 단어의 첫 글자를 따서 ACID라고 한다.

(1) 원자성 (atomicity)

트랜잭션은 더 이상 분해가 불가능한 최소의 단위이다. 따라서 트랜잭션은 전체가 처리되든지 또는 처리되지 않든지 해야 하며, 일부만을 처리하는 것은 있을 수 없다. 이것을 영문으로 all or nothing이라고 한다.

(2) 일관성 (consistency)

트랜잭션은 데이터베이스를 일관된 상태로 변경시킨다.

(3) 격리성 (isolation)

트랜잭션의 실행 중간 결과를 외부의 사용자나 또는 다른 트랜잭션들이 참조하거나 이용할 수 없다. 즉, 트랜잭션의 실행과정은 외부로부터 완전히 차단되며, 외부에서 접근할 수 없다.

(4) 영속성 (durability)

성공적으로 완료된 트랜잭션의 실행결과는 데이터베이스에 영속적으로 저장된다. 따라서 실행된 트랜잭션이 실행되지 않았던 것처럼 바꿀 수 있는 방법은 없다. 다만 이를 취소하는 또 다른 트랜잭션을 실행해서 데이터베이스를 이전의 상태로 되돌릴 수 있을 뿐이다.

10.1.2 데이터 갱신의 무결성

데이터베이스의 무결성을 유지하기 위해서는 갱신되는 자료값이 현실적으로 발생 가능한 것인가를 검토해야 한다. 예를 들면, 고객 주문을 처리할 경우에는 주문에 포함된 내용들이 현실적으로 발생 가능한가를 판단해서 가능한 주문들만이 처리되도록 제한해야 한다. 즉, 주문을 발주한 고객이 데이터베이스에 등록이 되어있는 고객인가를 확인한다. 만일 신규고객이면 고객 등록을 먼저 해야 한다. 그리고 주문 제품들은 해당 기업에서 현재 취급하고 있는 단종되지 않은 제품들이어야 하며, 주문수량도 취급단위와 부합해야 한다.

예를 들면 12개 포장단위로 판매할 경우, 주문수량은 반드시 12의 배수이어야 한다. 이와 같이 데이터들이 충족시켜야 하는 조건들을 무결성법칙이라고 한다.

무결성법칙들은 데이터베이스를 생성하는 과정에서 주키를 지정하고, 외래키와 참조무결성법칙을 설정하며, 속성의 데이터 유형 등을 지정해주면, 트랜잭션 실행시 이의 준수 여부를 데이터베이스관리시스템이 자동으로 검증한다. 만약 데이터베이스를 생성할 때 지정해 줄 수 없는 경우에는 응용프로그램과 같은 별도의 프로그램을 작성하여 이의 준수 여부를 검증해야 한다. 최근에는 데이터베이스관리시스템이 트리거 기능을 제공함으로써 데이터베이스관리시스템에서 지정해주기 어려운 일상적인 업무규칙들을 적용하기가 매우 용이하게 되었다.

무결성법칙 (integrity rules)

관계형 데이터베이스에서 대표적인 무결성법칙은 개체무결성법칙과 참조무결성법칙이다. 이들 법칙은 데이터베이스 스키마의 작성과 더불어 데이터베이스관리시스템에 의하여 자동적으로 강제된다.

예를 들면, 고객 테이블의 주키가 고객번호로 정의되면 고객번호가 기재되지 않은 고객 레코드는, 개체무결성법칙에 의하여 입력이 불가능하다. 그리고 고객번호가 주문의 외래키인 경우, 모든 주문에 기록된 고객번호는 고객 테이블에 미리 존재해야 한다. 그렇지 않을 경우, 참조무결성법칙에 의하여 고객 주문 레코드를 데이터베이스에 입력할 수 없다.

트리거 (trigger)

데이터베이스에 저장되는 데이터들은 다양한 업무규칙들을 준수해야 한다. 예를 들면, 당해 학기의 평점이 1.7 이하이면 학사 경고가 발부되어야 하며, 21학점 이상을 수강신청하기 위해서는 이전 학기의 학점평균이 4.0 이상이어야 한다. 그리고 재고량은 안전재고량보다 항상 높도록 유지되어야 한다. 이들 업무규칙들 또한 개체무결성법칙이나 참조무결성법칙과 마찬가지로 데이터의 갱신과정에서 반드시 지켜져야 한다. 그런데 이들은 무결성법칙과 같이 데이터베이스 스키마로 표현되지 않는다.

업무규칙을 충족시키기 위해서는 데이터베이스를 갱신할 때 갱신 내용을 모두 검토해서 업무규칙의 위반 여부를 판단해야 하며, 이를 위해서는 별도의 프로그램을 작성해야 하는 경우가 대부분이다. 그러나 최근에는 이를 쉽게 구현할 수 있도록 대부분의 데이터베이스관리시스템이 트리거 기능을 제공하고 있다.

트리거는 데이터베이스가 특정 상태에 도달하면, 자동으로 실행되도록 설정된 프로그램 모듈이다. 예를 들면, [그림 10-4]는 재고(inventory) 테이블의 현 재고량(parts_on_ hand)이 안전 재고량(reorder_point)보다 낮을 경우 자동으로 주문이 발주되어 주문(pending_order) 테이블에 새로운 레코드가 삽입되도록 하는 트리거이다.

예제를 통하여 알 수 있는 바와 같이 트리거는 다음과 같은 특성을 가진다.

그림 10-4 트리거 (주문 발주 예)

```
CREATE TRIGGER reorder_trigger
                                        /* Triggering Statement */
   AFTER UPDATE OF parts_on_hand  ON inventory
                                        /* Trigger Restriction */
   WHEN (new.parts_on_hand < new.reorder_point)
                                        /* Trigger Action*/
   FOR EACH ROW          /* row trigger, statement triggers */
   DECLARE
        NUMBER  x;
   BEGIN
        SELECT   COUNT(*) INTO x
        FROM     pending_orders
        WHERE    part_no = :new.part_no;
        IF x = 0
            THEN
            INSERT INTO pending_orders
                   VALUES(new.part_no, new.reorder_quantity, sysdate);
        END IF;
     END
```

- 레코드의 입력, 삭제 및 갱신 명령의 이전이나 이후에 작동하도록 설정됨.
- 설정된 조건이 충족될 경우 트리거는 반드시 실행되며, 이를 다른 방법으로 중지시키거나 실행되지 않도록 할 수 없음.

따라서 트리거를 이용함으로써 다음과 같은 기능을 실현할 수 있다.

- 논리적으로 잘못된 트랜잭션들이 실행되는 것을 막을 수 있음.
- 데이터베이스가 항상 업무규칙에 맞게 갱신되고 관리되도록 함.

트리거는 또 다른 트리거를 수반할 수 있다. 예를 들면, [그림 10-5]에서 예시된 바와 같이 테이블 T1의 갱신 명령이 수행되기 이전에 UPDATE_T1 트리거가 실행되며, UPDATE_T1 트리거는 테이블 T2에 새로운 레코드를 입력하라는 명령을 포함한다. 그리고 테이블 T2에 레코드를 입력하는 명령이 또 다른 트리거인 UPDATE_T2 트리거를 실행시킬 수 있다. 이 경우, 테이블 T1의 갱신 명령은 UPDATE_T1 트리거뿐만이 아니라 UPDATE_T2 트리거도 연쇄적으로 실행시킨다.

그림 10-5 중첩 트리거

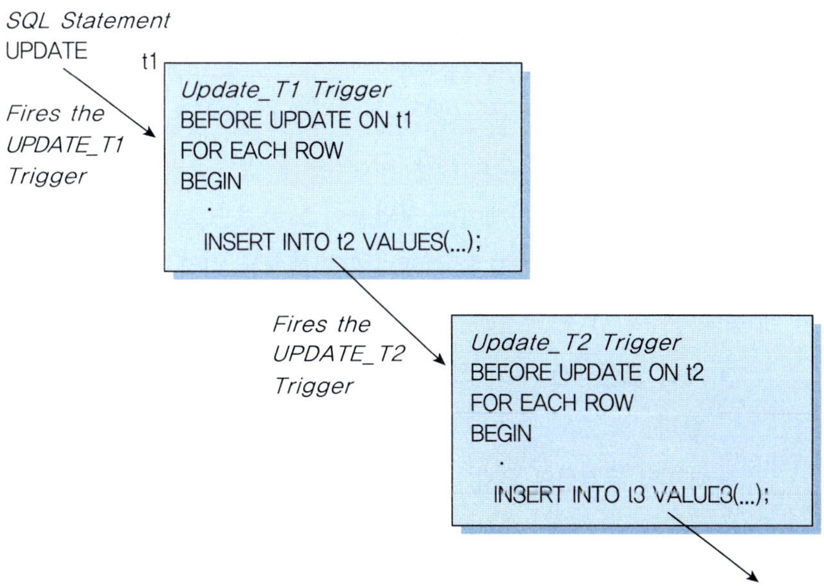

이와 같이 중첩 트리거를 설정할 경우에는 이들이 상호 모순되지 않는가를 주의 깊게 살펴보아야 한다. 앞에서 언급한 바와 같이, 트리거는 반드시 실행되며, 이를 다른 방법으로 중지시키거나 실행되지 않도록 할 수 없다. 따라서 만약 모순된 트리거가 설정되었을 경우에는 이를 방지할 수 있는 다른 수단이 없으며, 따라서 데이터베이스 갱신은 자기모순에 빠지게 된다.

10.2 동시성 관리 (concurrency management)

데이터베이스는 다수의 사용자를 가정한다. 즉, 여러 사용자들이 여러 트랜잭션을 동시에 실행한다. 이와 같은 여러 트랜잭션들이 동시에 작동할 때 이들 트랜잭션들이 서로 간섭하면 데이터베이스가 잘못 처리될 수 있다. 따라서 데이터베이스관리시스템은 이러한 상호 간섭을 방지할 수 있어야 하는데, 이를 동시성 관리라고 한다.

10.2.1 동시성 관리의 목표

데이터베이스 응용프로그램의 실행과정을 살펴보면, 여러 트랜잭션들이 교차적으로 실행됨을 알 수 있다. 즉, 여러 트랜잭션들이 CPU를 서로 교차적으로 사용하면서 데이터베이스 작업들이 교차적으로 수행된다. 이와 같이 여러 트랜잭션들이 효과적으로 수행되기 위해서는 다음의 두 가지 목표가 동시에 충족되어야 한다.

- **처리 트랜잭션 수의 최대화**: 동시에 실행되는 트랜잭션 수를 최대화한다.
- **데이터 무결성의 유지**: 데이터베이스의 내용이 무결성을 유지하면서 입력, 갱신, 삭제, 검색되도록 한다.

이와 같이 서로 상충하는 목표를 한꺼번에 달성하기 위한 노력을 동시성

관리라고 한다. 동시성 관리가 이루어지지 않으면, 트랜잭션들이 서로 간섭을 일으키게 되며 데이터베이스의 무결성이 파괴될 수 있다. 그리고 트랜잭션들이 서로 간섭을 일으키지 않도록, 동시에 실행되는 트랜잭션들의 수를 제한하면 업무처리 효율이 떨어지게 된다. 요약하면, 동시성 관리자는 동시에 처리되는 트랜잭션의 수를 최대화하면서 트랜잭션들이 서로 간섭을 일으키지 않도록 하는 상충된 목표를 동시에 충족시켜야 한다. 이렇게 상충된 목표를 동시에 충족시키기 위해서는 트랜잭션들이, 외부적으로는 동시에 실행되는 것처럼 나타나더라도 실제로는 하나씩 실행되도록 트랜잭션들을 순서화시켜야 하는데, 이를 위하여 가장 많이 사용되는 방법이 잠금(locking) 방식이다.

10.2.2 트랜잭션 동시 실행의 현안

데이터베이스는 트랜잭션을 단위로 하여 갱신되고 관리된다고 하였다. 따라서 만약 개별 트랜잭션들이 무결성을 충족시킨다면, 변경 전의 데이터베이스가 무결성을 충족시킨다고 가정할 경우 변경 후의 데이터베이스 또한 무결성을 충족시킨다고 논리적으로 단언할 수 있다. 그러나 만약에 여러 트랜잭션들이 동시에 수행되면서 서로 간섭을 일으키게 되면, 비록 개별 트랜잭션들은 무결성을 충족시킨다고 하여도 변경된 데이터베이스는 무결성이 파괴될 수 있다.

여러 트랜잭션들이 동시에 수행됨으로써 발생하는 여러 문제들은 마치 한 사람의 물품관리원으로부터 여러 고객들이 동시에 여러 개의 물품을 인출하거나 반납하는 경우와 유사하다고 할 수 있다. 이러한 경우, 물품관리원이 반납된 사실을 기록하기 전에 해당 물건을 다른 고객이 다시 인출한다면, 먼저 반납한 사실이 누락되어 인출자가 잘못 기록되는 등의 오류가 발생할 수 있다. 데이터베이스의 경우에도 여러 트랜잭션들이 동시에 처리될 때 이와 유사한 문제들이 발생하게 된다. 이들 문제들을 유형별로 파악하면 다음과 같이 세 가지로 구분할 수 있다.

- 갱신 누락
- 읽기 오류

- 쓰기 오류

갱신 누락 (lost update)

갱신 누락은 2개 이상의 트랜잭션들이 동일 데이터를 동시에 갱신할 경우 발생하는 문제이다. 즉, 동일 데이터를 동시에 갱신할 경우 먼저 트랜잭션이 데이터를 갱신한 후 트랜잭션이 종료되기 이전에 다음 트랜잭션이 갱신값을 덮어쓰기 할 수 있으며, 만약 이러한 현상이 발생하게 되면 먼저 갱신된 값이 없어지는 갱신 누락이 발생한다.

예를 들면, 고객 갑이 시점_A에 계정_1로부터 현금을 500만원 인출한다고 가정하자. 그리고 또 다른 고객인, 예를 들면, 고객 갑의 배우자가 동시에 계정_1에서 현금 400만원을 또 다시 인출한다고 가정하자. 이들 트랜잭션의 수행과정을 트랜잭션별로 시간순서대로 예시하면 [그림 10-6]과 같이 표시될 수 있다. 먼저 계정_1의 잔고가 1000만원이라고 할 때, 트랜잭션 1의 수행에 의하여 계정_1의 잔고는 500만원으로 기록된다. 즉,

- read(계정_1)에 의하여 계정_1의 값이 1000으로 읽어진다.

그림 10-6 갱신 누락 사례

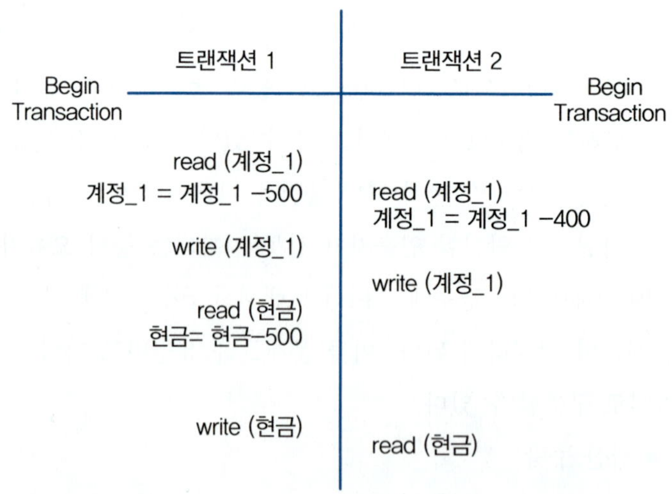

- 계정_1 = 계정_1 − 500에 의하여 계정_1의 값이 500으로 계산된다.
- write(계정_1)에 의하여 바뀌어진 계정-1의 값 500이 기록된다.

그러나 트랜잭션 2가 수행되면서, write(계정_1)에 의하여 계정_1의 잔고가 500으로 갱신되기 이전의 잔고를 읽게 되며, 따라서 계정_1의 잔고는 여전히 1000만원으로 하여 트랜잭션2가 수행된다. 즉,

- read(계정_1)에 의하여 계정_1의 값이 1000으로 읽어진다.
- 계정_1 = 계정_1 − 400에 의하여 계정_1의 값이 600으로 계산된다.
- write(계정_1)에 의하여 바뀌어진 계정_1의 값 600이 기록된다.

이들 계산과정을 통하여 알 수 있는 바와 같이 트랜잭션 1의 갱신 결과는 데이터베이스에 기록되지 않고 실종되었음을 알 수 있다. 그 이유는 트랜잭션 2가 트랜잭션 1이 처리되기 이전의 값을 읽었고, 트랜잭션의 1의 처리결과에 트랜잭션의 2의 처리결과를 덮어쓰기 하였기 때문이다.

읽기 오류 (dirty read)

읽기 오류는 트랜잭션의 중간 수행 결과를 다른 트랜잭션이 참소함으로써 발생하는 오류이다. 예를 들면, 트랜잭션 1이 데이터들을 갱신하고 있는 중간에 다른 트랜잭션이 이들 값을 읽어 합계를 계산한다면, 계산된 합계는 잘못된 값을 나타낼 수 있다.

보다 구체적으로, [그림 10-1]에 예시되었던 3개 계정의 합계를 계산한다고 가정하자. 이때, 모든 계정에 대하여 이자가 2%씩 가산된다고 가정하자. 그리고 [그림 10-7]에 예시된 바와 같이, 갱신작업이 수행되는 중간에 합계를 계산하는 트랜잭션 2가 수행된다고 하자.

이 경우 트랜잭션 2는 계정_1의 잔고는 이자 지급에 따라 2% 증가된 이후 읽으며, 나머지 계정에 대해서는 아직 이자 지급이 계산되기 이전에 읽음으로서 계정_1, 계정_2 및 계정_3의 값을 각각 1020만원, 2000만원, 1000만원으로 읽어 들인다. 이 결과 이들 3계정의 합계는 4020만원으로 계산된다. 그러나 실제의 합계는 이자 지급 이전은 4000만원이며, 이자 지급 이후는 4080만원으로 집계되어야 한다. 즉, 트랜잭션 2에 의하여 집계된 4020만원은 의미

그림 10-7 현황 파악 오류 사례

트랜잭션 1	트랜잭션 2
Begin Transaction	Begin Transaction
read (계정_1)	
계정_1 = 계정_1 * 1.02	
write (계정_1)	
	read (계정_1)
	read (계정_2)
	read (계정_3)
read (계정_2)	
계정_2 = 계정_2 * 1.02	
write (계정_2)	
	sum(계정_1, 계정_2, 계정_3)

가 없는 잘못된 숫자이다. 이와 같은 오류가 발생한 이유는 트랜잭션 1이 수행되고 있는 중간에 트랜잭션 2가 데이터들을 읽었기 때문이다.

쓰기 오류 (dirty write)

쓰기 오류는 상호 연관된 데이터를 상호 참조없이 변경시킴으로써 결과적으로는 무결성법칙을 위반하는 논리적으로 모순된 데이터들이 발생하게 되는 경우이다.

예를 들면, 수술일정테이블과 외과의사테이블이 〈표 10-1〉과 같다고 가정하자. 〈표 10-1〉에서 김북악 환자는 심장과 동맥 수술이 모두 예정된 환자이며, 이들 중 심장수술은 2009년 4월 3일 의사_갑이 하도록 일정이 잡혀 있다. 그러나 다른 사정으로 4월 3일에는 김북악 환자가 심장수술이 아니라 동맥수술을 하도록 일정이 바뀌었다고 가정하자. 그런데, 동시에 또 다른 사정으로 2009년 4월 3일의 심장수술 의사를 의사_갑에서 의사_을로 변경하였다고 가정하자. 이들 두 트랜잭션들이 서로 독립적으로 실행되면, 수술일정은 〈표 10-1〉의 변경 후 테이블들에서 나타나는 바와 같이 의사_을이 동맥수술을 하

표 10-1 무결성법칙의 위반 사례

(a) 변경 전

수술일정

수술번호	의사명	수술분야	수술일	환자명
1	의사_갑	심장	2009.4.3	홍길동
	.	.	.	.
	.	.	.	.

의사수술분야

의사명	수술분야
의사_갑	심장
의사_갑	동맥
의사_을	심장

(b) 변경 후

수술일정

수술번호	의사명	수술분야	수술일	환자명
1	의사_을	동맥	2009.4.3	김북악
	.	.	.	.
	.	.	.	.

의사수술분야

의사명	수술분야
의사_갑	심장
의사_갑	동맥
의사_을	심장

도록 갱신된다. 그러나 동맥수술은 의사_을의 수술분야가 아니다. 이와 같이 데이터 갱신을 상호 참조 없이 수행함으로써 의사의 수술분야와 수술일정이 일치하지 않는 모순된 데이터가 발생하게 된다.

10.2.3 잠 금 (locking)

여러 트랜잭션들이 동시에 실행될 때 문제들이 발생하지 않기 위해서는 트랜잭션의 특성인 ACID가 항상 충족되도록 관리되어야 한다. 즉, 트랜잭션들은 다른 트랜잭션의 간섭 없이 격리되어, 일관성을 유지하면서, 원자적으로 수행되어야 하며, 이렇게 수행된 결과는 누락되지 않고 데이터베이스에 기록되어야 한다. 이를 위해서는 모든 트랜잭션들이 개별적으로 상호 간섭 없이 순차적으로 수행되어야 하는데, 이를 위한 방법의 하나가 잠금방식이다. 잠금방식은 트랜잭션이 수행되는 동안 다른 트랜잭션들이 이를 간섭하지 못하도록 제한하는 기법이다.

잠금의 종류

잠금의 종류에는 쓰기잠금과 읽기잠금이 있다. 데이터베이스에서 잠금의 대상은 테이블이 될 수도 있으며, 레코드가 될 수도 있다. 여기서는 이를 데이터라고 통칭한다.

(1) 쓰기잠금 (write lock)

쓰기잠금은 특정 트랜잭션이 데이터를 갱신하고 있는 동안 실행되며, 쓰기잠금이 실행되면 다른 트랜잭션들은 해당 데이터를 전혀 사용할 수 없게 된다. 따라서 이를 배타적 잠금(exclusive lock)이라고도 한다.

(2) 읽기잠금 (read lock)

읽기잠금은 특정 트랜잭션이 데이터를 읽는 동안에 실행되며, 읽기잠금이 실행되어도 다른 트랜잭션들이 해당 데이터를 읽을 수는 있다. 따라서 이를 공유잠금(shared lock)이라고도 한다.

잠금의 방법에서 살펴본 바와 같이, 트랜잭션이 특정 데이터를 갱신할 경우에는 해당 데이터를 다른 트랜잭션들과 공유할 수 없다. 다만 읽기 트랜잭션들끼리는 서로 데이터를 공유할 수 있다.

잠금의 실행

잠금의 관점에서 볼 때 데이터베이스에서 데이터들은 다음의 세 가지 상태 중에서 하나에 속하게 된다. 첫째는 잠금이 실행되지 않은 상태, 즉 비잠금상태(unlocked)이며, 다음은 읽기잠금상태(read locked)이고, 나머지는 쓰기잠금상태(write locked)이다. 잠금상태의 변화는 트랜잭션들이 해당 데이터에 대하여 읽기잠금명령(read_lock)이나 쓰기잠금명령(write_lock) 또는 잠금해제명령(unlock)을 실행함으로써 바뀌게 된다.

쓰기잠금이나 읽기잠금의 실행은 해당 데이터가 어떠한 상태에 있는가에 따라 다르게 실행된다.

그림 10-8 쓰기잠금의 실행 절차

```
Loop: If    데이터 X가 비잠금상태이면
      then  데이터 X를 쓰기잠금상태로 변환
      else  {즉, 읽기 또는 쓰기잠금상태이면}
            비잠금상태가 될 때까지 기다림
      goto Loop
```

(1) 쓰기잠금의 실행 절차

쓰기잠금(write lock)은 [그림 10-8]의 절차도에 표시된 바와 같이, 해당 데이터가 이미 다른 트랜잭션에 의하여 쓰기잠금상태에 있으면, 쓰기잠금을 수행할 수 없다. 그렇지 않고 쓰기잠금을 수행하여 데이터를 갱신하면 갱신 누락 오류를 초래할 수 있다. 그리고 읽기잠금상태에 있어도 기다려야 한다. 그렇지 않고 쓰기잠금을 수행하여 데이터를 갱신하면 읽기 오류를 초래할 수 있다. 그러나 해당 데이터가 비잠금상태에 있으면 바로 쓰기잠금을 수행할 수 있다.

(2) 읽기잠금의 시행 절차

읽기잠금은 [그림 10-9]의 절차도에 표시된 바와 같이, 해당 데이터가 이미 다른 트랜잭션에 의하여 쓰기잠금상태에 있으면 읽기잠금을 수행할 수 없다. 그렇지 않고 읽기잠금을 수행하면 읽기 오류를 초래할 수 있다. 그러나 읽

그림 10-9 읽기잠금의 실행 절차

```
Loop: If      데이터 X가 비잠금상태이면
      then    데이터 X를 읽기잠금상태로 변환하고,
              공유하는 트랜잭션의 수를 1개로 설정
      else if 데이터 X가 읽기잠금상태이면
              공유하는 트랜잭션의 수를 1개 더 증가
      else    {즉, 데이터 X가 쓰기잠금상태이면}
              비잠금상태가 될 때까지 기다림
      goto Loop
```

기잠금상태에 있으면 데이터를 서로 같이 공유하여 트랜잭션을 실행할 수 있다. 그리고 해당 데이터가 비잠금상태에 있으면 바로 읽기잠금을 수행할 수 있다.

(3) 잠금 해제의 실행 절차

데이터에 대하여 읽기 작업이나 쓰기 작업이 완료되면 잠금을 해제하는 unlock() 명령을 실행한다. 대상 데이터가 쓰기잠금상태에 있으면, 잠금을 해제함과 동시에 기다리고 있는 모든 트랜잭션들에게 잠금이 해제되었음을 통보한다([그림 10-10] 참조).

읽기잠금상태에 있으면, 읽기잠금을 공유하는 트랜잭션의 수를 하나 감소시킨다. 그리고 읽기잠금을 공유하는 트랜잭션의 수를 확인해서 만약 트랜잭션이 하나도 없으면, 해당 데이터를 공유하던 트랜잭션들이 모두 완료되었으므로 잠금을 해제한다.

잠금의 단위

데이터베이스에서 잠금은 여러 형태로 실행할 수 있다. 즉, 데이터베이스 전체를 잠글 수도 있으며, 이보다 세부적으로 테이블을 잠글 수도 있다. 그리고 보다 세분화하여 페이지나 개별 레코드를 잠글 수도 있다.

잠금 단위를 결정하는 것은 시스템의 성능과 직접 연관되므로 다음의 사항들을 고려하여 결정한다.

그림 10-10 잠금 해제의 실행 절차

```
Loop: If       데이터 X가 쓰기잠금상태이면
      then     데이터 X를 잠금 해제하고,
               모든 기다리는 트랜잭션들에게 통보
      else if  데이터 X가 읽기잠금상태이면
               공유하는 트랜잭션의 수를 1개 더 감소
               if      공유하는 트랜잭션이 없으면
               then    데이터 X를 잠금해제하고,
                       모든 기다리는 트랜잭션들에게 통보
```

- 잠금 단위를 크게 하면 동시에 수행될 수 있는 트랜잭션의 수가 감소하게 된다. 바꾸어 이야기하면, 더 많은 수의 트랜잭션들이 잠금이 해제되기를 기다리게 된다. 예를 들면, 테이블이 잠금 단위일 경우, 특정 트랜잭션이 고객주문을 처리할 경우 고객주문 테이블 전체가 잠기게 된다. 이때 만약 다른 트랜잭션이 다른 고객의 주문현황을 읽고자 할 경우에도, 고객주문 테이블 전체가 잠겨 있기 때문에 기다려야 한다. 이와 같이 동시적으로 데이터베이스를 이용할 수 있는 트랜잭션의 수는 잠금 단위의 크기에 반비례한다. 즉 잠금 단위가 커지면 동시적으로 데이터베이스를 이용할 수 있는 트랜잭션의 수는 적어지며, 잠금 단위가 적어지면 동시적으로 데이터베이스를 이용할 수 있는 트랜잭션의 수는 커지게 된다.
- 잠금 단위를 세분화하면 여러 트랜잭션들이 데이터베이스의 다른 부분들을 동시에 사용할 수 있다. 그러나 잠금을 실행해야 하는 대상이 많아지며, 이들에 대하여 잠금을 설정하고 해제하는 데 더 많은 시간과 노력이 소모된다. 즉, 하나의 트랜잭션을 수행하기 위하여 더 많은 수의 잠금 설정과 잠금 해제가 발생하게 된다. 예를 들면, 테이블이 잠금 단위일 경우에는 고객의 총매출액을 계산하기 위해서는 1번의 잠금만을 설정하면 된다. 그러나 레코드가 잠금 단위일 경우에는 고객 테이블의 모든 레코드들에 대하여 잠금을 설정하고 또 해제해야 하기 때문에 노력이 많이 든다.

또 다른 잠금 단위의 설정방법으로서는 잠금 단위를 결정하는 계층적 구조에서 임의의 단위에 대하여 잠금을 설정하는 방법이다. 이러한 잠금방법을 다중 단위 잠금 기법이라고 한다([그림 10-11]). 다중단위 잠금기법에서 잠금 단위 X에 대하여 잠금을 획득하게 되면, 당연히 하위 잠금 단위들에 대해서도 자동적으로 잠금을 획득하게 된다. 예를 들면, 고객주문 테이블에 대하여 잠금을 설정하면 A라는 고객주문 레코드는 당연히 잠기게 된다. 따라서 다중잠금기법을 적용하기 위해서는 이의 하위 단위들에 대하여 잠금이 설정되었는지를 파악해야 한다. 예를 들면, A라는 고객주문 레코드에 대하여 쓰기잠금이

그림 10-11 다중단위 잠금기법의 잠금 단위 계층 구조 트리

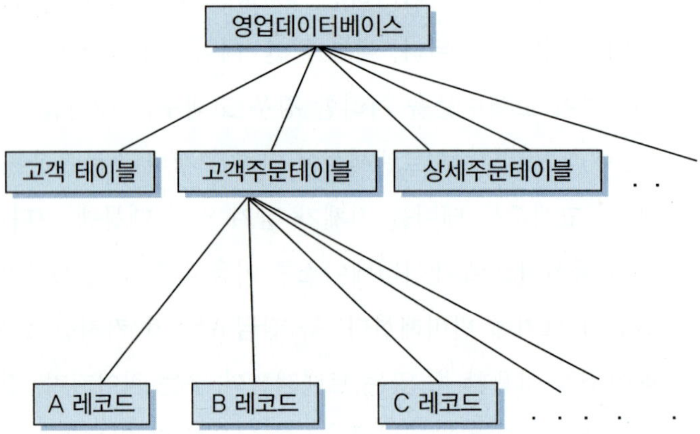

설정되어 있을 경우, 고객주문 테이블에 대해서 새로운 쓰기잠금이나 읽기잠금을 설정할 수 없다.

10.2.4 교착상태 (deadlock)

교착상태란 2개의 서로 다른 트랜잭션이 서로 상대방이 사용하고 있는, 즉 현재 잠금을 행사하고 있는 데이터들이 해제되기를 기다릴 때 발생하는 현상이다. 즉, 트랜잭션 1과 트랜잭션 2의 두 트랜잭션들이 처리되기 위해서는 각각 X, Y 두 종류의 데이터가 필요하다고 가정하자. 그런데 이들이, [그림 10-12]에 예시된 것처럼, 각각 한 종류의 데이터를 먼저 사용하고 있다고 가정하자. 그러면 이들은 다른 데이터들이 가용하기를 기다리게 된다. 즉, 트랜잭션 1은 X에 대한 잠금을 보유하면서 Y가 가용하기를(Y에 대한 잠금이 해제되기를) 기다리게 되며, 트랜잭션 2는 Y에 대한 잠금을 보유하면서 X가 가용하기를(X에 대한 잠금이 해제되기를) 기다리게 된다. 그러나 이들이 각각 상대 트랜잭션이 원하는 데이터를 사용하고 있으면서 상대 트랜잭션이 사용하고 있는 데이터가 잠금 해제되기를 기다리기 때문에 각 트랜잭션은 영원히 종료될

그림 10-12 **교착상태**

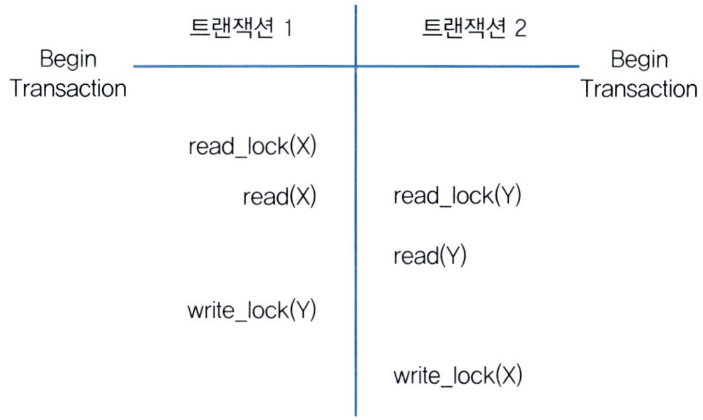

수 없다. 따라서 잠금이 해제되기를 기다리는 상태는 영원히 지속되게 된다. 이러한 상태를 교착상태라고 한다.

교착상태의 식별: 대기 그래프 (WFG: Wait For Graph)

교착상태를 보다 정확히 식별하기 위한 방법이 대기 그래프이다. 대기 그래프는 트랜잭션들 사이의 대기관계를 나타내는 그래프이다. [그림 10-13]에 예시된 바와 같이, 대기 그래프의 노드(node)는 트랜잭션을 나타낸다. 그리고 선(edge)은 트랜잭션들 사이의 대기 관계를 나타낸다. 즉, 트랜잭션 T_i가 데이터 X를 사용하고 있고, 트랜잭션 T_j가 X에 대한 잠금이 해제되기를 기다릴 때, $T_j \rightarrow T_i$로 나타낸다. 따라서 [그림 10-13]은 [그림 10-12]의 트랜잭션 1(T_1)과 트랜잭션 2(T_2)의 대기관계를 나타낸다.

대기 그래프에서 교착상태는 사이클(cycle)로 표시된다. 즉, 교착상태란 서로 상대 트랜잭션이 사용 중인 데이터가 해제되기를 기다리는 상태이다. 따라서 이들 트랜잭션 사이에는 서로 상대 트랜잭션으로 향하는 선이 존재하며, 이들을 연결하면 사이클이 된다. 이와 같이 대기 그래프를 이용함으로써 교착상태를 쉽게 파악할 수 있다.

교착상태는 반드시 2개의 트랜잭션들 사이에서만 발생하는 것은 아니다.

그림 10-13 대기 그래프

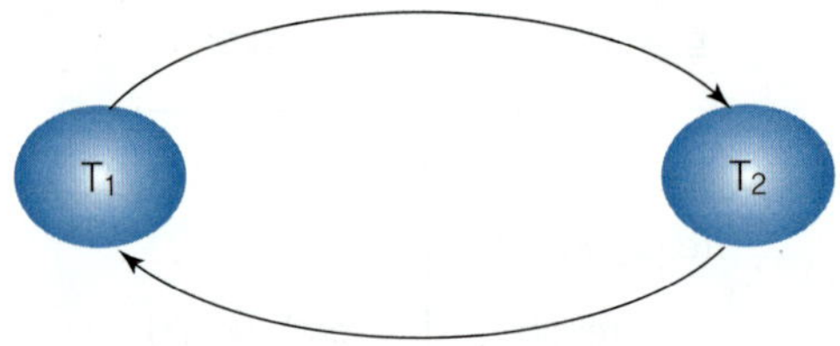

여러 트랜잭션들도 서로 순환사이클을 형성하여 교착상태에 빠질 수 있다. 만약, $T_1 \rightarrow T_2 \rightarrow T_4 \rightarrow T_1$이면, T_1은 T_2가 보유하고 있는 데이터가 잠금 해제되기를 기다리며, T_2는 T_4가 보유하고 있는 데이터가 잠금 해제되기를 기다리며, T_4는 다시 T_1이 보유하고 있는 데이터가 잠금 해제되기를 기다린다. 결국 T_1, T_2, T_4는 교착상태에 빠져 있다.

동시성 제어 모듈이 대기 그래프에서 교착상태를 발견하면, 순환사이클을 구성하는 트랜잭션들 중 하나를 선택하여 실행을 철회한다. 즉, 대기 그래프에서 해당 노드와 선을 제거하여 순환사이클을 파괴한다. 대기 그래프를 사용하여 교착상태를 해결하는 방법은 순환사이클을 식별하는 알고리즘이 복잡하다는 점이 단점이다. 그러나 교착상태를 정확히 식별할 수 있다는 장점을 갖는다.

교착상태의 해결기법

교착상태는 자체적으로는 영원히 해결될 수 없다. 따라서 외부에서 해결해주어야 하는데, 이를 처리하는 가장 대표적인 방법이 시간제한방법이다. 시간제한방법은 어떤 트랜잭션이 잠금 대기상태에서 일정 시간 이상 기다리게 되면, 이 트랜잭션이 교착상태에 있다고 판단하여 복귀시키는 방법이다. 복귀된 트랜잭션은 임의의 시간을 기다린 후 다시 실행된다.

교착상태는 우연히도 트랜잭션들이 서로 상대방이 사용하고 있는 데이터를 동시에 사용하기를 원하기 때문에 발생한다. 따라서 이들 중 하나가 실행을 취소하고 임의의 시간을 기다렸다가 다시 실행할 때 교착상태가 또 다시 발생할 확률이 거의 없다고 볼 수 있다. 이러한 점에서 시간제한방법은 가장 일반적으로 이용되는 교착상태의 해결방법이다.

시간제한방법에 의하면, 실제로는 교착상태에 있지 않는 트랜잭션들도 복귀될 우려가 있다. 즉, 매우 긴 트랜잭션이 특정 데이터를 사용하고 있으면, 이 데이터를 얻기 위하여 기다리고 있는 모든 트랜잭션들은 교착상태에 있는 것으로 오인될 수 있다. 따라서 제한시간은 다음의 서로 상충하는 요건을 동시에 만족시킬 수 있도록 설정되어야 한다. 이들 두 조건을 같이 만족시키는 적절한 제한시간을 선정하는 것은 실제로는 쉬운 일이 아니다.

- 트랜잭션이 실제로 교착상태에 있을 경우를 판단할 수 있을 정도로 충분히 길어야 한다.
- 교착상태에 빠진 트랜잭션들이 너무 오래 기다리지 않도록 짧아야 한다.

교착상태의 예방기법: 타임스탬프 (timestamp) 기법

동시성 관리기법 중에서 잠금기법은 교착상태가 발생한 후 이를 식별해서 제거하는 방법이다. 이러한 교착상태에 대한 또 다른 해결방법은 교착상태가 발생하지 않도록 하는 방법이다. 가장 극단적인 방안이 교착상태가 영원히 발생하지 않도록 하는 방법이며, 그 다음은 교착상태가 가능한 발생하지 않도록 예방하는 방법이다.

교착상태가 전혀 발생하지 않도록 하는 방법은 트랜잭션들이 필요로 하는 모든 자원, 즉, 데이터베이스의 경우에는 데이터들을 동시에 확보하도록 하는 방법이다. 그러나 이렇게 할 경우, 동시에 실행 가능한 트랜잭션의 수가 매우 적게 되며, 따라서 동시성 관리목표의 하나인 처리 트랜잭션 수의 최대화를 실현할 수 없다. 따라서 교착상태의 발생에 대한 대처방안은 크게 허용과 예방으로 구분된다. 그리고 예방기법 중 대표적인 방법이 〈표 10-2〉에 예시된 타임스탬프기법이다.

타임스탬프기법은 모든 트랜잭션들에게 발생시간을 부여하고, 시간을 기준으로 트랜잭션들이 데이터에 대한 잠금을 계속 유지할 것인지 또는 트랜잭션을 복귀시킬 것인가를 결정한다. 타임스탬프기법의 기본 논리는 만약에 모

표 10-2 교착상태에 대한 대응 구분

교착상태에 대한 대응 구분	교착상태 미 발생	교착상태 예방	교착상태 허용
방법	필요 자원을 동시에 확보하는 방법	타임스탬프기법	잠금기법

그림 10-14 타임스탬프를 이용한 트랜잭션 실행 알고리즘

트랜잭션 T_1이 현재 트랜잭션 T_2가 사용하고 있는 데이터를 사용하고자 할 경우,
만약에 T_1이 T_2보다 먼저 만들어진 트랜잭션이면,
    T_2의 실행을 복귀시킨다.
    (그리고 T_1이 해당 자원을 사용한다)
아니면, (즉, T_1이 T_2보다 이후에 만들어진 트랜잭션이면)
    T_2의 작업이 종료될 때까지 기다린다.

든 대기 트랜잭션들이 현재 자원을 사용하고 있는 트랜잭션보다 뒤에 생성된 트랜잭션이면, 교착상태는 발생하지 않는다는 것이다. 타임스탬프를 이용한 트랜잭션들의 실행 알고리즘을 소개하면 [그림 10-14]와 같다.

10.3 데이터베이스의 파손과 복구

데이터베이스 운영에서 가장 중요한 현안 중의 하나가 위기에 대한 대비이다. 물론 운용중인 데이터베이스시스템이 항상 정상적으로 작동하는 것이 가장 바람직하다. 그러나 예기치 않은 사고나 재해는 어느 경우나 발생할 수 있기 때문에 이들 재해에 대한 대응능력을 보유하고 있어야 한다.

데이터베이스관리시스템은 데이터베이스가 파괴되었거나 실행이 중단되었을 경우 복구할 수 있는 기능을 제공한다. 따라서 데이터베이스 관리자는 이들 복구관리기능을 활용하여 데이터베이스의 파손에 능동적으로 대처할 수

있어야 한다. 이를 위해서 데이터베이스 파손의 유형, 데이터베이스 복구를 위한 기본 수단인 로그 파일, 그리고 이를 사용한 복구 알고리즘 등에 대하여 살펴본다.

10.3.1 파손의 유형

데이터베이스의 파손유형들을 살펴보면, 트랜잭션의 실패로부터 시스템 자체의 파괴까지 다음과 같이 나누어 볼 수 있다. 이들 파손유형에 따라 복구 방법이나 대응활동들 또한 달라진다.

- 트랜잭션 실패
- 저장매체 파손
- 시스템 파손

트랜잭션 실패

트랜잭션 실패는 트랜잭션이 성공적으로 완료되지 못하고 중단되는 경우이다. 이와 같은 경우 데이터베이스는 이전 상태로 복귀된다. 트랜잭션의 실패 원인들을 찾아보면 다음과 같다.

- 계산 프로그램에서 분모가 영이 되는 경우와 같은 여러 형태의 프로그램 오류
- 교착상태와 같이 다른 트랜잭션과의 충돌이 발생한 경우
- 데이터베이스의 무결성법칙 등이 위배되어 트랜잭션이 더 이상 실행될 수 없는 경우

데이터베이스 복구를 위하여 데이터베이스관리시스템, 보다 구체적으로 복구관리자(recovery manager)는 로그 파일에 트랜잭션이 실행되기 이전의 값인 갱신 전 값(before image)을 기록한다. 그리고 트랜잭션이 실패할 경우, 로그 파일에 저장된 갱신 전 값을 데이터베이스에 재기록함으로써 데이터베이스를 이전 상태로 복귀시킨다. 따라서 다른 트랜잭션들은 특정 트랜잭션의 실

패에 대하여 직접 또는 간접적으로 전혀 영향을 받지 않는다.

저장매체 파손

저장매체 파손은 데이터베이스의 일정 부분이 물리적으로 파괴되는 경우를 말한다. 가장 대표적인 경우로는 하드디스크가 파괴되는 경우이거나 일부 파일들이 다른 요인으로 손상을 입은 경우들이다. 이러한 저장매체의 파손에 대비하기 위해서는 데이터베이스를 복사해서 관리해야 한다.

데이터베이스를 복사하는 방법은 다음의 두 가지가 있다.

- 특정 시점별로 이때까지의 데이터베이스 내용을 백업 파일(back-up file)에 기록하여 저장하는 방법
- 데이터베이스의 내용을 그대로 다른 매체에 복제(mirroring)하여 저장하는 방법

이들 중 백업 파일(back-up file)을 이용하는 경우는 데이터베이스가 파괴된 후, 가장 최근에 만들어진 백업 파일을 사용해서 데이터베이스를 복원한다. 그리고 백업 파일이 만들어진 이후에 실행된 트랜잭션들을 로그 파일로부터 읽어 들여, 이들 트랜잭션들을 다시 실행한다. 따라서 이 방법은 과거 실행된 트랜잭션들을 재실행해야 하기 때문에 시간과 노력이 많이 소요될 수 있다.

데이터베이스를 그대로 다른 매체에 복사하여 저장하는 경우는 복제(mirroring)방법이라고 하는데, [그림 10-15]에 예시된 바와 같이, 완전히 2개

그림 10-15 복제에 의한 데이터베이스 내용의 복사

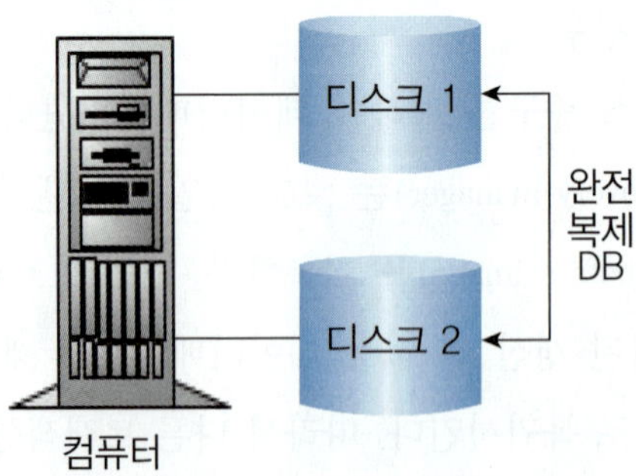

의 데이터베이스를 복제해서 운영하는 방법이다. 따라서 하나의 저장매체가 파괴되어도 다른 매체를 사용하여 데이터베이스를 계속적으로 운용할 수 있다. 이 방법은 완전히 같은 2개의 데이터베이스를 운영하는 방법으로서 논스톱(non-stop fault-tolerant)시스템 등에서 이용된다.

시스템 파손

시스템 파손은 시스템이 비정상적인 요인으로 작동이 중단되는 경우를 말한다. 파손을 초래하는 요인으로서는 정전, 컴퓨터의 기능적 고장 등이 있을 수 있다. 시스템의 실행이 중단되면, 현재 작동 중이었거나 또는 종료되었으나 저장매체에 아직 기록되지 않은 모든 트랜잭션들의 실행 결과가 손실되므로 이들을 복구해야 한다.

시스템 파손으로 인한 경우 데이터베이스를 복구하기 위해서는 다음 절에서 소개하는 로그 파일이 안전한 형태로 저장매체에 보존되어 있어야 한다. 만약 저장매체까지 파손된 경우에는 앞에서 언급한 저장매체의 파손에 의한 방법으로 데이터베이스를 복구해야 한다.

저장매체와 로그 파일이 파손되지 않은 경우, 시스템은 지난번 검사점(checkpoint)의 재시작 파일(restart file)을 사용하여 그때 상태로 복원된다. 이와 같이 재시작 파일로부터 데이터베이스시스템을 재시작하는 것을 응급재시작(emergency restart)이라고 한다.

10.3.2 로그 파일

데이터베이스 복구를 위한 가장 기본적인 매체가 로그 파일이다. 로그 파일은 데이터베이스에서 처리되는 트랜잭션의 내용을 모두 다 기록한 파일이다. 따라서 데이터베이스에서 처리된 모든 작업을 검사할 수 있으며, 필요한 경우 이를 이용하여 데이터베이스를 과거의 상태로 복귀시키거나 또는 과거의 상태로부터 현재 상태를 재생성할 수 있다.

로그 파일의 내용

로그 파일(log file)은 데이터베이스 작업이 수행될 때마다 그 내용을 기록한 파일이다. 따라서 로그 레코드들은 다음의 내용을 포함한다.

- 트랜잭션 식별자
- 로그 레코드의 유형, 즉 로그 레코드를 발생시킨 트랜잭션의 명령어
- 변경된 데이터의 식별자
- 데이터의 갱신 이전 값(before image)
- 데이터의 갱신 이후 값(after image)
- 이전 로그 레코드 포인터와 같이 로그 데이터 관리를 위한 정보

로그 파일의 생성방법

로그 레코드들은 로그 버퍼에 기록된다. 이렇게 기록된 레코드들은 로그 파일에 저장된다([그림 10-16] 참조). 로그 파일은 트랜잭션의 실행과 관련된 모든 자료를 저장한다는 점에서 매일 수백, 또는 수천만 바이트의 로그 데이터가 생성된다.

로그 파일은 데이터베이스 복구를 위한 가장 기초 자료를 제공하기 때문에 절대 파손되어서는 안 된다. 따라서 로그 파일들은 항상 복제해서 관리한다.

그림 10-16 로그 파일과 데이터베이스

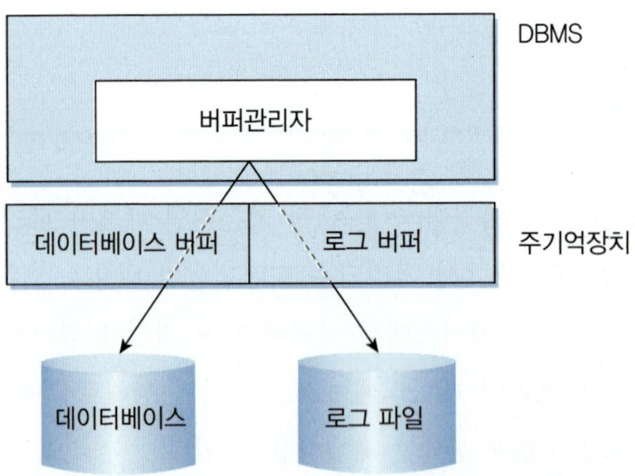

로그 파일은 파손으로부터 비교적 안전한 저장매체에 기록되며 이전에는 주로 마그네틱테이프가 사용되었다. 그러나 최근에는 복구의 신속성을 위하여 하드디스크와 같이 온라인 저장매체를 사용하기도 한다.

로그 파일의 생성방법은 로그 버퍼에 있는 내용을 로그 파일에 기록하는 방법에 따라 동시적 로그기록법과 비동시적 로그기록법으로 구분된다.

(1) 동시적 로그기록법 (synchronous log writing)

동시적 로그기록법은 로그 버퍼에 새로운 로그 레코드가 기록될 때마다 이들을 바로 로그 파일에 기록하는 방법이다.

동시적 로그기록법은 로그 레코드의 내용이 모두 로그 파일에 기록된다는 장점을 가진다. 따라서 데이터베이스를 복구할 경우, 가장 최근까지의 로그 데이터를 활용할 수 있다. 이에 반하여 트랜잭션의 실행과 동시에 로그 파일에의 기록이 이루어지기 때문에 트랜잭션 실행이 오래 걸릴 수 있으며, 따라서 시스템 처리에서 병목현상을 일으킬 수 있다.

(2) 비동시적 로그기록법 (asynchronous log writing)

비동시적 로그기록법은 로그 버퍼에 저장된 레코드들을 비동시적으로 로그 파일에 기록하는 방법으로서, 보통 로그 버퍼가 다 차게 될 때 버퍼의 내용을 로그 파일에 기록한다.

비동시적 로그기록법은 트랜잭션의 실행이나 시스템 처리에 부하를 적게 발생시킨다는 장점이 있다. 그러나 데이터베이스시스템이 파손될 경우 로그 파일에 기록되지 않은 로그 레코드들은 모두 사라져 버린다는 것이 단점이다.

로그 우선 프로토콜 (write-ahead log protocol)

로그 파일 관리에서 가장 중요한 것은 데이터베이스가 갱신되기 이전에 먼저 로그 레코드가 만들어져야 한다는 것이다. 즉, 데이터베이스에 새로운 데이터가 기록되기 이전에 로그 버퍼에 로그 레코드가 기록되어야 한다. 이를

그림 10-17 로그 우선 프로토콜과 데이터베이스의 복구

(a) 로그 우선 프로토콜이 지켜질 경우

갱신 이전 값 ⟶ 로그레코드에 기록
갱신 이후 값 } ⟶ 갱신 이전 값

(b) 로그 우선 프로토콜이 지켜지지 않을 경우

갱신 이전 값 ⟶ ?
갱신 이후 값 } ⟶ ? (갱신 이전 값 복구 불가능)

로그 우선 프로토콜이라고 한다.

로그 우선 프로토콜은 데이터베이스 복구를 위하여 반드시 지켜져야 할 사항이다. 로그 우선 프로토콜하에서는 데이터베이스에 갱신된 내용에 대하여 항상 로그 레코드가 존재한다. 따라서 만약, 해당 트랜잭션이 정상적으로 종료되지 않았으면, 데이터베이스관리시스템은 데이터베이스의 내용을 복귀해야 함을 알게 되며, 로그 레코드를 이용하여 갱신되기 이전의 값으로 복귀시킬 수 있다. [그림 10-17a]는 이러한 과정을 보여준다. 앞에서 설명한 것처럼 로그 레코드는 데이터의 갱신 이전 값을 가지고 있다. 따라서 만약 데이터베이스를 복귀해야 할 경우, 이 값을 사용해서 데이터베이스를 갱신 이전으로 되돌릴 수 있다.

그러나 만약 로그 우선 프로토콜이 지켜지지 않고 데이터베이스의 값이 갱신되었다고 가정하자. 이 경우에는 데이터베이스가 갱신되었기 때문에 갱신 이전 값이 데이터베이스에 없으며, 로그 레코드가 만들어지기 이전이므로 로그 파일에도 없는 상황이 발생하게 된다. 따라서 만약 이 경우에 데이터베이스를 이전 상태로 복귀시켜야 하는 상황이 발생하면, [그림 10-17b]에 예시된 것처럼, 데이터베이스를 갱신 이전으로 되돌릴 수 있는 방법이 없게 된다.

검사점 (checkpoint)

검사점은 데이터베이스의 내용을 복구할 경우 기준이 되는 시점이다. 즉,

데이터베이스가 파손된 경우, 데이터베이스관리시스템의 복구관리자는 어디까지 시간을 거슬러 올라가서 트랜잭션들을 다시 실행해야 하는가를 결정해야 하는데, 이때 기준이 되는 것이 검사점이다. 즉, 복구를 위해서는 현재의 파손으로부터 안전한 시점인 복구점을 찾아내어 그때 이후의 트랜잭션을 로그 파일로부터 복구한다.

이와 같이 과거 데이터베이스의 상태를 알 수 있기 위하여 주기적으로 데이터베이스의 내용과 로그 파일의 내용을 일치시켜 놓는 시점을 검사점이라고 한다. 검사점의 생성작업은 다음과 같다.

- 검사점 레코드를 로그 파일에 기록하고 이들의 위치를 재시작 파일에 기록한다.
- 모든 버퍼의 내용을 데이터베이스와 로그 파일에 기록한다.

10.3.3 데이터베이스의 복구 알고리즘

데이터베이스의 복구 알고리즘은 데이터베이스 버퍼의 내용을 언제 저장매체에 영구적으로 기록하는가에 따라 달라진다. 데이터베이스 버퍼 내용을 데이터베이스에 기록하는 방법은 앞에서 설명한 로그기록법과 마찬가지로, 동시적 갱신과 비동시적 갱신으로 구분된다.

- **동시적 데이터베이스 갱신**: 트랜잭션의 실행과 동시적으로 데이터베이스 버퍼의 내용을 저장매체에 기록함으로써 데이터베이스를 갱신하는 방법
- **비동시적 데이터베이스 갱신**: 트랜잭션의 실행과는 비동시적으로 데이터베이스 버퍼의 내용을 저장매체에 기록함으로써 데이터베이스를 갱신하는 방법

데이터베이스 복구작업을 버퍼 내용의 기록방법과 연관하여 설명하면 다음과 같다.

- **동시적 갱신일 경우 필요한 복구작업**: 만약에 동시적 갱신법에 따라 데이

터베이스 버퍼의 내용을 트랜잭션이 완료되기 이전에 데이터베이스에 기록하게 되면, 해당 변경 내용을 취소(undo)해야 할 경우가 발생할 수 있다.

- **비동시적 갱신일 경우 필요한 복구작업**: 만약 비동시적 갱신법에 따라 트랜잭션이 완료된 이후 버퍼관리자의 판단에 따라 데이터베이스에 기록할 경우에는 버퍼에 기록된 내용이 데이터베이스에 기록되지 못하고 손실될 가능성이 발생한다. 따라서 트랜잭션의 실행내용을 재실행(redo)해야 할 경우가 발생할 수 있다.

이상의 기준에 따라 데이터베이스 복구 알고리즘들을 분류할 경우, 다음과 같이 네 가지로 구분된다.

- no-undo/redo
- undo/no-redo
- undo/redo
- no-undo/no-redo

No-undo/Redo

데이터베이스 버퍼의 내용을 비동시적으로 갱신하는 경우의 데이터베이스 복구 알고리즘이다. 트랜잭션이 완료되기 이전에 데이터베이스 갱신 내용이 절대 기록되지 않기 때문에 이미 데이터베이스에 기록된 내용은 트랜잭션이 완료된 것들이다. 따라서 이미 실행된 내용을 취소할 염려는 없다(no-undo).

다만 완료된 트랜잭션의 내용이 데이터베이스 버퍼에 기록되고, 저장매체에 영구적으로 기록되지 않은 상태에서 시스템 파손이 발생할 수 있다. 이러한 경우에는 이들 트랜잭션의 내용이 데이터베이스에 기록되지 않았기 때문에 재실행(redo)해야 한다.

Undo/No-redo

데이터베이스 버퍼의 내용을 동시적으로 갱신하는 경우의 데이터베이스 복구 알고리즘이다. 이 경우는 데이터베이스의 갱신 내용이 트랜잭션이 완료되기 이전에 기록될 수 있으며, 따라서 이들 트랜잭션들이 완료되기 이전에 시스템이 파손될 경우 데이터베이스에 변경 기록된 내용을 취소해야(undo) 한다. 그러나 데이터베이스 버퍼에 있는 내용은 데이터베이스에 모두 동시적으로 영구적으로 기록하므로 트랜잭션을 재실행할 염려는 없다(no-redo). 따라서 undo/no-redo 알고리즘을 사용할 경우에는 데이터베이스의 갱신 이후 값을 로그 파일에 저장할 필요가 없다.

Undo/Redo

만약에 데이터베이스 버퍼의 내용을 시스템의 상태에 따라 동시적으로 데이터베이스에 기록하기도 하며, 비동시적으로 기록하기도 할 경우에는, 변경된 데이터베이스 내용을 취소하거나(undo) 버퍼에만 기록된 후 데이터베이스에 기록되지 않은 내용을 재실행(redo)해야 하는 경우가 모두 발생할 수 있다.

따라서 이 경우에는 취소 리스트와 재실행 리스트를 모두 유지해야 하는 번거로움이 있다. 그러나 시스템의 부하상태에 따라 데이터베이스 버퍼의 내용을 유연하게 데이터베이스에 기록할 수 있다는 것이 장점이다.

No-undo/No-redo

No-undo/no-redo는 데이터베이스에 갱신된 내용을 기록하지 않을 경우 적용할 수 있는 알고리즘이다. 여기서 데이터베이스에 변경된 내용을 기록하지 않는다는 것은 버퍼의 내용을 동시적으로 저장매체에 기록하나 데이터베이스와는 다른 영역에 기록하는 방법이다. 그리고 트랜잭션이 완료되면, 찰나적으로 데이터베이스 인덱스를 갱신된 자료가 있는 곳으로 바꾸어 준다. 이렇게 하면, 항상 트랜잭션의 실행상태와 데이터베이스의 내용이 일치하며, 따라서 버퍼의 내용을 데이터베이스에 재기록하거나 또는 기록된 내용을 취소할 필요가 없게 된다.

10.4 데이터베이스 보안

데이터베이스 보안은 데이터베이스에 대한 불법 접근이나, 파괴활동 등을 방지함으로써 데이터베이스의 완전성, 가용성 등을 보장한다. 데이터베이스 보안을 위해서는 데이터베이스시스템에 대한 보안과 더불어 컴퓨터시스템에 대한 보안, 사람에 대한 보안 등이 동시에 이루어져야 한다.

10.4.1 데이터베이스에 대한 보안

데이터베이스에 대한 위협으로는 데이터의 부당한 변경, 삭제, 유출 등이 있다. 이들을 방지하기 위해서는 적절한 보안작업이 필요한데, 데이터베이스에 대한 보안은 다음과 같이 구분할 수 있다.

- 데이터베이스 접근 제어
- 데이터베이스 암호화

(1) 데이터베이스 접근 제어

데이터베이스관리시스템은 사용자마다 고유 권한을 부여하여 데이터베이스에의 접근을 통제할 수 있다. 데이터베이스에 대한 접근 제어는 다음에 제시되는 바와 같이 데이터베이스를 구성하는 단위별로 다양하게 접근을 통제할 수 있다.

- **테이블**: 데이터베이스 접근 통제의 가장 일반적인 방법은 테이블 또는 뷰[1)]를 대상으로 접근을 통제한다. 즉 테이블 또는 뷰에 대한 접근권리가 명시적으로 기술되었는지를 확인함으로써 권한이 없는 사용자가 부적절하게 데이터를 읽거나 갱신하지 못하도록 제한한다.

---

1) 뷰는 가상 테이블이란 점에서 테이블과 동등한 수준에서 관리된다.

- **컬럼 또는 레코드**: 테이블을 포함하여 레코드 또는 컬럼별로 보안 등급을 부여함으로서 보안 등급이 낮은 사용자들이 해당 데이터에 접근할 수 없도록 제한한다.

데이터베이스에 대한 접근 제어는 권한을 가진 사용자들이 데이터를 적법하게 활용할 수 있도록 통제한다. 그러나 데이터베이스에 대한 백도어 설치와 같은 해킹에 대해서는 데이터베이스를 보호할 수 없다. 즉, 부적절한 사용자들이 불법으로 데이터베이스에 접근할 경우에는 이에 대한 별도의 방비가 필요한데, 이를 위한 방안이 데이터베이스 암호화이다.

(2) 데이터베이스 암호화

데이터베이스 암호화는 데이터가 불법적인 사용자들에게 노출될 경우에도 불법적인 사용자들이 내용을 파악할 수 없도록 방지하는 방법이다. 즉 데이터들을 암호화함으로써 복호화 키를 가지고 있는 사용자들만이 내용을 볼 수 있도록 제한한다. 이와 같이 데이터 암호화는 불법적이거나 우연히 권한이 없는 사용자들이 데이터를 획득하게 되어도 내용을 볼 수 없도록 제한함으로써 데이터 보안을 향상시키는 방안이다.

근자에 이르러 데이터베이스 암호화는 데이터베이스 보안을 위한 필수 요소로 인식되고 있다. 그러나 데이터베이스 암호화는 저장되는 데이터의 형태를 바꾸기 때문에 경우에 따라서는 다음과 같은 문제들이 발생할 수 있다.

- 숫자 필드에 대하여 암호화를 수행할 경우 필드의 데이터 형식이 숫자가 아닌 문자로 바뀔 수 있다.
- 주키에 대하여 암호화를 수행할 경우, 주키의 정렬기능이 작동하지 않을 수 있다. 즉, 원래 키값의 정렬 순서와 암호화된 값의 정렬 순서가 달라질 수 있다.
- 암호화에 의하여 주키 필드의 데이터 형식이 바뀔 경우, 이에 대응하는 외래키의 데이터 형식 또한 변경되어야 한다.
- 데이터 형식이 변경될 경우 인덱스가 작동하지 않을 수도 있다.

이러한 변경 사항들 때문에 암호화는 데이터베이스시스템의 운영과 소프트웨어 개발시 추가적인 부하를 발생시키게 된다.

- 데이터를 암호화(encryption)하여 저장하고, 저장된 데이터를 복호화(decryption)하는데는 추가적인 노력이 발생한다. 이 결과 방법에 따라 차이가 있으나 대략 30% - 200%의 성능 저하가 발생한다.
- 필드의 데이터 유형이 변경될 경우, 응용프로그램의 개발자들이 암호화에 대하여 세부적으로 잘 알고 있어야 하기 때문에 소프트웨어를 개발하고 유지하는 데 많은 노력이 소요된다.

이 결과 데이터베이스 암호화의 필요성에도 불구하고 아직도 많은 데이터베이스들이 암호화 없이 데이터들을 저장하고 있다. 그러나 최근에 와서는 데이터베이스시스템의 사용자들이 암호화 여부를 알 필요 없이 데이터베이스관리시스템이 암호화와 복호화를 자동으로 실행하는 투명한 암호화 기법이 제공됨에 따라, 데이터베이스의 암호화가 활발히 적용되고 있다.

투명한 암호화(transparent database encryption)는 데이터베이스 스키마 또는 응용프로그램의 변경없이 데이터를 암호화하고 복호화하는 방법이다. 이러한 데이터의 암호화는 대상이 무엇인가에 따라 다음과 같이 나눌 수 있다.

- **필드**: 필드를 암호화의 대상으로 하는 방법으로서 테이블 생성시 create table 명령어에서 해당 필드의 암호화 여부를 정의한다.
- **테이블 스페이스**: 하나 또는 둘 이상의 테이블들을 테이블 스페이스(table space)[2)]에 저장하고, 테이블 스페이스의 암호화 여부를 정의한다. 즉, 테이블이나 컬럼과 같이 관계형 데이터베이스 스키마를 구성하는 요소를 암호화하는 것이 아니라 테이블 스페이스라는 저장 단위를 암호화한다.
- **데이터베이스**: 전체 데이터베이스를 암호화하는 방법이다. 이 또한 alter database와 같은 명령어를 이용하여 데이터베이스의 암호화 여부를 결정한다.

---

2) 테이블 스페이스는 저장매체에 데이터들을 저장하는 단위로서 하나의 테이블 스페이스에 여러 테이블의 데이터들이 저장될 수도 있으며, 하나의 테이블이 여러 테이블 스페이스에 걸쳐 저장될 수도 있다.

10.4.2 컴퓨터시스템 보안

컴퓨터시스템에 대한 보안은 하드웨어, 각종 장비, 네트워크시스템, 시설물 등에 대한 보안을 포함한다. 이는 데이터베이스시스템을 포함하는 컴퓨터 하드웨어, 시설물이나 기계, 장비 등에 대한 보안을 의미한다.

하드웨어 보안

컴퓨터 하드웨어에 대한 위협 요인으로는 도난, 부당한 사용, 자연 재해로 인한 손상 등이 있다. 이러한 위협 요인들에 대한 보안 방안을 정리하면 〈표 10-3〉과 같다. 하드웨어에 대한 보안 중에서 도난 등과 같은 것은 시설물 전체에 대한 보안으로 해결되어야 한다. 시설물 전체에 대한 보안을 위해서는 침입 방지, 방화 등에 대한 보안이 이루어져야 한다.

시설물 보안

시설물에 대한 위협으로는 시설물에 대한 침입, 시설물의 물리적 훼손, 자연 재앙으로 인한 시설물의 파손 등이 있다. 이러한 위협 요인들에 대한 가능한 보안 방안을 정리한 것이 〈표 10-4〉이다.

표 10-3 **하드웨어시스템의 위협 요인들에 대한 보안 방안**

요 인	보안 방안
도난	시설 보안 참조
부당한 이용	스마트 카드와 같은 식별 카드 이용, 지문 인식, 음성 인식, 홍채 인식 등과 같은 생물학적 인식 방법, 패스워드 이용
자연 재해	자연 재해에 의한 피해가 적은 장소 선정
전기적 충격	시설 보안 참조

표 10-4 시설물의 위협 요인들에 대한 보안 방안

요 인	보안 방안
침입 방지	• 밀폐된 공간에 컴퓨터 장비를 은닉 • 장벽의 설치 • 물리적, 전기적 잠금 장치의 설치 • 수위, 조명장치의 설치 • 자동화된 입실장치 설치 • 침입 방지를 위한 통신망 구축 • 내부인에 대한 보안의식 고취
침입 감지	• 움직임 감지장치 설치 • 경보장치, 감시장치 설치
전압 제어	• UPS • Surge Protector • Grounding
방 수	• 습기 감지장치 설치 • 수해 발생이 적은 지점의 선정
방 화	• 화재 감지장치 설정 • 소화기 설치 • 자동 소화시설 마련

10.4.3 사람에 대한 보안

사람에 대한 보안은 데이터베이스시스템의 개발자, 운영자, 관리자 및 사용자들에 대한 보안을 말한다. 보안 사고의 경우, 외부 침입자에 의한 사고와 더불어 내부 직원에 의한 데이터 유출 또한 빈번하게 발생한다. 사람에 대한 보안은 그 중요성에 비하여 효과적인 방지책은 뚜렷하지 않다.

보안의 중요성과 이로 인한 비용, 위험 등을 교육함으로써 모든 구성원들이 데이터베이스 보안에 대하여 경각심을 갖는 것이 중요하다. 그리고 각 구성원들의 개인적인 걱정거리들을 파악함으로써 이들이 데이터 보안 사고의 원인이 되는 것을 사전에 차단할 필요가 있다.

요약

본 단원에서는 데이터베이스의 운용과 보안에 대하여 학습하였다. 본 단원에서 습득한 주요 개념들을 요약하면 다음과 같다.

- **ACID**: 트랜잭션의 특성들인 원자성(atomicity), 일관성(consistency), 격리성(isolation), 영속성(durability)의 영문 첫 글자를 모아 합성한 단어.
- **No-undo/Redo**: 데이터베이스 버퍼의 내용을 비동시적으로 갱신하는 경우의 데이터베이스 복구 알고리즘.
- **Undo/No-redo**: 데이터베이스 버퍼의 내용을 동시적으로 갱신하는 경우의 데이터베이스 복구 알고리즘.
- **Undo/Redo**: 데이터베이스 버퍼의 내용을 시스템의 상태에 따라 동시적으로 데이터베이스에 기록하기도 하며, 비동시적으로 기록하기도 할 경우의 데이터베이스 복구 알고리즘.
- **갱신 누락(lost update)**: 2개 이상의 트랜잭션들이 동일 데이터를 갱신할 경우 먼저 트랜잭션이 갱신한 데이터를 나중 트랜잭션이 덮어쓰기 함으로써 먼저 갱신된 값이 누락되는 현상.
- **검사점(check point)**: 데이터베이스의 내용과 로그 파일의 내용을 일치시켜놓은 시점.
- **교착상태**: 2개 이상의 트랜잭션들이 서로 다른 트랜잭션이 현재 사용하고 있는 데이터들이 해제되기를 기다림으로써 서로 무한히 기다리게 되는 현상.
- **데이터베이스 암호화**: 데이터베이스에 저장된 데이터들을 암호화함으로써 이들이 불법적인 사용자들에게 노출될 경우에도 내용을 파악할 수 없도록 방지하며, 복호화 키를 가지고 있는 사용자들만이 내용을 볼 수 있도록 제한하는 방법.
- **대기 그래프**: 트랜잭션들 사이의 대기 관계를 나타내는 그래프로서, 대기 그래프에서 교착상태는 순환사이클(cycle)로 표시됨.
- **동시성 관리**: 여러 개의 트랜잭션이 동시에 실행될 때, 이들 트랜잭션들이 상호 간섭 없이 수행되도록 함으로서 데이터베이스를 보호하는 기능.
- **로그 파일**: 데이터베이스에서 처리되는 트랜잭션의 내용을 모두 기록한 파일.
- **복귀(rollback)**: 데이터베이스의 갱신에서 부분적으로 처리된 작업을 모두 포기하고 데이터베이스를 이전 상태로 되돌리는 기능.
- **시간제한 방법**: 어떤 트랜잭션이 일정 시간 이상 기다리게 되면, 이 트랜잭션이 교착상태에 있다고 보고 이를 철회하는 방법.

- **쓰기 오류(dirty write)**: 상호 연관된 2개의 테이블의 데이터를 상호 참조 없이 변경시킴으로써 결과적으로는 무결성법칙을 위반하는 잘못된 데이터들이 발생하게 되는 현상.
- **완료(commit)**: 데이터베이스의 갱신에서 트랜잭션이 전체적으로 종료되어 데이터베이스 갱신이 이루어지도록 하는 기능.
- **읽기 오류(dirty read)**: 한 트랜잭션이 데이터들을 갱신하고 있는 중간에 다른 트랜잭션이 이들 값을 읽음으로써 잘못된 값이 읽히는 현상.
- **잠금 기법**: 트랜잭션이 수행되는 동안 다른 트랜잭션들이 이를 간섭하지 못하도록 제한하는 기법.
- **타임스탬프 기법**: 모든 트랜잭션들에게 발생 시간을 부여하고, 시간을 기준으로 트랜잭션들이 데이터에 대한 잠금을 계속 유지할 것인지 또는 트랜잭션의 실행을 복귀할 것인가를 결정하는 기법.
- **투명한 암호화 기법(transparent database encryption)**: 데이터베이스시스템의 사용자들이 암호화 여부를 알 필요 없이 데이터베이스관리시스템이 암호화와 복호화를 자동으로 실행하는 암호화 기법.
- **트리거(trigger)**: 데이터베이스가 특정 상태에 도달하면, 자동으로 작동하도록 설정된 프로그램 모듈.

제11장
데이터 품질

데이터관리는 산출물인 데이터의 품질에 의하여 평가된다. 즉, 생산된 데이터가 양질일 경우 데이터관리가 효과적으로 수행되었다고 할 수 있으며, 그렇지 않은 경우 데이터관리가 효과적이지 못하였다고 할 수 있다.

11.1 데이터 품질 프레임워크

데이터는, 일상적인 제품의 품질과 달리, 형태를 가지지 않는다. 이러한 점에서 품질에 대한 기준 또는 차원(dimension)과 측도(metric)를 설정하는 것 또한 쉽지 않다. 전통적으로 품질이란 사용자의 요구를 충족시키는 정도로 판단된다. 따라서 품질에 대한 평가는 내구성 등과 같은 제품에 대한 평가와 더불어 사용 편이성 등과 같은 사용자의 주관적인 평가들을 포함한다.

데이터에 대한 품질평가 또한 데이터에 대한 객관적인 평가와 더불어 사용자의 주관적인 평가를 포함한다. 최근에는 데이터 품질에 영향을 미치는 원인들을 추적하여 이들도 같이 평가하는 방향으로 평가범위가 확대되고 있다.

데이터 품질 차원

데이터를 사용하는 사용자들의 일차적인 관심사는 데이터가 실제 현상을 얼마나 잘 나타내는가이다. 이에 따라 데이터 품질에 대한 연구 또한 정확성을 중심으로 발전하여 왔다.

실제 현상에 대하여 사용자들이 알고자 하는 정보를 제공한다는 점에서 데이터는 무엇보다도 정확한 정보를 제공해야 한다. 그리고 이러한 정보들이 사용자들에게 유용하여야 하며, 사용자들이 찾고자 하는 모든 정보를 완전하게 제공해야 한다. 이러한 관점에서 정확성, 유용성 및 완전성이 가장 대표적인 평가기준으로 사용되고 있다. 이들 품질 차원들은 사용자들이 생각하는 양질의 데이터에 대한 기준들이다.

이들 기준에 추가하여, 데이터베이스 관리자 관점에서의 품질 기준 또한 생각할 수 있다. 데이터관리자 관점에서의 대표적인 품질 차원으로서는 데이터의 논리적 모순을 평가하는 무결성, 데이터 값의 일치를 평가하는 일관성 등이 있다. 이와 같이 데이터 품질은 평가 주체에 따라 사용자의 관점에서 평가하는 품질과 데이터베이스 관리자의 관점에서 평가하는 품질로 구분할 수 있다.

평가 주체에 따른 구분과 더불어 평가 대상이 무엇이냐에 따라 데이터의 품질을 구분할 수도 있다. 평가 대상은 데이터 자체에 대한 품질과 데이터를 제공하는 서비스에 대한 품질로 구분되어 왔다. 여기서 데이터 자체에 대한 품질은 데이터베이스에 저장되어 있는 데이터에 대한 평가로서 정확성, 완전성, 현행성, 일관성 등을 포함한다. 서비스에 대한 품질은 데이터를 사용자들에게 제공하는 서비스에 대한 평가로서 검색성, 사용 용이성, 사용자 지원성 등이 이에 포함된다.[1] 비슷한 구분으로 한국데이터베이스진흥센타는 데이터 품질로는 정확성, 완전성, 최신성, 포괄성, 활용성을, 서비스에 대한 품질로는 검색성, 편의성, 지원성, 시스템 성능을 제시하였다.[2]

---

1) 반드시 그러한 것은 아니나, 일반적으로 서비스에 대한 품질은 사용자 중심의 품질과 연관성이 높으며, 데이터 자체에 대한 품질은 데이터베이스 관리자 중심의 품질과 연관성이 높다고 할 수 있다.

2) 한국데이터베이스진흥센터, 데이터 품질관리 성숙모형(Ver 1.0), 2008.

표 11-1 Wang의 데이터 품질 차원

구분(Category)	차 원
내재적 정보 품질(Intrinsic IQ)	Accuracy, Objectivity, Believability, Reputation
접근적 정보 품질(Accessible IQ)	Access, Security
상황적 정보 품질(Contectual IQ)	Relevancy, Value-added, Timeliness, Completeness, Amount of Data
표현적 정보 품질 (Representational IQ)	Interpretability, Ease of understanding, Concise presentation, Consistent representation

표 11-2 데이터 품질 차원의 상호 비교

Wang의 구분	평가 대상에 따른 구분	평가 주체에 따른 구분
내재적 정보 품질	데이터에 대한 품질	데이터관리자 중심의 품질
상황적 정보 품질		데이터 사용자 중심의 품질
접근적 정보 품질	데이터 서비스에 대한품질	데이터관리자 중심의 품질
표현적 정보 품질		데이터 사용자 중심의 품질

이러한 품질 차원들에 대한 연구의 일환으로 Wang은 데이터 품질 차원들을 〈표 11-1〉의 4가지로 구분하고 있다.[3] Wang이 제시한 품질 차원 구분을 앞에서 언급한 평가 대상 및 평가 주체에 따른 구분과 비교해 보면 〈표 11-2〉와 같이 정리할 수 있다.

데이터 품질 원인

통합품질관리(TQM: Total Quality Management)는 제품 또는 서비스의 설계부터 제조 및 사후관리까지의 전과정을 포함한다. 따라서 최종 제품 및 이에 대한 사용자들의 평가만이 아니라 시작단계부터 전과정을 포함하도록 품질관리를 확장한다.

---

3) Wang, R.Y., "A Product Perspective on Total Data Quality Management", Communications of the ACM, Vol. 41, No. 2, Feb. 1998, pp. 58-65.

데이터의 경우에도 양질의 데이터를 서비스하기 위해서는 최종 데이터에 대한 품질관리뿐만이 아니라 데이터를 저장하는 데이터베이스 구조, 생성 프로세스 등의 모든 과정에 대한 관리가 같이 이루어져야 한다. 데이터에 대한 품질관리를 이와 같이 확장할 경우, 데이터 품질평가는 앞 절에서 언급한 데이터 및 데이터 서비스에 대한 품질평가와 더불어 데이터 품질에 영향을 미치는 환경적 원인들에 대한 평가를 포함하도록 확장된다.

데이터 품질에 영향을 미치는 환경적 요인으로서 일반적으로 다음의 4가지가 제시되고 있다.

- 데이터 설계
- 데이터의 처리 프로세스
- 시스템
- 데이터관리 정책 및 절차

이들 데이터 품질에 영향을 미치는 원인들 중에서 최근 새로이 많이 연구되고 있는 분야는 데이터 처리 프로세스와 데이터관리 정책 및 절차 등이다. 데이터 처리 프로세스는 이전에는 응용시스템의 일부로 분류되어 데이터관리 범위 밖의 문제로 취급되었었다. 그러나 최근에는 이를 데이터관리의 수명주기에 포함시키는 모형들이 제시되고 있다. Redman은 양질의 데이터 서비스를 위한 노력으로서 정보처리기능모형(Information Processing Model)을 제시하고 있으며,[4] Wang은 정보제조시스템(Information Manufacturing System) 등을 제시하고 있다.[5] 이들 모두 데이터의 처리 프로세스를 데이터관리의 관점에서 단순화하여 표현한 모형들이다.

통합 데이터 품질평가기준

통합 품질관리의 관점에서 볼 때, 데이터 품질평가는 데이터에 대한 평가와 데이터 품질에 영향을 미치는 원인들에 대한 평가를 모두 포함함을 알 수 있다. 본 절은 이러한 통합 데이터 품질을 실제 현상의 투사 패러다임(real-

---

4) Redman, T. C., Data Quality for the Information Age, Artech House, 1996.

5) Wang, R.Y., ibid.

그림 11-1 데이터의 이용 사이클

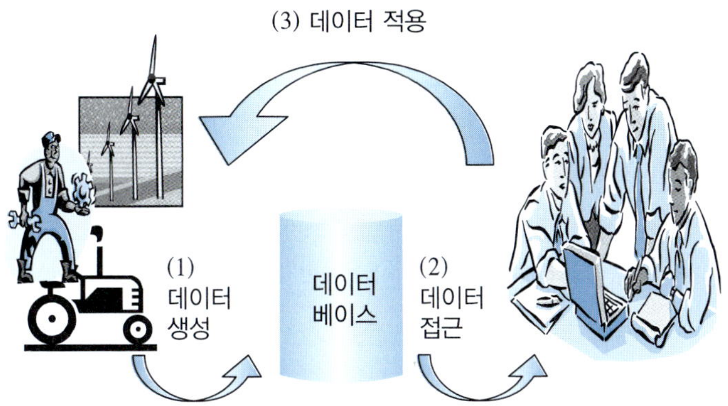

world mapping paradigm)에 기초하여 품질평가 기준 및 차원들을 종합적으로 재구성한다.

실제 현상 투사 패러다임에 기초하여 볼 때, 데이터는 실제 현상을 부호로 표현한 것이며, 데이터 서비스의 목적은 실제 현상에 대한 정보를 데이터를 통하여 제공하고, 이를 이용하여 사용자의 활동을 지원하는 것이라고 정의할 수 있다. 이러한 패러다임에 기초하여 데이터의 생성 및 활용 과정을 살펴보면 [그림 11-1]과 같이 3부분으로 나눌 수 있다.

(1) **데이터의 생성**: 실제 현상을 나타내는 데이터를 생성하여 저장

(2) **데이터의 접근**: 사용자가 데이터베이스를 사용하고 이해

(3) **데이터의 적용**: 데이터를 실제 업무에 적용

이를 데이터의 이용 사이클이라고 하면, 데이터의 품질은 사이클을 구성하는 각 단계별로 다르게 평가되어야 한다. 〈표 11-3〉은 데이터 이용 사이클의 각 단계별로 품질평가의 기준과 평가의 주체 또는 구성요소들을 제시하고 있다.

데이터 생성 단계의 품질은 데이터가 실제 현상을 얼마나 잘 나타내는가에 의하여 평가되며, 주 구성요소는 데이터와 실제 현상이다. 이에 반하여 데이터 접근 단계는 데이터베이스가 사용하고 이해하기 편리한가에 의하여 평가되며, 주 구성요소는 사용자와 데이터베이스이다. 그리고 데이터 적용 단계는

표 11-3 실제 현상 투사 패러다임에 근거한 데이터 품질기준

데이터 이용 단계	품질평가의 기준	평가 시스템의 주체 또는 구성요소	Wang의 품질 구분
데이터의 생성	실제 현상을 얼마나 잘 나타내는가?	데이터와 실제 현상	내재적 품질
데이터의 접근	사용하기에 얼마나 편리한가?	데이터와 사용자	접근적 품질
	이해하기에 얼마나 편리한가?		표현적 품질
데이터의 적용	행동을 결정하고 실행함에 얼마나 유용한가?	사용자와 실제 현상	상황적 품질

사용자가 실제 업무를 수행하는 데 데이터가 얼마나 유용하게 활용되는가를 평가하는데, 주 구성요소는 사용자와 실제 현상이다.

여기서 평가시스템의 주체 또는 구성요소는 평가의 주체 또는 대상으로서 평가 척도를 구성하는 주요 결정인자들이다. 즉, 데이터 생성 단계의 주 구성요소가 데이터와 실제 현상이라는 것은 사용자들이 느끼는 정성적인 평가기준이 데이터 생성 단계에서의 주요 평가기준이 아니라는 것을 의미한다. 이에 반하여 데이터 적용 단계의 주 구성요소가 사용자와 실제 현상이라는 것은 적용 단계에서는 사용자가 느끼는 정성적인 평가기준들이 주요한 평가기준으로 취급되어야 함을 의미한다.

이러한 구분에 따라 제시된 평가기준은 Wang이 제시한 4가지 품질 구분과 거의 일치한다. 즉, 데이터 생성의 품질 차원들은 내재적 정보 품질로 구분될 수 있으며, 데이터 접근의 품질 차원들은 표현적 정보 품질과 접근적 정보 품질로 구분될 수 있으며, 데이터 적용의 품질 차원들은 상황적 정보 품질로 구분될 수 있다.

통합 데이터 품질평가 프레임워크

통합 데이터 품질관리는 데이터 품질에 대한 평가와 더불어 품질에 영향을 미치는 원인들에 대한 평가를 함께 포함한다. 이에 따라 품질평가의 대상 또한 데이터뿐만이 아니라 이에 영향을 미치는 모든 원인들을 포함한다.

품질에 영향을 미치는 원인들로서는 데이터베이스의 구조, 데이터의 생성

프로세스, 데이터의 관리 정책과 절차, 시스템 등이 있다. 이들은 다음에 예시된 바와 같이, 여러 가지 경로로 데이터 품질에 영향을 미친다.

- 데이터베이스 구조는 데이터들이 지켜야 할 법칙들과 데이터들 사이의 연관성을 결정하며, 이에 따라 데이터의 일관성이나 무결성과 같은 내재적 품질과 이해 용이성 등과 같은 표현적 품질에 영향을 미친다.
- 생성 프로세스는 데이터를 만들고 변환, 처리하는 과정으로서 데이터의 정확성과 같은 구조적 품질과 데이터의 적시성, 완전성 등의 상황적 품질에 영향을 미친다.
- 시스템은 데이터의 검색 속도, 보안 등과 같은 접근적 품질에 영향을 미친다.
- 관리 정책과 절차는 포괄적이고 간접적으로 거의 모든 데이터 품질 차원에 영향을 미친다.

이와 같이 데이터의 이용 사이클과 평가 대상에 따라 데이터 품질 차원을 총괄적으로 표시한 것이 〈표 11-4〉의 통합 데이터 품질평가 프레임워크이다. 통합 데이터 품질평가 프레임워크는 품질 차원들을 데이터의 이용 사이클별로 분류하여 제시하며, 데이터만이 아니라 데이터베이스 스키마, 프로세스, 시스템 및 관리 절차 등도 평가 대상으로 포함한다. 따라서 데이터에 대한 사후적 평가만이 아니라 품질에 영향을 미치는 원인들에 대한 평가 또한 포함한다. 여기서 전자를 현상평가라 하고 후자를 원인평가라고 한다.

현상평가는 사용자에게 서비스되는 데이터의 품질을 평가하는 것이다. 이에 반하여 원인평가는 데이터 품질에 영향을 미치는 원인들을 평가하는 것이다. 예를 들면 실제 저장된 값과 참값의 일치 여부를 직접 측정하는 것이 정확성에 대한 현상평가이며, 도메인이 얼마나 정확하게 정의되어 데이터 값을 입력하는 과정에서 범위를 벗어나는 데이터가 입력될 수 있는 가능성을 미연에 방지하는가를 평가하면 것이 정확성에 대한 원인평가이다.

표 11-4 데이터 이용 단계와 평가 대상에 따른 통합 데이터 품질평가 프레임워크

데이터 이용 사이클			평가 대상				
	품질 카테고리	품질 차원	데이터	설계 구조	생성 프로세스	시스템	관리 정책/절차
데이터 생성	내재적 품질	정확성	*		*		*
		무결성	*	*	*		*
		일관성	*	*			*
데이터 접근	표현적 품질	표현 일관성	*	*	*		*
		이해 용이성	*	*			*
	접근적 품질	접근성		*	*	*	*
		가용성		*	*	*	*
		성능		*		*	*
		보안		*		*	*
데이터 적용	상황적 품질	유용성					*
		적시성			*	*	*
		완전성		*	*		*
평가의 종류			현상평가	원인 평가			

11.2 품질 차원

데이터의 품질은 여러 관점에서 평가될 수 있음을 살펴보았다. 본 절에서는 앞에서 언급된 품질 차원들을 보다 자세히 설명한다.

정확성 (accuracy)

정확성은 제공된 자료가 얼마나 정확한 정보를 나타내는가를 표시하는 기준이다. 정보시스템을 실제 현상의 모형으로 정의할 때, 데이터의 질은 제공되는 데이터가 실제 현상을 얼마나 잘 나타내느냐에 의하여 결정된다고 볼 수 있으며, 이를 나타내는 기준이 정확성이다. 그렇다면 여기서 정확하다는 것은 무엇을 의미하는가?

정확성을 판단하기 위해서는 이의 평가기준인 실제값(眞의 값)이 존재해야 한다. 즉 기록된 재고량의 정확성을 평가하기 위해서는 실제 저장된 상품의 수량을 알아야 한다. 여기서 재고량을 기록된 데이터라 할 때, 실제 저장된 수량은 기록된 데이터에 대응하는 실제값이다.

정확성이란 데이터와 실제값과의 오차로서 판단된다. 오차가 클수록 정확하지 않으며, 오차가 작을수록 정확하다고 할 수 있다. 여기서 오차란 데이터와 실제값과의 차이로서 측정되며, 측정방법에 따라 상대오차와 절대오차로 구분된다.

- 절대오차란 데이터와 실제값의 차이의 절대 크기로서 측정된다. 예를 들면, 특정 부품의 현 재고량이 180개로 기록되어 있으며, 실제 재고량이 200개일 경우, 절대오차는 20개이다.
- 상대오차란 실제값에 대비한 절대오차의 상대적 크기로서 측정된다. 예를 들면, 특정 부품의 현 재고량이 180개로 기록되어 있으며, 실제 재고량이 200개일 경우, 상대오차는 20/200, 즉 10%이다.

제시된 사례로부터 유추할 수 있듯이 정확성은 저장된 데이터만으로는 평가할 수 없다. 바꾸어 이야기하면, 기록된 데이터를 실제값과 비교함으로서 비로소 평가된다. 앞의 예에서 180개라는 재고 수량의 정확성은 180개가 실제 재고를 얼마나 정확히 잘 나타내는가에 의하여 결정된다. 만약 실제 재고가 200개이면 180개는 부정확한 자료이며, 실제 재고가 181개이면 비교적 정확한 자료라고 이야기할 수 있다.

데이터와 실제값과의 오차는 자료 조작의 오류, 정보 조작자의 의도적 행위, 기계적 장치의 결함 및 정보시스템의 본질적 제한성 등에 의하여 발생한다. 여기서 정보시스템의 본질적 제한성이란 실제 현상을 나타냄에 있어 정보시스템이 지니는 본질적 한계를 의미한다. 예를 들면 특정인의 키를 cm로 나타낼 경우 아무리 정확히 값을 표현하고자 하여도 실제의 값과 다를 수 있다. 이러한 정보시스템의 본질적 제한성은 유효숫자를 늘리는 것과 같이 추가적인 노력에 의하여 감소시킬 수 있으나 궁극적으로 완전히 제거할 수는 없다.

정확성을 향상시키기 위해서는 추가적인 시간이나 노력이 소요되며 이에 따라 정확성은 다음에 제시되는 적시성과 상호 배타적 관계를 갖는다. 즉, 정확성을 높이기 위해서는 오류의 확인 및 정정을 위하여 많은 시간과 노력을 투자해야 한다. 그러나 이러한 시간과 노력의 투자는 정보 제공의 적시성을 떨어뜨리며, 반대로 적시성만을 강조하여 오류의 확인이나 정정을 소홀히 할 경우, 정확성이 떨어지게 된다.

일관성 (consistency)

일관성이란 같은 현상을 나타내는 여러 데이터들이 서로 동일한가를 평가하는 기준이다. 예를 들면, 갑이라는 공급업체로부터 3월 중 구매된 A라는 상품의 양이 구매대장에는 500개로 기록되어 있으며, 대금지불대장에는 300개로 기록되어 있다고 가정하자. 이 경우 이들 자료들은 일관성이 결여되었다고 한다. 여기서 말하는 일관성은 데이터의 내용적인 일관성이다. 데이터의 일관성이라고 할 때, 내용적인 일관성에 추가하여 표현의 일관성 또한 고려할 수 있는데, 이는 이후 표현의 일관성에서 자세히 설명된다.

일관성이 데이터의 질적 평가기준으로서 중요한 이유는 상이한 데이터들은 반드시 오류를 포함하기 때문이다. 위에서 제시된 예에서, 구매보고서에 기록된 500개의 구매량과 대금지불보고서에 기록된 300개의 구매량 중 적어도 하나는 반드시 잘못된 값임이 틀림없다. 서로 다른 2개 이상의 데이터가 모두 정확할 수는 없다. 이들 중 적어도 하나는 부정확한 데이터이다. 보다 구체적으로, 최선의 경우 오직 하나만이 정확한 데이터이며 나머지는 모두 부정확한 데이터이다. 최악의 경우는 모두 부정확한 데이터일 수도 있다.

제시된 예를 통하여 알 수 있듯이 일관성은 정확성의 필요조건이다. 따라서 정확성을 향상시키기 위해서는 무엇보다도 먼저 일관성이 향상되어야 한다. 또한 일관성은 실제값을 확인할 필요 없이 데이터베이스에 기록된 값들만으로 오류를 파악할 수 있다는 점에서 매우 유용한 기준이며, 이러한 특성 때문에 데이터관리를 위한 주요 척도로 활용된다.

무결성 (integrity)

무결성은 데이터들 사이의 논리적 정합성을 측정하는 기준이다. 무결성의 개념을 먼저 사례를 통하여 살펴보기 위하여 갑이라는 공급업체가 A라는 부품을 납품한다고 가정하자. 여기서 갑은 생산제품을 매월 모두 납품하는 전담 외주생산업체이며, 월 최대생산량이 350개이며, 자체 재고는 유지하지 않는다고 가정한다. 이 경우 만약 3월에 갑이 공급한 물량이 500개로 기록되어 있다고 하면, 갑 공급업체의 공급량은 최대생산량을 초과함을 알 수 있다. 즉 논리적으로 모순이다. 따라서 갑의 공급량이나 최대생산능력 중 적어도 하나는 잘못 기록된 값임이 분명하다.

다른 예로서 을이라는 제조업체의 모든 작업자들은 주 5일 근무하며, 1일 최대잔업시간은 4시간을 넘지 못하도록 규정되어 있다고 가정하자. 이 경우 특정 부서 작업자의 2월 중 총잔업시간이 115시간으로 청구된 경우 이는 월 근무일수 20일과 1일 최대잔업시간 4시간을 기준으로 볼 때, 논리적으로 모순된, 즉 현실적으로 불가능한 값이다. 이와 같이 상호 논리적으로 모순된 값들이 발생할 때 데이터의 무결성이 낮다고 하며, 상호 모순된 값들이 발생하지 않을 때 무결성이 높다고 한다.

데이터의 무결성은 데이터들이 실제 현상에서 발생 가능한가를 판단하는 기준이다. 따라서 무결성이 높다고 하여 반드시 정확하다고 할 수는 없다. 그러나 정확하기 위해서는 먼저 무결성이 보장되어야 한다. 즉 무결성은 정확성의 필요조건이다. 데이터는 실제현상에서 발생 가능한 값을 나타내야 한다. 만약 데이터가 발생 가능한 값이 아닐 경우 이는 부정확한 데이터임이 틀림없다. 데이터의 무결성은 실제 현상에서의 참값을 확인할 필요 없이 데이터들만으로 품질을 평가할 수 있다는 점에서 매우 중요한 품질기준이다.

일관성이 단일 현상을 나타내는 여러 데이터들이 동일한가를 판단하는 것에 반하여, 무결성은 2개 이상의 다른 데이터들이 나타내는 논리적 의미를 판단한다. 앞에서 제시된 예들을 통하여 살펴보면, 일관성은 공급량과 같이 단일 현상을 나타내는 데이터들의 동일성 또는 이의 반대 개념으로서 모순을 측정하는 품질기준이다. 이에 반하여 무결성은 잔업근무시간과 일일 최대작업시간 또는 공급량과 최대생산능력과 같이 서로 다른 현상을 나타내는 데이터들 사이의 논리적 적합성 또는 이의 반대 개념으로서 모순을 측정하는 품질기준이다.

표현의 일관성 (representational consistency)

표현의 일관성은 동일한 데이터 항목 안에서 모든 데이터의 표현형식이 서로 같은가를 평가하는 기준이다. 예를 들면, 사원의 성별을 나타내는 데이터가 갑 부서의 사원 데이터에서는 '남'과 '여'로 표현되어 있으며, 을 부서의 사원 데이터에서는 '1'과 '0'으로 표현되어 있으면, 일관성이 높다고 할 수 없다.

표현의 일관성은 데이터의 상호 비교 및 통합을 위하여 매우 필요한 요소이다. 즉, 앞에서 예시된 예에서 갑과 을 부서를 포함하는 모든 부서의 사원 데이터로부터 성별 구성비를 계산한다고 가정할 경우, 일관성 없이 표현된 위의 데이터들은 많은 문제를 야기할 수 있다.

이해 용이성 (understandability)

이해 용이성은 사용자들이 데이터를 얼마나 쉽게 잘 이해할 수 있는가를 평가하는 기준이다. 데이터의 궁극적 효과가 데이터라는 상품의 수요자인 최종사용자가 데이터를 이해할 수 있을 때 실현됨을 고려할 때, 이해 용이성은 매우 중요한 품질 차원이라고 할 수 있다.

이해 용이성은 데이터의 물리적 내용적 표현방법에 의하여 결정된다. 물리적 표현방법은 문자 또는 숫자, 표, 그래프, 이미지, 소리 등과 같이 사용자에게 특정 정보를 전달하는 방법들을 말한다. 이들 표현방법들은 각각 고유한 장점을 가지므로 어느 방법이 항상 우수하다고 할 수 없다. 따라서 정보의 내용과 상황에 부합되는, 사용자들이 쉽게 이해할 수 있는 표현 방법이 나은 방법이라고 있다고 할 수 있다.

예를 들면, 문자 또는 숫자는 그래프에 비하여 정확한 정보를 제공한다. 그러나 상대적인 차이를 비교하는 데는 그래프가 훨씬 우월하다. 따라서 특정 대상에 대한 값을 전달하고자 할 경우에는 문자나 숫자로 표현하는 것이 나으며, 여러 대안들을 상대적으로 비교하고자 하는 경우에는 그래프로 표현하는 것이 낫다. 그리고 상세한 정보를 많이 제공하는 것이 항상 이해에 도움이 되는 것은 아니며, 경우에 따라서는 정보의 과부하(information overload)를 발생시킬 수 있음을 유의해야 한다.

접근성 (accessability)

접근성은 사용자들이 데이터를 얼마나 쉽게 데이터베이스에 접근하여 사용할 수 있는가를 나타내는 기준이다. 여기서 사용자는 당연히 적법한 사용자들을 지칭한다. 접근성은 해당 사용자들이 데이터가 저장된 매체, 즉 데이터베이스를 찾아서 그 안에 저장된 데이터를 사용하는 것이 편리한 정도를 평가한다.

만약 사용자들이 원하는 데이터가 저장된 데이터베이스의 명칭을 정확하게 알아야 하고, 물리적 위치나 서버 이름들을 자세히 알아야 한다면, 해당 데이터에 대한 접근성은 높다고 할 수 없다. 그러나 만약 사용자들이 데이터베이스의 물리적 위치나 서버 이름 등을 몰라도, 기업이나 조직의 정보 포털에 로그인한 후, 사용 권한이 부여된 데이터베이스들을 포털을 통하여 로그인할 수 있으면 해당 데이터의 접근성은 높다고 할 수 있다.

접근성이 데이터 품질로서 중요한 이유는 데이터 사용자들의 가장 큰 애로가 원하는 데이터가 어디에 저장되어 있는지를 모름에 있다는 사실이다. 이러한 점에서 볼 때 접근성은 데이터 품질의 시작이라고 할 수 있다.

적시성 (timeliness)

적시성은 사용자의 시간적 요구조건을 얼마나 잘 충족시키는가를 평가하는 기준이다. 적시성이 높음은 사용자가 원하는 시점에 자료가 제공됨을 의미하며, 낮음은 원하는 시점으로부터 제공되는 시점이 멀리 떨어져 있음을 의미한다.

적시성은 데이터관리시스템의 시초부터 전산화의 가장 큰 장점으로 강조되어왔다. 예를 들면, 수작업에서는 수일이 걸리는 월말 총판매량의 집계가 컴퓨터를 이용할 경우 수초, 수분 이내에 이루어 질 수 있다는 점은 확실히 전산화 데이터관리의 큰 이점이었다. 또한 초기의 오프라인(off-line), 일괄처리(batch processing)에서 온라인(on-line), 실시간 처리(real-time processing) 등으로 변화됨으로써 정보 생산시간은 더욱 단축되었다. 그러나 정보 제공시간의 단축은 반대급부로 사용자의 요구시간을 더욱 단축하게 되었으며, 요구되는 정보의 종류 및 양도 더욱 증가하게 되었다. 즉, 데이터관리시스템의 발전과 더불어, 사용자의 요구 또한 기존의 며칠, 몇 시간에서 몇 분, 몇 초로 바뀌게 되었다. 이 결과 정보시스템의 처리 능력이 향상되었음에도 자료의 적시성은 여전히 중요한 평가기준으로 인식되고 있다.

가용성 (availability)

가용성은 필요한 데이터가 획득 가능한가를 판단하는 기준이다. 요구된 자료가 획득 가능하며 제공될 수 있을 경우 이를 가용하다고 하며, 획득 불가능할 경우 가용하지 않다고 한다. 이러한 점에서 볼 때, 가용성은 적시성과 연관되는데, 다음과 같은 차이가 있다.

- 가용성은 데이터베이스의 가용 여부를 판단하는 기준이다. 예를 들면 거래처와의 거래실적 데이터베이스를 항상 사용할 수 있으면 가용성이 높다고 하며, 특정 시간대만, 예를 들어 오전 9사부터 오후 5시까지만 사용할 수 있으면 가용성이 낮다고 할 수 있다. 특정 기간 동안 사용할 수 없으면 가용하지 않다고 한다.
- 적시성은 가용한 데이터가 사용 시점에 얼마나 즉각적으로 제공되는가의 시간적 적절성을 판단하는 기준으로 사용된다. 예를 들면 거래처별 전월 거래 내역이 월말 거래 마감과 동시에 제공되면 적시성이 높다고 할 수 있으며, 거래 마감 이후 20여일 경과된 후 제공된다면 적시성이 낮다고 할 수 있다.

가용성은 데이터의 질을 평가함에 있어 가장 선행되어야 하는 전제조건이다. 즉 사용자들이 원하는 데이터를 제공하는 것은 제공된 데이터의 질을 평가하기 이전에 충족되어야 할 전제조건이다. 가용하지 않은 데이터에 대해서는 품질을 측정할 수 없다.

적절성 (relevancy) / 유용성 (usefulness)

적절성 또는 유용성은 데이터가 사용 목적에 부합하는 정보를 제공하는가를 판단하는 기준이다. 즉, 사용 목적에 부합하는 정보를 제공할 경우 적절성이 높다고 하며, 그렇지 않을 경우 적절성이 낮다고 하거나 또는 부절적하다고 한다.

적절성은 데이터의 사용 용도나 사용 환경에 따라 다르게 평가된다. 즉, 적절성은 사용자들이 데이터를 사용하고 난 뒤 사용 경험을 토대로 사후적으로 평가된다고 할 수 있다. 따라서 데이터 사용자의 주관적 판단에 의존하게 된다. 그러나 사용자들이 요구하는 정보를 데이터들이 포함될 경우 적절한 정보를 제공할 가능성이 높다. 이러한 점에서 데이터에 대한 충분한 수요 조사 또는 요구정의가 적절성을 향상시키기 위한 주요 수단이라고 할 수 있다.

예를 들면, 각 대리점의 영업실적을 판매량을 기준으로 평가한다고 가정하자. 그러나 반품률이 상대적으로 높을 경우, 판매량은 영업실적을 평가하기에 부적절한 데이터라고 할 수 있으며, 판매량에서 반품량을 차감한 순판매량이 적절한 데이터라고 할 수 있다.

완전성 (completeness)

완전성은 필요한 데이터가 모두 제공되는가를 판단하는 기준이다. 완전성은 데이터 항목의 완전성과 데이터 값의 완전성으로 구분할 수 있다.

- 데이터 항목의 완전성이란 사용자들이 원하는 데이터 항목들이 모두 포함되어 있어야 함을 의미한다.
- 데이터 값의 완전성은 해당 항목의 값들이 누락 없이 모두 기록되어 있음을 의미한다.

예를 들면, 비상연락을 위하여 사원들의 신상 데이터를 참조한다고 가정하자. 이때, 사원들의 신상 데이터가 주소, 집 전화번호 등과 같은 데이터들만을 포함하며, 휴대폰 번호나 전자메일 주소를 포함하지 않는다고 한다면, 해당 신상 데이터들은 비상연락을 위한 데이터로서 완전하다고 할 수 없다. 비상연락을 위한 주요 데이터들인 휴대폰 번호나 전자메일 주소 같은 데이터 항목들이 누락되어 있기 때문이다.

이에 반하여, 데이터 값의 완전성은 해당 데이터의 값이 누락 없이 완전하게 기록되어 있는가를 나타내는 기준이다. 예를 들면, 만약 많은 사원들의 현 주소가 빈 칸으로(null 값) 기록되어 있을 경우, 데이터 값의 완전성이 결여되었다고 할 수 있다. 또는 사원별 판매실적 데이터 중에서 2001년 1월부터 2001년 12월까지 데이터들이 누락되어 있을 경우에도 사원별 판매실적 데이터는 완전다고 할 수 없다.

완전성의 평가에서 데이터 항목의 누락과 데이터 값의 누락은 상호 별개의 사항이라기보다는 상호 연관되며, 전자는 후자의 특수한 경우라고 할 수 있다. 즉, 데이터 항목이 누락된 것은 해당 데이터 항목에 대하여 모든 값이 누락된 경우라고 할 수 있다. 예를 들면, 사원의 휴대폰 번호가 누락된 경우는 모든 사원들의 휴대폰 번호가 빈값으로 기록되어 있다고 생각할 수 있다.

11.3 활용적 관점에서의 데이터 품질평가 프레임워크

데이터 품질에 대한 일반적인 생각은 높은 품질의 데이터가 낮은 품질의 데이터보다 사용자들에게 도움이 될 것이라는 가정이다. 즉 양질의 데이터를 생산해 놓으면, 사용자들이 잘 사용할 것이라는 가정이다. 그러나 여기서 잠깐 다른 각도에서 데이터 품질을 생각해 볼 필요가 있다. 데이터는 현대 사회에서 없어서는 안 될 중요한 무형의 자산이다. 이러한 점에서 우리가 일상적으로 구매하고 사용하는 재화나 서비스와 다르지 않다. 그런데 소비자들이 항상 좋은 품질의 상품이나 서비스만을 선택하여 사용하며, 우리가 일상적인 제품을 구하고자 할 때, 가장 먼저 궁금해 하는 일차적인 관심사가 과연 품질인가 하는 것이다.

이에 대한 답은 고품질의 상품이나 서비스가 항상 시장에서 성공하는 것은 아니며, 이는 상품의 품질이 반드시 일차적인 관심사가 아니라는 점이다. 우리가 휴대폰이나 TV를 구매하려고 할 때 가장 먼저 궁금해 하는 것이 해상도나 내구성, 소비전력과 같은 품질인가? 물론 이러한 품질이 주요한 요소 중 하나임에는 틀림없다. 그러나 가장 일차적인 고려사항이 아닌 것임은 틀림없다. 소비자들이 제품을 구매함에 있어 가장 일차적인 관심은 어떤 제품이나 서비스들이 있으며 이를 어디에서 어떻게 구매할 수 있는가를 먼저 파악하는 것이다. 그리고 그 다음에 가격과 품질 등을 종합적으로 비교하여 판단하고 구매하게 된다. 같은 논리로 데이터를 사용함에 있어 데이터 사용자들의 일차적인 관심 또한 어떠한 데이터들이 있으며 이들 데이터를 어디에서 어떻게 찾을 수 있는가 또는 구매할 수 있는가이다. 그 다음에 데이터 품질에 대한 평가나 데이터를 사용하기 위한 비용 등을 고려하게 된다. 이러한 점에서 볼 때, 사용자들이 데이터를 잘 활용할 수 있기 위한 가장 일차적인 요건은 무슨 데이터들이 있는가를 사용자들이 알 수 있도록 알리는 일이다.

만약 사용자들이 데이터의 존재를 잘 모르면 아무리 양질의 데이터가 생산되어도 활용되지 못하고 사장될 것이다. 이는 마치 좋은 제품을 생산하였더라도 사용자들이 해당 제품이 있는가를 모르면 판매가 되지 않는 것과 마찬가지이다. 또한 이렇게 획득한 데이터들이 다른 데이터들과 상호 통합되어 잘 활용될 수 있어야 한다. 즉,

- 서로 다른 데이터 자산들이 상호 통합되어 같이 사용될 수 있어야 한다.
- 다양한 사용자들이 이들을 공유하여 활용하는 것이 중요하다.

데이터 활용과 관련하여 가용성이 품질의 한 요인으로 평가되어 왔다. 그러나 여기서의 가용성은 데이터를 획득하는 것이 가능하며, 획득한 데이터가 데이터베이스에 저장되어 있어 사용될 수 있는 상태인가를 평가하는 척도이다. 즉 데이터가 존재하며, 접근 불가능한 상태가 아닌가를 평가한다. 이러한 점에서 가용성은 어디에 어떤 데이터가 존재하는가를 아는 것과는 조금 다르다.

데이터관리에서 양질의 데이터를 생산하고 관리하는 것에 들인 노력에 비하여 무슨 데이터들이 있는가를 사용자들에게 알리는 노력이 부족하였던 것

은 다음의 2가지 측면에서 그 원인을 살펴볼 수 있다.

첫째는 데이터관리자들이 엔지니어적인 사고방식으로 생산 위주의 데이터 관리에 치중하였기 때문이라고 할 수 있다. 따라서 사용자들이 느끼는 일차적인 관심에 소홀하였다.

둘째는 전문사용자들만으로 한정하여 데이터베이스를 생각하였기 때문이라고 할 수 있다. 전문사용자들은 어떤 데이터가 어디에 있는가를 잘 알고 있다. 따라서 어디에 어떤 데이터가 있는지 조차도 모르는 사람들이 데이터베이스를 사용하는 것에 소홀하였다.

그러나 최근에는 데이터베이스가 보편화되고 일반사용자들도 일상생활에서 다양한 데이터베이스를 사용하게 됨에 따라 어떤 데이터가 어디에 있는가를 파악하는 것이 매우 중요하게 되었다.

예를 들면, [그림 11-2]에 예시된 바와 같이, 미국 국방성은 네트워크 중심 데이터 전략 (Net-Centric Data Strategy)을 기반으로 하는 정보공유 아키텍처를 제시하면서 다음의 세부 목표들을 제시하고 있다.[6)]

- 가시성: 데이터들이 어디에 있는가를 쉽게 볼 수 있어야 함.
- 접근성: 데이터를 바로 접근하여 사용할 수 있어야 함.
- 이해 가능성: 데이터가 어떠한 내용을 나타내는지 쉽게 이해할 수 있어야 함.
- 신뢰성: 데이터들이 믿을 수 있어야 함.
- 상호 운용성: 여러 정보시스템들이 공동으로 사용할 수 있어야 함.
- 반응성: 사용자의 요구를 즉시 반영하여 제공할 수 있어야 함.

이들 세부 목표들은 데이터 공유 및 데이터 품질관리 등의 분야에서 전통적으로 다루어 온 정확성 등과 같은 품질 요소보다는 사용자들이 데이터의 소재를 파악하고, 이를 활용하는 데 도움이 되는 요소들에 주안점을 둔 것이다. 따라서 활용의 측면에서 특히 가시성 등이 강조되고 있다.

---

6) Todd, M., Implementing the Net Centric Data Strategy using Communities of Interest, DoD CIO(IM), OASD/NII, October 20, 2005

그림 11-2 **미국 국방성의 정보공유 아키텍처의 세부 목표**

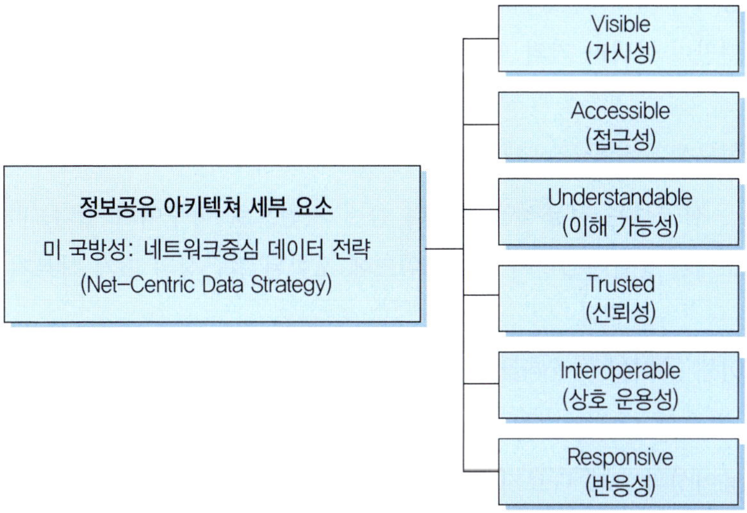

가시성 (Visibility)

가시성은 사용자들이 데이터를 얼마나 쉽게 찾을 수 있는가를 평가하는, 데이터가 눈에 잘 띄는 정도를 평가하는 기준이다. 사용자들이 데이터들을 사용하기 위한 첫 번째 단계가 원하는 데이터가 어디에 있는가를 찾는 것이라는 점에서 볼 때 가시성은 데이터 활용을 위한 가장 중요한 품질기준이다.

가시성을 높이기 위해서는 무엇보다도 사용이 편리한 검색목록과 검색엔진을 제공해야 한다. 사용자들이 원하는 정보들을 목록에 포함시킴으로써 사용자들이 목록을 통하여 원하는 데이터들을 찾을 수 있도록 하며, 이들 데이터가 어디에 있는가를 잘 찾을 수 있도록 우수한 검색기능을 제공해야 한다. 이러한 점에서 볼 때 가시성은 데이터 자체의 품질이라기보다는 데이터를 제공하는 서비스의 품질이라고 할 수 있다. 즉 데이터라는 제품을 획득하기 이전에 필요한 서비스라고 할 수 있다.

데이터 검색목록은 데이터별로 이의 특성을 서술하여 사용자들이나 개발자들이 쉽게 검색할 수 있도록 한 목록이다. 이들 데이터의 내용을 설명하는 목록을 작성함에 있어 가능한 표준 용어들을 사용하는 것이 데이터의 가시성을 높일 수 있다. 그리고 용어들 사이의 의미 네트워크(Semantic Network)를 통하여 유사어, 동의어 등을 사용할 수 있도록 함으로써 등록된 표준 용어들 뿐만이 아니라 거의 모든 용어를 포함할 수 있도록 하는 것이 중요하다.

접근성 (Accessability)

접근성은 전통적인 데이터 품질 차원으로 다루어져 왔다. 따라서 앞에서 소개한 통합품질평가 프레임워크에 포함된 접근성과 크게 다르지 않다.

이해 용이성 (Understandability)

이해 용이성 또한 앞에서 소개한 통합품질평가 프레임워크에 포함된 이해 용이성과 크게 다르지 않다.

신뢰성 (Trust)

신뢰성은 제공된 데이터가 얼마나 믿을 수 있는, 즉 신뢰할 수 있는 데이터인가를 평가하는 기준이다. 이러한 점에서 볼 때 신뢰성은 사용자의 경험을 바탕으로 한 척도이다. 정확성과 같은 품질 척도와 비교해볼 때 신뢰성은 어떤 면에서 주관적인 평가가 추가된 척도라고 할 수 있다. 해당 데이터를 사용한 결과, 사후적으로 판단해볼 때 신뢰할 만한 데이터였다는 것이 신뢰성이다. 예를 들면, 어느 고객 평가 데이터가 가장 신뢰할 수 있는 데이터인가 하는 것들이 가장 대표적인 예이다.

신뢰성을 평가하기 위해서 데이터 관리자는 데이터들을 사용한 사용자들의 평가의견을 수집하여 관리하는 작업이 필요하다. 이와 같이 신뢰성을 잘 평가하기 위해서는 데이터 사용자들에 대한 관리가 이루어져야 한다.

상호 운용성 (Interoperability)

상호 운용성는 데이터가 다른 데이터들과 같이 잘 사용될 수 있는 정도를 나타내는 품질 기준이다. 상호 운용성은 원래 소프트웨어나 장비들을 평가할 때 사용하는 기준이다. 즉 2개 이상의 장비를 같이 사용할 때 이들을 연결하여 같이 사용할 수 있는가를 평가하는 기준이다. 이러한 점에서 볼 때 데이터의 상호 운용성 또한 서로 다른 데이터들을 결합하여 같이 사용할 수 있는가를 평가한다.

데이터의 상호 운용성을 높이기 위해서는 무엇보다도 표준화가 필요하다. 표준화가 된 데이터들은 이들이 어디에 저장되어 있더라도 다른 데이터들과 결합하여 같이 사용할 수 있다. 이에 반하여 표준화가 되어 있지 않다고 하면, 같이 사용되어야 하는 데이터들이 형식이 다르거나 측정방법 등이 달라서 같이 연결하여 사용할 수 없는 상황이 발생하게 된다.

반응성 (Responsiveness)

반응성은 사용자들의 요구에 대한 반응 수준을 평가한다. 새로운 데이터에 대한 요구나 데이터 품질수준에 대한 개선 요청 등이 반영되는 수준을 나타낸다. 이러한 점에서 반응성은 어떤 면에서는 데이터 품질을 평가하는 척도라기보다는 데이터라는 제품을 획득한 후 사용자들이 느낀 개선사항이 반영되는 수준을 나타내는 척도라고 할 수 있다. 이러한 점에서 반응성은 데이터라는 제품을 판매한 후 데이터를 구매한 사용자의 요구에 대한 애프터서비스를 나타내는 품질 차원이라고 할 수 있다.

반응성을 향상시키기 위해서는 사용자들의 불만 사항이나 추가적인 요구가 무엇인지에 대하여 항상 관심을 기울이는 것이 필요하다. 그리고 데이터관리시스템을 구축할 때에도, 새로운 요구들을 쉽게 반영할 수 있도록, 확장성과 유연성이 높도록 개발할 필요가 있다. 이와 같이 반응성을 포함함으로써 데이터 품질관리의 대상이 데이터 자체나 데이터를 생성하고 제공하는 프로세스나 시스템에 추가하여 데이터를 사용하는 사용자로 확대된다.

11.4 데이터베이스 품질평가

데이터 품질평가는 보통 데이터 품질 진단이라는 이름으로 수행된다. 이는 마치 의사가 환자의 건강상태를 진단하는 것처럼 데이터베이스의 건강상태를 진단하는 작업이다. 데이터베이스 진단은 크게 4가지 관점에서 이루어진다.

(1) 첫째는 데이터베이스를 진단하는 절차로서 데이터 품질을 앞에서 소개된 품질기준에 따라 평가하는 방법이다. 이를 통하여 현재 데이터베이스의 품질수준이 어떠한지를 측정한다.

(2) 둘째는 데이터들이 저장된 데이터베이스의 설계 품질을 평가하는 방법이다. 많은 경우, 데이터 품질 오류는 데이터베이스가 잘못 설계되어서 발생하곤 한다. 데이터베이스가 잘 설계된 경우는 이러한 오류가 발생하는 것을 사전에 방지할 수 있다. 이와 같이 데이터베이스 설계품질평가는 데이터베이스가 높은 품질을 유지하도록 설계되었는가를 측정한다.

(3) 셋째는 전문가들이 데이터의 생성 프로세스, 데이터관리 정책/절차 등을 평가하는 방법이다. 이는 데이터의 품질이 아니라 데이터가 만들어지고 관리되는 과정을 평가하는데, 양질의 데이터들이 만들어지도록 생성과정이 잘 설계되었으며 잘 운영되고 관리되는가를 평가한다.

(4) 마지막으로, 넷째는 사용자들이 느끼는 주관적인 품질을 평가하는 방법이다. 동일한 데이터라고 하여도 사용자들이 느끼는 품질수준은 다를 수 있다. 이는 사용자에 따라 데이터들을 사용하는 환경과 적용업무가 다르며, 기대하는 품질수준이 다를 수 있기 때문이다. 그리고 신뢰성, 사용 용이성, 이해 용이성 등과 같은 품질평가기준들은 객관적 측정이 쉽지 않은 기준들이다. 따라서 사용자들의 주관적인 평가에 의존할 수밖에 없다.

11.4.1 데이터 프로파일링: 측정에 의한 평가

데이터베이스 품질평가에서 가장 중심을 이루는 것이 평가 대상인 데이터를 직접 측정하고 비교하는 방법이다. 이를 위하여 먼저 무작위추출법에 따라 표본 데이터를 추출한다. 이렇게 생성된 표본 데이터를 사용하여 평가항목별로 평가절차에 따라 데이터베이스의 완전성, 일관성, 최신성 및 정확성을 평가한다. 이는 데이터베이스의 품질을 통계적으로 측정하여 평가하는 방법으로 보통 이를 데이터 프로파일링(Data profiling)이라고 부른다.

데이터 프로파일링은 보통 데이터 품질평가 도구들을 사용하여 데이터베이스에 저장된 데이터들을 진단하는데 다음의 항목들을 검사한다.

- 빈값(null)의 발생
- 데이터 값 누락
- 데이터 값의 유일성(uniqueness)
- 데이터 속성에서 정의한 값의 범위(최댓값, 최솟값)와 데이터 값의 일치 여부
- 데이터 제약조건과 값의 일치 여부
- 참조무결성법칙에서 정의한 외래키의 일치 여부
- 레코드 중복

이에 추가하여 데이터 오류를 직접 측정하는 것은 아니지만, 데이터의 발생빈도, 값의 평균 등을 측정함으로써 데이터 발생이 업무 상식과 일치하는지를 판단한다.

- 값의 발생빈도(횟수)
- 값의 평균, 분산, 표준편차
- 값의 범위(최댓값, 최솟값)
- 값의 갱신시각(최신 데이터 제공 여부)

이러한 데이터 프로파일링에 추가하여 실사를 통하여 저장된 값과 실제 값과의 일치를 평가한다.

- 실제 사실과의 일치 여부

대부분의 데이터 프로파일링은 자동화된 도구를 사용하는데, 오라클, IBM 등과 같은 DBMS 공급사들이 제공하는 품질진단 도구들이나 제3의 공급업체들이 공급하는 품질진단도구들을 사용할 수 있다.

11.4.2 데이터베이스 설계품질평가

데이터를 포함한 모든 제품들의 품질은 설계단계부터 고려되어야 한다. 그러나 많은 경우 품질관리는 불량관리라고 말할 수 있을 정도로 생산된 제품, 즉 데이터의 문제로만 다루어져 온 경향이 있다. 그러나 품질이 고객의 요구사항을 만족시키는 정도라고 정의할 경우, 설계 단계부터 고객의 요구가 정확하게 반영되는 것이 중요하다. 그리고 이러한 사용자의 요구 충족이 데이터 모델링의 궁극적 목표라고 할 수 있다. 부연하면, 양질의 데이터를 제공할 수 있기 위해서는 높은 품질수준의 데이터베이스를 설계해야 한다.

관계형 데이터베이스의 논리설계에서 소개한 바와 같이, 데이터 모델링에서 잘 설계된 데이터베이스의 기준으로서 완전성(completeness), 정규성(correctness, normality), 최소성(minimality), 표현성(expressiveness, understandability), 확장성(expandability)을 제시하고 있다. 따라서 이들 기준에 따라 데이터베이스 스키마를 평가함으로써 데이터베이스가 잘 설계되었는가를 평가한다. 대표적인 데이터베이스 설계평가항목들을 살펴보면 다음과 같다.

- 도메인 정의의 적절성
- 코드 정의의 적절성
- 정규형의 평가
- 개체무결성법칙, 참조무결성법칙 등과 같은 무결성법칙들의 준수 여부

11.4.3 데이터 생성 프로세스 및 관리정책평가

데이터를 포함한 모든 제품의 경우, 생산에 종사하는 모든 사람들이 품질에 대하여 의식적으로 노력할 때 비로소 진정한 목표에 도달할 수 있다. 즉 완제품의 품질은 이를 만들어내는 제조 공정에 의하여 결정되는데, 이러한 인식에 입각해서 품질관리를 경영관리의 일부로서 관리하는 것이 종합품질관리(TQC)이다. 종합품질관리의 관점에서 볼 때, 데이터의 품질 또한 데이터의 생성 프로세스 및 관리정책 전반에 의하여 결정된다. 이러한 점에서 데이터 품질진단 또한 데이터 생성 프로세스와 관리정책에 대한 진단을 포함하는 것이 바람직하다.

일반적으로 데이터베이스의 관리 절차나 생성 프로세스에 대한 평가는 다음과 같은 항목들을 포함한다. 특히 생성프로세스에 대한 평가는 자료 및 실사에 추가하여 담당자와의 면담을 포함한다. 이는 업무 프로세스의 주 구성요소의 하나가 작업자인 업무담당자임을 의미한다.

- 데이터 생성/가공시 표준 적용 여부
- 데이터 생성/가공시 누락, 오류 및 중복
- 데이터관리 직책 및 담당자 지정
- 데이터관리 정책의 적절성
- 데이터 생성 프로세스에 대한 자세한 규정 및 지침 제정
- 프로세스의 적절한 운영
- 데이터 운영현황의 관리

11.4.4 설문조사에 의한 사용자의 주관적 품질수준평가

데이터 품질평가에서 최종사용자가 느끼는 품질수준의 평가는 중요한 의미를 갖는다. 일반적으로 이야기할 때, 품질은 제품이 고객의 요구사항을 만족시키는 정도이다. 즉 고객이 제품에 대해 기대하는 수준과 실제 제품의 수

표 11-5 평가 항목별 평가 방법 분류

평가 방법	평가 항목	
표본 데이터를 이용한 측정에 의한 평가	- 데이터 범위 - 데이터 값 누락 - 데이터 속성정의와 값의 일치 여부 - 데이터 제약조건과 값의 일치 여부 - 테이블 정의와 레코드의 일치 여부 - 동일 데이터의 상호 일관성 - 최신 데이터 제공 여부	- 데이터 오/탈자 - 실제사실과의 일치 여부 - 레코드 중복 - 데이터 생성/가공시 누락 - 데이터 생성/가공시 표준 적용 여부 - 데이터 생성 가공시 오류 및 중복
실사와 면담에 의한 평가	- 데이터 크기 - 중요 속성 누락 여부 - 필수속성의 설계 반영 여부 - 데이터 표준 정의의 적절성 - 도메인 정의의 적절성 - 코드 정의의 적절성 - 참조무결성 - 속성 중복 및 유일성 보장 여부 - 데이터 갱신 주기 - 원천 데이터의 신뢰성 - 정책의 적절성 - 프로세스 규정의 적절성	- 인력의 운영성 - 교육의 운영성 - 프로세스의 운영성 - 개선작업의 운영성 - 운영 현황관리의 적절성 - 시스템 유지보수 방안의 적절성 - 재해관리방안의 적절성 - 전담관리자 지정 여부 - 보안관리의 적절성 - 물리적 접근 통제의 적절성 - 사용통제의 적절성
사용자 설문 조사에 의한 평가	- 사용 용이성 - 검색성	- 성능

준과의 차이로 측정할 수 있다. 만약 기대수준이 높으면 품질수준이 낮다고 느끼게 되며, 실제 제품의 수준이 높으면 품질수준이 높다고 사용자들이 느끼게 된다.

데이터의 경우도 사용자들의 기대수준에 따라 같은 데이터라도 다른 품질수준을 체험하게 된다. 이러한 점에서 사용자들이 느끼는 주관적 품질수준은 데이터 프로파일링을 통하여 측정한 객관적 품질수준과 더불어 중요한 의미를 갖는다. 또한 사용 용이성이나 이해 용이성 등과 같은 품질평가기준들은 경우에 따라서 객관적 평가가 쉽지 않은 경우들이 있다. 이와 같은 품질평가기준들에 대해서는 사용자들이 느끼는 주관적 판단을 설문을 통하여 분석하는 것이 바람직하다.

앞에서 소개한 데이터베이스 프로파일링, 데이터베이스 설계품질, 데이터 생성 프로세스 및 관리 정책 평가, 그리고 설문에 의한 사용자의 주관적 품질 평가 항목을 정리하면 〈표 11-5〉와 같다.

11.5 데이터 품질관리 성숙수준[6)]

기업이나 조직의 전반적인 데이터 품질수준을 나타내는 것이 품질성숙수준이다. 품질성숙수준은 조직의 데이터 품질관리 발전단계를 나타내는데, 이러한 품질성숙모델 중의 하나가 한국데이터베이스진흥원에서 제시하고 있는 데이터 품질관리 성숙모형이다. 데이터 품질관리 성숙모델은 CMM(Capability Maturity Model)을 참조로 하여 데이터 품질관리의 성숙수준을 다음과 같이 5단계로 구분한다. 데이터 품질관리 성숙수준은 조직이 수행하고 있는 데이터 품질관리의 체계화 정도를 나타낸다. 즉, 성숙수준이 높을수록 체계적이며 정교한 데이터 품질관리가 수행되고 있음을 의미한다.

- **수준 1**(Initial): 도입단계
- **수준 2**(Repeated): 정형화 단계
- **수준 3**(Defined): 통합화 단계
- **수준 4**(Managed): 정량화 단계
- **수준 5**(Optimized): 최적화 단계

도입단계

성숙 단계 1은 도입단계이다. 도입단계는 데이터 품질관리의 초기 단계로

7) 데이터 품질관리수준에 대한 내용은 한국데이터베이스진흥원(이전 기관명: 한국데이터베이스진흥센터)에서 발간된 데이터 품질관리 성숙모형(Ver 1.0)을 기초한 한 것임.(한국데이터베이스진흥센터, 데이터 품질관리 성숙모형(Ver 1.0), 2008.)

데이터 품질관리에 대한 문제점과 필요성을 부분적으로는 인지하고는 있지만 표준화와 정형화된 프로세스가 미비하며, 데이터의 품질관리는 담당자 개개인의 능력에 의존해 수행된다. 기본적인 수준의 식별 및 인증, 백업 계획이 수립되고 있으나 전반적으로 데이터의 오류 발생 소지가 높다.

정형화 단계

성숙 단계 2는 정형화 단계이다. 정형화 단계는 데이터 품질관리를 위한 정책 및 규정과 데이터 품질관리와 관련된 제반 프로세스가 정형화되어 있으며, 정의된 절차에 따라 기본적인 품질관리가 이루어진다. 데이터의 품질상태는 누락 및 오류 발생에 대해 기본적인 대응이 가능하며 데이터 표준을 정의하여 단위시스템 및 일부 조직에서 사용하며 기본적인 데이터 품질관리활동을 수행하고 있다.

통합화 단계

성숙 단계 3은 통합화 단계이다. 통합화 단계는 전사적인 연계 및 통합 관점에서 일관성 있는 데이터의 품질관리가 이루어지고 있으며 데이터가 누락이나 오류 없이 서비스되고 있다. 데이터 표준이 조직 전체에 반영되어 있으며, 메타데이터가 활용되어 데이터 요소 간의 연계성이 확립되어 있다. 또한 지속적인 성능, 보안, 재해 복구 등의 프로세스가 안정화되어 있으며 개선 작업이 수행된다. 데이터 품질은 정성적으로 관리되고 있다. 그러나 품질 목표와 운영 성과 및 달성 여부들이 정량화되어 관리되고 평가되지는 않는다.

정량화 단계

성숙 단계 4는 정량화 단계이다. 정량화 단계는 통계적 기법이나 정량적인 측정방법을 통해 관리되는 단계로, 프로세스가 지속적 · 안정적으로 예측 가능하게 유지되고 있으며, 정량적인 품질의 목표를 설정하고 달성 여부를 확인한다.

최적화 단계

성숙 단계 5는 최적화 단계이다. 최적화 단계는 품질관리 프로세스의 개선 사항을 지속적으로 도출하고 실행하며 평가를 통해 사후관리를 수행하는 단계로, 현재의 관점에서 최적화뿐만 아니라 지속적인 개선 노력을 통하여 미래의 환경 변화에 유연하게 대처할 수 있는 수준이다.

11.6 데이터 품질 개선

데이터 품질평가의 목적은 양질의 데이터를 사용자들에게 제공하는 것이다. 즉 데이터의 품질 및 품질관리 성숙수준을 향상시키는 것이라고 할 수 있다. 이러한 점에서 데이터 품질관리활동은 일반적인 품질관리활동과 목적을 같이 한다고 할 수 있다. 품질관리활동으로서 가장 보편적으로 알려져 있는 것이 6시그마(6-sigma)이다. 6시그마는 제조공정에서 발생하는 결함 원인들을 발견하고 제거함으로써 제품의 품질을 향상시키고자 하는 방법론이다. 이는 처음 모토롤라(Motorola)에서 시작된 것으로 이후 제너럴 일렉트릭(GE)의 잭 웰치(Jack Welch)가 전사적 품질향상을 위한 방법론으로 채택함으로써 크게 알려지게 되었다.[8)]

식스 시스마의 품질관리개선 프로세스는 다음과 같이 5단계를 거치는데 이를 두문자를 따서 DEMAIC이라고 부른다.

- **문제 정의 단계**(Define): 문제의 원인을 정의하고 품질개선 프로젝트의 목표를 설정
- **측정 단계**(Measure): 현재 프로세스를 평가하고 데이터를 수집
- **분석 단계**(Analyze): 수집된 자료를 분석하여 품질 결함의 근원적인 원인을 탐구.
- **개선 단계**(Improve): 현재 프로세스에 대한 개선 대안을 제시

---

8) 위키피디아(https://en.wikipedia.org/wiki/Six_Sigma#DMAIC)

- **통제 단계**(Control): 개선된 프로세스가 정착됨으로써 품질 결함이 다시 발생하지 않도록 통계적인 통제 프로세스를 구현.

데이터 품질 개선 또한 품질진단을 통하여 파악된 품질 결함의 근본 원인을 파악함으로써, 이에 대한 개선안을 제시하고, 이를 정착시켜 품질 결함이 재발하지 않도록 함으로써 궁극적으로 데이터 품질관리 성숙수준을 향상시킴을 목표로 한다. 일반적으로 품질 결함의 발생 원인으로 지목되고 있으며 품질 개선방안으로 제시되고 있는 데이터 품질개선대안들을 나열하면 다음과 같다.

- 데이터 표준화
- 데이터 아키텍처 및 모델링
- 데이터 생성 프로세스
- 메타데이터관리
- 마스터데이터관리

11.6.1 데이터 표준화

데이터 품질 저하의 가장 근본적인 원인은 동일한 현상이 서로 다르게 표현되고 관리되는 것이다. 그리고 이를 해결하기 위한 방안이 데이터 표준화이다. 이에 대한 자세한 내용은 12장에서 자세히 다룬다. 따라서 여기서는 생략하기로 한다. 그러나 데이터 품질향상의 가장 기본이 조직에서 사용하는 모든 데이터의 표준화에 있음은 아무리 강조해도 지나치지 않는다.

11.6.2 데이터 아키텍처 및 모델링

높은 품질의 제품을 일관되고 지속적으로 생산하기 위해서는 설계 단계부터 고품질의 제품이 생산되도록 설계해야 한다. 설계 단계에서 서로 잘 맞지 않는 부품들로 설계된 제품은 완성품의 품질도 떨어질 수밖에 없다. 데이터의 품질도 같은 맥락에서 살펴볼 수 있다.

데이터들이 중복되고 서로 일관되지 않게 설계된 데이터베이스는 타당하지 않은 데이터들을 포함할 가능성이 높으며, 서로 다른 값의 데이터들이 중복 저장될 가능성 또한 높다. 이와 같이 데이터 품질 결함이 발생하지 않도록 하기 위해서는 데이터베이스 설계 단계부터 데이터베이스가 좋은 구조를 갖도록 노력해야 한다. 이것이 바로 데이터 모델링이나 데이터 아키텍처가 지향하는 궁극적인 목표이다.

많은 경우 데이터베이스 설계가 성능의 향상에만 초점이 맞추어진 경우가 있다. 그리고 많은 경우 데이터베이스 설계의 문제를 이후 데이터베이스 튜닝에서 해결하고자 하는 경향이 있다. 그러나 이는 잘못 설계되어서 품질이 좋지 않은 자동차를 매년 튜닝을 하면서 관리하고자 하는 것과 같다. 데이터베이스의 품질은 데이터의 검색이나 갱신 속도와 같은 성능적인 요소만을 포함하는 것은 아니다. 사용자들이 데이터를 효과적으로 관리하고 사용하기 위한 제 요소들이 잘 관리되어야 한다. 이러한 점에서 데이터베이스는 높은 품질의 데이터가 관리될 수 있도록 설계되어야 한다. 그리고 이것이 바로 본 교재의 주 내용이다.

11.6.3 데이터 생성 프로세스

완제품의 품질은 제품의 설계와 이를 만들어내는 제조공정에 의하여 결정되는데, 이러한 인식에 입각해서 품질관리를 경영관리의 일부로서 관리하는 것이 종합품질관리(TQC)이다. 데이터의 품질도 데이터베이스 설계와 더불어 데이터의 생성 프로세스 및 관리 정책 전반에 의하여 결정된다. 특히 최근에 이르러서는 제조업의 경우에도 제조 이력관리가 정보기술의 발달로 중요한 품질개선수단으로 각광받고 있다. 즉 각 제품이 어디서 어떻게 생산되었는지의 이력 정보를 모두 관리함으로써 만약 결함이 발생하면, 해당 제조공정을 찾아가서 발생 원인을 조사하고 개선함으로써 품질향상을 도모하는 방법이다. 이러한 제조이력에 대한 관리가 가능하게 된 것은, 이후 빅 데이터관리에서 별도로 자세히 이야기 하겠지만, RFID와 같은 정보기술의 발달로 각 제품들이 만들어지는 이력에 대한 데이터를 수집하고 처리하는 것이 가능하게 되었기 때문이다.

데이터의 경우도 데이터들의 생성 프로세스와 이에 대한 이력 데이터를 관리하는 것이 데이터의 오류나 품질을 향상시킴에 있어 매우 중요하다. 이러한 점에서 데이터 생성 프로세스 및 관리정책에 대한 진단이 품질 진단의 일부로 수행되는 것을 살펴보았다. 그러나 데이터관리에서 데이터 생성 프로세스와 관리정책에 대한 관리는 아직도 대부분이 정성적인 분석이나 프로세스 관리가 대부분을 이룬다. 그리고 이에 대한 진단도 〈표 11-5〉에서 살펴보았던 바와 같이 면담과 같이 정성적인 분석이 대부분이다. 그러나 보다 과학적인 분석과 관리를 위해서는 제조공정관리와 같은 정량적인 분석이 데이터 생성 프로세스 관리를 위해서도 적용될 필요가 있다.

11.6.4 메타데이터관리

메타데이터(metadata)는 데이터의 형식이나 의미들을 설명하는 데이터들이다. 즉 데이터들이 어떻게 이루어져 있으며, 이들 데이터들이 무슨 내용을 나타내는가를 설명하는 데이터이다. 데이터를 잘 사용하기 위해서는 이들 메타데이터를 잘 이해해야 하며, 이러한 점에서 데이터를 설명하는 데이터라고 하여 메타데이터라고 부른다.

데이터 품질과 관련하여 살펴볼 때, 메타데이터는 데이터들이 충족시켜야 하는 품질기준들을 먼저 정해 놓은 것이라고 할 수 있다. 메타데이터들의 내용을 구분해서 정리하면 다음과 같다.

- **기술적 메타데이터**(technical metadata): 데이터의 형식이나 유형들에 대한 메타데이터이다. 만약 데이터들이 이들 기술적 메타데이터에 의하여 정해진 조건들을 충족시키지 않으면, 해당 데이터들은 품질조건을 위반한 불량 데이터라고 할 수 있다. 기술적 메타데이터들은 데이터베이스시스템에서는 데이터베이스 스키마로 정의된다. 그리고 대부분의 데이터베이스관리시스템은 데이터베이스 스키마에 정의된 이들 데이

터 형식이나 유형을 충족시키지 못할 경우에는 데이터의 입력이나 갱신이 이루어지지 않도록 하는 경우가 대부분이다. 그러나 도메인(domain) 등과 같이 모든 기술적 메타데이터들이 데이터베이스 스키마로 표현되는 것은 아니며, 이러한 경우에는 이들 메타데이터가 올바로 충족되는가를 확인하는 과정이 필요하다.

- **의미적 메타데이터**(business metadata): 데이터의 의미를 설명해주는 메타데이터들이다. 성적의 경우 성적분포, 과목의 교과내용들이 모두 의미적 메타데이터에 포함된다. 의미적 메타데이터는 데이터베이스 스키마에 직접 표현되지는 않는다. 그러나 의미가 다른 데이터들이 섞여서 특정 필드의 값으로 표현될 경우, 데이터 품질이 저하되지 않을 수 없다. 예를 들면 특정 부품의 월별 재고량을 나타내는 필드에 해당 월의 평균 재고량을 나타내는 값과 최종일의 재고량을 나타내는 값이 같이 기록된다면, 서로 다른 의미의 재고량이 섞여 있는 것이라고 할 수 있으며, 이들은 양질의 데이터라고 할 수 없다.
- **프로세스 메타데이터**(process metadata): 데이터들이 만들어지는 과정, 즉 프로세스를 설명해주는 메타데이터들이다. 성적 데이터의 경우, 수강 후 성적이 나쁜 과목의 성적을 포기할 경우, 해당 과목의 성적이 성적증명서에 포함되는지 등이 이에 포함된다. 즉 데이터들이 만들어지는 과정이나 프로그램들을 포함하여 다음의 내용들이 모두 프로세스 메타데이터에 포함된다.
  - 데이터의 계산식 및 계산 프로세스
  - 데이터 처리 프로그램
  - 데이터의 생산자(producer)
  - 데이터 소유자(owner)
  - 데이터의 출처

  프로세스 메타데이터는 해당 데이터가 만들어진 과정이나 프로그램들을 나타낸다. 이들은 데이터의 생성공정을 나타내기 때문에 데이터의 형식이나 의미는 아니지만 이들에 직접 영향을 미칠 수 있다. 따라서 높은 품질의 데이터를 유지하기 위해서는 해당 데이터들이 규정된 프로세스에 따라 만들어졌는가의 검증이 필요하다.

- **사용 메타데이터**(Usage metadata): 데이터의 사용형태를 설명해주는 메타데이터이다. 검색건수 등을 포함하여 다음의 내용들이 모두 사용 메타데이터에 포함된다.
  - 평균검색건수, 피크타임(peak time)의 검색건수
  - 데이터의 오류율과 같은 데이터 품질과 관련된 정보
  - 비밀 등급
  - 데이터 사용자(users)

  메타데이터는 데이터의 값이나 의미를 직접 규정하지는 않으나, 사용자들이 데이터를 활용하고 이해하는 데 도움을 준다.

이상에서 살펴본 바와 같이 메타데이터는 데이터 품질기준을 사전에 정의해 놓은 것이다. 따라서 데이터 품질을 향상시키기 위해서는 메타데이터가 잘 관리되어야 한다. 그리고 하나의 데이터가 여러 데이터베이스나 부서, 지역 등에 나누어져 있을 경우에는 이들 메타데이터들에 대한 표준화가 데이터 품질관리에 선행해서 이루어져야 한다.

11.6.5 마스터데이터관리

최근 데이터관리의 주요 이슈 중의 하나로 대두한 것이 마스터데이터관리이다. 마스터데이터는 기업이나 조직활동의 근간을 이루는 주요 데이터들로서 고객, 제품/서비스, 사원, 자산, 계정 등이 이에 포함된다. 이들 데이터들은 인사 대장(臺帳)이나 품목 대장, 시설 대장 등의 이름으로 컴퓨터가 도입되면서부터 정보시스템의 주요 구성요소로 취급되어 왔다.

마스터데이터가 데이터관리 관점에서 다시 조명을 받는 것은 이들이 조직 전체적인 과정에서 거래 처리나 다른 데이터들에 미치는 영향이 매우 크기 때문이다. 즉 조직에서 이루어지는 거의 모든 활동은 마스터데이터를 참조한다.

따라서 마스터데이터를 잘 관리하는 것이 전사적으로 데이터 품질을 향상시키는 기초라고 할 수 있다. 이러한 점에서 전사적으로 모든 데이터의 관리에 선행하여 일차적으로 마스터데이터관리에 집중하는 것이 효과적일 수 있으며, 이것이 마스터데이터관리의 기본 원칙이다. 마스터데이터관리에 대해서는 12장에서 자세히 다룬다.

요약

본 단원에서는 데이터 품질에 대하여 학습하였다. 본 단원에서 습득한 주요 개념들을 요약하면 다음과 같다.

- **기술적 메타데이터(technical metadata)**: 데이터의 형식이나 유형들에 대한 메타데이터로서 데이터베이스 스키마로 정의됨.
- **가용성(accessability)**: 필요한 데이터가 획득 가능한가를 판단하는 데이터의 품질평가기준.
- **가시성(visibility)**: 데이터를 얼마나 쉽게 찾을 수 있는가를 평가하는, 데이터가 눈에 잘 띠는 정도를 평가하는 기준.
- **내재적 품질**: 데이터의 자체적 특성에 의하여 결정되는 품질로서 데이터의 정확성, 무결성, 일관성 등을 포함.
- **데이터 품질관리 성숙모델**: CMM(Capability Maturity Model)을 참조로 하여 데이터 품질관리의 성숙수준을 나타내는 단계로서 품질관리수준을 도입단계, 정형화 단계, 통합화 단계, 정량화 단계, 최적화 단계로 구분하여 표시하는 모형.
- **데이터 품질 원인**: 데이터 품질에 영향을 미치는 환경적 요인으로서 데이터 설계, 데이터의 생성 프로세스, 시스템, 데이터관리 정책 및 절차로 구분됨.
- **데이터 품질 차원(dimension)**: 데이터 품질을 평가하는 기준.
- **데이터 프로파일링(profiling)**: 데이터베이스의 품질을 통계적으로 측정하여 평가하는 방법.
- **메타데이터(metadata)**: 데이터의 형식이나 의미들을 설명하는 데이터.
- **무결성(integrity)**: 데이터들이 실제 현상에서 발생 가능한 상태(즉, 논리적으로 모순되지 않은 상태)를 나타내는가를 판단하는 데이터의 품질평가기준.
- **반응성(responsiveness)**: 새로운 데이터에 대한 요구나 데이터 품질수준에 대한 개선 요청 등이 반영되는 수준을 나타내는 품질기준.
- **사용 메타데이터(usage metadata)**: 데이터의 사용형태를 설명해주는 메타데이터로서 검색건수, 오류율과 같은 데이터 품질과 관련된 정보, 비밀 등급, 데이터 사용자 등에 대한 정보를 제공.
- **상호운용성(interoperability)**: 데이터가 다른 데이터들과 같이 잘 사용될 수 있는 정도를 나타내는 품질기준
- **상황적 품질**: 데이터가 사용되는 상황에 따른 품질로서 데이터의 유용성, 적시성, 완전성 등을 포함함.

- **신뢰성**(trust): 제공된 데이터가 얼마나 믿을 수 있는가를 평가하는 품질기준.
- **의미적 메타데이터**(business metadata): 데이터의 의미를 설명해주는 메타데이터.
- **일관성**(consistency): 동일한 실제 현상을 나타내는 여러 자료들의 값이 서로 동일한가를 평가하는 데이터의 품질평가기준.
- **적절성**(relevancy): 데이터가 사용 목적에 적절한 정보를 제공하는가를 판단하는 데이터의 품질평가기준.
- **정확성**(accuracy): 데이터와 실제값과의 오차를 나타내는 데이터의 품질평가기준.
- **접근적 품질**: 데이터 사용시 느끼는 품질로서 접근성, 가용성, 성능, 보안 등을 포함.
- **이해 용이성**(understandability): 사용자들이 정보를 얼마나 쉽게 잘 이해할 수 있는가를 나타내는 데이터의 품질평가기준.
- **완전성**(completeness): 원하는 데이터의 값이 빠짐없이 완전하게 제공되는가 판단하는 데이터의 품질평가기준.
- **적시성**(timeliness): 사용자의 시간적 요구조건을 얼마나 잘 충족시키는가를 나타내는 데이터의 품질평가기준.
- **통합품질관리**(TQM: Total Quality Management): 제품 또는 서비스의 설계부터 제조 및 사후 관리까지의 전 과정을 포함하는 품질관리방법.
- **표현의 일관성**(representational consistency): 동일한 데이터를 나타내는 여러 데이터 항목의 표현 형식이 서로 동일한가를 나타내는 데이터의 품질평가기준.
- **표현적 품질**: 데이터의 표현 형식에 의하여 결정되는 품질로서 사용자들의 이해 용이성, 표현 일관성 등을 포함함.
- **프로세스 메타데이터**(process metadata): 데이터들이 만들어지는 과정, 즉 프로세스를 설명해주는 메타데이터로서 데이터의 계산식 및 계산 프로세스, 데이터 처리 프로그램, 데이터의 생산자(producer), 데이터 소유자(owner), 데이터의 출처 등에 대한 정보를 제공.

제12장

전사적 정보자원관리와 데이터 표준화

데이터가 기업이나 조직에서 활용되는 형태를 살펴보면, 일상적인 업무처리를 위한 경우와 전략적인 정보분석을 위한 경우로 크게 나눌 수 있다. 이중에서 본 교재에서는 주로 업무처리를 위한 데이터베이스, 즉 트랜잭션을 처리하기 위한 데이터베이스를 가정하였다. 그러나 기업 전체적으로 데이터들이 효과적으로 관리되고 활용되기 위해서는 다음과 같이 전반적인 기업 안에서의 정보 흐름이 원활하게 이루어져야 한다.

- 기업의 모든 거래활동을 지원하고 기록하는 운영 데이터베이스(operational database)가 잘 구축되어야 한다.
- 기업 활동에 대한 모든 데이터들을 과거의 데이터들까지 포함하여 주제별로 분석가능하게 저장한 데이터웨어하우스가 구축되어야 한다.
- 운영 데이터베이스로부터 데이터웨어하우스 및 데이터 사용자에게의 정보 흐름이 원활하게 이루어져야 한다.

이러한 점에서 본 장에서는 이전까지 다루어 온 운영 데이터베이스를 포함하여 기업 전체적인 정보의 흐름을 살펴보고, 이를 효과적으로 관리하기 위한 데이터관리 기능과 직책을 분석한다. 그리고 전사적 데이터관리에서 중심 역할을 하는 마스터데이터관리에 대하여 학습한다.

12.1 기업정보의 흐름

기업에서 데이터들이 만들어지고 사용되는 과정을 살펴보면, 먼저 거래처리과정에서 발생한 데이터들이 운영 데이터베이스에 저장되고 이들이 다시 기업 활동에 활용된다. 그리고 이들 운영 데이터베이스에 저장된 데이터들은 경영 실적이나 성과 분석, 계획 및 통제와 같은 전반적인 기업 활동을 위하여 사용된다. 이러한 기업이나 조직 전체적인 정보의 생성과 흐름을 도형으로 나타내면 [그림 12-1]과 같다.

거래 데이터들은 전사적자원관리시스템(ERP: Enterprise Resource Planning)과 같은 통합 응용시스템이나 이전부터 사용되어온 개별응용시스템(legacy

그림 12-1 기업정보흐름 프레임워크

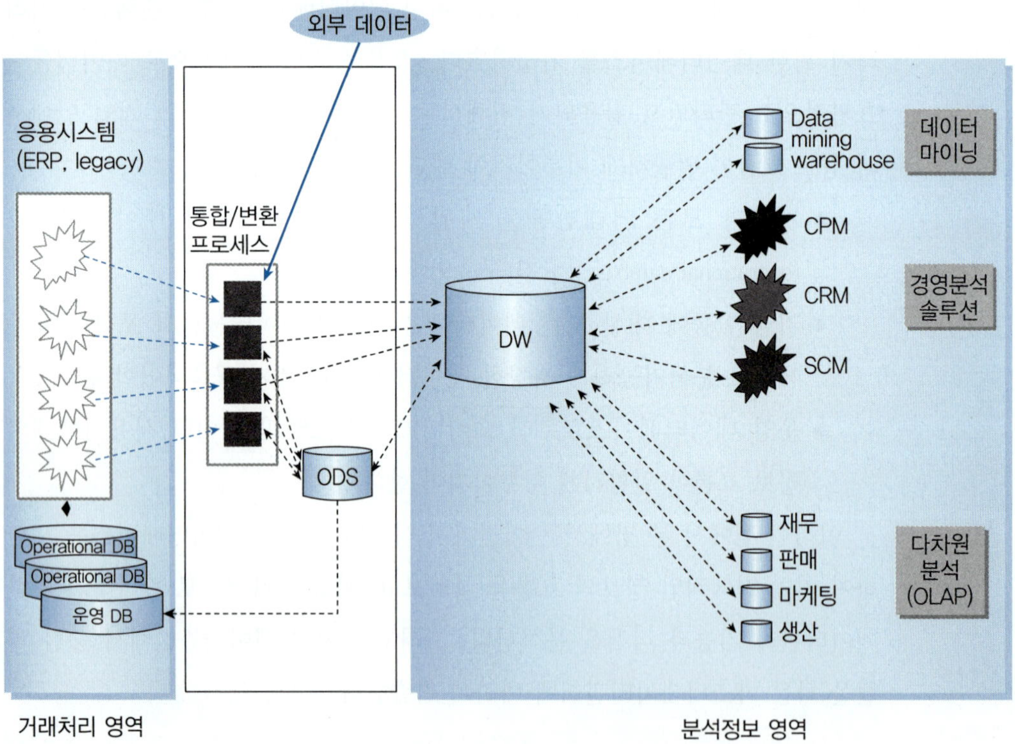

system)으로부터 생성된다. 그리고 이들 데이터들은 다시 거래처리를 위하여 활용된다. 이렇게 기업 활동은 응용시스템과 운영 데이터베이스들을 중심으로 이루어지는데, 이것을 거래처리 영역이라고 한다.

기업 활동 결과를 분석하여 경영 실적을 평가하고 기업의 내부 및 외부 변화를 감지하며, 이에 대응하기 위한 방안을 모색하는 과정을 정보분석이라고 한다. 정보분석이 이루어지기 위해서는, 운영데이터와는 다른 성격을 갖는 분석정보들을 별도로 관리해야 하는데, 이들을 저장한 것이 데이터웨어하우스 또는 다차원 데이터베이스들이다. 이들 데이터웨어하우스 또는 다차원 데이터베이스와 정보분석 도구들로 구성된 영역을 분석정보 영역이라고 한다.

분석정보 영역과 거래처리 영역을 연결하는 것이 데이터의 통합 및 변환 프로세스들이다. 이들은 운영 데이터나 외부 데이터들로부터 분석정보들을 효과적으로 추출하여 데이터웨어하우스에 저장하는 과정을 담당한다. 이러한 데이터의 통합과 변환을 위해서는 운영 데이터베이스에 저장되어 있는 데이터들을 일종의 작업 공간에 저장한 후, 변환이나 통합을 수행하는 것이 운영 데이터베이스에 저장된 내용을 직접 변환, 통합하는 것보다 효율적이다. 이와 같이 운영 데이터들을 변환하고 통합하여 데이터웨어하우스에 저장하기 이전에 일시적으로 저장하는 공간을 ODS(Operational Data Store)라고 한다.

기업에서 정보들이 효과적으로 흘러가도록 하기 위해서는 구성요소들인 데이터베이스들과 이들 사이의 데이터 처리 프로세스들 및 네트워크와 전산시스템들을 잘 설계하고 관리해야 한다. 그리고 이들 분석정보 영역을 위한 총괄 솔루션을 비즈니스 인텔리전스(BI: Business Intelligence)라고 한다. 비즈니스 인텔리전스에 대해서는 다음 장에서 자세히 소개한다.

12.2 정보자원관리 (Information Resources Mnagement)

자금과 기계설비, 노동력 등이 기업 활동을 위하여 필요한 것과 마찬가지로 데이터 또한 기업 활동을 위한 필수적인 요소이다. 이러한 점에서 데이터 또한 조직의 주요 자원으로 관리되어야 하며, 이를 위한 활동을 정보자원관리라고 한다.

정보자원관리는 데이터나 정보에 대한 기술적인 관리가 아니라 기업 활동의 자원으로서 이들을 관리하는 활동이다. 따라서 데이터에 대한 관점 또한 바뀌어야 한다. 이는 마치 원예작물의 세포 구조와 같은 생물학적 연구로부터 해당 작물의 경제적 효용에 대한 연구로 관점을 전환하는 것과 유사하다고 하겠다. 따라서 정보자원관리는 단지 데이터베이스뿐만이 아니라 조직에서 활용되는 모든 데이터나 정보를 포함하며, 이들의 활용 및 가치평가에 중점을 둔다.

12.2.1 정보자원관리의 대상

정보나 데이터는 조직의 입장에서 보면 중요한 자원이다. 이들이 순간적으로 파괴될 경우 해당 조직은 정상적인 활동을 수행할 수 없게 된다. 그리고 이를 복원하기 위해서는 많은 시간과 노력이 투자된다. 바꾸어 말하면, 데이터나 정보들은 오랜 기간 동안 많은 시간과 노력을 투자하여 축적된 결과이다. 따라서 이들도 다른 자원들과 마찬가지고 계획되고 관리되어야 한다.

정보나 데이터는 기계설비, 노동력 등과 같은 유형의 자산이 아니라 무형의 자산이다. 그러나 이들 무형의 자산을 생산하고 사용하기 위해서는 컴퓨터나 통신 네트워크와 같은 유형의 설비들이 필요한 바, 이들 또한 정보자원관리의 범주에 포함된다. 이러한 관점에서 정보자원관리는 다음의 세부 자원들에 대한 관리를 포함한다.

- 하드웨어 또는 컴퓨터시스템
- 소프트웨어
- 데이터베이스

이들 중, 본 교재는 데이터베이스를 중심으로 정보자원관리를 다룬다. 소프트웨어 또는 응용프로그램과 컴퓨터시스템에 대하여는 기본적인 지식을 보유하고 있다고 가정하며, 본 교재에서는 자세히 언급하지 않는다.

12.2.2 정보자원관리 프레임워크: 정보기술 아키텍처(ITA/EA)

정보자원관리는 특정 시점에서 특정 목적을 달성하기 위하여 일회적으로 수행되는 활동이 아니다. 즉, 정보자원관리는 필요한 데이터들을 정의하고, 이들을 생산, 저장, 이용, 관리하는 활동으로서, 사용자의 요구로부터 시작하여 이들 요구가 계획된 대로 실현되는가를 추적 관리하는, 지속적으로 수행되는 활동이다. 이러한 점에서 이들을 정보자원관리 사이클이라고 한다. 이러한 정보자원관리는 과거에는 정보공학(Information Engineering)의 테두리안에서 연구되었다. 그러나 최근에는 정보기술아키텍처(ITA: Information Technology Architecture 또는 EA: Enterprise Architecture)를 참조모형으로 하여 많이 연구되고 있다.

정보기술아키텍처는 [그림 12-2]에 예시된 바와 같이 정보시스템을 비즈니스 아키텍처, 데이터 아키텍처, 애플리케이션 아키텍처 및 기술 아키텍처라는 상호 연관된 4가지 구성요소로 구분하여 파악한다. 그리고 현재의 정보시스템을 목표정보시스템으로 향상시키는 것을 궁극적 목표로 한다.

이러한 정보기술아키텍처의 프레임워크하에서 정보자원관리를 활동단계별로 살펴보면 다음과 같다.

- **정보요구 정의 및 비즈니스 아키텍처 설계**: 조직이 목표달성을 위하여 무슨 정보가 필요한가로부터 정보요구(information needs)를 정의한다. 즉, 조직의 목표를 달성하기 위하여 무슨 업무들이 수행되어야 하는가를 먼저 정의하는데 이를 비즈니스 아키텍처라고 한다. 그리고 비즈니스 아키텍처로부터 필요한 정보목록을 추출한다.
- **전사적 데이터 아키텍처 및 응용프로그램 아키텍처 설계**: 필요 정보를 세분하고 구체화하여 데이터 개체들을 정의하고, 이들을 사용하거나 생산하는 응용프로그램들을 정의하며, 이들 사이의 상호 연관성을 정의한다. 그리고 데이터 개체와 개체들 사이의 관계를 개체관계도로 구체화함으로써 전사적 데이터 모형을 설계한다. 이와 더불어 응용프로그램과

그림 12-2 정보기술아키텍처 프레임워크

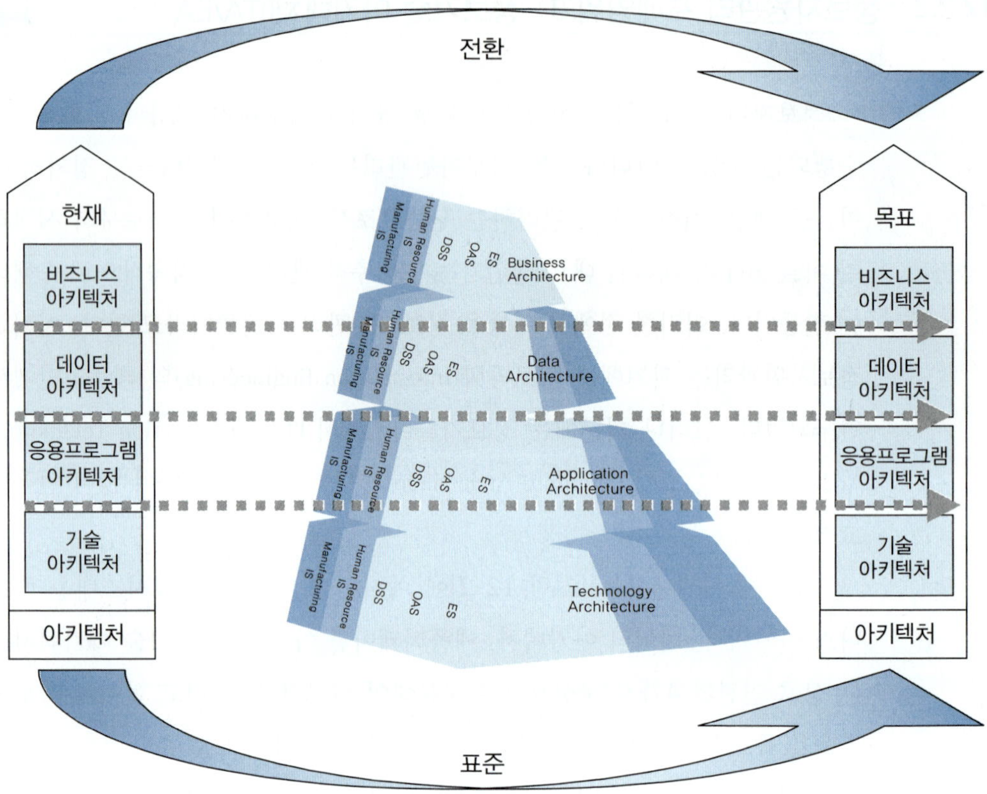

데이터들 사이의 연관성으로부터 정보시스템을 영역별로 분해하여 정의한다.

- **전사적 기술 아키텍처 설계**: 전사적인 기술 아키텍처에서는 컴퓨터시스템, 통신 네트워크, 운영체제, 데이터베이스관리시스템 등의 기술요소들을 선정하고 구조를 설계한다. 컴퓨터시스템과 관련 기술에 대한 기준과 표준을 정의하며, 시스템 컴포넌트 사이의 인터페이스를 포함한다.
- **정보시스템 개발 구축**: 정보시스템을 개발하여 구축한다. 즉, 응용 소프트웨어와 데이터베이스를 개발하며, 컴퓨터시스템을 설치하여 운용한다.
- **정보시스템 운용 및 데이터 이용실태 평가**: 정보의 생산 및 이용 실태를 파악하고 관리한다.

이상에서 제시된 바와 같이 정보자원관리는 전사적 데이터 모형(corporate data model 또는 enterprise model)을 근간으로 하며, 정보시스템의 운영 및 데이터의 처리과정을 통합적으로 관리한다. 그리고 사용자의 정보요구, 업무 비즈니스 등과 같은 요구명세들과 전사적 데이터 모형, 응용프로그램 및 전산시스템들과의 연관관계를 추적 관리한다.

12.2.3 정보자원관리 정보

정보자원관리를 위해서는 관리 대상을 식별하고 이를 기록해야 한다. 즉, 무슨 정보가 생산되고 이용되며, 이들이 어떻게 처리되고, 저장되는지를 기록하고 관리한다.

정보자원에 대한 관리정보는 정보에 대한 정보라는 점에서 메타 정보로서의 성격을 갖는다. 즉, 정보가 유 · 무형의 자원에 대한 기록인 바, 정보자원에 대한 관리정보는 기록된 정보를 효과적으로 활용하기 위하여 필요한 정보들을 기록한 것이다. 그리고 정보자원에 대한 메타 정보들을 저장하고 관리하는 시스템이 정보자원관리시스템이다.

정보자원을 관리하기 위해서는 다음의 세 가지의 관리정보를 필요로 한다.

- 무슨 데이터나 정보가 처리되고 이용되는가를 나타내는 목록정보
- 데이터나 정보가 어떻게 생성, 처리, 이용되는가를 나타내는 처리과정에 대한 정보
- 사용자의 요구로부터 시작하여 이들 요구가 계획되고 설계된 대로 실현되는가를 나타내는 추적관리 정보

목록정보

목록정보란 조직에서 저장하고 관리하는 정보의 목록에 관한 정보이며, 이를 위하여 제시된 것이 정보자원사전(information resource dictionary)이다. 정보자원사전은 〈표 11-1〉에 제시된 바와 같이 파일(데이터베이스)이나, 레코드(테

표 12-1 **ANSI IRDS 표준 모델의 구성요소 (목록 정보)**

개체 타입:	SYSTEM,	BIT-STRING
	FILE	CHARACTER-STRING
	RECORD	FIXED-POINT
	ELEMENT	FLOAT
	DOCUMENT	
속성 타입:	ADDED-BY	NUMBER-OF-RECORDS
	ALLOWABLE-VALUE	RECORD-CATEGORY
	ALTERNATE-NAME	DOCUMENT-CATEGORY
	DATA-CLASS	DATE-ADDED
관계성 타입:	CONTAINS	DERIVED-FROM
	REPRESENTED-AS	

이블), 데이터 항목, 문서 등과 같이 데이터 개체들을 중심으로 이들의 속성과 이들 사이의 연관관계를 나타낸다. 이러한 점에서 정보자원사전은 데이터의 유형이나 의미들을 정의하는 자료사전(data dictionary)을 포함하는 개념이다.

정보자원사전은 데이터 개체들 사이의 구성관계(contains), 어느 데이터 개체가 어느 개체들로부터 산출되는지를 나타내는 유추관계(derived-from)와 데이터 개체들의 물리적 표현 유형(represented-as)들을 포함한다. 이들 중 구성관계와 표현 유형은 전통적인 데이터 모형에 포함되는 관계이며, 유추관계는 ANSI(American National Standards Institute) IRDS(Information Resource Dictionary System) 표준모델에 추가로 포함된 것이다.

처리과정 정보

정보자원관리의 일차적인 관심은 무슨 데이터가 존재하는가이며, 다음은 이들이 어떻게 처리되는가이다. 처리과정은 데이터들을 처리하는 시스템과 프로그램, 모듈 등을 포함한다. 이들 사이의 실행관계(calls, run), 관리책임(responsible-for) 등과 어느 프로세스가 어느 데이터 개체를 처리하는가를 나타

표 12-2 ANSI IRDS 표준 모델의 구성요소 (처리과정 정보)

개체 타입:	SYSTEM,	PROGRAM
	MODULE	USER
속성 타입:	ADDED-BY	NUMBER-OF-RECORDS
	ALLOWABLE-VALUE	RECORD-CATEGORY
	ALTERNATE-NAME	DOCUMENT-CATEGORY
	DATA-CLASS	DATE-ADDED
관계성 타입:	PROCESSES	GOES-TO
	RESPONSIBLE-FOR	CALLS
	RUN	DERIVED-FROM

내는 처리관계(processes), 그리고 목록정보에서 소개되었던 유추관계(derived-from) 등을 포함한다.

처리과정에 대한 정보는 데이터의 변환에 대한 정보라는 점에서 데이터의 구조나 형식을 위주로 설명하는 목록정보와는 차이가 있다. 즉, 목록정보를 메타데이터정보라고 하면, 처리과정에 대한 정보는 메타프로세스정보라고 할 수 있다.

추적관리 정보

정보자원관리는 사용자의 요구로부터 시작하여 이들 요구가 계획된 대로 실현되는가를 추적하는 관리활동이다. 이러한 점에서 볼 때, 목록정보와 처리과정 정보에서 관리하는 완성된 데이터베이스와 시스템만으로는 충분한 정보를 얻을 수 없다.

보다 효과적인 정보자원관리를 위해서는 요구명세서, 모형, 구현된 정보시스템 등의 각 단계에 따라 이들 사이의 연관관계를 관리해야 한다. 이를 통하여 단계별로 사용자들의 요구사항이 어떻게 반영되었는가를 추적 관리할 수 있다.

12.3 데이터관리 기능

일반적으로 데이터관리자라고 하면, 데이터베이스 관리자(database administrator)와 같은 정보시스템 전문가를 떠올리기 쉽다. 그러나 일상적인 자산의 경우, 관리자가 기술적 전문가인가 하면 그렇지 않다. 쉬운 예로, 일반 가정에서 전자제품의 관리자는 전자제품에 대해서는 거의 문외한이라고 할 수 있는 그 가정의 주부이다. 왜냐하면 가정주부가 냉장고나 텔레비전을 가장 많이 사용하기 때문이다. 그렇다고 하여 전자제품들을 가정주부가 직접 유지보수하고 관리하는 것은 아니다. 만약 가전제품들이 고장 나거나 새로운 제품으로 바꾸거나 할 때는 애프터서비스를 받거나 전문가를 찾아가 상담을 받거나 한다. 또는 전자제품들의 유지보수를 일정 기간 동안 외부 전문가들에게 위탁하기도 한다.

이와 같이, 특정 자산을 기술적으로 관리하는 사람과 그 자산을 소유하고 사용하며, 해당 자산에 대한 투자 및 활용 방안을 결정하는 사람은 보통 동일인이 아니다. 이러한 점에서 정보자산의 관리자 또한 데이터베이스 관리자와 같은 정보시스템 전문가가 아니라 해당 데이터를 사용하고 소유하는 사용자들이다. 이러한 관점에서 본 장에서는 데이터관리와 연관한 직책을 알아보고 이들의 기능과 역할들을 살펴본다.

데이터관리를 위한 기능과 역할들을 살펴보기 위하여 먼저 데이터관리와 연관된 직책들을 나열해보면 다음과 같다.

- 데이터베이스 관리자
- 데이터관리자
- 메타데이터관리자
- 데이터 전략가
- 데이터 품질관리자
- 데이터 보안관리자
- 데이터담당관

- 데이터 소유자

이하에서는 이들 직책별로 수행하는 기능들과 역할들을 살펴본다. 여기서 각 기능이나 직책은 논리적인 기능이나 직책이다. 따라서 여러 기능이나 직책을 동일인이나 동일부서가 동시에 수행할 수 있으며, 여러 부서가 하나의 직책이나 기능을 같이 수행할 수도 있다.

데이터베이스 관리자 (DBA: DataBase Administrator)

데이터베이스 관리자는 데이터베이스 스키마를 설계하고 관리하는 담당자이다. 데이터베이스 관리자는 사용자들의 요구사항을 식별하고, 데이터의 사용용도를 식별하며 이를 바탕으로 데이터베이스의 물리적인 구조와 성능들을 설계하고 관리한다. 통상적으로 데이터베이스관리는 정보시스템 운영의 일부로 이루어졌으나 최근에는 데이터베이스만을 관리하는 데이터베이스 관리자의 역할이 강조되고 있다.

데이터관리자 (DA: Data Administrator, Data Architect)

데이터관리자는 전사적인 데이터 자산들을 관리하는 임무를 수행한다. 즉, 특정 데이터베이스나 정보시스템에서 사용하는 데이터들을 관리하는 것이 아니라, 조직이 보유하거나 사용하고 있는 데이터들을 여러 정보시스템으로부터 통합하고 이들을 외부 데이터들과도 연계하여 효과적으로 사용하고 관리하기 위한 규정과 절차를 만들고 관리한다. 데이터관리자는 데이터관리의 중요성이 확대됨에 따라 더욱 강조되고 있는 역할로서, 표준을 제정하고 표준용어들이 사용되도록 강제하는 역할 또한 데이터관리자가 담당한다.

최근에는 정보기술 아키텍처(ITA/EA: IT Architecture/Enterprise Architecture)의 확산과 더불어 데이터 아키텍트(enterprise data architect)라고 부르기도 한다.

메타데이터관리자 (Metadata Administartor)

메타데이터관리자는 메타데이터들을 저장하고 관리하는 사람이다. 즉, 데이터들의 구조적 특성이나 의미를 나타내는 메타데이터들을 개별 정보시스템으로부터 추출하여 메타데이터 저장소에 저장하고 관리하는 역할을 수행한다. 더불어 각 데이터의 표현 형식이나 의미를 결정하여 모든 데이터들이 같은 방법으로 표현되도록 한다. 즉 데이터들의 기술적 메타데이터, 의미적 메타데이터, 생성 메타데이터 및 검색 메타데이터들을 정의하여 저장하고 관리한다.

메타데이터관리자는 메타데이터에 추가하여 마스터데이터나 참조 데이터와 같이 정보시스템들이 공동으로 사용하는 데이터들을 관리하기도 한다.

데이터 전략가 (Data Strategist)

데이터 전략가는 데이터 자산의 전략적 활용방안이나 기업전략 변화에 따른 데이터관리 전략을 조정하는 등의 역할을 수행한다. 따라서 데이터 전략가는 조직이 현재 보유하고 있는 데이터의 종류와 양, 이들의 향후 증가 추세, 경쟁 환경의 변화에 따른 새로운 정보 요구, 정부의 정보 공개나 보고에 대한 법적 규제 등을 파악하고 예측한다. 그리고 조직의 중장기 발전 전략과 연관하여 어떤 데이터들이 더욱 필요하게 될 것이며, 데이터관리적 관점에서 무슨 준비가 필요한가를 판단하고 대비하는 역할을 수행한다.

데이터 품질관리자 (Data Quality Steward)

데이터 품질관리자는 데이터 품질을 측정하고 관리한다. 데이터 품질은 데이터의 생산 및 변환과 관련되는 모든 작업의 결과이다. 따라서 이후 소개되는 데이터 소유자들이나 정보시스템 개발자뿐만이 아니라 조직의 모든 구성원들이 데이터 품질에 책임을 져야 한다. 그러나 품질관리자는 데이터의 품질을 측정하고 평가하며, 문제점들을 파악하고, 문제의 원인을 추적하며, 품질 개선을 위한 방안을 제시하는 책임자이다. 데이터 품질관리자는 데이터 품질로 인한 비용과 이를 해결하기 위한 비용 및 품질 개선을 위한 우선순위 등도 같이 고려해야 한다.

데이터 보안관리자 (Data Security Officer)

데이터 보안관리자는 데이터가 부적절한 사용자들에게 노출되지 않도록 관리한다. 데이터베이스 운영과 보안에서 살펴본 바와 같이, 모든 데이터들은 적법한 사용자들만이 사용하도록 관리되어야 한다. 그러나 데이터가 기업의 중요한 자산이라는 점에서 이들 데이터를 불법적으로 사용하고자 하는 시도는 항상 발생한다. 특히 정보시스템들이 인터넷을 통하여 외부망과 연결되어 있는 상황에서 외부 침입자들의 데이터 해킹은 항상 발생할 수 있는 가장 큰 우려 사항이 아닐 수 없다. 특히 데이터와 같은 디지털 자산은 불법적으로 유출된 경우에도 유출기록이나 흔적이 거의 없는 경우가 대부분이기 때문에 유형자산들과 비교해볼 때 보안관리가 더욱 어렵다.

데이터 보안관리는 데이터 자산의 불법 유출이나 위 · 변조를 막는 물리적 보안에서부터, 통신망을 통한 불법적인 침입이나 이동 중 데이터의 도청 등을 막는 네트워크 보안, 데이터가 유출되더라도 내용이 공개되는 것을 막는 데이터 암호화 등을 포함한다.

데이터담당관 (Data Steward) 또는 정보담당관 (Information Steward)

데이터 담당관 또는 정보담당관은 데이터의 활용과 사용을 책임지고 관리하는 직책이다. 따라서 이들은 보통 정보기술 분야의 종사자가 아니라 현업 종사자이다. 데이터 담당관은 데이터의 생성과 활용, 현 상태 등을 전반적으로 관리하는 담당관이다.

데이터 담당관은 stewards(승무원, 집사)라는 단어가 의미하는 것처럼, 주인이나 승객이 필요로 하는 모든 신변의 일을 돌보아주는 역할을 하는 사람이다. 데이터 담당관의 주인이나 승객은 데이터의 사용자들이다. 데이터 담당관들은 이들을 대신하여 이들이 데이터를 잘 사용하고 관리하는 데 필요한 모든 것들을 챙기고 관리하며 준비하는 역할을 수행한다. 이러한 데이터담당관의 역할은 우리가 비행기 여행을 할 때 항공기 승무원이 승객들에게 해주는 역할을 상상하면 쉽게 유추할 수 있다. 데이터의 사용자를 승객이라고 하면, 데이터 담당관은 이들 승객이 안전하고 편안한 여행을 할 수 있도록 모든 것을 체크하고 챙겨주는 승무원의 역할을 수행한다. 따라서 다음과 같은 문제들이 발생할 경우, 데이터 담당관의 역할이 특히 필요하다고 할 수 있다.

- 데이터 품질에 대한 책임자가 없는 경우
- 데이터 품질에 대한 요구수준을 결정하는 책임자가 없는 경우
- 업무규칙을 결정하는 책임자가 없는 경우
- 데이터의 의미가 명확하게 정의되어 있지 않거나 쉽게 찾을 수 없는 경우
- 보안에 대한 기준이나 조정이 잘 이루어지지 않는 경우
- 주제 영역들 사이에서 조정이 잘 이루어지지 않는 경우
- 정보시스템들 사이의 연관성이 잘 수립되어 있지 않은 경우
- 정보시스템들이 데이터를 서로 조정하는 데 너무 많은 노력이 필요하거나 낭비적인 경우
- 데이터베이스를 구축하기 위한 표준이 없는 경우

데이터 소유자 (Data Owner)

데이터 소유자는 데이터를 자산이라고 가정할 경우, 해당 자산에 대한 권리를 보유하고 있는 개인 또는 부서이다. 즉 데이터의 주인이다. 일반적으로 처음 데이터를 만들어내는 생산자가 소유권을 주장하는 경우가 많으나, 경우에 따라서는 해당 데이터를 주로 관리하고 사용하는 부서가 소유자가 될 수도 있다. 데이터 소유자는 해당 데이터에 대한 권한뿐만이 아니라 궁극적인 책임도 같이 진다. 따라서 만약 데이터관리가 잘못될 경우 이에 대한 궁극적인 책임은 데이터 소유자가 지게 된다.

12.4 데이터 표준화

효율적인 데이터관리를 위해서는 조직구성원들이 사용하는 데이터들 중에서 중복된 것을 파악하고, 이들을 공통으로 사용하기 위한 방안을 찾아야 한

다. 데이터베이스 또한 파일 시스템에서 발생하는 데이터 중복관리문제를 해결하기 위해 제시된 데이터관리시스템이라고 할 수 있다. 그러나 데이터베이스시스템에서도 서로 같은 데이터들이 다른 형식으로 중복 저장될 수 있다. 같은 내용의 데이터를 서로 다른 데이터베이스에 다른 형식으로 저장할 수도 있으며, 같은 데이터베이스의 다른 테이블이나 다른 필드에 다른 형식으로 저장할 수도 있다. 이와 같이 여러 구성원들이 같이 사용하는 데이터들은 서로 다른 형식으로 중복관리되는 경우들이 발생한다. 이러한 현상을 방지하고, 모든 데이터들이 같은 용어나 값을 사용하여 동일한 방법으로 표시되도록 하는 것이 데이터 표준화이다.

데이터 표준화는 단순히 데이터베이스에 저장된 값들을 표준화하는 의미를 넘어서서 조직의 모든 구성원들이 사용하는 용어를 표준화하고, 데이터들이 의미하는 내용과 뜻을 표준화하는 것을 포함한다. 그리고 데이터들을 관리하고 분류하는 데이터 목록의 표준화 또한 포함한다. 이러한 점에서 데이터 표준화는 해당 조직이나 기업이 보유하고 있는 모든 데이터와 정보 더 나아가서 지식 체계를 표준화하는 작업이라고 할 수 있다.

표준화가 되지 않아 서로 다르게 기록된 데이터들을 효과적으로 관리하고 활용할 방법은 없다. 이러한 점에서 데이터 표준화는 데이터관리의 시작이라고 할 수 있다.

12.4.1 표준 용어 및 자료사전

데이터는 기업이나 조직에서 발생하는 거래나 사실, 정보를 부호(符號)로 바꾸어 기록한 것이다. 이러한 데이터를 관리함에 있어 가장 기초가 되는 것이 데이터를 나타내기 위해서 사용하는 부호를 표준화하는 것이다. 만약 동일한 정보나 사실이 서로 다른 부호를 사용하여 다른 형식의 데이터로 기록되면, 여러 가지 문제가 발생할 수 있으며 이들 데이터들의 관리 또한 매우 복잡해진다. 따라서 효과적인 데이터관리가 이루어지고, 기록된 데이터들의 자산가치를 높이기 위해서는 표준화된 부호를 사용하여 모든 데이터들이 기록되어야 하는데, 이것이 바로 데이터 표준화이다. 이러한 점에서 데이터 표준화는 다음과 같이 2가지 관점에서 살펴볼 수 있다.

- 첫째는 실제 현상을 기록하기 위해서 사용하는 부호, 즉 데이터를 표준화하는 것이다. 이는 표준화된 용어나 값들만을 사용하여 데이터를 나타내도록 하는 것이다.
- 둘째는, 앞의 메타데이터들에서 설명한 바와 같이, 데이터들의 의미나 프로세스를 표준화하는 것이다.

용어 및 값의 표준화는 전사적으로 데이터들을 관리하고 사용하기 위하여 반드시 해결해야 할 선결 사항이다. 데이터를 공유하는 과정에서 가장 큰 애로점은 표준화 이전에 이미 각각의 부서나 정보시스템들이 각자의 용도나 목적에 맞게 데이터들을 처리하고 사용해 왔다는 점이다. 이 결과 이들이 사용하는 용어들 또한 서로 다르게 발전하여 왔다.

예를 들면, 사람의 성별을 나타내는 값을 '남성'과 '여성'으로 표시하기도 하며, 'Male'과 'Female', 'M'과 'F', '1'과 '0'으로 표시하기도 한다. 그리고 결혼 여부를 '기혼'과 '미혼'으로 구분하기도 하며, '기혼', '미혼', '동거', '이혼', '별거' 등으로 구분하기도 한다. 이때 '동거'를 '기혼'에 포함시킬 것인지 또는 '미혼'에 포함시킬지는 이들 용어를 사용하는 집단별로 다르게 결정할 수 있다. 이와 같이 용어들은 이들이 사용되는 환경에 따라 다르게 사용되고 발전되어 왔다.

이상에서 살펴본 바와 같이 데이터를 기록하기 위해서는 먼저 사용하는 용어들을 표준화해야 하는데, 표준화된 용어를 표준용어라고 한다.

표준용어

용어 표준화를 위해서는 표준용어들을 정의하고 이를 사용하도록 권장해야 하나, 일반 사용자들이 항상 표준용어들을 미리 알아서 이들만을 사용하는 것은 아니다. 그리고 기존의 정보시스템들 또한 표준용어가 아닌 다른 용어들을 이미 사용하고 있을 수 있다. 따라서 표준용어들뿐만이 아니라, 이미 사용하고 있거나 사용할 것으로 예상되는 용어들을 표준용어와 더불어 같이 관리할 필요가 있다. 이런 점에서 용어 표준화는 다음의 요소들을 포함한다.

- 같은 의미를 갖는 용어들을 동의어(synonym)로 정의
- 용어들 사이의 포함관계를 정의

용어들을 표준화하기 위한 가장 일차적인 작업은 해당 용어들이 내포하는 의미를 정의하고 동일한 의미를 나타내기 위하여 사용되는 용어들을 동의어로 정의하는 것이다. 그리고 동의어들 중에서 하나를 선택하여 표준용어로 지정한다. 표준용어는 해당 조직에서 표준으로 사용되도록 권장하는 용어이다. 예를 들면, 대한민국, 한국, ROK들은 모두 우리나라를 나타내는 용어들이다. 이들은 [그림 12-3]에 표시되는 바와 같이, 동의어군(synonym ring)으로 표시된다. 동의어군과 표준용어들이 정의되면, 기존에 사용되는 용어들은 가능하면 표준용어를 사용하도록 변경하는 것이 바람직하다.

일반 용어들은 표준용어의 동의어이거나 광의 또는 협의의 개념을 나타내는 용어일 수 있으며, 그냥 연관된 용어들일 수도 있다. 이들 용어들 사이의 연관성은 용어분류체계(taxonomy)로서 관리된다.

그림 12-3 동의어군

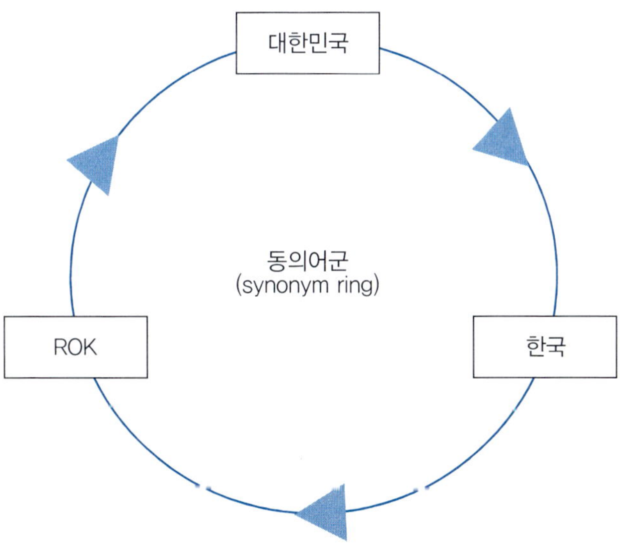

자료사전 (data dictionary)

자료사전은 데이터를 나타내기 위해서 사용하는 용어들의 사전이다. 일반 사전은 낱말의 발음, 의미, 어원, 용법 등과 같이 해당 낱말을 이해하기 위한 모든 정보를 포함한다. 자료사전 또한 데이터를 나타내는 데 사용되는 용어의 의미, 용법 등과 같이 해당 용어를 이해하기 위한 모든 정보들을 포함한다. 이후에 설명하는 용어분류체계나 시소러스가 용어 자체의 의미 및 용어들 사이의 연관관계를 정의한 것임에 반하여, 자료사전은 데이터베이스나 정보시스템에서 사용하는 용어들을 정의한 것이다. 즉, 정보시스템의 양식이나 응용프로그램, 데이터베이스의 테이블이나 파일 등에서 사용하는 변수명이나 필드명 등에 대한 내용을 정의한 것으로서 정보시스템에 포함된 모든 용어에 대한 사전이라고 할 수 있다.

일반적으로 정보시스템에서는 용어라기보다는 데이터 항목(data item)이나 데이터 값이라고 하는데, 자료사전은 데이터 항목에 대하여 다음의 내용들을 포함한다. 여기서 데이터 항목은 '성적'과 같이 데이터의 종류를 이야기하고, 데이터 값은 'A+', 'B' 등과 같이 데이터 항목이 가질 수 있는 값을 이야기한다.

- 데이터 항목 식별자(id)
- 데이터 항목 설명
- 데이터 항목과 연관된 용어로서 동의어((同義語), 광의어(廣義語), 협의어(俠義語) 등
- 데이터 항목이 사용되는 화면
- 데이터 항목이 사용되는 데이터베이스, 테이블, 문서 등
- 데이터 항목의 기술적 메타데이터
- 데이터 항목의 의미적 메타데이터
- 데이터 항목의 프로세스 메타데이터
- 데이터 항목의 사용 메타데이터
- 데이터 항목의 값을 나타내기 위해서 사용되는 용어들[1]

---

1) 데이터 항목을 나타내기 위해서 사용되는 값의 집합을 도메인(domain)이라고 한다.

데이터 값을 나타내기 위해서 사용되는 용어들에 대해서도 자료사전은 다음의 내용들을 포함한다.

- 데이터 값이 사용되는 데이터 항목 식별자(id)
- 데이터 값의 의미
- 데이터 값의 연관된 용어로서 동의어(同義語), 광의어(廣義語), 협의어(俠義語) 등

자료사전의 내용들을 살펴보면 표준화된 용어들이 정보시스템에서 어떻게 사용되는가를 알 수 있다. 즉, 각 정보시스템의 항목별로 이에 대응하는 용어들을 알 수 있으며, 이들 용어들이 사용되는 화면이나, 데이터베이스들을 파악할 수 있다. 이러한 자료사전을 이용함으로써, 자료를 검색하려고 하면 정보시스템 중 어디를 검색해야 하는가를 쉽게 찾을 수 있다. 그리고 용어들이 변경될 경우, 같이 변경해야 하는 정보시스템의 구성요소들 또한 쉽게 파악할 수 있다. 이러한 점에서 자료사전과 다음에 소개되는 용어분류체계의 연관성을 다음과 같이 설명할 수 있다.

- 자료사전은 정보시스템에서 사용되는 데이터 항목들의 용어분류체계라고 할 수 있다.
- 용어분류체계는 정보시스템에 한정되지 않고 기업이나 조직에서 사용하는 모든 용어들의 자료사전이라고 할 수 있다.

일반적으로 자료사전은 데이터 항목들을 위주로 해서 구성된다. 이 결과, 데이터 항목을 잘 알고 있지 않는 경우에는 자료사전을 쉽게 활용할 수 없으며, 이들 데이터 항목에 대응하는 자료들 또한 쉽게 찾을 수 없다. 그러나 만약 용어분류체계가 개발되어 있으면 이들을 자료사전과 결합하여 사용함으로써 사용자들이 사용하는 일반 용어에 대응하는 데이터 항목들을 파악할 수 있다. 또한 광의어, 협의어 및 연관어 등을 사용하여 연관된 데이터 항목들 또한 쉽게 검색할 수 있다. 이와 같이 용어분류체계는 사용자들의 용어와 정보시스템의 용어를 연결하는 중간 매체라고 할 수 있다. 즉 사용자들이 사용하는 용어의 광의어나 협의어 또는 표준용어들을 용어분류체계에서 찾은 후, 이들에 대응하는 데이터 항목을 자료사전에서 찾음으로써, 사용자들이 사용하는 용

어에 대응하는 정보시스템의 데이터 항목을 쉽게 파악할 수 있다.

12.4.2 용어분류체계 (taxonomy)[2)]

용어분류체계는 용어들 사이의 연관관계를 나타내는 분류체계이다. 일반적으로 계층구조로 표시하기 때문에 항상 계층구조로 표시해야 하는 것으로 인식되고 있으나, 반드시 그러할 필요는 없다. 즉 임의의 형태로 표시할 수 있다. 예를 들면, 트리구조로도 표시할 수 있으며, 네트워크 형태로도 표시할 수 있다. 일반적으로 네트워크 형태로 표현된 용어분류체계를 의미네트워크(Semantic Network)라고 한다.

대표적인 용어분류체계는 생물분류체계인데, 가장 상위의 계(kingdom)로부터 가장 아래의 종(species)까지 계층적으로 분류되며, 하위 분류는 상위 분류의 한 곳에만 배타적으로 소속된다. 예를 들면 현대인인 Homo sapiense는 Homo에 속하며, 같은 속에 속하는 종으로는 호모 헤빌리서(H. habilis), 호모 네안데르탈(H. neanderthalensis) 등이 있다. 이러한 생물분류체계에서 해당 생물들은 하나의 분류에만 배타적으로 소속된다. 즉, Homo sapiense는 동물계(Animalia)에만 소속되면, 균계(Fungi)에는 소속되지 않는다. 이러한 생물분류체계의 영향으로 용어분류체계 또한 배타적 계층적으로 분류되어야 하는 것으로 받아들여지고 있으나 모든 분류체계가 항상 이러한 형식으로 유지되는 것은 아니다.

예를 들면, UNSPSC의 시계 분류체계를 살펴보면 [표 12-3]과 같다. 이 예제에서 시계는 휴대용 시계류와 괘종시계류로 구분된다. 시계류를 휴대용 시계류와 괘종시계류로 구분하는 것은, 앞에서 언급한 생물분류체계와 같이 포함관계를 나타내는 분류체계이다. 즉, 하위 용어는 상위 용어에 포함된다. Homo sapiense가 Homo에 속하는 것처럼 휴대용 시계류는 시계류에 속한다. 그러나 시계부품은 시계류의 세분화된 용어가 아니다. 즉 시계부품은 시계를

2) 한국국방연구원, 국방 표준화 방법론 및 활용 방안 연구, 2010. 8.에 포함된 내용을 재인용.

표 12-3 **용어분류체계 예시 (시계류)**

54110000 시계류
    54111500 휴대용 시계류
        54111501 손목시계
        54111502 회중시계
    54111600 괘종시계류
        54111601 벽시계
        54111602 탁상시계
    54111700 시계부품
        54111701 시계문자판
        54111702 시계유리판

구성하는 구성품이며, 이는 포함관계가 아니라 구성관계를 나타낸다.

위의 예에서 살펴본 바와 같이 용어분류체계의 계층구조는 다음의 3가지 의미 중에서 하나에 해당한다.

- **포함관계**(is a type of): 괘종 시계류 is a type of 시계류
- **구성관계**(is a part of): 시계부품 is a part of 시계류
- **예시 관계**(is an instance of): 서울역 시계 is an instance of 시계류

이와 같이 용어분류체계는 반드시 동일한 기준에 따라서 구성되는 것은 아니다. 포함관계에 따라 용어들을 분류할 수도 있으며, 구성관계에 따라서 용어들을 분류할 수도 있다. 그리고 포함관계도 다양한 분류의 관점에 따라 다르게 구분할 수 있다. 예를 들면 휴대가능 여부에 따라 시계류를 휴대용 시계류와 괘종시계류로 구분할 수도 있으며, 화면표시방법에 따라 기계식 표시시계와 전자식 표시시계로 구분할 수 있다. 이와 같이, 용어들 사이의 분류체계는 다양한 관점에 따라 구성할 수 있는데 이러한 용어분류체계의 구성방법을 관점분류체계(facets taxonomy)라고 한다.

용어분류체계에 포함된 용어들을 개별적으로 정의한 것이 동의어 사전 또는 시소러스(Thesaurus)이다. 시소러스는 용어들 사이의 관계를 나타내기 위하여, 다음의 관계들을 포함한다.

- **UF**(Used For): 동의어(同義語)를 표시
- **BT**(Broader Term): 광의어(廣義語)를 표시
- **NT**(Narrower Term): 협의어(俠義語)를 표시
- **RT**(Related Term): 광의어나 협의어, 또는 동의어가 아니나 연관된 용어를 표시
- **SN**(Scope Note): 용어의 의미를 설명

이상에서 살펴본 바와 같이 용어분류체계 또는 시소로서는 단어의 의미를 정의한 일종의 사전으로서 무슨 용어들이 어떤 의미로 사용되며, 이들이 서로 어떻게 연관되는가를 나타낸다. 이와 같이 용어 표준화는 표준적인 단어들만을 지정하는 것이 아니라 해당 조직이나 집단이 이들 용어에 부여하는 개념 또는 의미를 표준화하고 정형화하는 과정이라고 할 수 있다. 이러한 점에서 표준용어들은 해당 집단이 공유하는 하나의 지식체계를 나타난다.

용어에 대한 정의가 용어들 사이의 연관관계까지 포함하기 위해서는 용어들이 나타내는 개념 및 의미들에 대한 정의를 같이 포함해야 한다. 바꾸어 말하면, 용어를 정의하기 위해서는 먼저 용어들이 나타내는 개념 및 의미들에 대한 정의가 선행되어야 한다. 이러한 점에서 용어 정의는 다음의 내용들을 포함한다.

- **개념**(concept)
- **용어**(terms)
- **의미**(semantics)

개념은 "사람", "제품" 또는 "공급자" 같은 의미의 핵심 단위를 표현한다. 개념은 핵심 특징들과 관련된다. 예를 들면, "부동산"은 지리학 영역, 우편 주소, 소유주, 감정 값, 대출 가능성 그리고 부동산 세금 과세와 관련된다. 이들 특징들이 또한 개념일 수도 있다. 앞의 예에서 소유주는 부동산의 특성인 동시에 그것 자체가 개념일 수 있다. 그리고 소유주의 특성으로서는 국적, 출생일, 성별 등이 있을 수 있다. 이러한 개념들은 보통 산업별로 서로 다르게 파악할 수 있는데, 개별 기업이나 조직에서 사용되는 개념들을 찾는 좋은 방법들 중의 하나는 업무처리규정 등을 분석하는 것이며, 거시적인 수준에서는 산

업별 표준들이 많은 도움이 될 수 있다. 개념들을 찾는 과정에서, 어떤 개념들이 어떤 용어들과 관계가 있다는 것을 찾을 수 있으며, 특정 용어들은 하나 이상의 개념들과 관계가 있다는 것을 발견할 수도 있다.

개념들을 파악하고 가능한 모든 개념들에 대한 목록을 만들고 나면, 다음 단계는 각 개념을 나타내기 위하여 사용되는 용어들을 확인하고, 개념과 용어들을 대응(mapping)시키는 것이다. 가장 간단한 방법은 각 개념별로 이를 나타내기 위하여 사용하는 다양한 용어들을 파악하는 것이다. 예를 들면, "고객"이라는 개념을 위하여 "고객"이라는 용어뿐만이 아니라 "계정"이라는 용어도 같이 사용하고 있을 수 있다. 또한 개념별 용어 파악은 개념별로 대응하는 용어들만을 파악하는 데만 그쳐서는 안 되며, 해당 개념의 특성들과 이를 나타내기 위한 용어들도 같이 파악하는 것이 효과적이다. 예를 들면, '고객'뿐만이 고객의 특성인 '고객 유형', '거래시작일', '연락방법' 등도 같이 파악하는 것이 필요하다.

용어들을 정의함에 있어 가장 중요한 것은 이들 용어들이 어떤 상황에서 무슨 개념을 나타내는지를 정의하는 것인데 이를 용어의 의미라고 한다. 의미가 중요한 이유는 동일한 용어가 상황에 따라서는 다른 개념을 나타낼 수 있기 때문이다. 예를 들면, 판매원을 위한 내부 규정에서 정의하는 '고객'과 정부 보고를 위한 관련 법규에서 정의하는 '고객'이 서로 다를 수 있다. 이들 2가지의 서로 다른 고객은 양쪽 모두 타당한 것이라고 할 수 있지만 서로 다른 정의이며, 결과적으로 '고객'이란 용어는 두 개의 다른 개념을 나타내기 위하여 사용된다. 이런 차이점들은 반드시 문서화해서 명확히 정의해야 한다.

12.4.3 데이터 표준화의 절차

데이터 표준화를 위해서는 먼저 기업이나 조직이 현재 보유하고 있는 데이터들이 무엇이고, 이들이 무엇에 대한 정보를 나타내는가를 파악해야 한다. 그리고 이들 데이터들을 효과적으로 표준화하고 활용하기 위한 방안이 제시되어야 한다.

데이터 표준화는 현재 정보시스템별로 분산, 중복되어 관리되고 있는 데이터들을 효과적으로 통합 관리하기 위한 방안을 설계하고 구축하는 과정이다. 따라서 데이터 표준화를 위해서는, 먼저, 조직이 보유하고 있는, 한 걸음 더 나아가 업무 수행을 위하여 반드시 있어야 할 개체(Business Entity)들을 파악하는 과정이 필요하다. 즉, 무엇이 필요한가를 먼저 파악하고, 그 다음에는 무엇을 가지고 있는가를 파악한 후, 현재 보유하고 있는 데이터들을 효과적으로 표준화하는 방안을 찾아야 한다. 이러한 점에서 데이터 표준화는 데이터베이스의 개념설계과정과 중복된다.

- **무슨 데이터들이 필요한가를 파악**: Business Entity를 조사
- **현재 보유하고 있는 데이터들을 파악**: 데이터목록 조사
- **데이터 표준화 방안 설계**: 중복 데이터들을 단일화
- **데이터 배포 및 사용 방안 설계**: 데이터들을 배포하고 활용하는 절차와 흐름을 제시

데이터 주제 영역 및 주요 개체 식별

데이터 표준화의 가장 첫 단계는 필요한 데이터들을 찾아내는 것이다. 그런데 이들 데이터들을 직접 찾는 것보다는 데이터가 나타내는 개체들을 먼저 찾아내고, 이들 개체의 속성을 파악하는 2단계 과정을 거치는 것이 효과적이다.

- **개체**(Entity): 조직이나 기업을 구성하는 주요 실체
- **개체의 속성**(attribute): 개체의 특성을 나타내는 데이터

개체는 해당 조직이나 기업을 구성하는 물리적이거나 개념적인 실체들이다. 물리적 실체는 눈으로 식별할 수 있는 것인데, 사원, 고객, 제품 등이 이에 포함된다. 개념적 실체는 눈으로 식별되지는 않으나 문서 등으로 형상화되는 것으로서 주문, 배송, 예산 등이 이에 해당한다. 이러한 개체들은 해당 조직을 업무 영역으로 구분한 후, 이들 영역을 상세 분석하여 찾아내는데, 이를 주제영역(subject area)이라고 한다. 주제영역은 일상적으로 이야기하는 업무영역이라고 할 수 있는데, 2개 이상의 개체들을 포함한다. 예를 들면, 고객 주제영역

은 고객 개체와 지역 개체를 포함하며, 제품 주제영역은 제품이나 부품, 공급자, 공장 등을 포함한다. 이와 같이 주제영역은 주요 개체를 파악하기 위한 과정이라고 할 수 있다.

보유 데이터 파악 및 데이터 목록 작성

현재 보유하고 있는 데이터들에 대한 현황을 파악하고 이를 목록으로 작성한다. 데이터 목록은 현재 운용되고 있는 시스템을 중심으로 이들 시스템이 사용하거나 제공하는 데이터들을 서술한다.

데이터 표준화 및 중복 데이터 제거

현재 보유하고 있는 데이터들을 이들이 나타내는 개체별로 분류함으로써, 무슨 데이터들이 중복으로 사용되고 있으며, 어느 시스템들에서 사용되는가를 파악한다. 즉, 앞에서 파악한 개체들과 현재 보유하고 있는 데이터 목록을 사용하여 다음 단계에 따라 데이터 표준화 방안을 설계한다.

- 데이터 목록을 통하여 파악된 데이터의 중복 사용 및 중복 저장 실태를 파악함.
- 데이터들의 공유방안을 통합데이터베이스를 구축하는 방안과 현재의 데이터베이스들을 연합하는 방안 중에서 선택함.
- 선택된 데이터 공유방안을 구현하기 위하여 현재의 데이터들을 표준화하기 위한 방안을 설계함.

예를 들면, 고객에 관한 데이터들이 마케팅 정보시스템의 고객 데이터베이스에도 저장되어 있고, 영업 데이터베이스에서도 사용되며, 회계시스템에서도 사용될 수 있다. 이들은 모두 고객이라는 개체를 서술하는 데이터들이다. 따라서 이들을 공유하기 위한 방안을 다음의 2가지 방법 중에서 선택한다. 그리고 이들 각각의 방법에 대하여 데이터 표준화 및 사용방안을 설계한다.

- 통합 데이터베이스를 새로이 구축
  - 통합 데이터베이스의 구조 설계

- 통합 데이터베이스의 저장 위치
- 기존 데이터베이스들의 존속 여부
  - 완전히 폐기하고 사용하지 않음
  - 그대로 사용하되 데이터들을 통합 데이터베이스로부터 제공 받음

● 기존 데이터베이스들을 그대로 두고 이들을 연합하여 사용
- 기존 데이터베이스들의 변경 여부
  - 기존 데이터베이스를 변경 없이 그대로 사용
  - 기존 데이터베이스에 저장되는 데이터들을 일부 제거하거나 추가하여 데이터의 중복을 제거하고 관리 효율성을 향상시킴
- 기존 데이터베이스들의 상호 연동 방안

데이터 흐름도 설계

조직이나 기업에서 사용되는 데이터들은 한 곳에 저장만 되어 있는 것이 아니다. 이들은 원천적으로 수집된 것이며, 업무수행을 위하여 활용되며, 이러한 과정을 통하여 다른 데이터들을 산출하기도 한다. 따라서 어느 데이터베이스에 저장된 데이터들이 먼저 갱신되고, 어느 데이터들이 이에 연동하여 갱신되며, 이렇게 갱신된 자료들이 어떻게 배포되어 다른 데이터들의 산출이나 갱신에 활용될 것인가를 설계해야 하는데 이를 데이터 흐름도(data distribution roadmap) 또는 데이터 배포공정이라고 한다. 이렇게 데이터들의 흐름이 잘 정리될 때, 데이터들을 잘 활용하고 관리할 수 있게 된다.

데이터 배포공정은 상품생산에서의 생산공정과 같은 의미를 갖는다. 즉, 생산공정은 각각의 부품이나 원료를 결합하여 중간 생산품이나 제품을 만드는 과정을 나타낸다. 이러한 생산공정을 통하여 제품생산의 생산성을 향상시킬 수 있는 것처럼 데이터관리도 데이터 배포공정을 통하여 생산성을 향상시킬 수 있다.

12.4.4 데이터 표준화 수준

모든 기업이나 조직이 처음부터 완전한 형태의 데이터 표준화를 이룰 수는 없다. 데이터 표준화 또한 데이터관리의 발전과 더불어 성장하게 되는데, 데이터 표준화의 발전 단계를 CMM모델을 참조로 하여 구분하면 다음과 같이 나눌 수 있다.[3)]

- **수준 1**(Initial): 데이터 연합 단계
- **수준 2**(Repeated): 물리적 데이터 통합 단계
- **수준 3**(Defined): 데이터 표준화 시작 단계
- **수준 4**(Managed): 데이터 표준화 관리 단계
- **수준 5**(Optimized): 데이터 표준화 최적화 단계

데이터 연합 단계

데이터 연합 단계는 가장 초보적인 데이터 표준화 단계이다. 전사적인 데이터 표준화 또는 데이터 공유에 대한 지침이 없는 상태에서 필요한 정보시스템들 사이에서 데이터 교환이 이루어지는 단계이다. 따라서 데이터 표준화 및 데이터 공유 등은 해당 정보시스템들 사이에서 점대점(point-to-point)으로 이루어진다. 이러한 점에서 데이터에 대하여 전사적인 관리가 이루어지는 것이 아니라 연관된 시스템들 사이에서 국지적으로 데이터들을 연계시키는 수준이다.

물리적 데이터 통합 단계

물리적 데이터 통합 단계는 전사적으로 보유하고 있는 데이터들에 대하여 목록을 구성하고, 이들을 공통의 공간에 저장하여 물리적으로 데이터베이스들을 통합하는 단계이다. 그러나 통합 데이터베이스가 조직 전체적으로 모든

3) Adelman, S., Moss L., & Abai M., Data Strategy, Addison Wesley, p. 43, 2005.

데이터들을 포함하는 것은 아니며, 통합된 데이터베이스에 저장된 데이터들도 모두 표준화된 것은 아니다. 바꾸어 말하면, 일부 데이터들은 표준화되어 저장되나 조직 전체적으로 데이터들을 표준화하기 위한 노력은 아직 이루어지고 있지 않으며 데이터들을 물리적으로 공통의 장소에 저장하여 사용하고자 하는 노력들만이 이루어지고 있다.

데이터 표준화 시작 단계

데이터 표준화 시작 단계는 용어사전, 동의어 등을 사용하여 데이터를 표준화하기 위한 노력이 전사적으로 시도되는 단계라고 할 수 있다. 여기서 전사적으로 데이터 표준화 노력이 이루어진다는 것은 전사적인 데이터 표준화의 틀 안에서 데이터관리가 이루어짐을 의미한다. 따라서 정보시스템들을 구축할 경우 표준용어들을 사용하고 표준화된 데이터들을 활용하도록 강제하는 단계이다. 그리고 데이터 표준화를 위한 전담조직을 설치하고, 지침과 절차 등이 전사적으로 적용되는 단계이다. 무엇보다도 표준용어들을 사용하지 않는 정보시스템들에 대해서는 불이익이 가해짐으로써 전사적으로 표준화된 데이터들을 사용하고자 하는 인식이 시작되는 단계라고 할 수 있다.

데이터 표준화 관리 단계

전사적으로 데이터 표준화를 위한 절차 및 조직이 정착되어 있으며, 모든 사용자들이 표준화된 데이터와 용어들을 사용하는 것에 적응한 단계이다. 그리고 정보시스템 및 부서들 사이에서 정보 공유가 활발하게 이루어지는 단계이다. 요약하면 데이터 또한 다른 자산들과 같이 조직의 주요 자산으로 관리되고 공유되는 단계라고 할 수 있다. 만약 특정 부서나 정보시스템이 데이터 표준화 규칙을 벗어나 데이터를 생성하고 사용할 경우에는 데이터 표준화 지침에 따라 제제가 가해짐으로써 전사적으로 데이터 표준화가 업무지침으로서 모든 구성원들에 의하여 수용된 단계이다.

데이터 표준화 최적화 단계

전사적으로 표준화된 데이터들이 사용되고 활용되며, 데이터를 조직의 주요 자원으로 인식하고 활용하는 단계이다. 따라서 데이터 전략과 조직 전략이 연계되며, 조직의 전략적 경쟁력을 향상시키기 위하여 데이터 자산이 적극적으로 활용되는 단계이다.

12.5 마스터데이터관리

전사적 정보자원관리는 데이터들에 대한 관리와 표준화를 포함한다. 그러나 모든 데이터들을 처음부터 완전하게 관리할 방법은 없으며, 또한 그렇게 하는 것이 효율적인 방법도 아니다. 즉 가장 중요한 데이터들부터 표준화하고 관리하는 것이 효과적인 방법이다.

데이터들 중에서도 가장 중요한 데이터로서 최근에 그 중요성이 더욱 강조되고 있는 데이터가 마스터데이터이다. 마스터데이터는 기업 활동에서 가장 중심이 되는 사람(고객, 사원 등)이나 사물(제품, 부품, 원재료, 기계, 건물, 창고 등)에 대한 데이터로서 모든 거래의 근간이 되는 데이터들이다.

정보화에 따른 데이터관리 형태를 살펴보면, 개별 업무들만이 전산화되었던 정보화의 초창기에는, 데이터관리 또한 해당 정보체계별로 이루어졌다. 즉, 사원자료들은 급여정보체계에서 관리하였으며, 품목자료들은 재고관리정보체계에서 관리하였다. 그러나 정보화가 확대됨에 따라, 사원자료들을 급여정보체계에서만 사용하는 것이 아니라 교육정보체계에서도 사용하게 되었다. 이 결과 급여정보체계와 교육정보체계의 사원 데이터가 서로 달라서, 휴직 중인 사원에게 교육지원금이 지급되는 등의 오류가 발생할 수 있게 되었다.

모든 정보체계와 사용자들이 정확한 정보를 같이 공유하는 것은 정보화의 초창기부터 지향해온 목표이다. 그러나 정보화가 진전됨에 따라 이러한 목표를 달성하는 것이 더욱 어렵게 되는 역설적인 현상이 발생하게 되었다. 이를 해결하고 정보화의 목표를 실현하기 위한 방안의 하나로서, 여러 정보시스템에서 공통으로 사용하는 조직의 주요 구성물에 대한 데이터들을 우선적으로 표준화하여 관리하는 방안이 제시되게 되었는데 이것이 마스터데이터관리(Master Data Management)이다.

12.5.1 마스터데이터의 식별

마스터데이터는 기업이나 조직 활동의 근간을 이루는 주요 데이터들이다. 조직 활동의 근간을 이루는 데이터들로서는 인사 대장(臺帳)이나 품목 대장, 시설 대장, 거래 장부(帳簿) 등과 같은 것들이 있다. 그러면 이들이 모든 마스터데이터들인가? 그리고 만약 이들이 모두 마스터데이터이면 마스터데이터관리는 종래의 데이터관리와 동일한 것인가라는 의문이 생길 수 있다.

결론부터 이야기하면 거래장부에 기록된 데이터는 거래데이터이다. 그리고 마스터데이터는, 거래장부에 기록된 거래가 적합하게 이루어졌는가를 확인하기 위하여 참조하는, 인사대장, 품목대장, 시설대장 등에 기록된 데이터들이다.

예를 들어 갑회사가 2009년 11월 4일 ABC 제품 10kg들이 200상자를 을회사로부터 구매했다고 하자. 여기서 이 거래가 적합하게 이루어졌는가를 확인하기 위해서는 다음의 항목들에 대한 검증이 필요하며, 이들 확인 또는 검증을 위한 데이터들이 마스터데이터이다.

- 을회사가 적법한 회사인가?
- ABC 제품 10kg들이 상자가 갑회사의 구매목록에 등재되어 있는 구매품인가?

이상에서 살펴본 바와 같이 모든 데이터들은 거래데이터들과 마스터데이터로 구분된다. 전자는 거래 사실을 나타내며, 후자는 거래에 참여하는 인적 물적 구성물들을 나타낸다.

마스터데이터들을 보다 구체적으로 살펴보면 [그림 12-4]와 같이, 기업이나 조직 활동에 참여하는 내부 및 외부의 구성물(Business Entity)들이 이에 포

그림 12-4 **마스터데이터의 종류**

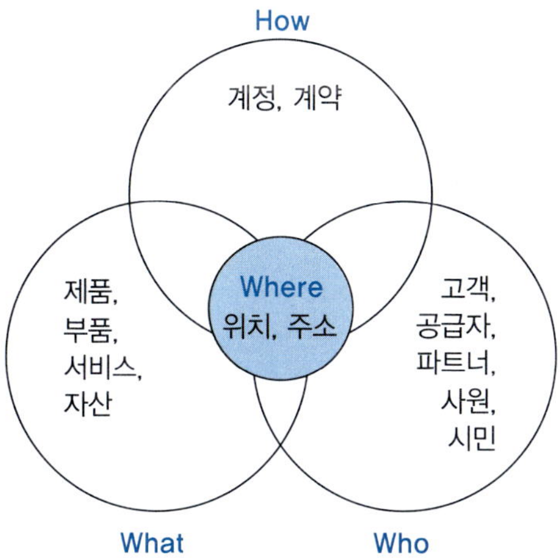

함됨을 알 수 있다. 이러한 마스터데이터들을 6화(話)원칙과 연관하여 살펴보면, 누가, 어디서, 무엇을, 어떻게 등이 마스터데이터에 포함됨을 알 수 있다.

- **누가**(Who): 기업이나 조직 내부 및 외부의 모든 인석자원에 대한 데이터로서 사원, 고객, 협력사 등에 대한 데이터들을 포함한다.
- **어디서**(Where): 기업이나 조직의 활동이 발생하거나 구성원들이 위치하는 장소에 대한 지리적 특성이나 속성을 나타내는 데이터로서, 최근에는 모바일 환경의 확산으로 지리정보에 대한 관심이 증대하고 있다.
- **무엇을**(What): 기업이나 조직이 취급하는 상품이나 서비스와 같은 유형 및 무형의 물적자원에 대한 데이터로서 상품, 물자, 서비스 등에 대한 데이터들을 포함한다.
- **어떻게**(How): 기업 활동의 근거가 되는 주로 무형의 개체들에 대한 데이터로서 사업, 계정, 계약 등에 대한 데이터들을 포함한다.

12.5.2 마스터데이터 모델링

마스터데이터들은 공용의 데이터베이스에 저장하여 관리하는 것이 효과적이다. 이들을 효과적으로 저장하고 관리하기 위해서는 무슨 데이터 항목들을 어떤 형식으로 저장할 것인가를 결정해야 하는데, 이를 마스터데이터 모델링이라고 한다.

마스터데이터는 한 종류의 마스터데이터에 대한 모델링에 국한되어서는 안 되며, 이들 마스터데이터들 사이의 관계도 같이 모델링해야 한다. 예를 들면, 고객 마스터데이터는, [그림 12-5]에 예시된 바와 같이, 개인 또는 조직들에 대한 정보, 이들의 유형, 이들 사이의 관계, 계정과 계약에 대한 정보들을 포함한다. 여기서 계정이나 계약은 고객과는 다른 마스터데이터라고 할 수 있으나 이들 사이의 연계성을 같이 모델링해야 고객 마스터데이터들을 전사적으로 통합 관리할 수 있다.

마스터데이터의 항목과 내용이 무엇이며, 이들이 무엇을 의미하는지 등은 마스터데이터를 사용하는 모든 정보시스템들이 잘 알고 있어야 한다. 그렇지 않으면, 마치 무슨 도서들이 어디에 비치되어 있는지를 전혀 모르는 도서관에

그림 12-5 고객(Party) 마스터데이터에 대한 데이터모형

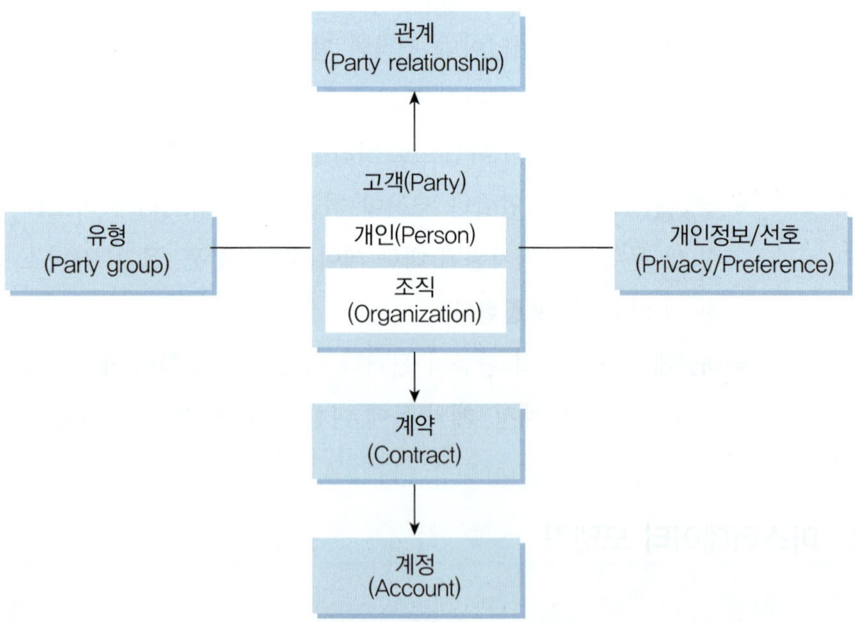

서 책을 찾는 것처럼 마스터데이터를 사용하는 데 어려움을 겪을 수 있다. 이와 같이 마스터데이터를 효과적으로 잘 관리하기 위해서는 마스터데이터 모형을 포함하여 마스터데이터에 대한 메타데이터들을 잘 관리해야 한다.

12.5.3 마스터데이터관리의 구현 아키텍처

마스터데이터를 저장하고 관리하는 저장소와 개별 데이터베이스의 차이점은 개별 데이터베이스는 거래 데이터를 중심으로 마스터데이터, 참조 데이터들을 모두 포함한다. 이에 반하여 마스터데이터 저장소는 해당 조직에서 사용하는 마스터데이터들만을 별도로 저장한다. 따라서 마스터데이터 저장소는 거의 모든 정보시스템들이 공동으로 사용한다.

마스터데이터를 통합 공유하기 위한 가장 이상적인 형태는 마스터데이터를 단일의 공통 저장소에 저장하고 전사적으로 모든 정보시스템이 이를 사용하도록 하는 방법이다. 따라서 가장 이상적인 형태는 [그림 12-6]의 구현 아키텍처에 예시된 것처럼 통합거래형으로 구현하는 것이다. 그러나 통합거래형은 전사적으로 모든 트랜잭션 처리가 마스터데이터 저장소에 집중하기 때문에 병목현상이 발생한다.

특히 여러 사용자 집단이 단일의 통합 데이터베이스를 사용하기 위해서는 이들 사용자들의 다양한 요구를 충족시킬 수 있어야 하며, 마스터데이터 소유자들 사이의 정치적 갈등 등을 조정하는 데 과도한 노력과 시간이 소요될 수 있다. 이러한 여러 가지 제약점으로 인하여 실제로는 [그림 12-6]에 예시된 바와 같이 통합거래형뿐만이 아니라 합체형, 일치형 및 레지스트리형 등의 여러 형태의 구현 방안들이 제시되어 사용되고 있다.[4]

- 합체형은 가장 초보적인 형태의 마스터데이터관리 아키텍처이다. 즉 각 응용시스템들에서 사용하고 있는 마스터데이터들을 사후적으로 중

4) Jadcliffe, J., White, A., & Newman, D., How to Choose the Right Architectural Style for Master Data Management, Gartner(ID Number: G00142610), 28 Sep. 2006.

그림 12-6 마스터데이터관리의 구현 아키텍처

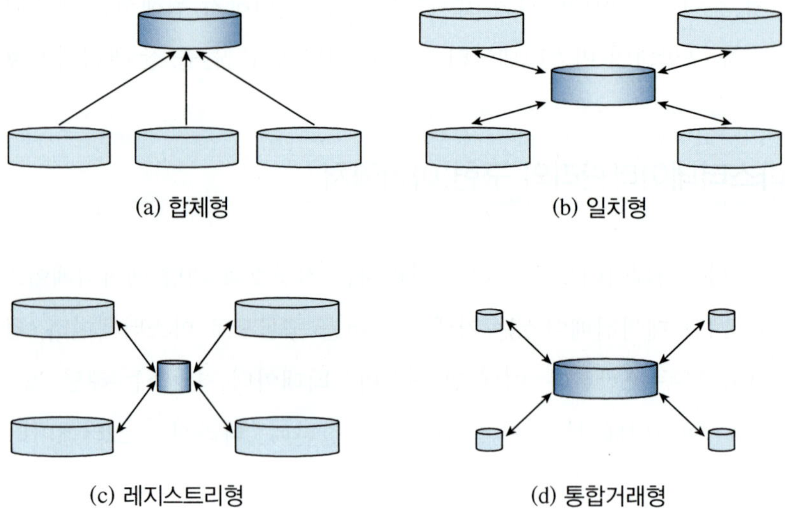

앙의 저장소에 모아서 저장하고, 이를 분석 및 참조 목적으로 사용하는 형태이다. 따라서 중앙의 마스터데이터 저장소에 통합된 마스터데이터들이 모든 응용시스템에 실시간으로 반영되는 것이 아니다. 이 결과 일정 기간 동안은 각 응용시스템의 마스터데이터들이 서로 다른 값을 가질 수도 있다.

- 일치형은 합체형 마스터데이터관리의 가장 큰 단점인 중앙의 저장소에 저장된 마스터데이터와 각 응용시스템의 마스터데이터들과의 불일치를 해결하기 위하여 제안된 형태이다. 일치형 마스터데이터관리는 중앙 저장소의 마스터데이터가 갱신될 경우, 이를 각 지역 응용시스템들에 알림으로써(publish) 지역 마스터데이터들도 같이 갱신되도록 한다. 즉, 각 응용시스템들에 독립적으로 저장 관리되는 데이터베이스와 중앙의 마스터데이터 저장소 사이의 동기화가 거의 실시간으로 이루어진다. 이와 같이 실시간으로 동기화되는 마스터데이터관리를 구현함으로써, 각 응용시스템들이 각자의 데이터베이스를 사용하더라도 서로 동기화되어 전사적으로 동일한 마스터데이터들을 사용하게 된다. 그러나

일치형 마스터데이터관리에서는, 새로이 변경되는 마스터데이터들이 중앙의 마스터데이터 저장소에 직접 갱신되는 것이 아니라, 각 응용시스템들이 관리하는 데이터베이스에 갱신된다. 응용시스템의 데이터베이스에서 마스터데이터들이 갱신될 경우 이를 중앙의 마스터데이터베이스 저장소에 반영하고, 이를 다시 다른 응용시스템들의 데이터베이스에 반영하여 동기화한다. 그리고 마스터데이터들을 참조할 경우, 타 응용시스템들이 관리하는 데이터베이스들을 참조하는 것이 아니라, 중앙의 마스터데이터 저장소를 참조한다.

- 레지스트리형 마스터데이터관리는 일치형 마스터데이터관리와 비슷한 개념이나, 중앙의 마스터데이터 저장소가 데이터들을 저장하는 것이 아니라 이를 데이터들이 저장된 위치의 데이터베이스들을 가리키는 레지스트리(registry)만을 저장한다. 레지스트리는 데이터들을 저장하는 것이 아니라 데이터들이 저장된 위치를 가리키는 주소들을 저장한다. 따라서 레지스트리형 마스터데이터관리는 이미 구축되어 있는 응용시스템들에 미치는 영향이 가장 작다. 따라서 마스터데이터 통합관리를 위한 첫 단계의 구현 아키텍처로서 적절하다. 또한 법적인 규제나 제약조건들에 의하여 마스터데이터들을 통합하여 단일의 데이터베이스에 저장하는 것이 불가능한 경우 사용 가능한 구현 대안이다.

마스터데이터관리를 위한 구현 아키텍처별로 특성과 장단점을 살펴보면 〈표 12-4〉와 같다.

표 12-4 **마스터데이터관리 구현 아키텍처별 특성**

구분	합체형 (Consolidation)	일치형 (Harmonized Coexistence)	레지스트리형 (Registry)	통합거래형 (Transaction)
저장 형식	• 통합 마스터데이터들을 별도로 중앙에 저장	• 통합 마스터데이터들을 별도로 중앙에 저장	• 마스터데이터들에 대한 링크를 저장(가상적 통합 뷰 유지)	• 통합 마스터데이터들을 별도로 중앙에 저장
갱신 권한	• 발생지역에서 갱신	• 발생지역에서 갱신	• 발생지역에서 갱신	• 중앙의 통합 데이터베이스에서 갱신
갱신 주기	• 지역에서 변경이 이루어지고 난 뒤 허브(중앙의 저장소) 갱신. • 비실시간 갱신	• 지역에서 변경이 이루어지고 난 뒤 갱신 • publish/subscribe를 통하여 허브(중앙의 저장소)와 지역간의 데이터 일치가 보장됨	• 실제로 중앙에서는 갱신이 이루어지지 않음	• 실시간으로 중앙의 통합 마스터데이터베이스를 갱신
용도	• 분석 및 참조 목적(읽기 전용)	• 거래처리를 위한 통합 참조 목적(읽기 전용) • 가장 일반적인 마스터데이터관리 형태	• 거래처리를 위한 통합 참조 목적(읽기 전용)	• 거래처리를 직접 지원(읽기/쓰기 지원)
적합한 경우	• 마스터데이터관리의 초기 형태로서 구축 • 이후 보다 발전한 단계로의 발전을 위한 초기단계	• 동기화를 위한 데이터 관리구조(governance)와 데이터 책임관리(stewardship)가 잘 정착된 경우 • 워크플로우를 지원할 수 있는 미들웨어 기반 구조가 잘 정착된 경우	• 법적 정치적 제약조건으로 마스터데이터 허브를 구축할 수 없는 경우 • 기존 시스템들에 미치는 영향을 최소화해야 하는 경우 • 거래처와의 마스터데이터 일치가 필요한 경우	• 마스터데이터가 거래처리를 직접 지원해야 하는 경우 • 전략적 지원을 위한 솔루션 공급 파트너와 경영층의 지원이 있는 경우
부적합한 경우	• 법적 정치적 제약조건으로 마스터데이터 허브를 구축할 수 없는 경우 • 각 원천시스템들 사이에서 마스터데이터의 일관성 유지가 필요한 경우	• 법적 정치적 제약조건으로 마스터데이터 허브를 구축할 수 없는 경우	• 성능 및 신뢰성 보장이 중요한 경우	• 법적 정치적 제약조건으로 마스터데이터 허브를 구축할 수 없는 경우 • 데이터 소유자들 사이의 정치적 갈등을 조정하기 어려운 경우
적용 기업 예	• BI용 분석 시스템	• 다국적 제조업(지역별 부품 구입 및 물류관리) • 제약업의 고객데이터 허브	• 의료정보시스템 • 정부기관 • 산업별 제품 카탈로그	• 금융기관(은행, 보험회사) • 소비재 기업

요약

본 단원에서는 전사적 정보자원관리의 개념과 마스터 데이터관리에 대하여 학습하였다. 본 단원에서 습득한 주요 개념들을 요약하면 다음과 같다.

- **관점 분류체계**(facets taxonomy): 관점에 따라 구성하는 용어분류체계의 구성방법
- **동의어**(synonym): 같은 의미를 갖는 용어들.
- **데이터관리자**(DA: Data Administrator): 조직이 보유하거나 사용하고 있는 데이터들을 통합하고 이들을 외부 데이터들과도 연계하여 효과적으로 사용하고 관리하기 위한 규정과 절차를 만들고 아키텍처를 설계하는 담당자.
- **데이터 담당관**(Data Steward) **또는 정보담당관**(Information Steward): 데이터의 활용과 사용을 책임지고 관리하는 직책.
- **데이터 소유자**(Data Owner): 데이터를 자산이라고 가정할 경우, 해당 자산에 대한 권리를 보유하고 있는 개인 또는 부서.
- **데이터 표준화**: 데이터들이 서로 다른 형식으로 중복 관리되는 것을 방지하고, 모든 데이터들이 같은 용어나 값을 사용하여 동일한 방법으로 표시되도록 하는 것.
- **데이터 표준화 시작 단계**: 용어사전, 동의어 등 데이터를 표준화하기 위한 노력이 전사적으로 시도되는 단계로서 데이터 표준화를 위한 전담조직을 설치하고, 지침과 절차 등이 전사적으로 적용되는 단계.
- **데이터 표준화 관리 단계**: 전사적으로 데이터 표준화를 위한 절차 및 조직이 정착되어 있으며, 모든 사용자들이 표준화된 데이터와 용어들만을 사용하는 것에 적응한 단계.
- **데이터 표준화 최적화 단계**: 전사적으로 표준화된 데이터들이 사용되고 활용되며, 데이터를 조직의 주요 자원으로 인식하고 활용하는 단계.
- **데이터 품질관리자**(Data Quality Steward): 데이터의 품질을 측정하고 평가하며, 문제점들을 파악하고, 문제의 원인을 추적하며, 품질 개선을 위한 방안을 제시하는 책임자.
- **데이터 보안 관리자**(Data Security Officer): 데이터가 부적절한 사용자들에게 노출되지 않도록 관리하는 담당자.
- **데이터 연합 단계**: 가장 초보적인 데이터 표준화 단계로서, 전사적인 데이터 표준화 또는 데이터 공유에 대한 지침이 없는 상태에서 필요한 정보시스템들 사이에서 데이터 교환이 이루어지는 단계.

- **데이터 전략가**(Data Strategist): 데이터 자산의 전략적 활용 방안이나 기업 전략 변화에 따른 데이터관리 전략 조정 등의 역할을 수행하는 담당자.
- **데이터 흐름도**(Data distribution roadmap): 조직이나 기업에서 사용되는 데이터들 중에서 어느 데이터들이 먼저 갱신되고, 어느 데이터들이 이에 연동하여 갱신되며, 이렇게 갱신된 자료들이 어떻게 배포되어 다른 데이터들의 산출이나 갱신에 활용되는가를 설계한 것.
- **데이터베이스 관리자**(DBA: Database Administrator): 데이터베이스 스키마를 설계하고 관리하는 담당자.
- **동의어**(synonym): 같은 의미를 갖는 용어들.
- **데이터웨어하우스**(data warehouse): 기업 활동에 대한 모든 데이터들을 과거의 데이터들까지 포함하여 주제별로 분석가능하게 저장한 데이터베이스.
- **레지스트리형**(registry) **마스터데이터관리 아키텍처**: 중앙의 마스터데이터저장소가 데이터들을 저장하는 것이 아니라 이들 데이터들이 저장된 지역의 데이터베이스들을 가리키는 레지스트리(registry)만을 저장하는 형태.
- **마스터데이터**(master data): 일상생활이나 기업 활동에서 가장 중심이 되는 대상물들의 특성을 나타내는 데이터.
- **메타데이터관리자**(Metadata Administrator): 메타데이터를 저장하고 관리하는 담당자.
- **메타프로세스 정보**: 정보자원처리과정에 대한 정보를 메타데이터와 구분하여 메타 프로세스 정보라고 칭함.
- **물리적 데이터 통합 단계**: 전사적으로 보유하고 있는 데이터들에 대하여 목록을 구성하고, 이들을 공통의 공간에 저장하여 물리적으로 데이터베이스들을 통합하는 단계.
- **시소러스**(thesaurus): 용어분류체계에 포함된 용어들을 개별적으로 정의한 사전으로서 동의어 사전이라고도 함.
- **용어분류체계**(taxonomy): 용어가 나타내는 개념, 의미들을 다른 용어들과 연관하여 표현한 분류체계.
- **운영 데이터베이스**(operational database): 거래처리과정에서 발생한 데이터들을 저장한 데이터베이스.
- **일치형**(harmonized coexistence) **마스터데이터관리 아키텍처**: 중앙의 저장소에 저장된 마스터데이터들과 각 응용시스템의 마스터데이터들과의 동기화가 거의 실시간으로 이루어지는 마스터데이터관리 형태.

- **자료사전(data dictionary)**: 데이터를 나타내기 위해서 사용하는 용어의 의미, 용법 등과 같이 해당 용어를 이해하기 위한 모든 정보들을 포함하는 사전.
- **정보기술아키텍처(IT Architecture 또는 Enterprise Architecture)**: 정보시스템을 비즈니스 아키텍처, 데이터 아키텍처, 애플리케이션 아키텍처 및 기술 아키텍처라는 상호 연관된 4가지 구성요소로 구분하여 설계한 설계도.
- **정보자원관리(Information Resources Management)**: 데이터나 정보를 기업 활동의 자원으로 관리하는 활동으로서, 전사적 데이터 모형을 근간으로 하며, 이들 모형의 구현과 운영 및 데이터의 처리과정을 통합적으로 관리.
- **정보자원 목록 정보**: 무슨 정보자원이 존재하는가를 나타내는 정보로서 정보자원사전(information resource dictionary)으로 관리됨.
- **정보자원사전(Information Resources Dictionary)**: 파일(데이터베이스)이나, 레코드(테이블), 데이터항목, 문서 등과 같이 데이터를 중심으로 이들의 속성과 이들 사이의 연관관계를 나타낸 것.
- **정보자원 처리과정 정보**: 정보자원이 어떻게 생성, 처리, 이용되는가를 나타내는 정보.
- **정보자원 추적관리 정보**: 정보 자원에 대한 요구가 계획된 대로 설계되고 구현되었는가를 추적하는 정보.
- **주제 영역(subject area)**: 전체 시스템을 구분한 것으로서 일상적으로 이야기하는 업무 영역이라고 할 수 있는데, 2개 이상의 개체들을 포함.
- **통합거래형(transaction) 마스터데이터관리 아키텍처**: 마스터데이터를 단일의 공통 저장소에 저장하고 전사적으로 모든 정보시스템이 이를 사용하도록 하는 방법.
- **표준용어**: 해당 조직에서 표준으로 사용되도록 권장하는 용어.
- **합체형(consolidation) 마스터데이터관리 아키텍처**: 가장 초보적인 형태의 마스터데이터관리 아키텍처로서 각 응용시스템들에서 사용하고 있는 마스터데이터들을 사후적으로 중앙의 저장소에 모아서 저장하고, 이를 분석 및 참조 목적으로 사용하는 형태.

제V부

데이터베이스 연관 분야

제13장

비즈니스 인텔리전스

전사적인 데이터 관리에서 살펴보았듯이 기업정보흐름을 살펴보면, 크게 거래처리영역과 분석정보영역으로 나누어진다. 여기서 거래처리영역은 말 그대로 기본적인 거래 업무들을 처리하는 영역이며, [그림 13-1]에 다시 표시된 바와 같이, 거래처리를 위한 데이터베이스를 운영 데이터베이스 또는 거래처리 데이터베이스라고 한다.

분석정보영역은 의사결정을 위한 기초 자료들을 데이터웨어하우스에 저장하고 이들을 사용하여 분석정보들을 생산하는 영역이다. 운영 데이터로부터 분석정보를 생산하고, 이들 분석정보들을 분석하여 의사결정에 도움이 되는 정보들을 산출하는 제반 활동을 비즈니스 인텔리전스(BI: Business Intelligence)라고 한다. 비즈니스 인텔리전스를 위해서는, [그림 13-1] 기업정보흐름을 통하여 알 수 있는 바와 같이, 데이터웨어하우스를 관리하는 DBMS에 추가하여, 데이터 통합 및 변환을 위한 도구, 다차원 분석을 위한 다차원 DBMS, OLAP 도구 등과 같은 다양한 정보분석 도구들이 필요한데, 이들을 비즈니스 인텔리전스 솔루션이라고 한다.

그림 13-1 기업정보흐름

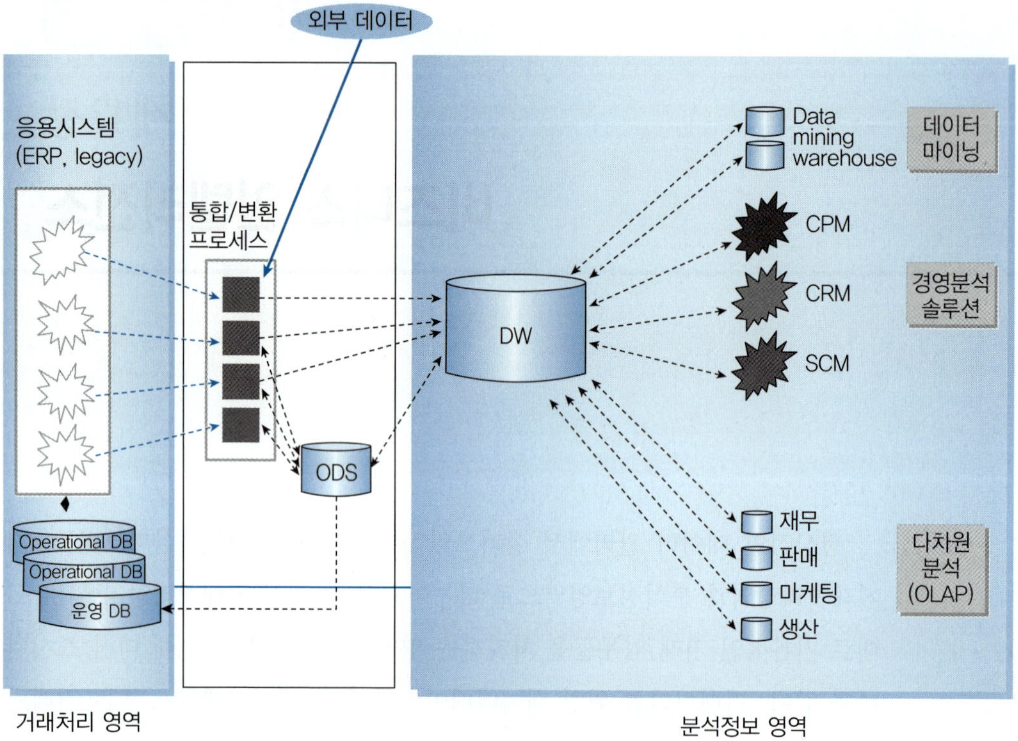

13.1 비즈니스 인텔리전스의 출현 배경

13.1.1 분석정보의 특성

분석정보는 의사결정이나 경영관리를 위하여 사용되는 데이터들이다. 대표적인 운영 데이터와 분석정보들을 예시하면 [그림 13-2]에 표시된 바와 같다. 이들 중에서 카드별 신용한도, 제품재고량, 가입자의 통화내역들은 운영데이터베이스에 저장된 거래 데이터들이다. 이에 반하여 품목 종류별 연간 구매 액, 월별 평균재고량, 매출량 증감, 시간대별 통화량들은 이미 데이터베이

그림 13-2 운영 데이터와 분석정보

	운영 데이터	분석 정보
1. 카드번호 3672-XYZ-0001의 신용한도	+	
2. 수도권 고객들의 품목 종류별 연간 구매액		+
3. 제품 X의 현 재고량	+	
4. 지난 20년간 제품 종류별 월별 평균 재고량		+
5. 할인판매 품목의 매출량 증감		+
6. 전화가입자 02-910-4565의 금월 통화 내역	+	
7. 전화가입자 02-910-4565의 시간대별 통화량		+

스에 저장되어 있는 거래 데이터로부터 추출된 분석정보들이다. 따라서 이들 정보들은 직접 수집하여 데이터베이스에 입력하는 데이터가 아니며, 이미 저장되어 있는 운영 데이터들로부터 만들어내는 분석정보이다.

분석정보는 운영 데이터와 비교하여 다음에 제시되는 여러 가지 다른 특징을 갖는다. 이러한 차이들이 발생하는 근본적인 요인은 운영 데이터와 분석정보의 사용목적과 사용환경이 서로 다르기 때문이다.

질의의 형태와 종류

정보분석을 위한 질의는 거래처리를 위한 질의와 매우 다른 형태를 갖는다.

- 거래처리를 위한 질의는 보통 기본적인 단순 데이터 검색을 주로 한다. [그림 13-2]에 예시되어 있는 것처럼, 주문을 수주하기 위하여 현 재고량을 확인하는 것이라든지, 거래 승인을 위해서 신용 한도를 검색하는 것 등이 대표적인 거래처리를 위한 운영 데이터에 대한 질의들이다.
- 정보분석을 위한 질의는 보다 복잡한 구조를 갖는데 간략히 이야기하면, 분석기준들이 무엇이며, 이러한 분석기준에 대하여 분석하고자 하

는 변수를 포함한다. 예를 들면 고객별, 지역별, 제품별로 매출액의 월별 변동 추이를 분석함으로써 최근 특이한 경향을 보이는 제품, 지역, 고객층을 식별하는 것 등이 분석정보에 대한 질의이다.

데이터의 종류

운영 데이터는 카드의 신용한도와 같은 단일 사실을 나타낸다. 따라서 이들 데이터들은 대부분 기저 데이터(basic facts)들이다. 이에 반하여 분석정보들은, 제품종류별 월별 매출량과 같이 제품종류나 월과 같은 분석기준별로 계산한 통계 자료들이다. 따라서 이들은 기저 데이터들로부터 추출되는 유추 데이터(derived data)들이다.

시간성

분석정보의 가장 큰 특징은 오랜 시간대에 걸친 여러 자료들을 비교하고 분석하여 만들어낸 정보라는 점이다. 이에 반하여 운영 데이터는 주어진 시점의 단일 사실들을 주로 나타낸다. 예를 들면, 운영 데이터는 재고량과 같이 현재 값을 나타내는 경우가 대부분이다. 그러나 제품종류별 월별 평균재고량과 같은 분석정보는 월별로 기록된 제품별 평균재고량을 시간대에 걸쳐 나타낸다. 따라서 이전의 역사 자료들을 누적하여 포함한다.

운영 데이터를 저장한 데이터베이스를 운영 데이터베이스라고 하고, 분석정보를 저장한 데이터베이스를 데이터웨어하우스 또는 데이터마트라고 하는데, 웨어하우스(warehouse)라고 하는 단어의 사전적 의미로부터도 분석정보를 저장한 데이터베이스는 과거의 오래된 자료들을 누적적으로 저장하고 있음을 알 수 있다. 즉 웨어하우스는 창고를 이야기하는데, 고객들은 웨어하우스가 현재의 상품뿐만이 아니라 옛날 상품들도 모두 보관하고 있음을 기대한다. 이와 마찬가지로 데이터의 웨어하우스도 현재의 데이터뿐만이 아니라 과거의 데이터, 예를 들면, 이번달의 매출량 뿐만이 아니라 작년의 매출량이나 5년, 10년 전의 매출량도 저장한다.

데이터의 수명주기

운영 데이터는 수시로 갱신된다. 즉, 제품의 재고량, 고객의 주소 등은 모두 바뀔 수 있는 데이터들이다. 그리고 값이 바뀔 경우 이전 값은 없어지고 새로운 값으로 대체된다. 이에 반하여 분석정보는 과거 사실을 기록한 것으로 보통 한번 기록되면 갱신되지 않으며, 새로운 사실은 새로운 데이터로 추가된다. 예를 들면, 텔레비전 모델 27C123의 2008년 8월의 평균 재고량이 120대일 경우, 이는 한번 기록되면, 이후 9월의 평균재고량이 새로이 추가되어도 갱신되지 않는다.

관리 또는 분석의 단위

운영 데이터는 거래(트랜잭션)처리를 목적으로 한다. 따라서 이의 관리 단위 또한 거래처리를 위한 최소의 단위들이다. 이들이 관계형 데이터베이스에서 말하는 정규화된 테이블의 레코드들이다. 그러나 분석정보는 경영관리나 의사결정을 위한 여러 연관된 정보들을 제공한다. 따라서 분석단위 또한 모든 연관된 데이터들을 포함한다.

예를 들면, 상품매출거래를 위해서는 현재의 재고량을 알아야 한다. 따라서 특정 제품의 현재 재고량이 하나의 관리 단위이다. 그러나 제품종류별 재고량 변동추세를 파악하기 위해서는 주 또는 월 단위의 평균재고량 같은 여러 데이터들을 필요로 하며, 이들이 분석단위이다.

데이터 관리의 주 이슈 및 정규화 필요성

운영 데이터 관리의 주요 현안은 효과적인 갱신이라고 할 수 있다. 사실 관계형 데이터베이스에서 테이블들을 정규화하는 이유는 모두 데이터 갱신을 (추가 또는 삭제도 포함하여) 효과적으로 처리하기 위함이라고 할 수 있다. 이에 반하여 분석정보는 효과적인 검색이 주 관심이라고 할 수 있다. 즉, 한번 기록된 분석정보들은 갱신되거나 수시로 삭제되지 않는다. 이와 같이 데이터베이스에 기록된 자료들이 갱신되거나 삭제되지 않는다면, 반정규화된 형태로 저장하여도 크게 문제되지 않는다.

표 13-1 운영 데이터와 분석정보의 특성 비교

구 분	운영 데이터	분석정보
용도	OLTP(OnLine Transaction Processing)	OLAP(OnLine Analytic Processing)
데이터의 종류	기초 자료	유추 데이터
시간성	현재 값	과거 자료들
관리의 단위	최소한의 독립적인 정규화가 된 테이블	통합된 관련 정보
데이터의 수명주기	갱신을 수반	갱신되지 않음
주요 데이터관리 활동	입력/갱신/삭제	검색
적시성	실시간 갱신	정기적 갱신

적시성

운영 데이터는 실시간 정보를 반드시 제공할 수 있어야 한다. 만약 특정 고객의 신용한도나 상품의 재고량이 변경되면, 이는 바로 데이터베이스에 반영되어 거래의 승인이나 처리에 적용되어야 한다. 이에 반하여 분석정보들은 반드시 실시간으로 갱신될 필요가 없다. 즉, 2008년 9월의 평균재고량이 2008년 10월 1일 0시에 추가되지 않아도 월별 재고량 분석에서 크게 문제되지 않는다. 물론, 10월의 평균재고량이 11월 중순경에 입력된다면 이는 문제가 될 수 있다. 그러나 10월 1일 0시에 입력되는 것과 10월 1일 오전 8시에 입력되는 것은 크게 문제가 되지 않는 경우가 대부분이다.

이상에서 열거된 분석정보의 특성을 운영 데이터와 비교하여 요약하면 〈표 13-1〉과 같다.

13.1.2 분석정보 데이터베이스의 필요성

분석정보는 운영 데이터들로부터 도출된 자료들이다. 따라서 이론적으로는, 운영 데이터들로부터 유도될 수 있으므로, 별도로 기록하여 관리하지 않아도 된다. 그러나 분석정보들을 매번 필요할 때마다 운영 데이터들로부터 추출하여 계산한다고 가정할 경우, 이는 이론적으로는 가능하나 현실적으로는 그렇게 간단한 일이 아님을 알 수 있다. 예를 들면, 고객별 제품종류별 구매패턴을 분석하기 위하여서는 수백만 건의 구매 자료들로부터 제품종류별 고객별로 구매액을 집계해야 한다. 운영 데이터베이스에 저장된 자료를 처리하여 이러한 분석정보를 직접 생산할 경우 다음과 같은 문제들이 발생할 수 있다.

- 운영 데이터베이스에 과도한 부하가 발생할 수 있다. 이 결과 거래(트랜잭션) 처리가 지연될 수 있다.
- 많은 시간과 노력이 소요된다. 이 결과 의사결정이 지연될 수 있다.

이상의 이유 때문에 분석정보는 운영 데이터와 분리하여 별도로 저장하여 관리하는 것이 보다 효율적이다. 즉, [그림 13-3]에 표시된 바와 같이 운영 데이터베이스는 거래처리를 담당하도록 하고, 데이터웨어하우스는 경영관리와 의사결정을 위한 정보분석을 담당하도록 하는 것이 바람직하다. 이와 같이 데이터베이스 또한 정보처리 형태에 따라 용도별로 세분화하는 것이 효과적이다.

[그림 13-3]에서와 같이 분석정보를 저장하는 데이터웨어하우스와 운영 데이터를 저장하는 운영 데이터베이스를 분리하여 저장하는 이유를 보다 구체

그림 13-3 정보처리 형태와 데이터베이스

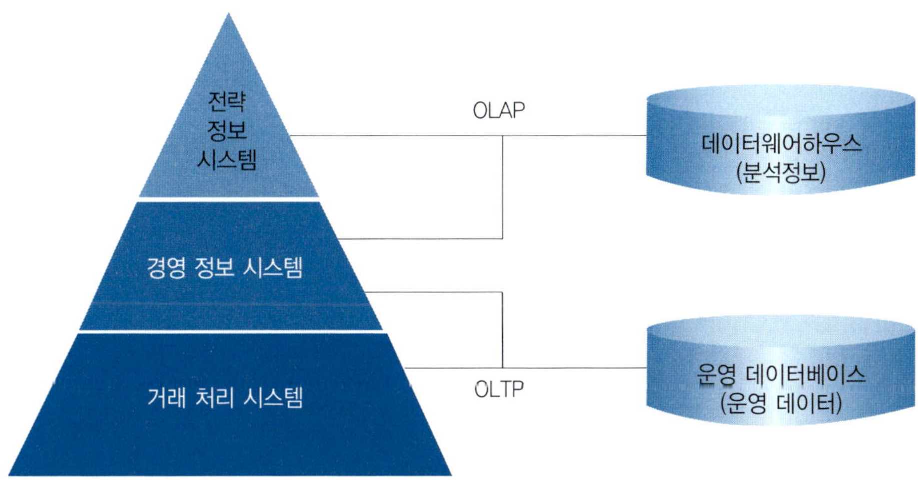

적으로 설명하면, 운영 데이터베이스에 대한 질의의 성격과 데이터웨어하우스에 대한 질의의 성격이 서로 다르기 때문이다. 질의의 형태가 다르면 데이터베이스의 구조도 다르게 설계되어야 한다.

운영 데이터베이스와 데이터웨어하우스로 구분하여 따로따로 구축하는 것이 보다 효과적이라는 것을 그림으로 표시하면 [그림 13-4]와 같다. 그림의 왼편은 거래처리를 위한 데이터베이스 처리작업과 정보분석을 위한 데이터베이스 처리작업이 동시에 수행되는 상태를 도식화한 것이다. 이에 따라 주기적으로 매우 빈번하게 발생하나 데이터 처리작업은 간단한 거래처리작업(그림에서는 작은 점으로 표시)과 이보다는 덜 자주 발생하나 데이터 처리작업이 복잡하고 처리량이 많은 정보분석작업(그림에서는 큰 원으로 표시) 모두 효과적으로 처리할 수 없다(즉 그림에서 데이터베이스를 나타내는 틀을 잘 통과할 수 없다). 그러나 이들 2종류의 데이터베이스를 그림 오른편과 같이 분리하면, 거래처리작업과 정보분석작업이 모두 효과적으로 처리됨을 알 수 있다.

그림 13-4 운영 데이터베이스와 데이터웨어하우스의 구분 이유

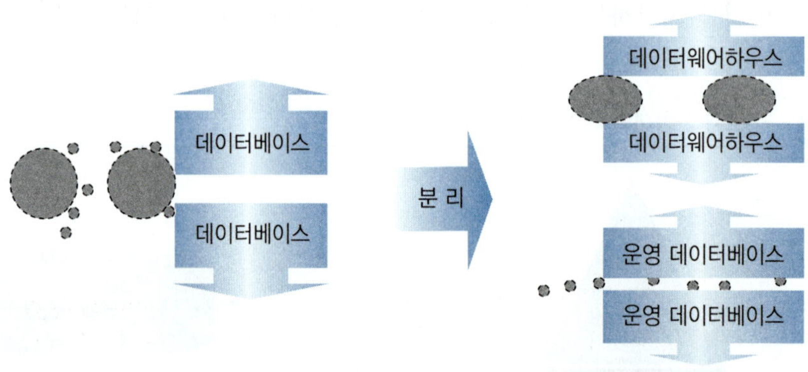

13.2 비즈니스 인텔리전스의 구성요소

비즈니스 인텔리전스(BI)를 구성하는 요소들은 [그림 13-1]에서 살펴보았던 바와 같이, 데이터웨어하우스와 다차원 데이터베이스와 같은 데이터 플랫폼과 이들을 이용하는 다차원 분석 및 데이터마이닝 도구나 솔루션들로 구성된다. 이러한 구성요소들을 다시 BI의 관점에서 재구성하면 [그림 13-2]와 같다.

이들 구성요소들 중에서 가장 중심을 이루는 것이 전사적 데이터웨어하우스 및 개별 데이터마트들이다. 이들 데이터웨어하우스와 데이터마트들은 다음에 설명되는 바와 같이 모두 데이터베이스의 일종인데, 다만 운영 데이터베이스와는 다른 구조를 가지는데 이들을 위한 데이터 모형들 중에서 가장 대표적인 것이 다음 절에 소개되는 다차원 데이터 모형이다.

비즈니스 인텔리전스는 운영 데이터베이스, 데이터웨어하우스, 데이터마트, 정보분석도구 등이 서로 연관된 통합 데이터 환경이다. 즉, 여러 종류의 데이터베이스들을 기반으로 하며, 이를 활용하는 의사결정 및 분석도구들이 상호 연관된 통합 환경이다. 특히, 이의 원천이 되는 운영 데이터베이스와 이를 활용하는 정보분석도구들과 밀접한 연관관계를 갖는다. 운영 데이터베이스가 구축되지 않은 환경에서 데이터웨어하우스를 구축하는 것은 모래성을 쌓는 것과 같다고 할 수 있다. 왜냐하면, 데이터웨어하우스에 저장되는 데이터들은 모두 운영 데이터베이스들로부터 추출되기 때문이다. 따라서 운영 데이터베이스들이 잘 구축되어 있지 않은 경우에서는 데이터웨어하우스에 저장될 데이터들을 제대로 확보할 수 없게 된다.

운영 데이터베이스 없이 데이터웨어하우스를 구축할 경우, 처음에는 일회성으로 데이터들을 수집하여 데이터웨어하우스를 구축할 수 있다. 그러나 시간이 지나면서 이들 데이터들은 노후화되고 새로운 데이터들이 갱신되지 않기 때문에, 결국은 아무런 가치가 없는 데이터웨어하우스가 된다. 따라서 데이터웨어하우스를 갱신하기 위하여서는 다시 데이터들을 수집하고 다시 데이

그림 13-5 BI 프레임워크

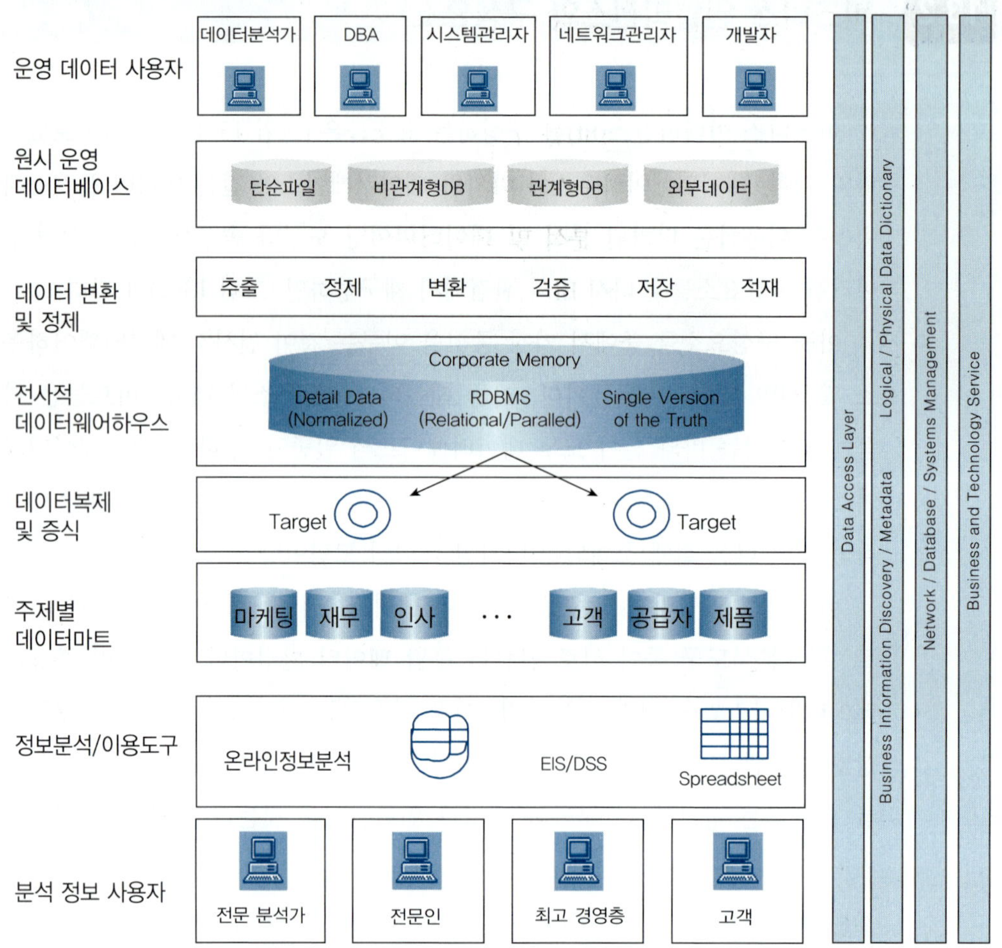

터웨어하우스를 갱신하여 구축하여야 하는데, 이는 마치 곧 무너질 모래성을 반복적으로 쌓는 것처럼 의미 없는 작업이다.

그리고 정보분석도구나 활용시스템 없이 비즈니스 인텔리전스 환경을 구축하는 것은 아무도 살지 않는 광야에 고층 아파트를 짓는 것과 같다고 할 수 있다. 고층 아파트를 아무리 잘 지어도 거주자들이 사용할 수 있는 상가나 의료 시설, 교육 시설들이 없으면 주거지로서 활성화되지 않는다. 이와 마찬가지로, 비록 데이터웨어하우스를 구축하고 데이터들을 잘 적재해 두어도 이를 분석하고 이용하기 위한 도구들이 잘 제공되지 않으면 이를 사용하는 사람도 없고, 이들 데이터들은 사장되게 된다. 따라서 성공적인 비즈니스 인텔리전스 환경을 구축하기 위하여서는 좋은 데이터웨어하우스를 구축하는 것과 더불어 이를 잘 사용하고 활용할 수 있는 환경이 같이 만들어져야 사용자들이 모여들게 된다.

[그림 13-5]는 운영 데이터베이스로부터 데이터웨어하우스를 구축하기 위한 데이터의 변환 및 정제과정, 데이터웨어하우스로부터 데이터마트를 생성하기 위한 데이터의 복제 및 증식과정, 그리고 온라인 정보분석, 의사결정 지원시스템, 중역 정보시스템들을 이용한 정보의 활용을 통합적으로 보여준다.

원시 운영 데이터베이스

데이터웨어하우스에 저장되는 원시 데이터들은 다양한 형태의 운영 데이터베이스들로부터 도출된다. 대부분의 데이터들은 관계형 데이터베이스에 저장되어 있다. 그러나 경우에 따라서는, 여러 가지 형태의 파일시스템을 포함할 수 있으며, IMS와 같은 비관계형 데이터베이스 구조를 가질 수도 있다.

데이터 변환 및 정제 도구

원시 운영 데이터베이스로부터 데이터웨어하우스를 구축하는 것은 용이한 일이 아니다. 비록 전사적 데이터 모형이 구축되어 있다고 해도, 분석정보들을 데이터웨어하우스에 적재하기 위해서는 여러 과정을 거쳐야 한다. 무엇보다도 먼저 여러 형태의 원시 데이터들로부터 필요한 데이터들을 추출하여 변환하여야 하는데, 이들 기능을 수행하는 도구들이 데이터의 변환처리 도구들이다.

운영 데이터베이스에 저장된 데이터 항목들은 여러 과정을 거쳐 정제되며, 이렇게 정제된 데이터들이 데이터웨어하우스에 적재된다. 만약 이러한 정제과정을 거치지 않을 경우, 표현 형식이나 값이 서로 다른 분석정보들을 지정할 수 있으며, 이는 데이터웨어하우스의 품질을 저하시키는 치명적인 요인이 될 수 있다.

데이터 복제 및 증식 도구

데이터마트는 데이터웨어하우스에 저장된 분석정보들 중 일부를 복제하거나 이로부터 새로운 형태의 분석정보들을 증식하여 저장한 것이다. 이러한 데이터마트를 효과적으로 구축하기 위해서는 이를 위한 데이터의 복제 및 증식 도구들이 필요하다.

온라인 정보분석(OLAP) 솔루션

데이터웨어하우스 또는 데이터마트로부터 원하는 형태의 정보들을 실시간으로 추출하는 작업을 온라인 정보분석이라고 한다. 온라인 정보분석(OLAP: online analytic processing)을 위해서는 분석정보들이 분석 차원별로 정리되어 있어, 이들 차원별로 세분화(drill down)와 합산(roll up)이 자동적으로 이루어질 수 있어야 한다.

예를 들면, 주문판매 데이터마트를 이용하여 지역별 주문합계, 제품별 주문합계 등을 즉각적으로 계산할 수 있다. 그리고 제품별 주문합계는 다시 제품종류별로 취합할 수 있으며, 이들을 다시 상세 분류별로 세분화할 수도 있다. 그리고 고객의 거주지역별로 분해하여 주문 현황을 살펴볼 수 있으며, 지역별 주문액 또는 비율 등을 자동적으로 계산할 수도 있다.

경영성과관리시스템 및 경영분석 솔루션

데이터웨어하우스 또는 데이터마트들이 이미 구축되어 있는 경우, 이들을 이용하여 SEM (Strategic Enterprise Management), CPM(Corporate Performance Management), CRM(Customer Relations Management), SCM(Supply Chain Management) 등과 같은 경영분석 솔루션을 쉽게 구축할 수 있다. 그리고 이러한 시스템을 통하여 데이터웨어하우스의 가치가 실증된다.

특히 경영성과관리시스템(CPM: Corporate Performance Management)은 데이터웨어하우스에 저장된 분석정보들을 이용하여 기업의 경영성과를 한눈에 파악할 수 있도록 제공하는 경영성과의 나침판(dashboard)이다. 이러한 경영성과관리시스템의 유래를 살펴보면 중역정보시스템(EIS: Executive Information

System)에서 찾을 수 있다.

중역정보시스템 구축의 최대 난제는 필요한 정보를 적시에 획득하는 일이었다. 이에 따라 좋은 중역정보시스템들이 구축되었으나, 초기의 효과에도 불구하고 지속적으로 활용되지 못하고 폐기되는 경우가 허다하였다. 이것은 모두 필요한 정보들이 제대로 공급되지 못하였기 때문이다. 그러나 데이터웨어하우스가 구축됨으로써 중역정보시스템들에 필요한 정보를 제대로 공급할 수 있게 되었다. 즉 데이터웨어하우스에 저장된 분석정보들을 자동적으로 복제 또는 증식함으로써 필요 정보를 자동으로 공급할 수 있게 되었으며, 이를 통하여 실질적으로 경영의사결정을 지원할 수 있는 환경을 구현할 수 있게 되었다.

13.3 다차원 데이터 모형: 스타 스키마 (Star Schema)

분석정보영역에서 가장 큰 관심은 정보가 어떻게 변화가 되는가를 분석하는 것이며, 이를 위한 질의를 분석질의라고 한다. 분석질의의 특징을 살펴보기 위하여 가장 대표적인 분석질의를 예시하면 다음과 같다.

> 각 매장별로 시간별, 제품별로 판매량과 매출액의 증가율은?

이러한 분석질의는 다음의 운영 데이터베이스 질의와 다른 형식임을 쉽게 알 수 있다.

> 2005-07-15일 종로매장에서 판매된 주문번호 17589 주문 고객의 연락 전화번호는?

예시된 질의를 통하여 쉽게 알 수 있는 바와 같이, 분석질의는 2가지 요소를 포함한다.

- **분석 차원**(dimension): 시간, 제품, 매장과 같이 분석의 기준을 나타낸

다. 즉, 분석척도인 판매량을 무엇들에 대하여 비교할 것인가를 나타내는 것이 분석차원이며, 예를 들면 서로 다른 매장들이 이에 해당한다.

- **분석 척도**(measure): 분석하고자 하는 값을 나타내는데 측정값, 사실(fact) 또는 변수(variable)라고도 한다. 예를 들면 매출량이나 매출액 증가율 등이 이에 해당한다.

예시된 분석질의를 통하여 쉽게 알 수 있는 바와 같이, 정보를 분석하고자 할 경우 사용자별로 분석 차원들이 다를 수 있으며, 같은 사용자도 동시에 여러 개의 차원에 대하여 분석할 수 있다. 이러한 점에서 분석질의를 다차원 질의라고 한다. 이러한 다차원 분석을 효과적으로 해결하기 위한 데이터 모형이 스타 스키마(Star Schema)로 불리는 다차원 데이터 모형이다.

스타 스키마는 관계형 데이터 모형에 기초하여 다차원 데이터베이스를 표현하는 방법이다. 먼저 대표적인 스타 스키마의 형태를 예시하면, 측정변수 데이터들을 저장하는 사실 테이블(fact table)과 분석 차원들을 저장하는 차원 테이블(dimension table)로 구성된다. [그림 13-3]은 제품별, 시간별, 매장별 매출액, 매출원가 및 매출이익을 저장한 다차원 데이터베이스를 스타 스키마로

그림 13-6 스타스키마 예시

Product

Prod_id	Prod_name	Prod_type	Prod_Group
1	저지방우유	우유	음료
2	칼슘우유	우유	음료
3	등심	소고기	육류

time

Time_id	Month	Quarter	Year
1	1	1	1997
2	2	1	1997
...	...	...	...

warehouse

WH_id	WH_name	Region	Country
1	강북	서울	대한민국
2	분당	경기	대한민국
...	...	...	...

Sales_fact

Prod_id	WH_id	Time_id	WH_Sales	WH_Cost	WH_Profit
1	1	1	136,000	129,000	4,000
1	1	2	126,000	119,000	4,000
1	1	3	123,000	118,000	5,000
1	1	4	119,000	110,000	9,000
1	1	5	120,000	110,000	10,000
...	...	...	...	...	...
...	...	...	...	...	...
3	2	22	146,000	129,000	17,000
3	2	23	147,000	135,000	12,000
3	2	24	158,000	143,000	15,000

나타낸 것이다. 이를 스타 스키마(Star Schema)라고 부르는 것은 그림에서 사실 테이블이 가운데 있고 차원 테이블들이 주위에 붙어 있는 것이 별(star)처럼 보인다고 하여서 그렇게 부른다.

스타 스키마가 다차원 데이터베이스 설계를 위하여 보편적으로 사용되는 이유는 3가지로 정리할 수 있다.

- 스키마의 구조가 매우 간단하며 이해하기가 쉽다. 즉 스타 스키마는 차원 테이블과 사실 테이블로 구성된다. 사실 테이블은 분석 대상 값을 저장하며, 차원 테이블은 분석기준을 저장한다. 그리고 차원 테이블들은 대부분의 경우 서로 독립적이다. 즉 차원 테이블이 다른 차원 테이블을 참조하는 경우는 거의 없다. 따라서 분석정보의 사용자들인 일반 관리자들이 이해하기 쉽다.
- 정규화와 같은 기술적인 이슈들을 포함하지 않는다. 즉, 스타 스키마는 모두 차원 테이블과 사실 테이블로 구성되며, 차원 테이블의 주키가 모두 사실 테이블에 외래키로 포함된다. 즉, 정규화를 고려하지 않아도 참조무결성법칙을 충족시키는 테이블들이 만들어진다.

스타 스키마는 다차원 데이터베이스들에 저장될 데이터들을 정의하는 논리 스키마라고 할 수 있다. 이러한 다차원 데이터베이스가 관계형 데이터베이스에 저장될 것인지 또는 다차원 데이터베이스에 저장될 것인지는 구현에 관한 문제로서 저장기법의 구분이라고 할 수 있다.

13.3.1 사실 테이블

사실 테이블은 분석하고자 하는 사실 또는 측정변수를 기록한다. 스타 스키마에서 사실 테이블의 변수는 숫자로 표시되어야 하며, 가산성(additivity)을 충족시켜야 한다.

사실 테이블은 테이블에 저장된 측정변수의 값이 단일 트랜잭션의 값을 나타내는지 또는 일정 기간 동안의 통계치를 나타내는지에 따라 다음과 같이 구분된다.

- 트랜잭션을 나타내는 사실 테이블
- 스냅샷을 나타내는 사실 테이블

트랜잭션을 나타내는 사실 테이블

대부분의 사실 테이블들은 트랜잭션을 나타내는 사실 테이블들이다. 이들은 1개의 트랜잭션을 1개의 레코드로 표시한다. [그림 13-7]에서 우측 하단의 order_fact 테이블은 주문별(order no) 세부주문항목(line item no)의 매출액(amount)과 매출량(sales amount)을 나타내는 사실 테이블이다. 이러한 트랜잭션을 나타내는 사실 테이블들은 다음과 같은 특성들을 갖는다.

- 가능한 자세한 수준으로 사실 데이터들을 기록한다. 예를 들면, 주문별로 사실 데이터를 기록하기보다는 주문의 개별 제품별로 사실 데이터

그림 13-7 트랜잭션 사실 테이블과 스냅샷 사실 테이블

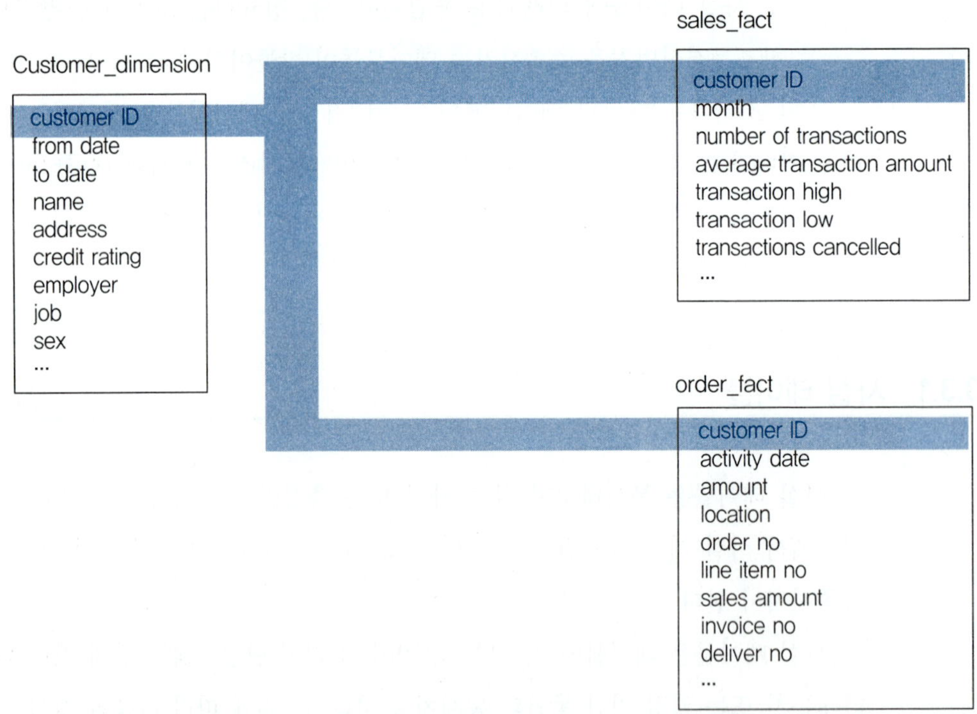

를 기록한다.

- 트랜잭션을 나타내는 주키를 사실 테이블의 주키로 사용한다. 예를 들면, order_fact 테이블의 주키는 주문번호(order no)와 세부주문항목(line item no)을 결합한 복합키이다.
- 트랜잭션을 나타내는 사실 테이블들은 보통 1개 이상의 측정변수를 갖는다.
- 분석을 위한 차원(dimension)들은 사실 테이블에 외래키로 포함된다. [그림 13-7]의 order_fact 테이블에서 매장(location), 날짜(activity date), 제품(line item no)들은 분석 차원들이다. [그림 13-7]에서는 편의상 고객(Customer_dimension)을 나타내는 차원 테이블만 표시되어 있다.

스냅샷을 나타내는 사실 테이블

일정 기간 동안 발생한 거래 데이터들을 사용하여 그 결과를 기록한 테이블을 스냅샷을 나타내는 사실 테이블이라고 한다. [그림 13-7]에서 sales-fact 테이블은 고객별로 매월 주문횟수(number of transactions), 평균주문액(average transaction amount), 최고 주문액(transaction high), 최저 주문액(transaction low), 주문 취소건수(transactions cancelled) 등을 나타내는 사실 테이블이다. 이러한 사실들은 일정 기간 동안 발생한 트랜잭션들을 처리하여 기록한 것이다. 일정 기간 동안의 스냅샷을 분석해서 그동안의 변화를 기록하였다고 하여 스냅샷을 나타내는 사실 테이블이라고 한다.

스냅샷을 나타내는 사실 테이블들은 다음과 같은 특성들을 갖는다.

- 여러 종류의 통계 정보들을 나타내기 때문에 측정변수가 여러 개인 경우가 대부분이다.
- 사실 테이블의 주키는 분석기준을 나타내는 차원 테이블의 주키들로 구성된다. [그림 13-7]에서 sales_fact 테이블의 주키는 고객번호(customerID)와 기간(month)이다.
- 분석을 위한 차원들은 사실 테이블에 외래키로 포함된다.

이상에서 살펴본 바와 같이 사실 테이블들은 특정 거래사실이나 일정 기간 동안의 상태나 활동을 표시한다. 그리고 이러한 사실 테이블들은 서로 연관되는 것을 알 수 있다. 예를 들면, [그림 13-7]에서 sales_fact 테이블은 order_fact 테이블로부터 도출될 수 있다.

비즈니스 인텔리전스 환경에서는 상호 연관된 사실 테이블들이 존재하며, 이들 테이블들은 차원 테이블에 의하여 상호 연결된다. [그림 13-7]에서 볼 수 있는 바와 같이, sales_fact와 order_fact 테이블들은 상호 연결되는데, 그 이유는 customer_dimension 테이블을 공유하기 때문이다.

13.3.2 차원 테이블

차원 테이블은 다차원 정보분석의 기준들인 차원을 나타내기 위한 테이블이다. 이러한 차원 테이블들은 차원 계층들을 포함하며, 최하위 계층의 원소들인 각 차원의 최소 원소들에게 식별자를 부여한다.

차원 테이블은 다차원 정보분석이 주목적이라는 점에서 거래처리를 위한 테이블들과는 가능하면 분리하여 관리하는 것이 바람직하다.

차원 테이블의 주키

차원 테이블에서는 운영 데이터베이스에서 사용하는 주키들은 가능하면 같이 사용하지 않는 것이 바람직하다. 그 이유는 운영 데이터베이스와 차원 테이블의 목적이 서로 다르기 때문이다.

- **운영 데이터베이스의 주키**: 운영 데이터베이스에서 주키는 실제로 존재하는 개체를 구별하기 위하여 사용된다. 따라서 만약 해당 개체의 속성이 바뀐다고 하여도 주키는 바뀌지 않는다. 예를 들면, 고객의 거주지나 신용상태가 변경되었다고 하여도 고객의 주키는 바뀌지 않는다.
- **차원 테이블의 주키**: 차원 테이블의 주키는 분석기준을 나타내기 위하여 사용된다. 따라서 분석기준이 바뀌면 해당 개체 또한 다른 개체로 표현할 수 있다. 예를 들면, 분석기준에 지역이 포함되었다고 가정하면, 거주지가 바뀐 고객은 다른 고객으로 볼 수 있다.

이와 같이 속성이 바뀜에 따라 주키를 변경하게 되면, 다차원 데이터베이스에서 차원 테이블의 레코드 수는 실제 개체수보다 훨씬 많게 된다.

대용량 차원 테이블의 관리

다차원 데이터베이스에서 분석내용을 나타내는 차원 테이블은 운영 데이터베이스와는 분리하여 별도의 주키를 사용한다고 하였다. 따라서 차원 테이블의 크기는 실제 개체수보다 많아진다.

대부분의 다차원 데이터베이스에서 차원 테이블들은 사실 테이블과 비교하여 크기가 매우 작기 때문에 속성이 바뀜에 따라 새로운 주키를 부여하더라도 큰 문제가 되지 않는다. 그러나 고객과 같은 대용량 차원 테이블의 경우에는 중요한 현안으로 대두할 수 있다.

예를 들면, 고객의 수가 3,000,000명이라고 하고, 고객의 분석기준을 나타내는 속성, 예를 들면 주소, 신용등급, 결혼 여부들이 바뀔 때마다 별도의 새로운 주키를 부여할 경우, 고객 차원 테이블의 레코드 수는 기하급수적으로 증가하게 된다.

이러한 대용량 차원 테이블 관리의 문제점을 해결하기 위한 대안으로서는 각 차원 개체별로 속성이 바뀜에 따라 새로운 주키를 부여하는 것이 아니라, 분석기준을 나타내는 차원들을 별도로 만드는 것이다. 예를 들면, 앞에서 언급한 고객 테이블을 다음과 같이 구성한다.

- 고객 차원 테이블은 고객에 대한 기본 정보 및 현재의 속성들만을 나타낸다.
- 바뀔 수 있는 속성들인 거주지, 신용등급들에 대해서는 차원 테이블을 별도로 만든다. 예를 들면 고객거주지 차원 테이블, 고객신용등급 차원 테이블들을 생성한다.
- 사실 테이블에는 고객 차원 테이블의 주키뿐만이 아니라 고객거주지 차원 테이블과 고객신용등급 차원 테이블의 주키들도 외래키로 포함된다.

즉, 고객에 대한 정보들이 [그림 13-7]에서와 같이 하나의 차원 테이블로 표현되는 것이 아니라 [그림 13-8]에서와 같이 여러 개의 차원 테이블로 표현된다.

그림 13-8 대용량 차원 데이터 표시를 위한 속성별 차원 테이블

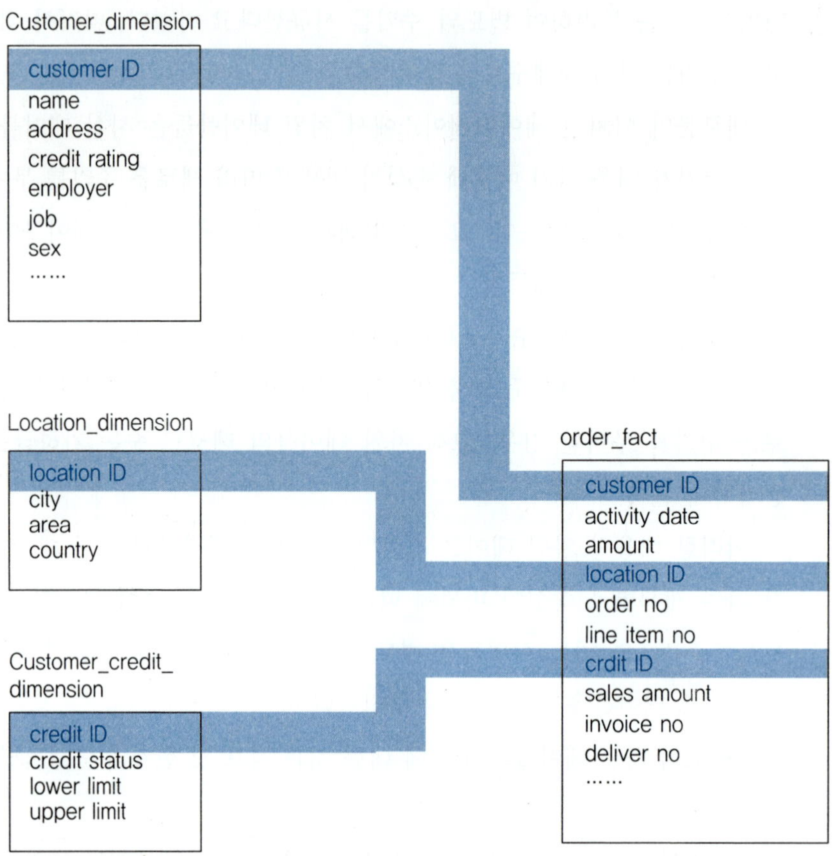

13.4 다차원 분석

다차원 분석을 위한 다차원 큐브(Cube)들은 스타 스키마로 표현되는 다차원 데이터베이스로부터 만들어진다. 솔루션에 따라, 다차원 큐브를 다차원 데이터베이스 없이 운영 데이터베이스로부터 직접 만들기도 한다.[1] 그러나 이러한 경우에도 다차원 데이터베이스를 생성하여도 무방하므로, 본 교재에서는 스타 스키마로 표현된 다차원 데이터베이스로부터 다차원 분석을 위한 큐브가 만들어진다고 가정한다.

다차원 큐브는 차원 테이블로부터 차원들을 만들고 이들 차원의 원소들별로 원하는 측정값을 곧바로 찾아가는 구조이다. 예를 들면, [그림 13-9]는 계정(account), 매장 유형(store type), 매장(store), 시간(time)별로 측정값(amount)

그림 13-9 다차원 큐브의 차원과 측정값

차원:	Account, Store Type, Store, Time.ywd, Time.yqmd	
	Account	(All), Account Id
	Store Type	(All), Store Type
	Store	(All), Store Country, Store State, Store City, Region Id, Store Name
	Time.ywd	(All), 년, 주, 일
	Time.yqwd	(All), 년, 분기, 월, 일
측정값:	Amount	

1) 대표적인 다차원 데이터베이스인 Essbase는 다차원 데이터베이스 없이 직접 다차원 큐브를 생성한다.

을 분석하는 다차원 큐브의 각 차원과 측정값을 표시한다. 예시된 다차원 큐브에서 매장은 국가(Country), 주(State), 도시(City), 구역(Region), 상점(Store)으로 계층화되며, 시간은 년, 월, 분기, 일의 순서로 계층화되는 동시에 년, 주, 일의 순서로도 계층화되어 있다. 다차원 큐브에서 사용되는 차원과 측정값은 스타 스키마에서 정의한 차원 테이블과 사실 테이블로부터 만들어진다. 따라서 1개의 다차원 데이터베이스로부터 여러 개의 큐브들을 만들 수 있다.

이렇게 만들어진 큐브를 이용하여 〈표 13-2〉와 〈표 13-3〉에서 보는 바와 같이, 국가별로 집계된 매출을 주별로(〈표 13-2〉에서 〈표 13-3〉로) 상세분석하며, 주별로 집계된 매출을 국가별로(〈표 13-3〉에서 〈표 13-2〉로) 집계하기도 한다. 이와 같이 온라인정보분석에서는 상세분석(drill down)과 집계(roll up)가 해당 차원의 계층구조에 따라 자동적으로 처리된다.

표 13-2 다차원 분석의 집계 테이블

	+ 년		
+ Store Country	All Time	+ 1997	+ 1998
All Store	₩1,204,300	₩166,482	₩1,037,818
+ Canada	₩29,052	₩0	₩29,052
+ Mexico	₩790,922	₩0	₩790,922
+ USA	₩384,326	₩166,482	₩217,844

표 13-3 다차원 분석의 상세 테이블

		+ 년		
- Store Country	+ Store State	All Time	+ 1997	+ 1998
All Store	All Store 합계	₩1,204,300	₩166,482	₩1,037,818
- Canada	Canada 합계	₩29,052	₩0	₩29,052
	+ BC	₩29,052	₩0	₩29,052
- Mexico	Mexico 합계	₩790,922	₩0	₩790,922
	+ DF	₩180,541	₩0	₩180,541
	+ Guerrero	₩89,234	₩0	₩89,234
	+ Jalisco	₩8,047	₩0	₩8,047
	+ Veracruz	₩94,800	₩0	₩94,800
	+ Yucatan	₩143,750	₩0	₩143,750
	+ Zacatecas	₩274,549	₩0	₩274,549
- USA	USA 합계	₩384,326	₩166,482	₩217,844
	+ CA	₩225,747	₩87,188	₩138,560
	+ OR	₩51,150	₩25,575	₩25,575
	+ WA	₩107,429	₩53,720	₩53,709

13.5 BI 아키텍처 설계: DW Bus

기업정보의 흐름에서 살펴본 바와 같이 다차원 데이터베이스들은 운영 데이터베이스의 원천 데이터로부터 만들어진다. 이들 분석정보들이 서로 연동하여 기업 경영 의사결정에 활용되기 위해서는 이들의 산출기준과 분석기준이 상호 연동할 수 있도록, 다차원 데이터베이스들이 만들어져야 한다. 이와 같이 다차원 데이터 모형의 차원과 측정변수들이 서로 연동될 수 있도록 정의한 것을 BI 아키텍처라고 한다.

BI 아키텍처는 전사적인 수준의 데이터웨어하우스를 기반으로 할 수도 있으며, 개별 주제 분야별 데이터마트들을 기반으로 할 수도 있다.

- 전사적인 수준의 데이터웨어하우스를 기반으로 할 경우에는 데이터웨어하우스로부터 다차원 큐브를 생성한다([그림 13-10] 참조).

그림 13-10 **전사적 데이터웨어하우스 중심의 BI구축방법**

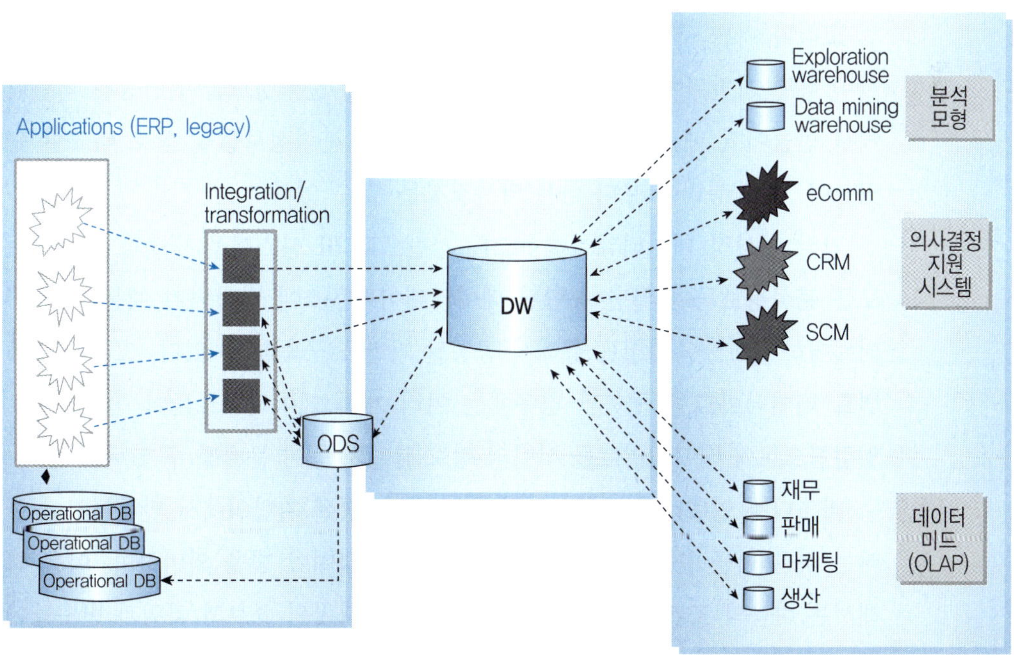

그림 13-11 주제별 데이터마트 중심의 BI 구축방법

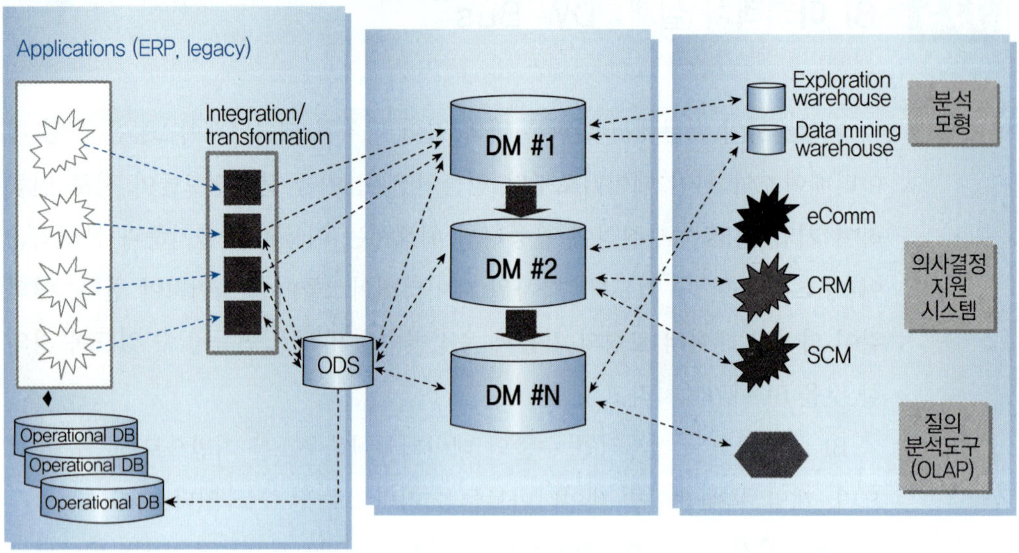

- 주제별 데이터마트를 기반으로 할 경우에는 주제별로 여러 개의 데이터트들을 만들고 이로부터 다차원 큐브를 생성한다([그림 13-11] 참조).

그러나 어느 구축방법을 사용하더라도 다차원 큐브들은 상호 비교가 가능한 공통된 기반위에서 구축되어야 한다. 이렇게 분석정보들이 공통된 기반위에서 만들어질 때, 비로소 전사적으로 다양한 분석정보들을 상호 비교할 수 있으며, 이를 통하여 보다 나은 의사결정을 할 수 있다.

만약 전사적 데이터웨어하우스를 기반으로 BI 시스템을 구축할 경우에는 모든 분석정보들이 일단 통합된 데이터웨어하우스에 저장되기 때문에, 데이터웨어하우스 구축과정을 통해서 공통된 기반을 구축할 수 있다. 그러나 주제별로 데이터마트를 구축할 경우에는 여러 개의 데이터마트들이 독립적으로 양립함으로써 데이터마트들 사이의 정보 불일치 등이 문제될 수 있다.

비즈니스 인텔리전스에서 분석정보들이 공통된 기반위에서 만들어져야 한다는 것은 이들 분석정보들이 상호 비교 가능하여야 함을 의미하며, 이를 위해서는 다음의 조건들이 충족되어야 한다. 즉 다차원 큐브의 차원과 변수들이

서로 동일하여야 한다.

- 분석정보들이 서로 동일한 차원을 사용해야 한다. 즉 A라는 다차원 데이터베이스가 고객 차원 테이블을 사용하고 B라는 다차원 데이터베이스가 고객 차원 테이블을 사용할 경우, 이들 고객 차원 테이블은 서로 같은 테이블이어야 한다.
- 측정변수들이 상호 같거나 비교가 가능하여야 한다. 즉 A라는 다차원 데이터베이스에서 판매량이라는 측정변수를 사용하고 B라는 다차원 데이터베이스에서 판매량이라는 측정변수를 사용할 경우, 이들 판매량은 서로 같은 측정변수이어야 한다.

다차원 큐브들에서 차원과 변수를 동일하게 만들기 위해서는 다차원 큐브들이 같은 차원 테이블과 사실 테이블들로부터 만들어져야 하는데, 이러한 차원 테이블과 사실 테이블의 동질성은 BI 아키텍처가 어떻게 구현되는가에 따라 다르게 실현된다.

- [그림 13-10]에 예시된 바와 같이 모든 차원 테이블과 사실 테이블들이 전사적인 수준의 데이터웨어하우스에 포함되어 있을 경우에는, 하나의 데이터웨어하우스만이 존재하기 때문에 데이터웨어하우스가 잘 설계될 경우에는 당연히 각각의 차원 테이블과 사실 테이블들은 하나만이 존재할 수밖에 없다. 따라서 차원 테이블과 사실 테이블의 동질성은 자동적으로 보장된다.
- [그림 13-11]에 예시된 바와 같이 주제별 데이터마트를 기반으로 할 경우에는 각각의 주제별로 데이터마트들을 만들기 때문에, 이들 데이터마트에서 정의된 차원 테이블과 사실 테이블들이 서로 다르게 만들어질 수 있다. 따라서 차원 테이블과 사실 테이블의 동질성은 보장하기 위해서는 여러 데이터마트에서 사용되는 차원과 변수들이 서로 같도록 정의해야 하는데, 이들 차원과 변수들을 데이터웨어하우스 버스(DW Buɛ)라고 한다.

데이터웨어하우스 버스는 기업의 전사적 비즈니스 인텔리전스 환경에서 각 데이터마트(주제별 다차원 데이터베이스)들이 공통으로 사용하여야 할 차원

그림 13-12 **데이터웨어하우스 버스**

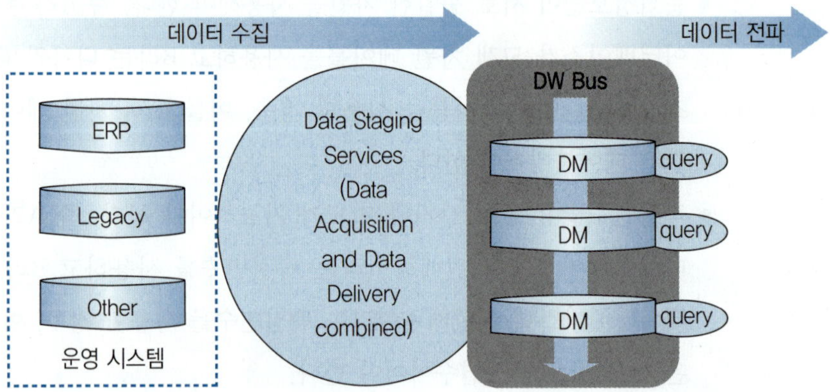

들과 측정변수들을 정의해 놓은 것이다. 이러한 공통된 차원들과 변수들을 사용함으로써 전사적인 데이터웨어하우스가 존재하지 않는 경우에도 다음의 효과를 실현하게 된다.

- 외형적으로는 각 주제별로 데이터마트들이 각각 만들어져서 사용된다.
- 내용적으로는 마치 하나의 전사적 데이터웨어하우스에 저장된 것처럼 차원 테이블과 사실 테이블이 상호 비교 가능하다.

이와 같이 모든 데이터마트들이 공동으로 사용하는 차원과 변수를 공유차원(shared dimension), 공유변수(shared variable)이라고 한다. 즉, 데이터웨어하우스 버스는 공유차원과 공유변수들을 정의한 것이라고 할 수 있다.

다차원 데이터베이스의 차원 테이블들은 앞에서 소개되었던 마스터데이터들이다. 따라서 데이터웨어하우스 버스를 통하여 공유차원을 표준화한다는 것은 다름 아닌 마스터데이터들을 표준화하는 것을 의미한다. 역으로 설명하면 마스터데이터관리 없이는 차원 테이블의 공유가 이루어지지 않으며, 이 결과 효과적인 비즈니스 인텔리전스 시스템이 구축되기 어렵다. 그리고 마스터데이터관리가 잘 이루어질 경우 앞에서 소개한 BI 아키텍처들 중에서 어느 것을 사용하더라도 전사적으로 동일한 정보분석이 가능하다. 따라서 비즈니스 인텔리전스 시스템을 성공적으로 구축하기 위해서는, 앞에서 소개된 2가지 구축방법 중에서 어느 방법을 채택하든지 간에, 마스터데이터의 표준화가 선행되어야 한다. 이러한 점에서 최근 마스터데이터관리가 정보시스템의 중요 이슈로 등장하고 있는 것은 비즈니스 인텔리전스 시스템의 확산과 무관하지 않다.

13.6 비즈니스 인텔리전스 솔루션의 기능

분석정보영역을 위한 솔루션의 기능은 다양한 각도에서 다양하게 이야기되고 있다. 이러한 기능들 중 가장 일반적으로 이야기되고 있는 기능들을 정리한 것 중에서 가장 대표적인 것이 OLAP Report(http://www.olapreport.com)에서 제시하고 있는 FASMI 테스트이다. FASMI는 비즈니스 인텔리전스 솔루션이 가져야 할 기능들 중 대표적인 것을 다음과 같이 추출하였으며, 이들 요구기능의 영어 첫 글자들을 따서 FASMI라고 한다.

신속성 (Fast)

분석정보를 위한 솔루션은 무엇보다도 사용자들에게 신속한 처리결과, 즉 분석정보를 제공할 수 있어야 한다. 이러한 처리속도를 나타내는 단어들 중에서 가장 일반적으로 이야기하는 기준이 실시간이다. 즉 실시간으로 정보분석이 이루어지는 것처럼 사용자들이 느낄 수 있어야 하는데, 이러한 기준으로 보통 5초 이내, 1초 이내, 늦어도 20초 이내 등의 기준이 이야기되고 있다.

그러나 거래처리와 달리 정보분석은 다량의 데이터들을 이용하여 비정형 분석을 실시하는 것으로서 이를 실시간으로 처리하는 것은 쉬운 일이 아니다. 이와 같이 대용량 데이터를 신속히 처리하기 위하여 비트맵(bitmap) 인덱스와 같은 특수한 데이터 저장방법을 사용하거나, 중간 처리결과를 미리 계산하여 저장하는 방법 등을 사용하고 있다.

분석기능 (Analysis)

사용자들은 솔루션을 이용하여 다양한 분석을 손쉽게 실행할 수 있어야 한다. 여기서 손쉽게 실행한다는 의미는 데이터베이스나 SQL, 프로그래밍에 대한 지식이 없는 사용자들도 데이터의 비교나 분석을 용이하게 할 수 있어야 함을 의미한다.

가장 대표적인 분석기능은 스프레드시트의 계산기능과 그래픽 기능들이라고 할 수 있다. 이러한 점에서 스프레드시트는 비즈니스 인텔리전스 솔루션의 분석기능을 판단하는 기준으로 볼 수 있다.

공유 (Shared)

분석정보영역에서 데이터들은 분석정보 데이터베이스에 저장된다. 그리고 이들 분석정보 데이터베이스는 여러 사용자들이 공유하여 사용함으로써 일관된 분석정보들이 의사결정에 활용될 수 있는 기반을 제공한다.

다차원성 (Multi-dimensional)

정보분석을 특징하는 한 가지 단어를 선택하라고 하면 다차원성을 들 수 있다. 즉 다양한 각도에서 여러 차원들을 이용하여 데이터를 분석할 수 있다는 점이 비즈니시 인텔리전스 솔루션을 일반 데이터베이스 질의도구들과 구별하는 대표적인 기능이다.

다차원 분석과 연관하여 추가적으로 차원별로 다양한 계층을 정의할 수 있어야 하며, 필요시 2개 이상의 계층구조를 사용할 수 있어야 한다. 예를 들면, 시간 차원에는 년, 분기, 월, 주, 일 등의 여러 계층이 있을 수 있으며, 이들을 이용하여 필요한 경우에는 년-월-일 단위로 계층분석이 가능해야 하며, 또한 년-주-요일 단위의 계층분석 또한 가능하여야 한다.

정보의 충분성 (Information)

비즈니스 인텔리전스 솔루션은 충분한 정보를 관리하고 저장할 수 있어야 한다. 여기서 충분한 정보를 저장할 수 있다는 것은 정보분석을 위하여 필요한 다양한 종류의 데이터들을 저장 관리할 수 있어야 함을 의미한다.

비즈니스 인텔리전스의 프레임워크에서 살펴본 바와 같이, 분석정보들은 데이터웨어하우스 또는 데이터마트에 저장된다. 따라서 솔루션별로 데이터베이스의 용량은 매우 차이가 크다. 즉, 전사적 데이터웨어하우스에 버금가는 데이터베이스를 제공하는 솔루션이 있는가하면, 해당 애플리케이션을 위한 데이터들을 데이터마트에 관리하는 솔루션이 있다. 이러한 환경에서 BI솔루션은 목적하는 충분한 정보를 제공할 수 있어야 한다.

요약

본 단원에서는 비즈니스 인텔리전스에 대하여 학습하였다. 본 단원에서 습득한 주요 개념들을 요약하면 다음과 같다.

- **FASMI**: 비즈니스 인텔리전스 솔루션이 가져야 할 기능들 중 대표적인 것들인 Fast, Analysis, Shared, Multi-dimensional, Information의 영어 첫 글자들을 따서 만든 용어.
- **경영성과관리시스템(CPM: Corporate Performance Management)**: 데이터웨어하우스에 저장된 분석정보들을 이용하여 기업의 경영성과를 한눈에 파악할 수 있도록 제공하는 경영성과의 나침반(dashboard) 역할을 하는 시스템.
- **다차원 질의**: 여러 분석 차원별로 측정값의 변화를 산출해 내는 질의.
- **데이터 변환 및 정제 도구**: 운영 데이터베이스로부터 필요한 데이터를 추출하여 데이터웨어하우스나 데이터마트에 저장하기 위한 변환기능을 수행하는 도구.
- **데이터웨어하우스 버스(DW Bus)**: 분석 차원과 측정값의 동질성은 보장하기 위해서는 여러 데이터마트에서 사용되는 차원과 변수들이 서로 같도록 정의해 놓은 것.
- **마스터데이터(master data)**: 기업 활동에서 가장 중심이 되는 대상물들에 대한 데이터.
- **분석정보**: 의사결정이나 경영관리를 위하여 운영 데이터로부터 산출한 정보.
- **분석척도(measure)**: 분석하고자 하는 값을 나타내는데 사실(fact) 또는 변수(variable)라고도 함.
- **비즈니스 인텔리전스(BI: Business Intelligence)**: 운영 데이터로부터 분석정보를 생산하고, 이들 분석정보들을 분석하여 의사결정에 도움이 되는 정보들을 산출하는 제반 활동.
- **사실 테이블(fact table)**: 다차원 데이터모형에서 분석하고자 하는 측정변수의 값을 기록하는 테이블.
- **스타 스키마(star schema)**: 다차원 분석을 위한 데이터 모형으로서 사실 테이블이 가운데 있고 차원 테이블들이 주위에 붙어 있는 것이 별(star) 모양처럼 보인다고 하여서 그렇게 부름.
- **온라인 정보분석(OLAP: OnLine Analytic Processing)**: 데이터웨어하우스 또는 데이터마트로부터 원하는 형태의 정보들을 실시간으로 추출하여 분석하는 작업.
- **차원 (dimension)**: 시간, 제품, 매장과 같이 측정값을 비교하는 기준.
- **차원 테이블(dimension table)**: 다차원 데이터 모형에서 다차원 정보분석의 기준들인 차원을 나타내는 테이블.

제14장

빅 데이터

기업정보흐름에서 중심을 이루는 것은 거래처리영역의 운영 데이터베이스와 정보분석영역의 데이터웨어하우스이다. 이러한 점에서 데이터관리의 핵심은 이들 두 종류의 데이터베이스를 효과적으로 관리하는 것이라고 할 수 있다. 운영 데이터베이스와 데이터웨어하우스는 사용되는 용도가 다르고 저장되는 데이터의 종류와 형태도 다르나. 그러나 이들은 모두 정형화된 데이터들을 저장하고 있다는 점에서 공통점을 갖는다. 바꾸어 이야기하면 이들 데이터베이스에 저장된 데이터들은 모두 관계형 데이터베이스관리시스템이 처리할 수 있는 정형화된 숫자나 문자로 표시가 가능한 데이터들이다.

데이터관리의 주 대상인 정형화된 데이터들은 개략적으로 조직에서 발생하는 전체 데이터들 중에서 20% 미만이며, 80% 이상의 대부분의 데이터들은 문서나 서류, 이미지, 동영상 등의 비정형화된 데이터들이라고 분석되고 있다. 이러한 점에서 볼 때, 데이터관리에서 다루는 데이터들은 실제 조직 전체적으로 발생하는 데이터들 중에서 아주 일부분이라고 할 수 있다. 물론 20/80 법칙에서와 같이 20%의 데이터가 가치 측면에서는 80%만큼 중요할 수도 있다. 이러한 점에서 정형화된 데이터의 관리는 기업 데이터관리의 핵심이라고 할 수 있다. 그러나 정형화된 데이터관리가 정착됨에 따라 보다 차별적인 데이터관리를 위해서 비정형화된 데이터관리에 대한 관심이 증대하고 있다.

14.1 비정형 데이터관리 (Unstructured Data Management)

비정형화된 데이터들은 통상적으로 콘텐츠관리시스템(Contents Management System)에 의하여 관리되어 왔다. 콘텐츠관리시스템은 어디서 만들어지는 콘텐츠들을 관리하느냐에 따라 웹 콘텐츠관리시스템과 기업콘텐츠관리시스템으로 구분된다. 웹 콘텐츠관리시스템(Web Contents Management System)은 조직의 외부인 인터넷 공간에서 콘텐츠를 생성하고, 게시하고, 검색하고, 관리하는 기능을 수행하며, 기업 콘텐츠관리시스템(Enterprise Contents Management System)은 조직의 내부에서 문서나 서류, 이미지, 동영상 등의 콘텐츠를 생성하고, 결재하고, 전달하고, 검색하고, 관리하는 기능을 수행한다. 이들 간략한 소개에서도 알 수 있는 바와 같이, 콘텐츠관리시스템은 데이터의 관리뿐만이 아니라 데이터의 생성이나 유통 등을 지원하는 기능들을 포함한다. 이는 콘텐츠가 정형화된 데이터와 비교하여 생성하는 과정이 복잡하고 시간이 오래 걸리며 노력이 많이 들기 때문이며, 사용자들은 콘텐츠의 관리뿐만이 아니라 콘텐츠를 쉽게 생성하고 유통할 수 있도록 지원하는 기능들도 같이 필요로 한다.

그러나 콘텐츠관리가 성숙됨에 따라서 콘텐츠들을 관리할 뿐만아니라 콘텐츠 속에 포함되어 있는 다양한 정보들을 발견하고 검색하며, 분석하기 위한 요구가 증대하고 있는데, 이들 분야가 정보검색(Information Retrieval), 텍스트분석(Text Analytics) 등의 분야이다.

14.1.1 정보검색 (Information Retrieval)

정보검색은 문서관리, 도서관학 등에서 발달한 분야로서 검색의 대상물인 콘텐츠 중에서 검색자가 찾는 유용한 콘텐츠들을 검색하는 것을 목적으로 한다. 정보검색이 데이터 검색과 가장 다른 점은 데이터 검색은 검색하고자 하는 조건을 정확하게 충족시키는 데이터들을 검색하는 것인데 반하여, 정보검색은 검색조건과 유사한 것으로 판단되는 콘텐츠를 검색한다. 전자를 Exact matching이라고 하고 후자를 Fuzzy matching이라고 한다.

- **Exact matching**: 검색조건과 정확하게 일치하는 것들만을 검색하는 방법이다. 조금이라도 검색조건과 다른 것들은 검색되지 않는다. 예를 들면 검색조건이 주소에 '서울특별시'가 포함된 고객들을 검색하고자하는 경우, 주소가 '서울시'나 '서울 특별시' 등으로 기록된 고객들은 검색조건을 충족시키지 않는 것으로 판단되어 검색되지 않는다.
- **Fuzzy matching 또는 Probabilistic matching**: 검색조건을 충족시키는 것으로 판단되는 대상물을 검색하는 방법이다. 예를 들면 주소가 '서울특별시'인 고객들을 검색하고자 하는 경우, 주소가 '서울시'나 '서울 특별시'로 기록된 고객들도 검색조건을 충족시키는 것으로 판단하여 검색한다. 그리고 주소가 '대한민국'으로 기록된 고객도 확률은 낮으나 역시 서울특별시에 거주할 가능성이 있는 고객들로 판단하여 같이 검색한다. Fuzzy 또는 Probabilistic matching에서는 검색조건을 만족시킬 확률을 계산하여 확률이 높은 것부터 순차적으로 검색결과를 제시한다.[1)]

정보검색은 콘텐츠 자체를 검색하거나 또는 콘텐츠에 대하여 부여된 색인이나 키워드 등을 검색하는 방법으로 대별할 수 있다.

- 콘텐츠가 문서와 같은 텍스트로 구성되어 있을 경우, 콘텐츠 자체를 검색하는 것을 자연어 검색이라고 한다. 자연어 검색의 경우에는 앞의 Fuzzy matching에서 언급한 것처럼 입력된 검색어만이 아니라 동의어, 협의어, 광의어, 유사어 등과 같이 연관된 단어들을 포함하는 콘텐츠도 같이 검색한다.
- 키워드(keyword) 검색은 콘텐츠의 내용을 설명하는 키워드를 부여하고, 사용자가 입력한 키워드와 콘텐츠를 설명하는 키워드를 비교하여 검색하는 방법이다. 키워드 검색을 위해서는 모든 콘텐츠에 대하여 키워드

---

1) 순차적으로 정보검색결과를 제시하는 가장 대표적인 정보검색시스템이 구글(google)이다. (http://www.google.co.kr)

표 14-1 정보검색결과의 분류

		검색 결과	
		검색됨	검색되지 않음
정보 요구에 대한 개체의 적합성	적합	올바른 검색	유형2오류(잘못된 제외)
	부적합	유형1오류(잘못된 검색)	올바른 제외

를 부여하는 색인작업이 이루어져야 한다. 검색 키워드와 색인 키워드를 비교할 경우에도, 동의어, 협의어, 광의어, 유사어 등을 고려하여 검색하고자 하는 키워드와 유사한 키워드로 색인된 콘텐츠들도 같이 검색한다.

정보검색에서 가장 큰 관심은 검색대상인 전체 콘텐츠들 중에서 사용자들이 찾고자 하는 유용한 콘텐츠들만을 검색하는 방법을 찾는 것이다. 〈표 14-1〉에서 보는 바와 같이, 검색된 콘텐츠들 중에는 사용자가 판단하기에 유용하지 않은 콘텐츠가 포함될 수 있다. 이를 잘못된 검색(false alarm, false positive) 또는 유형1오류(type I error)라고 한다. 그리고 실제로는 유용한 콘텐츠가 검색되지 않을 수도 있다. 이를 잘못된 누락(missing, false negative) 또는 유형2오류(type II error)라고 한다.[2)]

14.1.2 텍스트 분석 (Text Analytics)

텍스트 분석은 문서나 서류, 전자메일, 메시지 등과 같은 조직이 보유한 여러 종류의 콘텐츠들 중에서 유용한 정보를 찾는 활동이다. 비즈니스 인텔리전스가 기업 내부 및 외부의 정형화된 데이터들로부터 분석정보를 도출해내는 것이라고 하면, 텍스트 분석은 비정형화된, 주로 문자로 표현된 데이터들로부터 분석정보를 도출해내는 것이다.

2) Probabilistic matching에서는 검색조건을 만족할 가능성이 확률로 표시된다. 따라서 유형1오류나 유형2오류를 계산하기 위해서는 상위 몇 개의 콘텐츠들이 검색된다고 가정한다.

텍스트 분석이 정보분석의 중요한 주제로 대두한 것은 최근 소셜 네트워크의 확장과 무관하지 않다. 사람들은 특정 제품이나 서비스에 대한 자신들의 경험이나 정보를 서로 공유한다. 이러한 정보 공유는 해당 제품이나 서비스의 평가 및 인지도에 큰 영향을 미친다. 따라서 이들이 서로 나누는 정보들로부터 기업에게 유용한 정보를 분석해내는 것이 매우 중요하게 되었으며, 이를 텍스트 분석이라고 한다.

텍스트 분석을 통해서 자사가 공급하는 제품이나 서비스에 대한 불만사항이나 주요 이슈들을 찾아낼 수 있다. 텍스트 분석은 외부의 고객이나 이용자들에게만 국한된 것은 아니다. 내부 사원들이 서로 교환한 문자나 메일, 보고서, 문서 등에 대해서도 텍스트 분석을 함으로써, 사원들의 불만사항이나 퇴사를 생각하고 있는 사원 등을 사전에 감지할 수 있다.

텍스트 분석은 콘텐츠관리시스템이 관리하고 있는 콘텐츠들 중에서 문서나 서류 또는 웹상에서 공유되고 있는 텍스트 등을 대상으로 하는 정보분석활동이다. 따라서 이는 정형 데이터들을 대상으로 하는 기존 정보분석의 범위를 확대하며, 최근 정보분석의 중요 주제로 등장하고 있는 빅 데이터 분석의 한 영역이다.

14.2 빅 데이터의 종류

빅 데이터는 관계형 데이터베이스로 관리하고 분석하기에는 너무 큰 데이터들을 통칭한다. 일반적으로 멀티미디어 데이터, 콘텐츠 등으로 분류되어 온 데이터들로서 정형 데이터와는 다른 영역에서 관리되어 온 데이터들이다. 빅 데이터는 현재의 관계형 데이터베이스를 사용하여 분석하기에는 쉽지 않은 데이터들을 모두 포함하는데, 구체적으로는 앞에서 소개한 비정형 데이터를 포함하여, 소셜 데이터(웹 및 소셜미디어 데이터), 기계 데이터, 대량 트랜잭션 데이터 등을 포함한다. 이들 빅 데이터들은 정형 데이터와 비교하여 다음과 같은 차이점을 가진다. 이를 빅 데이터를 구별하는 3V라고 한다.

- **데이터 양**(Volume): 빅 데이터는 매우 크다. 대부분의 빅 데이터들은 1조 바이트(terabytes) 이상의 대량 데이터들이다.
- **다양성**(Variety) 빅 데이터는 다양한 형태의 비정형 데이터들을 포함한다. 예를 들면, 메일, 오디오, 비디오, 로그 파일, 스트림(stream) 데이터 등을 포함한다.
- **속도**(Velocity): 빅 데이터의 경우는 데이터의 발생 속도가 매우 빠르기 때문에 분석 속도 또한 빨라야 하는 경우가 대부분이다.

14.2.1 비정형 데이터 (Unstructured Data)

현재의 관계형 데이터베이스에서 처리하기에 효율적이지 못한 비정형 데이터는 앞에서 소개하였다. 이들 데이터들은 대부분 사람들이 생성한 데이터들로서 관계형 데이터베이스의 검색기능으로는 분석하기가 쉽지 않은 데이터들이다.

14.2.2 소셜 데이터 (Social Data)

최근 웹을 통한 소셜 네트워킹(Social Networking)은 개인들 사이의 정보 교환을 활성화 시킬 뿐만 아니라 기업이나 공공기관들의 형태를 변화시키고 있다. 거의 모든 인터넷 이용자들은 거의 매일 SNS(Social Network Services) 사이트를 방문하며, 이들 사이트를 통하여 다양한 정보들을 서로 교환하고 획득한다. 대표적인 예로서 다양한 웹 사이트의 사용 후기, 페이스북, 트위터, 카카오톡, 네이버 라인 등을 통한 정보의 교환이나 의견 제시, 경험담 등은 대중의 의견을 수집할 수 있는 주요 정보 원천이다. 이전에는 기업의 마케팅 담당자, 제품개발 담당자, 공공기관의 대민업무 담당자 등과 같은 특정 업무에 종사하는 담당자들이 추가적인 정보 판단을 위하여 이들 데이터들을 개괄하여 살펴보곤 하였다. 그러나 최근에는 이들이 제품이나 서비스의 성공에 미치는 영향이 매우 커짐에 따라 이들을 전문적으로 분석하는 전문 서비스가 필요하게 되었다.

소셜 데이터는 기업이나 조직이 공식적으로 획득하여 사용하는 데이터들과 비교하여 전혀 다른 데이터이며, 따라서 다음과 같은 점에서 매우 가치가 높다.

- 소셜 데이터를 분석함으로써 개인들 사이에서 무슨 정보들이 교환되는가를 파악할 수 있을 뿐만이 아니라 유사한 관심을 갖는 고객집단을 파악할 수 있다. 예를 들면, 유모차에 관심이 있는 사람들의 모임은 유모차 회사의 입장에서 보면 중요한 목표고객집단이다. 이와 같이 소셜 데이터를 분석함으로써 일상적인 고객관계관리(Customer Relationship Management)나 마케팅 리서치(marketing research) 등을 통해서는 쉽게 찾을 수 없는 관심집단을 쉽게 찾을 수 있다.
- 공식적인 정보획득 채널을 통해서는 쉽게 획득할 수 없는 데이터들을 얻을 수 있다. 예를 들면, 고객의 취미, 애완동물의 소유 여부, 고객의 친구 등과 같이 공식적인 설문조사나 전화 상담 등에서는 쉽게 얻을 수 없는 데이터들을 페이스북이나 미니 홈피 등을 방문함으로써 확인할 수 있다.

그러나 소셜 데이터는 공식적으로 획득된 데이터들과는 달리 개인적인 데이터를 포함하기 때문에 이들 데이터를 정보분석에 활용할 경우에는 다음과 같은 사항들을 고려해야 한다.

- 많은 경우 페이스북이나 미니 홈피에 저장된 데이터, 또는 트위트, 문자메시지 등을 통하여 나눈 개인적인 의견들은 개인정보에 해당한다. 따라서 이들 정보를 기업이나 조직의 의사결정에 사용할 경우에는 해당 데이터들이 개인정보보호법에 저촉되지 않는지 검토해야 한다.
- 소셜 데이터는 소셜 네트워킹 사이트를 통하여 공유되는 데이터들이다. 따라서 이들은 해당 사이트를 접속하는 집단의 의견이다. 그리고 전체 집단 중에서도 의견을 주도하는 그룹(opinion leaders)의 견해가 많

이 반영된 데이터들일 수 있다. 따라서 이들 데이터를 시장분석 등에 사용할 경우에는 이들 데이터가 전체 집단을 잘 반영하지 않을 수 있다는 점을 동시에 고려해야 한다. 예를 들면 특정 연령층의 고객들은 SNS를 사용하지 않을 수 있다. 그리고 특정 사이트의 사용자들은 특정 의견에 편향된 집단일 수 있다. 따라서 이들 데이터를 전체 고객들의 의견으로 일반화하기 위해서는 추가적인 분석이 필요하다.

- 소셜 데이터는 내부 데이터들과 비교하여 정확성이 매우 낮다. 예를 들면, SNS의 사용자들은 계정등록시 성별이나 나이 등을 표시하지 않을 수 있다. 그리고 이때 등록한 성별이나 나이가 실제와 다를 수도 있다. 따라서 이들 데이터를 실제로 활용하기 위해서는 추가적으로 데이터의 정확성 등에 대하여 검토해야 한다.

14.2.3 기계 데이터 (Machine Data)

빅 데이터의 사례로서 가장 많이 언급되는 것이 고객의 위치정보를 활용한 광고나 판촉활동이다. 고객의 현재 위치에 적절한 광고를 고객이 소지한 핸드폰과 같은 단말기로 내보내거나, 매장에서의 고객들의 이동 경로를 분석하여 제품 진열을 변경하는 것들이다. 이러한 위치정보 활용은 개인이 소지한 단말기나 쇼핑 카트 등의 위치를 자동적으로 수집할 수 있게 됨으로서 가능하게 되었다. 위치정보 파악으로 개인의 행동동선뿐만이 아니라 자동차, 상품 등의 위치를 식별하여 추적하는 것 또한 가능하게 되었다.

위치정보 데이터들은 단말기와 위치정보를 파악하는 센서(sensor)들 사이의 통신을 통하여 수집된다. 즉 사람의 참여 없이 기계들 사이의 통신을 통하여 데이터들이 수집되며, 이들을 분석함으로써 유용한 정보를 수집할 수 있다. 이와 같이 기계들이 서로 교환하고 수집하는 데이터를 기계 데이터라고 한다.

위치 식별을 위하여 사용되는 기술들을 개략적으로 살펴보면 다음과 같다.

- **이동통신 기지국**: 이동통신서비스는 전체 지역을 셀(cell) 단위로 구분하

여 기지국을 설치한다. 이동통신서비스 제공업체는 이동통신전화기와 기지국과의 통신을 지속적으로 유지함으로써 전화기들의 현재 위치를 항상 파악할 수 있다. 이때 지역에 따라서 셀의 크기가 달라지기 때문에 위치 파악의 정확성 또한 달라질 수밖에 없다. 즉, 사용자들이 많은 도시 지역에는 셀의 크기가 작으나 사용자들이 적은 교외 지역에는 셀이 커지기 때문에 파악된 위치의 정확성도 떨어진다.

- **GPS**(Global Positioning System): GPS 수신기를 내장한 단말기들은 GPS 위성과의 통신을 통하여 현재의 위치를 파악한다. 최근의 스마트폰은 대부분 GPS 수신기가 내장되어 있으며, 자동차 등도 GPS 수신기를 장착한 경우가 대부분이다.
- **WiFi**: WiFi 기술은 이동통신기술과 유사한 방법으로서 개인용 단말기의 위치를 파악한다. 다만 기지국 대신에 WiFi 중계기(access point)와의 접속을 통하여 이동통신망에 접속한다. 따라서 WiFi 중계기의 위치를 통하여 이에 접속하는 개인용 단말기의 위치를 비교적 정확하게 파악할 수 있다.
- **RFID**: RFID 기술은 RFID 태그를 단말기나 사람이나 장비 등에 부착시키고, 이를 RFID 센서를 통하여 읽음으로써 태그가 부착된 사람이나 사물의 위치를 파악한다. 태그는 바코드와 유사한데, 일종의 마이크로 칩이다. 마이크로칩에 다양한 정보를 내장시키고 이것을 센서를 통하여 읽는데, 태그를 부착한 대상물이 센서를 반드시 통과할 필요가 없으며, 센서가 읽을 수 있는 지역을 통과하기만 하여도 읽을 수 있다. 따라서 사람이라든지, 단말기라든지, 소포라든지, 창고보관물건이라든지, 공장의 재공품이라든지 임의의 대상물에 태그를 부착함으로써 이들의 위치를 파악할 수 있다. 그리고 위치뿐만이 아니라 태그에 저장된 데이터들도 실시간으로 수집할 수 있다.

위치정보뿐만이 아니라 전기나 가스(gas)와 같은 경우에도 스마트 미터기를 장착함으로써 개인이 미터기를 읽지 않아도 미터기의 정보를 기계적으로 수집할 수 있으며, 이를 통하여 사용량이나 사용 속도들을 자동으로 파악할 수 있다. 또한 기계나 엔진의 상태 등에 대해서도 대량의 데이터를 자동으로 수집할 수 있다.

이상에서 살펴본 바와 같이 이들 기계 데이터들은 센서들이 자동으로 데이터를 수집하기 때문에 하루 24시간 1주일 내내 쉬지 않고(24×7) 정보수집과 정보분석이 가능하다. 그러나 기계 데이터를 통하여 개인의 위치정보를 파악할 때는 사생활(privacy)을 침해하지 않도록 고려해야 한다.

- 고개의 위치파악이 해당 고객의 사생활을 침해하지 않도록 관련 법규를 준수해야 한다.
- 종업원의 위치파악은 법적으로 꼭 필요한 경우에만 이루어져야 하며, 위치정보 파악이외의 대안이 없는 경우에만 이루어져야 한다. 해당 종업원에 대한 모니터링은 비록 종업원 고용조건의 하나로 동의하였다고 하여도 법적으로 불법인 경우가 대부분이다.
- 스마트 미터기를 사용할 경우에는, 이를 통하여 거주자의 거주 내지는 존재 여부를 파악할 수 있기 때문에 이러한 정보가 개인의 사생활을 침해하는 데 사용되지 않도록 해야 한다.

14.2.4 대량 트랜잭션 데이터 (Big Transaction Data)

트랜잭션 데이터들은 기업정보시스템의 핵심 요소로서 거래처리시스템을 통하여 운영 데이터베이스에 저장된다. 따라서 대부분의 트랜잭션 데이터들은 빅 데이터가 아니다. 그러나 데이터 양이 너무 많아서 거래처리 이후에 운영 데이터베이스에 저장하지 못하는 데이터들도 있는데, 이들이 여기서 언급하는 대량 트랜잭션 데이터이다. 즉 트랜잭션의 수가 너무 많아서, 정보분석에 활용되지 못했던 데이터들이다. 종래의 데이터웨어하우스가 이들을 사실테이블에 저장하여 분석하기에는 양이 너무 많아 처리하지 못하는 데이터들인데, 대표적인 예로서는 통신내역데이터(CDR: Call detail records), POS(Point of Sale) 데이터, 보험청구 데이터 등이 있다.

통신내역 데이터

가장 대표적인 대량 트랜잭션 데이터는 통신내역 데이터이다. 통신내역 데이터는 각 교환기에서 만들어지는 상세한 통신내역에 관한 데이터로서 각각의 교환기가 자동으로 생성하는 데이터들이다. 이들 데이터들은 1초에 수십만 건씩 발생하는 데이터들이다. 이들 데이터들은 보통 요금부과를 위하여 사용된 후, 별도로 저장된다. 그리고 계산된 요약 데이터들만이 운영 데이터베이스에 저장된다.

POS 데이터

POS 데이터는 소매업에서 가장 기본적인 트랜잭션 데이터이다. POS는 건당 팔린 상품의 수량, 가격, 지불방법, 거래시각, 구매자 등의 각 거래에 대한 모든 상세한 정보를 포함한다. 따라서 이들 POS 데이터는 소매정보시스템의 핵심 데이터이며, 이후 다양한 정보분석을 위해서 활용된다.

그러나 제조업체가 모든 소매점의 POS 데이터들을 취합하여 제품분석이나 개발, 고객 분석 등을 위해서 활용하고자 할 경우, 여러 가지 빅 데이터 관련 이슈들이 발생할 수 있다.

- 수집되는 데이터가 전국적이거나 전 세계적인 경우 데이터 양이 너무 많을 수 있다.
- 각 소매점들이 동일한 제품을 서로 다른 제품번호로 판매할 수 있다.
- 각 소매점에서 사용하는 데이터 항목들의 내용과 형식이 서로 일치하지 않을 수도 있다.

보험청구 데이터

의료보험, 자동차보험 등과 같은 보험청구 데이터들은 다양한 형태의 데이터들을 포함한다. 가입자가 작성한 청구서뿐만이 아니라 첨부된 진단서, 확인서 등의 다양한 부속서류들을 포함한다. 이들 부속서류들은 대부분이 문서나, 이미지, 사진 등과 같은 비정형 데이터들이다. 그리고 사건이나 사고와 관련된 기사나 목격자 등과 같은 제3의 정보가 필요할 수도 있다. 그리고 최근에는 소셜미디어를 통하여 공개되는 피보험자나 사건 관련인들에 대한 정보들도 보험청구 분석에 도움이 될 수 있다.

14.3 빅 데이터 처리기술

빅 데이터가 데이터관리의 관심 대상으로 등장하게 된 것은 이에 대한 처리기술의 발달과 무관하지 않다. 기존의 관계형 데이터베이스에서 처리할 수 없었던 대량 트랜잭션 데이터, 기계 데이터 및 소셜 데이터 등을 처리할 수 있게 됨으로써 비로소 빅 데이터가 업무담당자들의 관심을 얻게 되었다. 처리할 수 없는 데이터는 아무리 가치가 있어도 그 가치를 활용할 수 없다.

빅 데이터분석은 기본적으로 분산처리를 기본으로 한다. 즉 엄청나게 많은 대량의 데이터를 거의 실시간으로 처리해야 하기 때문에 하나의 서버가 모든 처리를 담당하기에는 불가능하다. 여기서 가장 중요한 점이 데이터 처리를 거의 실시간으로 해야 한다는 것이다. 종래의 비즈니스 인텔리전스 솔루션들도 데이터웨어하우스에 저장된 대량의 데이터를 처리하여 의미 있는 결과를 도출하여 사용자들에게 제시한다. 그러나 데이터웨어하우스에 저장된 데이터들은 대부분 가공 처리되어 적재된 데이터들이며, 바로 발생한 데이터들이 아니다. 따라서 이들 데이터의 처리 또한 계획된 스케줄에 따라 단일의 서버에서 처리하는 것이 가능하였다. 그러나 다양한 형식을 가진 대용량의 빅 데이터들을 거의 실시간으로 처리하기 위해서는 계획된 스케줄에 따라 하나의 서버에서 모든 작업을 처리하는 것이 거의 불가능하다. 따라서 여러 개의 서버들을 연결하여 분산 처리하는 기술들을 채택한다. 이러한 점에서 볼 때 빅 데이터 처리기술의 특성을 요약하면 다음과 같다.

- **확장성**: 데이터를 처리하는 서버의 수를 수십에서 수백, 수천, 수만으로 확장할 수 있어야 한다.

- **안전성**: 데이터의 손실 없이 안전하게 처리해야 한다.
- **실시간성**: 수집된 데이터를 실시간으로 처리해야 한다.
- **유연성**: 다양한 형식의 데이터를 모두 처리할 수 있어야 한다.

이하에서는 대표적인 빅 데이터 처리기술들을 개략적으로 소개한다.

14.3.1 하둡 (HDFS: Hadoop Distributed File System)

하둡(Hadoop)은 가장 대표적인 분산파일시스템이다. 아파치(Apache) 재단의 공개 소프트웨어인 하둡은 대부분 저비용의 범용 서버를 사용하며, 데이터들을 고정 크기의 블록으로 나누어서 저장한다. 따라서 대량 데이터들을 분산하여 처리하는 대표적인 공개 소프트웨어로 활용되고 있다. 하둡을 포함한 거의 모든 분산시스템들은 다음과 같이 불규칙적인 현상이 발생하는 상황에서도 실시간으로 대용량 데이터를 처리할 수 있도록 개발되고 있다.[3)]

- **하드웨어 오동작**: 하드웨어 수가 많아지면 그중에 일부에 대해서는 항상 오동작이 발생할 수 있다. 따라서 이런 상황에서 빨리 자동으로 복구할 수 있도록 구성되어 있다.
- **스트리밍 자료 접근**: 실시간 발생하는 스트리밍 데이터들을 항상 효과적으로 처리할 수 있도록 시간당 처리량에 최적화되어 있다.
- **큰 자료 집합**: 기가바이트나 테라바이트 정도의 큰 파일을 처리할 수 있도록 설계되었다. 자료 대역폭 총량이 크고, 하나의 클러스터에 수백 개의 노드를 만들 수 있다.
- **간단한 결합 모델**: 한번 쓰고 여러 번 읽는 모델에 적합한 구조이다. 파일이 한번 작성되면 바뀔 필요가 없는 경우에 효과적이다. 이렇게 함으로써 처리량을 극대화할 수 있다.
- **자료를 옮기는 것보다 계산 작업을 옮김**: 자료를 많이 옮기면 대역폭이 많이 소비되기 때문에 네트워크 혼잡으로 인하여 전체 처리량이 감소

3) ko.wikipedia.org/wiki/하둡

한다. 가까운 곳에 있는 자료를 처리할 수 있도록 계산 작업을 옮기면 전체적인 처리량이 더 높아진다.

- **다른 종류의 하드웨어와 소프트웨어 플랫폼과의 호환성**: 서로 다른 하드웨어와 소프트웨어 플랫폼들을 묶어 놓아도 잘 동작한다.

14.3.2 NoSQL (Not only SQL)

NoSQL은 다양한 형태의 데이터를 빨리 처리하기 위해서 제안된 경량 오픈 소스 관계형 데이터베이스들을 총칭하는 이름이다. 즉 관계형 데이터베이스의 기본 구조를 따르며 SQL을 사용할 수 있으나, 관계형 데이터베이스의 엄격한 무결성법칙들은 적용되지 않는다. 따라서 NoSQL 데이터베이스는 실시간 웹 애플리케이션이나 빅 데이터와 같이 데이터의 무결성이 엄격하게 요구되지 않는 경우에 널리 쓰인다. NoSQL 계열에 포함되는 DBMS에는 hbase, cassandra, MongoDB, Cloudata 등 다양한 제품들이 있으며, 분산 병렬처리에 적합한 확장성과 고성능 I/O를 제공한다.

14.3.3 MapReduce

대용량의 데이터를 효과적으로 처리하기 위해서는 분산 데이터처리가 필요하다고 하였다. 즉, 빅 데이터를 여러 개의 파일로 분할한 후 이를 분산하여 병렬로 처리하는 방법이다. 이와 같이 1개의 데이터 파일을 여러 개로 분할하여 병렬처리하기 위해서는 데이터를 분할하고 처리된 결과를 다시 합치는 방식으로 처리해야 하는데, 이를 위해서 고안된 병렬처리 프로그램이 MapReduce이다. MapReduce는 구글(Google)에서 고안하여 사용하는 프로그램 모델인데 다음 그림에 예시된 바와 같이, 하둡 파일들을 여러 개의 작은 파일들로 분할한 후(Map() function) 이들 파일들을 처리한 결과를 취합하는 방법으로(Reduce() function) 다량의 데이터를 효과적으로 처리한다.

그림 14-1 MapReduce

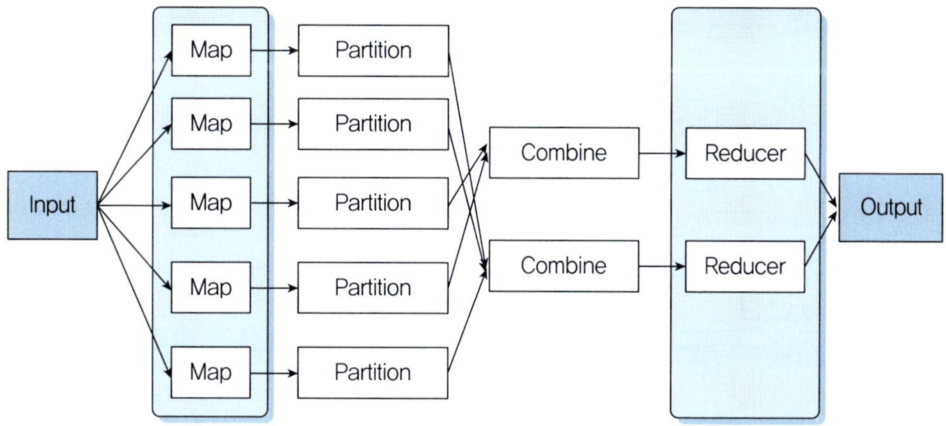

14.3.4 HIVE

HIVE는 빅 데이터 분석작업을 쉽게 수행할 수 있도록 지원해주는 질의 엔진이다. 즉 Hive는 분할된 파일들을 사용해서 검색(filtering), 조인(join), 결합(grouping) 등의 데이터 검색기능을 효과적으로 수행할 수 있도록 하는 SQL보다 경량화된 검색엔진이다.

14.3.5 R

R은 오픈 소스(open source) 통계패키지이다. SAS나 SPSS와 같이 다양한 통계분석 및 기계학습(machine learning) 기능을 제공하며, 오픈 소스이기 때문에 빅 데이터 분석 등에 많이 사용되고 있다. 특히 대용량 데이터 처리 및 관리, 그래픽 기능들이 우수한 것으로 평가된다.

14.4 활용 분야

빅 데이터 분석은 다양한 분야에서 적용될 수 있다. 이들 적용 분야들 중에서 가장 대표적인 사례를 중심으로 활용 가능성을 제시한다.[4]

14.4.1 의료/건강

빅 데이터의 가장 큰 활용 분야는 의료 분야라고 할 수 있다. 현재도 병원에서 발생하는 데이터들은 거의 모두 디지털 데이터로 수집되고 있다. 이러한 디지털 데이터들을 모든 병원들이 서로 공유할 경우, 환자들에 대하여 매우 유용한 정보를 찾아낼 수 있다. 또한 환자들이 각자 약국에서 구입하여 복용하고 있는 약품들도 약국의 데이터베이스에는 저장되나 병원 데이터들과는 연결되지 않는 경우들이 대부분이다. 그리고 무엇보다도 수면시간, 좋아하는 음식, 음주량 및 횟수, 운동 빈도 및 시간, 흡연 여부 등과 같은 개인들의 생활 습관에 대한 데이터들은 의료 데이터들과 결합되지 않고 있다. 따라서 만약 우리가 정기건강검진 등을 통해서 수집하는 문진표나 소셜 네트워크에서 수집하는 개인의 성격이나 행동들에 대한 데이터들을 의료 데이터와 결합하여 활용할 경우, 매우 유용한 정보를 산출할 수 있다.

의료/건강 분야에서 빅 데이터 활용 분야로서 제시되고 있는 내용들을 개략적으로 예시하면 다음과 같다.

- **비교 효과성 연구**(CER: Comparative Effectiveness research): 환자와 치료 방법에 대한 모든 데이터를 분석함으로써 특정 환자들에게 어느 치료 방법이 가장 효과가 있는지를 파악할 수 있다. 병원별로 또는 지역이나 환자별로 치료 효과가 매우 다른 것으로 연구되고 있다. 따라서 이들

4) McKinsey Global Institute, Big data: The next frontier for innovation, competition, and productivity, 2011.

모든 데이터들을 취합하여 종합적으로 연구 분석함으로써 비용 효과적인 치료방법을 찾을 수 있으며, 과잉치료 등을 방지할 수 있다. 그러나 이를 위해서는 각 치료기관들이 보유하고 있는 데이터들을 결합하여 상호 연동할 수 있어야 하는데 이를 위해서는 의료 데이터들에 대한 표준화가 선행되어야 한다. 우리나라에서는 건강보험심사평가원, 국민건강보험공단 등이 비교 효과성 연구를 진행하고 있다.

- **처방 의사결정지원시스템**: 의사들의 처방을 의료 가이드라인과 비교 분석함으로써 의약품부작용(ADR: Adverse Drug Reaction) 등을 초래할 수 있는 잠재적인 오류를 찾아내어 방지할 수 있다. 이러한 처방 의사결정지원시스템은 이미 어느 정도의 효과를 내고 있는 것으로 연구되고 있다. 더 나아가서 환자의 X-ray나 CT, 의료 기록카드 등을 근거로 연관된 의료 연구보고서들을 데이터마이닝 기법을 통하여 추출함으로서 의사의 처방을 자동으로 도와주는 의사결정지원시스템 등을 생각할 수 있다.
- **개인화 약품 개발**: 환자의 유전적 특성, 특별한 질병에 대한 소인, 약품에 대한 반응 등을 고려하여 특정 환자에게 가장 최적화된 약품을 개발하여 투약할 수 있다. 이러한 개인화 약품들은 현재 실험실 수준에서 개발되고 있으며 상당히 효과적인 것으로 평가되고 있다. 평균적으로 개인들이 복용하는 약들 중에서 특정 개인에게는 효능이 나타나지 않는 약의 비율은 30~70%인 것으로 추정되고 있다. 따라서 만약 개인화 약품을 개발하면 현재 낭비되고 있는 30~70%의 투약비용을 절감할 수 있을 것으로 예상된다.

14.4.2 공공 서비스

정부기관 및 지방자치단체들의 대국민서비스는 경제성장 및 사회발전과 더불어 계속 증가하고 있다. 이와 동시에 세계적으로 모든 국가들은 정부 예산을 절감하지 않을 수 없는 상황이다. 이와 같이 공공 서비스 증가 요구와 예산 절감을 동시에 충족시키기 위해서는 공공서비스의 생산성을 향상시켜야 하는데 이를 위한 대안 중의 하나가 빅 데이터를 활용하는 것이다. 각 정부기관들과 지방자치단체들이 소유하고 있는 시민들에 대한 방대한 데이터를 공개하고 이를 타 기관의 업무담당자나 시민들이 접근하여 사용할 수 있도록 함으로써 자료 입력, 검증 등에 소요되는 많은 시간과 노력을 절감할 수 있으며, 공공 업무의 생산성을 향상시킬 수 있다.

유럽연합에서의 사례 조사에 의하면, 세금 및 노동 분야에서 빅 데이터 활용으로 생산성이 약 15~20% 향상된 것으로 연구되고 있다. 공공 분야에서 빅 데이터 활용으로 인한 기대 효과들을 나열하면 다음과 같다.

- **공공데이터 공개**: 정부기관 및 지방자치단체들은 시민과 기업들에 대하여 많은 데이터들을 수집한다. 이들 공공데이터(public sector databases)를 다른 공공기관이나 일반사용자들이나 기업들이 접근할 수 있도록 허락할 경우 굉장한 생산성 향상을 기대할 수 있다. 예를 들면, 우리나라의 연말정산간소화서비스는 각 공공기관, 금융기관 및 연관 기관들이 보유한 연말정산에 필요한 자료들을 찾아서 자동으로 채워준다. 그러면 각 개인들은 자동으로 채워지지 않은 자료들만 추가하면 되기 때문에 연말정산 자료를 작성하는 데 많은 시간과 노력을 절감할 수 있다. 이와 같이 공공데이터들을 개인이나 기업들이 자유롭게 사용할 수 있도록 공개할 경우, 이들 데이터들을 활용한 다양한 서비스 기회를 창출할 것으로 예상된다.
- **정보공개**: 서로 유사한 기능을 수행하는 다양한 공공기관들의 현황 및 실적들을 공개하는 것을 정보공개라고 한다. 대표적인 정보 공개로서 우리나라에서는 각 교육기관들이 학생현황, 재정현황 및 각종 지표들을 공개하고 있다. 이러한 지표들을 공개함으로써 각 교육기간들은 보다 나은 교육환경을 조성하도록 압력을 받게 되었으며, 이는 곧 교육기관들의 생산성 향상으로 이어졌다. 마찬가지로 다른 공공기관들이 제공하는 서비스나 생산성에 대해서도 정보를 공개할 경우, 이들 기관들의 생산성 향상을 기대할 수 있다. 즉 공개적으로 비교됨으로써 공공

분야의 행정가들은 각 서비스 및 서비스 제공자들의 성과와 생산성을 비교하고 평가하지 않을 수 없는 환경에 처하게 되며, 이는 곧 생산성 향상으로 이어질 것으로 예상된다.

- **차별화된 서비스를 위한 시민 세분화**: 공공 서비스의 가장 큰 특징 중의 하나가 모든 시민들에게 균질한 서비스를 제공하는 것이었다. 이는 공공 서비스가 갖는 보편성에 기인하기도 하지만, 모든 국민들의 차별적 요구를 반영하기 어려웠기 때문이라고도 할 수 있다. 그러나 빅 데이터를 활용함으로서 전체 시민을 유사한 특징을 갖는 집단으로 세분화함으로써 이들 세부 집단별로 차별화된 서비스를 제공할 수 있게 되었다. 이러한 공공 서비스의 차별화는 공공 서비스의 생산성 향상과 시민들의 만족으로 이어진다. 즉, 좀 더 목표집단별로 특화된 서비스 제공을 통하여 시민 만족도를 향상시킬 수 있다. 이러한 특화된 서비스가 효과적인 분야로는 고용 서비스나 복지 서비스들을 들 수 있다. 즉 일자리를 찾는 시민별로 특화된 서비스를 제공함으로서 서로 다른 상황에 처한 구직자들의 요구를 충족시킬 수 있으며 소요 경비를 줄일 수 있다. 또한 복지 서비스도 대상자들의 상황을 고려하여 차별화된 서비스를 제공할 경우, 수혜자의 만족도를 향상시킬 수 있으며, 낭비되는 복지자원을 절감할 수 있다.

14.4.3 소매/유통

빅 데이터가 가장 먼저 활용되기 시작한 분야는 무엇보다도 소매 유통분야이다. 또한 가장 성공적인 빅 데이터의 활용기업들도 아마존과 같은 인터넷 유통기업들이다. 소매 유통분야에서는 고객의 소비 패턴에 대한 분석이 항상 관심이었으며, 이러한 소매 마케팅의 갈증을 가장 잘 해결해 줄 수 있는 것이 고객의 구매이력이다.

아마존은 고객들의 과거 도서구매이력으로부터 유사한 도서를 구매한 다른 고객들이 많이 구매한 도서를 추천함으로써 고객들로부터 좋은 반응을 얻고 있다. 아마존의 고객들이 구매한 도서들 중에서 추천도서가 차지하는 비율이 30%를 넘는 것으로 분석되고 있다. 또한 타겟(Target)과 같은 대형 슈퍼마켓들은 오프라인 매장과 온라인 매장에서의 고객의 구매이력, 매장과 거주지와의 거리, 소셜미디어 데이터들을 분석하여 고객의 구매욕구를 예측하는 모형을 개발하여 활용하고 있다. 이들 모형을 활용하여 고객 맞춤형 상품 광고를 보냄으로써 고객들이 타겟을 계속 방문하도록 유도하고 있다. 특히 임신한 미혼모에게 아기용품 전단지를 발송함으로써 부모보다도 타겟이 임신사실을 먼저 파악한 사례는 빅 데이터 분석의 성공적인 사례로 언급되고 있다.

14.4.4 제조업

생산공장이나 플랜트의 기계들은 실시간으로 대량의 센서정보를 발생한다. 이들 센서정보를 수집하여 과거의 고장 발생 사례들을 분석할 경우, 고장과 같은 이상 징후 발생 패턴을 찾아낼 수 있다. 또한 고객들로부터 다양한 의견을 수렴하여 이를 제품개발 등에 활용할 수도 있다. 이와 같이 제조업에서 빅 데이터는 제품개발부터 유지보수까지 전과정에 도움을 줄 수 있다.

- **제품개발**: 웹 환경을 통하여 고객들과 자유로이 의견을 교환할 수 있게 됨으로써 일반사용자들의 다양한 의견을 제품개발에 반영할 수 있으며, 고객들과의 공동 개발도 가능하게 되었다. 예를 들면 피앤지(Procter & Gamle)는 Connect and Develop 공개 혁신 프로그램을 통하여 일반사용자 및 외부의 전문가들의 의견을 제품개발에 적극 반영하고 있다. 즉 텍스트 분석 기법을 사용하여 외부 전문가들이나 일반사용자들이 제시하는 무수히 많은 의견들로부터 유용한 아이디어들을 추출하고 이를 제품개발에 활용하고 있다.
- **디지털 공장**: 아직 연구단계이기는 하나 인터넷을 통하여 서로 연결된 생산기기와 생산부품(IOT: internet of things)들이 정보를 교환하면서 전체 생산과정을 최적화하는 인더스트리 4.0이 독일인공지능연구소를 중

심으로 실험되고 있다. 인더스트리 4.0에서는 각 생산설비들이 중앙 집중화된 시스템의 통제를 받지 않고 각 기기가 개별 공정에 알맞은 것을 판단해 실행한다.[5)]

- **유지보수**: NEC는 대규모 플랜트 설비에 설치된 센서정보를 활용하여 설비에 문제가 발생하기 이전에 이상 징후를 검출함으로써 치명적인 사고를 미연에 방지하며, 생산성과 품질을 향상시키고 있다. 또한 고장이 발생한 부품의 센서정보를 분석함으로써 고장발생 이전의 징후를 파악하여 활용하고 있다. 또한 다른 기계에 포함된 부품들 중에서도 유사한 정보를 발생시키는 부품들을 찾아내어 고장발생 전에 예방적으로 교체함으로써 고장시간을 줄일 수 있었다.

14.4.5 교통 및 위치 정보

GPS를 활용함으로써 GPS가 장착된 모바일 기기를 사용하는 개인이나 차량들의 위치를 실시간으로 파악할 수 있다. 이러한 위치정보를 활용함으로써 현재 각 도로에서의 주행속도를 실시간으로 파악할 수 있으며, 이를 통하여 가장 빠른 길을 네비게이션을 통하여 제공할 수 있다. 예를 들면 우리나라의 무선통신서비스 제공사들은 SKT의 T-map을 시작으로 하여 모두 실시간 교통정보를 활용한 길안내 기능을 제공하고 있다. 이러한 실시간 길안내 기능은 CO2 배출을 감소시키며, 환경 개선에 기여한다.

대표적인 위치기반서비스들을 살펴보면 다음과 같다.

- **길안내**: 모바일 서비스의 확산으로 거의 모든 내비게이션시스템들이 실시간 정보를 반영한 길안내 서비스를 제공하게 되었다.
- **모바일 위치기반서비스**: 무선통신 단말기의 위치정보를 활용하여 우리나라의 이동통신서비스 제공자들은 가족이나 어린이들에 대한 안심서비스를 보호자들에게 제공하고 있다. 또한 현재 위치 주변의 업체들에

5) 한국경제 2014.1.2., 제조업 '인더스트리 4.0' 시대.

대한 정보를 제공하는 등의 다양한 서비스들을 제공한다.

- **도시 계획 및 교통 서비스 설계**: 사용자들의 위치정보 및 이동정보를 활용함으로써 가장 효과적인 교통 서비스를 제공할 수 있으며, 도시계획을 수립할 수 있다. 서울시는 심야 이동객의 분포를 조사하여 심야버스의 운행 노선 결정에 활용하고 있다.

14.5 빅 데이터 통합

대부분의 빅 데이터들은 하둡과 Hbase, R, Hive 등의 빅 데이터 전용 플랫폼에서 처리된다. 이들 빅 데이터 플랫폼은 정형 데이터들을 처리하는 데이터베이스시스템과는 분리되어 있으며, 대부분의 경우 거래처리를 위한 용도보다는 정보분석을 위한 용도로 사용된다.

거래처리를 위한 빅 데이터, 예를 들면 통신내역데이터, POS 데이터 등과 같은 대량 트랜잭션 데이터들은 이들을 위한 특수 응용프로그램에서 처리한다. 그러나 트랜잭션이 처리된 후 이들 데이터들은 운영 데이터베이스나 데이터웨어하우스에 저장되어 활용되는 것이 아니라 별도로 보존되거나 폐기된다. 이와 같이 기존에는 활용되지 못했던 데이터들을 활용하고자 하는 것이 빅 데이터 솔루션이다. 이러한 점에서 빅 데이터 분석 솔루션들은 정형 데이터 분석을 위한 현재의 BI 솔루션에 대응하는 개념이라고 할 수 있다. 빅 데이터는 [그림 14-2]에 예시된 것처럼 전사적 데이터 통합 틀 안에서 이의 일부로 포함된다.

비정형, 반정형 및 웹 데이터 등과 같이 빅 데이터는 아직도 기술적 제약 등으로 인해서 정형 데이터를 위한 운영 데이터베이스나 데이터웨어하우스에서 같이 처리하는 것이 쉽지 않다. 따라서 기존의 운영 데이터베이스나 데이터웨어하우스를 사용하는 정형 데이터의 비즈니스 인텔리전스 시스템과는 분리하여 별도로 처리하는 것이 효율적이다. 이렇게 처리한 빅 데이터 분석결과

그림 14-2 **전사적 데이터 통합을 위한 구성요소들**

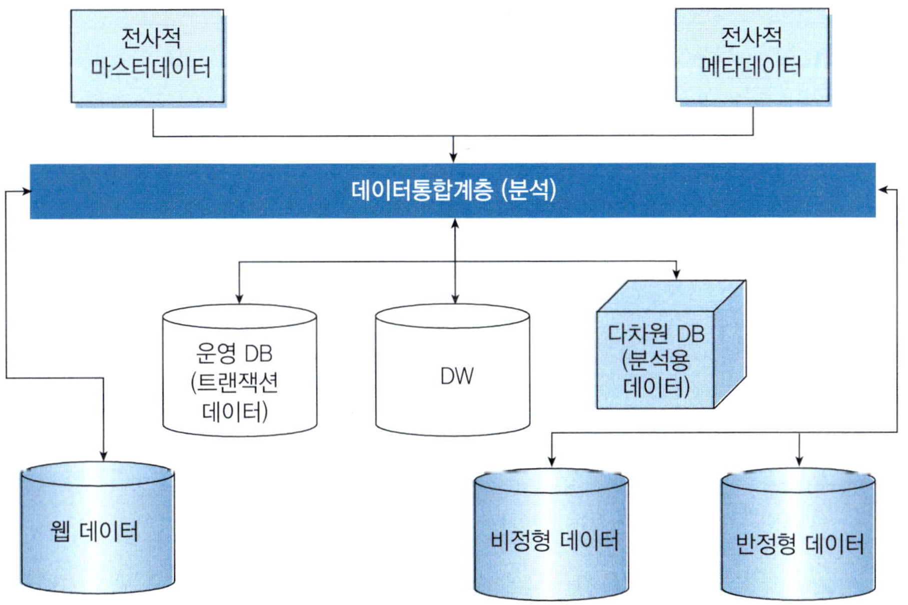

와 기존의 정형 데이터의 비즈니스 인텔리전스 시스템은 이들을 통합하는 방법에 따라 분석결과를 통합하는 아키텍처와 분석의 대상인 데이터를 통합하는 아키텍처로 나누어 볼 수 있다.

14.4.1 분석결과 통합 아키텍처

빅 데이터 분석을 기존의 정형 데이터 분석시스템과 통합하는 가장 쉬운 방법은 분석결과만을 사후적으로 통합하는 방법이다. [그림 14-3]에 표시된 바와 같이, 빅 데이터 분석결과를 데이터웨어하우스에 저장하는 방법이다. 이렇게 데이터웨어하우스에 저장한 분석결과는 더 이상 빅 데이터가 아니다. 빅 데이터로부터 산출된 분석정보들이며, 데이터웨어하우스에 저장된 다른 분석정보들과 같이 처리된다.

이러한 형태의 분석결과 통합 아키텍처는 다음과 같은 특성을 갖는다.

그림 14-3 분석결과 통합 아키텍처

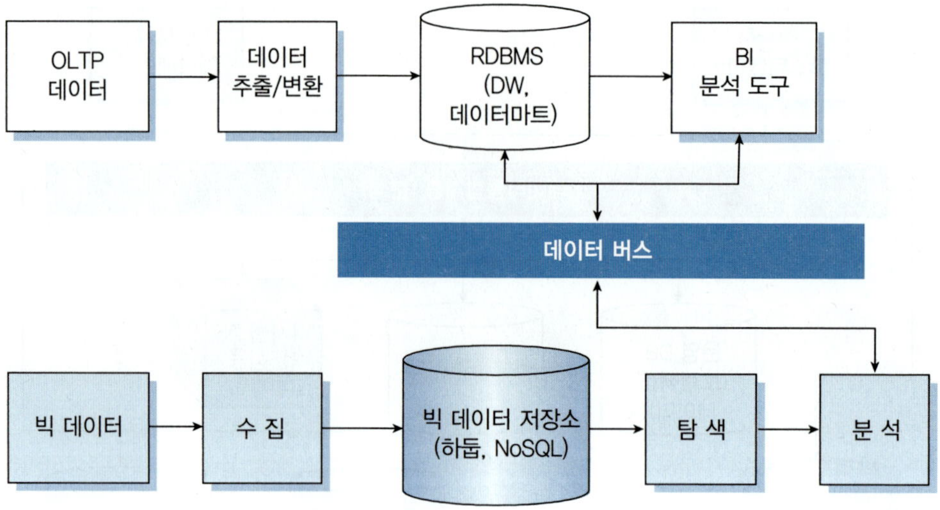

- 정형 데이터를 분석하는 데이터웨어하우스나 비즈니스 인텔리전스 도구들은 빅 데이터를 처리하지 않는다.
- 빅 데이터 분석정보들을 산출하면, 산출된 분석정보들은 빅 데이터가 아닌 정형 데이터의 형식으로 표현된다.
- 빅 데이터 분석결과들을 정형 데이터의 데이터웨어하우스나 비즈니스 인텔리전스 도구들과 같이 결합하여 사용한다.

14.4.2 데이터 통합 아키텍처

데이터 통합 아키텍처는 빅 데이터를 정형 데이터와 연결하여 같이 분석하는 아키텍처이다. 데이터웨어하우스에 저장된 데이터들을 분석하면서 필요하면 하둡이나 NoSQL에 저장된 빅 데이터를 접근하여 같이 분석할 수 있다. [그림 14-4]에 예시된 바와 같이, 하둡 파일이나 NoSQL도 또 다른 형태의 데이터베이스로 취급한다. 그리고 커넥터를 통하여 이들을 데이터웨어하우스나 데이터마트와 연결하여 같이 사용한다. 이러한 형태의 데이터 통합 아키텍처

그림 14-4 데이터 통합 아키텍처

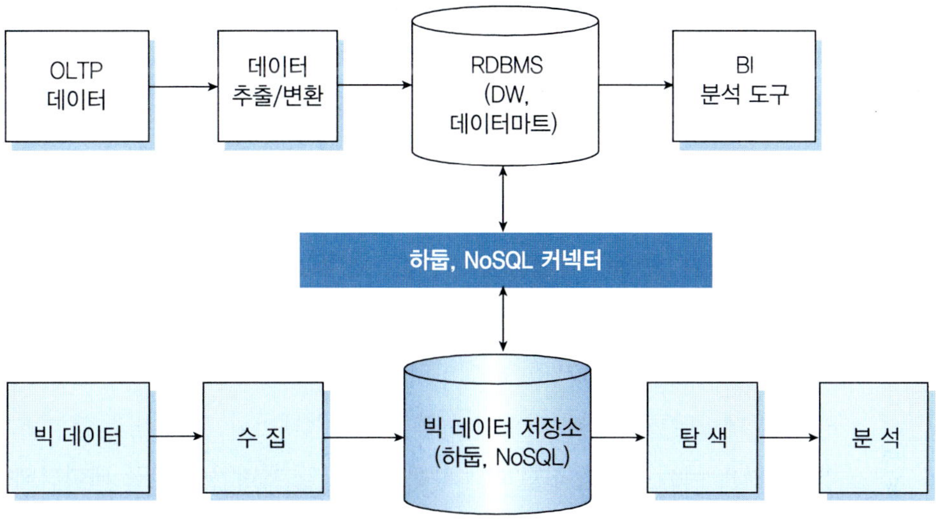

는 다음과 같은 특성을 갖는다.

- 빅 데이터 분석시스템은 데이터웨어하우스나 비즈니스 인텔리전스 시스템과 독립적으로 분리하여 구축한다.
- 데이터웨어하우스를 통하여 정보분석을 실행할 때, 필요하면 커넥터를 통하여 빅 데이터 저장소를 연결하여 같이 사용한다.

현재 정형 데이터를 위한 비즈니스 인텔리전스 솔루션을 공급하는 업체들은 대부분 이러한 형태의 빅 데이터 솔루션들을 제공하고 있다. 예를 들면, IBM의 빅 데이터 분석 플랫폼을 살펴보면 다음과 같은 특징이 있다.[6)]

- 내부 데이터베이스들과 빅 데이터를 연결하는 통합 모듈을 제공한다.
- 데이터웨어하우스나 데이터마트, 다차원 정보분석 등의 비즈니스 인텔리전스 솔루션에 추가하여, 텍스트 분석과 스트리밍 분석 등과 같은 빅 데이터 분석을 위한 도구들을 같이 제공한다.

---

6) Soares, Sunil, Big data Governance, MC Press Online, LLC, 2012.에서 재인용.

14.4.3 통합 비즈니스 인텔리전스 서버 아키텍처

분석결과 통합 아키텍처나 데이터 통합 아키텍처는 모두 빅 데이터 분석 플랫폼을 정형 데이터를 위한 비즈니스 인텔리전스 플랫폼과 분리하여 독립적으로 구성한다. 즉 빅 데이터를 정형 데이터와 구분하여 취급한다. 그러나 가장 이상적인 형태는 비즈니스 인텔리전스 서버가 정형 데이터와 빅 데이터를 같이 처리하는 형태이다. 즉 [그림 14-5]에 예시된 바와 같이, 빅 데이터 서버(Big data appliance)가 정형 데이터들도 같이 처리함으로써 비정형 데이터와 정형 데이터를 단일의 서버에서 분석하는 형태이다. 이러한 통합 비즈니스 인텔리전스 아키텍처를 실현하기 위해서는 단일 서버가 관계형 데이터베이스와 NoSQL을 동시에 효과적으로 처리할 수 있는 등의 기술적인 문제들이 해결되어야 한다.

그림 14-5 통합 BI 서버 아키텍처

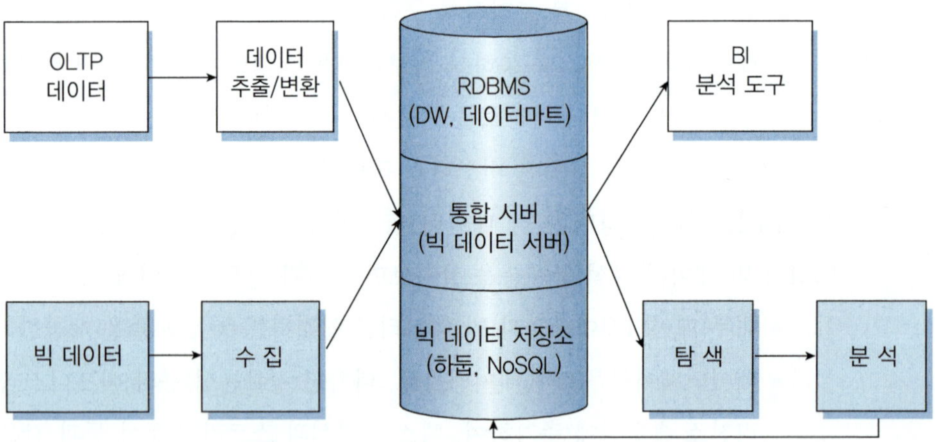

요약

본 단원에서는 빅 데이터에 대하여 학습하였다. 본 단원에서 습득한 주요 개념들을 요약하면 다음과 같다.

- **3V**: 빅 데이터를 구별하는 특징으로서 Volume, Variety, Velocity를 나타냄.
- **Exact matching**: 검색조건과 정확하게 일치하는 것들만을 검색하는 방법.
- **Fuzzy matching(또는 Probabilistic Matching)**: 검색조건을 만족시킬 확률을 계산하여 확률이 높은 것들을 검색하는 방법.
- **HIVE**: 빅 데이터 분석작업을 쉽게 수행할 수 있도록 지원해주는 SQL보다 경량화된 질의 엔진.
- **MapResuce**: 대용량의 데이터를 효과적으로 처리하기 위해서 1개의 데이터 파일을 여러 개로 분할하여 처리하고, 처리된 결과를 다시 합치는 병렬처리 프로그램.
- **NoSQL**: 다양한 형태의 데이터를 빨리 처리하기 위해서 제안된 경량 오픈 소스 관계형 데이터베이스로서 관계형 데이터베이스의 기본 구조를 따르며 SQL을 사용할 수 있으나 관계형 데이터베이스의 엄격한 무결성법칙들은 적용되지 않음.
- **R**: 오픈 소스 통계패키지.
- **기계 데이터(Machine Data)**: 센서(sensor)들 사이의 통신을 통하여 기계들이 서로 교환하고 수집하는 데이터.
- **기업 콘텐츠 관리시스템(Enterprise Contents Management System)**: 조직의 내부에서 문서나 서류, 이미지, 동영상 등의 콘텐츠를 생성하고, 결재하고, 전달하고, 검색하고, 관리하는 기능을 수행하는 시스템.
- **대량 트랜잭션 데이터**: 데이터 양이 너무 많아서 거래처리 이후에 운영 데이터베이스에 저장하지 못하는 데이터. 대표적인 예로서는 통신내역데이터(CDR: Call detail records), POS(Point of Sale) 데이터, 보험청구 데이터 등이 있음.
- **데이터 통합 아키텍처**: 빅 데이터를 정형 데이터와 연결하여 같이 분석하는 아키텍처로서 데이터웨어하우스에 저장된 데이터들을 분석하면서 필요하면 하둡이나 NoSQL에 저장된 빅 데이터를 접근하여 같이 분석할 수 있음.
- **분석결과 통합 아키텍처**: 빅 데이터 분석결과를 사후적으로 정형 데이터의 비즈니스 인텔리전스 시스템과 통합하는 방법
- **빅 데이터**: 관계형 데이터베이스로 관리하고 분석하기에는 너무 큰 데이터들을 통칭하는 용어.

- **비정형 데이터(Unstructured Data)**: 문서나 서류, 이미지, 동영상 등의 비정형화된 데이터를 정형 데이터와 구별하여 비정형 데이터라고 함.
- **비정형 데이터관리(Unstructured Data Management)**: 비정형 데이터들의 관리활동.
- **소셜 데이터(Social Data)**: 소셜 네트워크 서비스(Social Network Services)에서 발생하고 공유되는 데이터.
- **웹 콘텐츠 관리시스템(Web Contents Management System)**: 조직의 외부인 인터넷 공간에서 콘텐츠를 생성하고, 게시하고, 검색하고, 관리하는 기능을 수행하는 시스템.
- **유형1오류(false alarm, false positive)**: 검색된 것들 중에는 사용자가 판단하기에 유용하지 않은 것이 포함되는 오류.
- **유형2오류(missing, false negative)**: 실제로는 유용한 것이 검색되지 않는 오류.
- **자연어 검색**: 콘텐츠 자체를 검색하는 방법.
- **정보검색(Information Retrieval)**: 콘텐츠 중에서 검색자가 찾는 유용한 콘텐츠들을 검색하는 것을 목적으로 하며, 문서관리, 도서관학 등에서 발달한 분야.
- **텍스트 분석(text analytics)**: 문서나 서류, 전자메일, 메시지 등과 같은 조직이 보유한 여러 종류의 콘텐츠들 중에서 유용한 정보를 찾는 활동.
- **콘텐츠 관리시스템(Contents Management System)**: 문서나 서류, 이미지, 동영상 등의 비정형 데이터를 관리하는 전산시스템
- **키워드 검색**: 콘텐츠의 내용을 설명하는 키워드를 부여하고, 사용자가 입력한 키워드와 콘텐츠를 설명하는 키워드를 비교하여 검색하는 방법.
- **통합 BI 서버 아키텍처**: 빅 데이터 서버(Big data appliance)가 정형 데이터들도 같이 처리함으로써 비정형 데이터와 정형 데이터를 단일의 서버에서 처리하는 아키텍처.

찾아보기

영 문

A

B

C

D

E

F

G

H

I

J

K

L

M

N

O

P

R

S

T

U

V

W

국 문

ㄱ

ㄴ

ㄷ

ㄹ

ㅁ

ㅇ

ㅋ

ㅌ

ㅍ

ㅎ

이춘열

〈약력〉

- 서울대학교 산업공학과 (학사)
- 서울대학교 대학원 경영학과 (석사)
- University of Michigan, 경영정보학(Computer & Information Systems) 전공 (박사)
- 한국경영정보학회, 한국데이터베이스학회, 한국 BI 데이터마이닝학회 부회장 역임
- 국민대학교 정보기술연구소장, 정보과학대학원장, 비즈니스IT대학원장, 입학처장 역임
- 현 국민대학교 경영대학 경영정보학부 교수

〈저서 및 논문〉

- 관계형 데이터베이스 관리론
- 네트워크형 기업과 미래경영전선
- 비즈니스 인텔리전스와 다차원 데이터 분석
- 통합사무자동화론
- A knowledge management scheme for meta-data: an information structure graph

김인재

〈약력〉

- 서울대학교 산업공학과 (학사)
- KAIST 경영과학과 (석사)
- University of Nebraska, 경영학과 경영정보학 전공 (박사)
- LG전자 중앙연구소 전산실 주임연구원 역임
- 한국경영정보학회 부회장 역임
- 동국대학교 국제정보대학원장, 국제화추진단장, 경영실장 역임
- 현 동국대학교 경영대학 경영정보 전공 교수

〈저서 및 논문〉

- 관계형 데이터베이스 관리론
- 중소기업의 전략적 제휴의도에 영향을 미치는 요인에 관한 연구
- 무선 인터넷 서비스 수용의 영향요인에 관한 연구
- 객체지향 컴퓨팅에 하이브리드 기술수용 모형의 적용 연구
- 가상 커뮤니티의 상업화에 미치는 영향 요인
- 소프트웨어 프로세스 개선활동이 조직 성과에 미치는 영향
- 한국 조직블로그의 유형과 특성에 관한 연구
- 소프트웨어 개발 프로세스 평가모형의 비교와 전망
- 기술수용 및 제품구매의 구조방정식 적용분석
- 정보보호 관리체계의 실증분석
- 경영정보학에서 바라보는 경영교육 인증: 문제점과 해결방안
- 위치기반서비스를 이용한 스마트 폰 개인정보 보호시스템 설계
- 소셜 네트워크 분석 방법을 이용한 전문가 그룹 분석

신길환

〈약력〉

- 단국대학교 경영학과 MIS 전공 (석사)
- 국민대학교 정보과학대학원 정보통신 전공 (이학석사)
- 국민대학교 비즈니스IT전문대학원 (경영정보학박사)
- LG CNS 스마트소프트웨어부문 모바일/임베디드 소프트웨어 기획/개발 과장 역임
- SK C&C 컨설팅부문 책임 컨설턴트 역임
- 현 한국인터넷정보학회, 한국정보기술학회, 한국컴퓨터정보학회 종신회원
- 현 LIG시스템 국방본부 국방사업팀 차장

경영 데이터베이스 관리론

2015년 8월 17일 초판 인쇄
2015년 8월 20일 초판 발행

저　자 이춘열, 김인재, 신길환
발행인 윤 동 구
발행처 **창 민 사**
주　소 서울시 마포구 구수동 68-2 대건빌딩 103호
등　록 1999. 10. 28/제10-1846호
전　화 3272-1243~4
팩　스 3272-1245
e-mail cmbooks@hanmail.net

정가 29,000원　　ISBN 978-89-90359-80-3　　93320